KB070421

움직이는 교수

동기유발된 학생

명확한
교육철학과
목표

비전 있는
강력한
리더

공유된
가치관과
문화

혁신적
교육 프로그램과
제도

잘 가르치는
대학의
특징과 성공요인

학부교육 우수대학
성공사례 보고서 I

변기용 · 김병찬 · 배상훈 · 이석열
변수연 · 전재은 · 이미라 공저

생산적 위기의식

적절한 정부지원

성공사례에 대한
효과적 홍보와 공유

학지사

이 저서는 2013년 정부(교육부)의 재원으로 한국연구재단의 지원을 받아 수행된 연구임(NRF-2013S1A5B8A02068505)

| 머리말 |

　필자가 학부교육 우수대학 사례연구에 대한 단행본 출간을 구상한 것은 5년 전인 2010년으로 거슬러 올라간다. 이 해에 석사논문을 쓰고 있던 필자의 지도학생 중 하나가 참고자료로 가져온 『Student Success in College: Creating Conditions that Matter』(Kuh et al., 2005)란 책이 필자의 마음속에 강렬한 인상을 남겼기 때문이다. 후에 안 일이지만 미국 Indiana 대학의 NSSE(National Survey of Student Engagement) Institute에서 수행한 DEEP(Documenting Effective Educational Practice) 프로젝트의 최종 결과물인 이 책은 미국의 20개 학부교육 우수대학의 사례연구를 바탕으로 이들 대학의 학부교육의 특징과 성공 전략을 심층적이고 종합적으로 기술함으로써 당시 미국 고등교육 학계와 현장에서 상당한 반향을 불러일으켰던 역작 중 하나였다. 이 책을 읽으면서 필자도 언젠가는 한국의 학부교육 우수대학을 대상으로 이와 유사한 심층적 사례연구를 반드시 해 보아야겠다는 생각을 마음속 한편에 숙제로 담아 두었다. 하지만 바쁜 일상과 다른 우선순위 과제에 밀려 이러한 생각을 좀처럼 실행에 옮기지 못하고 있다가 2013년 말 마침내 마음속의 오랜 숙제를 실천에 옮기기로 마음먹었다.

　이렇게 마음을 먹게 된 것은 사실 필자와 교육부 시절부터 고락을 같이하면서 친분을 쌓았고 이제는 평생의 '지기(知己)'로 교유하고 있는 성균관대학교 배상훈 교수의 조언이 큰 역할을 했다. 주지하다시피 배상훈 교수는 공직에 있으면서 '학부교육 선진화 선도 사업(ACE 사업)' 도입과 설계에 중요한 역할을 담당한 바 있고, 또한 대학 교수로 자리를 옮긴 이후에도 한국대학교육협의회(이하 '대교협') 부설 한국교양기초교육원과 협력하여 2011년부터 현재까지 한국 대학생들의 학습참여 실태를 파악하기 위한 '학부교육 실태조사 연구'를 수행해 오고 있다. 배상훈 교수는 공·사석에서 필자를 만날 때마다 '변 교수님은 소위 명문대를 나와 명문대 교수를 하고 있어서 현장을 너무 모른다. 명문대의 시각으로 지방대학의 문제를 재단해서는 타당성 있는 해결책이 나오기 어렵다'는 취지의 애정 어린 조언을 곧잘 하곤 했다. 우리나라 대학에는 얼마 되지 않는 소위 '고등교육 전공' 교수로서, 배상훈 교수의 이러한 지적은 필자에게 일말의 부끄러움과 함께 연구자로서의 새로운 의욕과 도전의식을 불러일으키는 중요한 계기가 되었다. 마침 필자가 소장을 맡고 있는 교육부 지정 고려대학교 고등교육정책연구소의 지원기간이 2년 남짓 남아 있는 상황이어서 이번 기회를 놓치면 이 연구를 제대로 수행할 수 없을지도 모른다는 위기의식도 이러한 생각을 실천으로 옮기는 데 나름의 역할을 했다. 이에 따라 2013년 말 동 연구소에서 수행하는 3단계 2차년도 기본과제의 형식으로 '학부교육 우수대학의 특징과 성공요인 분석'이라는 연구 과제를 출범시키고, 미국에서 수행된 DEEP 프로젝트의 한국 버전이라는 의미에서 이를 K-DEEP 프로젝트로 명명하였다. 이후 2014년도에 5개 대학(건양대학교, 대구가톨릭대학교, 포항공과대학교, 한국기술교육대학교, 한동대학교)을 선정하여 1차년도 연구를 수행하고, 그 결과를 이렇게 단행본의 형태로 출간하게 된 것이다.

사실 1990년대까지만 해도 우리나라에서는 학부교육의 질에 대해 체계적으로 고민하는 사람이 거의 없었다. 대학을 설립만 해 놓으면 지원하는 학생들이 넘쳐나 대부분의 대학들의 경우 학생 모집에 아무런 어려운 점이 없었기 때문이다. 이러한 상황에서 대학들이 학부교육의 질을 높이거나 학생들의 다양한 요구사항에 관심을 기울이지 않았던 것은 어찌 보면 오히려 당연했던 것이라고도 볼 수 있다. 이 당시 대학과 교수들은 대학의 특성(예컨대 교육중심 혹은 연구중심)에 관계없이 '교육'보다는 대학의 평판과 대외 평가에 직접적 관련이 있는 '연구 활동'에만 관심을 집중하고 있었다. 심하게 말하면 이 당시의 학부교육은 정부와 대학의 정책적 관심에서 벗어난 일종의 '방치되었던 영역'이었다고도 볼 수 있다.

하지만 2000년대에 들어 상황은 변하고 있다. 학령인구는 감소하고, 지방대학을 중심으로 학생 유치에 어려움을 겪는 대학들이 속속 늘어나고 있다. 진학률이 높아지면서 대학을 졸업하더라도 취업하기가 어렵게 되어 단순히 '대학을 졸업했다'는 사실이 아니라 '어떤 대학에서 무엇을 배웠는가'가 중요해지기 시작했다. 이러한 환경 속에서 대학들도 하나둘씩 대학의 중장기적 발전전략과 대학이 처한 특정한 상황 속에서 어떻게 소속 학생들을 잘 가르칠 수 있을 것인지에 대해 고민하기 시작했다. 학생들의 구성도 점점 다양해지기 시작했다. 과거 엘리트 시대 고등교육과는 달리, 학령인구 감소의 맥락 속에서 대학들은 반드시 자신들이 원하는 수준의 사전학습이 되어 있지 않은 학생들도 입학시켜 교육시켜야 하는 새로운 도전 상황에 직면하게 되었다. 또한 21세기에 접어들면서 산업구조가 급변하고 이에 따라 기업의 요구도 수시로 변해 나가는 상황 속에서, 이미 존재하고 있는 전문적 지식의 전달에 치중해 왔던 그간의 대학교육 방식에도 근본적인 변화가 요청되고 있다. 현재 노동시장에서 요구되는 가장 핵심적인 소양은 불확실한 상황 속에서 그때그때 주어지는 문제 상황을 해결할 수 있는 창의력과 유연성 그리고 의사소통 및 네트워킹 능력이라고 할 수 있다. 이러한 상황 변화는 그동안 한국 대학들이 수행해 왔던 학부교육의 내용과 제공 방식에 대한 근본적 성찰과 함께 이를 바탕으로 한 혁신이 매우 시급해졌다는 것을 의미한다.

다행스럽게도 최근 들어 우리 사회에서도 학부교육의 질을 어떻게 개선할 것인가에 대한 문제인식이 크게 늘어나고 있다. 2010년대 초부터 교육부가 시작한 학부교육 선진화 선도 사업(ACE 사업), 산학협력 선도대학 육성사업(LINC 사업) 등이 일선 대학으로부터 비교적 좋은 반응을 얻고 있고, 또한 학생들의 '학습참여(Student Engagement)'와 '학습성과(Learning Outcome)'라는 개념을 통해 학생들이 대학 재학 중 겪는 다양한 경험과 그 결과로서의 지식(knowledge), 기술(skills), 소양(competencies)에 대한 관심이 커지고 있다. 전자의 경우 대교협의 '학부교육 실태조사(K-NSSE)', 한국교육개발원의 NASEL(National Assessment of Student Engagement in Learning), 후자의 경우 한국직업능력개발원의 K-CESA(Korea Collegiate Essential Skills Assessment), 개별대학의 학습성과 측정도구 개발 노력[예컨대 성균관대학교 '성균 핵심역량 진단도구(SungKyun Core Competencies Assessment: SCCA)', 건양대학교 '학습역량 검사' 등] 등으로 나타나고 있으며, 이러한 노력들은 현재 일선 대학들이 자신들의 학부교육의 질을 한 단계 끌어올리는 데 있어서 없어서는 안 될 유용한 도구들을 제공하고 있다.

하지만 이러한 평가(조사) 도구들은 학생들의 경험과 성취결과의 단면을 객관적 수치를 통해 일정 부분 제시해 주기는 하지만, 그러한 결과가 왜 나타나게 되었는지에 대한 속 시

원한 대답을 제공해 주지는 못한다. 바꾸어 말해 학부교육의 질 개선에 관심을 가진 많은 대학들이 가지고 있는 '어떻게 하면 학부교육을 잘할 수 있을 것인가'라는 가장 핵심적 질문에 대한 대답을 제공하는 데 있어 이들 도구와 조사결과가 내재적으로 많은 한계를 가지고 있다는 점이다. 연구를 시작할 당시 연구진들이 주목한 것도 바로 이러한 문제인식이었다. 연구진들은 한국의 학부교육 우수대학에서 현재 시행되고 있는 다양한 실천사례들을, 그러한 사례가 시행되고 있는 상황과 맥락 속에서 충실히 기술함으로써 어떠한 요인들이 어떤 과정을 거쳐 해당 대학에서 성공적 학부교육을 만들어 나가고 있는지 그 미지의 '블랙박스(black box)'를 열어 보고 싶었다. 1차년도 사례연구에 참여한 5개 대학에 대한 사례연구 보고서들은 이러한 연구진들의 근본적 질문에 대해 서로 다르지만 각각 매우 의미 있는 해답들을 제공하고 있다.

주지하다시피 박근혜 정부 출범 이후 지난 2년간 교육부는 학령인구 감소에 따라 과잉공급 양상을 보이고 있는 대학들의 정원 감축에 모든 힘을 쏟아 붓고 있다. 물론 향후 줄어드는 학생 수를 감안할 때 학생 정원을 물리적으로 감축하는 것도 매우 중요한 과제 중 하나다. 하지만 현 시점에서 정원감축보다 중요한 것은 지난 수십 년 동안 대부분의 한국 대학에서 주도적 교육방식과 문화로 자리 잡아 학부교육에 명시적·암묵적으로 절대적 영향을 미쳐 온 '공급자 중심' 제도와 문화, 특히 교수와 직원들의 의식구조와 행태를, 대학의 구조조정이 요청되는 현재와 같은 '결정적 전환점(critical turning point)'에서 여하히 생산적으로 변화시켜 나갈 것인가라는 점이다. 이러한 측면에서 심층적 사례연구를 바탕으로 다양한 학부교육의 성공모델을 제시하고 있는 이 연구는 당면한 한국 고등교육의 가장 핵심적인 문제를 성공적으로 해결하는 데 필요한 중요한 단서를 제공해 줄 수 있다고 자부한다.

이 연구는 다수의 대학을 대상으로, 복수의 연구자들이 참여한 다중적 질적 사례연구의 방식으로 수행되었다. 이러한 연구의 성격상 연구 수행과정에서 많은 사람들에게 도움을 받았다. 먼저 여러 가지 어려움에도 불구하고 K-DEEP 프로젝트 연구진들에게 자신들의 대학을 속속들이 개방하여 현재 수행하고 있는 우수한 학부교육 실천사례와 경험을 연구진과 여타 대학들에 기꺼이 공유해 준 1차년도 연구 참여대학(건양대학교, 대구가톨릭대학교, 포항공과대학교, 한국기술교육대학교, 한동대학교) 관계자들에게 진심으로 감사의 말씀을 드린다. 이들의 헌신적인 노력과 협조가 없었다면 이 연구는 제대로 수행될 수 없었을 것이다. 지난 1년 동안 하나의 학문공동체가 되어 이 연구를 수행해 온 연구진들 모두에게도 자찬(自讚)으로나마 수고의 마음을 함께 나누고 싶다. 연구의 설계와 사례연구 대학의 선정과 섭외, K-DEEP 프로젝트의 기반이 되는 K-NSSE 자료의 가공과 제공 등 프로젝트의 처음부터 끝까지 물심양면으로 헌신적인 노력을 아끼지 않은 배상훈 교수, 늦게 합류했지만 연구 수행 전반에 걸쳐 '질적 연구' 수행의 원칙과 접근방법에 대해 중심을 잡아 주신 김병찬 교수, 오랜 대학인증평가 참여 경험을 바탕으로 프로젝트 설계 및 추진 과정에서 많은 실천적인 도움을 주신 이석열 교수, 안식년으로 해외에 체류하는 상황이었음에도 불구하고 조금도 싫은 내색 없이 프로젝트 출범을 위한 모든 기초적 작업과 사례연구를 성공적으로 수행해 준 변수연 교수, 신진 학자의 패기와 예지를 바탕으로 항상 날카로운 지적과 통찰력을 덧붙여 준 전재은 교수, 대구에서 먼 길을 마다하지 않고 연구에 참여해 준 이미라 박사 모두가 개인적으로 바쁜 일정임에도 불구하고 진심으로 프로젝트의 성공을 위해 함께 노력해 주었다. 이 연구를 계기로 앞으로도 학문적으로 교유하며 지적 성장을 촉진하는 일생에 걸친 '학문적 도반(學問的 道伴)'으로 거듭났으면 하는 바람이 간절하다.

마지막으로 연구에 참여해서 모든 어려운 일을 감당해 준 김수홍, 최지혜, 홍지인, 조민지, 김어진 등 연구보조원들에게 진심 어린 감사의 말씀을 드린다. 연구 참여를 통해 연구진들과 교감하면서 때로는 연구진들의 식견을 뛰어넘는 날카로운 통찰력을 보여 준 학생들이 매우 자랑스럽고 사랑스럽다. 특히 1차년도 연구지원을 맡아 모든 뒤치다꺼리를 마다하지 않은 최지혜 학생, 연구보조원의 역할을 넘어 필자를 도와 사례연구 보고서 집필에 참여해 준 김수홍 학생, K-NSSE 자료 가공과 제공에 수고를 아끼지 않은 홍지인 학생에게는 이 지면을 빌어 특별한 고마움을 전하고 싶다.

2015년 8월
저자들을 대표하여 변기용 씀

| 차 례 |

학부교육 성공모델 사례 분석

제1장 한동대학교:
혁신적 교육 프로그램과 신앙의 힘으로 만들어 낸 소규모 대학 성공모델 • 29

프롤로그: K-DEEP 프로젝트를 시작하면서

1. 왜 이 연구를 시작하게 되었나

개별 대학이 학부교육의 질을 높이기 위한 정책과 실천전략을 모색할 때 통상적으로 가장 먼저 하는 일은 '다른 우수한 대학에서 무엇을 하고 있고, 그 대학의 교육적 여건이나 조직문화는 어떠한가'를 살펴보는 것이다.

한동대 애들이 진짜 공부를 열심히 한다는 것. '진짜 열심히 하는구나.' 라는 생각이 들어요. …… 그리고 과제가 굉장히 많고…… 일반 학부는 시험도 밤늦게 보고요. 수업 하고 나서 방과 후에 시험을 봐요. 숙제도 굉장히 많고, 그룹 스터디도 굉장히 많아요. 이게 시험 기간에만 이러는 게 아니고 평소의 모습이에요. (한동대학교, 학생)

시험이 다가오면 자기 공부할 것도 엄청 많은데 저는 그게 진짜 감동이었어요. 자기도 급한데 친구가 회로 그려서 다 알려 주고. 이게 되게 그냥 퍼져 있는 문화인 것 같아요. 서로서로 잘 알려 주는 것. (한동대학교, 학생)

우리 학교에 오는 학생들은 그런 경험이 많이 없습니다. 사실은 칭찬받지 못한 학생들이라고 그러거든요. 그래서 칭찬을 해 주면 학생들이 굉장히 자신감을 갖더라고요. 그룹에서 다른 학생들하고 호흡도 하고, 선배로서 이끌어 주고, 이런 경험들이 굉장히 다양한 영역들로 진행이 되는

데, 그런 경험을 학생들이 가지면서 큰 의미가 있지 않았나 하는 생각이 듭니다. (대구가톨릭대학교, 보직교수)

저희가 원할 때 교수님 방을 들어가면 돼요. 하루에 한 번, 하루에 두 번씩도 그냥 인사만 하러. "교수님 안녕하세요." 인사만 하러 가기도 하고, "오늘은 뭐하셨어요?" "식사는 하셨어요?" 하고 인사도 하고, 식사도 같이 하고. 그리고 학업상담도 하고, 개인적인 일이나 개인 사정까지도 상담을 하고, 내가 어떤 공부를 해야 되는데 어떻게 해야 될지 모르겠다, 이런 상담도 해 주시고, 저와 친분이 있는 전공교수님 같은 경우에는 전화도 하고 카카오톡도 하면서 거의 아는 언니 수준으로. 그냥 교수랑 학생의 관계라기보단 되게 끈끈한 그런 게 있다고 말할 수 있어요. (대구가톨릭대학교, 학생)

저희가 배우는 과목에는 팀 프로젝트가 하나씩 다 있는데 그걸 하면서 인간관계가 더 형성이 되고요, 회사에서는 일을 혼자 하는 게 아니잖아요. 우리 모든 과목이 다 그러니까 그런 게 익숙해져요. 교우관계가 좋아지고, 자신감이 쌓여서 도전하게 되고. 교수님들이 가르치다가 전문 강사가, 이 일을 현장에서 하는 사람을 시간강사로 불러서 배우게 해 주고요. 한 사람한테 배우는 게 아니고 두세 사람에게 배우니까 더 좋은 거 같아요. (한국기술교육대학교, 학생)

동기유발학기를 3주 정도 합니다. 처음에는 "무슨 동기유발학기냐?"라고 이야기도 했었어요. 하지만 과정을 지켜보면서 학생들이 참 좋아하는 시간이겠구나. …… 그 안에 전공 몰입이라든지 …… 그런 것들을 통해서 학생들이 강의뿐만 아니라 체험도 하고, 이런 걸 공부하면 실제로 도움이 되겠구나, 좀 알고 공부해 나가야겠구나 하고 알게 돼서 조금은 다행스럽죠. (건양대학교, 교수)

일단은 수업 분위기라든가 이런 것들을 제대로 하기 위해서, 아시겠지만 핸드폰도 다 수거하고 출결관리를 굉장히 엄격하게 합니다. 두 번 정도 결석하면 집으로 전화를 한다든가, 단과대학에 따라서 조금은 틀리겠지만 그렇게까지 하고 있거든요. 그래서 수준이 뭐, 아주 높다, 학부교육이 수준이 높다기보다는 학부교육을 정상적으로 하기 위해서 노력을 학교 차원에서 굉장히 많이 하는 건 사실입니다. (건양대학교, 보직교수)

'무조건적으로 부담을 많이 주면 많이 한다.' 가 아니라, 제가 생각하기에는 부담이 많기는 하지만 그걸 다 같이 하고 있잖아요. 혼자 나한테만 던져 준 거면 [어렵겠지만] 친구들과 같이 할 수 있고, 또 그렇게 할 수 있는 사람들이 모여 있고. 그렇다 보니까 다 같이 으싸으싸 하는 분위기로……. (포항공과대학교, 학생)

학생들의 높은 학습태도와 학업수준이 가장 커다란 자산이라고 생각합니다. 학생들이 설령 사전 지식이 없고 처음 접하는 문제라고 할지라도, 교수의 지도에 따라 열정적으로 문제에 임하는 태도를 보입니다. (포항공과대학교, 교수)

앞에서 제시된 인용문에서도 나타나고 있듯이, 학부교육을 잘하는 대학들에서 찾아볼 수 있는 공통적 특징은 이들 대학들의 교수(직원)와 학생들이 학교의 각종 교육 및 지원활동에 매우 적극적으로 '참여' 혹은 '관여'하고 있다는 점이다. 이 프로젝트의 이론적 배경(혹은 개념적 분석틀)도 이러한 '학생들의 학습참여(Student Engagement)'라는 개념에 그 뿌리를 두고 있다. '학습참여'의 중요성에 대해서는 학계와 현장에서 오랜 기간 동안 널리 알려져 온 바 있으나, 대학들의 입장에서 보면(학부교육의 질을 향상하기 위해 '학습참여'가 중요하다는 것은 알고 있지만), 최근까지도 어떠한 종류의 학생들의 참여 경험에 자신들이 가진 한정된 자원과 노력을 투입하는 것이 보다 효과적인가에 대한 체계적 데이터나 정보는 결여되어 있었다. 이러한 측면에서 2011년부터 시행되고 있는 한국대학교육협의회(이하 대교협)의 '학부교육 실태진단 조사(K-NSSE)'[1]는 '학부 학생들의 학습참여'라는 중요한 고려요

---

1) 대교협의 '학부교육 실태진단 조사도구'는 미국 Indiana 대학의 NSSE(National Survey of Student Engagement) Institute에서 개발하여 현재까지 북미 지역 1,400여 개 대학에서 활용되고 있는 NSSE의 Benchmarks 설문 문항을 Indiana 대학의 협조 아래 한국적 맥락에 맞게 수정·보완한 조사도구다. NSSE Benchmarks 및 한국의 학부교육 실태진단 조사도구에 대한 보다 자세한 설명은 부록 2의 설명과 함께 다음의 NSSE 웹사이트(http://nsse.iub.edu/)를 참조하기 바란다.

인에 대한 우리나라 대학들의 이해 수준을 한 단계 높이는 데 있어 중요한 기여를 했다고 생각된다.

'학습참여'는 크게 다음의 2가지 핵심적 영역으로 대별될 수 있다. 첫 번째는 학생들이 자신의 '학습'과 '기타 교육적으로 의도된 활동'에 쏟는 시간과 노력이며, 두 번째는 개별 대학이 궁극적으로 학생들의 성공(예컨대 중도탈락률 감소, 만족도, 질 높은 학습과 졸업)으로 이어질 개연성이 큰 특정한 경험과 성과에 학생들이 참여하도록, 여하히 (1) 자신이 가진 자원을 배분하고, (2) 교육과정 및 다른 학습기회를 조직하며, (3) 효과적 지원 서비스를 제공할 것인가 하는 것이다. 이 중 특히 대학의 역할과 관련된 영역은 정책적 측면에서 주목할 만한데, 이는 바로 대학이 의지만 있다면 얼마든지 영향을 미칠 수 있는 영역이며, 대학의 노력을 통해 대학이 선발한 학생들에게 일정한 '부가 가치(Value-Added Effect)'를 창출할 수 있는 영역이기 때문이다(Kuh et al., 2010). 고려대학교 고등교육정책연구소(소장 변기용 교수)는 이러한 문제인식하에 대교협 '학부교육 실태조사 연구팀(연구책임자: 성균관대학교 배상훈 교수)'과 협조하여 주어진 여건하에서 질 높은 학부교육을 실시하고 있는 다양한 유형의 학부교육 우수대학 사례를 분석함으로써 '학부교육 우수대학은 무엇이 다른지' 또 '이러한 학부교육 우수대학들은 어떻게 만들어지는지' 등의 기초적 의문에 대한 해답을 모색해 보고자 하였다. 보다 구체적으로 K-DEEP 프로젝트의 목적은 학부교육 우수대학의 특징과 성공요인을 파악하여 이를 문서화하는 데 있으며, 이에 따라 이 연구를 관통하는 기본적 연구질문은 다음의 2가지로 요약될 수 있다.

(1) 우수 실천사례라는 관점에서 볼 때 학부교육 우수대학들의 특징은 무엇인가?
(2) 학부교육 우수대학들이 성공에 이르게 된 과정과 원인은 무엇인가?

이러한 기본적 연구질문에 대한 심층적 이해를 바탕으로 이 프로젝트에서는 궁극적으로 학부교육 개선에 관심을 가진 대학들이 실천적으로 활용할 수 있는 구체적인 시사점과 정책적 제언을 도출해 보기로 한다.

실천적 관점에서 볼 때 학부교육에 관심을 가진 우리나라의 모든 대학이 이 연구의 결과를 바탕으로 '학부교육 우수대학'의 실천사례와 성공요인에 대한 이해를 높임으로써 학부교육의 질을 한 단계 끌어올리는 데 도움을 준다는 것이 이 프로젝트의 가장 중요한 의미이기는 하지만, 사례연구 참여대학인 '학부교육 우수대학'의 입장에서 볼 때도 (1) 당해 학교가 시행하고 있는 다양한 프로그램과 전략 중에서 무엇이 성공적이고 무엇이 성공적이지 않은지, 그리고 성공적이라면 (2) 그 성공의 이유가 무엇인지를 구체적으로 파악하는 것은 매우 중요하다. 왜냐하면 특정 시점에 해당 대학의 전체적인 학부교육의 성과가 우수하다고 하더라도 개별적으로 어떤 프로그램이 성공적인지, 그리고 그 프로그램이 왜 성공적인지 모른다면 시간이 지남에 따라 자연스럽게 개혁의 동력이나 성과가 약화되는 시점에서 개선의 방법을 알지 못하게 되는 문제점이 발생할 소지가 크기 때문이다.

2. 학부교육 우수대학의 개념과 선정 방식

이러한 문제인식을 바탕에 깔고 K-DEEP 프로젝트는 2014년과 2015년 2년에 걸쳐 10개 내외의 '학부교육 우수대학'을 선정하여 이들의 특성과 우수한 실천사례를 파악하는 사례연구의 방식으로 수행되고 있다. 연구진이 K-DEEP 프로젝트 1차년도 연구 참여대학 후보군을 선정하는 데 있어서 2011년부터 2013년까지 시행된 지난 3년간의 '학부교육 실태진단 조사(K-NSSE)'의 데이터가 활용되었다. 후보 대학은 기본적으로 (1) 서베이가 이루어진 3년간 학부교육 실태진단 조사에 포함된 6개 영역에서 탁월한 성과를 보여 준 대학들과 (2) 2011년 대비 2013년 성과가 현저히 향상된 대학들을 중심으로 선정되었다.[2]

---

2) K-DEEP 프로젝트의 미국 버전이라고 할 수 있는 DEEP 프로젝트의 경우 총 20개 대학을 대상으로 사례연구를 수행하였는데, NSSE에 참여한 700여 개 대학 중에서 NSSE의 5개 영역 지표와 졸업률 자료를 토대로 사례 대학을 선정하였다. 구체적으로 대학의 설립 주체, 입학성적, 입학자 수, 소재지 등 11개 기관적 특성을 바탕으로 예측되는 NSSE 지표와 졸업률보다 높은 수치를 기록한('better than predicted') 대학들을 우선적으로 후보군으로 선정한 후 다시 대학의 규모나 설립주체, 소재지 등의 측면에서 사례연구 대상대학의 다양성을 고려하여 최종적으로 20개 대학을 선정하였다(Kuh et al., 2010). 이러한 접근방식은 '이상적-전형적 사례 선택 과정(ideal-typical case selection process)'의 적용이라고 할 수 있는데, 이는 특정 모수 내에서 최선의 사례 모델을 개발한 후 그 모델에 가장 근접했다고 보이는 현실의 사례를 찾는 방법을 말한다(Kinzie et al., 2006).

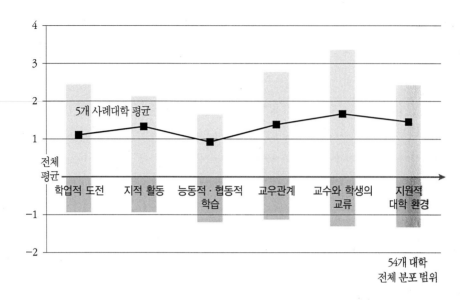

5개 사례대학의 2013년 K-NSSE 6개 영역 점수(타 대학과 비교)

이렇게 선정된 '우수대학 후보군'을 중심으로 최종 사례연구 참여대상 대학들을 선정함에 있어서는 대학들이 이 연구의 결과를 보다 효과적으로 활용할 수 있도록 다양한 대학 특성들(예컨대, 국립/사립, 수도권/비수도권, 대규모/중소규모, 종합/특성화 대학, 남녀공학/여대 등)을 최대한 고려하여 서로 다른 유형의 대학들이 가급적 골고루 포함될 수 있도록 하였다. 이러한 과정을 거쳐 연구 1차년도인 2014년의 경우 건양대학교, 대구가톨릭대학교, 포항공과대학교, 한국기술교육대학교, 한동대학교 등 5개 대학이 사례연구 대상 대학으로 최종적으로 선정되었으며, 2차년도인 2015년에는 서울여자대학교, 아주대학교, 충북대학교 3개 대학을 추가로 선정하여 연구를 추진하고 있다.

1차년도 사례연구 대상 대학의 기본적 특성(2014)

	건양대 (논산)	건양대 (대전)	대가대	포항공대	한기대	한동대
설립 유형	사립		사립	사립	사립	사립
재적 학생 수	7,804	2,654	19,545	1,658	6,397	5,589
소재지	충남 논산	대전 서구	경북 경산	경북 포항	충남 천안	경북 포항
학생 1인당 교육비(천 원)	11,903	–	10,894	84,473	23,933	11,863
학생 1인당 장학금(천 원)	2,714	2,718	2,393	5,709	2,797	2,513
기숙사 수용률(%)	32.3	31.1	18.5	114.2	62.9	75.5
중도탈락학생 비율(%)	6.3	1.8	4.2	0.7	2.8	2.2
외국인 학생 비율(%)	2.19	1.09	1.63	1.07	1.09	2.20
전임교원 확보율	71.4	106.0	83.6	131.9	69.0	65.7
전임교원 1인당 학생 수 (재학생 기준)	31.4	16.8	25.6	15.1	30.2	35.3
취업률(%)	70.6	84.3	61.0	55.9	85.9	55.0
ACE 여부	○		○	×	×	○
LINC 여부	○		○	×	○	×
전임교원 1인당 논문 수(등재지)	0.44	0.30	0.54	0.10	0.49	0.29
전임교원 1인당 논문 수(SCI)	0.07	0.22	0.23	1.21	0.27	0.05
전임교원 1인당 교내연구비 (천 원)	0	309.3	1,930	34,104	11,452	4,266
전임교원 1인당 교외연구비 (천 원)	12,612	25,341	19,892	577,265	140,694	41,150

출처: 2014 대학알리미 공시정보.

3. 연구를 수행한 과정: 분석틀의 설정, 자료 수집 및 분석

　　주지하다시피 대교협 '한국교양기초교육원'과 '학부교육 선진화 선도대학 협의회'는 이미 2011년부터 '학부교육 실태조사(K-NSSE)'를 시행해 오고 있으며, 참여대학들은 그동안이 데이터를 대학의 발전계획 수립과 학부교육 개선을 위한 유용한 기초자료로 활용해 온바 있다. 하지만 서베이 조사결과로 얻어진 정량적 데이터(Quantitative Data)는 대학의 평균적 수준과 강/약점을 알려 주기는 하지만 '어떻게, 왜 그러한 결과가 나왔는지' '우수한 학부교육을 제공하기 위해 대학들이 실제 무엇을, 어떻게 해야 하는지'에 대한 구체적 정보를 제공하는 데는 한계가 있다. K-DEEP 프로젝트는 정량적 데이터로 알 수 없는 학부교육 우수대학의 내면적 성공요인 파악과 개선전략 도출에 대한 보다 심층적인 분석과 설명을 '(질적) 사례연구'를 통해 제시하고자 하는 실천지향적 연구 프로젝트라고 할 수 있다. 아울러 현재 시행되고 있는 대교협의 '학부교육 실태조사 연구'와 상호 보완적으로 활용될 수 있도록 설계하여 우리나라 대학의 학부교육 실태에 대한 '종합적 밑그림'을 파악하고 제시하는 것을 목표로 하고 있다.

따라서 K-DEEP 프로젝트의 사례대학 연구는 기본적으로 '학부교육 실태진단 조사도구'에 포함된 6개 영역[3]을 학부교육 우수대학의 실천사례를 파악하는 개념적 분석틀로 활용한다. 다만 이와 관련하여 한 가지 언급할 것은 학부교육 실태진단 조사도구를 구성하는 6개 영역(혹은 NSSE Benchmarks에서 사용된 5개 영역)이 이 프로젝트의 설계 및 후속적 자료수집에 일단의 가이드라인을 제시해 주고 있는 것은 분명하지만, 이것이 바로 이 프로젝트의 관심이 반드시 이러한 6개 영역에만 한정된다는 것을 의미하지는 않는다는 것이다. 이 프로젝트에서 수행될 사례연구는 이러한 개념적 분석틀에 의해 포착되지 않고 있는 다양한 프로그램, 실천전략, 기관의 특성과 문화 등을 종합적으로 파악하는 보다 유연한 방식으로 이루어질 것이라는 점에서 상기 6개 영역은 데이터 수집과 해석을 위한 '출발점'이지 '종착점'은 아니라는 점을 명확히 해 두고자 한다.

연구진이 사례연구를 위한 자료 수집 및 보고서 작성과정에서 특히 염두에 둔 기본원칙은 다음의 두 가지다. 먼저 K-DEEP 프로젝트는 기본적으로 학부교육 우수대학의 '우수한 실천사례'를 파악하고 이를 문서화하는 데 있다는 점이다. 즉, 연구진의 기본적 관심은 서로 다른 유형의 기관에서 다양한 학생을 대상으로 '어떤 효과적인 프로그램을 시행'하고

---

3) 대교협 한국기초교양연구원의 '학부교육 실태진단 조사도구'는 다음의 6개 영역, 즉 (1) 학업적 도전, (2) 지적 활동, (3) 능동적·협동적 학습, (4) 교우관계, (5) 교수와 학생의 교류, (6) 지원적 대학 환경으로 구성되어 있다(자세한 내용은 배상훈과 김혜정(2012)을 참조). 2014년 학부교육 실태조사부터는 학습참여를 구성하는 요인이 학업도전, 동료와 학습, 교수와의 경험, 대학환경 등 4가지로 재편되었지만, 이 연구에서는 1차년도 연구와 일관성을 유지하기 위해 2013년도 K-NSSE의 6개 영역을 그대로 유지할 계획이다.

있으며, 대학들이 '왜, 어떻게 그러한 성공을 거두고 있는지' 그 성공요인을 파악하는 데 있다. 물론 연구진들은 우수대학이라고 할지라도 특정한 영역에서는 개선의 여지가 있다는 점에 대해 공감하고 있지만, 이 프로젝트의 기본적 포커스는 우수사례의 공유와 확산을 위해 '무엇이, 왜 성공적인가'라는 강점의 발견에 있고, '무엇이 왜 실패했는가'라는 약점의 파악에 있지는 않다. 따라서 이 프로젝트의 결과물이라고 할 수 있는 개별 대학에 대한 사례연구 보고서와 추후 발간될 단행본에서는 사례대학의 프로그램 전반에 대한 평가적 기술(Evaluative Statements)보다는 우수사례에 초점을 둔 묘사적 기술(Descriptive Statements)에 초점을 두고 있다. 둘째, K-DEEP 프로젝트는 시간이 허락하는 범위에서 가능한 한 포괄적이고 다양한 학내 구성원의 시각과 견해를 반영할 수 있도록 노력하였다. 이를 위해 가능한 한 학생들의 경험에 대해 서로 다른 견해를 가질 수 있는 다양한 그룹의 구성원(예컨대 총장 등 보직자, 행정가, 교수, 재학생, 편입생 등)을 만나 의견을 들어 보았고, 특히 학생, 교직원 및 다른 학내 구성원이 실제 대학생활을 경험하는 것과 같은 내부자의 시각에서 사례대학을 심층적으로 이해하는 것을 목표로 하였다.

1차년도 연구수행 기간 동안 연구팀에서는 사례연구 대상대학들을 대학별로 각각 2~3차례 정도 방문하였다. 5개 사례연구 대학별로 책임집필자[4]와 보조집필자, 연구보조원을 배치하여 연구진 간의 역할을 배분하였고, 각 대학 내에도 학내 코디네이터(ACE 사업단장 및 처장급 혹은 과장급 직원)와 실무 지원요원을 지정하도록 하여 연구진들과의 의사소통을 원활히 함으로써 연구가 효율적으로 추진될 수 있도록 하였다. 특히 연구진들과 참여대학 관계자들과의 라포르 형성을 위해 현장 방문 전에 연구진-참여대학 관계자 합동 워크숍을 개최하여 연구의 목적과 향후 추진방향에 대한 상호이해 증진을 위한 협의를 실시하기도 하였다.

현장 방문 전 연구진은 책임집필자를 중심으로 먼저 대상대학에 대한 다양한 온/오프라인 자료 및 관련 보고서 등을 철저히 검토한 후 현장 방문을 실시하였고,[5] 현장 방문 기간

---

4) 대학별 책임집필자는 배상훈, 전재은(건양대학교), 김병찬(대구가톨릭대학교), 변수연(포항공과대학교), 이석열(한국기술교육대학교), 변기용(한동대학교)으로 구성되었다.
5) 1차년도 연구에서 일부 연구진은 본격적인 사례연구 개시 전에 한동대학교 등 해당 대학에 프로젝트 참여의지를

1차년도 연구 추진 경과

기 간	내 용
2013. 10. ~ 2014. 2.	문헌 조사, 연구진 학습, 연구방향 설정 회의
2014. 3. ~ 2014. 4.	구체적 연구계획서 작성 및 사례연구 대상 후보 대학 그룹 선정
2014. 5.	사례연구 대상 대학에 참여제안서 발송, 참여대학 확정, 참여대학 학내 코디네이터 지정 및 K-DEEP 프로젝트에서 산출된 자료의 체계적 축적을 위한 웹 카페 구축
2014. 6. 13.	참여 연구진들과 연구보조원들을 대상으로 연구 내용 및 방법상의 쟁점 토의 및 문제의식 공유를 위한 출범 워크숍 개최
2014. 8. 18.	K-DEEP 연구진 & 참여대학 관계자 1차 합동 워크숍 개최
2014. 9. ~ 2014. 10.	1차 현장 방문
2014. 10. 22.	방문결과(사례연구 중간 보고서) 및 2차 방문 계획에 대한 연구진 사전 협의
2014. 11. ~ 2014. 12.	2차 확인 현장 방문
2014. 12. 17.	사례연구 최종 보고서 초안 연구진 사전 협의
2014. 12. 19.	K-DEEP 연구진 & 참여대학 관계자 2차 합동 워크숍(최종 보고서 발표 및 참여대학 관계자와의 토의)
2015. 1. 26.	사례연구 보고서 마무리를 위한 1차년도 연구진 결산 회의
2015. 2.	개별 대학 사례연구 최종 보고서 작성

에는 면담, 포커스 그룹, 참여 관찰 등 다양한 방법을 통해 자료를 수집하여 이를 대학 구성원들과 토의·점검하였다. 특히 1차 방문 후에 연구진들은 수집된 자료를 바탕으로 개별대학에 대한 '사례연구 중간 보고서'를 작성하고 이에 대해 토론하는 과정을 거침으로써 사례연구 보고서 간의 일관성과 연구수행 과정에서 나타난 다양한 문제점에 대한 해결책 모색 및 후속적 추진방안을 도출하고자 하였다.

2차 현장방문의 주된 목적은 추가적 자료수집을 통해 사례연구 대학에 대한 연구자들의 보다 심층적인 이해를 도모할 뿐만 아니라, 중간 보고서에서 기술된 사실의 확인과 특정 사

확인하고, 주요 보직자, 학내 코디네이터 면담 등을 통해 사례연구의 수행 기본 방향과 절차를 협의하기 위한 예비방문을 실시하였다. 이 예비방문을 통해 해당 대학이 산출한 학부교육 개선을 위한 연구보고서 등 다양한 기초자료도 함께 수집한 바 있으며, 2차년도 연구에서는 예비방문을 더욱 활성화하는 것을 고려 중이다.

안에 대한 연구진들의 해석의 타당성에 대해서 참여대학 내부 구성원들의 시각을 통해 그 정확성을 확인하는 데 있다. 이를 위해 2차 현장 방문에서는 특히 중간 보고서에 기술된 내용에 대해 연구진과 다양한 대학 내부 구성원 간의 소그룹 토론과 면담을 시행하여, 혹시 있을지도 모르는 해석상의 오류를 시정하고, 아울러 중간 보고서에서 제대로 포착되지 못한 우수사례나 이를 가능하게 한 대학의 전략 및 조직문화에 대해 연구진들의 보다 심층적인 이해 촉진을 도모하고자 하였다. 2차 방문 후 연구진들은 수집된 자료와 참여 연구진 간의 논의를 바탕으로 개별 대학에 대한 '사례연구 보고서 초안'을 작성하고, 이를 참여대학 관계자들과의 2차 합동 워크숍에서 발표하였다. 이 과정에서 제시된 의견들을 반영한 최종 사례연구 보고서 초안을 작성한 후 대학별 코디네이터들을 통해 이를 해당 대학에 회람하도록 함으로써 사실의 확인과 함께 대학 내부적으로 학부교육의 질 개선을 위한 토론과 논의를 촉발할 수 있는 계기를 제공하도록 하였다.[6] 이러한 방식으로 연구진들은 참여대학 내부에서 제기되는 다양한 시각과 통찰력을 적절히 반영할 수 있는 의견 수렴 및 검토 과정을 반드시 거친 후에 최종 사례연구 보고서를 완성하도록 함으로써 분석의 타당성을 높일 수 있도록 노력하였다.

4. K-DEEP 프로젝트 수행을 통해 기대하는 것들

K-DEEP 프로젝트 연구진들이 이 연구를 통해 궁극적으로 성취하기를 기대하고 있는 것은 (1) 대교협의 '학부교육 실태조사 데이터'에 대한 보완자료 확보, (2) 사례연구 참여 대학의 학부교육 역량에 대한 종합적 점검 기회 제공, (3) 개별 사례들을 각각의 '성공적 학부교육 모델'로 구축함으로써 이론적·실천적으로 한국 학부교육의 전반적 질 향상 논

---

6) 한동대학교의 경우 2015년 2월에 열린 전체교수 연찬회에 책임집필자가 직접 참여하여 한동대의 중장기 발전계획인 '비전 2025' 수립과 관련한 교수들의 논의 전에 사례연구의 발견사항에 대해 발표함으로써 해당 계획 수립에 대한 일정한 피드백을 제공한 바 있다. 건양대학교의 경우에도 2015년 2월 전체 교수가 참여한 '교육의 질 관리 워크숍'에 책임집필자가 참여하여 사례연구 결과를 발표하고 논의함으로써 건양 학부교육의 질 관리방안 수립에 대하여 K-DEEP 연구가 기여한 바 있다.

의에 기여한다는 것 등 크게 3가지로 요약될 수 있다. 이를 좀 더 구체적으로 살펴보면 다음과 같다.

먼저 K-DEEP 프로젝트는 대교협이 시행하고 있는 '학부교육 실태조사 데이터'에 대한 의미 있는 보완자료를 제공해 줄 것으로 기대된다. 즉, K-DEEP 프로젝트는 학부교육 실태조사 데이터와 같은 정량적인 데이터로 보이지 않는 '양적인 결과가 나타난 과정과 이유'에 대한 심층적 설명을 제공함으로써 해당 대학의 학부교육 실태에 대한 종합적 밑그림과 이에 기초한 실천적 개선전략 도출에 기여할 것으로 생각된다. 보다 구체적으로 개별 대학들은 심층적 사례연구를 통해 '서베이 데이터로 제시되는 결과가 타당하고 신뢰성이 있는지' 그리고 '서베이 결과가 나타난 이유는 무엇인지'를 확인할 수 있는 보완적 자료를 획득할 수 있게 됨으로써 해당 대학이 시행하고 있는 프로그램 중 성공적으로 운영되고 있는 것은 무엇인지, 그리고 성공의 원인은 무엇인지에 대한 보다 종합적이고 심층적인 이해를 도모할 수 있을 것으로 생각된다.

둘째, K-DEEP 프로젝트는 참여대학의 학부교육 역량에 대한 종합적 점검 기회를 제공해 줄 수 있다. 먼저 사례연구 대상 대학들은 다년간 대교협의 '학부교육 실태진단 조사'에 참여할 정도로 학부교육 개선에 관심이 많은 대학이며, 동 실태진단 조사 결과를 그동안 자신들의 학부교육 개선을 위한 기초자료로 적극적으로 활용해 온 것으로 알고 있다. 개별 우수대학에 대한 사례연구는 참여대학의 내부 구성원들이 (학부교육 실태진단 조사와 같은 정량적 데이터만으로는 파악하기 어려운) 학부교육의 성과 향상을 가져오는 보다 심층적인 원인을 풍부한 고등교육 연구 경험을 가진 외부 전문가들과 함께 상호학습 및 토론과정을 통해 파악할 수 있는 좋은 기회라고 볼 수 있다. 사례연구 참여대학들은 사례연구 과정을 통해 학부교육 개선을 위한 대학 내부 분위기 조성과 개혁 추진 동력 확보에 상당한 도움을 받을 수 있을 것으로 사료된다. 아울러 참여대학들은 ACE 사업 참여대학 등 국내의 다른 학부교육 우수대학에서 시행하고 있는 우수 실천사례와 경험을 연구과정을 통해 파악하고 공유함으로써 자신들의 학부교육 역량을 한 단계 높일 수 있는 좋은 계기로 활용할 수 있을 것이다.

마지막으로 K-DEEP 프로젝트를 통해 파악된 개별 대학들의 우수사례를 궁극적으로 서로 다른 하나의 '학부교육 성공모델'로 제시하고, 그 특징과 성공요인을 심층적으로 파악하여 제시함으로써 현재 우리 사회에서 초미의 관심사가 되고 있는 학부교육의 질 논의에 이론적·실천적으로 큰 기여를 할 수 있을 것으로 생각된다. K-DEEP 프로젝트는 미국 Indiana 대학의 NSSE Institute에서 시행한 DEEP(The Documenting Effective Educational Practice) 프로젝트를 한국적 맥락에서 타당화하여 시행하는 것으로서, 미국의 학부교육 우수대학에서 시행된 주요 정책과 프로그램들이 한국의 대학에서 적용했을 때 타당성이 있는지, 아울러 미국에서 이 프로그램들이 성공하게 만들었던 다양한 실천적 전략과 리더십, 조직문화 등이 한국적 상황에서도 타당성이 있는지 등을 비교적 관점에서 살펴봄으로써 미국과는 다른 한국적 맥락을 반영한 우수한 학부교육 모델과 성공요인 파악을 위한 이론적 토대를 구축하는 데 있어 중요한 기초자료를 제공해 줄 수 있을 것으로 기대된다. 또한 K-DEEP 프로젝트를 통해 학부교육 우수대학에서 활용하고 있는 우수한 교육 프로그램들과 개별 대학의 맥락에 맞는 효과적인 실천 전략을 발견할 수 있다면, 이러한 우수사례와 실천 전략들은 학부교육에 관심이 있는 우리나라의 많은 대학들이 학부교육의 질 제고를 위한 그들 자신의 실천 전략을 구안해 내는 데 있어 벤치마킹할 수 있는 중요한 자료로 활용될 수 있을 것으로 보인다. 이는 큰 틀에서 기존에 한국 사회에서 오랜 기간 구축되어 큰 영향력을 발휘하고 있는 '평판에 기초한 대학 서열 구조' 혹은 '대중적 포퓰리즘에 기초한 언론사 등의 랭킹' 등의 역기능을 상쇄할 수 있는 중요한 수단을 제시할 뿐만 아니라, 나아가 궁극적으로 교육을 잘하는 대학이 사회적으로 보다 인정받을 수 있는 문화 정착에도 상당 부분 기여할 수 있을 것으로 기대된다.

한동대학교

혁신적 교육 프로그램과 신앙의 힘으로 만들어 낸
소규모 대학 성공모델

변기용(고려대학교)

＊이 장의 집필에는 김수홍(성균관대학교), 변수연(부산외국어대학교)이
기여하였음을 밝혀 둔다.

[한동대학교 학부교육의 특징]

한동대학교(이하 한동대)에는 학생들을 전인적으로, 기독교적 정신으로 교육시키는 것을 소명으로 여기는 교수들이 모여 그러한 교육철학을 이루기에 적합한 방식으로 교육과정 및 학사 구조를 구성했다. 여기에는 무전공 제도, 팀 제도, 생활관(RC), 실무 위주의 전공교육, 협동/프로젝트 학습, 절대평가, 연구업적의 비중이 낮은 교수업적 평가 등이 있다. 교수들은 학생들에게 높은 기대수준을 설정하였고, 보통 학부에서는 잘 요구하지 않는 수준의 과제와 공부량을 요구하였다. 또한 학생들이 인생의 의미, 공부의 목적 등을 스스로 찾을 수 있도록 다양한 지원을 하였다. 교수 스스로가 그 롤모델이 되는 경우도 많았다. 학생들의 학업적 역량은 달랐지만, 대부분은 교수들이 학업적으로 기대하는 바를 충족해 냈다. 일단 학생들이 공부에 집중하는 시간이 절대적으로 많았다. 한동대에는 전반적으로 공부하는 분위기가 자리 잡혀 있어서 그냥 따라가기만 해도 공부를 많이 하게 된다고 한다. 이유는 복합적인데, 기숙사 생활, 고립된 학교 위치, 끈끈한 유대관계, 본인이 고심하여 정한 전공을 공부한다는 점 등이다. 학업적 역량 이외에 신앙과 밀접하게 연결되어 인성(영성과 인성)도 많이 길렀다. 한동대에서는 이것 자체가 좋은 교육을 할 수 있는 동력이자 또한 그 결과다. 전형적인 한동대 학생들이 입학 후 겪게 되는 다양한 경험의 모습들을 간략히 묘사해 보면 다음과 같다.

한동대에 지원을 하러 온 학생들은 서울의 다른 대학을 마다하고 한동대에 온다. 그들이 한동대를 선택하는 중요한 이유는 한동대가 가지는 교육철학이다. 그들은 '배워서 남 주자.' 'Why not change the world?' 라는 교육철학에, 그리고 무전공 제도나 팀 제도 등 한동대의 교육만이 갖는 특이한 것에 어떤 이유에서든지 끌린 학생들이다. 그들이 시험을 치러 왔을 때, 교수님들과 작은 책상에 앉아서 나누는 친밀한 대화에서 한동대에는 무엇인가 다른 것이 있음을 안다. 입학 전 오리엔테이션에서는 학교의 색깔을 분명히 보여 준다. 두 달을 준비한 스태프들, 한 주를 준비한 새섬이('새내기 섬김이'의 줄임말) 선배들의 인도를 받으며 4박 5일의 일정을 소화하고, '한동의 아너 코드(Honor Code)'를 낭독하고, 더러워진 발을 씻겨 주는 선배와 교수를 보면서 눈물을 흘린다. 이때 '나도 선배가 되면 새섬이가 되어 내가 받은 감동을 후배에게도 주리라.'는 다짐을 하게 된다.

입학한 후 가장 먼저 만나는 사람들은 팀 동기 및 선배들이다. 팀에는 다양한 전공을 가진 선배들이 있기 때문에 공식적/비공식적으로 각 전공에 대해 소개받을 기회가 많다. 팀 선배들이 돌아가며 한 명씩 아침을 사 주는데, 이때 대학과 전공에 대해서 구체적으로 묻기도 한다. 팀 교수님의 집에 가서 밥을 먹는 날도 있고, 시험 때면 공부 열심히 하라고 수박을 사 주시기도 한다. 어느 때는 전공 공부 상담을 하러 갔다가 이성 친구 상담을 받고 오기도 한다. 동아리는 춤 동아리를 들고, 소그룹 성경공부 모임이 주 1회 있다. 성경과 세계관 과목에서는 내가 미처 알지 못했던 기독교에 대한 새로운 시각을 배운다. 입학 시 전공이 정해지지 않았기 때문에 원래 문과였지만 관심이 있던 생물학과 디자인, 또는 취직이 잘 된다는 기계나 전자 과목을 듣기도 하고, 이과였던 학생이 심리학이나 사회복지, 지역학 수업을 들어 보기도 한다. 기초수업을 듣다 보니 관심 가는 전공이 두 개가 된다. 각 전공의 전공 소개시간에 참석하여 선배와 교수님의 설명을 듣고, 같은 팀 선배가 소개시켜 준 디자인 전공 선배를 만나서 전공 공부에 대한 자세한 설명을 듣는다. 그 선배도 원래 이과였다고 한다. 고민 끝에 디자인과 경영을 전공하기로 일단 결정했는데, 2학기 때는 심리학 수업을 들을 예정이고 제2전공을 심리로 바꿀 가능성도 언제나 열어 두었다.

새섬이 선배는 주 1회 새내기들을 불러 밥을 같이 먹고, 포항과 학교 이곳저곳을 설명해 주신다. 시간 관리의 중요성, 2학년에 전공이 결정되면 무척 바빠진다는 것, 1학년 때는 공부보다 다양한 경험을 하는 게 중요하다는 점 등 이런저런 이야기를 해 준다. '배워서 남 주자.' 'Why not change the world?' 그리고 교수님들이나 선배님들의 전설과 같은 이야기를 들으면서 어떻게 살아야 할지에 대해서 많이 생각한다. 그래서인지 '좋은 직장에 가서 안전한 생활을 해야지.'라는 마음이 들 때마다 약간 불편하다. 무감독 시험은 처음에는 충격이었다. 하지만 한 학기가 지난 지금은 무감독이라는 것 자체를 인식하지도 못하게 되었다.

한동대 생활은 너무너무 바쁘다. 팀 모임, 기숙사 모임, 동아리 모임, 하루 기본 2개 정도 있는 팀플 모임, 과목당 3번 이상 보는 퀴즈와 시험, 고민하지 않으면 풀 수 없는 과제들……. 다른 사람 것을 베끼려고 해도, 아너코드 때문에 마음에 걸려 하지 못했다. 영어로 진행되는 수업도 많은데, 외국인들이 같이 들어서 그런지 정말 거의 다 영어로 진행된다. 캠퍼스 곳곳에서 영어로 이야기하는 소리도 흔히 듣는데, 영어 공부를 하지 않고서는 못 배기겠다 싶다. 교수님들은 너무 많은 것을 요구하시는 것 같다. 처음에는 다 할 수 있을까 했는데, 모두들 열심히 공부하는 분위기에 휩싸여 어떻게든 학기를 잘 마친 것에 신기해한다. 늘 있는 팀 과제 모임에서 '바빠서 못 했다.'는 말은 눈치가 보여 도저히 할 수 없기 때문에 밤을 새워서라도 맡은 부분을 해낸다. 팀 프로젝트 모임 시간이 가까스로 저녁 11시에 잡혔다. 이런 팀을 20개 이상 거치다 보니 모두 바쁜 상황에 최대한 효율적으로 모임을 운영하는 법도 이제 터득하게 되었다. 모르는 것이 있을 때 기숙사 동기와 선배, 팀 선배들에게 바로바로 물을 수 있다는 것이 큰 도움이 된다. 본인의 시험 전날인데도 아주 친절하게 가르쳐 주는 것을 보고 선배와 동료들에게 무한감동을 느끼기도 한다.

방학 때 팀원 10명 중 3~4명은 어떤 방법으로든 해외봉사를 나간다. 차드라는 곳에서 숯을 팔아 지역주민을 돕는 프로젝트는 벌써 3년째 진행 중인데, 선배들의 권유로 참여하게 되었다. 경영, 디자인, 기계, 영어 등 다양한 전공학생들의 협력을 통해 실제 문제를 해결해 나간다. 교실에서만 배웠던 내 전공지식을 통해 직접 사람을 돕는 경험은 전공의 의미를 다시 보게 해 준다. 후배와 친구들도 내 이야기를 듣고 다음 학기에 신청을 할 예정이란다. 기계 수업에서는 졸업생 20명 정도가 매 강의 시간에 자기 일도 바쁜데 잇달아 내려와서 현재 전공의 취업전망과 트렌드를 이야기해 준다. '사례금을 주는 것도 아닌데 이 먼 포항까지 내려오다니…….' 본인도 졸업 후에 이런 강의를 요청받아 후배들을 위해 수업하는 모습을 상상하고 기대한다.

한동대에서는 특별한 학생들의 이야기를 많이 듣는다. 군대에서 휴가를 받고 집보다는 학교에 먼저 들르는 학생, 학교가 마음의 고향이라고 하는 학생, 한동에서밖에 만날 수 없는 사람들을 만난 것을 대학생활 최고의 선물로 여기는 학생, 한동대를 졸업한 것을 다른 명문대를 졸업한 것보다 자랑스럽게 여기는 학생, 생활관 예치금을 받아가지 않는 학생, 시키지도 않았는데 학교 홍보자료를 받아 여기저기 배부하는 학생, 첫 월급을 학교에 후원하는 학생 등. 흥미로운 점은 한동대에는 이런 학생들을 특별한 학생이라고 치부하기에 그 숫자가 너무 많다는 점이다.

제1절 서 론

이 사례연구의 목적은 K-DEEP 프로젝트에서 학부교육 우수대학의 하나로 선정된[1] 한동대 학부교육의 특성과 성공요인을 파악하는 데 있다. 한동대학교는 1995년 경북 포항시 흥해읍에 설립된 사립대학교다. 개교 초기에 여러 가지 어려움을 성공적으로 극복하면서

---

1) 이 사례연구 보고서의 모체가 되는 K-DEEP 프로젝트(학부교육 우수대학의 특성 및 성공요인 분석 연구) 및 사례연구 대상 대학의 구체적인 선정방식과 관련해서는 〈부록 1〉을 참조하기 바란다.

교육중심 기독교 대학으로서의 정체성을 확립하여, 불과 20년이 채 되지 못하는 짧은 역사에도 불구하고 지방에 소재한 소규모 사립대학으로서는 드물게도 그동안 매우 인상적인 발전을 거듭해 온 바 있다. 특히 이 과정에서 한동대가 내세운 교육중심대학, 인성교육 및 국제화 교육 강조, 무전공 제도, 팀 제도, 전원 기숙사 거주 정책 등의 프로그램과 제도는 당시로서는 가히 혁신적인 발상이라고 할 수 있었으며, 한동대 교육이 본격적으로 각광을 받기 시작한 2000년대 초중반부터 학부교육에 관심을 가진 많은 대학들로부터 벤치마킹의 대상이 되기도 했다. 이러한 그간의 사정이 K-DEEP 프로젝트 연구진들이 한동대에 관심을 가지게 된 이유가 되기는 했지만, 연구진이 한동대를 사례연구 대상대학으로 선정한 가장 큰 이유는 한동대가 대교협의 학부교육 실태조사(이하 'K-NSSE') 결과에서 다른 대학들에 비해 조사대상인 6개 영역(학업적 도전, 지적 활동, 능동적 · 협동적 학습, 교우관계, 교수와 학생의 교류, 지원적 대학 환경) 대부분에서 압도적으로 높은 점수를 얻었기 때문이다(제3절의 〈표 1-7〉 참조).[2] 한동대를 사례연구 대상으로 선정한 또 다른 이유 중 하나는 학령인구의 감소로 어려움을 겪고 있는 우리나라의 많은 대학들이 대부분 한동대와 같은 지방의 중소규모 사립대학이라는 점 때문이다. 물론 한동대의 경우 여타 사립대학들과는 달리 기독교 신앙이 학교 운영의 중요한 매개체가 되는 특수한 사정이 없지는 않지만, 그럼에도 지방의 중소규모 사립대가 겪는 어려움은 한동대 역시 동일하게 겪고 있으므로 한동대에 대한 사례연구가 유사한 처지에서 어려움을 겪고 있는 한국의 많은 중소규모 사립대학들이 새로운 발전방향을 모색하는 데 유용한 시사점을 제시해 줄 수 있을 것으로 생각하였다.

　이 사례연구를 관통하는 두 가지 핵심적 연구 문제는 첫째, '학부교육 우수대학으로서 한동대 교육의 특징은 무엇인가?' 둘째, '한동대가 이렇게 질 높은 학부교육을 제공할 수 있도록 만든 성공요인은 무엇인가?'로 요약될 수 있다. 첫 번째 연구 문제의 경우, 당초 이 사례연구가 K-NSSE와 상호보완적으로 활용되도록 설계되었기 때문에 이 사례연구에서도

---

2) 한편 K-NSSE의 6개 영역에 포함되지는 않지만 별도 조사 항목인 '학생들의 학교에 대한 인식'과 관련하여 한동대는 타 대학에 비해 특별히 높은 수치를 기록하였는데, 이는 대학서열이 학생의 학교 선택 및 만족도를 좌우하는 한국의 상황에서 매우 이례적인 현상이라고 할 수 있으며, 따라서 연구자는 그 내면의 이유를 살펴볼 가치가 있다고 생각하였다.

K-NSSE에서 사용하는 6개 조사영역을 중심으로 한동대 학부교육의 특징을 기술하는 방식으로 진행된다. 이때 기술의 목표는 K-NSSE 설문조사 결과로 나타나는 분절적이고 무미건조한 '우수한 학부교육의 모습'을 학생들의 구체적 경험과 사례, 스토리로 보다 생동감 있게 드러내는 것에 있다. 두 번째 연구 문제의 경우에는 한동대가 출범 이후 짧은 기간 동안에 질 높은 학부교육을 제공할 수 있도록 만든 다양한 맥락적 요인이 무엇인지 찾아보는 것이 핵심적 내용이다. 이 과정에서 특히 대학의 정책결정자들이 적절한 정책적 개입을 할 수 있는 제도적인 요인과 이 제도들을 효과적으로 작동하게 만드는 맥락적 변인이 무엇인지 파악하는 데 분석의 초점을 둘 것이다. 이와 같은 두 가지 연구 문제에 대한 심층적 이해를 바탕으로 이 사례연구에서는 사례연구 대상대학과 (간접적으로는) 학부교육 개선에 관심을 가진 많은 우리나라 대학들이 학부교육 질 개선에 보다 실천적으로 활용할 수 있는 구체적인 시사점과 정책적 제언을 도출해 내는 것을 목적으로 한다.

이러한 연구목적을 달성하기 위해 이 사례연구에서는 인터뷰, 참여관찰 및 문헌자료 분석 등 다양한 방식을 통해 자료를 수집하였다. 특히 사례대학 구성원들과의 인터뷰와 참여관찰을 위해 연구자들은 사전방문을 포함, 총 3차례에 걸쳐 한동대를 방문하였다. 면담자 수는 교수 24명(현 총장 등 보직자와 전임 총장 포함), 학생 47명, 교직원 13명 등 총 84명이다 (〈표 1-1〉 참조).

문헌자료의 경우 자체평가 보고서, 관련 논문, 『갈대상자』, 『한동신문』 등 공개적으로 얻을 수 있는 문건뿐만 아니라, 사전 방문 시 대학 관계자의 협조를 얻어 한동대에서 작성 혹은 발간한 다양한 공식/비공식 자료를 추가적으로 획득하여 함께 분석하였다. 이 사례연구 보고서 작성을 위해 참조한 주요 자료 목록은 〈표 1-2〉에 요약되어 있다.[3]

연구진들은 수집된 자료들을 반복적으로 읽어 나가면서 코딩, 영역 분석, 주제 분석 등의 방법으로 자료 분석을 실시하였다. 제3절의 경우 사전 연구진의 협의를 통해 분석의 기본

---

3) 이 책에서는 1차적 자료와 함께 필요하다고 생각하는 경우 연구진 중 1명이 2011년 한동대를 대상으로 수행한 논문과 김영길 전 총장의 부인인 김영애 씨가 2004년 및 2014년에 각각 출간한 『갈대상자』와 『구름기둥』 등 2차적 자료도 적극적으로 활용하였다. 특히 이 사례연구에서 사용한 일부 인용문은 김수홍(2011), 김영애(2004, 2014)에서 가져왔음을 밝혀 둔다.

〈표 1-1〉 사례연구를 위해 수행한 면담 및 참여관찰 내용

		사전 방문	1차 방문	2차 방문
방문 일시		2014. 8. 27.(1일)	2014. 9. 24.~26.(2박 3일)	2014. 12. 3.~4.(1박 2일)
면담자	보직자 및 교수	2명(개별면담)	총장 포함 총 8명 (개별면담)	총 13명 -그룹면담 13명(4그룹)
	학생	-	총 24명 -개별면담 8명 -그룹면담 16명(2그룹)	총 23명 -그룹면담 23명(5그룹)
	교직원	2명 (개별면담)	총 4명 -그룹면담 4명(2그룹)	총 7명 -그룹면담 7명(2그룹)
참여관찰		-	팀 모임 1회	신임교원 교육 프로그램 1회

※ 기타 김영길 전임 총장 인터뷰를 서울(2015. 2. 24.)에서 별도로 수행하였음.

틀이 이미 K-NSSE의 6가지 조사영역으로 정해져 있었기 때문에 참여관찰이나 인터뷰 과정
에서 얻어진 자료를 6개의 주제 영역으로 분류하고, 그 분류의 적절성을 검토하는 방식으
로 이루어졌다. 이와는 달리 제4절의 경우 인터뷰 전사자료를 반복적으로 읽어 나가면서
코딩 작업을 통해 하위주제를 추출하고, 코딩 결과를 바탕으로 하위주제를 범주화시키는
영역 분석, 도출된 영역에 이름을 부여하는 주제 분석을 반복적으로 시행하였다. 이러한 자
료 분석 과정은 연구진 간의 활발한 토의과정을 거쳐 이루어졌으며, 초안이 완성되고 나서
사례연구 대학 관계자에게 보고서를 검토하게 한 후 이를 반영하여 최종 보고서를 완성하
였다.

〈표 1-2〉 사례연구를 위해 참고한 주요 문헌자료 목록

자료 형태	참고한 주요 자료
한동대 발간자료	• 2013 한동대학교 자체평가보고서, 한동대학교 중장기 발전계획(2009) • 배상훈 외(2013. 11.) 학부교육 실태진단 종합보고서 및 개별대학 보고서. 한국대학교육 협의회 한국교양기초교육원. • 학부교육 선진화 선도대학 지원사업(ACE 사업) 보고서: 1차년도(2011), 연차보고서, 2차 년도(2012) 중간보고서, 3차년도 연차보고서(2013), 4차년도(2014) 사업성과 보고서 • 2012년 대학 교육역량 강화 지원사업 실적보고서: 글로벌 인재양성을 위한 교육역량 강 화사업(2013. 9.), 2011/2012년 대학 교육역량 강화사업 우수사례집(2013). 교육과학기술 부/한국대학교육협의회 • GLS 학생 설문지 개발 및 데이터 구축사업 보고서(2014), K-CESA 및 학습과정 설문 분석 보고서(2012, 2013), 신입생 설문조사 보고서(2011), 재학생 설문조사 보고서(2011), 졸업 생 설문조사 보고서(2010) • 한동인 성장 에세이(2010), 선물공세(2012), Teaching Handong Students as an International Professor(2011), 우리 누리 튜터링 에세이(2013), 신입교수 모임 티칭 포트 폴리오 에세이(2012), 신입교수 모임 티칭 포트폴리오(2013) • 2014학년도 새내기 한동인을 위한 Residential College 가이드(2014) • 신입생을 위한 연계전공 길라잡이(2014), The New Way: 한동대학교 진로 가이드북 (2014) • 신앙과 학문의 통합수업 사례집(2009, 2011), 창의적 수업사례집 BREAK THE BOX(2012), 학업공모전 좋은 수업 소개시켜 줘(2013) • 2015 새내기 한동인을 위한 대학생활 안내(2014) 등
신문 및 잡지	• 한동신문(www.hgupress.com) • 후원자 매거진 『갈대상자』 • 한동인 이야기(story.handong.edu) • 한동人(Handong IN Magazine)
일반출판물	• 김영애(2004). 갈대상자: 보이지 않는 길을 따라서. 서울: 두란노. • 김영애(2014). 구름기둥: 갈대상자 그 이후. 서울: 두란노. • 김대일(2011). 한동대에서 만난 하나님: 갈대상자 속 한동인들의 이야기. 서울: 두란노.
논문 및 발표자료	• 김수홍(2011). 한동대 학생들의 교육적 경험과 그 영향요인에 관한 질적 연구. 고려대학 교 일반대학원 석사학위 청구논문. • 박혜경(2015. 1.). 완생(完生)을 꿈꾸는 미생(未生), 한동대학교 이야기. 제1회 대학교육혁 신 포럼 '대학교육의 혁신과 변화를 말하다: 대학교육 성공사례를 중심으로' PPT 발표자 료. 서울: 성균관대학교.

제2절 한동대학교의 기본적 특성

1. 맥락

1) 기관의 역사

한동대는 1995년에 지방 도시에 설립된 사립대학교로서 상대적으로 짧은 역사에도 불구하고 빠른 속도로 성장하면서 교육 중심의 모범적인 기독교대학으로서의 이미지를 성공적으로 구축해 왔다. 개교 직후 대학의 설립 취지나 재정 문제, 노조와의 갈등 등 다양한 문제를 겪으면서 위기를 맞이한 적도 있으나 교수와 학생들 사이에 형성된 독특한 종교적 문화와 혁신적인 교육 프로그램에 대한 학부모와 사회 일반으로부터의 좋은 평가를 바탕으로 이러한 위기를 극복하였다. 이후 대학교육의 혁신 모델을 제시하는 '작지만 강한' 대학으로서의 명성과 이미지를 성공적으로 구축해 왔는데, 이와 같은 노력이 국내 공영방송의 다큐멘터리 프로그램 등을 통해 자세히 소개되면서 2004년부터 본격적인 결실을 맺게 되었다.

이러한 성과에 힘입어 2000년대 중반부터는 정부의 고등교육 지원사업에 적극적으로 참여하여 누리사업(2006~2009), 교육역량 강화사업(2008~2009), 학부교육 선진화 선도대학 지원사업(2010~2014), 대학입학사정관제 지원사업(2008~현재), 대학특성화사업(2014~현재) 등 다수의 재정지원 사업에 선정된 바 있다. 개교와 함께 취임한 김영길 전임 총장은 2013학년도 말까지 네 차례의 임기를 마치고 퇴임하였고, 그 뒤를 이어 현 장순흥 총장(전 KAIST 부총장)이 2014년 2월 후임 총장으로 취임하였다.

2) 대학의 재정 및 학생 모집 현황

한동대의 2013년 예산·결산 규모는 총 561억 원 정도의 규모를 보이고 있다. 전체 예산 중 등록금 의존율은 전국 대학 29위 수준으로 상당히 양호한 수준을 보이고 있으나, 기부금과 국고보조금 등 유동적인 수입원들의 비율이 높아 향후 보다 안정적인 수입원 모색이 필

〈표 1-3〉 최근 3년간 한동대학교 신입생 모집 현황 (단위: 명)

연도	입학정원	모집인원			지원자			입학자					정원 내 신입생 충원율 (%)	경쟁률 (%)
		계	정원 내	정원 외	계	정원 내	정원 외	계	정원 내		정원 외			
									남	여	남	여		
2011	760	820	760	60	5,915	5,477	438	816	425	330	31	30	99.3	7.2
2012	760	823	763	60	6,080	5,370	710	865	371	392	43	59	100	7
2013	760	828	760	68	4,234	3,796	438	845	389	372	43	41	100.1	5

출처: 2013 대학알리미 공시정보.

요해 보인다. 학교법인인 한동대가 특정 기업이나 재단과 연계되어 있지 않은 상황에서도 수익용 기본재산 확보율이 69.9%(2013년 기준)에 달하는 점은 바람직하나, 수익재산의 상당 부분이 토지인 관계로 수익률이나 유동성이 상대적으로 저조하다는 단점을 가지고 있다.

2013년 말 현재 총 재적생은 5,055명이며, 신입생 모집 현황은 〈표 1-3〉과 같이 지방 사립대로서는 양호한 수준을 보여 왔으나 과거에 비해서는 경쟁률이 다소 하락하고 있다. 이는 심화되고 있는 수도권 대학 선호 현상과 깊은 관련이 있는 것으로 생각된다. 2014학년도 선발을 기준으로 할 때 수시모집이 전체 모집인원의 81%로 압도적으로 높은 수준이며, 대학정보공시 기준 최근 3년간 입학생 충원율은 2011년 99.3%, 2012년 100.%, 2013년 100.1%로 양호하며, 중도탈락률은 2%의 낮은 수준을 유지하고 있다.

한편 외국인 학생은 2012년 기준 총 재적생이 106명으로 전체 학생의 2%에 못 미치는 규모이지만 외국인 학생들의 국적은 2013년 현재 총 29개로 타 대학에 비해 매우 다양하다. 실제로 한동대학교는 국내 타 대학들과는 달리 중국 학생들을 중심으로 한 외국인 유학생 유치 정책을 추진하지 않고, 오히려 아프리카와 아시아 개도국들의 학생들을 장학금을 지급하면서 선발하여 교육시키는 정책을 운영하고 있다. 그 결과 2013 대학정보공시 기준 외국인 유학생 중도탈락 학생 비율은 5.9%로 타 대학에 비해 낮은 수준을 나타내고 있다.

2. 교육철학 및 목표

1) 기독교 대학

한동대는 1995년에 새로운 기독교 대학 모델을 표방하면서 설립되었고, 교과 및 비교과 교육과정에 이러한 종교적 교육철학이 폭넓게 반영되어 있다. 재단이 특정 기독교 교단과 연결되어 있지는 않으나 교수 임용에서는 종교적 배경이나 신념이 중요한 선발기준으로 작용하고 있다. 국내법에 따라 직원과 학생 선발에서는 종교가 선발기준에 포함되어 있지 않으나 직원들 역시 상당수가 기독교인이며, 신입생들 중 기독교인의 비율은 최근 3년간 평균 90%를 상회하고 있다.[4] 신입생 선발 전형 과정에서는 지원자의 종교가 전혀 영향을 끼치지 못하지만 한동대가 고등학교보다는 교회를 통해 주된 홍보 활동을 벌여 온 탓에 기독교인 학생들이 주로 지원해 왔고, 그 결과 최근 몇 년간 기독교인 학생 비율은 매우 높은 수준을 유지하고 있다.

[그림 1-1] 한동대 현동홀(본관 건물) 전경

---

[4] 최근 3년간 입학생 기준 기독교인의 비율은 2012학년도 91%(입학생 전수조사), 2013학년도 91.5%(입학생 전수조사), 2014년도 91.6%(입학생 80% 조사)다.

이와 함께 교수와 학생들을 위한 주별 채플이 정기적으로 운영되고 있고, 이러한 종교 행사에 대한 참여 의무의 수준이 타 대학에 비해 높다. 신입생들은 신입생 오리엔테이션에서부터 팀 모임 내에서 이루어지는 신입생 교육에 이르기까지 종교적 성격의 다양한 프로그램을 접하게 되고, 상당수의 교수들은 자발적으로 선교활동이나 해외 봉사활동, 성경공부 등을 운영하고 있다.

2) 교육중심대학

한동대는 그동안 대학원 중심으로 운영되는 연구중심대학과 스스로를 차별화하여 학부교육 중점 대학으로서의 이미지를 부각시켜 왔다. 그러한 노력의 일환으로 교육역량 강화사업과 학부교육 선진화 선도대학 지원사업(일명 ACE 사업) 등 학부교육 지원사업에 적극 참여하면서 전공교육과 인성교육 등 학부교육의 여러 영역에서 독특한 교육과정을 개발·운영해 왔다.

3) 글로벌 대학

한동대가 구축한 또 다른 정체성은 국제화를 지향하는 대학이라는 점이다. 한동대학교는 설립 초부터 아프리카와 아시아 개도국 학생들에게 전액 장학금을 제공하면서 우수한 외국인 학생들을 유치해 왔고, 최근 들어서는 UNDP(United Nations Development Plan) 국가사업 참여대학으로 선정되어 국제개발대학원을 설립하는 등 개도국에 대한 교육원조 사업에 앞장서고 있다. 또한 2000년에는 국내에서는 유일하게 국제법률대학원을 개설하여 미국 변호사 자격증을 취득할 수 있는 과정을 운영해 왔다.

3. 구성원의 특성

1) 교원

2014년 기준 한동대의 교원은 총 290명으로 이 중 전임교원이 130명, 비전임교원이 160명이다. 전임교원 확보율은 2014년 기준 65.7%이며 전임교원 1인당 학생 수는 35.3명,[5] 전임

⟨표 1-4⟩ 한동대학교의 전임교원 연령별, 직급별 구성 현황(2014) (단위: 명)

직명	연령(세)							
	30~34	35~39	40~44	45~49	50~54	55~59	60~65	합계
교수			4	10	18	27	8	67
부교수		1	11	6	3	5	3	29
조교수	2	7	12	2	3	4	4	34
합계	2	8	27	18	24	36	15	130

출처: 한동대학교 내부 자료.

교원 강의담당 비율은 61.0%다. 이와 같은 수치는 전국 대학 평균에 비해 다소 낮은 수치인데, 대학 측에서는 이를 보직자 증가, 높은 연구년 수혜율, 다양한 과목 개설, 재학생 수의 증가 등의 결과로 해석하고 있다. 전임교원의 연령별·직급별 구성을 살펴보면 50세 이상 교수의 비율이 전체 전임교원의 57.7%(75명)에 달하고, 직급별로는 교수 직급의 비율이 50%(67명)가 넘는다.

전임교원들의 국내외 논문 게재 실적은 매우 저조한 편인데, 이는 개교 초부터 연구보다는 교육과 학생 상담·지도에 중점을 둔 학교 문화와 깊은 관련이 있어 보인다. 최근 들어서는 좋은 교육을 위해서라도 교원의 최소한의 연구 활동이 필요하다는 문제인식이 새로이 제기되고 있다. 하지만 낮은 연구 실적에도 불구하고 전임교원 1인당 교외연구비 수혜 실적은 전국 4년제 대학 상위 40% 안에 들어 한동대 전임교원들의 연구 영역의 잠재력이 높음을 시사하고 있다.

2) 학생

2014년 3월 현재 한동대는 인문사회계열 6개 학부(이 중 1개는 야간 학부), 이공학계열 6개

---

5) 학부교육을 강조하는 건양대학교(24.0명), 대구가톨릭대학교(25.6명) 등 타 학부교육 우수대학들에 비교해 볼 때 수치로만 보면 한동대의 전임교원 1인당 학생 수가 월등히 높은 것으로 나타나고 있다. 하지만 건양대학교 및 대구가톨릭대학교의 경우 교수 1인당 학생 수를 계산함에 있어 의학계열 교수가 포함되었기 때문에 의대가 없는 한동대와 단순 비교하기에는 무리가 있다. 참고로 2014년 전국 대학의 교수 1인당 학생 수 평균은 29.4명이다.

학부6) 및 무전공으로 입학하는 1학년들이 소속되는 별도의 글로벌 리더십 학부를 운영하고 있으며, 이 외에 7개 대학원(일반대학원 1개, 특수대학원 5개, 전문대학원 1개)을 운영하고 있다. 학부 재학생은 3,972명, 대학원 재학생은 426명으로서 총 재학생 수는 4,398명이다.

한동대학교는 지방에 위치하고 있다는 한계에도 불구하고 전국 각지에서 골고루 학생들을 선발하고 있다. 〈표 1-5〉의 2014학년도 신입생 지역별 분포 현황을 살펴보면 수도권 지역 학생들이 가장 큰 비율을 차지하고 있고, 다음으로 경북 및 경남권 학생들의 비율이 도합 27% 정도에 달하고 있다. 특이한 점은 해외고교 출신자의 비율이 13.2%로 타 대학에 비해 월등히 높다는 점인데, 이는 한동대가 해외선교사 자녀 전형, 해외학생 전형(조기유학자 혹은 재외국민 특례조건에 해당되지 않더라도 일정 기간 해외에서 교육받은 자)을 운영하고 있기 때문이다.

입학생들의 입학 성적은 내신 등급 기준 2~3등급 정도에 해당하는데, 선발 시 문·이과로만 나누어 무전공(글로벌 리더십 학부 소속)으로 뽑기 때문에 학생들의 학업 능력이 타 대학에 비해 균질적인 편이다. 영어 강의와 같이 영어 선수 학습 수준의 영향력이 큰 교육제도가 한동대에서 비교적 잘 운영되는 것도 이와 같이 학생들의 학업 능력이 우수하면서도 큰 편차를 나타내지 않기 때문인 것으로 보인다.

〈표 1-5〉 2014학년도 신입생 지역별 분포

구분	서울/인천/경기	부산/울산/경남	대구/경북	광주/전라	대전/세종/충청	강원/제주	해외	계
인원수(명)	284	105	120	99	96	18	110	832
비율(%)	34.1%	12.6%	14.4%	11.9%	11.5%	2.2%	13.2%	100%

출처: 한동대학교 입학처 홈페이지 입시도우미 자료(https://admissions.handong.edu/inform/by-year/2014/).

---

6) 인문사회계열 6개 학부, 이공학계열 6개 학부의 구성은 다음과 같다. 인문사회계열(6개 학부): 국제어문학부, 경영경제학부, 법학부, 언론정보문화학부, 상담심리사회복지학부, 산업교육학부(야간); 이공학계열(6개 학부): 전산전자공학부, 공간환경시스템공학부, 기계제어공학부, 산업정보디자인학부, 생명과학부, 글로벌 에디슨 아카데미.

4. 물리적 환경

1) 고립된 환경

한동대는 포항시 외곽 농촌 지역에 위치한 학교로서 2013년 기준 전교생의 75% 정도 (2013년 기준)가 교내 기숙사에서 거주하고 있고, 나머지 학생들은 인근 지역에서 통학하고 있다. 학교는 학생들의 교통 편의를 위해 학교와 포항 시내 여러 곳을 연결하는 셔틀버스를 운영하고 있다. 타 지역, 특히 수도권 학생들의 비율이 높기 때문에 학생들은 주말에도 캠퍼스 내에서 머무를 때가 많다. 통학하는 학생들도 자취생인 경우가 많기 때문에 학생들은 대부분의 시간을 캠퍼스에서 보낸다. 심지어 포항이 집인 학생들도 1학년 기간 동안에는 의무적으로 기숙사 생활을 해야 한다.

2) 캠퍼스 시설과 분위기

한동대 캠퍼스는 매우 깨끗하고, 4~5층의 붉은색 벽돌 건물들로 통일감 있게 구성되어 있어 아늑하고 정감이 있으며, 학구적인 분위기를 형성하고 있다. 캠퍼스가 물리적으로 고립되어 드나드는 외부인이 적은 탓에 캠퍼스 내의 시설은 매우 개방적으로 운영되고 있다. 따라서 다른 대학들과는 달리 일반적인 강의동이나 도서관 등에 누구나 출입할 수 있다. 강의동을 비롯한 대학 시설은 전반적으로 깨끗하고 잘 관리되고 있으나 대학의 부족한 재정 형편 때문에 타 대학에서 일반화된 교육시설들(예를 들어, 전자교탁)이 아직까지 충분히 보급되지 못하는 실정이다. 대다수의 기숙사는 4인 1실 구조로 운영되고 있어 타 대학에 비해 기숙사 시설이 낙후되어 있다는 지적을 받고 있다. 그동안 ACE 사업 추진과정에서 기숙사를 RC(Residential College)로 전환하면서 기숙사 개·보수작업이 상당 부분 이루어졌으나 1개 동을 제외하고는 4인 1실 구조는 변하지 않았다. 그러나 2인 1실로 리모델링된 RC의 실제 만족도는 그리 높지 않은 것으로 나타나고 있는 것(변수연, 2014)을 볼 때, 4인 1실의 기숙사 구조가 공동체 리더십 훈련(팀 제도)과 RC 제도의 운영에 기여하는 바가 있는 것으로 짐작된다.

5. 행정부서와 대학 지배구조

1) 행정부서

한동대는 2014년 10월을 기준으로 총장과 세 명의 부총장(국제, 학사, 행정) 이하 〈표 1-6〉
과 같은 조직 구조를 운영하고 있다. 정규직 직원의 수는 총 78명이다. 타 대학에 비해 작은
조직이기 때문에 지금까지 핵심 보직자들이 여러 직무를 겸직하는 경우(학사부총장이 교무
처장을 겸직하는 등)가 많았다.

〈표 1-6〉 한동대학교의 행정조직 및 기구   (단위: 개)

기구	교육기관			행정기관			부속/부속교육/ 기타기관		연구소
	대학원	학부	실/팀	처/단	실/국/원	부/팀	기관	실/팀	16
	7	12	4	8	7	17	16	5	

출처: 한동대학교 홈페이지(http://www.handong.edu; 2014년 10월 기준).

2) 대학 지배구조

한동대는 사립대이지만 학교법인인 한동대가 특정 기업이나 재단, 혹은 교단과 연결되어
있지 않기 때문에 학교 운영에 있어 이사회가 끼치는 영향력은 그리 크지 않다. 현 이사회는
김범일 이사장(가나안농군학교 교장)과 김영길 전 총장, 장순흥 현 총장을 포함해 총 11명으
로 구성되어 있다. 따라서 지금까지 대학 운영은 김영길 초대 총장의 강력한 리더십에 의해
이루어져 왔다. 김영길 초대 총장은 개교 초기의 어려움을 극적으로 극복하고, 기부금 모금
과 국가 지원사업 수주 등에서 괄목할 만한 성과를 내 왔으며, 교내 구성원들 사이에서 카리
스마 있는 리더십을 보여 왔다. 이러한 대학 지배구조가 장순흥 신임 총장의 새로운 리더십
스타일과 결합되어 어떤 형태로 변화할지 아직은 쉽게 예측할 수 없는 상황이다.

6. 커리큘럼 등 기타 특징

1) 대학의 커리큘럼

(1) 무전공 · 무학과 입학과 자유로운 전공선택 제도

한동대 교육제도의 가장 큰 특징은 다른 대학들과는 달리 전 입학생을 무전공 · 무학과로 선발한 후 1년의 교양 교육과정 이후에 자유롭게 전공을 선택하게 한다는 점이다. 특히 2학년 진학 시 한동대는 학점이나 이수 과목 등의 제한 조건 없이 전적으로 학생들의 희망에 따라 전공을 선택할 수 있도록 허용하고 있다. 때문에 학생들은 고교의 문 · 이과 혹은 예체능계열 소속과 상관없이 새로운 학문을 자유롭게 공부할 수 있다.

(2) 전공의 종류와 복수전공제

한동대는 2014년 4월 현재 전공이 없는 글로벌 리더십 학부를 제외할 경우 총 12개 학부에서 24개 전공을 운영하고 있다(그림 1-2 참조). 소수의 예외를 제외하고 모든 학생은 두

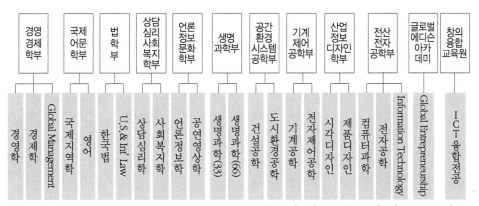

※ 실제 학생들이 선택한 복수 및 연계전공 조합은 213개에 달함(2014. 4. 1. 기준)

[그림 1-2] 학부별 개설 전공 현황

주: 생명과학(66)은 제2전공을 하지 않고 해당 전공만을 심화전공하는 경우를 말하며, 생명과학(33)은 일반적 원칙에 따라 생명
　　과학을 제1전공(33학점 이상 취득)으로 하고 다른 전공을 반드시 제2전공으로 이수해야 함을 의미.
출처: 박혜경(2015).

개 이상의 전공을 필수학점만큼 이수해야만 졸업할 수 있다. 이에 따라 실제 학생들이 선택한 복수 및 연계전공 조합은 총 213개에 달한다. 의무적 성격의 복수전공제는 취업 시장에서 학생들의 선택지를 넓히는 효과를 거두는 동시에 자유전공 선택제로 인한 학과 간의 학생 수급 불균형을 어느 정도 만회하는 효과도 발휘하고 있다.

2) 공동체 리더십 훈련제도(팀 제도)

한동대는 개교 때부터 비교과 교육과정인 '공동체 리더십 훈련제도', 일명 팀 제도를 운영해 왔다. 실제로 학생들에게 팀은 한동대에서 존재하는 학생 공동체의 가장 기본적인 단위로서, 팀으로 묶인 1년 동안 거주공간을 공유하고(주로 같은 팀 멤버들을 같은 기숙사, 같은 층에 배정), 학업과 신앙을 공유하는 주된 매개체가 된다. 학교는 30~40명으로 구성된 각 팀에 1명의 지도교수를 배정하여 팀을 지도하도록 하고 있다. 각 팀은 매 학기 개강, 종강 MT와 주별 채플 참석, 매주 수요일 오후의 팀 모임 및 각종 비공식 모임을 가진다. 또한 학교는 '10만 원 프로젝트'라는 이름의 소액의 재정 지원을 통해 각 팀이 1년 동안 팀 모임 시간 동안에 하나의 프로젝트를 운영하면서 사회적으로 기여하는 것을 실제로 체험할 수 있도록 하고 있다.

이러한 팀 모임은 교수와 학생들의 자발적인 참여와 헌신에 전적으로 의존하여 운영되었다. 그러다 2004년부터 한동대가 대학 재정 지원사업에 참여하면서부터 팀 모임의 성공적 효과에 대한 공식적 인정을 받기 위해 1학점짜리 과목으로 개편하고 '공동체 리더십 훈련'이라는 과목명을 부여하였다. 이것을 계기로 팀 모임의 자발성이 훼손되었다는 비판이 학생들 사이에 제기되고 있기도 하지만, 아직도 팀 모임은 학생들 사이에서 가장 만족도가 높으며, 한동대의 정체성을 대표하는 핵심적 교육과정으로 인정받고 있다.

3) 기숙대학(residential college)[7] 제도

출범 초기부터 한동대학교는 전교생이 기숙사 생활을 하는 것을 목표로 해 왔고, 학생들

---

[7] '기숙대학'이란 과거의 숙식만 담당하는 기숙사 모델과는 달리 기숙사 역시 교육의 장으로 간주하고 기숙사 거주 학생 공동체 내에서 각종 교과 및 비교과 프로그램을 운영하는 새로운 개념의 교육 프로그램을 의미한다. 최근 들어 우리 대학들 사이에서는 RC(residential college)라는 단어로 더 널리 알려져 있으나 우리말 표현을 사용하는 것이

의 재학 기간이 길어지고 있는 현 시점에서는 전교생의 약 75%[8] 가량을 기숙사에 수용하고 있다. 한편 2011년부터는 기존의 기숙사를 거주와 교육이 겸비된 기숙대학(Residential College, 이후 'RC') 모델로 단계적으로 전환하고 있는데, 그 결과 2011년에는 2개로 시작한 한동대의 RC가 2013년에는 4개, 2014년부터는 총 6개 기숙사로 전면 확대·시행되었다.

이와 같은 기숙사의 RC 전환은 공동체 리더십 훈련 제도(팀 제도)를 개편하는 동시에 교육효과를 강화하려는 취지를 가지고 있다. 즉, 기존에는 팀 구성이 전교생을 대상으로 이루어져 각 학생들은 매년 전혀 모르는 사람들과 팀으로 만나도록 되어 있었다. 이러한 팀 구성 방식은 학생들의 인적 네트워크를 확대시키는 긍정적 효과도 있었으나, 학교의 규모가 커질수록 인적 네트워크의 응집성과 강도가 저하되는 단점도 드러냈다. 따라서 RC는 출범 초기보다 훨씬 규모가 커진 한동대 공동체를 다시 과거 출범 초기의 끈끈한 소공동체로 되돌리기 위해 전체 학생들을 각각 11~22개의 팀으로 구성된 RC 단위로 분절하고, 각 RC마다 헤드마스터와 팀 교수들, 목회자, 간사(사역자)를 지정·배치하여 RC 학생회와 함께 유기적으로 운영에 참여하도록 하고 있다. 이를 통해 RC라는 분절된 공동체 내에서 좀 더 긴밀한 교수-교수, 교수-학생, 학생-학생, 목회자-교수-학생 간의 관계가 형성되도록 노력하고 있다. 각 RC마다 고유의 공동체 문화를 창조해 나가는 것을 목표로 다양한 활동 및 행사를 자발적으로 계획하고 실행하며 학생들은 졸업 시까지 동일 RC에 소속하게 된다. 생

더 바람직하다는 뜻에서 이 책에서는 '기숙대학'이라는 단어를 사용했다. 사실 RC는 영국의 옥스퍼드-케임브리지 대학 모델을 뜻하는 단어로서 여러 기숙대학 유형의 기원이라 할 수 있다. 두 대학의 RC는 교수(tutor)와 학생이 한 건물에서 거주하면서 매우 긴밀한 학문공동체를 이뤄 가는 전통적 방법으로 유명하다. 이 모델에서 학생은 공식적으로 단과대학이나 학과에 소속되는 것이 아니라 해당 기숙사 공동체에 소속되어 지도를 받는다. 그에 비해 이를 도입하여 보편화시킨 미국 대학들은 학생들로 하여금 전통적 숙식의 공간에서 학습까지 병행하여 전인적인 인간발달을 꾀하는 교수방법이라는 뜻에서 '기숙사 기반 프로그램(residential hall-based program)' '생활-학습 센터(Living & Learning centers)' 혹은 '생활-학습 연계 프로그램(living and learning program)' 등의 단어를 사용하고 있다(Inkelas & Soldenr, 2011). 최근 들어 홍콩과 싱가포르 등 아시아 명문대학들이 앞다퉈 기숙대학 프로그램을 도입하고 있고 국내 대학들도 이러한 추세에 동참하고 있다. 그러나 학과 중심인 아시아 대학들의 구조상 이러한 프로그램들은 영국보다는 미국식 모델에 더 가깝다. 기숙대학 프로그램은 더 이상 학생처가 전담하던 학생복지의 영역이 아니라 교무처와 교육기관이 적극 관여해야 하는 새로운 교육 프로그램이라는 점에서 여기에 관심을 가진 대학들도 용어 사용에 보다 신중을 기해야 할 것이다.

8) 대학정보공시 기준 2013년 75.1%, 2014년 75.5%

활관에 거주할 경우 같은 RC 소속 학생들은 같은 건물에 배정된다(남학생과 여학생은 서로 다른 층 사용).

4) 국제화된 교육과정

한동대는 글로벌 대학이라는 미션을 달성하기 위해 다양한 국적의 외국인 학생들을 적극 유치하는 한편, 이들을 위한 국제화 교육 프로그램을 확대해 왔다. 그 결과 국제화와 관련된 한동대의 각종 지표는 우수한 수준을 유지하고 있다. 2013년 중앙일보 대학 평가 결과를 기준으로 할 때 전체 강의 중 영어강의 비율은 33.8%로 조사대상 대학 중 1위였고, 외국인 전임교원 비율도 20.6%로 8위를 차지했다. 이 지표들에 비해 해외 파견 교환학생 비율(1.16%)과 학위과정 등록 외국인 학생 비율(2.24%)은 상대적으로 낮은 수준이기는 하나 여전히 전국 4년제 대학 평균은 크게 상회하는 수준이다(국제화 영역 종합순위는 전체 13위).[9] 이와 함께 외국인 유학생의 국적 다양성 지표에서는 조사대상 대학 중 3위를 기록하는 등 구성원의 국제화 수준에서 국내 대학들을 선도하는 모습을 확연히 드러내고 있다.

제3절   한동대학교 학부교육의 특징

한동대는 지방의 소규모 사립대학이지만 2013년도 대교협 학부교육 실태조사(K-NSSE) 결과로 보면 매우 우수한 학부교육을 시행하고 있는 것으로 나타났다. 조사대상 6개 영역 중 지원적 대학 환경을 제외한 5개 영역에서 전반적으로 비교군인 ACE 대학이나 전체 비교대상 대학 평균에 비해 현저히 높은 수치를 보여 주고 있으며, 재정 여건이 타 대학에 비해 상대적으로 좋지 않은 형편임에도 불구하고 심지어 지원적 대학 환경의 영역에서조차 비교대상 대학들보다 높은 수치를 보여 주고 있다. 보다 구체적으로 2011년부터 2013년까지 3년 동안 K-NSSE에 참여한 31개 대학 중 한동대는 2013년 자료 기준으로 능동적 · 협동적

---

9) 한동신문. 오피니언. [맑은 눈] 설마(2014. 9. 17.). www.hgupress.com/news/articleView.html?idxno=5086

〈표 1-7〉 한동대학교 2013 K-NSSE 조사결과: 6개 영역 종합

K-NSSE 조사영역	한동대 (n=400)		ACE(23개교) (n=8,659)		전체(31개교) (n=10,078)	
	평균	표준편차	평균	표준편차	평균	표준편차
1. 학업적 도전	12.04	3.73	10.45	3.75	10.45	3.75
2. 지적 활동	15.21	2.75	13.53	2.89	13.54	2.91
3. 능동적·협동적 학습	12.76	2.49	11.30	2.60	11.23	2.61
4. 교우관계	13.47	2.71	10.88	2.96	10.87	2.96
5. 교수와 학생의 교류	17.21	4.16	14.08	4.29	14.00	4.28
6. 지원적 대학 환경	9.92	2.49	8.93	2.50	8.91	2.51

주: 2013년 3차 조사에는 총 54개 대학이 참여하였으나, 한국교양기초교육원·학부교육 선진화 선도대학 협의회(2013)에서
    는 종단 분석의 취지를 고려하여, 2011년부터 3년에 걸쳐 모두 참여한 31개 대학의 응답 자료를 한동대 자료와 비교·분
    석하여 제시하고 있음.

출처: 한국교양기초교육원·학부교육 선진화 선도대학 협의회(2013). 2013년 대학 학부교육의 질과 성과 분석: 한동대학교.

학습, 교우관계, 교수와 학생의 교류 3개 영역에서는 전체 대학 중 1위, 학업적 도전 영역은
2위, 지적 활동과 지원적 대학 환경 영역에서는 3위를 기록하고 있는 것으로 나타났다. 아
울러 K-NSSE 6개 조사영역에 포함되어 있지 않은 별도의 조사 항목인 학교에 대한 인식 영
역에서도 전체 2위를 기록하여 학부교육의 질과 관련하여 매우 인상적인 조사 결과를 보여
주고 있다(한국교양기초교육원·학부교육 선진화 선도대학 협의회, 2013).

1. 학업적 도전: '동기부여된 학생들'

한동대 학생들이 공부를 열심히 한다는 것은 편입생 등 모든 타 대학 경험 학생들이 공통
적으로 지적하는 한동대의 특징이다. 소수의 특별한 학생이 아니라 대부분의 한동대 학생
들이 많은 양의 공부를 열심히 해낼 수 있는 이유는 크게 소명의식에 기초한 강력한 학습
동기, 높은 기대 수준 설정을 통한 교수들의 자극, 그리고 공부를 하지 않을 수 없는 학교의
분위기에 기인하는 것으로 나타났다.

한동대 학생들이 공부에 투자하는 시간이 많다는 것은 그들의 이야기에서뿐만 아니라 타

〈표 1-8〉 K-NSSE 자료: 학업적 도전 영역

연도	학업적 도전 영역					
	한동대학교		ACE (11년: 22개교, 12, 13년: 23개교)		전체 31개교	
	평균	표준편차	평균	표준편차	평균	표준편차
2011	11.66	3.61	9.52	3.53	9.66	3.61
	(n=238)		(n=5,368)		(n=7,393)	
2012	12.81	3.70	10.57	3.83	10.50	3.81
	(n=270)		(n=7,404)		(n=10,415)	
2013	12.04	3.73	10.45	3.75	10.45	3.75
	(n=400)		(n=8,659)		(n=10,078)	

주: 2013년 3차 조사에는 총 54개 대학이 참여하였으나, 한국교양기초교육원 · 학부교육 선진화 선도대학 협의회(2013)에서
   는 종단 분석의 취지를 고려하여, 2011년부터 3년에 걸쳐 모두 참여한 31개 대학의 응답 자료를 한동대 자료와 비교 · 분
   석하여 제시하고 있음.

출처: 한국교양기초교육원 · 학부교육 선진화 선도대학 협의회(2013). 2013년 대학 학부교육의 질과 성과 분석: 한동대학교.

대학과의 비교에서도 뚜렷하게 나타난다. 한동대의 학업적 도전 영역의 수치는 조사대상 학교들에 비해 2.31~1.59 정도 차이가 날 정도로 상당히 높다. 비록 2013년도의 경우 그 이전 해에 비해 그 격차가 2.31에서 1.59로 줄긴 했어도 여전히 비교대상 대학들보다 높은 수치를 유지하고 있다. 한동대가 이렇게 학업적 도전 영역에서 우수한 결과를 보이는 핵심적인 이유는 '동기부여된 학생들'이 많기 때문이다. 한동대에서 동기가 부여된다는 것은 무엇이고 그것이 어떤 과정을 거쳐서 어떻게 나타나는지에 대한 구체적인 설명은 다음과 같다.

1) 소명의식의 계발: '공부하는 이유에 대한 끊임없는 질문'

(1) 추구해야 할 가치, 비전

한동대 학생들은 '본인이 왜 특정 학문 분야를 공부하는가'에 대해서 고민할 기회가 많다. 무전공 제도로 입학하여 문 · 이과 구분 없이 전공을 새로 정해야 하는 상황에서 더 나은 선택을 위한 자발적인 고민이 시작되는 것이다. 각 학부의 슬로건은 그 전공이 추구하는

가치를 담고 있는데, 교내 곳곳에서 4년 내내 보고 듣는 각 학부의 슬로건은 전공 공부를 해야 하는 이유를 명확하게 제시한다.[10] 이런 가운데 학생들은 막연한 의무감을 넘어서서, 보다 실제적인 공부의 이유를 진지하게 찾아 나가고 있었다.

> 동기부여라는 부분에서 우리가 무엇을 위해서 전공 공부를 해야 되는지를 다른 학교에 비해서 굉장히 명확하게 제시해 주는 것 같아요. 그게 어떤 경쟁을 위해서 혹은 내가 살아남기 위해서 그런 게 아니라 정말 우리가 이것을 활용할 수 있고, 남을 도울 수 있고, 이런 굉장히 긍정적인 동기부여가 많이 되고요. (국제어문학부 4학년 학생 AC)

> 수능공부를 할 때는, 고등학교 공부를 할 때는 자기 성적을 위해서, 부모님을 기쁘게 해 드리려고 공부했는데, 그것과는 차원이 다른 목표니까. 다른 사람들을 더 편하게 좋게 해 주기 위해서 공부를 한다는 자체가 오히려 더 큰 열망이, 욕심이 생기는 것 같아요. 내가 공부를 해서 저 사람을 진짜 행복하게 해 주고 싶다. 지금 사회에 있는 불평등을 정말 해소하고 싶다. 이런 게 어떻게 보면 더 큰 부담이죠. 어떻게 보면 더 큰 자극? 동기가 되어서 돌아오는 것 같아요. (편입생-국제법/국제경영 3학년 학생 AD)

---

10) 2014년에 한동대 도서관으로 통하는 주요 통로에 걸려 있었던 각 학부의 슬로건은 다음과 같다.

학부	슬로건	
	한국어	영어
경영경제학부	도전하라 지금, 하나님의 방법으로	Seize the day, God's way
공간환경시스템공학부	이웃을 위한 공간설계	Designeering for Others
국제어문학부	그리스도를 위하여 다리를 놓는 사람들	Global Bridge Builders for Christ
기계제어공학부	생각대로 움직인다, 낭만기계	Move As You Think, Happy Mechanical Engineers
법학부	공법을 물같이, 정의를 하수같이	Let justice roll down like waters, righteousness like an ever flowing stream!
산업정보디자인학부	보시기에 좋았더라	God sees that it is so good
상담심리사회복지학부	주님 사랑! 사람 사랑!	People Need God's People
생명과학부	생명의 지혜! 생명을 살리는 열정!	Wisdom of Life! Passion for Life!
언론정보문화학부	맑은 콘텐츠로 세상을 바꾼다	Change the World with Clean Contents
전산전자공학부	하나님의 마음, 미래 기술의 심장	Heart of God, Heart of Future Technology

한동대의 슬로건은 '배워서 남 주자.' 'Why Not Change The World?'다. 학생들이 말하는 그들이 더 열심히 공부할 수 있는 동기는 '남을 돕는 것' '불평등을 해소하는 것' '다른 사람을 행복하게 해 주는 것' 등으로 자기의 유익을 넘어서는 것인데, 이는 한동대의 슬로건과 일맥상통하는 것이다. 한 학생은 '자기 성적을 위해' 공부했던 수능 공부와는 '차원이 다른 목표'가 생긴 것이 공부를 하는 더 큰 '열망' '욕심'을 만들어 냈다고 한다. 한동대의 슬로건은 실제로 학생들의 마음, 생각, 행동에까지 깊이 스며들어 있고, 이런 동기는 학생들이 공부를 열심히 하게 만드는 가장 실제적인 역할을 하는 것으로 나타났다.

한동대 학생과의 인터뷰에서 흔히 들을 수 있는 단어는 '비전'이다. '비전'은 앞서 말했던 공부의 동기이자 또한 목표를 집약적으로 표현해 준다. 학생들은 비전의 다른 말로 '소명' '사명' '꿈' '방향성' 등을 말하기도 했는데, 이는 학업이나 직업을 넘어 인생 전반에서 추구해야 할 가치라고 정의될 수 있다. 비전이 강조되는 분위기는 입학 시부터 졸업 시까지 4년 동안 교내의 정규/비정규 활동을 통해서 계속적으로 이어졌다.

> 한동대에서는 확실히 인생에 대해서 생각해 보게 만들고, 비전이 뭔지, 꿈이 뭔지 생각할 수 있도록 도전해 주시는 분이 너무너무 많은 것 같아요. 그게 수업을 통해서라기보다 선배들이 후배들에게 이야기해 주는 것도 자연스럽고, 도전해 주고. 교수님들도 그런 걸 이야기해 주시는 좋은 교수님도 너무 많고. 특별히 관계가 학생이랑 친밀하지 않더라도, 그냥 일반적인 강의에서도 그런 이야기를 쉽게 자주 해 주세요. 그런 강의도 많고, 강의뿐 아니라 다양한 프로그램. 신앙 프로그램에서도 성경공부만 하는 게 아니라 비전에 대해서 너무너무 잘 이야기해 주시고, 왜 우리가 비전을 생각해야 하는지 이런 것들을 들을 수 있는 기회가 너무 많아요. (타 대학 1년–시각/제품 디자인 4학년 학생 AL)

학생들은 입학 전, 면접을 보러 왔을 때부터 교수들로부터 '비전'이 무엇인지 질문을 받는다. 오리엔테이션과 입학식에서는 한동대가 추구하는 비전을 연설, 세족식, 한동명예 서약식, 새내기 섬김이 등의 활동을 통해 분명히 전달받는다. 전공 설명회에서도 가장 먼저 강조되는 것은 이 전공을 통해 어떤 가치를 추구할 수 있는가다. 매주 있는 채플시간, 기숙

사방 모임, 팀 모임에서도 '비전'은 끊임없이 이야기되는 주제다. 대부분의 학생이 최소한 **한** 학기 동안은 참여하는 HCC(Handong Cornerstone Course), HDC(Handong Discipleship Course), HDS(Handong Discipleship School), F-GBS(Faculty Group Bible Study)와 같은 기독교 관련 소규모 비정규 프로그램에서도 비전은 강조된다. 비전을 찾으면 공부에 대한 더 분명하고 깊은 동기가 생긴다. 학생들은 본인의 비전에 대해서 고민하는 가운데 공부를 해야 하는 더 깊은 동기를 발견하게 되고, 그래서 더욱 열심히 공부를 하게 된다.

(2) 롤모델이 되는 교수

비전에 대해 고민하는 과정에서는 역시 교수의 역할이 컸다. 면담과정에서 학생들은 비**전**을 가지게 되는 가장 첫 시작을 교수라고 했다.

> 삶에서 배워 온 학문, 그 자체만이 아니라 삶에서 신앙과 함께 학문을 이해하게 되는 배경을 같이 설명해 주시니까 되게 도전도 많이 받게 되고요. 그래서 좀 더 비전을 찾게 되고, 그러니까 수업도 지루하지 않고, 되게 많이 정말 교수님을 통해서 그 삶을 배울 수 있는 시간이 되는 것 같아요. (경제/국제지역 3학년 학생 E)

학생들은 교수를 통해서 얻는 것이 전공지식을 넘어서 '방향성' '삶' '비전' '소망'이라고 **이**야기한다. 자신의 비전을 따라서 사는 교수들은 학생들에게 좋은 롤모델이 된다. 특히 말로만 하는 것이 아니라 본인이 희생을 감수하는 모습을 직접 보여 준다는 면에서, 그리고 **학**생들이 교수들의 희생을 인정한다는 면에서 교수들은 학생들에게 큰 영향을 미치고 있**다**. 학생들은 한동대의 교수들이 그들이 추구하는 가치를 위해서 어떠한 '희생'을 감수하고 있다고 생각하는 것이다.

> 여기 보면, 교수님들이 되게 좋은 직장이나 세상의 좋은 것들을 포기하고 오신 분들이 많이 계세요. 아이비리그나 이름만 대면 다 아는 대학 나오신 분들이 많은데, 더 좋은 곳으로 갈 수 있는데, 하나님의 뜻을 품고 비전과 소망을 갖고 오신 분들이 많은데, 그래서 더 뜻이 있고…… (기계/

전자제어 2학년 학생 AK)

(3) 비전에 기초한 전공탐색 기회 제공

무전공 제도는 학생들이 그들의 전공의 의미를 더 깊이 생각하도록 돕는다. 대부분의 대학들과 다르게 한동대 학생들은 전공을 정하지 않고 입학한다. 1년 동안 자신이 관심을 가지고 있는 전공기초 수업을 들은 후 3학기 때 전공을 선택하게 되는데, 이렇게 정한 전공은 6학기까지 변경할 수 있으며, 제2, 제3 전공까지 선택할 수 있다. 또한 문과, 이과의 구분 없이 두 개의 전공을 선택할 수 있다. 이런 무전공 제도의 취지는 학생 중심의 교육, 학생의 잠재력을 극대화시키는 데 있다. 선택의 기회를 한 번 더 얻은 것에 대해서 학생들은 무척 만족했다. 입학하는 학생들은 본인이 관심을 가지고 있는 전공 기초수업을 듣는 가운데, 새섬이 선배들, 팀 모임의 다양한 전공을 가진 선배들, 팀 교수, 전공 설명회, 연계전공 길라잡이 등 다양한 경로를 통해서 전공에 대한 정보를 얻는다.

> 내가 정말 진정 원하는 것이 무엇인지 고민하게 되면서, 내가 필요한 것이 무엇인지, 나는 누구인지, 내가 누군지 알아야 내가 뭘 잘할 수 있는지, 내가 좋아하는 것, 내 적성이 뭔지를 많이 고민하면서 내가 어떤 삶을 살아야 하는지, 이 미래까지 스스로 설계하는 훈련을 하는 것 같고……. (기계/전자제어 2학년 학생 AK)

> 일단 전공에 대한 확신이 크기 때문에 그런 것 같아요. 물론 모든 학생이 100% 전공에 다 확신이 있는 것은 아니지만 타 학교에 비해서 한동대의 또 다른 장점은 전공을 1학년 때 충분히 고민한 다음에 2학년 때 선택하는 건데, 2학년 때 또 한 전공만 하는 것이 아니라 두 가지 전공을 같이 융합해서 창의적으로 배울 수 있는 점이 정말 큰 점인데. 그런 부분에 있어서 저도 큰 수혜를 받았던 학생 중 한 명이고요. 제가 경제를 할 줄은 정말 생각도 못 했는데……. (경제/국제지역 3학년 학생 E)

이런 전공 선택의 시간은 나를 알아가는 시간이다. 여러 수업을 들으면서 본인에게 더 맞고 끌리는 부분이 생긴다. 때로는 문과생으로는 전혀 예상치 못했던 디자인에 끌리기도 하고, 혹시나 하고 들었던 재무과목이 역시 본인과 맞지 않다는 것을 확인하기도 한다. 이런 과정 속에서 단지 자신이 무엇을 더 좋아하고 잘하는지를 넘어서 졸업한 후에 어떤 직업을 가질 것인지, 어떤 삶을 살아야 하는지, 나아가 인생은 무엇이고, 나는 누구인지 등의 본질적인 질문까지 하게 된다. 새롭게 주어진 선택의 기회는 학생들로 하여금 교수와 면담을 하게 하고, 관심 분야 관련 세미나에 참석하게 하며, 부모님과 오랜만에 깊은 이야기를 나누게 하는 등 적극적으로 질문의 답을 찾게 하는 계기로 작용했다.

그리고 본인이 좋아서 선택한 전공이기 때문에 학습 동기가 높을 수밖에 없다. 바꾸어 말하면 철이 든 것이다. 한동대 학생들에게 전공 공부는 학점을 따기 위한 것, 직장을 구하기 위한 수단보다는 본인이 추구하는 '가치'를 이루기 위한 과정으로서의 의미가 더 크다. 또 다양한 경험을 통해서 다른 것들을 포기한 결과로 선택한 전공이기에 본인에게 가장 적합한 것을 찾을 가능성이 높고, 그만큼 전공에 대한 애정도 크다.

2) 높은 학업적 기대치: '믿어 주는 만큼 성장하지요'

(1) 학생에 대한 높은 기대와 신뢰

한동대 교수들은 학생들을 잘 교육시키는 것을 본인들의 제1의 사명으로 여기고 있다. 특히 이미 성적이 좋은 학생을 뽑는 것보다는 어느 정도 능력을 갖춘 학생들을 받아 더 성장시켜 졸업시키는 것을 매우 뿌듯해했다. 학생들이 성장할 수 있을 것이라는 믿음은 교수들이 수업시간을 늘리고, 과제의 수준을 높이고, 다양한 수업방식을 사용하는 등 공부의 강도를 전반적으로 높이는 주요 기제로 작용하고 있다.

> 사람에 대한 욕심 이것도 신앙적인데. 학생에 대한 욕심이죠. 굉장히 많아요. 똑똑한 놈으로 키우고 싶다, 제대로 된 놈으로 키우고 싶다는 그런 마음들이 다른 데에서 사실은 볼 수 없는데 애들을 잘 키우고 싶다. …… 처음 95년도에 시작되었을 때 다들 다른 대학에서 교수하고 온 게 아니라 학부 학생들을 거의 뭐 대학원생처럼 생각하고 막 했거든요. …… 걔들도 다른 대학생들이 어

떻게 하는지 들어 본 적도 없고, 우리 교수들도 뭐 대학교에서 어떻게 하는지 사전 지식이 없다 보
니까 굉장히 무리한 것을 학생들에게 요구했고, 학생들이 그것을 잘 소화했고, 하여튼 그 부분이
가장 컸던 것 같아요……. (이공자연 평교수 H)

학생들도 교수들이 교육적 기대치가 높다는 것을 인식하고 있었고, 그것을 버거워하면
서도 그 기대치를 맞추기 위해 최선의 노력을 하고 있었다. 물론 그 성공의 이면에는 교수
에 대한 학생들의 두터운 신뢰와 공부를 열심히 하는 한동대의 문화가 있었다. 자신의 롤
모델이 되는 사람이 본인에게 거는 기대를 학생들은 그냥 넘기지 못했다. 많은 과제가 부여
되더라도, 그 과제가 본인에게 정말 필요해서 내 준 것이기 때문에 해야 하는 것이라는 점
을 수긍하였다.

그 생각을 하기도 해요. 과제가 좀 많다, 조금. 우리가 생각하긴 하죠. 처음 이제 생겼을 때 교
수님들께서 최고인 학생들을 데려와서 최고로 내보내는 게 아니라 '최고가 아닌 학생들이어도
최고로 만들어서 내보내자.' 이런 생각들을 하고서 시키신다는 걸 알기 때문에 더 의미가 있다고
는 생각하는데 좀 과하게 느낄 때도 있죠. (경영/경제 2학년 학생 N)

쓸데없는 과제를 일부러 내시지는 않으니까 필요한 과제라고 생각하는 것 같아요. 그런데 이
공계 쪽은 모르겠어요. 생명 공부하는 친구들은 만날 공부하느라 밤새고 그러거든요. 그렇지만
재밌게들 잘 하더라고요. (국제지역/영어, 4학년, 학생 AJ)

인터뷰를 했던 거의 모든 학생은 한동대의 과제의 양이 다 하기 어려울 만큼 많다고 했
다. 일부 학생들은 과제가 너무 많아서 하나의 주제를 제대로 공부하는 데 방해가 될 정도
라고 했다. 하지만 대부분의 학생들은 과제가 많다고 불평하기보다는 본인에게 꼭 필요한
과제인데 그것을 다 하지 못하는 안타까움과 미안함을 드러내고 있었다.

(2) 수업시간의 철저한 준수, 그리고 외워서 쓸 수 없는 시험

한동대의 교수들은 수업시간을 최대한 확보한다. 강의는 보통 첫 주의 둘째 시간부터 수업이 시작된다. 한 주에 두 번 수업이 있는 과목일 경우 시험 주간이라도 하루는 시험을 보고 다른 하루는 수업을 하는 경우가 많고, 시험을 수업시간 이후에 보는 경우도 많다. 보강을 할 경우에는 수업이 없는 토요일을 이용하는데, 평일에는 학생들의 시간을 모두 맞추기 어렵기 때문이다. 한 학생은 "교수님들이 생활관 거주를 100%로 활용하세요."라고 말하면서 휴강되는 일이 거의 없으며, 교수들이 어떻게 하면 공부를 더 시킬 수 있을지 '고민'한다고 이야기했다.

학생들은 과제의 양뿐만 아니라 과제와 시험의 수준에 대해서도 언급했는데, 특히 타 대학 경험이 있는 편입생들은 이전 대학과 비교해 보았을 때 한동대의 과제 및 시험 수준이 많이 높다고 했다.

> 전 대학과 비교했을 때, (전 대학에서는) A+ 받기가 정말 쉬운 편이었어요. 하지만 한동에서는 그렇게 하면 C 받기 쉽습니다. …… 또 교수님들이 요구하시는 수준도 전 대학에서는 형식적으로 이런 것들이 많았어요. 책 뒤의 연습문제를, 학번 끝이 홀수 번이면 홀수 번을 풀어 오고, 짝수이면 짝수 번을 풀어서 리포트 내. 그랬으면, 한동은 교수님들이 새로 문제를 만들어 가지고 프로젝트 단위로 내주신다거나 하고. 또 팀 프로젝트가 많이 나오기 때문에 혼자서 하는 게 아니라 팀 단위로 같이 하거나……. (편입생-컴퓨터/전자공학 4학년 학생 O)

> 교수님들이 퀴즈랑 과제를 많이 내세요. 어떻게 하면 공부를 더 시킬 수 있을까 고민하세요. 반은 시험을 보고, 반은 take home exam이라고 찾아오는 시험을 많이 내시고. 그래서 일단은 교수님들의 노력 때문에 거기에 (공부를) 더 하게 되는 것도 있고. (국제지역/영어 4학년 학생 AJ)

> (이전 학교에서는) 쓴다기보다 객관식 위주의 시험이 많았거든요. 그러다 보니 교수님 책이라든가 내용을 많이 보고 외우면 점수가 잘 나왔던 것 같아요. 한동에서는 대부분 시험을 자기가 작성을 해야 해요. 서술형으로 작성하더라고요. 그러다 보니 더 종합적인 사고를 해야 한다고 할

까? 암기만 하는 게 아니라 충분히 이해해야 하고, 그것을 자기 것으로 만들어야지 글로 나오잖아요. 그런 부분에서 단순 암기가 아닌, 뭔가 자기 것으로 만들고. 그것을 글로 적으니까 확실히 전 대학에 비해 배운 것에 대해서 정리도 잘 되고, 기억도 잘 나는 것 같아요. 개인적으로는 그냥 아는 수준을 넘어서 배운 내용에 코멘트를 다는 수준까지 가야 하는 것 같아요. 그것 때문에 공부를 더 하고, 더 깊게 해야죠. 표면적인 게 아니라 좀 더 깊게 들어가서 나는 이런 부분에서 어떻게 생각한다고 덧붙일 수준까지 끌어올리는 것 같아요. (편입생−국제어문학부 3학년 학생 P)

한동대의 시험은 외워서 쓸 수가 없다고 한다. 대충 준비해서 시험을 볼 수 없다는 것을 알기 때문에 이해 수준을 높게 잡고, 더 많은 시간을 투자하게 되고, 많은 양을 공부하려다 보니 스터디 그룹을 조직해서 서로 공부할 분량을 나누고, 그것을 서로 설명해 주며 같이 공부하는 경우도 많다. 학생들의 말을 빌리면, 요령껏 공부해서 시험을 볼 수 없는 이유는 실제 문제를 해결하는 문제, 즉 '실제 상황'에 지식을 응용해서 답을 해야 하는 문제가 나오기 때문이다. 생물공학 전공의 한 과목은 저녁 7시부터 시험을 치는데 시간제한이 없다. 무감독 시험에 시간제한이 없는 무제한 시험이다. 그래서 새벽 3~4시까지 답을 적는 학생들도 있다. 자신의 사고를 최대한 펼쳐 보이기 위해 그림까지 곁들이며. 한 학생의 말을 빌리면 '거의 책을 쓰다시피' 시험을 본다고 한다. 한동대의 밀도 높은 수업 운영과 시험 수준은 타 대학을 다니다 편입한 학생들과의 면담에서 특히 극명하게 드러나고 있어 매우 흥미로웠다.

3) 공부하는 분위기: '남들 다 열심히 하는데'

학생들이 공부를 많이 하는 또 다른 이유는 한동대에는 공부하지 않을 수 없는 분위기가 형성되어 있기 때문이다. 학생들의 말을 빌리면 그냥 그 안에 있다 보면 공부를 열심히 하게 될 수밖에 없다고 한다. 사실 분위기라는 것은 앞서 설명했던 두 가지, 즉 왜 공부해야 하는지에 대한 기본적 고민을 통해서 학생들이 가지게 되는 공부를 하려는 동기, 그리고 교수들의 학생들에 대한 높은 기대치로 인해서 발생하는 많은 공부를 할 수밖에 없는 물리적 상황 등이 결합되어 만들어진 것이라고 볼 수 있다.

아니 그냥 본인 스스로 창피한 게 있을 것 같은데. 결국엔 분위기거든요. 남들 다 열심히 하는데,
나 혼자 열심히 안 하면 정말 창피할 것 같은데. 발언권도 없고, 미안한 마음도 들고 조직에 기여가
안 되는구나……. 그런 마음도요. (경영/경제 3학년 학생 A)

　아무래도 공동체적인 분위기가, 공동체를 중시하는 분위기가 전반적으로 형성되어 있기 때문
이라고 생각을 해요. …… 서로 좀 이렇게 공동체 안에서 가르쳐 주고, 또 배우고 하려면, 또 어느
정도 남들이 하는 만큼 나도 해야 된다 하는 그런 것들이 있으니까요. 자기 스스로도 좀 더 노력을
기울이게 돼요. (한국법/상담심리 3학년 학생 Q)

　학생들이 말하는 분위기는 한동대 학생들의 많은 공부량을 설명해 주는 가장 포괄적인
개념이라는 점에서 '공부하는 문화'라고 바꾸어 볼 수 있을 것 같다. 문화의 강점은 그 속에
속한 대부분의 사람들에게 영향을 미친다는 것이다. 즉, 구성원 각각에게 공부와 관련된 특
정한 프로그램 같은 것이 제공되지 않더라도, 그 속에 속한 것 자체만으로 그 문화를 따르
는 행동을 하게 된다는 것인데, 이는 면담내용 및 설문조사 결과와도 일치한다. 이러한 연
구자의 생각은 다른 학교를 졸업하고 한동대 대학원에 온 학생의 말을 통해서도 확인할 수
있었다.

　한동대 애들이 진짜 공부를 열심히 한다는 것, 진짜 열심히 하는구나 하는 생각이 들어요. ……
도서관에 있는 거 하고요. 그리고 과제가 굉장히 많고. 학부생들이요.…… 일반 학부는 시험도 밤
늦게 보고요. 수업하고 나서 방과 후에 시험을 봐요. 숙제도 굉장히 많고, 그룹 스터디도 굉장히
많고요. 이게 시험기간에만 이러는 게 아니고 평소의 모습이에요. (타 대학 학부졸업—생명공학
대학원 학생 AG)

　학기 내내 이어지는 팀 프로젝트 모임도 학생들이 공부할 수밖에 없는 상황을 만든다. 학
교의 규모가 작기 때문에 한 다리만 건너면 모두 서로를 아는 상황이고, 소수의 팀 프로젝
트 모임에 제대로 준비해 가지 않으면 다른 팀원들에게 손해를 끼치게 되기 때문에 아는 처

지에 폐를 끼치지 않기 위해서는 본인이 열심히 할 수밖에 없다는 것이다.

앞서 말한 학생들의 태도나 교수들의 기대를 실제 공부하는 시간으로 전환시키는 또 다른 기제는 물리적 환경이다.

> 서울에 있을 때는 피씨방, 당구장 이런 식이었는데, 여기에선 더 건전하게 시간을 보낸다는 느낌이 들고, 실제로 더 건전하게 보내고. 그게 되게 좋은 것 같아요. …… 이곳에는 선택의 폭이 없는게 때로는 독이 되는데, 때로는 약이 되는 것 같더라고요. 선택의 폭이 좁으니까 학생들의 방향성이 정해져 있는 것 같아요. 이 방향성이, 물론 이 방향을 어긋나게 가는 학생도 있지만, 대개는 제가 보기에는 좋은 방향으로 가는 것 같더라고요. 큰 도움이 되는 것 같아요. (편입생–국제법/국제경영 3학년 학생 AD)

한동대의 고립된 위치는 학생들이 더 공부하게 만드는 중요한 요인이다. 시내에 나가려면 차를 타고 20분 이상 나가야 한다. 교내에 특별한 문화시설이 없기 때문에, 소위 '공부밖에' 할 것이 없는 형편이다. 또한 약 75% 학생들이 생활관에서 생활하기 때문에 거의 대부분을 캠퍼스 내에서 지내게 된다. 그래서 팀 모임을 11시 넘어서 할 수도 있고, 시험을 저녁 때 시작할 수도 있다.

2. 지적 활동: '공(工) 자형 인재교육'

한동대의 교육모델은 '장인 공(工)' 자로 표상된다. 가장 밑바탕은 인성 및 기초교육, 그것에 기반하여 전공영역에 필요한 전문성 교육을 시키고, 맨 위에 국제화 교육이 얹혀 있다. 흔히 일반대학에서 강조되는 취업에 필요한 전공 지식과 기술뿐만 아니라, 먼저 정직과 봉사, 희생정신을 가진 '인간'이 되고, 아울러 이러한 배움을 국내뿐만 아니라 국제적 수준에서 활용해 나갈 수 있는 글로벌한 역량을 키워 내겠다는 것이 한동대의 교육목표라고 할 수 있다. 한동대 교육이 기본적으로 기독교 정신에 바탕을 두고 있다는 점을 감안하면 한동대는 지성, 인성(영성) 모두가 고루 성장하게 만드는 전인적 교육을 추구하고 있는 것으로

〈표 1-9〉 K-NSSE 자료: 지적 활동 영역

| 연도 | 지적 활동 영역 | | | | | |
| | 한동대학교 | | ACE (11년: 22개교, 12, 13년: 23개교) | | 전체 31개교 | |
	평균	표준편차	평균	표준편차	평균	표준편차
2011	14.73	2.55	13.33	2.92	13.44	2.97
	(n=238)		(n=5,368)		(n=7,393)	
2012	14.67	2.78	13.36	2.80	13.29	2.81
	(n=270)		(n=7,404)		(n=10,415)	
2013	15.21	2.75	13.53	2.89	13.54	2.91
	(n=400)		(n=8,659)		(n=10,078)	

주: 2013년 3차 조사에는 총 54개 대학이 참여하였으나, 한국교양기초교육원·학부교육 선진화 선도대학 협의회(2013)에서
는 종단 분석의 취지를 고려하여, 2011년부터 3년에 걸쳐 모두 참여한 31개 대학의 응답 자료를 한동대 자료와 비교·분
석하여 제시하고 있음.

출처: 한국교양기초교육원·학부교육 선진화 선도대학 협의회(2013). 2013년 대학 학부교육의 질과 성과 분석: 한동대학교.

이해할 수 있다.

한동대가 전인적인 교육을 추구한다고 해서 지적인 영역을 소홀히 하는 것은 아니다. 한
동대의 지적 활동 영역 수치는 연도별로 ACE 참여대학 및 전체 대학보다 1.29~1.67점 정도
높다. 특히 2013년에는 전해보다 그 수치의 차가 더욱 커졌는데, 이는 다른 대학의 수치가
하락한 것이 아니라 한동대의 관련 수치가 많이 올랐기 때문이다. 이런 결과를 가져온 핵심
적인 이유는 고차원적인 사고를 자극하는 다양한 경험을 교과/비교과 활동 및 일상적 체험
을 통해 지속적으로 제공해 준다는 점이다. 이에 대한 구체적인 설명은 다음과 같다.

1) 전공교육: '실천적 문제해결 및 전공 간 연계의 강조'

(1) 현장의 문제를 해결할 수 있는 실천적 교육

한동대가 추구하는 교육은 현장의 문제를 해결할 수 있는 실제적 능력을 기르는 교육이
다. 실제로 많은 학생들이 기억에 남는 수업으로 이야기하는 것은 그들이 직접 현실의 문제

를 해결하는 경험을 해 본 수업들이었다.

　　저 같은 경우는 프로젝트 관리론을 들었었는데요, 그냥 책으로 보는 게 아니라 제안서를 직접 작성하고 회사에 전화를 해서 저희가 이런 프로젝트를 하는데 협찬해 주실 수 있느냐, 이런 제안을 해서 정말 옷을 공짜로 300벌 정도 협찬을 받게 된 경우도 있었어요. 그리고 여러 협력 업체를 찾아다니고, 양덕동을 돌아다니면서 펀드도 받고. 실질적으로 하면서 프로젝트가 어떤 것이구나라고 느낄 수 있었고. (편입생-경영/경제 4학년 학생 AM)

　　근데 이 수업에서는 제가 디자인한 상품을 팔았거든요. 그래서 반응도 볼 수 있었고, 제가 보완해야 할 점, 재료비랑 판매하는 금액이랑 그런 걸 맞춰 보는 거. 전반적인 걸 느낄 수 있었어요. (시각/제품 디자인 4학년 학생 K)

　　그리고 다른 수업은 광고홍보캠페인인데 그 수업이 좋았던 건 실제 기업체의 과제를 가져와요. 실제 기업의 과제를 가져와서 피드백을 그 사람들께 들을 수 있어요. 최종발표 때 아무래도 마음가짐 자체가 아예 달라지는 거죠. 책임감이나 실력을 제대로 보여야 한다는, 최대한 노력을 해야겠다. 그것도 팀 프로젝트였는데 잘 몰랐는데 관련 책도 계속 보게 되고, 스스로 동기부여가 되서 프로젝트에 참여를 하게 되는 거죠. 실제 기업체가 우리의 결과를 평가한다는 게……. (경영/GEA 4학년 학생 I)

　경영학 수업에서는 실제로 물건을 수입해서 팔아 보는 경우도 많았다. 한 팀은 팀 과제로 콘택트렌즈를 수입해서 팔았는데, 인터넷을 통해 거래처를 확보하고, 대금을 결제하고, 통관절차를 거치고, 홍보계획을 짜서 실제 렌즈를 학생들에게 판매까지 한 것이다. 수익이 많지는 않았지만, 학생들은 이런 경험을 통해서 학교에서 배웠던 이론이 현실에서 어떻게 쓰이는지 알게 되었다고 말한다. 그 외에도 자신이 디자인한 것을 실제로 판매하거나, 학교 근처에 실제로 가게를 계약하여 점포를 운영해 보기도 하며, 실제 기업의 과제를 가져와서 수업을 하는 경우도 있었다.

이런 학생들의 경험은 그들에게 현실성 있는 내용을 가르쳐 주려는 교수들의 노력의 결과다. 교수들 역시 현실의 변화에 뒤처지지 않기 위해서 노력하고 있었다. 사회복지를 가르치는 한 교수는 학생들에게 현장의 경험을 생생하게 들려주기 위해서 보건현장에서 비상근으로 근무하고 있었고, 한 이공계 교수는 직접 현업에서 일하고 있는 졸업생 20명 정도를 일일이 접촉하여 한 학기 동안 시리즈로 강의를 요청하기도 했다.

　정규수업뿐만 아니라 봉사활동 프로그램을 통해서도 본인의 전공을 활용한 문제해결 경험이 이루어지고 있었다. 대표적인 프로그램은 GEM(Global Engagement Mobilization)으로, 이는 제3세계 지역사회 공동체 개발을 돕는 목적으로 한다. GEM 프로젝트에서는 도움을 주기로 정한 지역에 4~5년에 걸쳐 참여학생들을 교체하면서 지속적으로 방문하고 연구한다. 한 학기에 7~8개 팀이 활동하며, 이제까지 전체 50명 정도가 참여하여 아시아와 아프리카 대륙의 10개 국가 14개 지역에서 29개 프로젝트가 수행되었다. GEM을 준비하는 동안에는 GEP(Global Engagement Project)라는 수업을 통해 팀별로 주제를 정하고, 지역개발과 관련된 여러 전공교수의 강의를 듣고, 지도교수와 정기적으로 면담을 하는 과정을 거친다. 이후 방학기간을 이용하여 1~2주 동안 현장을 방문하여 학교에서 배운 내용을 직접 확인하고 적용해 본다. 이 프로그램의 특징은 단순히 봉사활동만을 하는 것이 아니라 봉사활동에서 자신의 전공분야 지식을 사용한다는 점, 그리고 고차원의 지식보다는 해당 지역의 눈높이에 맞는 '적정기술'을 활용하여 현지 사람들에게 지속 가능한 도움을 준다는 점이다.

　이 프로그램에 참여했던 학생들을 통해 각자의 전공을 활용하여 문제를 해결했던 경험을 들어 볼 수 있었다. 예컨대, 아프리카의 차드라는 나라의 국민의 세계관을 조사하는 프로젝트가 2010년에 시작되었는데, 첫 팀이 그 지역 주민들의 세계관을 조사하고, 그다음 팀들을 통해 그곳 사람들에게 도움이 되는 사업 아이템을 구상한 후 그것을 실현시키는 프로젝트가 매년 진행되었다. 사례연구 수행과정에서 2013년에 이 프로젝트에 참여했던 학생들을 만났는데, 앞선 연구를 발판으로 삼아 구상된 숯 판매 사업을 진행했다고 한다. 면담을 했던 학생들은 경영, 디자인, 기계 전공자들이 모인 팀이었다. 전체 숯 제작부터 판매의 공정은 경영과 기계 전공 학생이, 회의 시간에 말로만 구상했던 것을 실제 로고 및 숯 박스로 제작하는 것은 디자인전공 학생이, 숯의 단가를 낮추기 위한 숯 제작 기계 및 공정의 개선은 기계공학 전공학생이 맡아서 진행했다. 팀의 리더는 다양한 전공의 사람들이 모이지 않았다면 이러한 세 가지 과정을 동시에 진행하지 못했을 것이라며 팀원들의 조합과 협력 활동에 만족해했다. 그리고 이 사업은 현지인들에 의해서 이어질 수 있도록 굿네이버스의 현지직원들과 연계를 하면서 지속되고 있다고 한다.

> 저는 공대생이라서 제가 가지고 있는 기술이 다른 사람한테 도움이 될까 했는데, 이걸 하면서 그런 걱정이 없어진 것 같아요. 어떻게 보면 그 사람들보다 더 나은, 조금 더 알고 있는 조그마한 기술 하나가 더 도움이 된다는 사실을 알았습니다. 앞으로 제 전공과 관련된, 물론 개인적으로 회사 다니는 일을 하겠지만 그 이후에도 제가 배운 걸 (가지고) 어떻게 도움 되는 사람이 되어 살아갈 수 있을까 하는, 직접적으로 경험할 수 있었던 것……. (기계/전자공학 4학년 학생 R)

> 대학교에서 이론으로만 배웠던 회계나 재무 쪽이나 아니면 마케팅 같은 것을 실제로 적용을 해 보면서 '아, 내가 이거를 왜 배워야 하는구나!' 라는 걸 실제로 알았고, 또 한 가지는 제가 적정기술로 그 사람들을 어떻게 도울 수 있는지를 많이 생각했는데, 실제로 현지에 나가 보니까 그 사람들이 원하는 것은 제가 생각하는 거랑은 완전히 달랐던 거예요. …… 제 사업을 하든지 어떤 걸 하든지 현지에 대한 조사와 그 사람에 대한 이해와 공감이 많이 필요하다는 것을……저는 처음에 갈 때는 숲이 왜 필요할까 생각했는데, 가 보니까 '아, 왜 그런지 알겠다!' 하는 것을 많이 느꼈던 것 같아요. (경영/GEA 3학년 학생 S)

> 비슷한 맥락에서 진로를 결정할 수 있는 것들이 아프리카 학생들에게 좋은 양질의 교육이 필요한 건 누구나 알 수 있는 사실인데, 현지에 가 보니 너무 마음에 와 닿았고, 사실 저희가 우리나라에서는 지방에 있는 한동대 학생들이고, 뭘 만들어서 교육을 한다는 것이 아무것도 아니겠죠. 근데 그 사람들한테는 걸어서 만 보, 서너 시간이나 되는 거리를 걸어서 올 만큼 절실하고 또 필요한 것들이구나, 이런 것들이 더 많아져서 현지에 더 활용 가능한 자원으로 기동이 된다면 정말 변화의 시작이 될 수 있겠구나 그런 깨달음들이……. (상담심리/경영 4학년 학생 T)

학생들은 이렇게 현장에서의 체험을 통해 자신의 전공이 실제로 어떻게 남을 도울 수 있는지를 경험한다. 최첨단의 기술이 아니더라도, 남들보다 하나 더 알고 있다면 도움을 줄 수 있다는 것도 깨닫는다. 현장에 직접 가 봄으로써 왜 이 전공을 공부해야 하는지 피부로 느낀다. 이러한 경험은 학생들이 전공 공부를 더욱 심화하게 하도록 하는 한편, 진로를 정하는 과정에도 도움을 주고 있었다.

(2) 고차원적 사고를 자극하는 수업방식과 전략

한동대의 수업방식은 다양했다. 그중에서 교수 및 학생들이 많이 언급한 수업방식은 팀발표, 팀티칭, 프로젝트 수업이다. 먼저 가장 많이 이야기되었던 것은 바로 팀발표 수업이다. 전공마다 다르지만, 2학년 이후 전공수업에서는 적게는 50%, 많게는 80% 이상의 수업에서 팀 발표가 진행된다고 한다. 한 학기 내에 한두 가지 주제로 4~5명이 팀을 이루어 발표하는 수업은 한동대 수업의 '백미'라고 할 수 있다.

> 타 학교 사례를 보면 팀 프로젝트 뭐 재미로 유머식으로 올라오는 글들도 결국에 한 명이 나머지 사람들을 다 끌고 간다 이런 개념이거든요. 근데 한동에서 시행되는 프로젝트는 그렇게 해서는 소화해 낼 수 없는 프로젝트들이 많아요. 그러다 보니까 서로가 뭉칠 수밖에 없고, 많은 시간을 할애하게 되고, 그 안에서 나름대로 끈끈한 관계들도 많이 형성이 되는 것 같더라고요. (경영/경제 4학년 학생 AM)

한동대의 팀 프로젝트는 팀원 간의 협력이 이루어지지 않으면 해결할 수 없는데, 이는 팀의 과제 발표에 대한 기대치가 높기 때문이다. 그렇기 때문에 주제에 대해서 학생들끼리 스스로 자료를 조사하고 의견을 나누는 시간이 많다. 한 학생은 팀과제 발표를 위한 모임에서 의견을 나누다 보면 아이디어가 '샘솟는다'고 했다. 보통 하나의 발표를 위해 적게는 5~7번, 많게는 15~20번 정도를 모이는데, 서로 다른 생각을 듣고 정리해 가는 과정을 통해서 학생들은 스스로의 사고를 확장해 나가고 있었다.

프로젝트 수업은 학생 개인 혹은 팀별로 한 가지 실제적인 과제를 해결해 나가는 수업이다. 보통 프로젝트 수업은 학생들이 프로젝트를 수행하는 가운데 전공을 비롯하여 그 밖의 다양한 역량을 기를 수 있도록 기획된다. 여기에는 팀으로 협력하는 능력, 리더십, 발표력, 글쓰기, 분석적 · 종합적 사고가 다 포함된다. 프로젝트 수업은 다양한 방식으로 활용되고 있었는데, 한동대 셔틀버스 기사 분들에 대해 조사했던 '사회복지조사론' 수업도 있었고, 북한 결핵 어린이, 정신지체 아동, 지역사회 내의 청소년 및 아동, 태국의 난민 등을 돕기 위한 프로젝트를 기획하는 '프로그램 개발과 평가' 수업, 해외기업 열 곳과 국내기업 한 곳을 조사하는 '기업 사례연구' 수업 등이 그 예라고 할 수 있다.

　결핵으로 고통 받는 북한 어린이들을 돕는 '한동 결핵 제로 운동본부', 정신질환과 장애를 가진 사람들을 고용하는 사회적 기업인 '히즈빈스'와 함께 모금운동을 하는 프로젝트에 참여했던 한 학생은 APA Style 기획서 작성방법을 사용하고, 조사방법론 및 통계학 등 수업에서 배웠던 내용을 실제로 통합하여 적용해 본 것, 현장에서 실제 문제와 부딪히고 교수 및 팀원들과 지속적으로 소통했던 것, 소외당하고 있는 사회적 약자를 도움으로써 한동의 교육이념을 직접 실천해 볼 수 있었던 점 등을 프로젝트 수업을 통해서 배운 대표적인 것들이었다고 이야기하였다.

　팀티칭은 한 수업을 몇 명의 교수가 나누어 수업하는 방식이다. 주로 이공계 학과의 수업에서 많이 이루어지는 팀티칭은 교수들에게도 부담이고, 학생들에게도 부담이다. 일단 교수들은 다른 교수들과 직접적으로 비교된다는 부담감이 있다. 그리고 학생들은 교수가 바뀔 때마다 시험을 봐야 하고, 교수들의 다른 수업방식에 적응해야 한다. 하지만 이런 수업방식은 학생이 여러 교수의 다양한 시각을 배울 수 있다는 점, 교수는 자신이 맡은 부분에 대해서 더 구체적으로 준비할 수 있다는 점에서 수업의 질을 향상시키는 데 기여하고 있음을 학생과 교수 모두 인정하고 있었다.

　　　(팀티칭 수업에서) 각각의 교수님이 하시는 수업방식이 다 달랐지만 그 안에서 뭔가 다른 관점으로 바라보는 것들이 참 좋았던 것 같고요. (경영/경제 4학년 학생 AM)

　　　일단 저희가 생화학을 가르치는 데 생화학을 코디네이터하는 데 참여하는 교수님들이 여섯 분이거든요. 그러면 그 교수님은 자기가 맡은 장에 대해서는 교과서 외적인 것도 종합적으로 잘 알게 돼요. 매년 수업을 하다 보면 최근 연구 동향이라든지 이런 것까지 수업 시간에 말하는 수준이 올라가요. 교과서에 있는 걸 반복하는 게 아니고. 그런 차원에서 굉장히 장점이 있죠. 그런데 학생들은 그런 걸 다 소화를 해야 하니까 힘든 거고. (이공자연 평교수 E)

수업을 진행하는 형식 이외에도 학생들이 수업 주제에 대해 고민하도록 하는 다양한 수업전략들도 사용되고 있었다. 동영상으로 먼저 강의를 올린 후 주제에 대해서 학생들끼리 온라인에서 서로 의견을 주고받으면서 예습을 할 수 있게 하고, 수업 전에 수업 주제와 관련된 질문을 두 개 만들어 오게 하는데, 첫 번째 질문은 기본적인 것, 두 번째 질문은 첫 번째 질문에서 파생된 보다 더 깊은 질문을 만들어 와야 한다. 한 편입생은 이전 대학에서는 교재 뒤의 연습문제가 과제이지만 한동대에서는 교수가 만든 새로운 문제가 과제로 주어지는 점을 한동대 교육의 특징이자 전 소속 대학과의 차이로 이야기하기도 하였다.

단순 주입이나 암기보다는 사고력을 많이 키워 주고, 사고력을 많이 활용할 수 있게 해 주세요. 그리고 국제관계가 특히 그렇지만 표현을 하더라도 이제 논리적으로 표현할 수 있게 노력을 해야 되고, 그냥 암기를 하는 것만으로는 소용이 없고, 그런 걸 풀어 내야 되고. 발표할 때도 굉장히, 그 핵심을 파악하는 능력? 이런 요구를 많이 하세요. 많은 걸 읽되 핵심을 추려 내기 위해 노력하게 되고……. (국제지역/영어 4학년 학생 AJ)

사고를 자극한다는 것은 강의방식 및 과제 형태의 문제에 기인하는 것만은 아니다. 설령 일반적인 '강의(lecture)' 방식으로 수업을 하더라도 학생들로 하여금 핵심이 되는 주제에 대해서 더 많이 고민해 볼 수 있도록 한다면 그 강의는 좋은 수업이라고 할 수 있다. 여기서 가장 핵심이 되는 것은 교수들의 '좋은 수업'에 대한 관심이었다. 일단 한동대 교수들은 좋은 수업에 대한 관심이 많았는데, 이는 그들이 한동대에 오는 주된 이유가 학생들의 교육이라는 점과 정확하게 연결된다. '좋은 수업'이라는 공통의 관심사에 대해 공식적인 회의 및 일상의 대화를 통해 서로를 자극하고 격려하는 한동대의 소규모 공동체 문화 속에서 교수들은 알게 모르게 '나도 수업을 잘하고 싶다.'는 의욕이 생기고, 그것을 이룰 수 있는 자원들도 가지게 된다.

한동대학교가 좀 작거든요. 작고 하니까 다 알아요. 어떤 얘기가 돌아가는지, 그러니까 저희 학부가 아니더라도 교수님들이 어떤 분이라는 게 다 들려요. 있다 보면 저희 학부에 굉장히 피티를 잘하시는 분이 계시는데…… 저도 개인적으로 그 교수랑 친해서 같이 모여서 학생들한테 얘기하고, 어려운 점도 얘기하고, 그런 것들이 실제적으로 알게 모르게 도움이 되는 것 같습니다. (이공자연 평교수 C)

동료 교수님들이 워낙에 티칭에 신경을 쓰시고 잘하시는 분들이 많다 보니까 이제 못 하시는 분들도 알게 모르게 또 영향력, 영향권 안에 있어서 '나도 잘 가르치고 싶다.' 그런 게 있는데……. (인문사회 평교수 C)

비록 학교의 모든 강의를 조사해 보지는 못했지만, 교수 및 학생들, 특히 편입생들과의 인터뷰를 통해서 한동대 교수들의 강의에 대한 관심, 그리고 학생들이 강의에 대해 만족하는 모습을 보면서 학생들의 고차원적 사고를 자극하는 수업이 한동대 내에서 폭넓게 확산되어 있다는 것을 짐작해 볼 수 있었다.

(3) 다양한 전공 학생 간의 상호작용과 연계교육으로 인한 시너지 효과

한동대에서는 타 전공 학생과 이야기를 하거나 같이 프로젝트를 할 기회가 많다. 팀에는 다양한 학년과 전공 학생이 모여 있다. 팀 구성원들은 같은 생활관을 쓰기 때문에 같은 방 혹은 옆방의 다른 전공의 학생들이 공부하는 모습을 볼 수 있다. 무전공으로 입학하여 본인의 전공을 정하는 과정에서도 다양한 기초전공 수업을 들어 보고 연계전공까지 포함하여 두 개의 전공 수업을 듣기 때문에 전공 수업에서도 타 전공 학생과 팀 프로젝트를 하는 경우도 많다. 예를 들어, 제1전공이 경영, 제2전공이 상담심리일 경우 상담심리 전공 수업에서 제1전공이 상담심리, 제2전공이 디자인인 학생과 수업을 같이 듣게 된다. 이렇게 다양한 조합의 학생들이 모이게 되면 상담심리 전공 수업에서 만들어지는 팀에 3~4개의 전공이 섞이는 경우가 많다. 이와 같이 다양한 구성원들이 팀 프로젝트를 같이 하는 경우 과제를 풀어 가는 과정에서 주제의 선정, 접근 방식, 해결방식 등에서 차이를 느끼고 서로를 통해 지적 자극을 받게 된다.

> 다양한 전공들 간에 협력을 생각했을 때 저희 학교에서는 학생들의 대부분이 복수전공을 하고 있는 상황이고, 저 같은 경우는 생명과학이랑 경제학을 복수전공 하거든요. …… 개인들이 이렇게 복수전공을 하다 보니까 전공이 다른 사람들과의 교류가, 여러 프로젝트를 할 수 있는 기회들이 많이 생기는 것 같아요. 그런 것도 있고, 또 아무래도 학교에서도 어떤 융합적인 부분들을 많이 강조하는 취지들이 있다 보니까 그 취지들이 여러 가지 GEM 프로젝트라든지, 어떤 그런 사업들이 많이 공고가 되는 걸 볼 수 있었거든요. 그런 학교의 서포트나 학생 개개인의 전공 백그라운드가 다양하다 보니까 다양한 걸 경험하는 계기가 되고 쉽게 사람들을 만나는 기회가 형성이 되는 것 같아요. (생명공학 3학년 학생 AE)

특히 한동대는 외부 공모전에서 수상을 하는 경우가 유난히 많은데, 다양한 전공의 학생들이 한 팀을 이루는 것이 큰 도움이 된다. 한 공모전에서 대상을 수상했던 팀은 디자인, 경영, 기계공학의 전공자 4명으로 구성되어 있었다. 4명의 전공은 각각 시각디자인&제품디자인, 경영&심리, 경영&GE(창업), 경영&지역학으로 총 6개의 전공이 합해졌다. 이 팀의 경우 전체 흐름은 경영과 창업을 전공하는 학생이, 해외와의 연계를 담당하는 것은 영어를 잘하는 지역학 전공의 학생이, 프레젠테이션 제작은 디자인 전공 학생이 담당했다. 또 다른 팀은 경영, 디자인, 언론정보 전공자로 구성되었는데, 주제를 선정하는 데 있어 경영/경제를 전공하는 학생의 경제학적 관점과 언론정보를 전공하는 학생의 문화적 시각을 결합하였고, 디자인 전공 학생의 전문성을 활용하여 더 세련되고 의사전달력이 뛰어난 프레젠테이션 자료를 만들 수 있었다고 한다.

2) 인성교육: '캠퍼스 전체가 수업의 장'

(1) 캠퍼스 생활에 체화된 인성교육

한동대 학생들은 수업이나 프로그램보다는 캠퍼스 생활 자체를 통해서 인성이 길러진다고 생각하고 있었다. 단순히 지식만 뛰어난 자는 사회에 큰 도움이 되기 어렵다는 것이 핵심적인 교육철학이기 때문에, 한동대는 전공 영역의 지식 교육에 앞서 학생들의 인성 함양이 매우 중요하다는 점을 다양한 맥락에서 강조한다. 먼저 한동대에서는 다양한 교과/비교과 인성교육 활동 및 프로그램이 있고, 이를 통하여 '인성'이나 '가치'에 대해 이야기할 수 있는 기회가 항상 열려 있었다.

> 학교에 있다 보면 자연스럽게 그냥 들리는 이야기가 내적 가치에 대한 이야기를 되게 많이 해요. 친구들은 크리스천이라서 하나님과의 관계 이런 이야기를 할 수도 있는데, 저는 그냥 그렇게만 이야기가 들리는 게 아니라, 그 관계를 통해서 남들에게 베풀고 이런 거 있잖아요. 제 식대로 다시 해석해서 다시 들리고 하니까. 평소에 그냥 들리고 있는 게 인성 관련 이야기이고, 이렇게 하는 게 옳은 방향이고, 계속 (그런) 생각을 하게 해 주는 것 같거든요. 저의 가치관과……. (기계/전자공학 4학년 학생 U)

> 학교라는 곳이 워낙 서로 부딪히고 또 그런 시간이 많다 보니까 약간 인성적으로 '아, 이 친구 마음에 안 들면 그냥 안 친해지면 돼.' 이런 게 아니라 '아, 이 친구를 언제 어디에서 볼지 모른다. 한 번 내가 더 참고 사랑해 볼까? 좀 더 친해져 볼까?' 그런 도전을 많이 받게 되는 것 같아요. 주변에 놀 공간이 별로 없지만 오히려 다른 학교보다 더 잘 노는 건 제가 확신이 들어요. (경제/국제지역 3학년 학생 E)

한동대의 작고 고립된 캠퍼스 그리고 끈끈한 인간관계는 생활을 통한 인성 함양에 큰 역할을 한다. 앞서 말한 것처럼 한동대는 규모가 작고, 학생들이 대부분 기숙사 생활을 하기 때문에 생활 속에서 사람들과 부딪히는 경우가 많다. 가까이 생활하면서 서로의 모난 부분이 드러나는 경우가 많고, 그런 부분들로 인해서 마찰이 일어나기도 한다. 이 과정에서 자신의 모난 부분을 때때로 발견하게 되는데, 한 학생은 이것을 '깨진다'라고 표현하기도 했다. 학교 규모가 크면 마음에 안 드는 사람을 만나지 않을 수 있지만 한동대에서는 그렇지 않다. 한 다리 건너면 모두 아는 사람이고, 기숙사, 팀 모임, 수업을 통해서 언제 다시 만날지 모르기 때문에 그냥 모른 체 지낼 수 없다. 이런 환경 때문에 동료와의 관계를 잘 유지하기 위해 자신의 부족한 부분을 고치려고 노력하게 되고, 그러는 가운데 인성적인 면에서 성장을 하게 된다는 것이다.

(2) 공동체 리더십 훈련과 봉사활동

한동대 인성교육은 수업과도 연결되어 있다. 매주 수요일에 있는 팀 활동 수업('공동체 리더십 훈련' 1학점) 내에서는 '10만 원 프로젝트'가 진행된다. 학교에서 팀에 10만 원을 주면 이를 종자돈(Seed Money)으로 하여 팀원들이 자신이 가지고 있는 지식과 인적 네트워크를 최대한 활용하여 돈을 불리고, 이를 남을 돕는 데 사용한다. 팀 모임 시간에는 어떤 아이템으로 돈을 불릴 것인지, 그리고 불린 돈을 도움이 필요한 다른 사람들을 위해 어떻게 의미 있게 사용할 것인지에 대해 구체적이고 다양한 방식으로 의견을 교환하는데, 이런 기본적인 활동 과정이 부지불식간에 항상 '배워서 남 주자.'라는 한동대의 교육철학을 학생들

[그림 1-3] '10만 원 프로젝트' 수행방안을 논의하고 있는 팀 학생들

에게 심어 주는 중요한 계기로 작용하고 있다. 같은 맥락에서 교내에서 학생들이 봉사하게 하는 '워크 듀티'나 선별과정을 통해 일부 팀에만 제한적으로 지원되는 보다 큰 규모의 '100만 원 프로젝트'도 모두 학생이 어떻게 사회에 기여를 할 수 있을지에 대해 고민하게 만드는 중요한 교육 매개체로 활용되고 있다.

한편 한동대는 봉사활동이 필수교과다. 2013년도 자료에 의하면, 전체 인원의 47.3%에 해당하는 1,840명의 학생이 166개 기관에서 봉사활동을 하였다. 한 학기에 30시간으로 이루어져 있는데, 실제 봉사활동은 24시간 이상이고, 나머지는 봉사 전후의 교육 및 보고서 작성으로 이루어져 있다. 면담을 한 한 학생은 처음에는 학점을 받기 위해서 봉사활동을 시작했는데, 해 보고 나니 많은 것을 배울 수 있어서 필수가 아닌데도 두 학기 더 신청해서 봉사활동을 했다고 한다.

> 사회봉사도 의무, 강제로 하다 보면 처음에는 몸 힘든데 '왜 시키냐, 1학점밖에 안 되는데.' 근데 1, 2를 하면서부터 그 안에 있는 가치를 찾은 것 같거든요. 사회봉사의 가치. 그래서 뭐 계속 참가도 하고 조사도 진행해 나가고 있습니다. 의무로 하게 안 했으면 몰랐을 수도 있는데, 강제로 시키다 보면 그 가치를 알 수도 있는 거죠. …… 그런 찾을 수 있는 기회를 준다는 측면에서 한동 인성교육이나 사회봉사 이런 교과목들을 의무로 지정한다는 게 좋은 것 같아요. (기계/전자공학 4학년 학생 B)

> 학교에서 워낙 봉사와 나눔, 이런 인성교육에 대한 가치를 주입하기도 하고, 교육을 잘 시키고, 기독교 가치에도 부합하기 때문에 그런 상황에서도 자연스럽게…… '봉사를 해야 한다.' 이런 생각을 가지고……. (상담심리/경영 4학년 학생 T)

한동대는 학기 중 봉사활동 수업 이외에도 방학 때 20% 이상의 학생들이 각종 해외 봉사활동을 나간다. 방문지는 대부분 개발도상국이고, 그 비용을 본인이 직접 부담해야 한다. 특히 참가하더라도 취업에 도움이 되는 자격증을 받는 것도 아니다. 그럼에도 불구하고 많은 학생들이 해외로 봉사활동을 나간다는 것은 이타적 기독교 신앙을 핵심적 교육철학으로 삼고 있는 한동대의 가장 큰 특징 중 하나이며, 이런 일상적 활동을 통해 인성교육이 자연스럽게 이루어지고 있는 것으로 보인다.

(3) 무감독 시험과 한동 명예제도

한동대에서는 무감독 시험 제도를 시행하고 있다. 한동대의 시험지 상단에는 '나는 하나님과 사람 앞에서 한 점 부끄럼 없이 시험에 응하였음을 확인합니다.'라고 적혀 있고, 학생은 거기에 사인을 하게 된다. 학생들에게 정직이라는 가치를 말이 아닌 행동으로 가르치는 것이다.

한 번 커닝을 했는데 그것이 너무 기분이 좋지 않아서 그 이후로는 커닝을 '질색' 할 정도로 싫어하게 된 학생, 지금은 감독이 없다는 것을 의식하지도 못하고 그냥 들어가서 시험을 치고 나온다는 학생 등 무감독 시험 제도가 본인들의 인성을 기르는 데 큰 영향을 미치고 있다고 했다.

> 커닝을 한 번 해 본 적 있어요. 수학 문제를 풀었는데, 내는 도중에 그걸 알았어요. 지나가다가 떨어진 답을 봤는데, 그게 눈에 들어온 거예요. 제가 실수해서 아는데 틀린 거예요. 그때는 할까 말까 했는데…… '점수 떨어지면 안 되니까……' 하고 했는데, 하고 나니까 기분이 너무 더러운

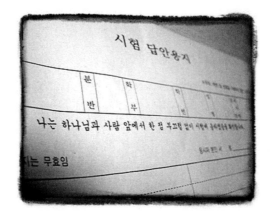

[그림 1-4] 한동대의 시험 답안지

거예요. 떳떳하지 못했던 것? 하나님께 너무 부끄러운 거예요. 그다음부터 컨닝은 질색할 정도로 싫은 거예요. 못하겠는 거예요. 학교에서 아너코드를 계속 강조하니까, 그게 나쁜 거란 건 알잖아요. 그런 게 학업적인 면에서 영향을 주는 것 같아요. (한국법 2학년 학생 J)

무감독 시험 제도는 학생들이 좀 더 공부할 수 있도록 도와주는 역할도 한다. 면담학생은 커닝을 할 마음을 아예 갖지 않기 때문에 스스로 시험 준비를 조금이라도 더 하게 된다고 하였다. 또한 감독이 없이 시험을 치르는 경험은 학생들에게 자신이 신뢰를 받고 있다는 느낌을 가지게 해 주고, 교수들이 자신에게 보여 주는 그런 신뢰에 보답하기 위해서라도 무감독 시험에 더 적극적으로 참여한다고 했다.

한동대에서 무감독 시험 제도가 지속될 수 있는 바탕은 '한동 명예제도(아너코드: Honor Code)'로서 학생들 스스로 정하고 지켜 나가기로 하는 다음과 같은 가치들로 구성되어 있다.

하나, 한동인은 모든 말과 글과 행동에 책임을 집니다.
하나, 한동인은 학업과 생활에서 정직하고 성실합니다.
하나, 한동인은 다른 사람을 돕고 겸손히 섬깁니다.
하나, 한동인은 다른 사람을 위해 자신을 희생합니다.
하나, 한동인은 모든 구성원의 인격과 권리를 존중합니다.
하나, 학교의 재산과 다른 사람의 재산을 소중히 여깁니다.

아너코드는 학생들의 학교생활에 깊숙이 영향을 미치고 있었다. 가령 컨닝을 했던 학생은 계속해서 강조되는 아너코드 때문에 마음이 아주 불편하게 되었다. 컨닝을 하지 않는 것, 족보(기출문제)를 보지 않는 것, 시험과 관련된 자료를 모든 학생이 공유하는 것, 봉사활동에 많이 참여하는 것, 새섬이나 팀 리더도 자발적으로 봉사하는 것, 돈이 떨어져 있어도 가져가지 않는 것 등 아너코드는 한동대생들이 실천하고 있는 많은 행동들의 기저를 이루는 기초적 동기로 작용하고 있음을 알 수 있다.

분명히 물론 모든 한동대생이 백 퍼센트 다 그럴 수는 없죠. 분명히 누군가는 어디서 족보를 얻을 수 있고 한데, 그런데 보통 생각에 '그건 좀 아너코드에 위반되지 않아?' 이렇게 말을 해요. 그러니까 아너코드란 게 그만큼 은근히 알게 모르게 자극되어 있다고 해야 되나, 그런 게 좀 큰 것 같아요. (경영/시각디자인 4학년 학생 G)

3) 국제화된 교육환경: '살아남기 위해 하게 되는 영어'

(1) 높은 영어강의 비율

한동대의 영어강의 비율은 33.8%(2013년)로 매우 높은 편이다. 모든 학생이 영어강의에 만족하는 것은 아니었지만 많은 면담학생들은 영어강의를 통해서 영어에 대한 자극을 받고 있다고 했고, 실제로 영어강의 수강을 위해서 휴학을 하며 준비하는 학생들도 있었다.

처음에 친구들이랑 공부할 때 한국어로 공부해도 어렵고 못하겠는데 어떻게 영어로 공부하냐 1학년이나 2학년 때는 그런 것 때문에 많이 힘들었거든요. 그런데 영어로 공부하는 게 처음엔 굉장히 어렵고 부담이 됐었는데 모든 과목을 영어로 공부하고 한국어로 수업을 하더라도 교재는 영어교과서이고, 그렇게 하다 보니까 오히려 좀 더 편하고 한국어 책과 같이하면 한국어가 어렵고 영어가 더 쉬운 그런 경우도 있더라고요. 오히려 영어가 문맥에 맞게 어려운 단어 없이 잘 설명해주기 때문에 더 좋았던 것 같아요. 단점이라고 하면은 영어가 진짜 편하지 않은 친구들은 발표나 질문하는 것에 대해 영어가 어려움을 주는데 학점에 대한 부담감이 있을 수 있지 않을까……. (경영/GEA 3학년 학생 V)

수업을 영어로 듣다 보니까 '이야, 이거 영어공부 좀 더 해야 되겠는데.' 약간 이런 생각이 들어서 영어공부도 많이 하고, 또 외국인 학생들이랑 할 수 있는 프로그램이 정말 많아요. 그래서 그런 것도 내가 만일 관심이 조금만 더 있다면 얼마든지 찾아서 이렇게 영어를 쓸 수 있는 환경도 있고, 그거는 정말 잘되어 있는 것 같아요. (경영/시각디자인 4학년 학생 G)

학생들은 영어강의에 대해 부담을 느끼면서도 그것이 본인들로 하여금 강제로라도 영어를 공부하게 만든다는 점, 그리고 영어실력이 국제화 시대에 꼭 필요한 역량이라는 점 때문에 영어강의를 긍정적으로 여기고 있었다. 오히려 영어강의를 따라가기 위해 노력해야 하는 상황 자체를 본인들의 성장으로 인식하고 있었고, 일정 기간이 지난 후 영어강의에 대한 부담이 확연하게 낮아지는 경험을 조금은 자랑스럽게 혹은 신기하게 이야기했다.

(2) 생활에서 자연스럽게 영어에 노출되는 환경

한동대는 학생들이 영어에 노출되기 쉬운 환경이다. 일단 2014년 현재 외국인 교수의 수가 27명으로, 전임교원 130명의 20.7%를 차지할 만큼 그 비중이 높다. 또한 외국인 학생과 선교사 자녀 및 재외국민 입학생을 포함하면 전체 입학생의 15% 정도가 한국어보다 영어가 더 편한 학생들이라고 할 수 있다.

> 학교에 주로 친구들이나 선후배들을 돌아보면 재외학생들이 굉장히 많거든요. 선교사님이나 목사님 자녀라든지, 아니면 해외거주 전형…… 그래서 그런지 한국인처럼 생겼지만 영어로 대화하고 다니는 애들도 많고, 그들이 한 단체나 공동체로 소속이 될 수밖에 없는데, 그러다 보면 재외가 꼭 한 명씩은 있는 것 같아요. 꼭 외국인뿐만 아니라 그냥 일반 돌아다니는 친구들이 영어도 잘하고, 외국 문화도 배워 온 친구들인 거예요. 처음에 그런 친구들을 보면서 저희랑 많이 달라서 욕을 할 수도 있고 막 그런데 지나가 보면 알게 되죠. '아, 우리가 생각했던 건 한국 문화이고, 얘네는 이렇게 생각을 할 수도 있구나.' 그런 것도 자연스럽게 알아 가는 것 같기도 하고, 그냥 지나가면서 영어로 대화하는 것도 장난스럽게 따라 하거든요. 이쪽에서는 그 자유로운 분위기가 좋은 것 같아요. (기계/전자공학 4학년 학생 B)

> 학교 분위기 자체가 그런 것 같아요. 워낙 영어를 쓰는 학생도 많고 내가 여기서 영어를 써도 이상할 게 아무것도 없는 거예요. 학교 내에서, 내가 한국말 하다가 괜히 겉멋 들어서 영어를 써도 아무도 욕할 사람이 없고, 그냥 영어가 자연스럽게 나오는 게 있어요. 학교 자체가 아무래도 외국인 학생들도 우리 학교에 많이 오다 보니까, 외국인 학생들과 같이할 수도 있거든요…… 학교 자

체도 영어를 쓸 수 있고, 배울 수 있는 환경이 조성이 잘되어 있어서 글로벌한 학교 분위기 자체가 큰 일조를 하는 것 같아요. (전산전자 4학년 학생 D)

한동대에서는 외국인 학생 또는 외국 생활 경험이 있는 학생들과 수업을 들으며 팀 프로젝트를 하고, 작은 캠퍼스 안에서 국내외 학생들이 영어로 이야기하는 모습을 자연스럽게 볼 수 있다. 한동대의 공식적인 행사 및 문서에는 한글과 영어가 혼용되어 있기도 하다. 영어실력을 늘리고자 하는 학생은 외국인들이 거주하는 외국인 생활관에서 같이 지낼 수도 있다. 실제로 한동대 졸업생들의 평균 토익점수는 830점으로 타 대학의 평균보다 많이 높은 편이다(한동대학교, 2013). 이런 환경 속에서 학생들은 '자연스럽게' 영어의 필요성을 인식하게 되고, '살아남기 위해' 열심히 영어공부를 하게 된다.

(3) 전교생 20%가 나가는 해외 봉사활동

한동대에서는 매년 600명, 즉 전교생의 20% 이상이 각종 해외 봉사활동을 나간다. 해외 경험을 해 볼 생각이 없던 학생들도 주변의 많은 사람들의 경험담을 듣다 보면 본인도 결국 해외로 나가게 된다고 한다. 면담학생들은 주변의 친구 10명 중 3~4명은 방학 때 어떤 이유로든지 해외로 나간다고 한다. 이 중 학생들로부터 자주 언급되었던 프로그램은 GFR과 앞서 언급했던 GEM이다. GFR은 한동대 내 국제지역학연구소에서 주관하는 프로그램으로서, 정보가 거의 없는 세계의 오지에 들어가 그곳의 경제, 생활, 정치, 문화, 교육 등 다양한 분야의 정보를 조사하는 것이 그 목적이다. 참여 지역은 8~9개 정도의 개발도상국이고, 참여 학생은 1년에 약 100명[11]이며, 기존에 참가했던 7~8명들의 졸업생들이 간사로서 새로이 참여한 학생들을 도와준다. 학기 중에는 한 주에 6번을 모여 지역연구를 위한 전반적인 강의, 해당 지역에 대한 정보조사, 기독교 예배 등을 진행한다. 봄 학기의 준비 기간을 마치고 여름 방학이 되면 해당 지역으로 약 3주 정도 가서 각계각층의 사람들을 만나 그 사람들이 어떻게 사는지, 어떤 것을 필요로 하는지, 어떤 문화적인 정서를 가지고 있는지 등을 전반적으로

---

11) 면담학생은 2008년도에 참가했던 학생으로, 현재는 참가인원이 많이 줄어 학회형식으로 운영되고 있다고 하며, 2013년도의 참여자 수는 대략 80명이다(2013 ACE 사업 실적보고서).

알아본다. 탐방 후에는 약 10일 정도 합숙하면서 탐방 보고서를 완성하는데, 이 보고서는 다음 학기에 출판되어 그 정보를 필요로 하는 사람들에게 제공된다. GFR 프로그램에는 관심사가 비슷한 다양한 전공의 사람들이 모이고, 탐사 전과 후에 정기적인 모임 및 합숙을 하며 많은 시간을 함께 보내기 때문에 탐사를 같이한 사람들끼리는 무척 친해진다.

> 저는 1학년 1학기 때부터 3학년 1학기 때까지 한 번도 해외에 안 나가 본 적이 없거든요. 매 학기 갔는데, 그리고 일단 대표적으로 GFR이랑 GEM이랑 그것 말고도 GET라는 교육 프로그램도 있고, 기업가 정신 교육 프로그램도 있고, 학교 동아리나 단체에서 개인적으로 나가는 프로젝트도 굉장히 많기 때문에 20%뿐 아니라 반은 나갈 수 있다고 생각해요. (경영/GEA 3학년 학생 V)

정확한 수치는 아니더라도 학생들이 느끼기에 한동대 학생들의 해외 봉사활동 참여 비율은 20%를 훨씬 상회한다고 생각하고 있었다. 이렇게 높은 비율의 학생들이 큰 기회비용을 감수하고서라도 해외 봉사활동을 나가게 되는 동기는 선교와 봉사를 강조하는 학교의 철학, 그리고 학생들 간의 신뢰를 바탕으로 한 끈끈한 네트워크였다. 일단 학교의 철학에 따라 많은 사람들이 해외 봉사활동을 나가게 되면, 그것을 먼저 경험한 학생들은 주변의 선후배, 친구들에게 경험을 나누게 되는데, 학생들 간의 관계가 끈끈하기 때문에 이런 이야기가 그냥 흘러 지나가는 것이 아니라 본인도 해외 '봉사에 가야 한다는' 마음이 생길 정도로 깊게 남고, 결국 한 번 이상은 해외 봉사활동에 참여하게 된다는 것이다. 한동대에서는 이렇게 해외 봉사활동도 일종의 문화처럼 자리 잡고 있었다.

> 제가 말씀 드리고 싶은 것도 J학생이 얘기한 것처럼 저희가 팀 제도라는 그런 특별한 네트워크가 있기 때문에 저희가 추천을 받는다고 해도 되게 자연스럽게 많이 그럴 수 있는 것 같아요. 사람들 입소문이라고 하면 좀 그렇겠지만 그런 게 훨씬 더 잘되어 있기 때문에 충분히 말이나 추천으로도 동기가 되는 것 같아요. (기계/전자공학 4학년 학생 W)

3. 능동적 · 협동적 학습: '협동하기 위한 능동'

한동대의 편하게 질문할 수 있는 분위기는 학생들이 보다 능동적으로 사고하는 데 도움을 주고 있다. 팀으로 하는 과제가 워낙 많기 때문에 자연스럽게 팀원 간 효율적으로 협력하는 방법을 배우게 된다. 공동으로 과제를 하다 보니 '폐'를 끼치지 않기 위해서 열심히 할 수밖에 없는 상황도 작용한다. 이와 함께 학생 대부분이 생활관에 거주하여 물리적인 시간을 확보할 수 있다는 점도 한동대 학생들의 능동적 · 협동적 학습을 촉진하는 데 큰 역할을 하고 있었다.

한동대 학생들의 능동적 · 협동적 학습 활동 수치는 ACE 참여대학이나 전체 대학의 평균에 비해 높다. 구체적으로 2012년에 그 격차가 가장 컸고, 2013년에는 격차가 약간 줄기는 했지만 대체로 3개년도 전반에 걸쳐 비교대상 대학그룹과 상당한 격차를 보인다. 수업 안팎에서의 공통 프로젝트 수행 정도, 과제 및 토론을 위해 전자매체를 사용하는 정도 등 세부 문항의 수치가 높게 나온 주된 이유는 교수들의 열린 태도와 함께 공동으로 수행하는 팀 프로젝트의 양과 질이 무척 높다는 점이다. 이에 대한 구체적인 설명은 다음과 같다.

〈표 1-10〉 K-NSSE 자료: 능동적 · 협동적 학습 영역

연도	능동적 · 협동적 학습 영역					
	한동대학교		ACE (11년: 22개교, 12, 13년: 23개교)		전체 31개교	
	평균	표준편차	평균	표준편차	평균	표준편차
2011	12.92	2.16	11.69	2.49	11.60	2.50
	(n=238)		(n=5,368)		(n=7,393)	
2012	13.12	2.28	11.24	2.57	11.17	2.56
	(n=270)		(n=7,404)		(n=10,415)	
2013	12.76	2.49	11.30	2.60	11.23	2.61
	(n=400)		(n=8,659)		(n=10,078)	

주: 2013년 3차 조사에는 총 54개 대학이 참여하였으나, 한국교양기초교육원 · 학부교육 선진화 선도대학 협의회(2013)에서는 종단 분석의 취지를 고려하여, 2011년부터 3년에 걸쳐 모두 참여한 31개 대학의 응답 자료를 한동대 자료와 비교 · 분석하여 제시하고 있음.

출처: 한국교양기초교육원 · 학부교육 선진화 선도대학 협의회(2013). 2013년 대학 학부교육의 질과 성과 분석: 한동대학교.

1) 교수의 열린 태도: '이게 아니라고 이야기할 수 있고'

(1) 질문이 자유로운 수업 분위기

한동대 수업에서는 학생들이 편하게 질문할 수 있는 분위기가 있다. 면담학생들은 오히려 수업 중간에 교수가 질문이 있는지를 확인해 준다고 했다. 한 편입학생은 수업시간에 학생들이 여러 가지 사례에 대해서 물었을 때 바로 답해 주기 어려운 것은 꼭 다음 시간에 설명을 해 주고, 학생들의 지적에 대해서 감사하고 겸허하게 받아들이며, 질문에 관심을 가지고 일일이 답해 주는 한동대 교수의 모습에 충격을 받았다고 했다. 이런 수용적인 교수자의 태도는 학생들이 적극적으로 자신의 의견을 개진할 수 있는 기회를 줌으로써 비판적 사고를 하는 역량을 길러 주는 데 도움을 주고 있었다. 가령 교수의 의견에 반하는 의견이나 아주 초보적인 질문이라도 그것을 무시하거나 본인의 의견만 강요하는 것이 아니라 학생의 의견을 존중하면서 본인의 의견과 어떤 면에서 다른지 차근차근 설명해 주는 분위기가 있는데, 이는 특히 타 대학 경험이 있는 편입생들과의 면담에서 많이 언급되었다.

> 비판하는 사고가 중요하다고 생각해요. 그런데 제 (이전의 대학) 경험상 비판하는 사고를 가질 수 없었거든요?…… 여기(한동대) 와서는 이게 아니라고 이야기할 수 있고, 또 교수님께서 자기가 생각하는 게 무엇인지를, 또 우리에게 자세히 설명해 주시고. 사실 제가 있는 학부 교수님 성향이 그런지는 모르겠지만, 다 그러시더라고요. 학생들의 그런 의견도 다 받아들이시고. "아~그렇게 생각하는구나. 그런데 내가 하려는 의미는 뭐였냐면……." 이렇게 풀어 주시면서 설명해 주시는 게 사고의 폭을 넓혀 주는 데 정말 많이 도움이 되죠. (편입생-국제법/국제경영 3학년 학생 AD)

질문하는 학생을 존중하는 분위기는 학생들 사이에서도 나타난다. 내가 질문을 하더라도 다른 학생들이 부정적으로 보지 않을 것이라는 학생들 간의 이런 신뢰 역시 질문을 자유롭게 할 수 있는 분위기를 만들어 주었다.

> 아무래도 서로에 대한 신뢰가 있는 게 전제되어 있지 않나. 내가 이런 질문을 해도 뭔가 약간

이상한 질문이라고 할지라도 다른 사람들이 나를 부정적으로 생각하기보다는 그래도 질문하는 사람이 되게 막 그러니까 뭔가 자신감이 있어 보이고 긍정적인 측면으로 바라봐 줄 거란 그런 믿음도 좀 있는 것 같아요. (한국법/상담심리 3학년 학생 Q)

2) 수많은 팀 프로젝트: '폐를 끼치지 않기 위해'

(1) 현저하게 많은 팀 프로젝트 과제

한동대에서는 팀 프로젝트(이하 '팀플') 모임을 새벽 1시에 시작하는 경우가 많다. 왜냐하면 하루에도 몇 개의 모임이 있는 경우가 많기 때문이다. 하나의 수업당 기본적으로 한 주에 한 번은 만나고, 발표 날이 가까워지면 '계속' 만난다고 한다. 예를 들어, 한 수업에서 3번의 발표가 있는데, 한 번의 발표 때마다 15번 정도를 만나니 한 수업을 위해 많게는 45번을 만나는 셈이다.

> 만약에 팀 프로젝트가 2주 정도 후 발표다 하면, 한 10번 이내로 본다고…… 하루에 한 번씩은 봤던 것 같고. 그게 가능했던 이유 중 하나는 저희가 다 학교 내 기숙사에서 살기 때문에 저녁 11시 이후에 만나는 것도 가능하거든요. 심야나 외박을 써서. 하루 두 번 만난 적도 있고. 오전, 오후. 사실 횟수는 되게 많습니다. 그리고 발표일이 다가왔는데 완성이 안 된 부분이 있으면, 모여서 같이 밤을 새죠. 모임의 횟수는 되게 많았던 것 같아요. (편입생-컴퓨터/전자 공학 4학년 학생 O)

> 모임을 새벽 1시에 시작하는 경우도 되게 많거든요. 새벽 1시에 시작하는 게 이상한 일이 아니에요. 사이사이에 과제하고, 모임 하고. (시각/제품디자인 4학년 학생 K)

일단 수업 내에서 하나의 팀이 만들어지면 학기 내내 가는 프로젝트도 많다. 보통 6개의 수업 중 3~5개 정도의 팀플을 하게 되면 한 주에 최소 3~5번의 팀플 모임이 생기는 것이다. 하지만 학생들이 말하는 숫자는 더 많았다. 최소 하루에 한 개씩은 팀플 모임이 있고, 3학년 2학기 정도 되면 하루에 2~3개씩 생긴다고 한다. 그렇기 때문에 서로 시간을 맞추려다 보니 새벽에 모임시간을 잡는 것이 '이상하지' 않은, 평범한 일이 되어 버렸다.

(2) 열심히 할 수밖에 없는 환경

한동대에서는 협동적 학습과 능동적 학습이 다른 게 아니다. 협동하는 가운데 능동적이 될 수밖에 없는 상황이 만들어진다. 동시에 진행되는 수많은 팀플 모임들 중에서도 흔히 말하는 '프리라이더'가 되기는 어려운 환경이다. 어떻게 거의 대부분의 학생들이 그렇게 열심히 모임에 참여할 수 있을까? 학생들의 답은 관계였다. 소규모 학교 내에서 평소 팀모임, 동아리 활동 등으로 한 다리 건너면 모두 아는 사이에다, 모두가 자기만큼 바쁘다는 것을 알기 때문에 '바빠서 못 했어요.'라는 말은 할 수도 없고, 해서도 안 된다. 이런 상황에서 남들 다 열심히 하는데 혼자 열심히 하지 않으면 팀에게 피해가 갈 수밖에 없고, 당사자인 본인은 '창피'하다. 모임 전 준비를 충실하게 해 가는 '예의'를 대부분의 학생들이 충실히 지키고 있었다.

> 바빠서 못했다는 말을 못 하는 게 다 바쁘기 때문에 그런 말을 해 본 적도 없고, 들은 적도 없는 것 같아요. (시각/제품디자인 4학년 학생 K)

> 요새 대학생들 간에 조별과제를 하게 되면 소위 말해 프리라이딩이라든지 그런 학생들이 되게 많다, 또 조별과제가 오히려 문제가 더 많다, 하는 사람만 한다 하는 문제가 나오는데, 사실 저는 그런 부분에 있어서는 이해는 하면서도 공감은 안 됐던 게 한동대에서는 그런 경우가 되게 드물거든요. 저는 그 일을 깊게 생각해 보지는 않았지만 학교가 좀 좁은 점, 팀이다 뭐다 해서 학생들 간의 기존의 교류가 많았기 때문에 결국 한 다리 건너서 이렇게 하면은 다 아는 사람이고, 그런 점들이 컸다고 생각해요. 사실 왜냐하면 저희가 조를 짜도 "누구 아세요?" "아, 친구예요." 그런 이야기를 많이 하거든요. 그런 식으로 가기 때문에 동아리 활동도 되게 많아서 바로 친구들도 되게 많고. 그런 점 때문에 그런 건 없는 것 같고. 조별과제를 좀 열심히 하게 되는데 그런 부분에 있어서 피해를 안 끼치기 위해서 추가적으로 조별과제에 들어가는 시간이 되게 많아요. (전자공학 4학년 학생 L)

(3) 효율적인 협동방식을 고민하는 계기

한동대에서는 어려운 것 중 하나가 팀원 전체가 모이는 시간을 정하는 것이다. 팀플 준비 모임이 많기 때문에 학생들은 최대한 효과적으로 모임을 운영하는 방법을 고민하지 않을 수 없다. 어렵게 잡은 모임 시간을 효과적으로 활용하기 위해서 전반적인 계획을 세우고, 팀원들의 강점을 파악하고, 그것에 맞추어 일을 배분한다. 이렇게 많은 팀플을 하다 보면 새로운 사람들과 협력하는 것이 '두렵지' 않게 되어 이후에도 처음 만나는 사람들과의 협력을 더 수월하게 할 수 있게 된다.

> 전 이런 것 같아요. 효율적인 리딩에 대해서 고민을 하게 되는 거죠. 어떻게 하면 팀원들이 스스로 노력한 결과물을 가져와서 회의를 진행되게 할까⋯⋯. 요이땅!(시작) 해서 회의가 정리되는 게 아니라 하게 만들어야죠. 그래서 회의를 한두 시간 만에 끝내 버려야 하고. 과제를 다 배분해서. 이 친구는 이 파트, 이 친구는 이 파트. 그걸 바탕으로 발전을 시키고. 이런 것들을 생각하게 되는 것 같아요. (경영/경제 3학년 학생 A)

> 저희가 서로 알던 사이가 아니라 프로젝트를 하기 위해서 모였어요. 그런데 어떻게 보면 모르는 사람들과 프로젝트를 함께 도전했던 게 저 같은 경우에는 편입생인데, 전의 학교에서도 프로젝트를 몇 개 했지만 단기적이었단 말이에요. 그런데 저희 학교는 예를 들어서 한 학기에 6개의 수업을 들으면 5개 정도는 팀 프로젝트이고, 그게 학기 내내 진행이 돼요. 그러다 보니까 프로젝트를 하고 새로운 사람들과 함께한다는 게 두려운 게 아니어서 어렵지 않았어요. (편입생-경영/경제 4학년 학생 AI)

한동대 내의 설문조사 결과를 보면 본인의 역량 중 가장 많이 성장한 역량으로 협동능력을 든다. 졸업하기 전 거의 모든 학생이 이런 팀의 리더 경험을 수차례 이상 해 보게 된다. 리더로 혹은 팀원으로 이런 과정을 대략 20~30번 정도 거치게 되면, 공동의 목표를 위해 처음 만나는 사람들과 어떻게 협력해야 하는지를 배우게 된다.

3) 생활관(RC), 팀 제도, 무전공 제도: '쉽게 만날 수 있는 환경'

(1) 만남의 양과 질을 높여 주는 생활관과 팀 제도

한동대의 능동적이고 협동적인 공부가 가능한 이유는 만남의 양과 질이 모두 높다는 것이다. 저녁 11시 이후에도 '밥 먹듯이' 모임을 할 수 있는 것은 학생 대부분이 캠퍼스 내 생활관에 거주하기 때문이다.

> 한동대가 좋은 점은 생활관에서 기숙하는 사람들이 많기 때문에 어떤 프로젝트를 할 때 같이 모이거나 하는 그 시간대에 같이 만날 수 있는 시간이 넓다는 거예요. 만약에 집이 멀어서 간다 하면 만나기 힘든데. 그래서 그런지 좀 더 같이 머리를 맞대서 무언가 새로운 것을 만들어 내고, 하는 게 좀 더 커져서 다양한 과제가 있어도 시간적인 유동성이 크기 때문에 좀 더 수월하게 잘하는 것 같아요. (경제/국제지역 3학년 학생 E)

> 기숙사, 팀 동아리에서 다양한 사람들을 만나는데 그 사람들과 다 이렇게 나누고 공유하고 하니까, 많은 사람들 것을 다 들을 수 있고, 같이 얘기할 수 있으니까. 서울에 있는 대학교는 솔직히 제가 알기로는 많은 사람들과 이야기할 기회가 거의 없다고 들었거든요. 다양한 것들을 공유하니까 그것을 더 키워 가고, 할 수 있는 도움이 많이 되는 것 같고, 선배들도 후배들한테 알려 주고 싶어 하고, 경험해 본 것을 나누고 싶어 하고, 그런 게 많이 있어서 그런 면에서 좋았던 것 같습니다. (전자공학 4학년 학생 L)

팀 활동을 할 때도 각자의 전공이나 재능에 따라 역할이 주어진다. 각자가 맡은 역할을 제대로 해야 팀 모임이 원활하게 이루어질 수 있다.

> 팀 시작하기 전에 어떻게 하면 팀원들의 참여율을 높일 수 있을까 고민을 하다가 팀원들을 이렇게 세분화시켰다고 해야 하나. 네, 직책을 다 나눠 줬어요. 하나씩. 신앙심 깊은 친구는 신앙심을 맡게 해 주고, 회계, 서기 이렇게 팀원들 전부가 직책을 가지고 있고, 신앙에는 신앙팀이 있고,

다 세분화시켰거든요. 그렇게 하니까 보통 팀장 하면 그런 팀원들의 도움이 없을 때는 정말 힘들어요. 팀장이 정말 많이 헌신해야 되고, 그런데 저 같은 경우에는 그렇게 힘들이지 않고 했던 것 같아요. 다 같이 조금씩 도와주고, 팀 모임도 나눠서 준비하고, 그러면서 팀원들의 참여도 좋고, 다 좋았었던 것 같아요. (전산전자/경영 3학년 학생 X)

(2) 무전공 제도로 인한 전공 간 서열의식 부재

무전공 제도 및 이중전공 제도 역시 또 다른 측면에서 학생들의 협동학습 능력을 키워 주고 있었다. 가령 타 학교 같은 경우에는 입학 때부터 전공이 정해지기 때문에 전공 수업은 같은 전공 사람들끼리 듣는 경우가 많지만, 한동대에서는 일단 전공별 구분보다는 팀별 구분이 더 중요하고, 또한 이중전공 제도 때문에 전공 수업에서조차 타 전공 사람들과 팀플을 하게 되는 경우가 잦다.

일단 기본적으로 학생들 대부분이 복수전공을 하니까요. 예를 들면, 경영 수업이 하나 열렸어요. 그러면 저는 경영이랑 산디(산업디자인)를 하는 친구랑, 산디를 하고 있는 친구도 경영 수업에 들어와 있는 거죠. 경영이랑 법을 하는 친구도 있고, 법 친구도 경영에 있고. 이렇게 되다 보니까 당연히 수업에서도 타 학번, 타 전공 친구들하고 교류할 일이 많게 되는 거죠. 한 다리는 경영인데 다른 다리가 법, 산디, 기계, 전자 이렇게 뭉치는 거죠. (경영/경제 3학년 학생 A)

무전공 제도로 입학하여 전공 간의 서열의식이 없다는 것도 한동대 학생들이 서로 다른 전공의 학생들과 보다 원활하게 소통을 하는 데 도움을 주고 있었다고 보인다. 법, 경영학, 시각디자인, 사회복지학, 기계공학, 공연영상학 등 어느 것을 전공하든지 그것은 그 학생이 원해서 한 것이지 성적에 맞추어 어쩔 수 없이 간 것이 아니라는 것을 누구나 잘 알고 있기 때문이다. 전공 선택 동기와 서열에 대한 이러한 학생들의 의식은 타 전공 학생들과 팀을 이룰 기회가 많은 한동대 내에서 상호 협동과 지적 상호작용이 보다 더 원활하게 이루어질 수 있도록 하는 중요한 원동력이 되고 있다.

그런 서열화가 없어요. 한동대학교 학생은 다 똑같아요. 이 사람은 점수가 좋아서 이 전공을 하는 게 아니라, 다 같은……. (경영/경제 4학년 학생 AF)

어떤 대회 같은데 나갈 때 팀을 꾸린다든가 해도. 뭐 디자인 같은 애들은 좀 점수를 못 맞아서 여기 온 애들이니까 머리 쓰는 일 하지 말고 너희는 디자인이나 해. 이렇게 할 수 있지만, 여긴 그런 것 없이 다 공존할 수 있고……. (경영/경제 4학년 학생 AN)

4. 교우관계: '같이 생활하는 사람들'

팀으로 묶여 있는 한동대는 공동체 문화가 강하다. 여기에 무전공 제도와 생활관 거주가 합쳐지면서 학생들 간의 관계는 더욱 돈독해진다. 선배들의 후배 사랑은 말이 아닌 실천으로 주로 나타났다. 기독교 신앙을 공유하는 것도 서로 간의 돈독한 관계를 이어 주는 중요한 이유 중 하나였다.

한동대의 교우관계 영역 점수는 2012년도에 이전 해보다 약 0.3점 떨어졌지만 2013년에

〈표 1-11〉 K-NSSE 자료: 교우관계 영역

| 연도 | 교우관계 영역 | | | | | |
| | 한동대학교 | | ACE (11년: 22개교, 12, 13년: 23개교) | | 전체 31개교 | |
	평균	표준편차	평균	표준편차	평균	표준편차
2011	13.53	2.59	10.96	2.82	10.96	2.78
	(n=238)		(n=5,368)		(n=7,393)	
2012	13.24	2.67	10.90	2.87	10.74	2.85
	(n=270)		(n=7,404)		(n=10,415)	
2013	13.47	2.71	10.88	2.96	10.87	2.96
	(n=400)		(n=8,659)		(n=10,078)	

주: 2013년 3차 조사에는 총 54개 대학이 참여하였으나, 한국교양기초교육원·학부교육 선진화 선도대학 협의회(2013)에서는 종단 분석의 취지를 고려하여, 2011년부터 3년에 걸쳐 모두 참여한 31개 대학의 응답 자료를 한동대 자료와 비교·분석하여 제시하고 있음.

출처: 한국교양기초교육원·학부교육 선진화 선도대학 협의회(2013). 2013년 대학 학부교육의 질과 성과 분석: 한동대학교.

다시 회복하여 2011년도와 비슷한 수치를 보이고 있으며, 각 연도의 점수는 ACE 및 전체 참여대학보다 약 2.5점 정도 높았다. 학교의 격리된 환경적 특성과 구성원 간의 신뢰를 바탕으로 형성된 끈끈한 교우관계는 타 대학과 비교할 때 두드러지게 나타나는 한동대의 가장 우수한 강점 영역 중 하나다. 이에 대한 구체적인 설명은 다음과 같다.

1) 팀 제도와 RC: '가족과 같은 공동체'

(1) 팀 제도: 관계가 시작되는 출발점

팀 제도는 한동대가 추구하는 전인적 교육을 위한 토대이자 한동대 내에서의 관계가 시작되는 출발점이다. 팀교수를 위시하여 약 40명 정도의 학생이 한 팀을 이룬다. 팀은 가장 작은 멘토링 공동체라고 볼 수 있다. 다양한 학년과 전공이 섞여 있어서 학생들 입장에서 보면 가장 많은 정보를 얻을 수 있는 곳이며, 축하 및 격려의 문화가 시작되는 곳이기도 하다.

> 한동대에서는 다른 대학에 비해서 경쟁보다는 나누고 배려하고 그런 부분을 말씀드렸는데…… 저희는 새내기 신입생이 들어오면, 팀 안에서 두 명씩 새내기 섬김이를 뽑아서 일 년간 새내기를 섬기게 되는데. 보수가 주어지는 것도 전혀 없는데 스스로 자발적으로 지원해서 여덟 명 정도 새내기들을 두 명이 챙겨 주고, 학생생활 지원을 많이 해 줘요. 교수님이나 학교에서 해 줄 수 없는 것들을 많이 챙겨 주는데, 수강신청 법부터, 학교 문화, 생활, 이런 경우 어떻게 해야 하는지? 같이 놀기도 하고. 그 사람들끼리 MT도 가는 문화가 있어요. 어떻게 보면 1학년 때부터 새내기들이 한동대 들어와서 처음 배우는 것들이 일종의 나누고 함께하는 것들? 어찌 보면 개인적인 것이라기보다 공동체적인 측면을 많이 배우게 되는 것 같아요. 그런 게 2, 3학년 올라가고, 그 사람들이 다시 새섬이를 지원해서 또 새로 들어오는 학생들에게 이런 문화를 전하고. 이런 것들을 통해서 나누는 문화가 이어지고, 배우는 그런 계기가 되는 것 같아요. (편입생-컴퓨터/전자공학 4학년 학생 O)

팀에서 가장 먼저 배우는 것은 한동대는 '함께하는 곳'이라는 것, 바꾸어 말하면 일종의 공동체 문화인 셈이다. 동기들과 같이 방을 쓰고, 새섬이와 같이 밥을 먹고, 시험 기간에는 팀 선배들을 같이 응원하고, 생일파티도 같이하고, 교수님의 연구실을 꾸미는 것도 같이한다. 이런 공동체 문화는 생활을 통하여 지속적으로 다음 학번에게 이어지게 된다.

　한 편입생은 한동대는 사람들을 따뜻하게 맞이해 주는 분위기가 있기 때문에 누구라도 쉽게 적응할 수 있다고 한다.

> 　여기서는 가만히 있어도 누군가 다가와서 같이하자고 해 주고. 그렇다 보니 저도 자연스럽게 성격이 열리게 되는 것 같아요. 그런 부분이 되게 감사했어요……. 팀 모임도 그렇고, 남자들은 운동 같이 하자 하든가. 여자들 경우에는 같이 그룹을 만들어서 밥을 먹거나 영화를 보거나……. 이전 대학에서는 뭔가 튀어야지 선배들이나 주위 사람들에게 관심을 받았거든요. 시험을 엄청 잘 봐서 튄다든가, 아니면 자기만의 색이 확실해야지 관심을 받았는데, 여기는 특별한 것이 없더라도 동일하게 같이 챙겨 주고, 관심을 받으니까 한 사람의 인격으로서 존중받는다는 느낌이 들어요. 처음 오는 사람들이 적응하는 데 있어서 되게 좋은 학교예요. (편입생-국제어문학부 3학년 학생 P)

　팀원들은 생활관의 같은 방이나 근처 방을 배정받는다. 이렇게 가까이 지내는 사람의 고민을 한두 번은 모르고 넘어갈 수 있지만, 계속 모르고 지나가기는 힘들다. 이러한 한동대의 문화상, 어려움을 겪는 학생이 있으면 선배들이 따로 불러 상담을 해 주기도 하고, 팀원들과 방돌이 혹은 방순이12)들끼리 기도를 해 주기도 한다.

　현재 팀은 약 40명 정도로, 초기의 15명 정도에서 그 규모가 많이 커졌다. 그래서 이런 팀 내에 또 다른 소그룹들(예컨대, 팀 가족, 팀 CC)이 꾸려지는데, 가족의 호칭을 쓰는 경우가 많았다. 예컨대, 고학번들이 '아빠'나 '엄마'가 되고, 저학번으로 갈수록 누나, 형, 동생 이런 식이다. 이렇게 더 작은 소그룹 단위로 나뉘게 되면 소극적인 학생들도 보다 적극적인 관심을 받을 수 있게 되고, 팀 전체 프로젝트를 할 때 되도록 많은 학생들이 소외되지 않고 참여

---

12) 생활관 방을 같이 쓰는 학생들을 부르는 애칭이다.

할 수 있게 된다. 아울러 남녀 학생들이 같은 성별로만 친해지는 성향을 완화하기 위해 팀 CC를 만들어 공동 활동을 하는 경우 상점을 주어 서로 친해지도록 하는 제도를 운영하기도 한다.

(2) RC 제도: 다시 초기의 소공동체로

2014년에는 2011년에 2개로 시작한 RC(Residential College) 제도를 한동대의 6개 생활관(기숙사동)을 중심으로 전면 확대하였다. RC는 초기에 비해 커진 한동대의 규모를 감안하여 공동체의 단위를 개별 RC 단위로 소규모·분절화하여 초기 한동 공동체의 응집력을 다시 만들기 위해 도입되었다.

> (RC가) 기존에 가지고 있었던 한동대의 모습, 한동대의 마인드에 맞다고 생각하고, 인성과 영성과 지성이 통합적으로 교육의 현장에 포커스가 되는 그런 것을 현실화할 수 있는 방법은 규모를 작게 하는 것이다. 그렇게 하기 위해서는 학교를 고칠 수는 없는 상황이기 때문에 그 안에 college라는 이름으로 작게 만드는 것. 그것이 오래전부터 영국에서 시작되었고, 미국에서도 하고, 지금도 그렇게 하고 있는 대학들이 있는데, 그것을 생활, 학문 공동체가 대학이라는 것 안에 존재하는 전례를 따라 보자. 그런 그림이었습니다. (인문사회 평교수 B)

현재 6개의 RC가 있으며, 서로 다른 시설을 가진 기존의 생활관을 중심으로 구성하되 각각의 RC가 독특한 문화를 형성할 수 있도록 롤모델로 삼을 만한 위인들의 이름을 따서 RC 명을 짓도록 하였다.[13] 하나의 RC는 11~22개의 팀으로 구성되어 있는데, 기존의 제도와

---

13) Torrey College(16개 팀, 448명, 비전관), Kuyper College(12개 팀, 336명, 창조관), 장기려 College(17개 팀, 472명, 은혜관), Carmichael College(11개 팀, 220명, 국제관), 손양원 College(22개 팀, 608명, 벧엘관), 열송학사 College(22개 팀, 604명, 로뎀관)로, 명칭 자체가 각 College가 추구하는 핵심가치를 표상하도록 하고 있다. 다른 5개 RC 명칭이 평생 섬김과 나눔을 실천한 기독교 위인 등의 이름을 따서 지은 데 비해, 열송학사의 '열송'은 송무백열(松茂栢悅)의 준말로서 직역하면 '소나무가 무성하게 자라는 것을 보고 옆에 있는 잣나무(측백나무)가 기뻐한다.'는 뜻으로 이는 곧 한동대 학생들이 같이 공부하며 자라는 가운데 자신보다 옆에 있는 벗이 잘 되는 것을 기뻐하라는 상징적 의미를 가진다. 영어명으로는 Philadelphos College라고도 하는데, 그 뜻은 'Loving one's brother/sister'라고 한다(한동대학교, 2014. 새내기 한동인을 위한 RC 가이드).

비교할 때 가장 큰 변화는 매년 학교 전체 단위로 바뀌었던 팀 구성원이 해당 RC 소속 학생 만으로 제한된다는 것과 같은 RC 내의 팀 교수 및 팀장들끼리 정기적인 모임을 갖게 되어 상호 교류할 기회가 늘어남으로써 팀 운영에 대한 사항을 중견/신참 교수 간에 함께 공유하고 토론할 수 있게 되었다는 점이다. 또한 각 RC마다 목회자들과 간사(사역자)를 배치하여 인성, 영성 교육을 통합하여 시행한다는 점도 새로운 특징 중 하나다. 면담과정 중 어떤 교수는 이를 들어 '단독 육아에서 공동 육아'로 바뀌었다고 표현하기도 하였다.

> 저 같은 경우에는 RC를 통해서 여러 팀장님들이랑 같은 RC내에서 모이거든요. 매주 목요일 날 헤드마스터 교수님이랑 팀장들이랑 만나서 그런 시간을 가지는데, 음, 저는 3년을 휴학해서 그 중간 과정을 모르는데, 예전 기억과 비교해 봤을 때, 같은 RC내에서 팀장들끼리 모이고 소통하고 이런 자리가 훨씬 많아진 것 같아요. 그런 공동체 의식이 좀 생기는 것 같다는 생각이 드네요. (전산전자/경영 3학년 학생 X)

> 저는 예전에는 RC가 되기 전에는 뭔가 같은 기숙사에 살고 있긴 하는데 저희 팀에 소속하고 있었지 기숙사가 한 공동체다 하는 생각은 안 했었거든요. 근데 이번 RC 이런 걸 하면서 제가 여기에 속해 있구나, 지금. 그리고 여기서 다양한 행사를 주최하는데 '아, 저희가 이것의 일원이구나!' 라는 생각을 하고 있어요. (한국법 2학년 학생 Y)

학생들이 생각하는 RC의 좋은 점은 팀장들끼리 모여 팀 운영에 대한 의견을 같이 나눌 수 있다는 점, 그리고 바뀌지 않는 소속감, RC 내의 팀끼리 서로 더 잘 뭉칠 수 있다는 점 등 이었다. 교수들도 팀 교수들끼리 두 주에 한 번씩 식사를 하면서 서로의 팀 운영에 대한 이야기를 나누며 노하우를 주고받을 수 있다는 점을 RC의 장점으로 여겼다. RC로 구분된 생활관은 학생들 간에 가장 끈끈한 모임이 이루어지는 곳이다. 반면 생활을 같이하기 때문에 서로 의견이 충돌하고 이해관계가 대립되는 경우도 생긴다. 이렇게 미운 정 고운 정이 모두 들면서 서로 간의 관계가 돈독해지는 곳이 생활관이라고 볼 수 있다.

2) 서로서로 도와주는 분위기: '시험 전날인데도'

(1) 내리사랑

한동대 선배들의 후배 사랑은 각별하다. 한동대의 오리엔테이션인 '한스트'를 진행하기 위해서는 진행 인원 30~40명, 새내기를 돕는 새섬이 약 200명 정도가 필요한데, 모든 것이 자원봉사 개념이다. 한 학년 정원이 800명 정도라는 점과 이 행사가 일주일간 지속된다는 것을 감안하면 자원해야 하는 학생의 비중이 적지 않음을 알 수 있다. 중요한 것은 이런 희생에 대해서 한동대 학생들 본인이 선배들로부터 많은 사랑을 받았으니 자신도 당연히 해야 한다고 생각한다는 점이다.

> 저도 1, 2학년 때는 형, 누나들한테 그렇게 받아 왔으니까, 자연스럽게. 그런 것을 보면서 좋은 이미지를 가지고 있기 때문에 제가 받았던 사랑을 전해 주려고 하죠. (시각/제품디자인 3학년 학생 AC)

한동대에 입시를 보러 온 아직 입학도 하지 않은 자기들을 너무나 반갑게 맞이해 주는 선배들의 모습에 감동을 받았다고 하는 학생들도 있었다. 신입생 오리엔테이션인 한스트 동안에 직접 발을 닦아 주는 선배의 모습에 눈물을 흘리는 신입생들도 많다. 새섬이를 했던 한 학생은 2학년 때 새섬이를 하려던 것을 학교생활을 더 많이 한 3학년 때 하기 위해 '참았다'고 표현할 만큼 선배들로부터 받은 배려와 사랑을 마음으로 크게 느끼고 있었다. 디자인 전공에서는 졸업하는 선배들이 전공에 처음 들어온 2학년 학생들을 위해 자발적으로 스터디를 조직하여 디자인 프로그램 다루는 법을 알려 주기도 했다.

> 네, 그건 내리사랑이라고, 받은 게 있으니까 아무리 바빠도 해야 된다고 생각해요. 이 사랑을 후배들한테 주고 싶은 마음에 항상…… 4학년 졸업을 앞두고 이때까지 배운 것을 후배들에게 알려 주고 싶은 거예요. 1, 2학년 때 몰랐던 것들을 도움을 주고 싶어서 저희끼리 프로그램을 만들어서 배워서 남 주는 기술이 졸업전시를 의미하는 것이거든요. 끝나는 사람들이 후배들에게 뭘 알려

주자 해서 그런 스터디 그룹부터 조성을 하고요. 2학년 때는 사실 디자인 툴을 잘 못 따라와요. 그래서 4학년 학생들이 자발적으로 스터디를 만들어서 2학년 학생들이 참여할 수 있게 하는 이런 것들이 있어요. (시각/제품디자인 4학년 학생 K)

(2) 손해를 감수하는 도움

편입생들은 전에 다니던 학교와 한동대가 확연하게 다른 점으로 친구에게 시험과 관련된 도움을 기꺼이 받을 수 있다는 점을 들고 있다. 같은 수업을 듣는 모르는 친구에게도 다음 날 시험에 관한 내용을 묻고, 답을 들을 수 있다고 한다. 이렇게 도움을 주고받는 것은 한동대 전반에 걸쳐 있는 문화다.

저희가 네트워크 과목을 들은 적 있었는데 너무 어려운 거예요. 그러면 여기서 물어보다가 모르면 또 옆 섹션으로 가서, 여기서는 같은 동아리끼리 있거든요. 그럼 옆 동아리 가서 물어보면 안 돼요. 그럼 저희한테 알려 줘요. 그럼 제가 알게 되면 또 모르는 애가 나타나요. 그럼 "이건 이렇게 신호가 와서 이렇게 오는 거야." 이렇게 알려 주면 이 친구가 또 다른 친구를 알려 주고 …… 결국 다음 날 다 같이 좋은 시험을 볼 수 있도록 다 같이 엄청 도와줘요…… 시험이 다가오면 자기 공부할 것도 엄청 많은데 저는 그게 진짜 감동이었어요. 자기도 급한데 친구가 회로 그려서 다 알려 주고. 이게 되게 그냥 퍼져 있는 문화인 것 같아요. 서로서로 잘 알려 주는 것. (편입생-컴퓨터/전자공학 4학년 학생 F)

한동대는 모르는 것을 물어볼 경로도 다양하다. 가장 먼저 팀원들에게 물어볼 수 있다. 보통 팀마다 단체 카톡이 있는데, 거기에 모르는 것을 올리면 '언제까지 어디로 와라.' 등의 답글이 꽤 신속하게 달린다고 한다. 생활관에서 물어볼 수도 있고, 서로 알지는 못하지만 같은 연구실의 사람들에게도 부담 없이 물어볼 수 있다. 한동대는 공부량이 많기 때문에 많은 양의 공부를 같이 하려는 스터디그룹도 많이 생기는데, 이런 스터디그룹 안에서는 모든 정보가 공유되고 모두가 좋은 성적을 거두기 위해 협동한다고 했다.

3) 신앙을 공유하는 관계: '기초적 공통분모'

한동대 학생들의 90%가 같은 종교를 가진다는 점은 이들이 더욱더 친밀해지는 기초적 토대가 된다. 종교가 같다는 것은 여러 가지 전제를 공유한다는 것이다. 가령 인생이나 직업의 의미, 공부와 전공의 의미 등을 이야기할 때 공통분모가 많기 때문에 이들이 '뜻이 맞는 사람'을 만났다고 할 때는 종교적 신념을 공유하는 경우가 대부분이었다. 또한 한동대 내 다양한 모임은 기독교 공동체의 성격을 많이 띠고 있어 같이 예배를 드린다든가, 기도를 하는 등의 경우가 많은데, 이때 종교를 공유한다는 점은 한동대의 공동체성을 형성하고 강화하는 데 큰 장점이 된다.

> 제가 한동대에 온 이유는 다른 대학도 생각하고 있었는데, 내가 공부를 왜 해야 하는지, 내가 하고 싶은 걸 왜 해야 하고, 하고 싶은지 이유를 이 학교에 와서 찾을 수 있었던 것 같아요. 교수님들이 해 주시는 말씀이나 이런 프로그램을 통해서 만난 사람들과도 얘기하면서 내가 왜 사는지, 공부는 왜 하는지, 마지막으로 내 꿈은 무엇이고, 왜 그런 꿈을 찾을 수 있었는지에 대해서 생각해 볼 수 있어서 좋았습니다. (경영/GEA 3학년 학생 S)

특히 한동대 학생들에게는 '세계관' '가치관' '영성' 등이 학업과 별개의 주제가 아니라 오히려 학업의 기반이 되는 더 근본적인 주제다. 그렇기 때문에 학생들은 학업과 관련해서도 '신앙과 학업의 관계' 같은 것에 대해서 같이 고민할 수 있는 동료나 선후배를 만난 것을 한동대에서 얻은 커다란 소득이라고 여기고 있었다.

5. 교수와 학생의 교류: '동역자, 자식으로서의 학생'

한동대 교수들은 학생들의 성장에 관심이 많고 또한 기대가 크다. 학생들은 교수들로부터 사랑과 신뢰를 받고 있다는 것을 스스로 잘 알고 있다. 학생들은 교수를 '옆집 아저씨'와 같이 편하게 느끼면서도 인생의 '롤모델'로서 존경하고 있었다.

2011년에 비해 2012년의 경우 교수와 학생의 교류 영역 점수가 16.62점으로 약 0.6점 떨

〈표 1-12〉 K-NSSE 자료: 교수와 학생의 교류 영역

연도	교수와 학생의 교류 영역					
	한동대학교		ACE (11년: 22개교, 12, 13년: 23개교)		전체 31개교	
	평균	표준편차	평균	표준편차	평균	표준편차
2011	17.21	3.93	13.56	4.26	13.41	4.21
	(n=238)		(n=5,368)		(n=7,393)	
2012	16.62	3.97	14.06	2.87	13.64	4.16
	(n=270)		(n=7,404)		(n=10,415)	
2013	17.21	4.16	14.08	4.29	14.00	4.28
	(n=400)		(n=8,659)		(n=10,078)	

주: 2013년 3차 조사에는 총 54개 대학이 참여하였으나, 한국교양기초교육원·학부교육 선진화 선도대학 협의회(2013)에서
　는 종단 분석의 취지를 고려하여, 2011년부터 3년에 걸쳐 모두 참여한 31개 대학의 응답 자료를 한동대 자료와 비교·분
　석하여 제시하고 있음.
출처: 한국교양기초교육원·학부교육 선진화 선도대학 협의회(2013). 2013년 대학 학부교육의 질과 성과 분석: 한동대학교.

어졌지만 2013년도에는 다시 17.21로 2011년도와 같은 수치를 보이고 있다. 한동대의 교수
와 학생의 교류를 나타내는 점수는 ACE 참여대학, 전체 대학과의 비교에서 2.56~3.65의 가
장 큰 격차를 보이는 영역이다. 타 대학과의 점수 차이는 2011년이 가장 크고 2013년에는
조금 줄어들었는데, 이는 한동대의 점수는 그대로인데 타 대학들의 영역 점수가 높아졌기
때문이다. 교수와 학생의 교류 영역은 교우관계 영역과 더불어 한동대 학부교육의 우수성
을 보여 주는 가장 핵심적인 영역이라고 볼 수 있는데, 이에 대한 구체적인 설명은 다음과
같다.

1) 학생의 교육을 최우선으로 여기는 문화: '교육이 0순위'

(1) 교육을 소명으로 여기는 교수
연구자가 면담한 교수들은 그들의 교육활동에서 학생들이 전공지식을 제대로 익히고,
그와 더불어 인생 전반에 걸쳐 추구해야 할 가치를 찾아가도록 돕는 것을 그들의 사명으로

여기고 있었다. 이러한 신념은 많은 한동대 교수들에게 폭넓게 공유되고 있었다.

> 특별히 그런 사명을 받지 않았으면 올 이유가 없었던 것 같애. 신앙을 갖게 되고 내 인생에 무엇을 할 것인지 찾다가, 그다음에 한동대가 생긴다는 소식을 듣고 연결이 돼서 신청을 해서 한동대에 왔지…… (내 목표는) 학생을 변화시키는 거지, 학생을. 이게 교육이 아닌가…… 학생들의 잠재력을 끌어내는 것. 학생들이 하고 싶어 하도록. 라이프 포밍. 인생을 조성해 갈 수 있도록 하는 것이 대학의 교육인 것 같아. 지식 전달보다는……. (인문사회 평교수 E)

면담 참여 교수들이 이야기하는 '사명'은 학생들을 교육시키는 것이고, 여기서의 교육은 지식 전달을 넘어서 학생들이 스스로 인생을 만들어 나갈 수 있도록 도와주는 것이었다. 학생들의 이야기를 통해서도 교수들이 학생들의 가치관과 인생의 사명에 대한 교육을 중요하게 생각하는 것을 알 수 있었다. 이렇게 학생들의 인생에 전반적으로 도움을 주고자 하는 교수들의 마음은 그들의 수업 전반에 지식 이외의 가치 및 인성을 강조하는 것으로 나타나고 있었다.

2) 학생들의 교수에 대한 존경: '내 인생의 롤모델'

(1) 인생의 롤모델로서의 교수

면담 참여자 중 교수를 부모님에 비유하는 학생들이 여럿 있었다. 그들은 교수를 전공지식을 전달해 주는 사람을 넘어서 '삶의 본 의미' '지혜' '사랑' 등을 가르쳐 주는 사람으로 생각하고 있었다. 그리고 이런 교수들은 학생들 인생의 롤모델이 된다. 비단 학문적인 부분의 탁월함뿐 아니라 그들의 헌신, 따뜻함, 희생, 비전을 향해 가는 모습 등이 학생들에게는 큰 자극이 되는 것이다.

> 일단 고민이 생기면 가장 먼저 찾아볼 수 있는? 저보다 먼저 고민을 들어 주시고 함께 고민해 주실 수 있는 분들? 그렇게 롤모델이 되고…… 선배님이나 스승에 가까운 것 같아요. (국제지역/

영어 4학년 학생 AJ)

그리고 학생들이 때로는 교수를 롤모델로, 교수라는 직업을 롤모델로 삼는 건 아니겠지만, '이 전공 분야에서 저렇게 한 번 살아가고 싶다……'라고 하는 생각들을 학생들이 가지고 있지 않나. 단순히 지식만 배워야겠다가 아니고, 저런 모습들을 닮아 가면 좋지 않을까. (인문사회 평교수 G)

학생들이 교수를 자신의 롤모델로 삼는 과정에는 교수들이 학생들에게 보여 주는 신뢰감도 포함되어 있다. 학생들은 교수들이 자신들을 '동역자' '자식' 등으로 대한다고 느끼고 있었다. 학생회의 일로 교수와 자주 만날 일이 있는 한 학생은 교수와 학생 간의 관계를 '부모'와 '자식'으로 표현한다. 서울의 상위권 대학에서 1년을 다니다 한동대에 재입학한 한 학생은 학생에 대한 교수의 태도가 이전 대학과 가장 다르게 느껴진다고 했다. 이전 대학에서의 교수는 1시간 15분 동안 교육 서비스를 제공해 주는 '서비스 제공자'의 느낌이었다고 한다.

여기(한동대) 오면, 어우~ 교수님들이 동역자. '너희들이 자라나서 꼭 이 세상을 바꾸어야 하고, 이 사회를 바꿔야 한다.' 이런 사명감을 심어 주시고…… 그냥 서비스를 받는 서비스 제공자 차원이 아니라, 어…… 같은 인격체……. '이 아이들이 크고 졸업하고, 같이 동역할 아이들이다.' 하는 생각을 하시는 것 같아요. (타 대학1년–상담심리 4학년 학생 AH)

그때(어려움을 겪을 때)마다 가장 가까이에 계시는 분이 교수님이시고, 또 되게 제 삶을 많이 아시기 때문에 그런 부분에 있어서는 정말 큰 도움이 되었던 것 같아요. (경제/국제지역 3학년 학생 E)

한동대 학생들은 교수들이 본인에 대해서 잘 알고, 또 자기를 받아 줄 것이라는 신뢰감을 가지고 있었다. 한동대 학생들은 강의평가 주관식란에 많은 평가글을 쓰는데, 이것도 교수와 학생 간에 신뢰관계가 전제되어야 가능한 것이다.

제가 보기에는 한동대학교에 오면 제도가 이상해지는 것 같습니다. 뭐냐 하면 표현이 좀 어색하기는 한데, 저희는 강의평가를 하면, 저도 다른 학교에서 잠깐 가르쳐 본 적이 있는데, 거기서는 주관식으로 코멘트를 해 주는데, 타 대학에서는 거의 없거나 간단한데, 저희 애들은 거기에 대해 굉장히 많은 이야기를 써 주는 부분이 있고요. 이게 어디에서 나오냐 생각해 보면, 학생들이 교수에 대해서 불신이 있다면 여기에 쓰지 못하겠죠. '나를 찾아내서 학점을 안 줄 거야!' 이럴 수도 있으니까. 그런데 그게 아니라는 거죠. 기본적으로……교수와 학생 간의 신뢰관계가 기본적으로 형성되어 있기 때문에 교수님의 강의에 대해서 좋은 방향으로 나갈 수 있도록 코멘트도 해 주고, 교수님들도 노여워하지 않으시고 받아들이는 그런 부분이 있는 것 같고요. (이공자연 평교수 D)

3) 교수에 대한 친밀감: '편안한 옆집 아저씨'
학생들이 느끼는 교수에 대한 친밀감은 그들이 교수를 대하는 태도에서 나타난다.

　　도서관에 있었을 때는 애들이 제 오피스 옆에 커피숍이 있었고, 매점이 있었습니다. 그래서 지나가다가 들어오는 거예요. 교수님 방에 불 켜져 있으니깐. "교수님, 그냥 지나가면서 들립니다." 하고 말하고 매점에서 뭐 사 가지고 오면서 "교수님, 이거 드세요." 뭐 해서 들르고, 뭐 이제 그렇게 할 정도로 특별한 일이 없어도 그냥 놀러 왔어요. (인문사회 평교수 G)

　　학생들은 교수 연구실에 찾아가는 것을 어려워하지 않는다. 밤늦은 시간에도 연구실에 불이 켜져 있으면 부담 없이 찾아가도 혼나지 않을 것을 학생들이 알고 있다고 한다. 교내에 거주하는 한 교수는 밤 12시가 넘은 시각에도 학생들이 도움을 청하러 오는 경우가 많고, 이럴 때 거의 한 번도 그냥 보내지 않았다고 한다. 학생들은 교수와 이성교제 같은 학업과 관련이 없는 개인적인 이야기를 나누는 경우도 많다고 했다. 이런 관계를 가질 수 있는 이유는 교수가 학생들에게 관심이 많고, 또 그런 관심을 전달할 수 있는 정기적인 만남의 장이 있기 때문이다. 일단 팀 담임교수로 팀원들과 매주 한 번씩은 단체로 만나고, 최소 한 학기에 두 번씩은 개별적으로 만나게 된다. 이런 팀 모임뿐만 아니라 성경공부, 학술동아리 등 다양한 소그룹을 교수가 직접 이끄는 경우가 많고, 개별 프로젝트 및 외부 공모전에 나갈 경우 이를 지도해 주는 경우도 많기 때문에 한동대에서는 학생들이 교수와 개인적인 이야기를 나눌 기회가 많다.

　　교수님들이 학생들한테 되게 관심이 많으시거든요. 그걸 느꼈던 거는 LG 글로벌 챌린지를 하면서 다른 학교 학생들을 많이 만나게 되는데 "우리는 지도교수님이 이렇게 이렇게 도와주셨어." 하면 애들이 되게 놀라요. '와, 니네 교수님은 그렇게 신경 써 주시니? 우리는 하면서 아무것도 도움 못 받았는데…….' 이렇게요. 교수님하고의 컨택이 굉장히 큰 장점이죠. (경영/GEA 4학년 학생 I)

　　저는 뭐라 한 단어로 표현은 못하겠는데. 한동대가 되게 좋았던 게 교수님들을, 부모님도 항상 그 얘기하시고…… 저희 부모님도 느낄 정도니깐……. 1학년 때가 2010년도이니까 4년 전인데도 캠퍼스 돌아다니다 보면 교수님들이 먼저 인사해 주시고, 이야기도 물어보고. 그러니까 다른 학교에서는 그게 흔하지 않은 얘기이니까……. 한동대 같은 경우에는 학생들을 좀 더 챙겨 주시는데. CC인 학생들은 연애상담도 하기도 하고, 아이들이 질문하러 가는 게 수업 관련 질문뿐만 아니라 진로까지도 교수님께 도움을 많이 받을 수 있는데, 연애상담, 결혼상담, 이런 것까지도 가면은 교수님들이 되게 반갑게 맞아 주시고. 저는 수업을 듣는 교수님께 되게 많이 배운 게 학생들을 신경을 너무 써 주세요. 수업에서도 몇 명씩 그룹을 만들어서 점심시간 때 밥 먹으며 얘기하는 시간도 만들어 주시고. 필요한 게 있으면 언제든 찾아갈 수 있거든요. (경영/경제 2학년 학생 N)

　　한동대의 특이한 문화 중 하나는 스승의 날에 교수연구실을 학생들이 직접 꾸며 주는 것이다. 대부분의 연구실은 그림과 사진으로 재미있게 꾸며져 있었다.

　　매주 있는 채플 시간에 교수들이 나와서 '베사메무초'와 같은 노래를 부르고, 학생들은 공연에 온 것처럼 소리를 지르고 응원을 하기도 한다. 한동대의 팀에서는 팀CC라는 프로그램을 한다. 제비를 뽑아 짝이 되면 그 짝과의 활동을 통해 점수를 채워야 하는 것이다. 문자를 보내면 1점, 식사를 같이하면 5점, 이런 식으로 점수를 매겨서 일정 점수에 미달되면 벌금을 낸다. 이때 팀교수와 CC가 되는 학생도 있는데, 그 학생은 교수에게 간식을 준비해 주

[그림 1-5] 스승의 날에 교수 연구실을 꾸미고 있는 학생들과 장식된 출입문

고, 점심 식사를 같이하기도 하고, 문자를 보내는 것도 똑같이 하게 된다.

한동대의 교수와 학생들은 서로가 서로에 대해 관심과 애정이 많다는 것을 알고 있다. 이런 신뢰에 더하여 공식적/비공식적으로 갖는 만남을 통하여 서로가 고마워하는 관계, 서로가 기대하는 관계를 만들어 가고 있었다.

6. 지원적 대학 환경: '자생적으로 움직이는 공동체 지원망'

면담과정에서 학생들은 학교의 시설 및 재정적 지원이 충분하지 않다고 이야기했지만 대부분의 학생들은 이에 대해서 큰 불만을 보이지 않았는데, 상당수 학생들은 오히려 이런 부족한 부분을 이해하고 스스로 채우려 하는 모습을 보이고 있었다. 한동대에도 학생들의 학업을 돕는 다양한 공식적 프로그램이 있었지만 이는 소수의 타깃화된 학생 그룹(예컨대 탈북자, 학사경고자 등)에 초점을 맞추고 있었고, 일반 학생들에게 보다 큰 도움을 주는 것은 자생적으로 이루어지고 있는 공동체적인 지원망이었다. 기독교 대학을 표방하고 있는 만큼 한동대 학생들은 그들의 신앙과 관련된 지원을 추가적으로 필요로 하고 있었고, 한동대는 그 부분에 있어서도 많은 지원을 해 주고 있었다.

한동대의 지원적 대학 환경 영역의 점수는 타 대학보다 높지만, 다른 영역에서만큼 비교 대상 대학과 큰 차이는 나지 않는다. 면담과정에서 많은 학생이 한동대에서 개선할 점으로

〈표 1-13〉 K-NSSE 자료: 지원적 대학 환경 영역

연도	지원적 대학 환경 영역					
	한동대학교		ACE (11년: 22개교, 12, 13년: 23개교)		전체 31개교	
	평균	표준편차	평균	표준편차	평균	표준편차
2011	9.60	2.40	8.64	2.46	8.62	2.37
	(n=238)		(n=5,368)		(n=7,393)	
2012	9.87	2.48	8.76	2.48	8.60	2.50
	(n=270)		(n=7,404)		(n=10,415)	
2013	9.92	2.49	8.93	2.50	8.91	2.51
	(n=400)		(n=8,659)		(n=10,078)	

주: 2013년 3차 조사에는 총 54개 대학이 참여하였으나, 한국교양기초교육원 · 학부교육 선진화 선도대학 협의회(2013)에서
는 종단 분석의 취지를 고려하여, 2011년부터 3년에 걸쳐 모두 참여한 31개 대학의 응답 자료를 한동대 자료와 비교 · 분
석하여 제시하고 있음.

출처: 한국교양기초교육원 · 학부교육 선진화 선도대학 협의회(2013). 2013년 대학 학부교육의 질과 성과 분석: 한동대학교.

서 낙후된 강의실 환경과 도서관 및 기타 팀 모임 활동 공간 부족 등을 이야기하기도 했다.
흥미로운 점은 객관적인 시각에서 볼 때 물리적 시설이나 기타 지원이 풍족하지 않음에도
불구하고 학생들이 체감하는 지원의 정도는 낮지 않다는 점이다. 왜 그럴까? 이에 대한 구
체적인 설명은 다음과 같다.

1) 객관적 지원 수준에 비해 상대적으로 높은 만족도: '없으면 없는 대로'

초기에 한동대에 온 교수들은 대부분 미국에서 교수직을 하거나 비교적 안정된 직장을
가지고 있었던 사람들이다. 그들이 한동대에 오게 된 이유는 학생들의 교육을 위해서였다.
이런 스토리를 알고 있는 학생들은 학교의 부족한 점을 본인들이 이해하고 스스로 채우려
는 마음을 공유하게 된 것으로 보인다. 심지어 어떤 경우에는 학생들이 학교의 어려운 상황
을 대변하려 하기도 했는데, 학생들 스스로 한동대가 넉넉하지 않다는 것을 알기 때문이다.
면담과정에서 학생들은 팀 활동을 통해 친숙해진 팀 지도교수가 보직교수를 맡고 있는 것
도 한동대 학생들이 이러한 성향을 가지게 되는 하나의 이유로 제시하기도 하였다.

실제로 학교의 예산이 되게 그렇게 풍족한 상황은 아니라는 것을 알게 됐어요. 그런데 일반 학생들은 정확한 내용은 몰라도 학교가 그렇게 풍족한 상황이 아니라는 것, 자기들이 돈을 먹으면서 학교에 지원을 안 한다는 생각은 전혀 하지 않고, 진짜 돈이 없어서 못한다 하는 생각 때문에 그런 결과가 나오지 않았나. 재단이 없는 것도 학생들도 다 알고 있는 일이고……. (경영/국제지역 4학년 학생 Z)

학생들은 학교가 물리적으로나 경제적으로 학생들에게 풍족한 지원을 해 주지 못한다는 것을 이해하고, 부족한 부분은 스스로 채워 나간다.

다들 누가 해 주거나 제공해 주는 것보다는 학생들이 섬겨야지만 그게 운영되고, 돌아가는 것들이 대부분이거든요? 자기 동아리야 자기가 관심이 있고 좋아서 하는 것이지만, 그 외의 것들도 보면 자기가 소속되면 되게 자연스럽게 섬김을 받고, 또 자기가 하는 것이 자연스러운 분위기예요. (타 대학 1년-시각/제품디자인 4학년 학생 AL)

한스트는 예배, '명예서약식' '세족식' 등을 하면서 한동대의 분명한 색깔을 보여 주는 오리엔테이션이다. 이 행사는 모두 재학생에 의해서 기획, 진행되는데 30~40명의 학생들이 거의 두 달가량 준비한다. 새섬이(새내기 섬김이의 줄임말)로 봉사하는 200명 정도 되는 학생들도 학기 시작 3일 전에 와서 교육을 받고 오리엔테이션의 안내자로 참여한다. 이들은 오리엔테이션 이후에도 보통 1년 정도 신입생들과 식사를 하고, 수강신청을 돕고, 고민을 들어 주는 등 본인의 사비와 노력을 들여 신입생을 돕는 데 어떤 보상이 있는 것은 아니다.

한동대를 홍보하는 '나눔이'라는 학생 홍보단체도 학생들의 자발적인 참여로 이루어진다. 나눔이로서 하는 일은 크게 세 가지인데, 첫째는 '여름 전국 홍보투어'로 여름 방학 3주간 약 100여 개의 고등학교를 방문하여 학생, 교사, 학부모들에게 한동대를 홍보한다. 둘째는 '한소품('한동에 소망을 품고'의 줄임말)'이라는 교내 프로그램을 통해 학교를 방문한 손님들을 소그룹으로 나누어 학교를 소개해 준다. 셋째는 수시 및 정시 면접 때 진행되는 프로그램을 기획·운영하고, 수능 이후의 학교 설명회에서 홍보하는 일이다. 학생들은 자발적으로 '나눔이'에 참여하는데, 홍보투어 시에도 숙식 및 기본적인 비용 이외에 학생들에게 주어지는 다른 이득은 없다. 면담에 참여한 한 학생은 '한동대가 좋아서'라고 나눔이에 참여한 이유를 이야기했다.

2) 학습·적응 지원 및 리더십 함양: '밀어 주고 끌어 주고'

(1) 타깃화된 공식적 학습·적응 지원 프로그램

한동대가 학부교육 중심대학인 만큼 공식적인 학습 지원 프로그램도 다양하게 제공되고 있었다. 이런 지원은 주로 한동교육개발센터와 상담센터에서 제공된다. 한동교육개발센터의 지원은 크게 교원 지원, 학습 지원, 연구보고서 발간 등으로 나눌 수 있다. 먼저 교원 지원으로는 교수법 워크숍, 영어강의 지원, 신임교원 교육, 강의촬영 분석 등이 있는데, 2012년도와 2013년도의 경우 각각 291명, 306명의 교수가 참여했다. 이 중 가장 특징적인 것은 신임교원 교육인데, 이는 16주 동안 이루어지는 한동대만의 특별한 신임교수 지원 프로그램이다. 교육은 매주 수요일에 공동체 리더십 훈련(팀 활동)이 있는 시간에 이루어지는데, 특히 한동의 문화에 대해 생소한 신임교원들에게 한동대의 문화와 정신을 전해 주는 것에 초점을 맞추고 있었다. 연구자가 참여 관찰했던 시간에는 기독교적인 학문을 어떻게 할 수 있는지에 대해 선배 교수가 지정한 책을 읽고, 그것에 대해 참여 교수들이 상호 토론을 하는 방식으로 운영되었다. 이 수업을 이끈 선배 교수는 이러한 시간을 통해서 한동의 문화를 이끌어 갈 신임교원들이 그동안 면면히 이어져 온 한동대의 문화를 충분히 이해하고 잘 적응할 수 있도록 하는 데 교육의 목표를 두고 있다고 이야기했다.

한편 학생들을 대상으로 하는 학습지원 프로그램으로는 영어 튜터링, 특강, 공모전, 학습 관련 컨설팅, 그룹 과제 프로젝트 등이 있었는데, 수치상으로 가장 많은 학생들이 참여한 것은 일대일 영어 튜터링, 학습법 특강, 학습컨설팅 등이었다. 이 중 면담과정에서 학생들이 가장 많이 언급한 프로그램은 선물공새(선배들이 물려주는 공부법 for 새내기)와 선물공헌(선배들이 물려주는 공부법 for 헌내기)이었는데, 이 프로그램들의 특징이자 강점은 바로 선배들이 후배들을 위하여 직접 강사가 되어 가르친다는 점이다. 즉, 강사가 선배들이기 때문에 학생들의 시각에서 실제로 필요한 효과적인 공부법을 알려 줄 수 있고, 또한 동일한 학습목 표를 설정하였다 하더라도 한동대의 교육철학에 바탕을 둔 소명, 비전과 연결하여 설명해 주는 것이 학생들의 높은 만족도로 이어지고 있는 것으로 보인다. 이와 함께 이러한 프로그 램들은 또한 선배들이 '배워서 남 주자.'라는 학교의 방침을 직접 실천하는 모습을 보면서 학생들이 자신도 선배가 되었을 때 후배들에게 본인의 경험을 나누어 주어야 하겠다는 동 기를 가지게 만드는 측면도 있다.

> 학생들이 선배가 가르쳐 주니까 이게 동기가 돼서 오는 경우가 되게 많습니다. 그리고 만족도 조사, 저희들이 하고 난 다음에 서베이를 하는데, 서베이 할 때 '선배가 들려 줘서 나도 할 수 있겠 구나.' 라는 생각을 가지게 되었다, 이러한 동기를 불러일으키는 경우가 좀 많고요. (직원 D)

한편 이와는 다소 다르기는 하지만 영어 튜터링의 경우에도 한동대 통번역 대학원에 재 학 중인 학생들을 적극적으로 활용하여 8명의 튜터가 매일 오후 1시부터 5시까지 학생들에 게 영어 글쓰기를 지도해 주고 있었다. 그 외에 장애 학생, 새터민 학생, 외국인 학생 등 소 수자들에 대해서는 교육개발센터 직원들이 직접 개인적으로 접촉하여 교육에 참여하도록 하는 보다 밀착된 지원을 제공하고 있었는데, 이는 재정이 부족한 한동대의 경우 가용할 수 있는 자원이 제한적이다 보니 도움이 보다 필요한 학생층을 대상으로 일종의 전략적 타기 팅(targetting)을 하는 셈이라고 볼 수 있다. 이와 유사한 맥락에서 상담센터에서는 특히 학사 경고를 2회 이상 받은 학생들을 대상으로 특별 프로그램을 이수하도록 하고 있었는데, 이 프로그램을 이수한 학생들의 경우 이후 학사경고를 받는 경우가 거의 없었다고 한다.

이러한 지원 프로그램을 바탕으로 한동대에서는 '한동인 성장 에세이' '좋은 수업 소개 시켜 줘' '창의적 수업사례' '신앙과 학문의 통합 수업사례' 등 학생들에게 유용한 정보를 지속적으로 자료집으로 발간하여 간접적으로 학생들의 학업을 지원하고 있었다. 이와 함 께 신입생, 재학생, 졸업생들을 대상으로 대학교육 준비도, 성과, 만족도 등 학생들의 교육 과 관련한 다양한 실태조사를 수행하여 분석하고 있었다.[14]

(2) 자생적 공동체를 통한 보편적 지원망

한동대의 풍족하지 못한 지원 시스템을 보완하는 것은 사람이다. 재정적으로 다른 대학에 비해 나을 것이 없는 한동대에서는 끈끈한 공동체 의식에 바탕한 비공식적 인적 네트워크에 의한 지원이, 도움이 필요하지만 학교의 공식적 지원 시스템의 관심이 미치지 못하는 학생들에 대한 일반적 지원망의 역할을 대신 수행하고 있었다.

> 선배들이 후배에 대한 책임감을 가지고 있어요. 팀 문화나, 아이들이 걱정하는 것들이…… 이제 친구가 무슨 일이 있으면 알음알음 서로 알아서 '얘를 어떻게 도울 수 있을까?' 서로 모여서 상의도 하고, 기도도 하고. 그런 게 바탕에 깔려 있고. 그리고 다른 학교에서도 물론 이런 고민들을 할 거라고 생각하는데, 방향을 설정해 주는 게 많이 다르죠. (기계/전자제어 2학년 학생 AK)

정말 도움이 필요한 학생들을 찾아내서 돕는 것은 사실 공식적 지원 시스템만으로는 어려운 일이다. 한동대 내에서는 학생 한 명이 다양한 그룹에 동시에 속하기 때문에 도움이 필요한 학생을 주변 사람들이 먼저 알아차린다. 새섬이 같은 공식적인 학생 멘토 제도가 촘촘하게 잘 구축되어 있는 것도 큰 장점이다. 새섬이는 시간관리 문제나 이성 문제, 학업 문제 등에 대해서 상담을 해 주고, 학사경고를 맞거나 어려움이 있는 학생들에게는 특별히 더 많은 신경을 써 주고 있었다.

> 가끔 자신의 대학교 생활이 통제 컨트롤이 안 되는 친구들이 있잖아요. 제 새내기 중에는 다행히도 없었는데, 다른 친구들 이야기를 들어 보면 만날 낮에 자느라 수업을 못 간다든가 아니면 지각을 정말 밥 먹듯이 하는 새내기라든가 공부를 너무 안 해서 학점이 정말 2점, 막 2점대가 나오는 이런 새내기 애들은 갑자기 혼자 포항에 오다 보니 부모님의 통제가 없어지고…… 기숙사를 쓰니까 자기 스스로 컨트롤이 잘 안 되는 새내기들이 있어요. 그런 케이스 같은 경우에는 새섬이

---

14) 2012학년도에는 23종(교수지원 4종, 학습지원 9종, 연구보고서 10종), 2013학년도에는 15종(교수지원 5종, 학습지원 8종, 연구보고서 2종)의 교수-학습지원 관련 책자가 발간되었다.

가 어느 정도 수업을 보낸다든가, 강제로라도 '야, 나랑 도서관 가자!' 이렇게 해서 데려가는 새섬
이도 있고, 그런 부분에서는 이제 성인으로서 자기 생활패턴을 만들어 갈 수 있게 도와주는 게 새
섬이인 것 같아요. 그런 부분이 좀 교육적으로 연결되는…… (경영/시각디자인 4학년 학생 G)

아울러 생활관의 선후배와 친구들이 도울 수 없는 정도의 심각한 문제가 있는 학생의 경
우 생활관(RC)에 같이 거주하는 생활관 간사들이 그것을 미리 알아차려서 상담센터에 도움
을 요청하여 상황이 더 심각해지기 전에 전문적인 도움을 받을 수 있도록 하고 있는 점도
특징적이라고 할 수 있다.

애를 봤는데 진짜 도움이 필요한 것 같다고…… 그게 정말 바람직한 연계 시스템이라고 봐서
요. 우리가 바로 찾아갈 수는 없고. 그런데 RC 간사님들은 옆에서 가까이서 보고, 생활하는 것들
을 얘기를 들으면서 미래에 문제의 소지가 있는 것들을 빨리 캐치를 해 가지고 저희한테 보내 주
시는 측면이 있어서 문제가 심각해지거나 방치되는 것들이 없어서……. (직원 F)

(3) 다양한 리더십 기회의 제공

한동대에는 다양한 조직이 있고, 그 조직 안에서 리더가 될 수 있는 기회가 많다. 이는 공
동체를 중요시하는 한동대의 철학과 제도 속에서 만들어진 것이다. 다른 학교에서는 경험
하기 어렵지만 한동대에서는 많은 학생들이 새섬이, 팀플 리더, 팀장 등의 역할을 통해 어
떤 형태로든 리더십 기회를 부여받는다. 바쁜 한동대 내에서 리더를 한다는 것은 매우 부담
스러운 일이기도 하다. 하지만 한동대 학생들은 4~5명이 모이는 팀플의 리더를 하는 기회
도 사람들 간의 협력을 이끌어 내는 리더십을 배우는 좋은 기회라고 여기고 있었다. 새섬이
의 경우 10명 정도의 새내기를 섬기는 가운데 본인이 더욱 좋은 모습을 보여야 한다는 책임
감을 가지고 학교생활에 임하게 된다. 특히 한동대의 팀장은 40여 명이나 되는 팀 전원이
최대한 자기 역량을 발휘하면서도 여하히 잘 섞일 수 있게 할 것인지를 일 년 동안 고민하
게 된다.

새섬이가 한동대생의 거울이 되는 것 같아요. 나보고 "언니처럼 되고 싶어요." "저도 열심히 할게요." "저도 장학금 받아야지." 이런 말 되게 많이 들어서 그런 부분에 있어서는 새섬이가 정말 어떻게 하느냐에 따라 얘들이 성공할 수 있겠다. 그래서 좀 더 행동을 조심하고, 더더욱 열심히 하려고 노력하고……. (경영/시각디자인 4학년 학생 G)

월요일에 A를 하면 화요일에 B, C, D 이렇게 만나겠죠. 시간을 효율적으로 회의를 하는 팀이라면. 그래서 팀마다 다 리더들이 생기고, 그 친구들의 역량에 따라서 효율적으로 하는 팀이 있는가 하면. 그런 능력은 하면서 배우는 것 같아요. 효율적으로 팀을 리딩하는 것에 대해서 고민을 해 보게 되죠, 자기 스스로. (경영/경제 3학년 학생 A)

이 자리에서 학우들을 챙겨 주고 이런 팀장이라는 자리가 중요하다는 생각을 많이 하게 됐거든요. …… 한동에 살면 정말 바쁘거든요. 그런데…… 그 자리에 서고 싶다는 생각이 매번 있었기 때문에 이번에 딱 하게 되었는데, 이제 학기가 막 마무리돼요. 그런데 참 여러 가지를 배우게 된 것 같습니다. 구체적으로 팀원일 때는 몰랐는데 위에 있었을 때 보니까 프로젝트를 진행함에 있어서도 그렇고 소통하는 것, 그리고 이 팀원들의 의견을 한쪽으로 모으는 것, 그런 것들과 관련해서 많이 배운 것 같아요. (전산전자/경영 3학년 학생 X)

3) 신앙적 지원: '프로그램을 넘어 동지로'

주변 사람들과 뜻이 맞는다는 것은 먼저 학생들에게 공동체 의식을 갖게 하고, 이를 바탕으로 서로의 배움에도 영향을 주고 있었다. 한동대 학생들은 동료 학생들에 대해서 '동지' '비전을 공유하는 사람' '마음이 맞는 사람' '뜻이 맞는 사람'이라고 표현했다. 그리고 뜻이 맞는 사람들을 만난 것을 한동대에서 얻은 가장 큰 소득이고, 이런 사람들과 함께 지내는 것이 본인 인생의 가치와 비전을 찾는 데 큰 도움이 되며, 아울러 스스로 심리적 안정을 찾게 함으로써 커다란 지원요인이 될 수 있다고 생각했다.

한동대에서는 필수로 거쳐야 하는 기독교 관련 교과과정만 해도 채플, Christian Foundation I · II, 창조와 진화, 기독교 세계관, Mission Perspective, 공동체 리더십 훈련, 한동인성교육, 사회봉사 A~D 등이 있고, 비교과 과정을 합하면 훨씬 많은 영성과 관련된 과정이 있다. 하지만 이런 공식적 과정 이외에도 날마다 있는 기도시간 및 상시적으로 열려 있는 성경공부, 신앙 상담, 선교 공동체, 선교 모임 등이 있었고, 그 외의 학생들로부터 많이 들을 수 있었던 것은 언제나 곁에 있는 주변의 좋은 사람들이었다. 학생들은 팀과 생활관(RC), 수업과 다양한 동아리에서 만나는 사람들과의 교제를 통해서 자신이 성장하는 데 많은 도움을 받았다고 한다.

> 저는 제가 한동 생활을 마무리하고 있고, 그런 입장에서 볼 때 참 많은 영향을 받은 것 같아요. 저한테 세계관이나 가치관, 영성적인 부분도 한층 성장할 수 있는 기회가 됐던 것 같고. 제가 이제 취업을 하는 입장이지만 어떻게 살아가야 할까 하는 고민을 다른 학교에 가서도 했을까, 다른 곳에서 대학에 진학하지 않고 다른 길로 갔으면 하루하루를 살아가기에 급급하면서 지내지 않았을까 하는 생각을 했는데, GEP[15] 활동도 하고, 여러 해외 경험도 하고, 선배들이라든지 교수님들이라든지 영향을 받으면서, 지금도 보면 그때 했던 고민들을 보면서 어떻게 살아가야 할지 이런 것들이 있더라고요. 그래서 학교생활을 통해서 가치관을 형성하고, 지금도 형성하고 있는 시기이지만 그와 같이 고민할 수 있는 기회를 갖지 않았나 하는 생각을 합니다. (경영/상담심리 3학년 학생 AB)

> 교수님들이 그냥 답을 내려 주는 게 아니고 고민을 해 보게끔 많이 만들어 주시는 것 같아요. 예를 들면, 제가 경제를 공부한다고 하면 그런 고민을 정말 많이 하거든요. 경제에서 말하는 모든 인간은 합리적인데, 성경에서 말하는 인간은 절대 합리적일 수 없거든요. 그런 간극이라고 해야 하나, 하나님의 법과 세상의 법이 달라서 충돌하는 경우가 분명히 발생하는데, 이런 경우에는 어떻게 해야 하나…… 이런 고민들은 개인적으로 되게 많이 했었는데 그 고민을 할 수 있게끔 만들어 주셨던 것들이 수업시간에 교수님들이 가끔씩 이야기해 주시는 그런 것들이라고 생각했었거든요. (국제지역 3학년 학생 AA)

---

15) Global Engagement Project로 GEM 활동에 참여하기 위해 이루어지는 한 학기 동안의 프로젝트 수업을 말한다.

심리학을 기독교적인 시각에서 어떻게 볼 수 있을까를 고민했고, 그런 수업이 있는 것에 매우 만족해하던 학생, 생명공학에서 물질의 시작을 저절로 된 것과 누가 만들었다고 보는 것의 차이는 매우 크다며 공부하면서 창조자에 대해 이야기할 수 있는 것이 좋았다는 학생, 창조론에 대해서 질문하면 반가워하며 대화를 해 주는 사람들이 있어서 좋았다는 학생, 자기가 믿는 하나님께 기도하는 사람들이 끊이지 않는 것을 보면서 힘을 얻는다는 학생, 기숙사에서 서로의 어려움을 모른 체하지 않고 기도까지 해 주는 것을 자랑스러워하는 학생, 비전을 이야기할 때 성경에서 말하는 하나님이 존재한다는 것을 전제하는 사람들과 이야기하는 것이 좋았다는 학생 등 여러 학생들을 만났다.

한동대 학생들의 입장에서 볼 때 본인의 신앙이 학업, 사회 문제, 인생의 의미 등과 어떻게 조화를 이루어야 하는지는, 그 중요도나 복잡성 측면에서 볼 때 개인이 풀어야 할 숙제로 남겨 둘 문제는 아니다. 그들은 이 문제를 해결하기 위한 도움을 필요로 했고, 한동대는 그들의 필요를 촘촘히 채워 주고 있었다.

제4절 한동대학교 학부교육의 성공요인

질 높은 학부교육을 위해 가장 중요한 것은 사람이다. 교육의 질에 영향을 미친다고 알려진 것으로는 자원과 시설, 프로그램, 제도, 리더십 등 다양한 요소가 있지만, 결국 교육의 질을 결정적으로 좌우하는 핵심적 요인은 '교원'과 이들과 상호작용하는 '학생'이라고 할 수 있다. 이 사례연구를 통해 파악한 한동대 학부교육의 우수성에 영향을 미친 가장 큰 요인도 결국 스스로 움직이는 '헌신적인 교원'과 '동기유발된 학생'이었다. 이하에서는 한동대가 어떻게 제3절에서 살펴본 우수한 학부교육을 성공적으로 달성할 수 있었는지 그 성공요인에 대해 분석해 보기로 한다.

1. 소명의식을 가진 교수의 유치와 교육중심 업적 평가

1) 사명감을 가진 교수들의 성공적 유치

한동대 교수들의 특징은 사명감을 가지고 솔선수범, 헌신하는 이미지로 표상된다. 면담에 참여한 교수들은 학생들이 공부, 자신, 삶, 세상의 의미와 목적을 찾아가도록 돕는 것을 교수로서의 최우선의 순위로 두고 있었고, 이런 생각은 많은 한동대 교수들에게 공유되고 있었다. 사실 한동대 설립 당시 한동대에 교수로 온다는 것은 세속적으로 볼 때는 별로 좋은 선택이 아니었다. 사실상 재단이 없다고 할 수 있는 학교는 재정적으로 매우 어려워 심지어 급여가 제대로 지급되지 못하는 경우도 있고, 지방이라는 위치상 자녀의 교육여건도 수도권에 비해서 턱없이 미치지 못했다. 초기에 한동대에 온 교수들은 대부분 미국에서 교수직을 하거나 국내외에서 비교적 안정된 직장을 가지고 있었던 사람들이 많았는데, 그들이 한동대에 오게 된 이유는 자기 자신과 가족의 안정 및 명예를 찾기보다는 신앙에 바탕을 둔 사명감에 기인하는 경우가 많았다.

> 저는 여기 오기 전까지만 해도 연구 쪽으로…… 미국에서도 뭐 거의 탑의 회사에서 (일하고 있었는데) 사람들이 한국에 들어온다 그럴 때 뭐 하러 가나 그런 식으로 이야기를 했는데, 어쨌든 제 철학도 있고, 그래서 한국에 들어와서 학생들을 키우는 것이 뭐 신앙이니까……. (이공자연 평교수 A)

이러한 출범 초기의 단계를 넘어 한동대의 위상과 정체성이 어느 정도 정립된 이후부터는 신앙적 동기뿐만 아니라 한동대의 교육철학과 제도에 대한 깊은 공감을 이유로 한동대에 온 교수들도 적지 않게 눈에 띤다. 어느 쪽이든 이러한 교수들의 한동대에 대한 명확한 지원 동기 자체가 너무나 자연스럽게 교수들의 학생 교육에 대한 헌신으로 이어지는 것으로 짐작된다.

> 기회가 주어졌을 때 저를 움직이게 하였던 동기 자체는 정말로 사람을 변화시키는, 한 사람을

변화시키는 게 얼마나 어려운 건지를 알게 되어서…… 그 사람이 변화를 하는 그곳이 바로 한동
대학교이고, 그 한동대학교에서…… 학생들의 인생을…… 변화시키고 싶다 그런 마음으로…….
(인문사회 평교수 A)

저는 사실 신앙적인 동기가 없다고는 할 수 없는데…… 여기는 보면 커리큘럼이 굉장히 합리
적이었죠. 제가 밖에서 봤을 때 '이렇게 됐으면 좋겠다.' 하는 그런 형태를 많이 띠고 있었습니다.
컴퓨터와 전자, 전기 요런 것은 굉장히 가까운 사촌인데, 대개 이게 나누어져 있거든요, 다른 학교
를 보면. 그것이 결합이 되어 있는 게 너무 이상적으로 보이더라고요. (이공자연 평교수 B)

2) 엄격한 채용 절차 및 신임교원 훈련 제도

한동대는 교수를 뽑는 절차가 아주 까다롭다. 초기 출범 단계에서는 창조과학회 등 총장
등이 알고 있는 개인적 네트워크를 활용하여 초빙을 해 온 사람이 많았지만, 학교가 어느
정도 자리를 잡으면서 교수들을 채용할 때 학문적 업적보다는 신앙과 한동대의 교육철학
에 깊이 동의하는지를 가장 중요한 기준으로 볼 정도로 엄격한 채용과정을 거치고 있다.
즉, 한동대에서는 한동 교육철학에 깊이 동의하는 사람만을 교수로 채용한다.

채용절차가 생각보다 굉장히 까다로운 편이고요. 어떤 때는 우리가 지방에 위치한 지방대학인
데 이렇게 까다롭게 해서 교수님들을 모실 수가 있을까 하는 생각이 들 정도로……. 일단은 서류
요구가 너무 과하다……. (인문사회 평교수 A).

이러한 채용 절차는 문제점도 있지만 한동대의 교육철학과 신앙적 색채에 동의하는 사
람만이 한동대 교수로 올 수 있게 함으로써 입직 후 적응과 업무수행에 도움이 되는 측면이
분명히 있는 것으로 생각된다.

어떤 분은 훌륭한 분이 오셨어요. 적당히 써서 통과가 됐는데 팀 모임을 해서 이렇게 하려고
하니까 그 부분이 너무나 힘든 거예요. 신앙 부분도 그렇고 어떻게 하신 게 없잖아요. 하루아침

에 되는 것도 아니고, 그래서 몇몇 분들은 포기를 하고 떠나시는 분도 있었는데……. (이공자연 평교수 B)

엄격한 채용 절차와 함께 신임교원 부임초기에 제공되는 특별 교육훈련 프로그램도 한 동대에서만 볼 수 있는 또 하나의 특징적 요인 중 하나다. 신임교원이 채용되면 원칙적으로 첫 1년은 팀을 맡지 않고 다른 교수들이 수요일 팀 모임을 하는 시간에 한동교육개발센터 에서 NFF(New Faculty Fellowship)라고 불리는 특별 훈련 프로그램을 이수하게 된다. 도입 초 기에는 1년 프로그램으로 운영했지만 이후 6개월(1학기 16주) 프로그램으로 변경을 하고, 이 를 시수화(1학점 부여)해서 모든 신임교원이 의무적으로 이수하게 하고 있다. 한동대에서 요 구되는 특별한 교수의 역할과 과업을 새로 채용된 교수들에게 명확히 인지시키고, 앞으로 업무의 정향성을 명확히 할 기회를 제공해 준다는 차원에서 학교에서는 매우 중요한 과정 으로 생각하고 있었다.

한동대학교에서 요구하는 교수의 역할은 무엇인가, 해야 하는 일은 무엇인가, 그것들이 처음 에 충분히 공유가 되어야 그다음부터 시행착오를 최소화할 수 있는. 그래서 교수님들이 '아, 그렇 구나.' 하는 것을 분명히 하고, 본인의 시간을 계획하고, 해야 할 일을 그만큼 또 헌신적으로 시간 을 쏟으시기 때문에 저 개인적으로는 굉장히 중요하게 생각을 하는 부분입니다. (교무처장)

하지만 이를 수강한 교수들의 반응은 양면적인데, 면담에 참여한 교수들은 신임교원 훈 련과정이 한동의 정체성과 문화를 이해하는 데 있어서는 많은 도움이 되었으나, 유사한 강 좌의 주입식 반복 등 운영방식과 관련해서는 일부 개선의 여지가 있다는 의견을 제시하고 있었다.

3) 교육 중심 교수업적평가제도

현재 많은 논의가 이루어지고 있기는 하지만 한동대가 교육 중심 대학으로 명확한 정체 성을 잡는 데 중요한 역할을 한 것 중 하나는 전임 총장 시기에 강조된 '교육 중심 교수업적

평가제도'라고 할 수 있다. 이는 한동대가 출범하던 1990년대 중반 거의 모든 대학이 학교의 특성과 관계없이 획일적으로 연구중심 업적 평가 기준을 적용하던 당시에 이러한 관행을 과감히 탈피함으로써 교수들이 학생들의 교육과 관계에 보다 헌신할 수 있도록 만들었다는 점에서 매우 성공적이었다고 할 수 있다.

> 한동대학교에 맨 처음에 와서 학교의 방침 자체가 우리는 교육이나 연구보다는……. 많은 학교들이 이제 SCI논문을 발표하고, 뭐 이런 것에 집중할 때 한동대에는 김영길 전 총장님이 계속 반복적으로 애기했고, 저희들도 어떻게 보면 동의했던 게 교육이라고 애기했던 학교의 방침이 저한테는 가장 중요하지 않았을까 싶거든요? 만약 제가 한동대에 오지 않고 다른 연구를 강조하는 대학을 갔으면 개인적으로 아무리 뭐 교육 티칭에 관심이 있다고 하더라도 어쩔 수 없이 주어진 뭐도 해야 되고 저것도 해야 되고, 하여튼 그쪽으로 포커스가 갈 수밖에 없었을 것 같은데 한동대학교에는 교육철학이라든지 그 자체가 교육이었던 게 저한테는 가장 교육에 신경 쓰게 한 요소가 아니었을까 하는 생각을 하고요. (이공자연 평교수 C)

하지만 이러한 한동대의 정책은 학교 규모가 커지고 외부 재정지원 의존도가 높아진 상황에서 외부 평가에서 중요한 비중을 차지하고 있는 연구 실적의 저조를 초래해 온 부작용도 없지 않아 신임 장순흥 총장 취임 이후 한동대의 정체성 확립과 관련하여 교내에서 활발한 논의가 이루어지고 있는 것으로 보인다.

> 저는 한동대가 학교에서도 그렇고, 요구가 굉장히 심플했던 것 같아요. 그래서 제가 간단하게 몇 개 포커스 할 수 있었는데, 갈수록 학교는 요구하는 것들이 점점 이렇게 가지 수도 많고 하다 보니까…… 그러다 보면…… 잘못하면 중요한 걸 놓칠 수 있지 않을까 하는 그런 생각을 해 봅니다. (이공자연 평교수 C)

2. 효과적 학생 선발정책 및 소명의식의 개발

1) 성적 일변도보다는 한동대학교 교육철학에 동의하는 잠재력 있는 학생 선발

한동대 학생들은 어떤 의미에서 보면 이미 동기부여가 되어 있는 상태로 입학한다고 볼 수 있다. 수도권에 우수대학이 밀집되어 있는 상황에서 40%가 넘는 수도권 지역(심지어 호남지역)의 학생들이 경상북도 동남단에 위치한 지방의 소규모 사립대학을 찾아온다는 것은 한동대에 특별한 무엇이 있기 때문이라고 생각할 수밖에 없다. 이는 학생들의 신앙 및 인생관, 학교의 교육철학 등 다양한 측면에서 해석될 수 있다.

> 저희 학교에 비전 있는 학생들이 온다고 생각하거든요. 주변에 보시면 알겠지만 대부분 메리트라는 게 없는 학교인데. 이런 환경보다도 학교 자체를 보고 오고, 자신의 목표가 있는 학생들이 오기 때문에……. (경영/경제 3학년 학생 A)

> '어디 학교는 취업률이 굉장히 높고, 장학금을 얼마큼 주고 그렇다더라. 이런 데도 있고, 어떤 학교는 무슨 기업이 후원을 어떻게 해 줘서 어떻고……. 이런 게 되게 많았는데, 그때 한동대를 찾아봤을 때 나오는 멘트들은 이런 멘트들이랑 많이 다른 거예요. 우리는 팀 제도를 가지고 있고, 인성을 가르치고, 정직이라는 가치를 가르치고, '배워서 남 주자.' 이런 말들이 많았었거든요. 이런 걸 보고 제가 결정을 했던 것은 학교의 대표가치로서 이런 가치를 가장 우선시하는 학교를 가고 싶었어요. (기계/전자제어 4학년 학생 B)

이러한 학생들의 성향은 '성적만이 아니라 인성 및 잠재력의 강조' '한동대에 로열티가 있는 학생 그룹의 전략적 선발'과 같은 한동대의 입학 정책과 연계되어 상승작용을 발휘하는 것으로 나타나고 있다. 한동대는 개교 초기부터 '선발보다 교육이다.'라는 슬로건을 표방하면서 반드시 성적이 우수한 학생을 뽑아야 한다기보다는 어느 정도 능력이 되는 학생을 뽑아 우수한 학생으로 만들어 사회에 내보낸다는 방침을 천명하고 이에 따라 학생들을 선발하고 있다.

지-임팩트(G-IMPACT)라는 기준으로 평가를 합니다. 그 선발기준에 따라서 학생들을 보는
데…… 특히 인성, 잠재력에 대한 요런 부분들을 (가진) 학생들을 많이 선발해서, 우리 학교에 와
서 성취를 나타낼 만한 그런 포텐셜이 있는 학생이냐 하는 것에 상당히 관점을 두고 학생 선발을
하고 있다. 사실 (한동대는) 입학사정관을 하기 전부터 입학사정관제로 학생들을 선발하고 있었
어요. (직원 A)

이와 함께 한동대에서는 2010년부터 전략적으로 수시모집 비율(2014년 현재 정시는
18.9%)을 늘리고 있는데, 그 이유는 학교에 로열티를 가지고 지원하는 학생들이 교육의 성
과를 내는 데 훨씬 도움이 된다는 그간의 경험에 바탕을 둔 공감이 학내에서 이루어진 것에
기인하는 것으로 보인다. 이에 따라 한동대에서는 고교생들을 대상으로 하는 예비 캠프[16]
를 개최하여 고교생들에게 한동대를 체험해 볼 수 있는 프로그램을 실시하고 있고, 실제 그
러한 학생들이 한동대에 지원하는 비율이 높아지고 있다고 한다. 즉, 한동대의 교육철학,
프로그램에 대해 상당 부분 미리 이해하고 지원하기 때문에 이들 학생들이 한동대에 입학
한 후 성공할 확률이 높아지는 것이다.

좋아서 수시에 온 아이들하고, 한동을 그렇게 좋아하지는 않지만 '취업이 잘 되니까 가야지.'
'다른 데 못 가면 여기 가지.' 해서 온 애들은 공부만 보면 정시에 온 아이들이 훨씬 잘하거든요.
그런데 학교의 만족도와 나중에 아이들이 성과 내는 것을 보면 정시에 온 아이들이 두각을 나타
내는 게 아니에요. 그래서 입시 차원에서는 수시를 많이 가고, 정시를 줄이는 전략을 주장하시는
것 같아요. (교육개발센터장)

이렇게 선발한 학생들을 교수들은 믿어 주고, 성심을 다해 가르친다. 교수들이 습관적으
로 "요즘 아이들은 대학 공부를 할 준비가 안 되어 있다."라는 말을 하는데, 한동대의 경우

---

16) 고교생들을 대상으로 하는 예비 캠프에서는 G-IMPACT 체험활동, 전공 체험활동, 오픈 캠퍼스(한소품), 입학설명
회, 모의면접 등을 진행하였으며, 한동대학교 합격자를 대상으로 하는 예비대학 프로그램에서는 비전 설계(1차),
스마트폰 웹 프로그래밍 체험(2차), ICT기초 프로그래밍 교육과정(3차) 등을 운영한 바 있다.

성적보다는 인성이나 잠재력을 보고 선발하여 성적 측면에서는 좀 모자라는 학생들도 있지만, 기본적으로 교수들이 학생들을 바라보는 시각이 다르다. 그들의 기본적인 시각은 '믿어 주는 것만큼 성장한다.'는 것이다. 그런 교수의 믿음이 바로 한동대 학생들의 동기를 유발하는 근본적 뿌리로 작용하고 있다.

> 공대 교수님께 여쭤 봤어요. "교수님, 한동대 이과 학생들의 수준이 어떤가요?" 이렇게 물어보니까 교수님이 "어, 그 정도면 충분히 성장해요. 충분해요. 그런 생각으로 그 아이들을 데리고 공부시켜서 대학원을 주로 서울대, 카이스트, 포스텍 여기 대학원에 가는 아이들도 많고, 그렇지 않으면 기업체 가잖아요? 기업체에 가서도 칭찬받고, 소위 말해서 일류 가는 데 칭찬받고 잘 따라가고 아무런 어려움이 없어요. 이 정도면 가르칠 만해요." 이렇게 말씀을 하시더라고요.(교육개발센터장)

2) 소명의식의 계발과 진로의 연계로 공부에 대한 강력한 동기유발

면담과정에서 한동대 학생들이 가장 많이 언급한 것 중의 하나는 '비전' '소명의식' '삶의 의미' 등이었다. 학생들의 대학 입학 전 공부의 이유는 근시안적이고, 부모님의 바람을 위해서나 혹은 개인의 안녕을 위한 것이었다. 이런 목표들은 대학 진학 후 다양한 활동을 통해 바로 그 피상성을 드러내고, 공부를 하는 동기로서의 힘을 잃게 되는 경우가 많았다. 하지만 학생들은 한동대에 와서 내가 하고 싶은 것이 무엇인지, 공부를 왜 해야 하는지에 대해 깊이 생각해 볼 수 있는 기회가 많았다고 이야기하고 있다.

> (이전 학교에서는) 공부를 하면서도 제가 이것을 왜 공부해야 하는지 몰랐고, 학점을 잘 받더라도 내가 뭔가를 배웠다는 느낌이 잘 안 들더라고요. (편입생-상담심리/경영 4학년 학생 C)

> 대학교 1학년 때까지만 해도 돈 버는 게 제일 큰 목적이었는데, 학교 생활하면서 돈 버는 게 평일까 하는, 가장 좋은 것일까 하는 생각을 되게 많이 했거든요. 고민도 많이 하고, 그게 아니라 내가 하고 싶을 걸 찾아보고 돈이 적더라도 내가 내 스스로 자부할 수 있고, 내가 하는 일을 통해서

누군가 도움이 될 수 있는 일을 해 보는 게 어떨까 하는 생각을 되게 많이 하고 있어요. (컴퓨터공
학 4학년 학생 D)

이러한 학생들의 삶의 의미에 대한 고민을 제도적으로 뒷받침해 주는 것은 '무전공 제
도'다. 즉, 학생들은 성적에 따라 미리 전공을 정하여 입학하지 않고 무전공 제도로 자유롭
게 입학하여 1년간 자신이 관심을 갖는 수업을 충분히 듣고, 2학년 1학기 때 전공을 선택한
다. 한 번 정한 전공은 6학기 때까지 3차례 변경할 수 있고, 또한 제2전공을 의무적으로 이
수하도록 한다. 특히 전공별로 인원수 제한이 없이 본인이 원하는 전공은 성적과 상관없이
선택할 수 있기 때문에 이런 환경 속에서 학생들은 본인이 무엇을 전공할지에 대해서 많은
고민을 할 수 있고, 전공을 선택하는 과정에서 본인의 재능은 무엇인지, 관심사는 무엇인
지, 앞으로 어떤 가치를 추구하며 살 것인지 등에 대해서 고민하는 기회를 제도적으로 보장
한다. 즉, 이러한 과정을 통해 학생들이 직간접적으로 공부를 해야 하는 강한 동기를 찾도
록 하는 것이다. 어찌 보면 학생들을 '철이 들게 만드는' 것이라고도 할 수 있다.

저희 학교 교육의 특성을 보시면 알겠지만, 무전공 무학과로 들어와서…… 2학년 올라갈 때 자
기가 원하는 전공을 아무런 제약 조건 없이…… 선택하도록 요구를 하고 있습니다. 그 말은 어떤
학생이 들어와서 1학년 동안 전공탐색을 한 다음에 자기가 원하는 전공을 선택할 수 있도록 해 주
자 하는 게 기본적인 걸로, 자기가 원하는 공부를 할 때 거기서 교육적 효과가 나온다 하는 그런
큰 그림이 있었던 것 같고……. (직원 A)

이러한 소명의식, 삶의 의미와 연계된 자신에 대한 성찰이 '배워서 남 주자.' 로 대표되는
이타적인 한동대 교육철학과 결합됨으로써 학생들을 지속적으로 자극하게 되고, 이로 인
해 학생들은 왜 공부를 해야 되는지 좀 더 생각해 보게 되고, 그 과정에서 공부하는 것 자체
에 흥미를 붙여 나가게 되는 것이다.

제가 경제를 할 줄은 정말 생각도 못 했는데, 다양한 전공 기초를 들어 보면서 '아, 정말 이걸

한 번 배우면 내가 나중에, 제가 통일에 관심이 많거든요. 통일 이후에 경제 분야에서 일을 하는 게 저의 꿈인데요. 그래서 뭔가 '통일 이후에 내가 이렇게 재미있어 하는 경제를 좀 더 빛을 발하면서 세계 사람들에게 좀 더 도움이 될 수 있을까?' 하는 생각을 갖고 공부하게 되니까 지치지는 않는 것 같아요. 밤을 새고 그래야 할 때는 힘들고, 육체적으로 지치는 것은 사실이지만 공부하면서 느끼는 보람? 이런 게 크기 때문에 학생들이 열심히 공부하는 것 같아요. (전자공학 3학년 학생 E)

어떻게 보면 이러한 한동대의 제도는 구체적인 시행방식은 다르지만 최근 건양대학교에서 시행하여 소위 히트를 치고 있는 '동기유발학기제'의 원형이라고도 볼 수 있다. 다만 한동대의 경우 이것이 신앙과 관련되어 공부의 동기가 자기 자신에 국한되지 않고 자신의 도움을 필요로 하는 타인 및 사회가 될 때 공부를 하는 '더 큰 열망, 욕심, 부담, 자극, 동기'가 자연스럽게 생겨난다는 점이 보다 특징적이라고 할 수 있을 것이다.

3. 기독교 신앙에 바탕을 둔 명확한 교육철학과 목표

한동대의 건학이념은 '대한민국의 교육이념에 입각하여 국가사회 및 기독교적 지도자를 양성하기 위하여 지성·인성·영성의 고등교육을 실시'하는 것이며, 구체적인 교육목표로서 '기독교 정신으로 민족과 세계를 변화시키는 21세기 지도자 배출'과 '탁월한 자질과 훌륭한 기독교적 인성, 특히 정직과 봉사의 희생정신을 겸비한 새로운 지도자 배출'을 내세우고 있다(한동대학교, 2013, p. 17-18). 하지만 설립 초기 이후 한동대 교육철학을 가장 요약적으로 대변해 온 것은 'Why not change the world?'와 '배워서 남 주자.'라는 두 개의 짧은 슬로건이라고 할 수 있다. 이 두 가지 슬로건은 그 동안 언론을 통해 교내외적으로 회자되어 심지어 한동대 학생뿐만 아니라 관심이 있는 일반인들까지 알 정도로 한동대를 대표하는 교육철학으로 널리 퍼져 있다. 내용적으로 본다면 전자가 한동대 교육의 실용적(실천적), 글로벌 지향을 강조하고 있다면, 후자는 기독교 신앙 혹은 홍익인간이라는 보편적 가치에 상통하는 이타적 신념을 상징적으로 나타낸다고 할 수 있다. 이러한 슬로건 하에 한동

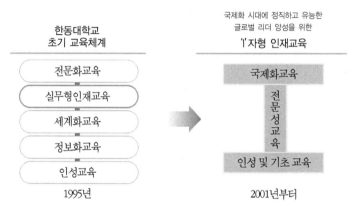

[그림 1-6] 한동대 교육체계의 변화상

출처: 박혜경(2015).

대학교 출범 초기에는 '전문화교육, 실무형인재교육, 세계화교육, 정보화교육, 인성교육'을 세부적 지향점으로 삼았다면, 2001년부터는 소위 '공(工) 자형 인재교육'을 세부 교육목표로 내세우고 있다(박혜경, 2015). 이는 전공지식만 뛰어난 메마른 지식인보다는 정직과 봉사의 희생정신을 인성 및 기초 교육을 통해 키우고, 이와 동시에 국제화 시대에 걸맞은 역량을 키워 나가겠다는 한동대 교육의 기본 철학을 상징화하여 명료하게 교육목표로 제시한 것이라고 볼 수 있다. 이를 통해 볼 때 한동대의 교육철학은 기독교 신앙에 바탕을 둔 이타적 보편가치를 그 중심축으로 하여 지성 및 인성(영성)을 고루 겸비한 전인적 글로벌 인재를 키우는 것이라고 요약할 수 있다.

이러한 한동대의 교육철학은 Kuh 등(2010)[17]에서 나타난 바와 같이, 대학의 구성원들에게 그들의 자원과 힘을 어떻게 사용해야 할지에 대한 방향을 명확히 정해 주는 '비전'과 같은 역할을 했다. 다양한 방식을 통해 분명하게 제시된 한동대의 교육철학과 목표는 같은 이념을 공유한 교수(like-minded people)들을 한곳으로 모이게 했고, 이렇게 모인 교수들은 교육과정 및 제도들을 그러한 교육철학 및 목표를 효과적으로 구현해 낼 수 있도록 설계하였

---

17) Kuh 등(2010)은 K-DEEP 프로젝트가 원형으로 삼고 있는 미국의 DEEP(Documenting Effective Educational Practices) 프로젝트에서 수행한 대학별 사례연구 보고서를 비교·분석·종합하고 있는 DEEP 프로젝트의 최종 산출물이라고 할 수 있다.

다. 무전공 제도, 팀 제도, 무감독 시험, 전원 기숙사 거주정책, 절대평가 중심의 학생 평가 제도, 인성 및 기독교 신앙과 관련된 교육과정 등 모든 프로그램과 제도는 이러한 한동대의 교육철학과 목표를 효과적으로 달성하기 위한 것이었다. 이와 함께 명확한 교육철학과 목표, 이에 맞도록 구안된 교육과정과 제도는 또한 한동대의 교육이념에 동조하는 학생들을 모이게 했다. 앞서 이야기한 것처럼 '일정 부분 이미 동기유발된 학생'들이 한동대로 오게 하는 효과를 거두게 한 것이다. 결국 입학 전부터 일정 부분 한동대의 교육철학과 제도에 이미 공감하는 학생들을 선발하고, 이들로 하여금 입학 후에 무전공 제도를 통해 공부와 인생의 의미와 목적에 대해 다시 한 번 숙고하게 함으로써 공부에 대한 동기를 성공적으로 유발시킬 수 있게 된 것이라고 볼 수 있다. 요약하자면 명확한 교육철학과 목표의 존재는 이를 이루기 위한 구체적 교육과정과 제도로 자연스럽게 이어지게 되었고, 그러한 교육과정과 제도의 취지에 동조하여 본인의 시간과 능력을 기꺼이 사용하길 원하는 교수와 학생들이 한 자리에 모여 서로 활발하게 상호작용하는 역동적 환경이 한동대라는 장을 매개로 만들어진 것이다. 이런 측면에서 한동대 교육의 우수성을 설명하는 데 있어 빼트릴 수 없는 가장 핵심적 요인의 하나는 바로 명확한 교육철학과 목표라고 할 수 있다.

4. 혜안을 가진 리더의 강력한 리더십

한동대 교육의 성공은 전임 총장인 김영길 총장을 빼고는 설명할 수 없다. 2014년 2월 현장순흥 총장이 취임하기 전까지 한동대는 김영길 초대 총장의 강력한 리더십에 의해 오늘의 정체성을 형성하고 발전시켜 왔다고 해도 과언이 아니다.

조직의 비전과 혁신적 아이디어와 제도, 문화를 유기적으로 엮어 내어 구성원, 특히 교수를 움직이게 만드는 것이 리더의 핵심적 역할이라면, 김영길 전임 총장은 임기 말년에 학내 내홍을 겪기는 했지만 재직 기간 전반을 놓고 볼 때 한동대 교육의 개척자로서 교내 구성원 사이에 절대적 카리스마를 발휘하면서 한동대 교육의 근간을 이루는 교육철학과 각종 제도 및 문화를 만들고 정착시키는 데 성공적인 리더십을 발휘했다고 평가할 수 있다. 보다 구체적으로 김영길 총장의 리더십은 크게 다음의 세 가지 측면에서 살펴볼 수 있다. 첫째는 출범 초기 단계의 위기 극복과정에서 구축된 영웅적, 신화적 이미지를 바탕으로 구성원들에게 절대적 영향력을 행사하는 카리스마틱한 리더십을 지적할 수 있다.

> 종전의 총장님 같은 경우에는 소통 때문에 많이 어려움을 겪으셨는데, 초창기 학교이다 보니까 '따라와.' '가자.' 이렇게 나오면 버틸 수가 없었던 영역인 것 같고……. (직원 A)

> 2학년, 3학년으로 올라갈 때 학부의 정원을 다 없앴어. 그것도 획기적으로. 내가 초대 총장이기 때문에 가능했던 거예요. 교수는요? 반대가 있었지요. (전임 총장)

김영길 전임 총장은 개교 초기 때 직면한 무수한 난관을 극적으로 극복하고, 기부금 모집과 국가재정 지원 사업 수주에서 괄목할 만한 성과를 거둔 바 있다. 개교 직전 학교 설립자의 기업에 부도가 난 상황에서 학교를 맡아 재정난을 극복하기 위해 동분서주하던 김영길 전임 총장 부부의 모습, 그 과정에서 국고지원금을 직원들의 밀린 급여와 학교 운영비로 썼다는 죄목으로 구속된 상황에서 만들어진 김영길 총장을 둘러싼 신화적 이야기는 2004년에 출간된 『갈대상자』 등을 통해 두고두고 한동대 공동체에 회자되고 있을 정도다.

> 저는 총장님께서 교도소에 수감되시던 2001년 5월 11일을 기억합니다. 그 4일 후가 스승의 날이었습니다. 옥 안에 계시는 총장님께 사랑과 존경을 표현하자고 우리는 마음을 모았습니다……. 우리를 사랑으로 안아 주셨던 총장님을, 아니 우리의 스승님을 교도소에 혼자 계시게 할 수는 없었습니다. 저와 뜻을 같이했던 제정호 군과 스피커를 들고 기숙사로, 식당으로, 각 방을 돌아다니며 학우들에게 함께 가자고 호소했습니다……. 그 아침에 갑자기 불러 모은 버스가 모두 29대였습니다. 그래도 버스를 타지 못한 학생들은 차가 있는 친구들과 함께 경주 교도소로 이동했습니다……. 담 안에 계시는 총장님을 향해 우리는 눈물을 참으며 조용히 〈스승의 은혜〉를 부르기 시작했습니다. 그리고 침묵기도를 했습니다. 가져간 카네이션을 교도소 정문에 하나씩 쌓아 두고 그곳을 떠나기 전, 빌려 온 테이블을 돌려 드리려고 할머니의 구멍가게로 갔습니다. 할머니는 활짝 웃으시며 "할렐루야!" 인사하셨습니다(최재웅 97학번, 경영경제학부). (김영애, 2014)

학생들이 자발적으로 재판 성금을 모으기 시작했다. 음악 동아리 두나미스, 걸즈 아카펠라, 챔버와 마드리갈 팀들은 재판 비용에 보태기 위한 '자선음악회'를 열었다. …… 미술 대전 건축 부문에서 최우수상을 받은 학생들(유송희, 유승애 팀, 건설도시환경학부)은 수상금 전액을 가져왔다. "미술대전 공모 광고를 보았을 때부터 꼭 상금을 받아 구속되신 총장님과 부총장님을 위한 성금에 보태려고 작정했습니다. 그래서 매일 기도하면서 작품을 구상하고 떨리는 마음으로 출품했어요." (김영애, 2004)

두 번째는 학교 출범 초기, 그리고 정착 과정에서 끊임없이 혁신적 아이디어를 스스로 제안하고, 또 상징화 · 스토리화하면서 이를 한동대 고유의 문화와 정체성으로 만들어 나가는 강력한 혁신지향적 리더십을 들 수 있다. 김영길 전임 총장은 재임 기간 동안 개척자로서 한동대 교육 모델의 근간을 이루는 교육철학과 다양한 제도를 스스로 제안하거나 교수들과의 상호작용을 통해서 만들어 내고, 이를 한동대 교육의 근간으로 만들어 나갔다. 자신이 구상하는 교육의 기본 틀을 가지고 다른 사람들이 미처 생각하지 못하거나 심지어 반대하는 일들을 뚝심을 가지고 밀어붙이는 모습을 다음과 같은 여러 사례를 통해 확인할 수 있다.

당시에는 수능으로만 뽑았어요. …… 지원자격을 수능 상위 25%로 제한을 했어요. 지방에 생기는 신생 대학이 수능 상위 25%로 제한을 한다는 것은 그 당시로서는 교육부 관계자나 이런 분들이 도무지 인정할 수 없는…… 뭐 다 뽑으면 손에 장을 지진다는 관료도 계셨어요. 제가 듣기로는…… 그런데 아마 그건 그, 그 당시에 그렇게 했던 그 기본적인 색깔이 그래도 전국 상위 한 25% 정도는 되어야 우리가 그래도 좀 교육을 하고, 우리 학교의 교육이념을 좀 달성할 수 있지 않겠나 하는 그런 내부적인 사정이 있으셨던 것 같아요. (직원 A)

전임 총장님께서 항상 그냥 보통 애들 데리고 와 가지고 우수한 애들 만들어 낸다, 뭐 교육 부가가치를 높이는 게 우리 학교의 목표라고 하셨는데, 저는 거기에 대해서는 처음에 좀 약간 다른 생각이었어요. 그런데 입학사정관제 결과를 보니까, 일단 뭐 데이터가 그렇게 나오니까 거기에 대해서

는 제가 많이 수긍을 하고, 이제 학교에 충성심 있고, 그리고 '학교의 교육으로도 어느 정도 바뀔
수 있구나.' 이제 그런 생각이……. (직원 B)

　실제 사회에서 문제가 발생할 때는 학과별로 문제가 안 일어나…… 1학년은 무전공 무학과로
입학하고, 2학년부터 올라가더라도 한 과목만 하지 말고 아예 복수전공을 의무화로 했단 말이야.
(당시 졸업에 필요한 전공학점이) 80학점인데, 33학점밖에 안 되니까 어떻게 학위를 줘. 그래서
○○○, ○○○(당시 교육부 담당과장)에게 가서 내가 설득을 **했어.** 그러니 '그럼, 한번 해 보세
요.' 해서 최초로 복수전공을 33학점만 하면 되도록 했어. …… **사실** 대학에서 현장 가면 다 배울
건데, 학부에선 너무 세밀히 가는 거야. 그게 다 소용이 없어. 그래서 내가 제일 처음부터 무전공,
무학과 제도를 학생들의 창의성, 잠재적 능력을 키우기 위해 한 **것**이고……. (전임 총장)

　세 번째는 언제나 교직원이나 학생들과 스스럼없이 교감하는 친근한 동네 아저씨 같은
리더십을 들 수 있으며, 재직 기간 전반에 걸쳐 교직원 및 **학생들**과 함께하는 다양한 이미
지와 모습을 각인시키며 한동대 발전을 이끌어 왔다. 연구자의 **경우**에도 2003년 김영길 전
임 총장을 한동대가 주최한 OECD 전문가 초청 국제회의에서 **만났**을 때 썩 유창하지는 않
은 영어지만 진심을 다하여 한동대의 사례를 이야기할 때 알 수 **없는** 묘한 인간적인 매력을
느낀 적이 있다.

　시험기간에 총장이 돌아다니면서 학생들에게 안마를 해 **주면서** 공부를 잘하라고 격려해 주는
것을 보았다. 학생들은 이런 총장의 모습에서 '쇼크'를 받는다. 채플 시간에도 외부 수상을 한 학
생에게 상패를 전하고 학생을 꼭 안아 주었다. 한 여학생은 학생들이 **바라는** 것 중 하나가 외부 수
상을 하여 채플 시간에 총장님께 포옹을 받는 것이라고 했다. 총장실에 있는 '행정가'는 학생들이
총장실 '문턱이 닳도록' 총장을 찾아오는데, 그 이유가 특별한 것이라기보다는 본인들의 고민상
담, 일상적인 이야기, 혹은 사랑을 표현하기 위한 것이라고 한다……. 연구자도 식당에서 식사를
할 때 총장이 들어오자 여러 학생들이 팔짱을 끼고 사진을 찍자고 하는 모습을 여러 번 보았다. 입
학식 때도 많은 학생들이 총장과 함께 사진을 찍으려고 해서 수십 분을 계속 사진만 찍어야만 했

다. …… 총장이 한동대의 '매력'이라고 한다. (김수홍, 2011: 111)

초기의 고난 극복 과정에서 만들어진 구성원들 간의 끈끈한 공동체 의식과 김영길 전임 총장 자신에게 형성된 신화적 카리스마는 교수들의 절대적 헌신과 희생을 요구하는 한동대 교육의 근간을 이루는 각종 제도와 문화를 도입·시행할 수 있는 핵심적 동력으로 작용했고, 이것이 일정 기간 지속적으로 시행되면서 일종의 문화로까지 정착시켜 나갈 수 있었다. 물론 다른 여러 가지 요인도 작용했겠지만, 통상적으로 새로운 제도, 프로그램, 문화가 정착하기 위해서는 일정 기간 이상의 지속적 노력이 필요하다고 볼 때, 개교부터 2014년 초까지 오랜 기간 동안 재직하면서 초기 개척자로서 한동대를 이끌어 온 김영길 전임 총장의 리더십은 오늘날 한동대의 교육제도와 문화를 정착시킨 가장 핵심적 요인이라고 할 수 있다.

5. 변화를 거부하지 않는 수용적 거버넌스

한동대는 출범 초기에 35명의 교수가 거의 허허벌판이나 다름없는 학교에 부임하여 갖은 고난을 함께 겪으면서 학교를 만드는 과정에서 끈끈한 동지의식을 형성하였다. 따라서 학교 전체가 자연스럽게 하나의 친밀한 공동체 성격을 지니게 되었다. 이러한 조직 문화가 서서히 밑바탕에 자리를 잡고, 또한 전임 김영길 총장 자신이 항상 혁신적 아이디어를 제안하며 변화를 선도하려는 성향을 가지고 있어 교수들도 자발적으로 새로운 아이디어를 내는 것을 두려워하지 않는 분위기가 자연스럽게 형성되어 있었다.

지금 총장님이 바뀌어서 어떨지 모르겠는데 김영길 총장님 계실 때는…… 항상 새로운 아이디어를 많이 내놓잖아요. 리더가 그렇다 보니까 학교 전체 분위기가 그렇게 가요. 저 교수님이 전혀 그럴 분이 아니신 것 같은데 엉뚱한 아이디어를 내고, 그런 경우가 많거든요. 그래서 문화가 새로운 것을 이야기하는 게, 우습거나 다듬어지지 않았다고 무시되는 게 아니라 '이거 참 아이디어 좋다. 한번 해 봐라.' 이런 분위기가 많거든요. (인문사회 평교수 F)

이와 함께 한동대는 1995년에 출범한, 역사가 20년 정도밖에 되지 않은 신생 대학으로서, 2014년에 최초로 한동대 졸업생이 교수로 부임하기 전까지는 기존 대학에서 흔히 볼 수 있는 학벌로 맺어진 선후배 관계가 존재하지 않는 일종의 '외인구단 집단'으로서, 학과(부) 교수들 간에 암묵적으로 존재하는 엄격한 서열의식이 없어 기본적으로 선후배 교수들 간에 의사소통이 원활하게 이루어지는 분위기가 정착되어 있다.

> 학부마다 열 분에서 스무 분 정도 교수님들이 계시거든요. …… 그런데 그 교수님들하고의 관계나 또 선배 교수님들이 저희 같은 후배들한테 가르쳐 주시고, 더 잘해 주시는 부분이 정말 하이어라키(hierarchy)가 없어요, 진짜로 하이어라키가…… 되게 경직되지 않고, 교수님들도 약간 층층시하가 있으면 본인의 창의력이나 본인의 의견을 피력하기가 힘든데, 여기는 굉장히 수평구조. 전에 김영길 총장님도 거의 우리와 동격으로 생활을 하셔 가지고, 그 점에서는 굉장히 좋았었던……. (인문사회 평교수 A)

이러한 분위기는 다른 대학에서는 교수들 간에 조정이 극히 어려운 전공 교과목 수 축소 등의 매우 민감한 문제가 한동대에서는 비교적 큰 문제없이 교수들 간에 논의과정을 통해 해결되고 있다는 점에서 잘 드러난다. 즉, 동지의식과 공동체적인 분위기가 강한 상황 속에

[그림 1-7] 2015년 한동대 전체 교수 연찬회

서 특정한 이슈에 대해 개별 그룹의 이해관계에 따라 반대를 하기보다는 학교 발전을 위해 필요하다면 희생과 고통이 수반되더라도 받아들여야 한다는 수용적 분위기가 폭넓게 형성되어 있는 것으로 보인다.

> 교과 과목이 되게 많아졌는데 그걸 줄이는 작업을 했거든요. 굉장히 민감한 작업인데…… 되돌아보면 '아, 우리 학교가 살아 있구나.' 라는 생각이 드는 게 상당히 열려 있었고, 어떤 분은 자신의 분야의 전공이 반 이상 줄었는데 다 용납하시고. 그런 분도 있고. 거의 뭐 다 평화롭게 된 것은 아닌데요. 그래도 그것이 통과됐다는 것 자체가……. 서로서로 자신의 과목이 어떤 것인지 다 내놓고 얘기했어야 됐거든요. 그런데 분위기가 저는 당연하다고 생각했지만, 다른 대학들의 경우 불편한 자리일 수도 있었는데…… 결국엔 본인의 특정한 과목이 전체적인 커리큘럼에 어떤 역할을 하는지 아예 대놓고 인정을 해야 하는…… 그런 걸 하면서 상당히 열린 대화를 많이 할 수 있었죠. (인문사회 평교수 B)

또한 다른 학교와는 달리 한동대에는 20명 정도의 전체 학부장들이 모이는 학부장 회의가 있어 일반 교수들이 이 메커니즘을 통해 학교의 주요 의사결정에 영향력을 행사할 수 있게 되어 있다. 이러한 구조는 동지의식을 가진 끈끈한 공동체성이 한동대에서 강하게 작동할 때는 학교발전을 위해 생산적으로 작동을 해 왔던 측면이 크다. 하지만 학교의 규모가 커지면서 구성원들의 다양성이 커지고, (또한 최근 수년간의 경험에서 볼 수 있듯이) 총장의 의견과 교수들의 의견이 합일점을 찾기 어려운 쟁점 사안인 경우에는 학교발전을 위해 필요함에도 불구하고, 신속한 결론을 도출하기 매우 어려운 상황에 빠지는 측면도 없지 않은 것으로 보여 향후 한동대의 2단계 도약과 관련하여 심층적 고민이 필요한 부분이라고 여겨진다.

> 이게 양날의 칼인 것 같아요. 교수들의 모든 보이스가 거의 동일한 레이트를 가질 수 있는 환경. 지금도 그렇지만요. 학부장 회의라는 게 있는데 다른 학교에는 없는 제도죠. 제가 이전에 있던 학교는 학교가 어떻게 돌아가는지 평교수로는 알 길이 없었고, 영향을 미칠 방법도 없었습니다.

전무했었죠. 여기는 주요한 의사결정을 할 때마다 교수들의 의견 청취를 좀 소홀하게 하면은 상당히 리더십 유지하기가 곤란하게 됩니다. 뭐 심지어 총장님도 교수의 양해를 구하고 이해를 구해야지만 이게 진행이 원활하고, 뭐 처장님도 마찬가지고. 최소한 공청회 한 번은 해야 되고, 학부장 회의라도 통해 가지고 학부 평교수들의 경험을, 그러니까 이제 뭐 급격한 변화는 쉽지 않을 수 있죠. (이공자연 평교수 B)

6. 상호 연계되어 시너지를 창출하는 혁신적 제도와 프로그램

한동대 학부교육을 관통하는 두 가지 핵심적 제도는 '무전공 제도 입학 (및 복수/연계전공) 제도'와 '팀 제도'라고 할 수 있다. 비록 현 시점에서는 거의 모든 대학에서 학부제, 복수/연계전공을 별로 새로울 것이 없는 보편화된 제도로 인식하고 있고, 또한 최근 학부대학 혹은 동기유발학기제가 일종의 유행을 이루고 있지만, 한동대가 이 제도를 도입하던 1990년대 중반의 시점에서 본다면 무전공 입학과 복수/연계전공 제도의 도입은 기존의 대학(공급자) 중심 패러다임에서 사회적 수요에 바탕을 둔 학생(수요자) 중심 패러다임으로의 전환을 의미하는 가히 혁명적인 제도였다고 볼 수 있다.

당시의 총장이 이런 말씀을 하셨어요. 어떤 사회적 문제가 일어날 때 전공대로만 가지는 않는다. 인접 전공을 할 때 거기서 문제해결력이나 창의력이 생기니까 우리는 무조건 두 개를 가르치자, 하지만 다른 대학처럼 한 전공이 5~60학점이 넘어가는데, 우리는 좁고 깊게 가지 말고 한 전공을 당시 33학점으로, 지금도 33학점이니까 작게 배우는 거죠. 11과목 정도밖에 안 하지만, 인접 전공을 함으로써 학부에서는 넓고 얕게, 전공은 대학원에 가서 더 넓게 가자는 그런 쪽의 철학을 가지고……. (직원 A)

이와 함께 한동대 교육을 밑바탕에서 지지하고 있는 또 하나의 중요한 핵심 요소라고 할 수 있는 '팀 제도'는 한동대 교육에서 가장 중요하게 여기는 인성교육 실현과 긴밀한 공동체를 이루기 위한 '관계의 시작점'이라고 할 수 있다. 팀 제도는 그간 한동대의 교육을 벤치마킹하려는 각 대학에서 이를 '담임반 제도' '패밀리 제도' 등으로 변형하여 시행하고 있는 경우가 많지만, 한동대에서 수출된 이러한 제도가 반드시 타 대학에서 성공적으로 운영되고 있는 것은 아니다. 후술하는 바와 같이 교수와 학생, 학생과 학생 상호 간에 존재하는 끈끈한 공동체 의식과 문화, 우리는 하나라는 의식이 없으면 동일한 외형을 가지더라도 당초 의도했던 효과를 달성하기는 쉽지 않기 때문이다.

> 예전 학교에도 팀 제도 비슷한 게 있었어요. 담임반 제도란 게 있었고, 팀 제도인데. 어떻게 보면, 홈페이지에 들어가서 보면 '어, 여기도 같은 것 있네? 좋은 제도 있네? 여기도 교수님과 몇 명이 붙어서 하는구나.' 거기도 학생이 40명 정도 됐었거든요. 되게 비슷한데, 여긴 솔직히 말해서 그냥 껍데기예요. 그 담임교수님이 제 이름도 모르고 얼굴도 모르실 거예요, 아마. 근데 한동은 절대 그렇지 않거든요. 교수님을 적어도 두 번 이상 따로 만나서 이야기하게 될 거고. 이런 면들이 실제적인 것 같아요. 이전 대학은 겉으로 보이는 포장된 모습들이고. 아너코드도 정말로 지키고, 팀 제도도 정말로 하고, 팀 교수님과의 관계도 정말로 존재하고. 그런 면들이 정말 많이 다른 것 같아요. (편입생-컴퓨터/전자 공학 4학년 학생 F)

이를 다른 관점에서 해석한다면, 한동대의 제도는 시행된 지 오래되어 후술하는 바와 같이 이러한 제도들이 한동대에 깊숙이 자리 잡은 문화와 상호 밀접히 교감하면서 작동하고 있다는 것이며, 이러한 점은 얼핏 유사하게 보이는 다른 대학들의 갖가지 제도와 프로그램이 당초 한동대에서 시행될 때만큼의 효과를 거두지 못하는 원인이 되는 것으로 볼 수 있다. 시쳇말로 '졸부'가 부자 흉내는 낼 수 있어도 진짜로 부자로서의 진정한 향취를 풍기기 위해서는 일정한 숙성 기간이 필요하다는 말로 이를 비유하여 설명할 수 있을 것이다. 유사한 제도가 한동대에서 좀 더 특별한 효과를 발휘하는 또 하나의 이유는 각종 제도가 명확한 교육철학을 매개로 상호 긴밀히 연계되어 운영되고 있다는 점을 들 수 있다. 예컨대, 무전공 제도와 팀 제도는 상호 연계되어 시너지 효과를 발휘한다. 다양한 전공, 학년의 학생들이 서로 교감하고, 또한 교수-학생 간의 긴밀한 상호작용이 이루어지는 팀 제도가 없다면, 미성숙한 학생들이 전공을 정하지 않고 입학하여 삶의 의미를 성찰하고 이에 연계하여 평생의 소명을 달성하는 수단으로서 전공과 취업을 결정하게 만드는 무전공 제도는 그만큼 성공 가능성이 적어지기 때문이다. 일주일에 한 번씩 만나는 팀 제도와 후술하는 전교생 생활관 거주 원칙이 자연스럽게 교수와 학생, 학생과 학생들의 빈번한 상호작용과 공동체 의식의 형성을 돕고, 이러한 문화가 다시 무전공 제도와 기타 다른 제도의 성공을 촉진하는 기제로 작용했다고 해석할 수 있다.

이와 함께 철저히 학과별로 분절화되어 운영됨으로써 유사 학문 간에 협업이 어려운 다른 대학과는 달리, 출범 초기부터 유사한 학문 분야를 통합하여 학부제 형태로 운영함으로써 학문 분야 간에 협업과 의사소통을 촉진하고 있는 한동대의 학사 조직 구조, 학생에 대한 교수의 신뢰에 바탕을 둔 인성교육을 일상생활에서 실현하기 위한 도구로서의 무감독 시험, 학생들의 협력을 촉진하고 한동인으로서의 공동체 정신을 극대화하기 위한 절대평가제도, 다른 대학들이 대학 유형에 관계없이 연구에만 관심을 쏟을 때 교수들이 교육에 보다 많은 관심을 쏟을 수 있도록 하는 역할을 해 온 교육중심 교수업적평가제도 등도 상호 연계되어 한동대 학부교육의 질을 높이는 데 큰 역할을 해 왔다고 생각된다.

한편 2014년 초 장순흥 총장이 취임한 이후에는 이러한 무전공 제도 운영의 장점을 최대한 살리면서 그동안 운영하면서 제기된 일부 문제점을 보완하는 다양한 조치가 새로이 취해지고 있다. 첫째, 1학년 재학 중 학생들이 학점에 대한 우려 없이 소위 문·이과의 경계를 초월해서 보다 자유롭게 다양한 입문 과목들을 수강할 수 있도록 이들 교양과목의 학점 부여 체계를 P/F 체제로 전환하였다. 둘째, 2학년 진학 시 복수/연계전공을 만드는 과정에서 문과 학생은 문과 전공끼리(예컨대, 경영/경제 전공), 이과 학생들은 이과 전공끼리(예컨대, 기계/전산 전공) 전공 조합을 하는 경향을 완화시키기 위하여 새로이 창의융합교육원을 설립하고, ICT 전공(및 기타 융합전공)을 개설하여, 특히 문과 학생들이 이를 제2전공으로 선택하도록 강력히 권장하고 있어 추후 그 결과가 주목된다.

7. 헌신, 자발성, 내리사랑으로 대표되는 '한동 스피릿'

한동대가 처음 출범하던 1990년대 중반의 정책환경과는 달리, 학령인구 감소 추세 속에

서 각 대학들이 저마다 생존 경쟁을 하는 현재 시점에서는 사실 각 대학들이 시행하는 제도
와 프로그램의 외형 자체는 매우 유사하다고 볼 수 있다. 하지만 한동대에서 성공적으로 시
행되고 있는 제도가 다른 대학에서 성공하는 경우는 그리 많지 않다. 한동대에는 다른 대학
에서 쉽게 흉내 낼 수 없는 공동체 문화, 이른바 '한동 스피릿'이 있기 때문이다.

한동대 학부교육의 우수성을 설명하면서 연구 기간 내내 피면담자들이 가장 빈번히 강
조했던 것 중 하나는 한동대에서는 '제도'가 아니라 '문화'가 중요하다는 것이었다. 이는
앞서 언급했던 한동대에서는 성공적으로 운영되었던 유사한 제도가 왜 다른 학교에서는
성공하지 못하는가 하는 일반 사람들의 기본적인 의문을 풀어 줄 수 있는 가장 핵심적인 단
초를 제공한다.

> 저는 '교수님들이 왜 저러지? 실속도 없는……. 어떻게 보면 연구로 잡히지도 않고, 교육도 아
> 니고 그런데 열정적으로 참여해서 쓸데없는 걸 할까?' 그게 오는 기쁨이 있어서 그런 것 같아
> 요……. 약간은 다른 가치관이 있어서 가능하다는 생각이 들어요. 항상 약간 그런, 파급되는 그런
> 효과가 조금 있는 것 같아요. …… 저는 아무래도 다른 대학에 있다가 여기 왔기 때문에 그곳 문화
> 도 알고 여기 문화도 아는데, 그곳 방식으로 정말 합리적으로, 체계적으로 하고 싶은 생각이 많이
> 들거든요. 그런데 그게 통하지 않을 때가 많아요. (인문사회 평교수 F)

한동대 문화의 핵심은 각각의 구성요소가 서로 긴밀히 연계되어 있기는 하지만 이를 세
부적으로 나누어 보자면, 첫째, '배워서 남 주자.'로 대표되는 기독교 신앙(혹은 보다 일반화
된 이타적 세계관)에 바탕을 둔 '희생과 봉사의 정신', 둘째, 획일화된 '제도'보다는 구성원
들의 '솔선수범과 자발적 참여'의 강조, 셋째, '정직과 상호 신뢰를 기반으로 하는 끈끈한
공동체 의식'으로 요약될 수 있는 것이 아닌가 한다.

'희생과 봉사'의 정신은 먼저 '저런 스펙의 교수가 왜 한동대에서 일할까?'라는 학생들
의 교수들에 대한 존경심에서 가장 직접적으로 드러나며, 많은 학생들은 교수들을 '우리
학교에 계시기 아까운 인재들' '먹고 살기 위해서보다는 좋은 것을 버리고 헌신해서 온 분
들' '자기 비전을 따라 오신 분들'로 표현했다. 이러한 교수들의 희생과 봉사 정신은 학생

들에게 자연스럽게 전달되어 학생들은 '내리사랑' 혹은 '내가 먼저 받았으니 나도 후배에게 갚아 주어야겠다.'라는 말로 이러한 문화를 체화하여 부지불식간에 이를 자신의 행동 기준으로 삼고 있었다.

한스트 아세요? 그때 마지막 날인가 세족식이 있어요. 새섬이들이 새내기 발을 닦아 주는 그런 행사가 있는데, 사실 그전까지는 그냥 '아, 멘토 정도 되나 보다.' 이렇게 생각을 했는데, 그때 막 발을 이렇게 씻겨 주시는데 그때 좀 약간 뭉클하고, 다른 사람의 발을 씻겨 준다는 게 쉽지가 않은데 막 무릎 꿇고 발 씻겨 주니까 감동을 많이 받았어요. 그냥 멘토로 새섬을 하는 게 아니고 진짜 뭔가 섬기고 '내가 진심을 다해서 도와주겠다.' 이런 열정같은 게 조금 느껴져서 딱 그것을 계기로 '아, 나도 나중에 새섬을 해서 이렇게 새내기 발 씻겨 줬으면 좋겠다.' 그때 그 마음이 들어서 그때부터 계속 하고 싶다는 생각이 들었어요. 세족식 때……. (경영/시각디자인 4학년 학생 G)

한동대학교의 특징 하면 그…… 선배들이 후배들에게 뭔가를 많이 해 주고 싶다. 졸업생들도 마찬가지고 또 선배들이 많이 해 주고 싶어 한다는 그런 특징이 있는데요. …… 기독교인들이 많다 보니까…… 너희가 거저 받았으니 너희도 거저 주자…… 또 우리가 빚진 자라는 마음을 가지고 베푸는 부분에 있어서 인색하지 않은 게 한동 선배들이 갖고 있는 큰 특징이라고 생각을 해요.

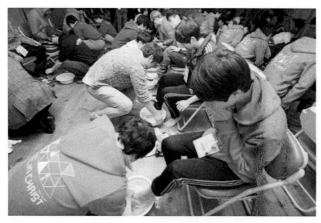

[그림 1-8] 한스트에서의 세족식 장면

그래서 그런 것들을 잘 사용했던, 잘 이용이라고 하기에는 좀 그렇지만 잘 활용했던 그런 사업들이 좀 좋은 반응을 얻지 않았는가 생각해요. (경영/경제 3학년 학생 H)

　　현장이 요구하는 교육, 사회가 요구하는 교육이 무엇인가 고민하게 되는데. 결국 저희의 선물인 졸업생들이 와서 좀 채워 주면 좋겠다 그런 생각을 하고 있었는데…… 그런데 보통 학생들이 잘 안 오잖아요. 다른 학교 경우는? 저희는 뭐 그것에 대해 리워드를 주는 것도 아니고, 너희가 와서 이런 얘기를 해 주면 좋겠다 하면 그럼 애들이 다 오거든요. 한 30명 가까운 학생들이 와서 시리즈로 했으니까. 2~30명이 와서 학생들이 할 수 있다는 거는……. 저는 (다른 학교에서) 이게 제도적인 묘안이 있나 (하고) 이거를 하고 싶어 하시겠지만, 거기에서 해결되지 않는 부분이 있다고 생각하거든요. (이공자연 평교수 D)

　　한편 획일적인 제도보다는 구성원의 솔선수범과 자발적 참여를 강조하는 문화는 학교의 규모가 작았던 초기 단계에 뜻을 같이하는 교수들과 학생들이 끈끈한 공동체를 이루고 있던 시절에 형성된 것으로서, 특정한 제도에의 형식적인 순응이 아니라 구성원들의 진심에서 우러난 수용을 가져온다는 점에서 한동대에서 시행되는 제도의 실질적 효과를 높이는 데 큰 역할을 해 온 것으로 생각된다.

　　한동이 정말 자랑스러운 게, 교수님들이 어떤 제도 속에서 움직여 나가시는 게 아니라 교수님들이 비공식적으로 자발적으로 움직여 가시면서 교수님들께서 품어 나가는 이런 부분들이 있어서 그런 것들이 사실 더. 저는 그렇게 생각해요. 제도를 만들고 프로파일을 만들고 과연 이런 것들이 효과가 있을까라는 생각을 하거든요. 우리가 프로그램을 만들어서 HEDC에서도 그렇게 하지만 사실 오시는 분들은…… 제한적이고 늘 열성적으로 하시는 분들만 하시기 때문에……. (인문사회 평교수 D)

　　어떤 이슈가 있을 때 학교 차원의 솔루션을 딱 주시는 게 아니고요. 지금도 이런 이슈 때문에 많은 교수님들이 같이 모여서 이렇게 저희는 뭐 다른 학교에서는 어떻게 하는지 모르겠는데, 다양한 전공의 선생님들이 모이셔 가지고 앞으로 어떻게 연구를 같이할 수 있을 것인가에 대해서 고민들을 하시는 모임이 있거든요. 매주는 아니고 격주에 한 번씩입니다. 근데 그때 되게 가시적인 성과도 나오는 부분이 있고, 뭐 그렇고요. 한동대학교만의 독특한 모델을 자꾸 만드시려고 하는 것 같아요. (이공자연 평교수 D).

생활관에 점수를 매기는 것도, 벌점 매기는 것도 생활관은 자치 제도입니다. 학생들 스스로 벌점 규정을 만들어 놓고요, 벌점을 주는 것도 학생들 스스로 통장, 자체 장을 만들어 놓고 학생들이 하게 되어 있어요. 그러니까 이게 어떤 우리 행정조직으로 하는 것이 아니라 하나의 문화로 이루어졌기 때문에, 근데 이것들이 나중에 사회 가서 뭐 사실 정직하게 나중에는 말하는 때가 분명히 오지 않습니까. 그게 저는 우리 한동대 학생들만의 경쟁력이라 보고 있습니다. (학생처장)

마지막으로 정직과 상호 신뢰에 바탕을 둔 끈끈한 공동체 의식은 팀 제도와 RC, 채플, 팀 프로젝트, 동아리, 사회봉사 등 다양한 정규·비정규 교육과정을 통해 씨줄과 날줄로 촘촘히 엮여 있는 한동대의 특성상 시간이 지남에 따라 자연스럽게 형성되는 측면이 있고, 이러한 공동체 의식이 친밀감으로 발전되어 구성원들 간의 격의 없는 의사소통과 또한 공식적 제도가 커버하지 못하는 영역에 대한 비공식적 지원망을 형성하는 생산적 기제로 작동하고 있는 것이다. 신뢰와 친밀감을 바탕으로 상호 멘토링 효과, 동료효과 등이 발생한다.

한동대학교가 좀 작거든요. 작고 하니깐 다 알아요, 어떤 얘기가 돌아가는지. 그러니까 저희 학부가 아니더라도 교수님들이 어떤 분이라는 게 다 들려요. 있다 보면…… 학생들도 얼굴과 이름을 알고 불러 주면서 학생의 과정을 알면서 인터랙션 하는 거하고, 그냥 하는 거하고 다르잖아요. 저도 개인적으로 그 교수랑 친해서 같이 모여서 학생들한테 얘기하고, 어려운 점도 얘기하고, 그런 것들이 실제적으로 알게 모르게 도움이 되는 것 같습니다. (이공자연 평교수 C)

이러한 한동 문화를 구성하는 다양한 요소는 교수들을 통한 롤모델 효과, 팀 제도와 봉사활동 등 정규화된 교육과정, RC에서의 공동 거주, 한스트, 새섬이, 선물공세, 각종 해외 봉사 활동 등 다양한 비정규적인 활동과 일상적인 생활을 통해 학생들에게 부지불식간에 체화되어 궁극적으로 '한동스러운 문화(한동 스피릿)'로 자리 잡게 되고, 이는 궁극적으로 한동교육의 질을 저변에서 뒷받침하는 가장 큰 힘과 뿌리로 작동하고 있었다.

> 학교 슬로건 자체가 기독교를 바탕으로 남에게 도움을 주자는 모토가 깔려 있고 팀 제도를 할 때 다른 학교생들과 얘기를 하지 않아서 잘 모르겠지만 팀 안에서 이루어지는 사소한 것들이, 예를 들면 스승의 날이나 시험기간에 서로 챙겨 주는 문화를 조금씩 시도해 보는 것들이 저희가 여기 있을 때 인지 못하지만 그런 것들이 쌓여서 선후배, 친구들 간에 학교 분위기 속에서 배운 것들이 무의식적으로 남들에게 베풀고, 남에게 나눠야 하는 가치들이 알게 모르게 쌓이는 것 같아요. (경영/경제 3학년 학생 A)

학생들은 '한동에서 배운 것처럼' 또는 '한동 스피릿'으로 세상을 살아가고자 다짐한다고 했다. 이런 의미에서 한동 스피릿은 한동인으로서 살아야 할 어떤 가치기준이라고 할 수 있다. 또한 '한동 스피릿'은 한동대 학생이기에 구별되어야 한다는 의식을 포함한다. 한 학생은 이것을 '한동이라는 이름의 무게감'이라고 표현한다. 학생들은 '한동 스피릿'을 한동대의 학생들이 스스로 지켜 나가야 한다고 생각하는 '고유의 가치'로 표현하고 있었다.

> 사람들이 유한 킴벌리에 다닌다고 하면 좋은 회사에 다닌다고 해서 자부심이 생긴대요. 그래서 행동 자체를 도덕적으로 할 수밖에 없고, 계속해서 존경받는 기업이 되게끔 임직원이 행동할 수밖에 없다는 거예요. 한동대도 아는 사람들은 인성을 잘 가르치고 애들 훌륭하게 키우는 학교 아니냐고 말을 많이 하거든요. 그게 20년 동안 이어지는데 학생들도 본인 스스로 지키려는 의지가 있는 것 같아요. 한동대의 고유의 가치니까 이건 아무래도 다른 대학교가 못할 거란 생각이 듭니다. 보이지 않는 가치라서……. (경영/GEA 4학년 학생 I)

한동대 학생들은 한동대에 대한 특별한 자부심을 가지고 있었다. 이런 자부심은 소위 명문대학 학생들이 가지는 자부심과는 조금 다르다. 명문대학 학생들은 모든 사람이 다니고 싶어 하는 학교에 들어왔다는 것에 대한 자부심이 크다. 하지만 한동대 학생들이 가지는 자부심은 다른 대학과 추구하는 가치 면에서 차별된다는 것에 대한 자부심이다. 예컨대, 학생들은 무감독 시험을 한동대의 자랑스러운 문화로 생각하고 있었고, 이것을 자발적으로 지켜 가려는 모습을 볼 수 있다. 즉, 한 사람이 자신의 이득을 위해서 한동대의 자랑스러운 '가치'를 훼손하게 되면 그것은 한동대의 전체 가치가 훼손되는 것으로, 다수의 한동대 구성원에게 더 큰 손해가 된다는 의식을 공유하고 있는 것이다.

> 한동대 학생들은 1학년 때부터 무감독으로 시험을 치는 그런 배경에서 살았다는 거죠. 신학교에도 요번에 왔었어요. 자기 신학교도 안 되는데 어떻게 한동대에서 그게 가능한가? 그것을 선생님께서 물어보시더라고요. 한동대에서 가능하게 된 것은 제도 때문에 된 게 아니거든요. 우리가 강압적으로 규제를 만들어서 한 게 아니고 하나의 문화로 됐다는 거예요. 실제로 보면 1학년이 들어오면 치팅을 좀 해요. 근데 몇 번 치팅을 하다 보면 시험 칠 때 그 분위기라든가 선배들의 얼굴을 보면은 실제로 학생들이 답안지를 들고 온 애가 있었어요. 이 친구가 치팅해서 내가 들고 왔다고 (하면서) 같이 온 거예요. 그렇지 않을 경우에는 리포트 안에 "누구누구 치팅하는 것을 봤습니다. 교수님 확인하십시오."(라고 써 있는 경우도 있어요.) 그리고 교수님한테 오기 전에는 자기들끼리 너가 찢을래 아니면 내가 찢을까 이런 문화가 있기 때문에 양심시험이 가능하게 됐거든요. (학생처장)

학교에 대한 자부심은 학생들의 한동대에 대한 애정과도 연결된다. 이런 애정은 첫 월급을 학교에 기부하는 '첫 열매'에 참여하는 것, 50만 원 정도의 기숙사 예치금을 기부하는 것, 많은 학생이 직접 학교를 청소하는 것, 학교 시설에 대해 '우리 학교 건데……' 하며 아끼는 것 등의 모습에서도 볼 수 있었다. '한동 스피릿'은 한동대가 추구하는 가치이기도 하고, 교수와 학생들이 공유하고 있는 공동체적 가치이기도 하다. 이것은 한동인은 차별화되어야 한다는 의식을 포함하고, 이것을 공유하는 사람들끼리 느끼는 유대의식, 학교에 대한 일체감을 갖게 하는 그 무엇이기도 하다. 연구자는 보고서에서 실제로 한동 스피릿을 설명하기 위해 특히 교수와 학생들의 직접적 이야기를 많이 인용했다. 이는 평면적으로 그 개념을 설명하기보다는 교수와 학생들의 경험에서 나오는 이야기를 통해서 이를 전할 때 훨씬 더 실체적으로 다가오기 때문이라는 판단이 들었기 때문이다.

8. 고립된 학교 캠퍼스와 생활관 거주

한동대의 위치적 고립은 학생들이 학교 내에서 다른 학생들과 시간을 많이 보낼 수 있도록 할 수 있었던 중요한 요인이었다. 젊은 학생들은 언제든지 무엇인가 해야 할 일이 필요한데, 학교 주변에 혼자 즐길 수 있는 문화시설이 없기 때문에 결국 이 상황에서는 사람과 사람 간의 만남이 보다 빈번히 이루어질 수밖에 없고, 이는 궁극적으로 학생들이 학교 내의 다양한 활동에 보다 적극적으로 참여하도록 만드는 외적 환경을 제공하게 되었다.

> 그다지 할 게 없잖아요. (웃음) 다른 할 게 없기 때문에 아이들이 스스로를 바쁘게 만들지 않으면 너무 무료한 곳이거든요. 그래서 스스로 바쁘게 만드는 거죠. 이렇게도 만들고 저렇게도 만들고. 또 이 안에서 같이 살면서 공부하니까 모여서 으싸으싸 할 수 있는 게 많은 것 같아요. 모여서 공모전 한번 내 보자. 뭐 해 보자. 시간의 제약을 덜 받죠. 같이 쉽게 모이니까. 그러다 보니까 아이디어가 있으면 그렇게 하는 것 같고요. (교육개발센터장)

아울러 다른 학교에 비하면 학교의 규모도 매우 작기 때문에 한 번 만난 학생을 이후에도 지속적으로 볼 수밖에 없다. 이런 상황에서 학생들은 싫어도 서로 피할 수 없는 관계라는 것을 너무 잘 알고 있기 때문에 다른 학생들을 가급적 이해하려는 성향을 가지게 된다. 여기에 더해 모든 학생에게 사실상 의무화된 기숙사 생활은 학생들 간의 소통과 상호작용의 양과 질에 모두 영향을 미쳤다. 먼저 기숙사 생활은 학생들의 등하교 시간을 줄여 줌으로써 팀 프로젝트 및 동아리 모임을 밤이나 새벽에도 할 수 있게 만들었다. 작은 공간을 같이 사용함으로써 옆에 있는 친구에게 어떤 어려움이 있고, 무엇을 고민하는지 '모를 수 없는 상황'을 만들어 주었다. 한 연구 참여자의 방에서는 일주일에 한 번 방 모임을 갖고, 어려움을 나누고 기도를 하기도 했다. 이런 관계 속에서 학생들은 서로의 편함이나 이해관계를 떠나서 사람 대 사람으로 속마음까지 교류할 수 있는 깊은 만남의 기회를 가지고 있었다. 또 한 편으로 작은 공간을 같이 사용하게 됨으로써 어쩔 수 없이 서로 불편할 수 있는 상황도 벌어지는데, 오히려 이런 상황이 남을 배려하는 태도를 배우게 해 주고, 본인의 건강하지 못한 생활습관을 고치는 계기로 작용하기도 하였다. 아울러 기숙사 거주는 팀 제도와 맞물려 여러 전공과 학년이 자연스럽게 섞여 지낼 수 있는 환경을 제공하기 때문에 자신의 전공뿐만 아니라 타 전공 학생들의 다양한 관점을 경험할 수 있는 계기를 제공하기도 했다.

9. 위기에서 빛난 개척자 정신과 무전공 제도에서 비롯된 내부적 경쟁 구조

한동대가 출범한 후 오늘날 한동대의 모습으로 정착할 때까지는 그야말로 하루를 알 수 없는 고난의 연속이었다. 한동대를 설립하려고 했던 설립자의 회사가 개교 직전에 뜻하지 않게 부도를 맞게 되면서 시작된 재정난과 기독교 대학으로서 한동대의 정체성을 둘러싼 지역사회와의 갈등은 한동대의 교육철학과 목표에 동의하여 모여든 총장과 교수 등 대학의 구성원들에게 엄청난 시련의 연속을 가져다주었다.

> ……수차례나 독촉장을 받은 학교의 밀린 공과금을 그날 내지 않으면 전기도 끊어질 상황이라고 했다. 학교의 급한 사정 때문에 우리 집을 담보로 은행 융자를 받은 지도, 우리의 개인 적금 통장을 급히 융통해 쓴 지도 오래였다. …… 학교 형편은 날이 갈수록 점점 어려워져서 외국인 교수를 제외한 일부 교직원들에게 월급을 지급하지 못했다는 남편의 말에 나는 울고 싶었다. …… 그날 늦은 저녁, 빨강 카네이션 한 바구니가 배달되었다. 꽃 속에 정성스런 카드가 꽂혀 있었다. "사모님, 우리도 한동의 식구입니다. 우리는 은행에서 돈을 빌려 쓸 수 있는 마이너스 통장도 미리 준비해 두었어요. 월급이 나오지 않는다고 당장 어떻게 되지 않으니 염려 마세요." 교수들은 각자 은행에서 융자를 받아 학교 운영비로 융통하도록 도움을 주기도 했고, 몇몇 교수들은 게스트 하우스로 이사해서 자신들의 전세금을 학교에 보탰다. (김영애, 2004)

하지만 시련을 겪으면서 한동대 구성원들의 결속력은 더욱 공고해지고 오히려 끈끈한

동지의식과 공동체를 형성하게 하는 촉매제로 작용하였다. 위기상황에서 싹튼 이러한 한동대의 공동체 의식은 시간이 지나면서 자연스럽게 '한동 스피릿'으로 발전되었고, 자발적 헌신과 함께 관계 지향적 상호작용을 중시하는 한동대 교육을 형성하는 기초적 토대를 형성하게 되었다.

정착 단계에 겪었던 이러한 위기의식은 한동대가 2000년대 이후 국내 고등교육 시장에서 어느 정도 위상을 확립해 가고, 또한 정부 재정지원 사업 등을 성공적으로 수주하면서 재정상태도 어느 정도는 안정을 찾으면서 점차적으로 희석되어 가는 측면이 있었다. 하지만 한동대가 2000년대 이후에 대외적으로 상당한 성공을 거둔 이후에도 내부적으로 일정한 위기의식을 지속적으로 조성하는 자생적 메커니즘도 있었다. 바로 무전공 입학제도와 학생에게 전공선택 권한을 전적으로 보장하는 한동대만의 독특한 제도에서 비롯된, 학생 유치를 둘러싼 학부(전공) 간의 생산적 경쟁 분위기의 조성이 바로 그것이다. 학생의 선택을 받지 못해 해당 전공의 학생 수가 급감하게 되면 소속 교수들이 긴장하지 않을 수 없게 되고, 이러한 메커니즘은 한동대가 안주하지 않고 지속적으로 노력할 수 있도록 만드는 구조적 요인 중 하나라고 생각된다.

> 저희 학사제도가 굉장히 독특하거든요. 무전공으로 와서 자유롭게 선택하는데, 기본적으로 강의를 못하는 학부는 문을 닫아야……. 교수님들께서 다들 티칭에 신경을 쓸 수밖에 없는 구조적인 부분도 있는 것 같아요. (이공자연 평교수 D)

> 졸업생들의 결과가 좋지 않으면 그다음 연도 지원자들이 확 떨어지는. 그래서 끊임없이 교과과정을 개혁하게 만드는 이런 구조가 있어요. 제가 속해 있는 ○○학부 같은 경우에는 그걸 아주 심하다 싶을 정도로 열심히 하는 거예요. 계속 '이걸 어떻게 바꿀까?' '실험을 어떻게 해야 할까?' 이제 두 가지 전공이 있으니까, 복수전공이니까. 각각 트랙의 교수님들이 모여 가지고 계속 논의하고 바꾸고, 바꾸고, 바꾸고……. (이공자연 평교수 F)

> 저희가 자유선택이잖아요. 12월 조금 지나면 1학년에서 2학년으로 올라온 애들이…… 전공

선택이 몇 명인지 보이는데……. 성적표가 나오는 거예요, 교수 입장에서는. 그럼 막 희비가 엇갈
리는데……. 국제어문의 ○○전공. 매년 ○○어를 1전공으로 선택하는 학생이 90명 되었는데 호
황이었지요……. 근데 사회분위기가 변하고, 다른 전공에서 굉장히 노력들을 하시니까 학생들이
○○어는 기본이고, 다른 전공을 가야지 하면서 위기가 와서 교수님들이 굉장히……. 어제도 2시
간 반 심각한 회의를 했는데, 그럼 교육과정도 바뀌고……. 그거는 어떤 의미에서든 선의의 경쟁
같은……. (인문사회 평교수 C)

한동대에서는 이러한 노력에도 불구하고 상황이 개선되지 않는 경우에는 아예 해당 전
공을 폐지할 수 있도록 최근에 규정 개정에 관한 논의가 진행된 바 있는데, 실제 적용과 관
련해서는 내부 반발과 함께 해당 전공 인력의 효율적 활용 등 실질적 문제점도 예상되는
바, 면밀한 사전 시뮬레이션과 대책 마련이 사전에 충분히 이루어져야 할 것으로 생각된다.

우리 대학은 작년에 규정 개정에 대한 교내적 논의를 진행했어요. 1, 2전공 합쳐서 80명 미만
이 되면 전공을 폐지하도록, 2년 연속되면……. 아마 교수님들이 상당히 위기감을 가지고 계시다
고 생각하고, 과목들을 개편을 하셔 가지고, 다시 또 심의를 해서……. (교무처장)

10. 외부의 적절한 인정과 자극: 정부(교육부)의 지원 및 성공적 홍보

시기적으로 볼 때 한동대의 교육철學과 혁신적 교육제도(예컨대, 학부제, 무전공 입학, 복수/
연계전공)는 1995년에 발표된 교육부의 5·31 교육개혁의 기본 원칙과 절묘하게 맞아떨어
졌다. 대학만 설립해 놓으면 학생이 넘쳐나던 상황에서 당시 대학들은 학부교육의 질 제고
에 대한 고민 자체가 거의 존재하지 않았으며, 이러한 상황 속에서 정부와 기업 등은 이러
한 대학교육의 문제 상황을 타개해 나갈 수 있는 새로운 대안적 교육 모델에 목말라 하고
있던 시점이었기 때문이다.

한동대에서 시행하고 있는 교육 프로그램은 교육 전문가인 저로서도 그저 놀랍기만 합니다. '우

리나라 최초의 무전공, 무학과 입시 제도'나 '인접 학문을 통합하는 다전공 복합 학문의 시도'는 지금 대학가에 새로운 바람을 일으키고 있습니다. 학생들의 학문에 대한 열심, 교수님들의 학생들에 대한 사랑, 특히 한동대에서 중시하는 인성교육, 무감독 양심 시험 제도, 지역사회 봉사 제도, 자연과 학교 환경을 사랑하는 근로 의무 등은 다른 대학에서 볼 수 없는 교육입니다. 제가 평생 동안 꿈꾸어 오던 일이 한동대에서 이루어지고 있습니다(이영덕 전 서울대 교수, 국무총리). (김영애, 2004)

특히 수요자(학생, 기업) 중심 교육을 모토로 하는 5·31 교육개혁 방안 발표 후 대안적 학부교육 모델을 찾던 교육부로서는 한동대의 혁신적 교육모델에 주목을 하게 되고, 이 과정에서 한동대는 자연스럽게 교육부 및 언론을 통해 우수사례로서 홍보가 이루어지게 된다. 그 당연한 결과로서 한동대는 1990년대 후반부터 교육부의 대학 재정지원 사업(교육개혁 우수대학, NURI, 교육역량 강화사업, ACE 등)을 연이어 수주하게 되었다. 학부교육 역량 강화에 초점을 맞춘 다양한 정부의 재정지원 사업은 대학에 재정지원이라는 현실적 도움과 더불어, 정부가 선정한 우수대학이라는 '인정' 효과가 겹치게 됨으로써 2000년대 이후 한동대가 전국적 수준에서 상당한 위상을 구축하는 데 큰 도움을 주게 된 것으로 생각된다.

한편 개교 초기의 한동대 교육모델의 성공은 시대를 앞서가는 혁신적 교육철학과 제도라는 내용적 측면도 물론 있었지만, 이러한 제도들을 누구나 쉽게 이해 가능한 상징(symbol), 이야기(story), 신화(myth)(Meyer & Rowan, 1977)로 만들어 교내의 이해관계자와 성공적으로 의사소통이 이루어질 수 있도록 한 홍보적 측면도 간과하기 어려운 중요한 성공요인이었다고 할 수 있다. 특히 한동대의 새로운 교육철학과 제도에 공감하고 있던 한 언론매체가 제작한 다큐멘터리 프로그램[예컨대, KBS 다큐멘터리 'KBS 스페셜. 대학, 선발보다 교육이다—어느 지방대의 도전'(2004. 12. 19.)]과 2004년 김영길 전 총장의 부인인 김영애 씨가 저술한 『갈대상자』는 일반인이 알기 쉬운 친화적인 언어와 다양한 시청각 자료를 통해 한동대 특유의 슬로건, 상징, 스토리(예컨대 '배워서 남 주자.' '한스트의 세족식' '무감독 시험' '총장의 수감과 학생의 감옥 앞 찬송')를 성공적으로 소개함으로써 출판 및 방영 이후 큰 반향을 불러 일으켰고, 그 이후에도 두고두고 사람들의 입에 오르내리며 한동대가 자신의 교육철학과 제도를 교육부, 일선 고교, 기업 등 대학 외부에 성공적으로 알리는 데 큰 역할을 했음은 물론, 한동대에 소속하고 있는 내부 구성원들이 한동대의 교육철학과 제도의 정당성에 대한 믿음과 결속을 강화시키는 데도 심대한 영향을 미쳤다고 보인다.

제5절 결론 및 제언

1. 결론

이 사례연구는 학부교육 우수대학으로 알려진 한동대 학부교육의 특징과 성공요인을 분석하는 것을 목적으로 수행되었다. 연구수행 과정에서 문헌자료 분석, 참여관찰, 인터뷰 등 다양한 방법을 활용하여 자료를 수집·분석하였으며, 이를 통해 다음과 같은 연구결과를 도출하였다.

먼저 한동대 학부교육의 우수성을 대변하는 가장 특징적 요소는 무엇보다 '사명을 가지고 솔선수범, 헌신하는 교수'와 '동기유발된 학생'이라고 할 수 있으며, 이를 견인하고 있는 가장 핵심적인 제도는 '무전공 제도'와 '팀 제도'라고 할 수 있다. 이러한 제도와 구성원들의 노력을 통해 한동대에서 궁극적으로 달성하고자 하는 교육목표는 '공(工) 자형 인재교육'이라고 할 수 있다. 이는 개인적 출세와 입신양명만을 강조하는 메마른 지식인이 아니라 인간과 세상에 대한 사랑을 가진 가슴 따뜻한 인재, 국제화된 환경 속에서 자유롭게 활동할 수 있는 글로벌한 소양을 갖춘 인재를 의미하는, 한동대 교육을 집약적으로 표상하는 '상징적' 키워드라 할 수 있다.

이러한 한동대 학부교육의 특징을 K-NSSE의 6개 영역(학업적 도전, 지적 활동, 능동적·협동적 학습, 교우관계, 교수와 학생의 교류, 지원적 대학 환경)에 따라 보다 구체적으로 살펴보면, 첫째, '학업적 도전' 영역에서는 학생들이 무전공 제도를 통해 자신의 향후 진로와 공부하는 이유에 대해 지속적으로 고민하게 함으로써 먼저 자신이 생각하는 의미 있는 일과 진로 및 전공 공부를 연계시키고, 이를 통해 공부를 해야 하는 이유를 학생 스스로 발견하도록 하는 전략을 채택하고 있는 점이 가장 큰 특징으로 부각되었다. 둘째, '지적 활동' 영역에서는 실천적 문제해결과 전공 간 연계를 강조하는 전공교육, 고차원적 사고를 강조하는 다양한 수업방식과 과제 부여, 공식적/비공식적 활동을 통해 캠퍼스 생활 전체를 교육의 장으로 활용하는 생활체화형 인성교육, 그리고 국제화된 교육환경과 빈번한 해외 봉사활동 경험 참여를 바탕으로 학생들이 자연스럽게 글로벌 역량을 키워 나갈 수 있도록 지원하는 국제화교육 전략이 가장 핵심적 특징으로 나타나고 있었다. 셋째, '능동적·협동적 학습'과 관련해서는, 기본적으로 한동대에서는 팀 프로젝트가 많고, 이 팀 프로젝트는 다른 학교와는 달리 팀 제도, 기숙사 거주, 무전공 제도 등을 통해 학생들이 언제나 쉽게 만날 수 있는 환경에서 더욱 큰 효과를 발휘하고 있었다. 특히 좁은 공동체 내에서 학생들 모두가 서로 잘 알고 있는 상황에서 폐를 끼치지 않기 위해서는 스스로 열심히 할 수밖에 없는 '협동하기 위한 능동적 학습'의 분위기가 자연스럽게 형성되어 소위 '프리 라이더'가 거의 없다는 점은 주목할 만하다. 넷째, '교우관계' 측면에서도 역시 팀 제도와 기숙사 거주, 공통된 신앙으로 인해 학생들이 서로 단순한 학교 친구로서보다는 '같이 생활하면서 밀접히 교감하는 사람들'이라는 인식을 가지고 있었으며, 이러한 친밀감과 신뢰를 바탕으로 자신들이 받은 만큼 후배 학생들에게 다시 베풀어 주고, 심지어 시험 전날인데도 학생들 간에 서로 도와주는 가족과 같은 공동체를 형성하고 있었다. 다섯째, '교수와 학생의 교류'에서는 학생들의 교육을 최우선으로 생각하는 교수들과 교수들을 인생의 롤모델로 생각하며 존경하는 학생들의 상호 신뢰가 정규수업, 팀 제도, 채플, 기타 봉사활동 등 다양한 정규/비정규 교육활동을 통해 뿌리내리고 있었으며, 그 결과 학생은 교수를 편안한 옆집 아저씨, 교수는 학생을 평생의 동역자 혹은 자식으로 생각하는 '서로 고마운 관계'를 형성하고 있었다. 마지막으로 '지원적 대학 환경'의 경우 학교에서 제공하는 공식적 학습 및 적응 지원 프로그램은 탈북자, 학사경고자 등 소수의 타깃화된 학생들을 중심으로 제공되고 있었고, 일반 학생을 위한 지원의 경우에는 끈끈한 공동체 의식을 바탕으로 형성된 교수와 학생들의 자생적 모임과 인적 네트워크를 통해 비공식적으로 이루어지고 있었다. 또한 학생들의 경우에는 한동대가 시설과 재정 지원 측면에서 여러모로 타 대학에 비해 부족함에도 불구하고, 소속 학교에 상대적으로 큰 만족도와 자부심을 가지고 있다는 점도 큰 특징 중 하나로 파악되었다.

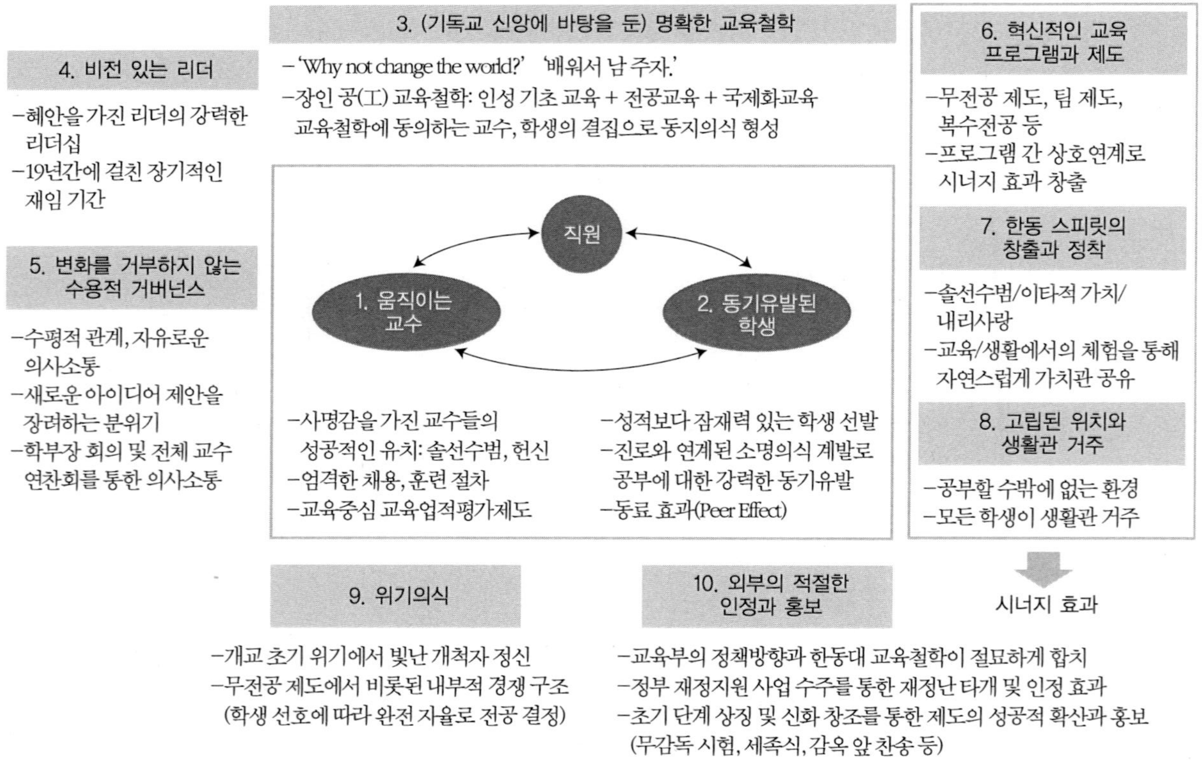

6. 혁신적인 교육 프로그램과 제도
- 무전공 제도, 팀 제도, 복수전공 등
- 프로그램 간 상호연계로 시너지 효과 창출

7. 한동 스피릿의 창출과 정착
- 솔선수범/이타적 가치/내리사랑
- 교육/생활에서의 체험을 통해 자연스럽게 가치관 공유

8. 고립된 위치와 생활관 거주
- 공부할 수밖에 없는 환경
- 모든 학생이 생활관 거주

시너지 효과

3. (기독교 신앙에 바탕을 둔) 명확한 교육철학
- 'Why not change the world?' '배워서 남 주자'
- 장인 공(工) 교육철학: 인성 기초 교육 + 전공교육 + 국제화교육 교육철학에 동의하는 교수, 학생의 결집으로 동기의식 형성

지원
1. 움직이는 교수
2. 동기유발된 학생

4. 비전 있는 리더
- 헌신을 가진 리더의 강력한 리더십
- 19년간에 걸친 장기적인 재임 기간

5. 변화를 거부하지 않는 수용적 거버넌스
- 수평적 관계, 자유로운 의사소통
- 새로운 아이디어 제안을 장려하는 분위기
- 학부장 회의 및 전체 교수 연찬회를 통한 원활한 의사소통

- 사명감을 가진 교수들의 성공적인 유치: 솔선수범, 헌신
- 엄격한 채용, 훈련 절차
- 교육중심 교육업적평가제도

- 성적보다 잠재력 있는 학생 선발
- 진로와 연계된 소명의식 개발로 공부에 대한 강력한 동기유발
- 동료 효과(Peer Effect)

9. 위기의식

10. 외부의 적절한 인정과 홍보

- 개교 초기 위기에서 빚어진 개척자 정신
- 무전공 제도에서 비롯된 내부의 경쟁 구조 (학생 선호에 따라서 완전자율로 전공 결정)

- 교육부의 정책방향과 한동대 교육철학이 절묘하게 합치
- 정부 재정지원 사업 수주를 통한 재정난 타개 및 인정 효과
- 초기 단계 성장 및 선화 장조를 통한 제도의 성공적 확산과 홍보 (무감독 시험, 세족식, 감옥 앞 진수 등)

[그림 1-9] 한동대 학부교육의 특징과 10가지 성공요인

다음으로 한동대 학부교육의 성공요인은 앞서 살펴본 한동대 교육의 특징과 밀접히 관련되어 있었는데, 이 사례연구 보고서에는 이를 [그림 1-9]에서와 같이 10개 요인(5개 영역)으로 나누어 정리해 보았다. 특징적인 것은 이들 10개 성공요인들이 분절적인 것이 아니라 상호 밀접히 연계되면서 서로 시너지 효과를 발휘하고 있었다는 점이다. 이는 앞서 언급한 바와 같이 한동대에서 성공적이었던 특정한 제도(예컨대, 팀 제도)가 왜 다른 대학에서는 반드시 유사한 성공을 거두지 못하는가 하는 기본적 의문에 대한 해답의 단초를 제공해 준다. 예컨대 [그림 1-9]에서 제시하고 있듯이 무전공 제도 및 팀 제도와 같은 시대를 앞서 가는 혁신적 제도는 헌신과 배려를 핵심가치로 하는 '한동 스피릿'과 고립된 위치, 기숙사 거주 등 한동대의 '물리적 환경'과 결합됨으로써 보다 큰 시너지 효과를 거둘 수 있었다. 이와 함께 명확한 교육철학은 이에 뜻을 같이하는 사명감으로 무장된 교수와 (사전에 일정 부분) 동기유발된 학생들을 모이게 하는 촉매 작용을 하였고, 이러한 교육철학은 혜안을 가진 리더의 강력한 리더십과 수용적 거버넌스 체제하에서 구성원들에 의해 거부되지 않고 제자리를 잡아 나갈 수 있었다. 한편 구성원들이 느끼는 대내외적인 위기 상황과 정부의 적절한 정책적 자극도 한동대 학부교육이 제자리를 잡는 데 큰 역할을 해 온 것으로 나타났다. 예컨대, 한동대의 경우 출범 초기에 당면한 위기상황을 성공적으로 극복하는 과정에서 한동 스피릿의 근간을 이루는 구성원들 간의 끈끈한 공동체 의식이 형성되었고, 이는 현재까지 한동대의 모든 교육 프로그램과 제도가 제 기능을 발휘하는 데 있어 핵심적 동력이 되고 있다. 이와 함께 무전공 제도 입학과 (정원에 관계없는) 학생의 자율적 전공 선택권 보장권을 매개체로 촉발된 '내부 학생 유치를 둘러싼 학부(전공) 간의 내부적 경쟁구조'는 학내에 일종의 '생산적 긴장감'을 조성함으로써 개별 학부(전공)가 커리큘럼 개선 등 한동대 학부교육의 질 향상을 위해 자발적으로 노력하게 만드는 긍정적 역할을 수행해 왔다. 마지막으로 한동대의 경우 출범 초기에 한동대의 교육철학과 제도가 당시 교육부가 추구하던 정책방향과 절묘하게 맞아떨어짐으로써 이후 교육부의 재정지원 사업 수주와 이를 통한 홍보 효과를 거둘 수 있었으며, 이것은 초기 한동대가 직면하고 있던 재정난을 극복하고 한국 고등교육 시장에서 한동대가 일정한 위치를 잡는 데 커다란 도움을 주었다. 이러한 한동대의 경험은 변화를 위해 노력하고 있는 대학에 대한 정부의 적절한 개입과 지원이 실제로 해당 대학의 변화를 가속화하는 데 큰 도움을 줄 수 있다는 실증적 증거를 제시하고 있다는 점에서 매우 시사적이라고 할 수 있다.

2. 제 언

한동대는 최근 들어 새로운 도전 상황을 맞이하고 있다. 개교 이래 19년간을 재임한 전임 김영길 총장이 물러나고 2014년 2월에 새로운 리더로 장순흥 총장이 취임하였다. 또한 대학 규모가 커짐에 따라 과거의 동지의식에 바탕을 둔 균질적 공동체에서 벗어나 구성원들의 생각이 연령, 전공, 세계관(신앙관)에 따라 다양성을 보이게 되었다. 학내 구성원들이 다양한 생각을 가지는 것은 지극히 당연하고 자연스러운 일이기는 하지만, 과거의 끈끈한 공동체 의식에 바탕을 둔 학교 운영과 교육에 향수를 가지고 있는 사람들의 입장에서 보면 다양성이 오히려 한동대의 정체성을 위협하는 목소리로 들릴 수도 있다. 동일한 맥락에서 학교 규모가 커지고, 연구와 취업을 강조하는 외부 정책과 환경의 직·간접적 영향을 한동대가 무시할 수 없게 됨에 따라, 기존에 한동대 교육의 가장 핵심적 특징이었고 성공을 견인했던 긴밀한 관계 중심, 교육 중심 교육철학과 프로그램들에도 일정 부분 균열의 징후가 나타난다는 우려의 목소리도 들린다. 하지만 그럼에도 불구하고 현재 대학 재정 구조상 외부 재정지원 의존도가 높은 현실에서 정부 재정지원 사업 평가 기준이 설령 한동대의 기본 교육철학과 맞지 않다고 해서 이를 완전히 무시할 수도 없는 일종의 딜레마 상황에 직면하고 있기도 하다.

한동대에서는 이러한 문제를 해소하기 위해 2014년부터 RC를 전면적으로 도입하고, 신임 총장 취임 이후에는 '세상을 바꾸는 10대 프로젝트'[18]를 비롯한 다양한 정책을 발표함으로써 의욕적 행보를 보이고 있다. 하지만 과거 출범 초기에 갖가지 난관을 극복해 나가면서 획득한 신화적 권위를 바탕으로 카리스마적 리더십을 행사해 온 전임 총장과는 달리, 이

---

18) 세상을 바꾸는 10대 프로젝트(10 World Changing Project)는 지역발전 프로젝트, 통일한국 프로젝트, 아프리카 프로젝트, 창업활성화 프로젝트, 스마트 파이낸싱 프로젝트, 차세대 ICT(정보통신기술) 프로젝트, 차세대 자동차 및 로봇 프로젝트, 지속 가능한 에너지·환경 프로젝트, 차세대 의식주 프로젝트, 건강—복지 프로젝트로 구성되어 있다.

미 청년기에 접어들어 교수들의 발언권과 영향력이 커져 버린 한동대에서 이렇게 대내외적으로 요구되는 새로운 환경적 도전을 극복하고 한동대의 새로운 정체성과 발전방향을 제시하는 것은 반드시 쉬운 것만은 아닌 것으로 생각된다. 한동대가 현재 직면한 이러한 문제점과 도전 상황을 감안할 때, 한동대의 2단계 도약을 위해서는 무엇보다 새로운 리더십을 중심으로 허심탄회한 소통을 통해 대다수 학내 구성원들이 동의할 수 있는 새로운 비전과 전략을 창출하는 것이 무엇보다 중요하다. 이하는 이러한 관점에서 고려해야 할 몇 가지 사항들을 총론적 차원에서 제시해 보았다.

1) 성공적 과거와 현 상황과의 비교 성찰을 통한 문제점의 발견

한동대의 연혁을 살펴볼 때 크게 보면 학교가 출범한 1995년부터 1990년대 말까지는 시련 극복기, 2000년대는 한동대 교육모델의 발전·정착기, 2011년경부터 시작된 현 단계는 그동안의 발전모델을 다시 한 번 성찰하고 새로운 시대적 요구에 부응하도록 변화를 모색해야 하는 변혁 요청기로 구분될 수 있을 것 같다. 이러한 관점에서 본다면 변혁 요청기인 현 시점에서 고려해야 할 핵심적 이슈들은 ① 기본적으로 앞서 분석한 과거 한동대의 성장을 견인한 10개의 성공요인이 현 시점에도 그대로 존재하고 있는가, 바꾸어 말하면 시간이 지나면서 이러한 기존의 성공요인이 한동대 내에서 어떻게 변질되고 있는가, 그리고 ② 정책 및 사회적 환경 변화에 따라 한동대의 발전을 위해 이러한 기존의 성공요인 외에 추가적으로 고려할 요인은 무엇인가 등이 될 것이며, 우선적으로 이러한 질문에 대한 철저하고 체계적인 분석이 이루어져야 할 것이다.

이를 위해서는 먼저 앞에서 언급한 10가지 성공요인을 중심으로 '성공요인별 체크리스트'를 개발하여 한동대의 정체성과 공동체 문화가 최고조로 발현되었던 2000년대 중반과 2015년 현재 시점을 비교해 볼 때 특정 항목별로 무엇이 얼마나 달라졌는지를 평가해 볼 필요가 있다. 이를 위한 구체적 방법으로서 예컨대, 학내 구성원들을 대상으로 하는 설문조사를 실시하고, 그 결과를 가지고 구성원들 간의 문제점 파악과 새로운 방향 도출을 위한 허심탄회한 토론을 해 볼 수도 있을 것이다. 즉, 10가지 성공요인별로 한동대가 과거에 비해 무엇이 달라졌고, 현재 무엇이 문제인지를 구성원들의 진솔한 평가에 바탕을 둔 구체적 데

이터로 명확히 드러내고, 여기서 발견되는 문제점에 대한 해결방안을 구성원 간 토론을 통해 찾아 나가는 과정을 한동대의 2단계 도약을 위한 발전방향 모색의 출발점으로 삼을 수도 있을 것이다.

2) 구성원들과의 소통과정을 통한 새로운 교육철학 및 비전의 창출

이러한 견지에서 2014년 하반기 이후에 진행되고 있는 한동대 비전 2025 작성과정에서는 신임 총장이 제안한 '세상을 바꾸는 10대 프로젝트(10 World Changing Project)'를 포함한 새로운 제안들이 한동대의 기존 교육철학 및 제도, 교수들의 가치관, 행동양식과 어느 정도 부합이 되는지를 철저히 분석하고, 특히 세대 및 전공을 달리하는 교수들 간의 공감대를 형성해 나가는 과정으로 활용할 필요가 있다. 예컨대, 최근 한동대에서 초미의 관심사가 되고 있는 '교육 vs. 연구'에 대한 방향 정립은 이러한 공감대 형성이 필요한 가장 대표적인 이슈라고 할 것이다.

연구자가 보기에 신임 총장이 생각하고 있는 교수들의 연구력 강화, 산학협력 강화를 위한 현장과의 연계 및 접촉 활성화, 이를 위한 교수들의 강의시간 축소 등의 아이디어는 원로교수 그룹, 특히 인문사회계 교수들이 생각하는 한동대 교육의 방향과는 일정 부분 간극이 있다는 느낌이 들었다. 2단계 한동대 교육의 기본적 방향 설정과 관련하여 현 시점에서 특별히 '연구'를 강조해야 하는 이유가 무엇인지, 연구를 해야 한다면 어떤 방향으로 얼마나 해야 하는지, 교수들의 과업 중 한동대 발전을 위해 바람직한 교육 대비 연구의 비중은 무엇인지, 어떤 연령과 전공의 교수 집단에게 어느 정도의 책무를 부과하는 것이 타당하고 실현 가능한지, 그리고 이를 반영한 적절한 교수업적평가제도와 시행방안은 무엇인지 등의 기본적 의문사항과 관련하여 모든 구성원이 현재 동일한 목소리를 내고 있지는 않는 것으로 보인다. 사실 한동대 고유의 가치인 '교육' '관계'를 놓쳐서는 안 된다는 주장과 좋은 교육을 하기 위해서라도 최소한의 연구력은 지속적으로 유지해 나가야 한다는 주장은 모두 나름의 타당성을 지니고 있으므로 구성원들이 납득할 수 있는 방향으로 총의를 모아 나가는 것이 무엇보다 중요하다고 생각된다.

따라서 한동대에서는 현재 추진하고 있는 비전 2025 작성과정을 바로 한동대의 새로운

2단계 도약을 위한 새로운 비전을 창출하기 위한 소통의 과정으로 삼을 필요가 있다고 생각된다. 이런 관점에서 본다면 '비전 2025'라는 최종 산출물보다 그 과정에서 이루어지는 구성원 간의 소통과 이해의 과정이 한동대의 발전을 위해 보다 더 중요하다고도 볼 수 있다.

3) 우선순위 결정, 역할 분담, 평가 및 모니터링 기능 강화를 위한 컨트롤 타워 강화

전통적으로 한동대에서는 한동대 문화의 기저를 이루고 있는 '교회 문화'에 따라 구성원들이 자발적으로 일하는 것을 '선'으로 생각해 왔다. 이는 일종의 동료 압력으로 작용하여 이제까지 구성원들의 자발적 헌신을 이끌어 내는 긍정적인 역할을 해 오기도 했지만, 구성원들의 과도한 정력 소비(bum-out), 시간 및 노력 배분의 중복을 가져오는 부작용도 동시에 초래하고 있었다. 연구자가 볼 때 현재 한동대에서는 참신한 아이디어가 넘쳐 나고, 실제 이러한 아이디어가 실행에 옮겨진 것도 적지 않지만, 이것들이 시행되고 난 후 효과를 내고 있는가와 제대로 점검하고 있는가 하는 점에서는 문제가 적지 않다고 보인다.

출범 초기의 소규모 공동체 시절과는 달리 학교의 규모가 커짐에 따라 ① 우선순위 결정(한정된 재원 속에서 무엇이 보다 중요한가), ② 역할 분담(한정된 시간 속에서 누가 무엇을 하는 것이 보다 효율적이고 또한 효과적인가), ③ 평가 및 모니터링(아이디어가 시행되고 난 후 제대로 추진되고 있는가) 기능의 중요성이 커지게 되었다. 이러한 기능들이 현재 한동대에서 어떻게 이루어지고 있는지에 대한 면밀한 분석을 통하여 강화할 것은 강화하고, 버릴 것은 버리며, 수정할 것은 수정하는 시스템이 제대로 작동될 수 있도록 하는 것이 무엇보다 중요하다. 이를 행정적 언어로 바꾸어 말하자면 한동대를 효과적으로 운영할 수 있는 아이디어의 발굴과 실행을 효과적으로 관리하고, 모니터링, 환류할 수 있는 보다 체계적인 컨트롤 타워가 필요하다는 것으로 요약할 수 있다. 즉, 규모가 커진 한동대의 특성상 학교에 필요한 다양한 역할과 기능을 과거와 같이 구성원들의 자발성에만 전적으로 의존할 경우 중복과 비효율이라는 부작용이 나타날 가능성이 크므로, 이러한 문제점을 최소화할 수 있는 새로운 조정 장치(Control Tower)가 조직 내에 필요하다는 것이다.

4) 학생 성장, 발달, 적응, 진로지도 진단 데이터 제공 시스템 구축

한동대 학부교육의 핵심적 특징의 하나는 무전공 제도를 통한 소명의 발견과 이에 기초한 전공/진로 선택이라고 할 수 있으며, 이를 제도적으로 뒷받침해 주는 것이 바로 팀 제도라고 할 수 있다. 즉, 팀 제도를 통해 교수, 선배, 동료 학생들로부터 경력 발전 및 적응에 대한 멘토링, 지도ㆍ상담을 공식적/비공식적으로 받아 왔으며, 이는 무전공 제도의 성공적 운영을 가져온 핵심적 요인으로 작용해 왔다. 하지만 2010년대에 접어들어 팀의 규모가 커지면서 교수-학생들의 관계가 과거보다 느슨해지고 있다는 우려가 심심치 않게 제기되고 있는 반면, 오히려 학생들의 전공 선택 과정에서 교수들의 상담ㆍ지도 등에 대한 역할 기대는 점점 더 커지고 있다. 따라서 이러한 현상과 기대 간의 간극을 좁혀 주기 위해서는 교수들의 상담ㆍ지도활동을 보다 체계적으로 지원해 줄 수 있는 종합적 데이터 제공 시스템이 필요하다. 즉, 입학부터 졸업할 때까지 학생들의 학업적 성장과 적응, 진로에 대한 관심의 변화 등에 대한 자료들을 조사하고 축적하여 체계적으로 제공하는, 예컨대 '학생 포트폴리오 관리 시스템' 구축 및 활성화가 필요하지 않나 생각된다. 다행히 한동대에서는 ACE 사업 참여 기간 동안 기초 연구를 통해 이러한 제도를 시행하기 위한 인프라를 이미 구축해 놓고 있는바, 문제는 향후 이러한 시스템을 한동대의 교육적 요구에 맞게 여하히 정교화해서 효과적으로 활용해 나갈 수 있을 것인지의 문제라고 할 수 있다. 이러한 시스템의 구축과 데이터의 효율적 활용을 위해서는 이와 관련한 업무를 맡고 있는 '입학인재개발처 및 교무처/학생처' '교육개발센터 및 상담센터, 경력개발센터' 등 관련 부서 간의 보다 긴밀한 협력이 이루어질 필요가 있다.

5) 적절한 교수 채용, 훈련, 보상체계 구축 및 생산적 긴장감의 지속적 조성

이제까지 한동대는 분명히 '비합리의 합리'가 통용되는 색다른 곳이었다고 볼 수 있다. 이를 김영길 전임총장은 '똑똑한 바보들이 사는 세상'(김영애, 2014)이라고 표현하기도 했다. 한동대가 다른 대학에 비해 여러모로 열악한 환경 속에서 우수한 성과를 내기 위해서는 '뭔가 특별한 것'이 필요한데, 이제까지 한동대가 거둔 성공을 만들어 낸 핵심 중 핵심 요인은 무엇보다 '사명감으로 무장된 헌신적 교수'라는 점은 누구도 부인하기 어려울 것이다.

짧은 기간에 공식적 절차가 진행되어 사람을 속속들이 알기 어려운 공개채용 방식을 통해서는 한동대에 적합한 사람을 발견하기가 상대적으로 어려우므로, 조심스럽기는 하지만 한동대의 경우 출범 초기에 활발히 시행하였던 '특별채용'을 보다 강화하는 것이 필요하지 않을까 생각된다.[19] 한동대에는 연구업적보다는 한동대의 교육목적과 철학에 전적으로 동의하는 사람이 보다 필요하며, 이와 함께 신앙 못지않게 '인격'이 중요하다는 다음과 같은 토레이(대천덕) 신부님의 말씀을 새겨들을 필요가 있다. 총장을 비롯한 모든 교수가 '서치 커미티(search committee)' 위원이 되어 항상 레이더를 가동하고 있다가, 적합한 사람들이 발견되면 특별 채용하는 방식의 비중을 크게 늘릴 필요가 있지 않나 생각된다.

> 한동대가 순수한 기독교 정신의 대학이 되려면 교수의 자질이 제일 중요합니다. 인격, 실력, 신앙 이 세 가지를 고루 갖춘 교수를 모셔야 합니다. 그중 가장 중요한 것은 인격입니다. 실력만 중요시한다면 일반 대학과 다를 바 없을 것입니다. 또한 신앙 못지않게 중요한 것이 교수의 인격이지요. 인격이 결여된 신앙은 바리새인이나 율법주의자와 같은 위선에 빠지기 쉽습니다. 비록 초보 신앙이라도 순수한 인격을 가진 분이 학생들에게 본보기가 될 것입니다. 신앙은 평생 자라며 성숙하는 것이니까요. (김영애, 2004)

이와 함께 한동대는 교육중심 대학으로서의 정체성, 팀 제도를 통한 인성 교육의 강조 등 그동안의 교육철학으로 미루어 보면, 그 어느 대학보다 교수의 학생 이해, 상담지도와 관련된 지식과 기술이 필요하다. 교수들은 교육전문가이지 상담전문가들은 아니므로 교수들에 대한 '상담지도에 대한 교육·훈련'이 반드시 필요하다. 현재 한동교육개발센터에서 Good Teachers' Workshop 프로그램을 통해 이러한 프로그램을 일부 제공하고 있으나, 교수들이 너무 바빠서 혹은 교육개발센터의 지원 인력이 한정되어 있어서 이러한 프로그램들이 효과적으로 제공되고 있지는 못하고 있는 것으로 파악된다. 따라서 RC의 팀 지도교수 모임

---

19) 이러한 제언과 유사한 문제 인식에서 최근 한동대에서는 졸업생들을 교수로 채용하겠다는 전략을 수립하고, 2014년부터 이를 실행에 옮기고 있는 것으로 보인다.

활성화와 교육개발센터의 찾아가는 소그룹 활동 지원 기능을 결합하는 등, 이러한 교수 교육·훈련 프로그램을 보다 활성화하기 위한 새로운 접근방식을 모색하는 것이 필요해 보인다.

마지막으로 학교의 규모가 커지고 교수집단의 구성이 점차적으로 다양화됨에 따라 한동대에서도 과거의 끈끈한 단일 공동체로서의 동지의식이 일정 부분 희석되고 있다고 해석하는 것이 오히려 상식에 부합하는 상황인식이 아닌가 생각된다. 이러한 상황에서 이제 과거처럼 단순히 구성원들의 자발성과 헌신에만 의존할 때 학교가 반드시 효과적으로 돌아갈 것인가 하는 점에 대한 면밀한 모니터링이 필요한 시점이라고 할 것이다. 예컨대, 면담 시 한 구성원이 지적한 대로, '공동체가 인정하는 지속적으로 헌신하는 사람'에 대한 적정한 물질적·정신적·제도적·공동체적 보상이 주어지고 있는지 검토해 볼 필요가 있다. 아울러 교육 중심이라는 단순 명료한 메시지를 주었던 출범 초기와는 달리, 다중적 메시지와 끝없는 헌신의 요구로 몸과 마음이 지쳐 가는 교수 그룹의 피로감 해소에 대한 대책 마련도 반드시 필요하다. 교육 대비 연구의 상대적 중요성 등 교수에 대한 요구사항의 명료화와 함께 면담과정에서 어느 교수가 지적한 바대로 관계 중심의 한동대 교육모델의 성공을 위해서는 기본적으로 비용이 많이 들어가는 구조로 갈 수밖에 없는 만큼, 한동대의 2단계 도약을 위해 '교수 수 확충' '학생 수 축소' '외부재원 확충' 등 서로 관련되지만 매우 다른 3가지 대안들 간의 절묘한 균형점 탐색을 어떻게 할 것인지에 대한 진지한 고민이 필요한 시점이라고 할 것이다.

한편 이와는 다른 시각에서, 면담과정에서 어느 학생이 이야기했던 것처럼 초기 출범 단계에서의 위기 상황을 벗어나 한동대의 위상이 어느 정도 정립되고 난 후 어쩌면 최근 수년간 한동대의 상당수 구성원들이 그동안의 성공에 안주하고 외부의 변화에 둔감했던 것은 아닌지 성찰해 볼 필요가 있다.

> 저는 타성에 젖었다고 봐요. …… 이제는 20년을 맞았으니까 지금 나오는 한동의 문화들이 새롭게 나와야 되는데, 지금 한동에서 자랑하고 있는 게 사실은 개교 때 만들어진 것들을 여전히 지금도 자랑하고 있잖아요. …… 그것 외에 한동대가 자랑할 수 있는 것들이…… 좀 나와야 한다고

생각을 하거든요. 언제까지 95년도에 만들어진 걸 가지고 10년, 20년, 30년 우려먹을 수 있는 것
도 아니고, 그건 좋은 전설이고, 우리가 지켜야 할 가치로 남아 있고, 또 뭔가 그런 좋은 문화들이
계속 나와야 된다고 생각을 하는데……. (인문사회 고학년 학생)

이러한 성찰과정을 통해 구성원들이 일정한 긴장감을 지속적으로 가질 수 있도록 하는 '제도적 장치'를 신중하게 마련할 필요가 있다고 생각된다. 특히 한동대의 경우 2014년 12월 현재 전체 교수 130명 중 '교수 직급' 교원의 비율이 과반수이고, 또한 비교적 나이가 많다고 생각되는 55세 이상 교원 비율이 39%에 달하고 있다. 따라서 한동대가 보다 발전해 나가기 위해서는 정년보장을 받은 상대적으로 젊은 교수들의 솔선수범과 헌신이 필요하다고 할 것이다. 이를 촉진하기 위한 가장 대표적인 예는 미국 대학들에서 시행되고 있는 Post-Tenure Review, 교수업적평가제도의 정교화, 사회적 수요에 따른 학사구조의 조정과 특성화 등을 들 수 있다. 다른 여건이 열악하고 전적으로 '맨 파워(man power)'에 의존할 수밖에 없는 한동대의 특성상, 교수가 긴장의 끈을 놓는 순간 모든 것을 놓아야 한다는 것은 자명한 논리라고 생각된다. 다만 이러한 제도가 모든 것을 해결하는 만병통치약이 될 수 없는 것은 분명하며, 기존에 한동대를 견인해 왔던 구성원들의 자발성과 역동성이 적절히 결합될 때 이러한 제도가 비로소 그 효과를 발휘할 수 있을 것이다. 이러한 관점에서 예컨대, 교수업적 평가기준 등 새로운 제도를 구안할 때는 단순히 정부 재정지원 사업 평가 등 외부에서 요구하는 기준에 좌우될 것이 아니라, 한동대 구성원이 향후 발전방향과 관련하여 중요하다고 생각하는 핵심 요소를 중심으로 보다 정교하게 제도를 설계하는 것이 필요하며, 이를 위해서는 이와 관련한 현재의 실상을 가급적 데이터화하여 낱낱이 그리고 명확히 드러내 놓고, 이러한 문제를 해결하기 위한 교수의 역할이 어떠한지에 대한 구성원들의 허심탄회한 토론과 합의 도출 과정이 반드시 필요하다고 생각된다.

6) 무전공 제도의 보완과 새로운 융합교육 모델의 선도적 제시

무전공 제도는 한동대 교육의 상징적인 제도이기는 하지만 그 장점과 함께 다양한 문제점이 지적되어 왔다. 가장 대표적인 문제점 중의 하나는 진로 선택과 관련한 체계적 지도와

조언이 충분히 이루어지지 못해, 학생들 입장에서는 수많은 시행착오를 거듭할 수밖에 없는 구조로 운영되어 왔다는 것이다. 즉, 두 가지 전공을 연계해서 했을 때 어떤 시너지 효과를 낼 수 있는지에 대한 체계적 연구와 학생들에 대한 정보 제공이 미흡한 상태에서 이와 관련한 선택을 자율이라는 명목하에 거의 전적으로 학생에게 맡겨 버린 측면이 없지 않았다. 2014년 신임총장이 취임한 이후 교양과목 학점부여를 P/F 체제로 전환하고, 창의융합교육원에 ICT 융합전공을 개설하는 등 기존에 무전공 제도 운영과 관련하여 제기된 문제점을 해소하기 위한 다양한 시도를 하고 있으므로 우선 초기 시행단계에서 이에 대한 면밀한 모니터링과 성과분석이 필요하다. 아울러 2014년부터 본격화되고 있는 융합교육 강화 노력을 통해 시대적 소명에 걸맞은 제2단계의 연계/융합전공 모델을 한동대가 선도적으로 제시해 나갈 필요가 있다고 생각된다. 한동대의 경우 일단 무전공 제도, 팀 제도와 학부제를 오랜 기간 운영해 오면서 다른 대학에 비해서 전공 간 벽이 상대적으로 크지 않다는 점에서 융합교육을 선도할 수 있는 가장 좋은 조건에 있는 대학 중 하나라고 생각된다. 향후 관건은 교수들이 여하히 기존의 자기 소속 전공의 벽을 뛰어넘어 실제 융합의 이점을 제대로 살려 나갈 수 있는 다양한 융합과목과 전공을 협업을 통해 만들어 낼 수 있는가에 달려 있다. 자발성과 헌신을 자양분으로 성장해 온 한동대의 저력이 여기서 다시 한 번 위력을 발휘할 수 있을 것이라는 기대는 연구자가 이를 특히 한동대의 향후 발전방향으로 주목하고 있는 이유이기도 하다. 이와 동시에 새로운 연계/융합교육 모델의 성공적 정착을 위해서는 특히 초기단계에서 참여자들이 지치기 전에 일정한 성공사례를 신속히 창출하고, 이러한 성과들을 교직원과 학생, 정부와 기업 등이 쉽게 이해할 수 있는 언어와 상징, 스토리로 만들어 내부 구성원 및 외부 이해당사자들과 효과적으로 의사소통해 나가는 것이 매우 중요하다는 것을 명심할 필요가 있다.

7) 기타

(1) 팀 제도와 RC

팀 제도를 보완하기 위한 RC의 도입은 아이디어 자체는 매우 좋지만 들인 노력에 비해 아직까지 구성원들이 체감하는 변화를 이끌어 내지는 못하고 있다는 느낌이 든다. 교수들이 생각하는 다양한 교육방식과 모델을 서로 다른 RC를 통해 시험하고 이를 RC를 매개체로 다시 생산적 경쟁으로 유도해 나갈 수는 없는 것인지, 아울러 시설 격차를 가지고 있는 각 생활관(RC)에 거주하는 학생들의 상대적 박탈감을 극복할 수 있는 교수와 프로그램의 보완적 지원 등 적절한 대책 마련과 함께 학생들의 RC 제도 만족도에 대한 모니터링을 지속적으로 해 나갈 필요가 있다. 아울러 전면적 RC 도입의 중요한 계기로 작용했던 기존 팀 제도 운영의 문제점을 RC가 어느 정도 해소하고 있는지(제기된 팀 제도의 문제점 해결 수단으로 과연 RC가 어느 정도 효과적 대안이 되고 있는지)에 대한 면밀한 분석도 함께 이루어져야 할 것으로 생각된다.

(2) 신임교원 영어강의 의무화

영어강의는 잘만 활용되면 상당한 교육효과를 볼 수 있는 새로운 교육기법이고, 국제화 시대에 필요한 학생들의 영어능력 신장, 국제학생 교류 활성화 등을 위해 반드시 필요한 중요한 제도임에 틀림없다. 하지만 영어강의를 신임교원에게 '의무화'해서 교수들에게 강제하는 것은 반드시 효과적인 것만은 아니라고 생각된다. 무엇보다 솔선수범, 자발성이 핵심인 한동대의 문화와 영어강의 의무화는 기본적으로 부합되지 않는 제도이며, 특히 발언권이 약한 신임교원에게만 이 의무가 선별적이고 강제적으로 부과됨으로써 다양한 부작용이 예상된다고 볼 수 있다. 영어강의 의무화 정책의 효과성을 분석하기 위해 예컨대 『한동신문』[20]에서 제기하고 있는 문제의식의 연장선상에서 현재 진행되고 있는 영어강의가 학생들의 학습 성과에 어떤 영향을 미치고 있는지, 특히 한동 교육의 핵심인 교수-학생, 학생-학생의 관계 측면에서 어떤 영향을 미치고 있는지에 대한 면밀한 평가가 이루어져야 하며, 이를 통한 영어강의의 질 개선 노력이 반드시 병행될 필요가 있다고 생각된다. 연구자의 생각으로는 전공별 편포에 따른 문제가 있기는 하지만 이미 비율이 높은 외국인 교수들의 보

---

20) '한동의 영어강의, 이제는 소통해야 할 때'(2011. 6. 1.), '누구를 위한 영어강의인가: 학생들이 영어능력에 따라 유연한 영어강의 정책 필요'(2014. 10. 1.).

다 적극적인 활용과 외국 대학 경험이 있는 교수 등을 중심으로 영어강의를 운영하고, 내국인 교수들의 경우 반드시 필요한 경우 기존과 같은 솔선수범 방식으로 운영하는 것이 보다 타당하지 않을까 생각된다.

(3) SMART 보고서

공학인증평가 제도의 도입과정에서 2008년에 함께 시행된 SMART 보고서의 경우에도 입력 항목과 방식의 개선 등 시행 주체의 추가적 관심과 노력이 필요하기는 하지만, 학생들과 직접 수업을 통해 상호작용을 하는 전공 교수들이 학생들의 피드백을 개인적인 차원이 아니라 학부(과)와 전공 차원에서 집합적으로 논의할 수 있는 구조를 제공할 수 있다는 차원에서 긍정적으로 발전시켜 나갈 필요가 있다고 생각된다. 실제로 일부 학과에서는 SMART 보고서 작성을 계기로 학기 종료 후에 교수 방법, 교육과정상의 문제점을 개선하기 위한 학부 교수 모임을 개최하고 있고, 교무처에서도 이러한 자발적 모임을 적극적으로 장려하려고 추진하고 있는바, 이러한 노력들이 결실을 맺을 수 있도록 우수사례의 적극적 인정과 보급, 지원에 지속적인 관심을 기울여 나갈 필요가 있다.

마지막으로 앞에서 언급한 문제점 및 제언과는 달리 한동대로서는 어쩔 수 없는 제도적 제약 조건도 이번 사례연구를 통해 발견되었다. 이 사례연구의 제언이 대학에 초점을 맞추고 있는 만큼 여기서 이러한 제약조건을 자세히 논하는 것은 한계가 있지만, 면담과정에서 대학관계자들이 지속적으로 지적한 사항은 한동대 등 여건이 어려운 지방대학이 구성원들의 자생적 노력을 통해 발전을 이루어 나가는 데 있어 현행 대학 재정지원 평가지표가 장애가 되는 측면이 많다는 점이다. 다음의 인용문들에서 반복적으로 지적되고 있듯이 정부 재정지원 사업의 평가지표 중에서 협동과 배려를 강조하는 한동대의 교육철학과 정면으로 배치되는 가장 대표적인 예는 '상대평가'의 획일적 적용이다. 물론 정부로서도 학점 인플레 등 절대평가의 문제점을 해소하기 위한 고민의 결과이기는 하겠지만, 대학의 교육철학과 상황을 고려하지 않은 획일적 평가지표의 적용은 전체적으로 볼 때 득보다는 실이 많은 듯하다. 교육부는 평가지표가 대학교육에 미치는 긍정적·부정적 영향을 면밀히 모니터링해서 정성평가의 강화 등 보다 유연하고 효과적인 평가체제 구축에 보다 많은 관심을 기울일 필요가 있다.

사실 개인적으로는 반대하는 입장인데, 절대평가, 상대평가 있지 않습니까? 저는 학교 다니면서 절대평가가 우리 대학교에 훨씬 맞다고 보는 쪽이거든요. 근데 그렇게 하면 교육역량 지표에 뭐 굉장히 안 좋아지죠. …… 절대평가, 그러니까 내 옆에 있는 사람이 내 적이 아니고…… 이 사람이 잘하면…… 나도 잘 받고, 이게 우리 학교 정서에 제일 맞다고 보고. 지금은 계속 상대평가로 드라이브를 거는데, 저는 이제 뭐 힘이 없으니까……. (직원 B)

상대적으로 우리 대학 같은 경우에는 지표에 관리가 들어갈 때는 투입은 적으면서도 관리가 가능한 부분에 먼저 집중하게 되는데, 그중에 하나가 예를 들어 엄정한 학사 관리, 학점 관리 부분입니다. 그런데 우리 대학은 그전까지는 큰 문제가 없었는데, 교육부에서 이 지표를 계속해서 이야기하니까 우리 대학도 어쩔 수 없이 지표를 강조하다 보니 학생들의 협력적인 분위기가 굉장히 깨지고 있습니다. 그래서 이런 부분을 너무 강조하지 않으셨으면 좋겠습니다. 교수님들은 우리 학교가 이 부분에 그냥 자유화하자 말씀하시는데, 저희가 자유화할 수가 없는 게요, 다른 지표가 월등하면 이 지표 하나는 그냥…… 뭐, 포스텍이나 이런 곳은 완전히 자유화더라고요? A학점은 넉넉하게 주고 하는데, 재정적 여유가 많지 않으면서 교육을 열심히 해 보겠다 하는 대학 입장에서는 이게 오히려 교육을 부정적으로 변화시키는 그런 부분입니다. (교무처장)

너무 돈이 없는 학교다 보니까 정부에서 주는 연간 몇십 억이라도 저희가 그걸 향해서 맞출 수밖에 없는 거예요. 의무가 있잖아요. 그래서 상대평가제도만 하더라도 그전에도 저희가…… 문제들은 있었죠. 예를 들면, 어떤 학과는 A 이상이 70%예요…… 그럴 때 저희 나름대로는…… 교수님들이 학과별로 쫙 그것을 발표해서 알게 모르게 '아, 뭐야. 저기는.' 막 이러면 우리 내부적으로 전체적인 비난과 이런 걸 감수하면서 변경을 하고…… 이게 통계 평가가 되니까…… 제가 커뮤니티를 되게 강조를 해서…… '우리가 협동학습을 해야지. 모두가 잘하자.' 이렇게 선의의 경쟁을 하곤 했는데 (이제는) 할 수가 없는 거예요. 아이들 눈빛이 달라지고요. 1점이라도 목을 매는 것들이 (보이는데) 현실적으로 취업하고 연결이 되면서 안에 있는 사람들을 경쟁자로 봐 버려요. 예전에는 협동자였는데 지금은 라이벌이에요. 그러니까 어쩔 수 없는 외부의 그것이 교실 안까지 밀려들어 왔을 때 교수가 이것을 어떻게 막아 낼 수 있을 것인가. 이런 부분들이 사실은 되게 좀 참담하거든요. (인문사회 평교수 D)

제2장

건양대학교

학생 중심 마인드와 과감한 혁신전략이 창출해 낸
지방 강소대학 성공모델

배상훈(성균관대학교)
전재은(세명대학교)

＊이 장의 집필에는 홍지인(성균관대학교)이 기여하였음을 밝혀 둔다.

[건양대학교 학부교육의 특징]

건양대학교(이하 건양대)의 대학문화를 한마디로 요약하면 특징은 교직원과 학생들이 가족과 같은 일심동체라는 것이다. 학생들은 입학과 동시에 총장, 교수, 직원으로 구성된 건양 가족의 새로운 구성원이 된다. 실제로 총장은 학생들을 손주처럼 여기고, 교수들은 학생들과 공감하려고 애쓴다. 직원들은 선배인 경우가 많고, 졸업생과 재학생의 관계도 끈끈하게 이어진다. 요즘 건양대가 가장 중시하는 평생 패밀리 제도는 이러한 문화와 풍토를 잘 보여 준다. 여기에 '가르쳤으면 책임진다.'는 각오와 한 학생도 포기하지 않고 함께 간다는 생각이 보태져 건양대의 정신과 학풍을 만들어 가고 있다.

건양대 학생들은 입학과 동시에 제일 먼저 동기유발학기 프로그램에 참여해야 한다. 동기유발이 학부교육의 시작이라는 인식을 가지게 되었다는 것이 놀랍다. 이는 어떻게 해서든지 무엇인가를 시켜 보겠다는 각오이기 때문이다. 학생들은 이 프로그램에 참여하면서 앞으로 대학생활을 자기 주도적으로 이끌어 나갈 수 있는 동기를 키우고, 나아가 취업에 대해서도 생각해 보는 계기를 갖는다. 자아발견 캠프, 효과적인 대학 공부법 등 대학생활에 실질적인 도움이 될 수 있는 것들로 프로그램이 구성되며, 동기유발학기를 통해 학생들은 자신감을 얻는다. 어느 교수는 그동안 어디서도 칭찬받지 못하였던 학생들이 자기 자신을 소중히 여기고 무엇인가를 해내겠다는 각오를 갖는 건양인으로서 탈바꿈하게 된다고 설명한다. 예비 건양인으로 준비를 마친 학생들은 전공 학습과 함께 다양한 비교과 프로그램을 체험하게 된다. 건양 파워 프로그램은 학생들에게 외국어 능력을 비롯한 취업 역량을 기르게 하는 것이고, 건양 튜터링은 선배가 후배에게 또는 동기 사이에 학습을 도와줌으로써 서로 성장을 꾀하는 것이 목적이다. 선후배와 동기 간에 친밀감을 키우면서 실질적으로 학습활동에 도움을 주는데, 학습은 물론 대학생활에도 활력을 불어넣는다. 건양대는 수업 시작 전부터 다른 대학들과는 차이가 있다. 지정된 좌석에 앉아야 하고, 수업을 시작 전에 수거함에 핸드폰을 넣어 둔다. 이러한 작은 제도가 가져온 큰 효과는 대학은 공부하는 곳이라는 인식을 학내 구성원 모두가 갖게 되는 것이다.

한편 수업과정에서도 건양대의 교육 이념인 실용은 곳곳에서 드러난다. 많은 수업이 문제기반학습으로 진행되고, 공모전 참여와 현장 실습을 통해 이론과 실무를 겸비하도록 한다. 건양대는 여기에 한 발 더 나아가 창의융합 역량의 증진에 주목하고 있다. 창의융합교육의 아이콘은 창의융합대학이다. 2012년 설립 이래 4개의 학부를 운영하고 있으며, 각 전공은 인문학적 소양과 전공 역량을 혼합한 융합전공처럼 운영된다. 실용 인재를 기르기 위해 실무 경험이 있는 교수들을 초빙하였고,

실험적이고 선도적인 교육방법이 적용되고 있다.

교수들은 건양대를 이끌어 가는 원동력이 되고 있다. 지방대가 가진 한계는 교수가 나서서 해결하지 않으면 안 된다는 공감대가 있다. 학생과 공감하고 그들이 직면한 어떤 어려움도 풀어 주려고 노력한다. 교수와 학생의 긴밀한 관계는 건양대 학부교육의 최대 장점이다. 이는 단순히 자주 만난다고 생기는 것은 아니다. 공감과 배려, 헌신과 존경이 내포된 관계다. 이러한 관계와 유대감은 평생 패밀리 제도와 파트너십 트레이닝에서 시작된다. 평생 패밀리 제도는 지도교수, 재학생, 졸업생으로 구성된 팀으로, 모든 것을 서로 챙겨 주는 패밀리의 개념을 학생 지도에 도입한 것이다. 여기에 진로 지도가 더하지고 삶에 대한 조언으로 이어져 중도탈락이나 편입이 줄어들었다.

내 자식을 가르치는 심정으로 학생에게 최선을 다하겠다는 마음가짐은 건양대의 교육철학이자 문화다. 전교생을 대상으로 무료 건강 검진을 실시하고, 총장이 직접 나서서 학생들로부터 애로 사항을 청취하는 모습은 건양대가 가진 학생 중심 문화를 보여 준다. 대학 행정도 고객 중심적이다. 건양대 직원들은 모두 초록색 유니폼을 입는데, 이는 학생이나 내방객들이 필요할 때 직원을 쉽게 알아보고 도움을 요청할 수 있도록 하려는 것이다. 직원은 학생들의 사소한 어려움도 해결해 주려고 한다. 최근 총장이 학생들에게 양치를 할 수 있는 공간을 마련해 주었는데, 이러한 사례는 학생들로 하여금 학교가 나를 위해 늘 배려하고 도와준다는 인식을 갖게 한다.

건양대의 학부교육이 진가를 발휘하는 것은 헌신하는 총장, 공감하고 배려하며 다가서는 교수들, 친절하고 열정적인 직원, 이를 고마워하고 열심히 공부하는 학생들이 있기 때문이다. 그들은 지방에서도 성공한 대학모델이 나올 수 있다고 믿는다.

제1절 서 론

건양대는 지난 10여 년 동안 가장 놀라운 성장과 발전을 보인 대학이다. 오늘날 전국적으로 가장 유명세를 치르고 있는 대학이기도 하다. 지금까지 전국에서 100개가 넘는 대학들이 건양대를 방문하였다고 한다(그림 2-1] 참조). 지방대학뿐만 아니라 수도권 대학도 있고, 교육 중심 대학뿐만 아니라 연구 중심 엘리트 대학들도 찾아왔다. 게다가 전문대학들까지도 방문했다고 한다. 이는 건양대에는 특별히 다르거나 우수한 무엇이 있고, 동료 대학의

[그림 2-1] 건양대 본관 입구에 붙어 있는 포스터(좌)와 중앙 일간지에 실린 보도 사례(우)
출처: (좌) 건양대 홍보자료, (우) 중앙일보(2010. 9. 10.).

입장에서 배우거나 참고할 무엇이 있다는 것을 간접적으로 보여 주는 현상이자 증거라고 할 수 있다.

이 장은 오늘날 건양대가 이룩한 교육적 성취를 살펴보고, 이를 가능하게 한 교육적(pedagogical), 조직적(organizational), 문화적(cultural) 그리고 맥락적(contextual) 요인을 질적으로 분석하여 제시하는 데 목적이 있다. 지난 10여 년 동안 건양대가 이룩해 온 성과는 다양한 지표와 증거를 통하여 확인할 수 있다. 그러나 여기서는 교육적 성과, 즉 '학부교육의 우수성'에 주목하였다. 왜냐하면 교육이야말로 대학의 핵심 사명이고, 특히 교수-학습과정(Teaching & Learning)은 교육기관으로서 대학이 수행해야 하는 가장 본질적인 기능(Technical Core)에 해당하기 때문이다(Hoy & Miskel, 2013, p. 29).

건양대가 질 높은 학부교육을 실현하는 데 기여한 요인을 다양한 관점에서 탐색하려 하였다. 우선 건양대 학부교육의 질에 직접적으로 영향을 미친 대학 차원의 노력을 교육제도와 프로그램의 면에서 살펴보고, 대학 차원에서 이러한 의도적인 노력과 투자를 가능하게 한 조직의 문화적·환경적 요인을 살펴보았다. 왜냐하면 대학에서 이루어지는 교육은 어느 한 제도나 프로그램의 시행을 통하여 손쉽게 변화를 이끌어 내기 어려운 복잡성(complexity)을 가지고 있고, 단기간의 외형적 변화와 성장이 있다 하더라도 조직적·문화적 변화를 수반하지 않고서는 다시 원점으로 돌아가는 놀라운 회복력(resilience)을 가지고 있기 때문이다(Tyack & Cuban, 1995). 또한 우리나라에서 많은 대학들이 지역사회 및 정부정책 등과 밀접히 상호작용하면서 발전하고 있는 상황을 고려하여 맥락적인 측면에서 건양대의 혁신과 변화에 기여한 요인도 탐색하였다.

이 연구의 궁극적인 목적은 건양대의 성공사례를 분석하여 제시함으로써 동료 대학들이 혁신과 변화를 도모함에 있어 참고할 수 있는 정책적 시사점을 찾는 데 있다. 또한 한국의 고등교육 맥락에서 대학의 성장과 발전을 유도할 수 있는 전략적인 처방과 이를 뒷받침하는 이론적인 모델을 찾는 데도 기여하고자 하였다. 그렇다면 왜 건양대를 분석 사례로 선택하였는가? 질적 연구사례로서 건양대를 선택한 이유는 이 연구의 결과에 타당성과 신뢰를 부여하고, 이 연구의 가치를 결정하는 중요한 요인이므로 우선 이를 살펴보자.

첫째, 건양대는 10년이라는 비교적 짧은 기간에 가시적 성과를 창출하였다는 점에서 분석할 만하다. 대학교육의 질과 성과를 가늠할 수 있는 지표와 증거는 다양한 관점에서 제시될 수 있다. 그러나 한국의 고등교육 맥락에서 볼 때 비교적 동의하기 쉬운 증거 중의 하나는 역시 정부 재정지원 사업의 수주 실적이다. 이런 측면에서 건양대는 놀라운 성과를 거두었다. 정부가 교육역량 및 성과가 우수한 대학에 지원하는 '대학교육역량강화사업'에 6년(2008~2013년) 연속으로 선정되어 약 132억 원을 지원받았고, 학부교육 측면에서 특색이 있고 잘 가르치는 대학에 지원하는 '학부교육 선진화 선도대학 지원사업(ACE 사업)'에도 선정되어 4년간(2010~2013년) 약 96억 원을 받았다. 2014년에는 1단계 ACE 사업을 성공적으로 수행하였다는 평가를 받아 2단계 ACE 사업(2014~2017년)에 재진입하게 되었고, '대학 특성화 사업(CK-1)'에서는 신청했던 7개 사업단이 모두 선정되어 5년간 매년 49억 원을 지원받는다. 나아가 '산학협력선도대학 육성사업(LINC 사업)'에도 선정되어 그랜드 슬램을 달성하였다는 평가를 받고 있다. 이상의 성과가 정부 차원의 평가와 인정이라면, 건양대의 교육은 학생들로부터도 우수함을 인정받고 있다. 후술하겠지만 지난 3년간 수행된 '학부교육 실태조사(배상훈 외, 2011, 2012, 2013)'에 따르면 건양대 학부교육의 질은 다른 동료 대학과 비교해서 우수한 평가를 받고 있다. 이는 학생들의 관점에서 바라본 교육과정 측면의 진단이자 평가라는 점에 주목할 필요가 있다. 요컨대, 건양대가 수행하는 학부교육은 외적으로는 정부와 동료 대학들로부터 인정을 받았고, 내적으로는 재학생들로부터 높은 평가를 받고 있는 것이다. 이 연구의 목적은 이러한 인식과 성과를 가져온 요인을 탐색하는 것이다.

둘째, 건양대는 다른 동료 대학들이 참고할 만한 한국 고등교육의 전형적인(typical, normal) 대학이다. 즉, 4년제 대학이면서 지방에 있고, 중소규모의 입학 정원을 가진 사립대학이다. 2013년 기준으로 볼 때, 총 201개 4년제 대학 중에서 수도권에 소재한 대학은 72개이고, 지방에는 129개의 대학이 있다(교육부, 2013). 또 국공립 대학이 40개인 반면, 사립대학은 160개다(교육부 · 한국교육개발원, 2013). 따라서 건양대는 많은 대학들이 처한 상황과 유사한 보편적인 모습을 가진 대학이다. 또한 학생 수의 급격한 감소와 대학 간의 경쟁이 글로벌 무대에서 펼쳐지는 시대를 맞아 가장 치열한 경쟁을 맞이하게 될 집단이 바로 지방의 중소규모 사립대학이라는 점에서도 건양대의 사례는 분석할 만한 가치가 있다.

셋째, 연구자들은 건양대가 1991년 설립 이후 오늘에 이르기까지 꾸준한 발전을 경험해왔고, 앞으로도 성장이 예상되는 대학이라는 점에 주목하였다. 즉, 조직적 차원에서 건양대는 동태적(dynamic) 변화와 성장을 경험하고 있고, 그 이면에는 혁신 정신이 충만한 교수 집단(innovative leaders)의 자발적인 헌신과 조직 차원에서 변화를 두려워하지 않는 문화와 풍토가 뒷받침하고 있어 지속 가능한 발전 모델일 수 있다는 점이다. 비록 대학의 설립자가 총장으로서 강한 리더십을 발휘하고 있지만, 설립자가 총장으로 활동하는 모든 대학이 발전하고 있지는 않다. 또한 대형 대학보다 중소규모 대학이 혁신과 변화에 용이할 수 있지만, 중소규모 대학이면서 성장과 발전의 대열에 참여하지 못하는 대학도 적지 않다. 이러한점에서 건양대의 사례는 연구 가치가 높다. 즉, 건양대는 일반적인 중소규모의 지방 사립대학이면서도 차별화된 역량과 가치를 보여 주고 있다는 점에서 연구의 가치가 있는 것이다.

마지막으로 건양대의 발전과 성장은 과학적이고 실증적인 진단을 토대로 대학 차원의 발전 전략 및 계획의 수립과 적극적인 시행을 통해 이루어졌다는 점에서 분석의 가치가 있다. 즉, 대학 차원의 '의도적이고 정책적인 개입'을 통하여 달성한 성과라는 측면에서 다른 동료 대학에 대하여 정책적인 시사점을 줄 수 있는 것이다. 건양대에서 시행하고 있는 다수의 프로그램이 이미 대학 사회에 성공적인 성과를 창출한 사례로 회자되고 있다. 예컨대, 2010년에 도입된 동기유발학기제의 경우 2011년부터 2014년까지 128개 대학(누적)이 방문하여 제도 및 프로그램의 도입을 위한 상담을 받았으며, 일부 대학의 경우 동기유발학기라는 명칭을 그대로 활용하여 도입하는 등 전국적으로 확산되고 있다(최문기, 2015).

이 연구는 전문가 집단 토의(focus group), 일대일 심층 면담, 참여관찰, 각종 문헌 자료 분석 등 다양한 질적 연구 방법을 적용하였다. 건양대가 성취한 학부교육의 우수성과 그 영향 요인을 밝히기 위해서는 대학 차원의 의도적이고 체계적인 노력과 투자를 포함한 교육적·조직적·문화적·맥락적 요인을 심층적으로 분석하는 것이 필요하기 때문이다. 연구를 수행하기 위해 총 4차례에 걸쳐 건양대를 방문하였고, 면담자 수는 교수 11명(총장 등 보직자 포함), 학생 7명, 교직원 4명 등 총 22명이다(〈표 2-1〉 참조). 연구진의 자료 분석 및 면담 결과의 해석이 타당한지에 대해 연구 대상자가 확인하는 절차를 거침으로써 연구의 타당성을 확보하였다. 또한 연구과정에서 동료 연구자들과 주기적인 회의를 하고, 이 연구의 결과에 대한 피드백을 받아 수정하는 과정을 거침으로써 연구 결과의 신뢰도를 확보하였다.

이 연구에서 분석한 문헌자료는 건양대 자체 평가 보고서, 건양대의 발전 전략과 과제에 대한 외부 전문가 컨설팅 보고서, 대학 주요 보직자의 각종 컨퍼런스 발표 자료, 총장 저서, 건양대 발간 내부 자료 등으로 구성되었다. 사례연구 보고서 작성을 위해 참고한 주요 자료 목록은 〈표 2-2〉와 같다.

〈표 2-1〉 사례연구를 위해 수행한 면담 및 참여관찰 내용

		사전 방문	1차 방문	2차 방문	3차 방문
방문 일시		2014. 8. 18.	2014. 9. 29.	2014. 12. 4.	2015. 2. 6.
면담자	보직자 및 교수		총장 포함 총 7명* -개별면담 5명 -그룹면담 3명	4명(개별면담)	
	학생	5명(개별면담)		2명(개별면담)	
	교직원		총 4명(개별면담)		
참여관찰				캠퍼스 투어	교육의 질 관리 워크숍 참관(보직자 및 교수 274명, 교직원 50명 등 총 324명 참석)

*개별면담과 그룹면담에 모두 참여한 1인이 있어 7명으로 집계함.

〈표 2-2〉 사례연구를 위해 참고한 주요 문헌자료 목록

자료 형태	참고한 주요 자료
건양대 내부자료	• 건양대학교 기관평가인증을 위한 자체진단평가보고서(2013) • 건양대학교 교육역량강화 사업 사업계획서(2013) • 학부교육 선진화 선도대학 지원사업(ACE 사업) 보고서: 1차년도(2010), 2차년도(2011), 3차년도(2012), 4차년도(2013) 사업계획서 • 건양대학교 교수학습지원팀 성과자료집 2010~2013(2014) • 건양대학교 교수학습지원팀 건양튜터링(2012, 2013), 건양대 학생들을 위한 학습방법 및 전략 I(2013) • KY 총동문회 Newsletter(2014. 12) • 건양대학교 창의융합대학 설립계획(2012.9) • 건양대학교 홈페이지-학부교육 선도대학 육성사업, 동기유발학기, 건양 멘토링, 대학제도 개선사항 안내, 창의융합대학, 평생 패밀리 가이드북
외부 자료	• 민경찬 외(2013. 7). 일류, 강소, 글로컬 대학을 향한 건양대 발전 전략과 과제. 건양대 컨설팅 프로젝트팀. • 배상훈 외(2011, 2012, 2013). 학부교육 실태진단 종합보고서 및 개별대학 보고서. 한국대학교육협의회 한국교양기초교육원.
신문 및 잡지	• 중앙일보(2012. 9. 5.). 대학 서열 깨는 지역대학의 유쾌한 반란. • 동아일보(2014. 9. 1.). 건양대학교 창의융합대학, 현장경험 바탕 실무교육. • 연합뉴스(2013. 4. 7.). 건양대, '파트너십 트레이닝' 필수 과목 운영. • 대학저널(2013. 4. 7.). 건양대, '파트너십 트레이닝' 필수 교과 운영.
일반 출판물	• 김희수(2004). 여든의 청년이 스무살 청년에게. 경기: 위즈덤하우스. • ACE 대학 협의회(2013). ACE 대학 총장들이 제시하는 학부교육 선진화의 비전과 도전. 서울: 학지사.
논문 및 발표자료	• 최현수(2014). ACE 사업, 성찰과 혁신의 과정 창의융합형 학부교육 모델, 제6차 ACE 포럼, 계명대학교. • 정영길(2015. 1.). 작고 강한 대학을 향한 꿈과 도전. 제1회 대학교육혁신 포럼 '대학교육의 혁신과 변화를 말하다: 대학교육 성공사례를 중심으로' PPT 발표자료. 서울: 성균관대학교. • 최문기(2015. 1.). 건양대학교 동기유발학기 4년의 성과와 과제. 제1회 대학교육혁신센터 ACE 창의리더 심포지엄 '대학교육의 혁신을 창의 리더 교육으로 말하다' PPT 발표자료. 서울: 성균관대학교.

제2절 건양대학교의 기본적 특성

1. 역사적 맥락

건양대는 1990년에 건양대학이라는 교명으로 10개의 학과[1](400명)가 설립 인가를 받으며 개교하였다. 첫 해인 1991년에는 400명 정원에 3,000명이 지원하여 7.5:1의 경쟁률을 기록하였으며, 1992년에 종합대학으로 승격하였다. 매년 새로운 학과의 신설을 인가받으며 점차 그 규모를 키워 왔으며, 1994년에는 일반대학원 및 의과대학을 신설하였다.

2001년 설립자인 김희수 박사가 제4대 총장으로 취임하면서 대학은 새로운 발전의 전기를 맞았다. 이후 중앙정부와 지방자치단체가 지원하는 크고 작은 재정지원 사업에 꾸준히 선정되었고, 정부와 언론사가 주관하는 주요 대학평가에서 우수대학으로 뽑힌 것도 건양대가 발전해 나가는 원동력이 되었다. 무엇보다 2005년에 교육인적자원부(현 교육부)가 발표한 졸업생 취업률이 90.4%를 기록한 것은 건양대를 세상에 알린 큰 사건이었다. 최근에는 2010년과 2014년에 걸쳐 ACE 사업에 2회 연속 선정된 것을 큰 영예로 생각한다. ACE 사업이야말로 교육명문대학을 지향하는 건양대의 철학에 부합하기 때문이다. 2000년 이후 건양대가 수상했던 각종 실적과 그동안 수행해 온 재정지원 사업은 〈표 2-3〉과 같다.

---

[1] 국어국문학과, 영어영문학과, 경영학과, 경제학과, 수학과, 화학과, 전자계산학과, 기계공학과, 컴퓨터공학과, 식품공학과

〈표 2-3〉 재정지원 사업 및 수상 목록

연도	재정지원 사업 및 수상 목록
2002년	교육개혁추진 우수대학 선정(교육인적자원부) 지역기술혁신센터(TIC) 사업 산장(산업자원부) TRITAS 기술지도대학(중소기업 현장지원사업) 학문분야 평가(교양) 우수대학
2003년	지방대학 육성사업 지원 대학 선정(교육인적자원부) 특성화 우수대학 선정(2년 연속 선정)
2004년	대전시 대학 참여 지역공익사업 제5회 중소기업 기술혁신대전 산학연유공단체 부분 최우수상(대통령상) 산업자원부 지역혁신 특성화 시범사업(혁신기반, 포럼활동) 지역혁신 특성화(RIS)사업 선정 충남 고령친화 산업 지역혁신 클러스터 코어 구축 사업 TRITAS 기술지도대학(중소기업 현장지원사업)
2005년	취업률 90.4% 기록(교육인적자원부 발표) 대전시 대학 참여 지역공익사업 충청남도 2005년도 보육시설 · 종사자 보수교육기관
2006년	선도적 지역혁신활동 국무총리 표창(정부 제138338호) 대전시 공익사업(간호학과, 아동보육학과, 중등특수교육과) 전국대학평가 학문 분야 우수대학(일어일문학과) 실버문화콘텐츠 특성화 대학 선정(한국문화진흥원) 지방대학 혁신역량강화 사업(NURI) 선정
2007년	취업률 90.6% 기록(전국 대학 B그룹 중 상위권) 학문분야 평가 최우수대학(EFL영어과) 한국사학진흥재단 경영분석 종합평가 우수대학 대학종합평가 우수대학 선정(발전전략 및 비전, 교육 및 사회봉사, 교육여건 및 지원체제 부문 최우수, 대학경영 및 재정, 학생 및 교수 · 직원 부문 우수) 제4회 평생학습대상 '대학부설 평생교육원 부문' 우수상(교육부) 대학정보공시제 시범대학 선정 대학 취업지원기능 확충사업(노동부)
2008년	취업률 91.0% 기록(전국 대학 C그룹 중 상위권) 공학교육혁신센터사업 대학교육역량강화사업 대학 입학사정관제 지원 사업

	노동부 대학 취업지원기능 확충사업(2년 연속) 한국대학교육협의회 주관 학문분야평가 최우수(전자상거래무역학과, 나노바이오화학과) 교육부 주관 일반대학 교육과 평가 우수학과(초등특수교육과, 유아교육과) 한산모시 Global Business Brand 강화 사업
2009년	대학교육역량강화사업 중앙일보 평가에서 교육중심대학 4위를 기록(교육우수성, 학생지원, 교육효과) 전국대학 최초로 기업윤리경영 대상을 수상(한국윤리경영학회)
2010년	대학교육역량강화사업 5년 연속 선정 학부교육 선진화 선도대학 지원 사업 선정 대학교육역량강화사업 성과 평가 및 사업계획 컨설팅 우수 대학 입학사정관제 지원사업 3년 연속 선정
2011년	대학교육역량강화사업 4년 연속 선정
2012년	산학협력 선도대학(LINC) 육성사업 2단계 공학교육혁신센터 사업 중소기업청의 창업교육 패키지 사업(2년 연속) 대학교육역량강화사업 5년 연속 선정
2013년	대학교육역량강화사업 6년 연속 선정 2013 대한민국 참교육 대상 2년 연속 수상(한국언론인연합회 창의융합교육부문)
2014년	취업률 74.5% 기록(전국대학교 '다' 그룹 1위) 학부교육선도대학(ACE)육성사업 재진입 대학특성화사업(CK-I) 7개 사업단 선정 2단계 산학협력 선도대학(LINC) 육성사업(1단계 '매우 우수' 평가)

2. 교육철학 및 목표

건양대는 정직을 교시로 삼고, 참된 인성을 갖춘 학생을 기르는 데 중점을 두고 있다. 교육목적은 탁월한 실용 전문인을 양성하고 화합하는 민주시민을 양성하는 것이다. 교육목표는 총 6가지로 창의적 문제해결능력 함양, 자기주도 학습능력 함양, 글로벌 능력 함양, 건강한 육체와 정신 함양, 봉사하는 리더십 함양, 의사소통능력 함양이다.

건양대의 상징 로고는 '휴먼(HUMAN)'이 '실용(實用)'을 떠받치고 있는 형상이다. 이는 '휴먼역량'을 갖춘 바탕 위에 '실용역량'을 더하여 직장에서 환영받는 '사람', 즉 '휴먼-실

[그림 2-2] 건양대의 상징 로고

출처: 건양대학교 홈페이지(http://www.konyang.ac.kr).

용 인재'를 배출하고자 하는 건양대의 인재상을 표현한 것이다. 또한 인재상의 좌우측에는 휴먼역량과 실용역량의 구현에 필요한 각각의 핵심 역량을 구체적으로 수록하였다. 이는 건양대 교육을 통하여 육성되는 인재의 표상으로, '대학교육의 지향점'이자 '교직원 직무 수행의 출발점'이며 '학생의 자기 발전 노력의 목표점'인 것이다. 특히 실용의 인재상은 건양대 교직원으로 하여금 '가르쳤으면 책임져야 한다.'는 사명감을 갖도록 하였다.

건양대의 비전은 일류·강소·글로컬 대학을 만드는 것이며, 3가지 전략을 제시하고 있다. 첫째는 특성화 전략으로 논산 지역의 창의융합캠퍼스와 대전 지역의 메디컬 캠퍼스를 각각 특성화하는 것이다. 둘째는 차별화 전략으로 역량 중심 교육과정의 운영과 기초교양 교육대학의 강화 및 기숙대학(Residential College)의 설립을 통해 대학의 교육력을 강화하는 것이다. 마지막 셋째는 연계화 전략으로 대학과 산업현장을 연계하는 산학협력 선도대학을 구축하고, 글로벌 진출과 지역사회 협력을 병행하는 글로컬(글로벌과 로컬의 합성어) 대학이 되는 것이다.

3. 구성원의 특성

1) 교 원

　2014년 기준 건양대의 전임교원 현황은 〈표 2-4〉와 같다. 논산 캠퍼스의 경우 부교수 이상 중견 교수가 많지만, 대전 캠퍼스에는 신진 교수가 많다. 건양대의 최근 3년간 전임교원의 수는 268명 수준으로 지속적으로 증가하였지만, 학생 정원은 감소하여 전임교원 1인당 학생 수가 지속적으로 감소하고 있다. 2014년 전임교원의 강의 비율은 68.6%로 전국 대학 평균 61.5%, 비수도권 대학 평균 65.1%보다도 높은 수준이다.

〈표 2-4〉 직급별 전임교원 현황 (단위: 명)

	교수	부교수	조교수	합계
논산 창의융합캠퍼스	78	69	40	187
대전 메디컬캠퍼스	50	43	101	194

출처: 건양대학교 홈페이지(http://www.konyang.ac.kr).

〈표 2-5〉 최근 3년간 전임교원 1인당 학생 수 (단위: 명)

연도	학생 정원	재학생 수	전임교원 수	학생 정원 기준 전임교원 1인당 학생 수	재학생 기준 전임교원 1인당 학생 수
2012	8,454	8,704	251	33.7	34.7
2013	8,296	8,731	251	33.1	34.8
2014	8,212	8,812	268	30.6	32.9

※대학원 포함, 의학계열 제외

출처: 대학 알리미.

〈표 2-6〉 2014년 교원 강의 담당 비율 (단위: %)

	전임교원	겸임교원	초빙교원	시간강사	기타
비율	68.6	4.2	6.9	16.3	3.5

출처: 대학 알리미.

2) 학 생

건양대는 2014년 기준으로 학생 수 8,238명의 중소규모 사립대학이다. 학생 충원율은 108.4%로 전국 대학 평균인 111.7%보다는 낮지만, 비수도권 대학 평균인 104.7%보다는 높은 수준이다. 신입생 정원 내 경쟁률 또한 전국 대학 평균인 9.1%보다 낮지만, 비수도권 대학 평균인 5.8%보다 약간 높은 6.5%다.

입학 편제는 논산 캠퍼스에는 창의융합대학, 재활복지교육대학, 글로벌 경영대학, 군사경찰대학, 의료공과대학, 과학기술융합대학 등 인문, 사회, 교육, 군사, 의료공학, 예체능 계열로 구성되어 있으며, 대전 캠퍼스에는 의과대학과 의과학대학으로 의학계열로 구성되어 있다. 학생 선발은 크게 일반학생전형과 지역인재전형으로 이루어지고 있으며, 지역인재를 선발하기 위한 노력을 계속하고 있다.

〈표 2-7〉 2014년 신입생 및 재학생 현황

신입생 현황					재학생 현황		
정원 내 모집자 수 (명)	정원 내 입학자 수 (명)	정원 내 지원자 수 (명)	정원 내 신입생 충원율(%)	경쟁률(%)	학생 정원(명)	재학생 수 (명)	학생 충원율(%)
1,842	1,838	12,049	99.8	6.5	7,603	8,238	108.4

출처: 대학 알리미.

〈표 2-8〉 2014년 중도탈락 현황

기준년도	재적학생(명)	중도탈락학생(명)	중도탈락학생 비율(%)
2014년	10,576	551	5.2

출처: 대학 알리미.

〈표 2-9〉 2014년 중도탈락 사유   (단위: 명)

	자퇴	미복학	학사 경고	학생 활동	유급 제적	수업 연한초과	기타	미등록
인원수	231	195	18	0	0	0	1	62

출처: 대학 알리미.

〈표 2-10〉 최근 3년간 졸업생 현황

연도	졸업자 (명)		취업자(명)						취업률 (%)	교내 취업 (명)		진학자 (명)		진학률 (%)
			건강보험 DB연계		해외 취업		영농업							
	남	여	남	여	남	여	남	여		남	여	남	여	
2012	793	1,073	485	679	8	28	-	-	75.8	23	31	21	43	3.4
2013	748	1,026	451	676	14	20	1	-	73.9	11	30	20	44	3.6
2014	705	1,014	467	686	10	11	1	-	74.5	13	37	23	48	4.1

출처: 대학 알리미.

건양대 졸업생의 최근 3년간 현황은 〈표 2-10〉과 같다. 2014년 기준으로 취업률이 74.5%이며, 전국 대학 평균 55.7% 및 비수도권 대학 평균 57.2%보다 높은 최상위권 수준이다. 진학률은 2014년 기준 4.1%로 전국 대학 평균 7.8%나 비수도권 대학 평균 5.3%에 비해서도 낮아 건양대 졸업생들은 대체로 진학보다는 취업을 하고 있음을 보여 준다.

3) 직 원

건양대 직원은 2014년 기준 총 150명으로, 직원 1인당 학생 수는 54.9명이다. 2014년 전국 대학 평균 직원 1인당 학생 수는 47명이며, 국공립대학의 경우 37.9명이라는 점에서 취약하다고 할 수 있다. 건양대의 직원들은 학생 및 내방객들이 알아보기 쉽게 초록색 유니폼을 입고 있다. 건양대에서는 신입 직원과 팀장급의 멘토가 정기적으로 모여 아이디어 회의를 하고, 정책연구 수행, 인터넷 cafe 활동, 학생들과의 대화 등 활발한 교내 활동을 함으로써 조직문화 개선에 노력하고 있다.

〈표 2-11〉 2014년 건양대 직원 현황   (단위: 명)

구분	일반직	기술직	별정직	기능직	계약직	기타	합계
논산 창의융합캠퍼스	82	17	0	0	31	0	130
대전 메디컬캠퍼스	13	3	0	0	4	0	20

출처: 건양대학교 홈페이지(http://www.konyang.ac.kr).

[그림 2-3] 건양대 직원 유니폼

출처: 건양대학교 홈페이지(http://www.konyang.ac.kr).

4. 물리적 환경

건양대는 대학 본부가 있는 논산 캠퍼스와 대전 캠퍼스로 구성되어 있다. 논산 캠퍼스는 충남 논산시의 외곽에 위치하여 공기가 좋고 학교 주변에 유흥 지역이 없는 조용한 시골 대학이다. 용산역에서 논산역까지는 고속철(KTX)로 1시간 30분이 걸리고, 논산역에서 다시 시내버스를 타고 10여 분 한적한 도로를 달리면 논산 캠퍼스에 도착할 수 있다.

학교 앞에는 학생들이 자취를 하는 원룸 등이 있으며, 식당, 주점, 분식점, 문구점이 모여 있다. 학생들이 시내에 나가거나 통학을 하는 등의 편의를 돕기 위해 대전, 공주, 부여, 전주, 삼례, 연무, 익산, 함열, 강경, 논산 지역으로 무료 스쿨버스를 운영하며, 천안, 서울 지역의 경우는 승차권을 받지만 일정 금액을 대학에서 지원하고 있다.

2014년 기준 건양대 학생들의 기숙사 수용률은 32.0%로, 전국 대학 평균 17.3% 및 비수도권 대학 평균 20.7%보다 높은 수준이다. 논산 캠퍼스에는 5개의 학생 기숙사가 있으며, 대전 캠퍼스에는 2개의 학사가 있는데, 의료공과대학의 이전에 따라 대전에 기숙사 1개 동을 신축할 계획이다.

5. 대학 구조

건양대 재단인 건양학원은 1980년에 학교법인으로 설립되어, 2014년 현재 건양대, 건양사이버대학교, 건양대 병설 건양고등학교, 건양중학교를 운영하고 있다. 건양학원의 법인은 이사장을 비롯한 7명의 이사진과 2명의 감사진으로 구성되어 있다.

2014년 현재 총장 이하로 교무부총장, 행정부총장, 대외협력부총장, 의무부총장, 국제협력부총장 등 5명의 부총장을 중심으로 대학이 운영되고 있다. 행정기구는 교무처, 학생복지처, 기획처, 총무처, 입학처, 비서실, 평생교육대학, 국제교육원, 창의인재개발원, 정보통신원, 명곡도서관, 산학협력단으로 구성되어 있다.

건양대 행정 조직 및 기구 현황을 살펴보면 [그림 2-4]와 같다.

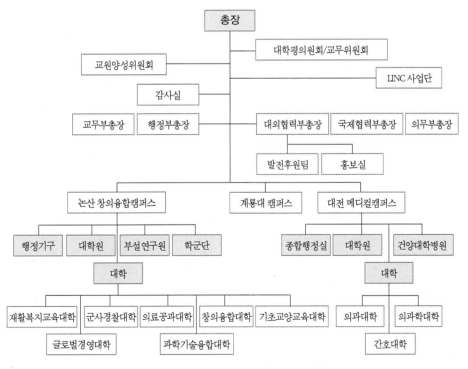

[그림 2-4] 건양대 행정 조직 및 기구 현황

출처: 건양대학교 홈페이지(http://www.konyang.ac.kr).

제3절 건양대학교 학부교육의 특징

이 장의 목적은 건양대 학부교육의 우수성을 확인하고, 이를 가능하게 한 영향 요인을 탐색하여 제시하는 데 있다. 다양한 학내 구성원과의 심층 면담을 통하여 건양대 학부교육의 질 제고에 긍정적인 영향을 미친 교육 제도 및 프로그램이 무엇인지를 밝히고자 하였다. 또한 대학 차원에서 이러한 성과가 발현되도록 뒷받침하는 조직 차원의 특성이 무엇인지를 탐색하였다.

건양대 학부교육의 우수성은 배상훈 등(2011, 2012, 2013)이 3년 동안 전국 대학을 대상으로 수행한 '학부교육 실태조사(이하 K-NSSE)' 결과를 활용하여 확인하였다. K-NSSE는 개별 대학에서 수행되는 학부교육의 질과 성과를 대학생의 학습참여(student engagement) 관점에서 살펴보는 진단 도구로, 대학생의 학습과정과 관련된 6가지 요인을 중심으로 정보를 제공한다. 6가지 요인은 ① 학업적 도전, ② 지적 활동, ③ 능동적·협동적 학습, ④ 교우관계, ⑤ 교수와 학생의 교류, ⑥ 지원적 대학 환경이다. 학부교육의 우수성을 6가지 요인만으로 진단하기는 어렵지만, K-NSSE 진단 결과는 동료 대학과 비교관점에서 해당 대학의 학부교육이 얼마나 우수한지를 알 수 있는 실증적인 자료를 제공한다는 점에서 유용한 자료로 인식되고 있다(배상훈 외, 2011).

지난 3년(2011~2013년) 동안 수행된 K-NSSE 조사에 따르면 건양대는 '③ 능동적·협동적 학습'을 제외한 모든 영역에서 K-NSSE에 참여했던 전체 동료 대학(31개) 및 ACE 대학(23개)보다 우수한 성과를 보였다. 특히 '① 학업적 도전'은 2011년 조사에서는 비교 그룹보다 낮은 점수를 보였지만, 2012년부터는 이러한 차이를 극복하여 역전한 점이 인상적이다. 6가지 영역 중 ② 지적 활동, ④ 교우관계, ⑤ 교수와 학생의 교류, ⑥ 지원적 대학 환경 등은 3년에 걸쳐 꾸준히 비교 그룹보다 높은 점수를 기록하였다. 이하에서는 건양대의 학부교육이 우수한 성과를 보인 이유에 대하여 6가지 요인별로 제시하고자 한다.

〈표 2-12〉 건양대 2013 K-NSSE 조사결과: 6개 영역

K-NSSE 조사영역	건양대학교 (n=400)		ACE(23개) (n=8,659)		전체(31개) (n=10,078)	
	평균	표준편차	평균	표준편차	평균	표준편차
1. 학업적 도전	10.51	3.91	10.45	3.75	10.45	3.75
2. 지적 활동	13.98	2.82	13.53	2.89	13.54	2.91
3. 능동적·협동적 학습	11.04	2.56	11.30	2.60	11.23	2.61
4. 교우관계	11.29	2.84	10.88	2.96	10.87	2.96
5. 교수와 학생의 교류	15.54	4.17	14.08	4.29	14.00	4.28
6. 지원적 대학환경	9.51	2.53	8.93	2.50	8.91	2.51

주: 2013년 3차 조사에는 총 54개 대학이 참여하였으나, 한국교양기초교육원·학부교육 선진화 선도대학 협의회(2013)에서
　는 종단 분석의 취지를 고려하여, 2011년부터 3년에 걸쳐 모두 참여한 31개 대학의 응답 자료를 건양대 자료와 비교·분
　석하여 제시하고 있음.

출처: 한국교양기초교육원·학부교육 선진화 선도대학 협의회(2013). 2013년 대학 학부교육의 질과 성과 분석: 건양대학교.

1. 학업적 도전: '냉철한 진단과 적극적인 개입'

건양대 학생이 지난 3년간(2011~2013년) 학업적 도전 영역에서 거둔 성과를 동료 대학들
과 비교한 결과는 〈표 2-13〉과 같다.

건양대의 2011년 학업적 도전 영역에 대한 점수는 9.31로, ACE 대학(9.52)이나 전체 대학
(9.66)과 비교하여 낮은 점수를 보였다. 그러나 다음 해인 2012년에는 10.74로, ACE 대학 평
균 10.57과 전체 대학 평균 10.50보다 높았다. 불과 1년 만에 학업적 도전 영역에서 높은 성
장 결과를 보여 주었을 뿐만 아니라, 2013년 결과에서도 건양대는 10.51로, ACE 참여대학과
전체 대학 평균인 10.45보다 우위를 유지하였다. 건양대가 보여 준 이러한 도약은 학습량을
끌어올리기 위한 대학 차원의 체계적인 투자와 노력의 결과로 보인다. 특히 '동기유발학
기'라는 건양대의 맞춤형 프로그램은 128개 대학에서 벤치마킹할 정도로 잘 알려지고 효과
적인 것으로 인식되고 있다(최문기, 2015). 그러나 건양대는 여기에서 그치지 않고 대학 주도
의 하향적이고 타율적인 성격을 가진 학습량 제고 정책의 부작용을 인식하고, 창의융합대
학이라는 파일럿 성격의 제도를 운영하고 있다. 2011년에 도입된 단과대학 형태의 창의융

〈표 2-13〉 K-NSSE 자료: 학업적 도전 영역

연도	학업적 도전 영역					
	건양대학교		ACE (11년: 22개교, 12, 13년: 23개교)		전체 31개교	
	평균	표준편차	평균	표준편차	평균	표준편차
2011	9.31	3.53	9.52	3.53	9.66	3.61
	(n=451)		(n=5,368)		(n=7,393)	
2012	10.74	3.96	10.57	3.83	10.50	3.81
	(n=1,188)		(n=7,404)		(n=10,415)	
2013	10.51	3.91	10.45	3.75	10.45	3.75
	(n=400)		(n=8,659)		(n=10,078)	

주: 2013년 3차 조사에는 총 54개 대학이 참여하였으나, 한국교양기초교육원 · 학부교육 선진화 선도대학 협의회(2013)에서
   는 종단 분석의 취지를 고려하여, 2011년부터 3년에 걸쳐 모두 참여한 31개 대학의 응답 자료를 건양대 자료와 비교 · 분
   석하여 제시하고 있음.

출처: 한국교양기초교육원 · 학부교육 선진화 선도대학 협의회(2013). 2013년 대학 학부교육의 질과 성과 분석: 건양대학교.

합대학에서는 학생들로 하여금 사전 학습(pre-class), 토론 수업 등과 같은 자기 주도적 학습
을 유도함으로써 타율적인 학습참여를 극복하려 하고 있다. 이에 대한 구체적 내용은 다음
과 같다.

1) 동기유발학기로 시작하기

동기유발학기제는 건양대가 당면한 교육문제를 정확히 진단하고 이를 해결하기 위해 창
의적인 방법을 고안하여 시행한 프로그램으로, 건양대가 가진 혁신역량을 보여 준 대표적
인 사례다. 지방대학으로 진학한 학생들의 정서적 특성과 교육적 수요에 대한 조사를 바탕
으로 우선 동기유발이 중요하다는 인식 아래 도입되었다. 신입생을 대상으로 학습 및 취업
동기를 유발하고 대학생활의 조기 적응을 유도하기 위해 2011년 854명을 대상으로 최초 시
범 운영되었고, 2014년에는 1,933명 전체 학생이 참여하였다. 개강 후 4주 동안 다른 수업이
없는 가운데 몰입식으로 저명인사 특강, 현장 방문, 리더십 캠프 등을 집중적으로 시행한
다. 이러한 프로그램을 통하여 학생들은 입학과 함께 공부에 대한 의욕과 자신감을 갖고 대

〈표 2-14〉 동기유발학기

- 개요
  - 정의: 신입생들이 다양한 체험활동 및 프로그램을 통하여 향후 4년간 자기 주도적으로 학습하고, 취업진로를 설계할 수 있도록 학습동기와 성공 취업 동기를 유발하며, 대학생활에 조기 적응할 수 있도록 지도하기 위한 독립된 학기다.
  - 목적: 신입생들의 학습동기 및 취업동기를 유발하고 대학생활에 조기 적응을 유도하는 것이 목적이다.
  - 운영방법: 신입생을 대상으로 입학과 동시에 4주간 운영하며, 동기유발학기 종료 후 일반학기를 12주간 몰입식으로 시행한다.
  - 운영단위: 기본 운영단위는 학과 및 단과 대학이며, 사업의 체계적 · 안정적 운영을 위하여 일부 핵심 프로그램을 본부에서 기획하고 운영한다. 대집단 또는 필요시 팀 단위 운영체제를 병행한다.

- 운영 프로그램
  - 운영 주체는 본부, 단과대학, 학과이며, 교과운영계획은 매 학기 시작 전에 교무처장이 공고한다.
  - 본부는 동기유발학기 OT, 자신감 도약 캠프, 미래비전 특강, 건강검진, 도서관 100% 활용하기 등을 시행한다.
  - 단과대학에서는 단과대학 공동체 프로그램, 동기유발 경진대회 등을 운영한다.
  - 학과는 전공몰입교육, 미래직장방문, 멘토 특강, Life Planner, 학과 특성화 프로그램을 운영한다 (2015년 기준).

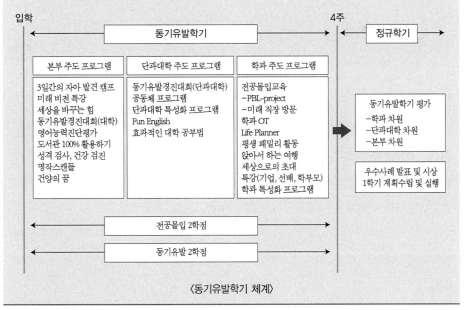

〈동기유발학기 체계〉

출처: 건양대학교 홈페이지(http://www.konyang.ac.kr).

학생활을 시작하게 된다는 것이 프로그램의 취지다. 동기유발학기는 의도했든, 의도하지
않았든 건양대 학부교육을 전국적으로 알리는 대표적인 교육 브랜드가 되었다. 동기유발
학기의 긍정적 효과는 다음과 같은 교수와의 면담에서도 드러난다.

> 동기유발학기를 3주 정도 합니다. 처음에는 나름 "야, 무슨 동기유발학기냐?"라고 이야기도
> 했었어요. 하지만 과정을 지켜보면서 학생들이 참 좋아하는 시간이겠구나. …… 그 안에 전공 몰
> 입이라든지, …… 그런 것들을 통해서 학생들이 강의뿐만 아니고 체험도 하고, 이런 걸 공부하면
> 실제로 도움이 되겠구나, 좀 알고 공부해 나가야겠구나 하고 알게 되서 그나마 조금은 다행스럽
> 죠. …… 학생들한테 사실 제일 중요한 게 질문할 수 있는 자신감인데 그런 거를, 자기 이야기를
> 할 수 있는 칭찬할 수 있는 훈련을 해 주고 그런 거를 열어 주더라고요. (교수 A)

2) 억지로라도 공부시키기

건양대에서 이루어지는 학부교육 관련 의사결정의 특징은 정확한 진단과 자료의 수집
및 분석을 통해 대학이 처한 여건과 현실에 대하여 정확하게 인식하고, 이를 회피하거나
숨기지 않고 혁신적인 방안을 만들어 해결해 나가려고 한다는 점이다. 이 과정에서 신속한
의사결정이 이루어지고, 대학 차원에서 가용자원의 집중 투입과 적극적인 추진이 이루어
진다.

건양대는 재학생들의 학습량 등 학업적 도전과 관련하여 2011년에 문제를 인식하고(〈표
2-13〉에 나타난 2011년 결과), 이를 끌어올리기 위한 다양한 노력을 전개하였다. 구체적으로
학생들이 공부를 많이 할 수밖에 없도록 하는 여러 제도와 비교과 프로그램을 운영하기 시
작하였다. 우선 대표적으로 수시고사 제도가 있다. 이는 정규교육과정에서 수시고사라고
하여 중간고사와 기말고사 이외에도 수시로 시험을 2~3번 보도록 함으로써 학생들이 쉼
없이 공부하도록 한 것이다. 이는 다음의 학생 면담 내용에서도 확인할 수 있다. 이뿐만 아
니라 학교에서 과목당 학점 수에 따라 시험시간도 학교에서 권장하고 있다(3학점 110분, 2학
점 90분).

이러한 제도들은 한편으로는 대학 주도의 하향적(top down)이고 강제적인 학습량 제고

〈표 2-15〉 건양 파워 프로그램(Konyang Power Program: KPP)

• 개요

　건양 파워 프로그램(Konyang Power Program)은 방과 후 학습을 통해 학습량 증대를 꾀하기 위한 것으로, 정규수업 이외에 학과별로 취업에 필수적인 자격증 취득과 외국어 교육 등을 실시한다. '가르쳤으면 책임져야 한다'는 교육철학에 기초하여 주로 방과 후 야간 시간대에 운영되며 현장실무 제고에 기여한다(건양대학교, 2012). 매년 약 200여 개의 프로그램이 개설되며 6,000여 명의 학생들이 수강한다(정영길, 2015).

• 교육과정

　－KPP의 핵심 교육과정은 저학년 위주의 방과 후 교육과정인 KPP 외국어 교육과정과 고학년 위주의 전문자격증 취득과 같은 취업역량 강화를 위한 KPP 취업 MAGIC 과정, 현장 실무능력 향상을 위한 KPP 취업역량 강화과정이 있다.

　－KPP 보조 교육과정은 교수학습 활동을 근간으로 하는 KPP 핵심 교육과정을 보완하는 취업 관련 제반 분야 및 체험활동 중심으로 구성되어 있다.

```
                    ┌──────────────────┐
                    │   동기유발학기    │
                    └──────────────────┘

    ┌──────────────────────┐   ┌──────────────────────┐
    │   KPP 핵심 교육과정   │   │   KPP 보조 교육과정   │
    └──────────────────────┘   └──────────────────────┘
    • KPP 외국어 교육과정      • 해외취업 비교과 교육과정
    • KPP 취업 MAGIC 과정      • 재학생 해외문화체험 프로그램
    • KPP 취업역량 강화과정    • 연구면학 동아리
                               • 직장체험프로그램
                               • 재학생 벤치마킹 프로그램 등
```

〈비교과 교육과정의 구성〉

출처: 건양대학교(2013b).

전략이라 할 수 있다. 그러나 다른 한편으로는 학생의 학업적 도전 측면에서 건양대 재학생들의 초기 수준과 수동적인 학습 태도를 고려하여 결정한 맞춤형 프로그램들이라 할 수 있다. 건양대의 이러한 노력은 〈표 2-13〉에서 나타난 바와 같이 2012년 이후 재학생의 학습량을 실질적으로 끌어올리는 효과를 거두었다.

　　시험이 많아요. 시험이 한 달에 한 번씩 해서 총 세 번이 있어요. 수시고사만 세 번이 있고, 중간

　고사랑 기말고사는 또 따로 있어요. 그래서 학기 중에는 계속해서 시험 준비를 한다고 생각을 하

　시면 될 것 같아요. (학생 A)

건양대는 비교과 프로그램을 통해 전공에 대한 학습량 제고에 못지않게 교양기초교육에 대한 학습도 독려하고 있었다. 대표적인 사례가 건양 파워 프로그램(Konyang Power Program: KPP)이다(정영길, 2015). KPP는 방과 후에 학과별로 취업에 필요한 자격증과 외국어 교육을 제공해 주는 프로그램으로, 2014년 기준으로 연간 300여 개 프로그램이 운영되고 있으며, 약 7,000여 명의 학생이 수강하는 것으로 보고되었다(조선닷컴단미, 2014). KPP는 1학년에게는 의무시행을 원칙으로 하지만, 2학년부터는 자율 선택에 따르도록 하고 있다(건양대 홈페이지). 또한 영어 역량의 제고와 관련하여 2009년부터 토익 점수 600~700점을 졸업요건으로 요구하고 있고(건양대학교, 2012), 독서인증제(교양필독서 100권 감상문 제출 및 인증; 건양대학교, 2012)도 실시하고 있다.

> 저희가 2008년도에 'KPP' 건양파워 프로그램이라고 해서 비교과 과정인데, 이쪽이 지방대이고, 주로 중위권 학생들이 오고, 진입 단계에서 학생들의 학업 편차가 크다 보니까 영어 쪽이 많이 약해서요. 영어 위주로 KPP를 운영하고 있습니다. 이게 방과 후 학습이에요. (직원 G)

이와 같이 억지로라도 공부시키기 위한 대학 차원의 노력에 대하여 재학생들은 긍정적으로 평가하는 것으로 나타났다. 비록 강압적일지라도 공부를 많이 시켜 학생들의 수준을 상향 평준화하고 있다고 느끼고 있었다. 다음의 면담에서 볼 수 있듯이 재학생도 이러한 제도는 건양대가 살아남기 위해서 필수 불가결한 부분으로 인식하고 있었다.

> 건양대가 잘하는 것도 있어요. 상향 평준화. 하위 학생들에게 강제성을 부여해서 상향 평준화시킨다는 거예요. KPP, 독서인증제라든가, 토익 점수를 강제한다든가 해서요. …… 교수님들이 공부를 많이 시키는 것 같아요. …… 교수님들이 향후 학령 인구가 줄어서 지방대가 매우 어려워지기 때문에 살아남으려면 그렇게 해야 한다고 해요. (학생 B)

건양 튜터링 프로그램도 대학생들의 학습을 도와주기 위한 비교과 프로그램이다. 이는 선배가 후배에게 또는 동기 간에 학습활동에 서로 도움을 줌으로써 학습효과를 거두는 것으로 보인다. 튜터 학생의 경우도 튜티를 가르치기 위해 스스로 공부하며 준비하고 전공 기초지식을 복습하게 되어 학습에 긍정적인 영향을 미친다고 하였다. 튜티 학생은 전공 공부에 흥미를 느끼고 다시 튜터로 봉사하는 선순환 연결 고리가 되기도 하였다.

학생들의 튜터링이 끝나고 소감문 같은 걸 받아 보면, 학생들이 공부를 어떻게 하는지 몰랐는데 선배가 이런 식으로 공부를 해서 이렇게 해 보니까 좋았더라. 이런 얘기를 들어서. 학생들의 성적이 0.01에서부터 1.1까지 오르기도 하고. 그리고 선후배랑 만날 기회가 없었는데 이렇게 그룹을 만들어 주니까 고맙다고 하기도 하고. 그리고 튜터 학생의 경우 자기가 공부했던 내용을 자기 튜티들한테 알려 줘야 되기 때문에 본인들한테도 한 번 더 점검해 볼 수 있고, 공부에 대해서, 전공과목에 대해서, 기본적인 전공과목에 대해서 다시 체계를 잡기도 하고. 그런 게 좋다고 하더라고요. (직원 C)

마지막으로 건양대에서는 조금이라도 공부하는 분위기를 조성하기 위해서 다양한 노력이 펼쳐지고 있다. 예컨대, 학생들이 '대학은 공부하는 곳'이라는 인식을 갖도록 하기 위해서 교실에 지정좌석제와 핸드폰 수거 정책 등을 실시하였다. 특히 핸드폰 수거 정책의 경우 비록 반발도 있었지만 이제는 자연스럽게 정착된 것으로 보이고, 교수도 이러한 정책이 학습 분위기 정착에 긍정적 역할을 한 것으로 평가하고 있었다.

[그림 2-5] 건양대 교실마다 놓여 있는 핸드폰 수거함

일단은 수업 분위기라든가 이런 것들을 제대로 하기 위해서, 아시겠지만 핸드폰도 다 수거하고 출결 관리를 굉장히 엄격하게, 두 번 정도 결석하면 집으로 전화를 한다든가, 단과대학에 따라서 조금은 다르겠지만 그렇게까지 하고 있거든요. 그래서 수준이 뭐, 아주 높다, 학부교육이 수준이 높다기보다는 학부교육을 정상적으로 하기 위해서 학교 차원에서 굉장히 많이 노력을 하는 건 사실입니다. (보직교수 B)

3) 이제는 자기 주도의 창의적 학습을 향하여

건양대는 앞과 같이 신입생 단계의 동기유발학기로 시작하여 여러 정규 교육과정과 비교과 프로그램을 통해 다소 하향식·타율적 방식으로 학습량 증대 제고 정책을 펼치는 데 그치지 않았다. 그들은 건양대 학생들을 우수한 인재로 키우고 건양대 교육이 명품 교육이 되려면 단순한 학습량의 제고만으로는 부족함을 인식하고 있었다. 학생 스스로가 창의적으로 학습하고 융합적 사고를 갖도록 하는 것이 건양대 학부교육의 궁극적인 목표라는 것이다(최현수, 2014). 이러한 시도는 창의융합대학이라는 선도 학습모델을 만드는 것으로부터 시작되었는데, 2012년에 단과대학으로 신설되어 현재 융합IT학부, 의약바이오학부, Global Frontier School, 융합디자인학부 등 4개 학부를 대상으로 10학기제로 운영하고 있다. 창의융합대학은 교실 환경부터 창의적이고, 융합적이며, 협동적인 학습이 가능도록 조성하고 있다(그림 2-6). 학장을 비롯한 다수의 교수진도 대기업과 정부기관 출신의 역량 있는 인사를 영입하여 모든 학습 프로그램에 문제 중심, 사례 중심 프로젝트 수업을 반영하고 있다(이은택, 2014).

[그림 2-6] 창의융합대학의 CLD강의실

〈표 2-16〉 창의융합대학

- **개요**

  창의융합대학은 변화하는 미래 사회를 위한 인문과 전공 역량의 혼합형 창의융합 'TX'교육을 실현하고자 2012년에 3개의 전공으로 출발하였다. 현재는 4개의 학부가 운영되고 있는데, 글로벌 프론티어 스쿨(글로벌마케팅 전공), 융합IT학부(ICT 전공, 모바일 전공), 의약바이오학부(제약기술 전공, 제약서비스 전공), 융합디자인학부(디자인기획 전공, 융합산업디자인 전공)다.

- **운영**

  - 4주 단위(1년 10학기제) 수업 진행에 의한 집중 교육 시스템을 운영한다. 오전에는 리버럴아츠(liberal arts) 중심의 수업 활동, 오후에는 자기 전공 중심의 수업과 팀 프로젝트 활동을 수행한다. 집중 교육 시스템에 알맞도록 기존의 1년 2학기제에서 1년 10학기제의 수업 운영방식(정규 학기 8개 학기, 집중 학기 2개 학기)으로 변화가 이루어졌다.
  - 수업 방식은 일방향적인 강의가 아닌 학생들이 자체적으로 팀 프로젝트를 수행하고, 스스로 평가하면서 실무 중심의 교육을 받을 수 있는 수업 방식(PBL, TBL, CLD)을 사용한다.

  〈4주 단위(1년 10학기제) 수업 운영〉

상반기(3~8월)	1st term	2nd term	3rd term	4th term	여름 집중학기
하반기(9~2월)	5th term	6th term	7th term	8th term	겨울 집중학기

  - 4주 2모듈(교과목) 수업 배치는 4주에 2개의 과목만 배정하여 집중적으로 교육 받을 수 있도록 만든 시스템으로, 교육과정은 4주에 마칠 수 있도록 모듈화된 교과목 형식으로 구성한다.

  〈4주에 2모듈(교과목) 수업〉

구분	월	화	수	목	금
오전	A 모듈	B 모듈	After Class & Study	A 모듈	A 모듈
오후	B 모듈	B 모듈		B 모듈	B 모듈
	비교과활동	비교과활동		비교과활동	비교과활동

- **입학 제도**

  신입생은 무전공으로 입학하여 1학년 단계에서 공통 전공역량 과정을 이수하고, 2학년 단계에서 자기 전공 과정을 복수로 자율 선택하여 2개의 전공 학위를 취득하게 된다.

〈무전공 입학 제도〉

창의융합대학 입학 > 1학년 리버럴아츠/공통전공 > 2학년 자기전공(복수) 선택

- 교수 임용

  실용인재의 양성을 위해 창의융합대학 교수 절반 이상은 삼성, 현대, LG 등 주요 기업과 교육부, KOTRA 등에서 일한 경험이 있는 인사들로 구성하고 있다. 실제로 창의융합대학 학장은 삼성디스플레이 출신이며, 다른 교수들도 현대카드 디자인 팀장, LG 중국 법인장 등 다양한 분야에서 실무 경력을 쌓은 현장 경험을 가지고 있다.

- 지원 환경

  국가사업의 지원과 추가 50여 개 기업의 후원을 받아 재학생 전원에게 등록금의 50%를 장학금으로 지급하고, 모든 학생을 대상으로 노트북을 지급하는 파격적인 혜택을 부여한다. 또한 신입생 전원이 기숙사에 들어갈 수 있는 자격을 가지고 있으며, 전공심화를 위한 현장 기반의 프로젝트를 중점 수행한다. 또한 외국어를 비롯해 문화, 예술 분야의 각종 체험활동을 하는 레지덴셜 칼리지 프로그램을 통해 다채로운 대학생활도 즐길 수 있도록 지원하고 있다.

출처: 건양대학교 홈페이지(http://www.konyang.ac.kr); 이은택(2014).

창의융합대학에서 이루어지는 **수업**은 Creative-learning-by-doing(CLD), 즉 창의적 체험학습으로 불리고 있다. Pre-class(**수업** 전 사전 학습), In-class(수업 중 팀별 프로젝트), Post-class(수업 후 관리)로 이루어지는 CLD 수업에 대한 설명은 다음과 같다.

보셨겠지만 (책상이) 원형으로 되어 있어서 그냥 4명, 5명 한 팀을 이루어요. 그래서 수업의 강의를 최소화해요. 학생들이 정말 알아야 할 내용만 핵심으로 해서 교수님들이 한 2~30분 강의를 해 주시고, 그다음 팀 활동을 이루는데. …… 인클래스 수업을 하기 위해서 반드시 지녀야 할 기본적인 지식, 이런 것들을 미리 프리클래스를 설계해 줘서 …… 학생들이 그 지식을 기반으로 하여 조금만 더 찾아서 해결할 수 있는 문제를 제시해 줘요. 그러면 팀별로 그 문제를 해결해요. 협동을 통해서. 그리고 그걸 발표를 하고, 그것에 대한 피드백을 받는 거죠. 그것이 인클래스의 문제고

〈표 2-17〉 창의융합대학의 창의적 체험학습(Creative-learning-by-doing: CLD)

• 개요

창의융합대학의 수업 방법은 Creative-learning-by-doing, 즉 창의적 체험학습이라고 명명한다. 창의융합교육을 위한 모듈 수업의 효과를 극대화하기 위해 학생 스스로 생각하고 체험하여 습득하는 창의적 학습활동 위주의 차별화된 수업 모형이다.

• 내용

창의적 체험학습을 위한 수업은 Pre-Class(수업 전 사전 학습), In-Class(수업 중 팀별 프로젝트), Post-Class(수업 후 관리)의 3단계로 구성된다. Pre-Class에서는 학생들이 학습을 설계하고 수업을 준비하며 사전 학습 결과를 점검하는 과정(자기주도적 학습 과정)이며, CLD 수업의 성패를 결정짓는다. In-Class에서는 팀기반 학습과 프로젝트형 과제를 수행하고, 다양한 교수-학습방법(PBL, CBL, TBL)이 활용된다. Post-Class에서는 심화학습과 학습 성찰의 기회가 제공된다. 수업의 품질을 관리하기 위하여 Pre-Class 단계에서는 전공분과위원회 및 교육품질관리위원회 평가가 수반되고, In-Class 단계에서는 교육품질관리위원회가, Post-Class 단계에서는 CLD 교육연구소의 관리가 이루어진다.

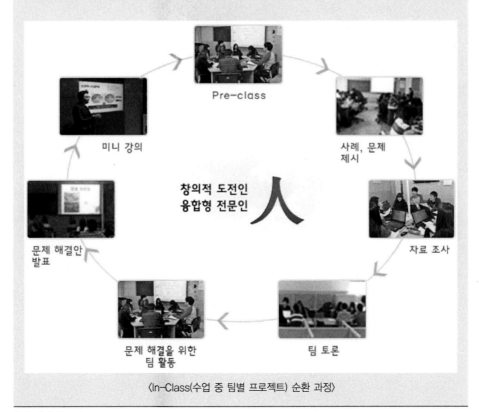

〈In-Class(수업 중 팀별 프로젝트) 순환 과정〉

출처: 정영길(2015).

요. 그다음에 프로그램 가운데 개인적으로 흥미가 있는 프로그램이 있을 수 있잖아요. '아, 내가 이거 오늘 다뤄 봤는데 정말 나한테 흥미 있는 문제 같다.' 그러면 혼자 더 깊게 공부할 수 있도록 포스트클래스에 대한 과제 같은 것을 내줘요. (교수 B)

학생은 창의융합대학의 수업을 수강하기 위해서는 pre-class(수업 전 사전 학습)를 수행해야 하는데, 면담에 참여한 학생은 이를 위해 요구되는 공부량이 '방대'하다고 표현하였다. 이러한 사전 학습과 토론 수업으로 진행되는 창의융합대학 수업에는 학생이 자기 주도적으로 학습하도록 유도하고자 하는 대학의 교육적 비전이 담겨 있다.

(대학/건양대에 와서) 열심히 공부하게 됐죠. …… 프리클래스나 토론 학습을 함에 있어서 필요한 점을 만족시키는 과정에서 자연적으로 생겨났다고 생각합니다. (학생 D)

4) 공부시키는 대학이라는 인식과 대학에 대한 학생의 신뢰

대학 차원에서 이루어지는 체계적이고 의도적인 학습 지원 정책과 프로그램은 재학 중인 학생이나 잠재적으로 건양대에 지원을 희망하는 학생 집단에 대하여 건양대가 학습을 책임지는 대학이라는 긍정적 인식을 형성하는 데 기여하는 것으로 보인다. 이를 통해 건양대는 교육기관으로서 신뢰를 형성할 수 있는 것이다. 이러한 현상은 '지원적 대학 환경'과도 연계하여 생각해 볼 수 있다. 예를 들어, 앞에서 인용한 학생 D의 경우 건양대를 선택한 이유는 주위에서 좋은 대학이라는 이야기를 들었기 때문이고, 본인도 건양대가 공부를 많이 시켜서 학생들의 수준을 상향 평준화시키는 대학이라는 점에서 긍정적으로 평가하였다. 이는 또한 다음 학생과의 면담과정에서도 확인할 수 있다.

제가 생각하기에는 …… 지방 사립대 중에서는 …… 공부도 많이 시키는 편이고, 다른 지방 사립대에 비해서는 …… 괜찮은 학교라는 생각이 들어요. 예를 들자면 (다른 지방 사립대는) 튜터링 이라든지, 이런 사업도 별로 안 하는 것 같고, 혹은 아예 모르는 애들이 더 많고. (건양대는) 토익 이라든지 이런 공부를 특별히 더 많이 해 주는 것 같아요. 물론 그것 때문에 학생들이 피곤하고 힘

들긴 하지만 그런 면에서는 잘하고 있는 학교라고 생각해요. (학생 D)

기타 앞으로 논의할 '교수와 학생의 교류'에서도 건양대에서 교수-학생 사이의 친밀한 관계는 학생들로 하여금 보다 열심히 공부해서 교수님께 잘 보이고 싶다는 동기를 유발하는 등 학업의 향상에 도움을 주는 것으로 보인다. 이는 '교수와 학생의 교류' 영역에서 보다 자세히 논의하기로 한다.

2. 지적 활동: '실용'의 교육비전을 건양 교육에 담다

건양대의 2011년 지적 활동 영역에 대한 점수는 〈표 2-18〉에서 보는 바와 같이 13.91로, ACE 대학 평균 13.33 및 전체 참여 대학 31개교의 평균 13.44보다 높았다. 2012년 2차년도의 경우 1차년도에 비해 0.26만큼 감소하였으나 여전히 비교 집단에 비하여 높은 점수 결과를 보였다. 2013년 건양대의 지적 활동 영역 결과 수치는 13.98로 다시 좋은 성적을 기록하

〈표 2-18〉 K-NSSE 자료: 지적 활동 영역

연도	지적 활동 영역					
	건양대학교		ACE (11년: 22개교, 12, 13년: 23개교)		전체 31개교	
	평균	표준편차	평균	표준편차	평균	표준편차
2011	13.91	2.84	13.33	2.92	13.44	2.97
	(n=451)		(n=5,368)		(n=7,393)	
2012	13.65	2.85	13.36	2.80	13.29	2.81
	(n=1,188)		(n=7,404)		(n=10,415)	
2013	13.98	2.82	13.53	2.89	13.54	2.91
	(n=400)		(n=8,659)		(n=10,078)	

주: 2013년 3차 조사에는 총 54개 대학이 참여하였으나, 한국교양기초교육원 · 학부교육 선진화 선도대학 협의회(2013)에서는 종단 분석의 취지를 고려하여, 2011년부터 3년에 걸쳐 모두 참여한 31개 대학의 응답 자료를 건양대 자료와 비교 · 분석하여 제시하고 있음.

출처: 한국교양기초교육원 · 학부교육 선진화 선도대학 협의회(2013). 2013년 대학 학부교육의 질과 성과 분석: 건양대학교.

였고, 이러한 성취는 ACE 대학 및 전체 대학들과 비교했을 때 상당히 높은 수준이다. 이러한 결과는 타 대학들에 비해 건양대의 학부교육이 상대적으로 여러 지적 역량(분석력, 종합력, 판단력, 적용력)을 함양하기 위한 교육을 강조하고 관련된 교육방법을 적용하고 있다고 판단할 수 있다.

아울러 이번 면담 조사 결과에 따르면 건양대 학생이 이러한 영역에서 지적 역량의 성장을 경험하는 것으로 볼 수 있었다. 그러나 이를 얼마나 보편적 결과로 해석할 수 있는지는 좀 더 숙고해 보아야 할 부분이다. 이에 관한 구체적 내용은 다음과 같다.

1) 써먹을 수 있도록 가르쳐야

건양대 학부교육이 문제기반학습(Problem Based Learning: PBL) 수업과 현장 실습을 통해 '이론과 실무'를 겸비하도록 하는 점은 주목할 만하다. 이는 '실용'이라는 건양대의 교육철학과 인재상이 반영된 것이라 할 수 있다. 교수들은 전공수업 과정에서 교육내용과 방법에 있어 종합력, 판단력, 적용력 등을 강조하고, 학생들도 이러한 지적 역량의 학습을 충분히 경험하고 있는 것으로 보인다. 아울러 수업의 결과물을 교내외 공모전 및 관련 발표 대회에 제출하도록 하고, 교내 구성원 또는 교외 관계자(산업체, 학부모, 신입 예정자 등)와 함께 공유하고 발표하는 자리도 많이 갖는 것으로 나타났다. 다음의 면담 내용에서 이러한 수업 방식의 효과에 대한 교수들의 평가와 PBL 수업의 예를 볼 수 있다.

전공을 우선할 수 있는 분위기 자체는 정말 건양대가 최고인 것 같아요. 다른 대학도 물론 전공을 굉장히 많이 신경 써서 하시겠지만, 시스템 자체가 전공과 관련된 것, 현장과 연결시키고 현장에 가서 아이들이 직접 할 수 있는 것, 이게 아예 그냥 이 안에 깊숙이 임베디드(embedded) 되어 있어요. (교수 C)

예를 들자면, 올해에 청소년에게 관련된 문제 중 세월호 특별법 제정이 굉장히 큰 이슈 중에 하나. 그러니까 이거를 법적 근거를 토대로 상담과 트리트먼트를 통해서 이론적으로, 통계학적으로 어떻게 도움을 줄 수 있는가 이런 식으로 PBL을 해서 그거를 공문서로 만들게 돼요. …… 저희가

여가부(여성가족부)에 이런 걸 내서 그게 공문화, 기사화가 되거나 혹은 그게 채택이 돼서 실행이

되거나 혹은 일단 채택만이라도 된다면 A+를 받는 거예요. (학생 A)

앞의 면담 참여 학생은 PBL 수업을 통하여 수업에서 배운 이론을 적용하는 데 필요한 과
정과 역량, 즉 적용력과 판단력 등을 함양한 점에 대해 다음과 같이 설명하였다.

추상적이고 이론적인 것을 실제로 현실에 적합을 시키는 경험을 하다 보니까 너무 어렵고 사

실은 해야 될 게 굉장히 많고, 나는 연구만 하면 되는 줄 알았는데 연구를 하려면 같이 나가서 공

문서도 만들어야 되고, PT도 해야 하고. 사람들 치료만 하면 될 줄 알았는데, 만나서 내가 '나한

테 맡겨 주세요.' 이런 식으로 홍보도 해야 한다는 걸 그때 처음 알게 되었어요. (학생 A)

2) 실용에서 창의와 융합으로: 창의융합대학

앞서 '학업적 도전' 영역에서 설명한 바와 같이, 건양대는 단순한 학습량 제고와 실용적
교육 내용의 수행에 만족하지 않고, 이제 '창의와 융합'의 역량을 갖춘 인재를 기르기 위한
노력을 기울이고 있다. 이는 창의융합대학의 설립과 창의적 체험학습(CLD)이라는 혁신적
이고 실험적인 시도를 통해 구현되고 있다.

교육 방법으로는 Pre-class(수업 전 사전 학습), In-class(수업 중 팀별 프로젝트), Post-class(수
업 후 관리)로 구성된다. 사전 학습의 경우 우선 학생들에게 많은 준비와 학습량을 요구한다.
이어서 수업에서 진행되는 문제해결 중심의 토론 수업은 학생들로 하여금 자료의 검색, 정
보의 질에 대한 판단력, 이를 분석하여 종합하는 능력, 창의적 사고력 그리고 이러한 결과
를 발표하기 위해 내용을 구성하고 표현하는 능력 등을 향상시키는 데 중점을 두고 있다.
즉, 단순한 학습량 제고가 아닌 고차원적인 학습을 향해 나아가고 있는 것이다. 물론 이는
현재 건양대의 모든 학과와 학생을 대상으로 수행되는 것은 아니며, 창의융합대학이라는
파일럿 성격의 집단을 대상으로 시행되고 있다. 최근 지방대학 특성화사업에서 이러한 노
력은 높은 평가를 받아 대형 사업단(브리꼴레르 프로젝트)에 선정되었고, 융합IT학부는 명품
학과로 선정되었다.

　　이러한 과정에서 건양대가 질 높은 학부교육의 구현을 위해 조금씩 꾸준히 노력하고 있음을 알 수 있었다. 이는 파격적이고 매우 혁신적인 시도로도 해석될 수 있으며, 대학 차원에서 이러한 시도가 수용되고 실제로 수행된다는 점에서 건양대의 혁신 역량과 변화의 의지를 볼 수 있다. 이는 지방대학으로서 건양대의 경쟁력 제고라는 궁극적인 목표와 비전에 부합한다. 이러한 내용은 구체적으로 다음의 창의융합대학 학생과의 면담에서 확인할 수 있다.

　　　　토론식 수업을 하게 되면 제가 아까 말씀 드린 대로 발표 능력이 향상되고 PPT 자료를 구성하는 능력이 늡니다. …… 그리고 실질적으로 토론식 수업의 장점은 제가 뭐라고 생각하냐면, …… 정보를 찾아내는 능력, 그런 픽업 능력이 생긴다고 하는 게 가장 뛰어난 장점인 것 같습니다. 그리고 또 예를 들어서 제가 뭔가를 조사를 하려고 했는데 논문을 조사하는데 이런 자료가 나왔다, 그럼 이 자료와 엮어서, 아, 이렇게 생각할 수도 있고. 그러니까 하나의 교과서만 보면 하나의 개념에 대해서만 익힐 수가 있는데 인터넷을 찾다 보면 하나의 지식도 알 수 있을뿐더러 관련된 전공 지식을 더 폭넓게 넓힐 수 있는 것 같아요. (학생 D)

3) 비교과 프로그램을 통한 지적 성장

　　건양대 학부교육에서 지적 활동은 정규수업에서 이루어지는 문제기반학습(PBL), 창의적 체험학습(CLD)와 같은 수업 방식뿐만 아니라 다양한 비교과 프로그램을 통해서도 이루어지고 있다. 예를 들어, 건양튜터링 프로그램은 학습 도우미 역할을 하는 튜터가 수업을 넘어서 또는 여러 수업을 연결하며 학생의 다양한 지적 활동을 촉진하고 있었다. 예컨대 다음 면담 내용을 보면 건양튜터링 프로그램에서 튜터로 활약한 학생의 경우 다양한 분야의 지식을 종합하고 표현하는 능력, 즉 종합력과 표현력의 성장을 경험하고 있었다.

　　　　당연히 하길 잘했죠. 왜 그런 생각이 드냐면, 그런 거예요. 제가 알고 있는 거를 남들한테 알려주려면 정리를 한 번 해 줘야 되잖아요. 아, 이거를 요거랑 연결시켜서 알려 주고, 아, 이거 먼저 알려 주고 이것을 나중에 알려 주고. 특히 정리하는 과정에서 제가 알고 있던 게 확실하게 공부가 되고. 뿐만 아니라 그렇게 연결하는 과정에서 이 과목과 다른 과목에서 따로따로 배워졌던 지식들이 합쳐진다는 느낌도 받았어요. 그리고 자연스럽게 말이 늘어요. (학생 E)

한편 파트너십 트레이닝 프로그램의 경우 교양필수 과목으로 운영되면서 자기주도적 협업과제 활동을 적극적으로 장려한다. 프로그램의 일환으로 작성해야 하는 보고서에는 학생들이 파트너십 트레이닝 프로그램을 통하여 경험한 학습 내용을 포함시키도록 하고 있으며, 이는 정형화되지 않은 방식으로 다양한 체험을 통해 학생들의 지적 활동을 촉진시키는 역할을 하고 있는 것으로 보인다.

파트너십 트레이닝이라는 거는 목요일날 기본적으로 실시하는 건데요. …… 외부 활동이나 동아리 활동에 가깝다고 볼 수 있는데 …… 사전에 팀장을 뽑아서 교육을 시키고 보고서를 작성하도록 하는데, 기본적으로 봉사실적이라든가 봉사활동 내용을 적는다기보다는 그 봉사활동을 통해서 학생들이 뭘 느꼈고 어떤 동기감을 느꼈는지 그런 걸 주로 적습니다. (학생 D)

4) 학습동기유발로 지적 성장을 극대화

건양대 학부교육에서 관찰되는 학생들의 다양한 지적 활동은 대학 차원에서 다각도로 진행되고 있는 각종 동기유발 기제가 상호 유기적으로 상호작용하면서 시너지를 창출하고 있는 것으로 보인다. 앞서 기술하였듯이 신입생 단계에서의 동기유발학기부터 시작하여 수업 과정에서는 현장감 있는 학습 방식을 수행하고, 수업과 학습의 결과물을 교내외 공모전 및 관련 발표 대회에 제출하여 교내 구성원 또는 교외 관계자(산업체, 학부모, 신입 예정자 등)와 공유하고 발표하는 학습 사이클을 가지고 있다. 이러한 교육 과정은 학생들로 하여금 성취감과 동기를 고취시키는 역할을 하고 있는 것으로 보인다. 이와 더불어 ACE 리더, 건양 튜터링, 평생 패밀리 제도, 여러 장학금 제도 등도 건양대 학생들의 적극적인 참여와 성취욕구를 자극하고 있는 것으로 보인다. 또한 교수-학생 간의 긴밀한 관계가 학생의 학습 의욕을 고취시키기도 한다. 교수와의 상담이나 지도뿐만 아니라 졸업한 선배에 대한 이야기를 들려줌으로써 학생 본인의 미래와 진로에 대해 생각해 보도록 자극하고, 이는 결국 이와 관련된 전공 영역의 학습에 자발적으로 집중하게 되는 학습동기 유발의 효과도 있다는 것이다.

> 어떻게 하면 학생들이 졸업을 하고 더 사회에 공헌을 하거나 사회에 더 필요한 사람이 될까 고민을 해서 동기유발학기도 만든 것이고. 학교생활 초반에 적응을 잘 하도록, 전공에 대한 이해를 올릴 수 있도록 프로그램을 운영한다는 생각을 하거든요. 그래서 학생들이 동기유발학기 같은 경우는 입학을 해서 4년 동안 본인이 어떻게 생활을 해야 된다는 그런 인식이라든지 이미지를 형성해 주는 프로그램이라고 생각을 해요. 그래서 전체적으로 1학년들한테 운영하는 프로그램은 기본적으로 4년 동안 뭘 해야 하는지, 여기에 내가 왜 왔는지, 뭘 공부하러 왔는지 생각을 하게끔 하는 그런 프로그램을 운영하고, 그런 방향성을 갖고 있다고. (직원 C)

3. 능동적 · 협동적 학습: '자기주도성이 문제다'

건양대 학생들의 능동적 · 협동적 학습 영역 진단 결과는 〈표 2-19〉에서와 같이 2011년 11.33에서 2012년 10.93으로 감소하였지만 2013년에는 11.04로 0.11만큼 상승하여 소폭 회복하였다. 이러한 변화는 건양대만의 경향은 아니었는데, ACE 대학 및 전체 대학들 역시 2011년에 비해 2012년 능동적 · 협동적 학습 영역에서 감소세를 보인 뒤 2013년에는 0.06만큼 상승하였다. 그러나 중요한 점은 건양대 학생들이 능동적 · 협동적 학습 영역에서 ACE 대학 및 전체 대학들과 비교하였을 때, 매년 상대적으로 낮게 나타났다는 점이다. 2013년에 비록 그 차이가 근소해지기는 하였지만, 이러한 결과는 건양대 학부교육에서 능동적 · 협동적 학습 영역이 상대적으로 부족한 것으로 해석할 수 있다.

그럼에도 건양대 학생들의 능동적 학습은 정부 재정지원 사업과 학교의 노력을 통해 과거와 비교하여 성장하고 있어 이에 주목할 필요가 있다. 또한 협동적 학습의 경우 비교과 프로그램 및 창의융합대학과 같은 새로운 시도 속에서 중요하게 강조되고 있다. 이에 대한 구체적 내용은 다음과 같다.

〈표 2-19〉 K-NSSE 자료: 능동적 · 협동적 학습 영역

연도	능동적 · 협동적 학습 영역					
	건양대학교		ACE (11년: 22개교, 12, 13년: 23개교)		전체 31개교	
	평균	표준편차	평균	표준편차	평균	표준편차
2011	11.33	2.48	11.69	2.49	11.60	2.50
	(n=451)		(n=5,368)		(n=7,393)	
2012	10.93	2.58	11.24	2.57	11.17	2.56
	(n=1,188)		(n=7,404)		(n=10,415)	
2013	11.04	2.56	11.30	2.60	11.23	2.61
	(n=400)		(n=8,659)		(n=10,078)	

주: 2013년 3차 조사에는 총 54개 대학이 참여하였으나, 한국교양기초교육원 · 학부교육 선진화 선도대학 협의회(2013)에서
　는 종단 분석의 취지를 고려하여, 2011년부터 3년에 걸쳐 모두 참여한 31개 대학의 응답 자료를 건양대 자료와 비교 · 분
　석하여 제시하고 있음.

출처: 한국교양기초교육원 · 학부교육 선진화 선도대학 협의회(2013). 2013년 대학 학부교육의 질과 성과 분석: 건양대학교.

1) 정부사업을 통해 능동적 학습태도 키우기

건양대 학부교육에서 능동적 학습은 다른 대학과 비교하여 부족한 것이 사실이며, 건양
대 구성원들은 이를 확실히 인식하고 있었다(정영길, 2015). 중요한 점은 이러한 문제를 대학
차원에서 단순히 인지하거나 회피하지 않고 이를 적극적으로 해결하려는 의지가 충만하다
는 것이다. 특히 정부 재정지원 사업으로 확보한 재원과 혁신의 동력을 이러한 구체적인 문
제의 해결에 활용하는 체계적인 전략에 주목할 필요가 있다. 심층 면담에 참여한 건양대 출
신 연구원에 따르면, 예전에는 건양대 학생들이 스스로 목표를 설정하고 달성하려는 의지
와 태도가 부족하였다. 그러나 이제는 재학생들이 목표 의식과 함께 스스로 무엇인가를 하
려는 의욕을 가지기 시작했음을 경험하고 있다는 것이다.

관련 문헌 및 면담 분석 결과, 이러한 변화의 과정에는 다음과 같은 선순환이 일어나고
있음을 알 수 있었다. 첫째, 대학이 ACE 사업과 같은 정부 재정지원 사업을 성공적으로 수
주하고, 그 사업의 일환으로 학부교육의 질을 높이기 위한 여러 프로그램을 개발하여 운영
해 왔다. 둘째, 학생들은 처음에는 이러한 프로그램에 참여하기를 꺼리거나 억지로 참여하

는 편이었다. 셋째, 그러나 이제는 학생들이 이러한 프로그램을 스스로 찾아서 참여하고 있음을 볼 수 있다. 그 이유는 관련 프로그램에 참여했던 선배들을 볼 때, 여러 가지 긍정적인 성과가 있음을 확인할 수 있었기 때문이고, 논산과 같이 지리적으로 불리한 위치에서 영어학습이나 관련 자격증을 획득하기 위한 학습 기회가 부족한데, 대학에서 제공하는 프로그램들이 이를 보완해 준다는 인식이 학생들에게 널리 퍼지기 시작했기 때문이다. 마지막으로 이와 같은 학습 프로그램에 참여하여 학습하고 성취해 나가는 과정에서 건양대 학생들은 대학에 대한 신뢰를 형성하고 스스로에 대하여 자신감을 얻거나 무엇인가를 주도적으로 하고자 하는 목표 의식이 고취되는 변화를 보였다는 것이다. 요컨대 정부 재정지원 사업을 계기로 대학 차원에서 이루어진 노력으로 건양대 학생들은 자신감, 목표 의식, 성취동기를 함양하게 되었고, 실질적으로 관련 프로그램과 학습에 능동적으로 참여하는 선순환이 이루어지고 있다는 것이다. 비록 〈표 2-19〉에서 볼 수 있는 바와 같이 동료 대학과 비교할 때 능동적 학습이 뛰어나다고 볼 수는 없지만 이 분야에서 변화가 일어나고 있다는 것이다.

> 서로 간에 어떤 신뢰나 믿음 같은 게 있는 거 같아요. 위에서 지시를 했을 때 그게 전혀 생뚱맞지는 않을 것이라는 거. 그리고 또 일단 해 보자 하는 마음이 너무 강해요. …… 그런 식으로 해 왔다 보니까, 확실히 이제 졸업이 책임이 져지고, 취업도 책임이 져지니까. 그러다 보니까 이제 애들이 하는 거 같아요. 그리고 위 선배들도 하라고 자꾸 하는 편이고. (직원 B)

아직 일반화된 현상이라 보기는 어렵지만, 앞서 설명한 창의융합대학의 사전 학습과 토론식 수업도 건양대 맞춤형 능동적 학습 제고 프로그램이라고 할 수 있다. 다음은 그러한 수업현장을 묘사한 장면이다.

> 일반 수업시간이 아예 토론 형식이라고 보시면 돼요. 그래서 일단 학생들이 들어오면요, 육각형 형식으로 된 테이블에 각각 앉게 돼요. …… 교수님이 들어오시게 되면 프로젝트를 던져 주시고 우리끼리 자유롭게 이야기를 하다 보니까 돌아다니면서 멘토 역할을 해 주시는 거예요. …… "교수님 여기 질문이 있는데 잠시 와 주실 수 있나요?" 하면 교수님께서 친절하게 와 주십니다.

그럼 교수님께 질문을 하면 교수님께서는 바로 답을 알려 주시는 게 아니라 '이렇게 이렇게 접근해 보면 좋겠다.' '이렇게 이렇게 해 보면 좋겠다.' '이런 게 좋지 않겠다.'라고 간접적인 방법을 알려 주시면, 저희가 그걸 '아, 이런 방법도 있구나.'라고 생각을 해서 저희 6명이 다시 생각을 해서 저희 6명만의 결론을 다시 내는 겁니다. (학생 D)

2) 협동적 학습을 위한 수업 방법의 전환

학생들의 협동적 학습은 건양대가 가장 노력하고 있는 분야 중 하나다. 이는 건양대 학생들이 협동적 학습에 취약하다는 진단에 기초하고 있다(정영길, 2015). 우선 교수들은 수업 방식을 바꿈으로써 협동적인 학습 분위기가 조성되도록 노력하고 있다. 이러한 노력들을 통하여 비록 아직은 크지는 않을지라도 의미 있는 변화가 일어나고 있는 것으로 보인다.

건양대가 야심 차게 추진하고 있는 창의융합대학의 경우에는 토론식 수업 이외에도 '콘실리에르'라는 학생 주도의 소수정예 수업을 시행하고 있는데, 이 역시 협동적 학습 분위기의 조성에 한몫하고 있다. 이를 창의융합대학 학생은 다음과 같이 묘사하였다.

교수님과의 그런 소수정예로 해서 운영하는 프로그램이 있습니다. 마치 동아리처럼 하는 방식인데요. …… 자기가 원하는 과목을 수강하게 되면 후배들, 혹은 동기들과 같이 교수님과 소수정예로 움직이게 되는 거죠, 한 학기 동안에요. 선배 입장에서 후배가…… 발표를 할 때 개방적인 분위기로 자유롭게 토론하면서 저 부분이 잘못됐다, 이 부분은 고쳤으면 좋겠다, 작년에 우리가 뭘 잘못했는데 이 부분은 실수하지 않았으면 좋겠다. 이런 식으로 조언을 할 수 있다는 점에서 후배에게 도움이 되는 것 같고요. (학생 D)

3) 다차원적 인간관계가 협동적 학습으로

건양대는 대학 차원에서 다양한 비교과 프로그램을 통하여 의도적으로 선후배 또는 학생 동료 사이에 긴밀한 인간관계를 맺어 주고 있는데, 이 과정에서 자연스럽게 협동적 학습이 일어나고 있음을 확인할 수 있었다.

우선 건양 튜터링, 멘토링과 같은 프로그램은 선후배 사이와 동료들 사이에서 협동적 학습을 가장 직접적으로 형성하고 있음을 볼 수 있었다. 예컨대, 튜터 역할을 맡은 학생들은 튜터링 과정에서 가르치는 데 그치지 않고 튜티 학생들과 서로 함께 배울 수 있었다고 진술하였다. 이는 다음과 같은 튜터의 참여 후기를 통해 확인할 수 있었고, 리더십과 관용을 배웠다는 튜터의 사례에서 확인할 수 있었다(건양대 교수학습지원팀, 2014).

> 아무래도 고등학교 졸업하고 와서 대학교에 처음 왔을 때 어떻게 공부해야 하는지 학생들은 막막하잖아요. 고등학교 때처럼 하는 게 아니니까. 그거에 대해서 조금 조언해 줄 사람이 필요한데, 그걸 교수님께 찾아가는 것도 학생들은 부담스러워하고. 그래서 튜터라는 같은 학생 입장이면서 선배한테 도움을 얻고, 또 선후배 관계에서도 네트워킹이 활성화되면서 튜터링이 좀 더 좋은 프로그램이라고 생각을 하고 있어요. (직원 C)

건양대 멘토링 프로그램도 협동적 학습 태도의 함양에 기여하고 있는 것으로 나타났다. 이 제도는 학생들이 다른 학생의 학과와 학교생활에 대한 적응을 돕고 대학에서 이루어지는 생활과 학습에 있어 다양한 방법으로 도움을 주는 것이 취지인데, 여기에 참여하고 있는 학생들은 협동적 학습을 경험하고 있다는 것이다. 멘토링에 참여한 튜티 학생이 선배 튜터와의 대화 경험을 다음과 같이 말하고 있다.

> (선배 튜터들을 만나면 이런 대화가 오고 갑니다.) "이런 과목은 이렇게 공부해야 해." 그런 게 아니라, "리포트는 요런 거는 요런 거 쓸 때 좋을 것 같아. 여기 넣을 때는 이렇게 이것을 넣고 본론을 이것을 넣고 결론을 여기 넣으면 더 좋을 것 같아." 그다음에 "자료 같은 것 어떻게 찾아요?" "너희들은 어떻게 찾는데?" "저희는 전공 책 뒤져요." "전공 책에 보면 저자가 나와. 그 저자를 RISS에 쳐 봐. 그러면 논문이 쫙 나와. 그 논문을 보면 훨씬 더 자세하게 알 수 있어." (학생 E)

마지막으로 파트너십 트레이닝과 같이 비교과 프로그램을 이제는 교양필수 과목화하였고, 그 과정에서 학생들은 능동적·협동적 학습을 경험하고 있었다. 이는 전공 중심의 교과 프로그램이 아닌 다양한 비교과 프로그램을 통하여 능동적이고 협동적인 학습이 자연스럽

〈표 2-20〉 건양 튜터링

• 개요
  - 정의 : 특정한 과목에 정통한 학생이 튜터(Tutor)가 되고, 그 내용을 함께 배우고자 하는 학생이 튜티(Tutee)가 되어 학습하는 협동학습 프로그램이다.
  - 목적: 튜터는 튜터링 그룹을 지도하면서 학문적 자아 존중감과 리더십을 개발할 수 있다. 튜티는 전공과목에 대한 체계적인 이해를 하고, 동료들과의 학습 방법을 공유함으로써 학습력 향상 및 취업 경쟁력을 강화시킬 수 있다.

• 내용
  - 자격 요건 및 구성

튜터	• 2~4학년 재학생 중 학점평균 A0 이상인 자(원칙), 학과 특성에 따라 변동 가능함 • 튜터링 과목을 A0 학점 이상으로 이수한 학생
튜티	• 재학생 중 전반적인 학습적 도움이 필요하다고 판단되는 학생 • 튜터링 과목 담당교수 또는 학과교수의 추천을 받은 자 • 튜티 인원: 그룹당 4~8명(5명 권장) • 튜터링 그룹에 중복으로 참여 불가
튜터링 과목	• 해당 학기에 개설된 전공과목 중 이론과목(*학과 특성에 따라 변동 가능)

  - 운영절차
    ① 튜터링 그룹 형성
    ② 서류 작성
    ③ 서류 제출: 교수학습지원팀에 튜터링 지원서, 튜터 추천서, 학습 계획서 제출
    ④ OT 실시
    ⑤ 튜터링 활동: 12시간 활동(주 1회 2시간 이상)
  - 지원사항
    • 튜터링 활동 점검: 튜터링 활동 장소 제공 및 활동 점검
    • 활동 인증서 발급: 튜터링 활동 인증서 발급(활동 12시간 이상, 평가점수 60점 이상 그룹만)
    • 기타 지원 사항: 튜터링 그룹 평가 후 우수 튜터, 튜티 학생비 지급

출처: 건양대학교 교수학습지원팀(2012), pp. 8-11.

게 일어나도록 하고 있는 것이다. 이 프로그램을 지도하고 있는 어느 교수는 다음과 같이 설명하고 있다.

　　최근에는 파트너십 트레이닝으로 과목명을 바꾸면서 집중적으로 1, 2, 3학년을 대상으로 1학

점씩 6학기 동안 계속하도록 해요. 그 안에서 그, 한 10명에서 15명의 사이의 학생들이 팀 작업을 하고 자기주도적으로 자기들이 할 수 있는 지역에서 봉사활동이나 이런 것들을 포함해서 그 팀에서 할 수 있는 것들을 스스로 한 학기 동안 커리큘럼이나 그런 것들을 스스로 정하지요. 그 안에는 팀장도 있고, 계획도 세우고, 결과 보고도 하고…… 이런 활동들을 할 수 있도록 일종의 협업능력이랄까 이런 것들을 많이 하도록 조금씩 변화시켜 가고 있습니다. (교수 D)

4. 교우관계: '전 방위로 인간관계 엮기'

건양대의 교우관계 영역을 살펴보면, 2011년의 11.73에 비해 2012년, 2013년의 수치가 조금 낮아진 것을 볼 수 있다(〈표 2-21〉 참고). 비록 2013년에는 11.29로 2012년의 11.18보다 소폭 상승하였지만, 뚜렷한 성장을 보이고 있지는 않다. 물론 이 조사에 참여하였던 ACE 대학 그룹에서 감소의 경향은 보다 현저하게 나타났다. 2011년 10.96에서 2013년에는 10.88로 하락하였다. 전체 31개교 대학의 평균 점수는 변화 폭이 10.96에서 10.74, 이후 10.87로 가장

〈표 2-21〉 K-NSSE 자료: 교우관계 영역

연도	교우관계 영역					
	건양대학교		ACE (11년: 22개교, 12, 13년: 23개교)		전체 31개교	
	평균	표준편차	평균	표준편차	평균	표준편차
2011	11.73	2.83	10.96	2.82	10.96	2.78
	(n=451)		(n=5,368)		(n=7,393)	
2012	11.18	2.87	10.90	2.87	10.74	2.85
	(n=1,188)		(n=7,404)		(n=10,415)	
2013	11.29	2.84	10.88	2.96	10.87	2.96
	(n=400)		(n=8,659)		(n=10,078)	

주: 2013년 3차 조사에는 총 54개 대학이 참여하였으나, 한국교양기초교육원·학부교육 선진화 선도대학 협의회(2013)에서는 종단 분석의 취지를 고려하여, 2011년부터 3년에 걸쳐 모두 참여한 31개 대학의 응답 자료를 건양대 자료와 비교·분석하여 제시하고 있음.

출처: 한국교양기초교육원·학부교육 선진화 선도대학 협의회(2013). 2013년 대학 학부교육의 질과 성과 분석: 건양대학교.

적었지만, 건양대와 같은 변화 추세를 보였다.

1) 선배가 후배를 책임지도록

흥미로운 점은 앞서 면담 결과를 통하여 살펴본 바와 같이 선후배 관계가 돈독하다는 사례는 많이 접할 수 있었지만, 건양대 학생들 사이에서 교우관계가 특별히 좋다는 것에 대한 진술은 발견하지 못한 측면이 있다. 이것이 건양대만의 특징인지 아니면 대학에서 상대평가의 실시, 좁아진 취업의 문 등으로 동료 간의 일반적인 경쟁이 심화되고 있는 우리나라 대학의 현실을 반영하고 있는 것인지에 대해서는 보다 심층적인 분석이 요청된다.

그럼에도 연구자들은 여러 사례를 통하여 건양대가 대학 차원에서 교우관계의 형성에 힘쓰고 있음을 볼 수 있었다. 특히 선후배 학생들 사이에서 교류와 배움을 나누는 활동은 동기유발학기, 평생 패밀리 제도, 건양 튜터링, 멘토링 등 여러 비교과 프로그램을 통하여 활발히 이루어지고 있었다. 아울러 학과 내에서 학생들이 집단적으로 참여하는 다양한 학습 활동과 체험을 통하여 학생들은 서로 유대감을 형성해 나가고 있는 것으로 보인다.

다음의 사례는 건양 튜터링에 참여한 학생이 선배 튜터를 본받아 자신도 튜터 역할에 참여한 예다. 교수학습지원팀에 따르면 튜티였던 학생이 튜터가 되는 경우는 약 19% 정도라고 한다. 그러나 선후배 간의 네트워크도 학과 내지 단과대학 내에 한정되는 경향도 있어 개선할 과제로 생각된다.

> 그 선배의 모습이 너무 멋있어 보였어요. 내가 아는 것을 후배에게 이렇게 전달해 주고. 근데 그것도 대충 하는 것이 아니라 너무 준비를 열심히 해 오시고. 교수님만큼 설명을 되게 잘해 주시는 거예요. '아, 나도 하고 싶다.' 그 모습을 보고. 그걸 동경으로 삼았죠. 그래서 저도 하게 된 거예요. 튜터를. 복학을 하고 제가 또 후배들을. (학생 E)

2) 경쟁적인 교우관계

반면 학생들 사이에서 동기 간의 관계는 선후배 사이의 인간관계에 비하여 그리 눈에 띄는 성과를 보여 주지는 못하고 있었다. 대체로 무난, 무던하거나, 오히려 친구들 사이에서 서로 경쟁적인 관계에 있다고 묘사한 사례가 많았다. 또한 토론식 수업에서 생긴 갈등이 잘 해소되지 못한 경우도 찾아볼 수 있었다. 이는 다음의 면담 내용에서도 확인할 수 있듯이 대학 차원에서 학습량을 제고하고 역량을 키우기 위한 제도와 프로그램은 많이 제공되고 있지만, 학생들 사이에서 성적 경쟁이 심화되거나 깊은 인간관계가 형성되는 데는 한계가 있을 수 있음을 짐작할 수 있다. 이는 건양대가 인성교육을 중요한 교육목표로 설정하고 있음에 반하는 것으로 그 원인에 대한 심층 분석이 요청된다.

아까 교우관계도 물어보셨는데, 인성을 도모할 수 있는 환경적 여건이라든가 시간적 여유가 사실 많이 없는 게 사실이고. 그래서 저는 학교에서 인성교육에 그렇게 큰 신경을 쓴다고는 생각하지 못하겠어요. (학생 A)

반면, 창의융합대학과 같은 레지덴셜 칼리지(residential college)의 경우 기숙사 생활과 프로그램을 통하여 보다 깊은 인간관계를 형성하는 것으로 보인다.

동기와 같은 경우는 대부분 친합니다. 저희 같은 경우는 1기다 보니까. 너무 저희가 소수거든요. …… 단과 대학이 합쳐서 35명밖에 안 돼요. …… 그래서 이제 한 반처럼 친하게 지내는 분위기, 그런 분위기가 조성되어 있고. …… 저희는 레지던트 칼리지라고 해서 반드시 그 팀 프로젝트가 있기 때문에, 그 팀 프로젝트가 수업이 끝나는 즉시 이제 끝나는 게 아니라 새벽까지도 계속 이루어지고 있거든요. 지하 강의실이라든가, 기숙사 밑에 있는 그런 강의실을 사용을 해서. …… 기숙사 생활을 하다 보니까 더 친해지는 것 같아요, 확실히. 그냥 통학을 하는 것보다는 학생들 간에 교류도 더 많고 그냥 장난할 수도 있고. 다 뚫려 있거든요. 2인실이라고는 해도 방마다 다 뚫려 있고, 4인 2실로 되어 있고. 보통 룸메이트나 옆방에 친구가 동기 아니면 같은 학과 아니면 같은 단과대학이거든요, 토론식 수업을 하는. …… 친해질 기회는 많다고 볼 수도 있습니다. (학생 D)

5. 교수와 학생의 교류: '측은지심(惻隱之心)의 마음으로'

교수와 학생의 교류 또는 상호작용 영역은 건양대의 강점 분야다. 〈표 2-22〉에서 보는 바와 같이 전체 대학 31개교의 평균은 물론 ACE 참여 대학들의 평균 점수와 비교해서도 매우 높은 점수를 유지하고 있다. 2012년에 다소 감소하기도 하였지만, 2011년 15.11, 2012년 14.75, 2013년 15.54로, 비교 집단의 점수보다 훨씬 높은 수준을 기록하였다. 즉, 건양대에서는 교수와 학생의 교류가 상대적으로 활발하다고 해석할 수 있다.

건양대가 다른 대학과 비교하여 교수와 학생의 교류 영역에서 상대적 우위를 가지는 이유를 관련 프로그램과 건양대 문화에서 찾을 수 있고, 이로 인한 학업 및 진로, 인생관에 대한 긍정적 영향 등을 확인할 수 있다. 교수와 학생 간의 친밀한 관계를 보여 주는 예로 다음의 학생 이야기에서 볼 수 있다.

> 저희는 페이스북이 학과 단위로도 잘 활성화되어 있어요. 교수님들이 페이스북을 매우 좋아하

〈표 2-22〉 K-NSSE 자료: 교수와 학생의 교류 영역

연도	교수와 학생의 교류 영역					
	건양대학교		ACE (11년: 22개교, 12, 13년: 23개교)		전체 31개교	
	평균	표준편차	평균	표준편차	평균	표준편차
2011	15.11	4.16	13.56	4.26	13.41	4.21
	(n=451)		(n=5,368)		(n=7,393)	
2012	14.75	4.31	14.06	2.87	13.64	4.16
	(n=1,188)		(n=7,404)		(n=10,415)	
2013	15.54	4.17	14.08	4.29	14.00	4.28
	(n=400)		(n=8,659)		(n=10,078)	

주: 2013년 3차 조사에는 총 54개 대학이 참여하였으나, 한국교양기초교육원·학부교육 선진화 선도대학 협의회(2013)에서는 종단 분석의 취지를 고려하여, 2011년부터 3년에 걸쳐 모두 참여한 31개 대학의 응답 자료를 건양대 자료와 비교·분석하여 제시하고 있음.

출처: 한국교양기초교육원·학부교육 선진화 선도대학 협의회(2013). 2013년 대학 학부교육의 질과 성과 분석: 건양대학교.

셔서 저희를 면밀히 관찰하고 있어요. 저보고 "너 데이트했더라?" "너희들 어디서 술 마셨다며?" 라며 엄청 잘 알아요. 저희가 올린 글에다 '좋아요' 엄청 누르시고요. 특히 저희 학과장님 별명이 '좋아요'(페이스북에서 게시글에 클릭하는 기능)예요. '좋아요'를 너무 좋아하셔서요. 저희 교수님들은 질투도 많아요. 다른 학과에서 과잠(학과 잠바의 줄임말) 맞췄다고 하면 우리도 하자고 하시고, 페이스북에서 서로 보이니까 교수님들이 막 질투해요. (학생 B)

1) 지방대 한계는 교수가 풀어야 한다는 공감대

건양대에서 높은 수준의 교수–학생 상호작용이 보인 이유는 크게 두 가지 요인이 상호작용하고 있는 것으로 보인다. 첫 번째 요인은 대학 차원의 강력한 요구다. 학생 수가 급격히 감소하고 대학 사이의 경쟁이 그 어느 때보다 치열해지는 시대에서 지방대학이 살아남기 위해서는 교수들이 나설 수밖에 없다는 것을 지속적으로 강조하고 관련 제도를 만들어 왔다. 예컨대, 교수–학생 간 면담 횟수를 지정하고, 교수들에게 학생 상담 및 강의를 위해 캠퍼스에 상주할 것을 요구하고, 평생 패밀리 제도, 파트너십 트레이닝과 같은 비교과 프로그램 또는 교과목을 운영하는 것이 교수–학생들 사이에 활발한 인간관계를 형성하는 데 기여한 것으로 보인다.

두 번째 요인은 건양대 교수집단에 형성된 문화적인 요인이라 할 수 있다. 즉, 교수들이 움직여야 한다는 것은 이제 건양대에서는 당연시되는(taken-for-granted) 문화가 되었다. 이는 건양대에 진학한 학생들이 겪고 있는 또는 향후 취업 시장 등에서 겪게 될 여러 어려움에 대한 공감과 그들에 대한 동정심에서 비롯된 것으로 보인다. 지방대학에 진학한 학생들이 가지는 아픔을 함께 느끼고 극복하고자 하는 책임의식과도 무관하지 않은 것으로 보인다. 심층 면담에서 교수들은 건양대는 전통적으로 교수와 학생 간의 관계가 좋았고, 단순히 많이 만나서만 생긴 유대감은 아니라고 강조하였다. 학교 프로그램을 통해 학생 면담 시간이 증가한 면은 있지만, 본래 자연스러운 부분이라는 것이다. 요약하면, 대학 차원의 강력한 요구와 교수 집단의 자발적 동의가 상호작용하면서 높은 수준의 교수–학생 교류가 일어나고 있는 것으로 보인다.

이러한 교수–학생 간의 교류는 학생과 정기적 면담을 갖고 학생의 건의를 청취하고 수용해 온 총장의 솔선수범도 적지 않은 영향을 미친 것으로 생각된다. 이러한 배경에는 서비스 기관으로 병원을 성공적으로 경영했던 총장의 개인적인 경험과도 무관하지 않은 것으로 보인다. 건양대 학생들은 이제 총장은 물론 교수, 직원 등 건양대의 구성원 누구에게나 쉽게 접근하고 이야기할 수 있다는 인식을 갖게 되었고, 이는 문화로 정착된 것이다. 다음은 이러한 문화에 대한 기술이다.

> 총장님 같은 경우에는 1학년은 무조건 다 면담을 하고요. 4학년들도 면담을 하거든요. 면담하는 시간에 교수는 못 들어오게 합니다. 말 그대로 총장님하고 학생들하고 하는 거예요. 그러다 보니까 학생들이 편하게 이야기하고…… 총장님한테 따뜻한 물을 쓰면 좋겠다고 이야기를 하면 총장님이 바로 해 주시는 거예요. 그런 것들이 '아, 얘기하면 들어주는구나.' 아니면 '뭔가 개선될 여지가 있구나.' …… (교수 A)

2) 학생 돌봄의 문화를 제도화하려는 시도들

건양대에서 교수-학생 사이의 정기적이고 장기적인 인간관계의 형성에는 평생 패밀리 제도와 파트너십 트레이닝이 중요한 제도적 역할을 한다고 평가할 수 있다. 활동 시간도 매주 목요일 7, 8교시에는 수업 없이 이러한 비교과 프로그램이 진행될 수 있도록 하여 제도화하고 있다. ACE 사업과 같은 정부 재정지원 사업을 통하여 탄생된 평생 패밀리 제도는 대학 차원의 강력한 재정지원으로 활성화되었고, 이후 파트너십 트레이닝은 평생 패밀리 제도에서 파생된 것으로 교양필수 과목으로 지정되어 있다. 다음은 두 프로그램에 대한 설명과 사례다.

> (평생 패밀리는) 신입생이 들어오게 되면 교수별로 학생들을 그룹 분담시켜요. 지도교수처럼. 특별사유가 없는 한 졸업 때까지 같이 가고 졸업 이후에도 계속 이 관계가 유지돼요. 그러다 보니깐 교수-학생 간에 서로 다 아는 거죠. 장점이 뭐고 단점이 뭐고 서로 잘 알게 되고. 그러다 보니깐 스스럼없이 서로 얘기하게 되는 거고. …… 이런 거에 대한 교감이 서로 이루어진다는 거죠. 중요한 것 같아요. 서로 신뢰가 쌓여 간다는 것. …… 학생들의 학업적인 상담과 생활 상담을 겸하는

〈표 2-23〉 평생 패밀리

- 개요
  - 정의: 평생 패밀리 제도는 재학생, 선후배 및 졸업생이 팀을 중심으로 가족 같은 체제를 이루고 여기에 평생지도교수가 합류하는 Family 개념을 도입하여 효율적으로 학생을 지도하는 데 목적이 있다.

〈평생 패밀리 구성원〉

  - 특징: 기존의 책임지도교수제의 단점인 교수 1인 지도 시에 발생하는 학생지도의 단점을 극복하기 위하여 졸업 후에도 지도교수와의 연계를 통하여 평생지도가 가능하도록 묶어 주는 제도다(건양대학교, 2013).
  - 운영: 총 375개 평생 패밀리팀으로 구성되어 운영 중이다(2012년 기준; 건양대학교, 2013).

- 구성 방법
  - 구성 원칙: 지도교수(1명) + 재학생(20명 내외) + 졸업생(5명 이상)
  - 한 명의 지도교수가 다수의 패밀리팀 운영 가능

〈1인 지도교수의 다수 패밀리팀 운영 체계〉

  - 팀 활동을 주도할 수 있는 팀별 대표학생(3학년)을 선발하여 운영하여야 한다.
  - 학과별 재학생(휴학생 포함) 전원이 패밀리로 구성된다.

출처: 건양대학교 홈페이지(http://www.konyang.ac.kr).

거예요. (교수 B)

저 같은 경우에는 전공교수님들뿐 아니라 교양교수님들과도 다 친해요. 저희 학교는 평생 패밀리라는 것도 해요. 아, 그 파트너십 트레이닝도 장점이에요. 목요일 7, 8교시에는 수업이 없는데, 파트너십 트레이닝에 평생 패밀리가 모이는 시간이에요. 입학할 때부터 전담교수님이 평생 책임지고 이끌어 나간다고 해서 평생 패밀리이지요. (학생 B)

한편 창의융합대학에서는 앞서 설명한 '콘실리에르' 라는 학점 과목이 교수와 소수정예의 학생들이 동아리 방식으로 운영되는데, 서로의 친밀감을 높이는 역할을 하는 것으로 나타났다.

콘실리에르라는 과목을 설정을 해서 자기가 원하는 과목을 수강을 하게 되면, 이제 후배들 혹은 동기들과 같이 교수님과 소수정예로 움직이게 되는 거죠, 한 학기 동안에. 그럼 이제 교수님이랑 같이 얘기를 하다 보니까 친밀감도 높아지고 동기들과 새로 들어온 후배들에게 동기를 부여할 수 있고. 이런 면에서 저는 활동이, 콘실리에르라는 활동이, 저는 그 밖의 활동으로 가장 (보편적이라고 봅니다.) (학생 D)

〈표 2-24〉 파트너십 트레이닝 프로그램

• 개요 –정의: 파트너십 트레이닝 프로그램은 건강한 육체와 정신 함양을 목표로 하는 프로그램으로, 교양필수 과목이지만 비교과활동과 같은 활동을 장려한다. –특징: 5명 안팎의 학생들이 한 조를 이뤄 자신들이 하고 싶은 주제를 선정한 뒤 한 학기에 체험할 수 있도록 한 조별 활동 프로그램이다. • 운영 방침 –운영: 2013년 신입생부터 학기마다 1학점씩 파트너십 프로그램을 이수하여 3학년까지 모두 6학점을 이수하도록 한다. 매주 목요일 오후에 시행된다. –대상: 전교생을 대상으로 한다. –프로그램: 사회봉사와 초청 특강 등으로 구성되며, '건설구조 탐방' '장애인 체험' '공모전 도전' 등 다양한 활동을 한다.

출처: 한종구(2013); 김준환(2013).

3) 교수들의 노력과 헌신이 가져온 선순환 임팩트

건양대에서 교수와 학생 간의 친밀한 관계는 학업에 대한 의욕과 동기의 고취라는 선순환으로 이어지고, 학업뿐만 아니라 대학생활에서의 적응과 대학에 대한 소속감, 인생 및 진로관의 확립에도 도움을 주는 것으로 나타났다. 즉, 교수와의 '교감, 공감 및 유대'가 학생이 전공 공부를 보다 수월하게 하고 스스로 찾아서 공부하게끔 도와줄 뿐만 아니라, 대학에 대한 신뢰와 소속감의 형성에도 크게 기여하고 있다는 것이다. 다음 학생의 사례는 교수와의 교류가 학생의 학습을 증진하는 단순한 메커니즘을 보여 준다.

> 저희 지도교수님께서 항상 면담을 한 학기에 한 번뿐 아니라 교수님 방에 찾아가면 "요새 너무슨 일 있냐?" 이렇게 물어봐 주시고,…… 제가 말 못 할 얘기도 있고, 교수님께 또 할 수 있는 얘기도 있다고 생각해요. 그치만 감정이 갑자기 북받쳐 올라서 말 못 할 얘기도 하면 교수님께서는 어른들 입장에서, 부모님 입장에서 해 줄 수 있는 말이 아닌, 인생 선배로서 해 주실 수 있는 말을 더 자연스럽게 해 주시고, 그러다 보니깐 사람이 그런 게 있잖아요. '저 사람이 나를 좋게 보고 있구나.', 그러면 '나도 저 사람에게 잘 보이고 싶다.' 교수님께 실망을 드리고 싶지 않았어요. 그러다 보니깐 공부를 더 열심히 하는 방법밖에는 없더라고요, 교수님한테는. (학생 E)

또한 다른 학생은 면담을 통해 건양대에서의 교수와의 관계가 대학생활 적응과 올바른 생활에 도움이 되었다고 설명하였다.

교수들의 진로에 대한 지도는 건양대 학생들이 대학, 학과 및 학교 교육에 대하여 깊은 신뢰를 쌓는 데 영향을 미치고, 취업과 진로에 대한 자신감과 확신으로도 이어지는 것으로 나타났다. 즉, 교수와의 활발하고 진심 어린 상호작용은 중도탈락이나 편입을 예방하고, 건양대를 졸업하여 취업하면 사회에 기여할 수 있다는 믿음과 인생에 대한 폭넓은 확신으로 이어지는 것을 볼 수 있다. 다음은 이를 경험한 학생의 설명이다.

> 단도직입적으로 말하면, 취업이고, 넓게 보면 인생을 보는 거. …… 그런 학생들조차 전공을 살리거나 혹은 자신의 성향을 살려서 취업을 할 수 있는 거, 이런 거를 자꾸 지도를 해 주시니까. 학

과 공부에 대한 끈을 놓지 않고, 중간에 공무원 시험도 준비하고 전과하고 타 과로 가고. 서울 유
학이라고 하잖아요. 학교 간판 바꾸려고 인서울 해야겠다. 그렇게 중도 포기하는 아이들이 거의
없게끔 만들어 주시는 거. 내가 이 학과, 이 학교를 나와서도 이 사회에서 내가 뭔가를 할 수 있겠
다 하는 용기나 믿음, 증거 같은 것을 자꾸 제시를 해 주시니까. (학생 A)

마지막으로 건양대가 가장 강점으로 생각하는 교수–학생 간 친밀한 관계는 건양대 학
생들의 학교에 대한 자부심으로 이어지고, 나아가 건양대 학부교육 성공의 원동력은 사실
학습량의 증대보다는 교수–학생 간의 친밀한 관계라고 평가하는 경우도 있었다.

6. 지원적 대학 환경: '내 자식 가르치는 심정으로'

지원적 대학 환경 영역은 '교수와 학생의 교류'에 이어 건양대 학부교육의 우수성이 눈
에 띄게 드러나는 영역이다. 〈표 2–25〉에 나타난 바와 같이 동료 대학들이 지난 3년 동안 서
서히 증가하였음에도 불구하고 건양대는 2011년 9.62, 2012년 9.06, 2013년 9.51로 비교 집

〈표 2–25〉 K-NSSE 자료: 지원적 대학 환경 영역

연도	지원적 대학 환경 영역					
	건양대학교		ACE (11년: 22개교, 12, 13년: 23개교)		전체 31개교	
	평균	표준편차	평균	표준편차	평균	표준편차
2011	9.62	2.54	8.64	2.46	8.62	2.37
	(n=451)		(n=5,368)		(n=7,393)	
2012	9.06	2.63	8.76	2.48	8.60	2.50
	(n=1,188)		(n=7,404)		(n=10,415)	
2013	9.51	2.53	8.93	2.50	8.91	2.51
	(n=400)		(n=8,659)		(n=10,078)	

주: 2013년 3차 조사에는 총 54개 대학이 참여하였으나, 한국교양기초교육원·학부교육 선진화 선도대학 협의회(2013)에서
　는 종단 분석의 취지를 고려하여, 2011년부터 3년에 걸쳐 모두 참여한 31개 대학의 응답 자료를 건양대 자료와 비교·분
　석하여 제시하고 있음.

출처: 한국교양기초교육원·학부교육 선진화 선도대학 협의회(2013). 2013년 대학 학부교육의 질과 성과 분석: 건양대학교.

단보다 여전히 높은 수준이었다. 지원적 대학 환경 영역에서 건양대의 우수성은 학생이 체
감하는 학생 중심의 지원에서 확인할 수 있다. 이에 대한 구체적인 내용은 다음과 같다.

1) 학생을 위해서라면 무엇이라도

건양대는 설립자 총장의 강한 의지에 따라 대학교육에 진정성을 가지고 있다고 할 수 있
다. 즉, 총장은 본인의 저서에 수천 명의 건양대 '손주'라고 표현하였듯이(김희수, 2012), 건
양대 구성원들은 내 자식을 가르친다는 심정으로 학생들을 도와주고 가르치려 한다. 쉽게
말해 보다 많이 가르치려 하고, 경험하게 하고, 졸업 후 취업 과정에서 성공할 수 있는 역량
을 기를 수 있도록 '최선'을 다한다. 학생의 성공을 위해서 하나라도 더 해 주려고 한다. 대
학은 학생들에게 길을 제시하고 도와주는 곳이라는 인식이 학교 전반에 문화로 자리 잡고
있다. 또한 이는 대학이 제공하는 모든 교육과정과 프로그램에 깊이 담겨 있으며, 대학 구
성원들이 이에 공감하고 실행한다는 점에서 다른 대학과 차별화된다.

> 내가 하고 싶어도 뭘 해야 할지, 어떻게 해야 할지도 모르겠고, 누가 도와줄 사람도 없어요. 일
> 단 거기서부터 막막하잖아요. 시작이 반인데 그 시작조차 못하게 일단 아는 것도 너무 없으니깐.
> 학교에서는 이런 것도, 저런 것도 분야별로 이렇게 만들어 줘요. 그럼 나는 단지 그걸 읽고 나한테
> 도움이 되겠네, 안 되겠네, 그것만 판단을 하고, 내가 할 수 있겠다, 없겠다, 그것만 판단을 하고
> 하면 되는 거니깐, 그런 면에서 학교가 도움을 많이 주고 있지 않나 하는 생각을 합니다. (학생 E)

학생들에 대한 헌신과 지원은 대학이 제공하는 교육 프로그램에서 나타난다. 앞서 언급
한 평생 패밀리 제도, 파트너십 프로그램, 건양 파워 프로그램(KPP), 전교생 무료 건강검진
등 다양한 교과 및 비교과 프로그램과 학생 지원 활동이 중요한 역할을 한 것으로 보인다.
특히 건양대는 학생들의 피부에 와 닿는 꼭 필요한 프로그램을 제공하고 있다. 예컨대, KPP
프로그램에 참여했던 학생에 따르면 논산 지역의 고립된 학교 위치를 고려하였을 때 영어
와 자격증 등 학생이 꼭 필요로 하는 교육 서비스를 제공해 주었다고 하였다.

> 저 같은 경우에는 자격증 따는 데 많은 도움을 받았어요. 제가 한국사 자격증을 혼자 공부했을 때는, 제가 부족한 것도 있었겠지만 시험에서 떨어졌었거든요. 그래서 학과에서, 학교에서 사업비를 받아서 저희 학과에서 한국사 자격증을 전문적으로 강의해 주시는 강사 분을 불러 주셨어요. 교재랑 다 제공받고, 계속 학교 정규수업 끝나고 나서 남아서 보충수업처럼 계속 강의 듣고 해서 바로 땄거든요. (학생 F)

학생들에 대한 지원은 학습활동에 그치지 않고, 대학생활 전반에 걸쳐 있다. 전교생을 대상으로 무료 건강 검진을 실시하고, 수업 벨을 설치하고, 총장이 직접 애로사항을 청취한다. 한 학생은 학교에서 제공하는 다이어트 캠프와 장학금으로 체중을 감량하고 이를 유지하면서 자신감을 얻게 되었다고 하였다. 그러한 자신감은 공부도 언제든 하면 할 수 있다는 자신감으로 이어졌다.

> 흔히 사람들이 독해야 성공한다는 말을 하잖아요. 근데 정말 해 보니까 되는 거예요. 공부도 해 보니까 되더라고요. (학생 E)

건양대 학생들은 대학의 이러한 헌신적인 노력을 실감하고 있다는 점에 주목할 필요가 있다. 굳이 관련 이론을 동원하지 않더라도 학생들의 학교에 대한 믿음과 자부심이 높아졌음을 알 수 있다. 단편적으로 면담에 참여한 다음 학생처럼 졸업 후에 학교를 위해 기부할 의사를 표하기도 하였다.

> 진짜 성공하면, 기부금. 기부금은 줄 생각이 있는 게, 학교에서 사업비를 받게 됐다고 얘기를 들으면 그게 저희한테로 돌아오는 걸 저희가 느낄 수가 있었어요. 사업이 다양하게, 계속 사업이 끊이지를 않으니까. 네, 인강(인터넷 강의)을 계속 주시고, 교재 주시고 또 뭐 그러니까. '아, 자연스럽게, 이게 그렇게 해서 오는구나.' 이렇게 느낄 수가 있어서. (학생 F)

2) 한 학생도 놓치지 않기

건양대의 학생 지원은 학생 집단별로 제공되는 세심한 프로그램에서도 찾을 수 있다. 즉, 전체 건양대 학생을 대상으로 하는 프로그램과 더불어 특별한 수요를 가진 취약 집단에 대한 맞춤형 프로그램도 운영하고 있다. 이에 대한 대학의 의지는 교직원 차원에서 공유되고 있었고, 다음의 면담 내용은 이러한 방향을 잘 드러내 준다.

> 소수 인원을 챙겨 보자 했어요. 신입생, 편입생, 복학생. 복학생도 4개 학기 이상 휴학하고 복학한. 마지막이 학사경고자. 소수 인원을 뒤에서 끌고 가는 거죠. 저희가 지원을 하는 입장이기 때문에……. (직원 A)

특별한 교육 수요를 가진 집단에 대한 프로그램의 첫 번째 사례는 편입생 지원 프로그램이다. '건양 편입생 멘토링'은 기존 재학생 또는 편입생이 새로 들어 온 편입생의 학업과 적응을 도와주는 프로그램이다(건양대학교 교수학습지원팀, 2014). 실제로 면담에서 건양대의

〈표 2-26〉 건양 편입생 멘토링

• 개요 　－목적: 기존의 편입생/상급생들이 자신의 경험을 바탕으로 신입 편입생들에게 학교생활에 관한 조언을 제공하며, 학업수행과정에서 겪을 수 있는 어려움을 함께 고민하고 도와주며 이끌고 후원해 주는 활동이다. • 운영 방침 　－멘토 조건: 2~4학년 재학생 또는 기존의 편입생 중 직전 학기의 평점 평균이 3.5이상이고, 멘티와 함께 듣는 수업이 2과목 이상인 학생(단, 학과 특성에 따라 변동될 수 있음) 　－대상: 1학기 편입생과 재학생 1:1 그룹 　－활동 내용: 주 1회, 40분 만남을 원칙으로 하고, 총 7회 이상 활동. 지정활동은 제공된 활동북에 5가지 활동을 멘토와 멘티가 함께하면서 유대감을 형성하고, 자유활동은 멘토와 멘티가 자유롭게 구상하여 함께 활동한다. 　－지원 내용: 활동비 지급, 우수멘토 선정 및 시상, 활동인증서 제공

출처: 건양대학교 홈페이지(http://www.konyang.ac.kr); 건양대학교 교수학습지원팀(2013).

한 직원은 편입생 멘토링 프로그램을 통해 학교에 빨리 적응하고 공부할 수 있었던 것으로 전해졌다.

두 번째 사례는 '학사경고자 대상 학습능력 제고 프로그램'이다. 이는 건양대 학사관리팀이 제안하고 교수학습지원팀이 개발하여 운영하는 프로그램이다. 이 프로그램을 운영함으로써 실제로 프로그램에 참여했던 학생의 성적이 오르는 성과를 거두었다(건양대학교 교수학습지원팀, 2014). 2012년 1학기부터는 학사경고자의 경우 교수학습지원팀이 제공하는 상담 프로그램을 이수하지 않으면 다음 학기 수강신청이 안 되는 학사경고자 수강신청 제한 제도를 운영하고 있다. 이 프로그램은 학생상담연구소, 교육력 강화 센터, 학과 지도교수 등 교내 여러 부서의 협업으로 이루어지고 있다는 점도 주목할 만하다.

> 우리 대학은 2.0 이하가 학사경고자인데, 한 200~250명이고 참여율이 90% 이상, 거의 100%에 가까워요. 저희는 일대일로 해요. 집단으로 하면 앉아 있다 가는 경우가 많다 판단을 하고. 처음부터 무리였는데 '한번 해 보자.' 하고 운영을 했었어요. 효과가 가장 높다고 생각하는 게 교수님이나 친구들한테 말 못 하는 속사정을 이곳에 와서 제삼자인 저희들한테 얘기를 해요. …… 정말 고맙다고 말을 듣는 프로그램이에요. (직원 A)

〈표 2-27〉 학습능력 향상 프로그램

- 개요
  - 목적: 학사경고자의 학습욕구를 고취하고, 자기주도적 학습능력 및 학습스타일을 함께 개발해 주는 프로그램이다.

- 운영 방침
  - 대상: 해당 학기 학사경고자(평점 평균 2.0 미만)
  - 시기: 방학 중
  - 운영방법

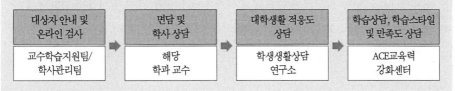

출처: 건양대학교 교수학습지원팀(2013).

세 번째 사례로서 '기초학력 증진 프로그램'은 기초학력(수학, 물리, 화학)이 부족한 학생을 대상으로 전문 교수가 학습을 지원해 주는 프로그램이다. 기초학력 증진실이라는 별도 공간도 확보되어 있다(정영길, 2015). 이 프로그램의 효과는 다음의 면담 내용에서 볼 수 있다.

> 다른 학교에도 다 있는지 모르겠는데. 자유롭게 자기가 성적이 낮다거나 기초실력이 부족하다고 생각하면 누구나 자유롭게 수강신청을 해서, 다른 강사님을 초청해서 오는 게 아니라 전공 교수님께서 시간을 내서 기초적인, 뭐, 수리, 물리 이런 과목을 강의를 해 주세요. 그걸 한 학기 내내 받을 수 있는데, 따로 교수님이 준비하신 프린트를 통해서 모르는 게 있으면 교수님께 자유롭게 방문도 할 수 있고요. 그때 그 프로그램을 통해서 많이 도움을 받았던 것 같아요. 저뿐만 아니라 군대 갔다 온 학생들이라든가 복학한, 유학을 다녀왔다든가 복학을 해서 전공 지식을 많이 잃어버린 학생들이 도움을 많이 받은 것 같아요. (학생 A)

마지막으로 '복학생 학력력 제고 프로그램'이 있다. 이 프로그램은 '4개 학기 이상 휴학 후 복학하는 학생을 대상으로 학교·학과 생활 조기 적응을 도모'하고, 달라진 학사제도를 안내하며 학습법 특강을 실시하는 프로그램이다(건양대학교 교수학습지원팀, 2014).

3) 학생 중심의 신속하고 친절한 행정처리

건양대의 학부교육을 지원하기 위한 대학 차원의 노력 중 눈여겨볼 것은 학생 중심의 신속하고 친절한 행정지원이다. 흔히 대학 행정 서비스라 하면 비효율적이고 불친절하다는 인식과는 대조적으로, 의사로서 병원 경영인으로서도 성공한 설립자 총장이 가지고 있는 병원식 서비스 문화가 대학조직의 문화로 발전한 것으로 보인다.

우선 총장이 학생과 정기적으로 면담하고, 캠퍼스를 자주 돌아다니며 학생들이 건의하거나 필요하다고 보이는 사항에 대해서는 즉각적으로 반영해 준다. 총장과의 간담회 등을 통해 학교에 제안하면 바로 실현되는 것에 대하여 어떤 학생은 '쾌감'을 느낀다고 표현하기도 하였다. 최근의 대표적 예는 총장이 학교 건물을 다니며 관찰한 후 양치질할 수 있는 공간을 마련해 준 것이다.

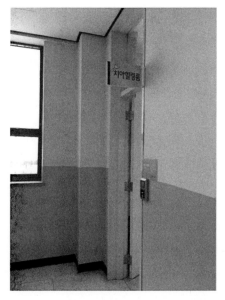

[그림 2-7] 건양대 학생들이 이용하는 치아힐링룸

실제로 교육은 애정이 없으면 안 돼요. 열과 성의도 있어야 하고, 애정이 없으면 안 되는 것이 교육입니다. 내가 요새 돌아다니다 보니까 화장실에 가서 이를 닦던데……. 그래서 내가 이번에 화장실 말고 다른 데 가서 이를 닦는 방안을 만들고 있어요. 솔직히 그런 것. 그래서 건물에 한 개씩. 어떻게 보면 내 손자 같고 손녀 같으니까 아이들한테 뭘 해 주면 좋잖아요? (총장)

학생들은 건양대의 직원들을 열정적이고 친근하다고 인식하고 있었다. 사실 직원 중 건양대, 특히 학생회 출신이 다수다. 또한 건양대에서 일하는 조교들은 사실상 행정을 지원하는 역할을 하는데, 모두 열정적이며 학생을 위해 존재하는 것으로 인식되고 있다. 학생 가운데에는 직원을 '어머니, 이모'라고 부르는 정도로 잘해 주고 친한 관계를 맺기도 한다고 한다. 논란의 여지도 있지만 건양대에 근무하는 모든 직원은 초록색 유니폼을 입는데, 이는 학생 또는 내방객들이 직원을 쉽게 알아보고 필요한 도움을 요청할 수 있게 하기 위한 것이라고 하였다.

건양대 하면 지금 딱 떠오르는 생각이 조교쌤들이 떠오르는데…… 저희 학교가 초록 색깔을 되게 좋아하다 보니까 조교쌤들도 다 근무복이 초록 색깔이세요. 근데 조교쌤, 교수님한테 여쭤 보기 힘든 거나 사소한 거는 또 조교쌤들한테 얘기를 하면 조교쌤들이 다 해 주시니까 저는 조교 쌤들이 더 좋은 것 같기도 하고……. (학생 F)

행정 지원도 신속하게 이루어지는데, 학생들이 학교에 무엇인가를 요청하면 '바로바로' 반영하여 제공된다고 한다[예: 풋살장, 테니스장, 양치 공간, 펀랩(fun lab), 노래방, 당구, 탁구장 등]. 이와 관련하여 학생들은 학교가 비록 작지만 학생들을 위하여 필요한 것은 모두 다 있다는 느낌을 가진다고 하였다.

4) 세심한 배려와 영업하듯이 찾아가는 서비스

건양대에서 이루어지는 학생 지원의 다른 특징은 '찾아가는 서비스'라는 점이다. 이는 건양대가 매우 학생 중심적이고 학생 친화적인 서비스를 제공하는 점을 보여 준다. 한 직원 은 건양대 학생들은 이미 학교 및 학과가 요구하는 여러 가지 활동에 참여해야 하기 때문에 대학이 새로운 프로그램을 제시하면 거부감을 느낄 수 있다고 한다. 따라서 대학의 담당자 들이 더욱 나서서 적극적인 참여를 유도해야 할 필요성이 있다고 설명하였다. 예를 들어, 교수학습지원팀에서 프로그램 참여가 필요할 것으로 판단되는 학생에게 직접 전화해서 프 로그램을 '영업하듯이' 설명해서 모집을 한다. 그리고 취업MAGIC센터는 취업대상이 되는 졸업예정자에게 직접 전화를 한다고 하였다.

어느 정도 1:1로 약간 영업하듯이 전화를 해서 이런 프로그램이 있다 설명을 해서 모집하기도 하거든요. 멘토링 같은 경우에는 '대학생활 적응에 필요한 프로그램이다.' 라고 1:1로 전화를 하 면서 이런 프로그램이 있다 소개를 하고. 학생들은 공지사항을 보고 그냥 넘어가기 때문에, 자세 히 안 보니까 영업하듯이 이렇게 전화하면서 하기도 해요. (직원 C)

또 교내 전과와 같은 행정 절차도 간소한 편이고, '학생서비스센터'라는 민원 창구도 운영하고 있다. 사소하게는 학교 정문을 통과하면 보이는 중앙 전광판에는 다양한 홍보 문구가 나오는데, 당일 생일인 학생의 이름이 게시되는 경우도 보였다. 이런 모두가 학생에 대한 세심한 배려를 보여 주는 사례라 하겠다.

5) 보람과 성취감을 느끼게 하는 다양한 장학금

건양대는 비록 등록금이 저렴한 편이지만, 다양한 종류의 장학금을 전폭적으로 지원해 주고 있다. 예컨대, 다이어트 · 금연 장학금, 성적 향상 장학금, 과목 장학금, H4C[인재육성 프로그램: 인성(humanity), 외국어(conversation), 컴퓨터(computer), 자격증(certification), 창의력(creativity) 과목 실시] 관련 장학금, 토익 달성 점수에 따른 장학금(600점 10만 원부터 900점은 60만 원), ACE 리더를 위한 장학금(수업도우미, 과목당 10~20만 원) 등이 있다(건양대학교, 2013a, 2013b). 기타 각종 교내 경진대회를 통해서도 상금을 받을 기회가 있으며, 튜터링 프로그램의 경우에도 활동비를 지급하고, 튜티 학생의 성적 향상에 따른 평가를 통해 인센티브 형식의 장학금도 제공한다. 이러한 장학금은 학생들에게 공부에 대한 보람과 성취감을 느끼게 도와주고, 학생 사이에 학업 경쟁도 유도하는 기능도 하는 것으로 보인다.

총장은 자서전에 '올바로 벌어 제대로 쓴다.'라고 하였다. 건양대를 위해 '써야 할 곳에는 통 크게 쓴다.'라는 것이다(김희수, 2012, pp. 210-211). 시험기간에 새벽에 도서관에서 공부하는 학생에게 빵과 우유를 나누어 주어 '빵 총장'이라는 별명을 얻게 된 유명한 일화와 함께 '학생들에게 장학금도 최대한 많이 지급하려고 노력한다.'고 덧붙였다.

> '내가 가고 싶은 대학에 가면 내 꿈을 이룰 수가 있고, 거기서 경제적인 부담 없이 많은 장학금도 주고, 그런 대학이 되어야만 특히 지방대는 산다.' 저는 그렇게 생각해요. '수업료 가지고 대학을 운영한다.' 그건 안 됩니다. (총장)

제4절 건양대학교 학부교육의 성공요인

앞의 제3절에서 살펴보았듯이 건양대 학부교육의 특징은 학업적 도전, 지적 활동, 능동적·협동적 학습, 교우관계, 교수와 학생의 교류, 지원적 대학 환경과 같은 6가지 요인에서 그 우수함을 확인할 수 있다. 제4절에서는 이러한 건양대 학부교육의 우수성을 가능하게 한 교육적·조직적·문화적·맥락적 요인을 탐색하고자 한다. 첫째, 조직적 요인으로는 '명확하고 구체적인 학생 중심 대학 비전과 철학' '헌신하는 총장과 혁신적인 교수의 조합' '변화 수용적 조직 문화', 둘째, 교육적 요인으로는 '명품교육을 향한 혁신과 진화' '데이터 기반 학부교육 강화 전략', 셋째, 문화적 요인으로는 '대학 구성원의 문화적 특성', 넷째, 맥락적 요인으로는 '지역사회와 더 가까이 하는 건양대학교' '정부 정책사업의 효과적 활용' 등인 것으로 나타났다.

1. 명확하고 구체적인 학생 중심 교육 비전과 철학

1) 잘 가르치고 책임을 져야

건양대 학부교육의 우수성을 뒷받침하는 요인 중 하나는 건양대의 비전과 철학이 매우 구체적이고 명료하며 대학의 구성원들이 이를 공감하고 공유한다는 점이다. 이는 대학 설립자인 김희수 총장에 의해 제시된 것으로, '대학교육을 받은 학생은 그렇지 않은 학생과는 달라야 한다.'는 것이다. 매우 단순해 보이지만 본질적인 것이며 대학교육의 책무성에 대한 강력한 메시지를 담고 있다. 즉, 졸업 후 취업할 수 있는 역량을 길러 주는 것이야말로 대학교육의 책무라는 것이다. 이러한 비전은 일견 소박하고 세련되지 않은 것처럼 보일 수도 있지만, 지방의 중소규모 사립대학 입장에서는 대학의 교육과정을 운영함에 있어 매우 명확한 방향을 제시하고, 구체적인 지침의 역할을 수행해 왔다.

이와 같이 명확한 대학 비전은 혁신적 마인드와 기획 역량을 갖춘 보직교수들에 의하여 교육과정 및 프로그램으로 구체화되었고, 총장의 전폭적인 지원 속에 지속적으로 추진됨으로써 가시적인 성과를 창출해 온 것이 건양대의 발전과 성장의 원동력인 것이다. 김희수 총장의 교육철학에 대하여 면담에 참여한 대학 직원은 다음과 같이 밝혔다.

> 일단 총장님 마인드 자체가 가르쳤으면 책임을 져야 한다는 마인드를 갖고 계시거든요. 근데 저는 그 말에 굉장히 동의를 하는데. 학생이 대학에 와서 건양대라는 학교에 와서 등록금을 내고 4년을 다녀요. 돈을 낸 만큼 학생이 얻어 가는 게 있다고 생각을 해요. 학생 한 명 한 명에 대해서 책임을 지겠다는 그런 책임감을 가지고 모든 프로그램과 각자의 역할을 하고 있기 때문에 잘 하고 있다고……. (직원 C)

한편 이러한 대학 비전은 교육중심 대학이라는 대학 정체성(identity)으로 발전되었다. 대학 정체성은 대학이 가지고 있는 대외적 이미지, 차별화된 브랜드, 독특한 가치(value), 대학의 지향점이라 할 수 있으며, 대학 정체성의 확립은 오늘날 대부분의 대학이 가지고 있는 과제다. 대학 정체성은 각종 대학 평가 결과, 지금까지 수주한 정부 재정지원 사업의 유형(교육사업, 연구사업 등)과 정도, 외부 평판 등에 의하여 외부의 관점과 평가에 의해서 주어지는 경우가 많다. 그러나 건양대의 경우 설립자의 교육에 대한 철학과 구성원의 동의 및 공유에 의해서 발전되어 왔다는 점에서 매우 견고하고 지속 가능하다.

건양대는 2000년 이후 일찌감치 대학의 정체성을 학생의 교육에 중심을 둔 교육 중심 대학으로 확정하고 발전시켜 왔다. 이는 대학이 가진 물적·인적 자원을 교육 분야에 집중적이고 효과적으로 투입하게 하는 전략으로 발전되었다. 요컨대 소박하지만 구체적이고 분명하며 실천을 요구하는 대학 비전과 철학을 공유하고 있는 것은 건양대 학부교육의 가장 큰 자산이라 할 수 있다. 물론 후술하겠지만 건양대에서 이러한 대학 비전과 철학은 근본적인 방향을 유지하되, 지속적으로 진화하고 발전해 왔다는 것도 주목할 만하다.

> 지방대학은 정부의 어떤 프로그램이나 도전을 해도 항시 들러리. 항시 수도권 대학의 들러리지. 그런 패배의식이 들더라고요. …… 취임식 때, '대학은 앞으로 취업을 시켜야 한다.' 그랬더니 뭐 교수님들이 야단났어요. 이사장이 총장 오더니 상아탑에서 취업 얘기를 한다고, 큰일 났다

[그림 2-8] 캠퍼스에서 찾아볼 수 있는 건양대의 비전과 철학을 보여 주는 표어:
'나는 할 수 있다' '잘 가르치는 대학' '공부하는 대학'

고. 건양대 망했다고. …… 결론은 이게 배운 사람과 안 배운 사람에게 차이가 있어야 한다. ……
앞으로의 건양대도 변하지 않으면 안 돼요. 변하지 않으면 망해요. 시대의 변화에 따라야지 안 그
러면 망해요. (총장)

한편 건양대 구성원들은 이러한 교육 비전을 '기본에 충실'한 것으로 이해하고 있다. 엄
격한 출결관리, 강의 공개, 휴강의 제한 등에 이르기까지 제대로 교육과정을 운영하는 것이
'정상적인 것'이라고 인식한다. 즉, 교육의 품질을 올리기 위한 제반 활동에 교수들이 참여
하는 것이 '기본이고 정상적인 교육과정'을 운영하는 것으로 생각한다. 무엇보다 학생들의
성공적인 사회 진출을 돕는 것이 대학 교육의 본질이라는 인식은 소박하지만 가장 강력하
게 건양대의 교육을 지탱하는 이념으로 작동하고 있다.

교육 기본에 충실하자는 얘기인 것 같아요. …… 우리 대학은 개강 첫 주부터 정해진 수업 기간
을 다 채우도록 하고 있습니다. …… 법정 공휴일에 대한 수업을 중반부에서 메꿀 수 있는 지정 보
강을 운영하고 있습니다. 2003년도에 만들어서 2004년도부터 10여 년 됐죠. …… 수업들을 충
실하게 하자. 그게 원칙인 것 같고, 학교가 지향하는 점도 바로 그런 부분인 것 같습니다. 그런 기
본적인 것들에 충실하다 보면 결국엔 그런 것들이 학생들한테 운영이라든지 이어져서, 또 하나라

도 부족한 걸 더 배울 수 있고, 해 줄 수 있도록 하는 것이고, 그런 것들이 누적이 되다 보면, 결국은 학생들에게 다 돌아가게 될 것이고, 나중에 성과로 나타날 수 있는 거예요. (직원 F)

2) 휴먼과 실용: 써먹을 수 있는 교육

건양대의 교육철학과 비전은 매우 현실적이고 직접적이다. '휴먼(인성)과 실용'으로 요약되며, 이는 궁극적으로 학생에게 도움이 되어야 좋은 교육이라는 소박하지만 어쩌면 현실적인 인식에 기반을 두고 있다. 아마도 졸업 후 취업 가능성의 극대화라는 성과를 염두에 둔 비전 설정으로 보인다. 이러한 교육비전과 철학은 대학의 교육과정, 교육활동, 학생지원 프로그램을 통해서 구체화되고 실천됨으로써 건양대를 취업우수 대학으로 도약하게 하는 토대가 되었다. '실제로 손에 쥐어 주는 교육'이라는 의미에서 실용은 학과 개편과 신규 프로그램의 개설에도 영향을 미쳤으며, 교수들의 교육과정 개발 및 교육방법 선택에도 보이지 않게 실질적인 영향을 미쳤다. 아울러 대학의 학생지원 역량을 한 곳에 집중하여 취업우수대학이라는 구체적인 성과를 창출하게 하였다.

한편 휴먼, 즉 인성교육에 중점을 두는 교육도 건양대가 지향하는 것이다. 이에 대해 총장부터 교수와 재학생까지 모두 동의한다. 다음은 총장의 인성교육에 대한 인식이다.

건양대를 나왔다고 하면 직장에 들어갔을 때, 담배도 안 피고, 술도 안 마시고, 마약도 안 하고, 또 정직하고, 열심히 일하고, 그래야 채용할 거 아니겠어요. …… 겸손하게 생활한다, 플러스 모든 것을 정직하게. 정직하게 하려고 하면 무감독 시험을 봐라. 그래야 모두가 정직하게 대한다. …… '공부를 통해 건양 정신은 인간성도 좋고, 인성도 좋고, 정직하고, 술도 안 먹고, 담배도 안 피고…… 이런 인재를 만들자.' …… 마인드나 이런 게 중요하지요. 근데 여기 애들이 공부를, 우리 애들을 보면 교수님들이 5분도 늦게 오면 안 됩니다. 제시간에 시작을 해야 해요. 5분 일찍 끝내도 안 돼요. (총장)

3) 학생 중심 경영: 학생이 오고 싶어 하는 대학

교육 중심 대학으로서 건양대가 가지고 있는 비전은 결국 건양대가 제공하는 모든 교육적 활동이 학생들에게 실질적인 이익으로 발현되는가 하는 질문으로 연계되었다. 알게 모르게 대학이 기획하고 수행하는 모든 정책과 행정이 학생 우선, 학생 중심이라는 철학을 구체화하도록 하는 결과를 낳았다. 즉, 학생에게 최선을 다하고, 이를 통해 실질적인 성과를 창출하는 것이 곧 건양대의 발전이라는 인식이 구성원들 사이에서 자리 잡도록 한 것이다.

> 일단은 학교 전체적으로 학생들한테 집중이 되어 있어요. 그러니까 뭘 하나를 하든지 학생이, 학생한테 도움이 될 만한, 학생에게 도움이 되는 그런 것들을 하기 위해서 다들 집중이 되어 있어요. (직원 C)

이는 대학의 비전과 발전을 추상적으로 설정하거나 학생의 입장을 반영하지 않는 대학과 건양대를 차별화하는 요인이 되었다. 또한 학생들이 이러한 대학의 비전과 정책을 실감하고 대학에 고마워하는 마음을 가지면서 학습 참여를 제고하는 선순환적 효과를 창출하는 면이 있다. 실제로 대학에서 이루어지는 모든 행정과 간담회 등에서 학생이 대학에 제안을 하면, 대학은 이를 적극적으로 고려하고 실행하여 학생들의 요구가 실현되는 사례가 많아졌다고 한다. 실제로 어떤 학생들은 이러한 현상에 대하여 '쾌감'을 느낀다고 표현하기도 하였다.

'학생을 중심'에 두고 '학생이 오고 싶어 하는' 대학이 되겠다는 이러한 대학의 비전과 정책은 교육기관의 비전으로 대의명분을 가짐으로써 대학 주도의 혁신과 변화 요구에 대하여 교수와 직원 집단이 불만을 표출하거나 대학 정책에 명시적으로 반발하지 않게 하는 간접적인 효과도 가져온 것으로 보인다.

> 학생들의 의견들을 직접 청취를 하고, 그 자리에서 나온 어떤 불편 사항 같은 것들이 바로 직원들한테 들어와서 2~3일 내로 조치가 되어야 하는…… 간담회들이 종종 있거든요. …… 학생들은 만족을 해요. 그걸 보고서 어떤 학생은 쾌감을 느낀다고 하고요. 자기가 얘기했는데 그다음 날 바로 되는 겁니다. (직원 G)

4) 대학 비전에 대한 교수 사회의 공감대

건양대의 교육 비전과 철학이 수업과 다양한 교육활동을 통해 구체화되고 성과를 발현한 것은 교수들이 움직였기 때문이다. 일반적으로 많은 대학에서 대학 본부가 제시한 교육 비전과 정책이 학생과 실질적으로 상호작용하는 교수들의 이해와 행동으로 연결되지 않는 경우가 적지 않다. 그러나 건양대의 경우는 총장이 단순히 비전을 제시하는 데 그치지 않고, 비록 타율적인 수단을 동원하는 경우도 있지만 결국 교수들의 참여를 유인하였다는 점에서 차별화된다. 즉, 총장의 비전, 보직교수단의 기획, 교수들의 참여가 연계됨으로써 교육적 성과가 창출된 것이다.

> 우선 '교수님들이나 직원들이 먼저 변해야 학생들이 따라온다.' 라는 그런 식의 경영방침이 있었고요. …… 예전에 멋모르고 일할 때는 그냥 되는 대로 일하고 결과를 잘 포장하는 식으로 출구도 생각하면서 일을 했는데, 직원들이 보고서로 일이 끝나는 게 아니라, 결국에는 학생들이 바뀌어야 하는 부분이 실질적이다 보니까. 결국에는 교수님들이 움직여 주셔야 결과가 나오는 것이더라고요. (직원 G)

물론 설립자 총장의 리더십과 권위가 크게 작용한 것이 사실이지만 교수들이 변화의 원동력이라는 대학 경영자의 인식과 교수들의 참여를 이끌어 내기 위한 연봉제와 같은 정책이 결부되지 않고서는 실질적인 성과를 발현하기 어려웠을 것이다. 그러나 교수에게 많은 역할을 요구하는 반면, 그만큼 신뢰, 자율성, 지원 및 배려도 수반되고 있는지가 건양대가 짊어진 과제라는 지적도 있는 게 사실이다.

> 다른 대학에 있다가 와서 처음에 놀란 게 올 때부터 연봉제를 하더라고요. 97년부터. 그래서 그거를 지금까지 계속 시행을 하는데 교수님들이 가장 민감한 게 그런 부분이잖아요. 교수님들을 변화시키는 건 연봉제에 의한, 어떤 그, 열심히 학교 일을 하든 대외적으로 열심히 하든 뭔가 인센티브가 있다는 것들을 인식을 하고부터는 적극성을 띠는 것 같아요. 그 폭을 크게 하다 보니까. 제가 느끼기에……. (보직교수 B)

2. 헌신하는 총장과 혁신적인 교수의 조합

1) 건양대 혁신 아이콘: 설립자 총장

고령의 설립자 김희수 총장의 권위는 건양대를 조직적으로 움직이게 하는 힘의 원천이다. 나아가 대학 운영에서 보여 준 총장의 도덕성과 대학 발전을 위한 헌신적 행동은 고도의 자율성을 가진 지식인 집단인 교수들이 대학의 방침에 적극적으로 참여하거나 적어도 소극적인 동조를 하게 하는 근원이다. 즉, 대학의 설립을 위하여 재정을 투자하고, 대학의 변화와 발전을 위하여 몸소 솔선수범하는 고령의 설립자 총장은 대학 혁신의 아이콘이자 변화의 구심점이 되었다.

처음에는 고등학교 홍보를 가라 해서 '아니, 무슨 고등학교 홍보를 가냐.' 라고 한참 전에 생각을 하면서 홍보를 갔죠. …… 저희 총장님도 고등학교를 다니시는 거예요. 부여고등학교에서 한 클래스 쫙 모아 놓고 저녁 때 특강하시고, 당신은 이렇게 사셨단 말 하시고, 올해 같은 경우에는 대전에서도 특강을 하시고 참 열심히 하시는구나. …… 사실은 솔선수범하지 않으면 저희가 따라가기 힘든데, 많은 부분을 솔선수범하고 계시더라고요. 아니 뭐, 이런 부분까지 옥죄시나 이런 부분도 있지만 당신이 적극적으로 하시는데 뭐 어떻게 하겠냐, 이런 생각도 일부는 있고요. (교수 A)

2) 변화를 두려워하지 않는 보직교수들

대학이 실질적으로 변화하기 위해서는 대학의 비전을 구체화하기 위한 실행 계획이 필요하고, 비전을 제시하는 대학 경영진과 비전을 실현하는 교수들을 마찰 없이 연결하는 집단이 필요하다. 이 집단은 교수로서 일반 동료 교수들과 심리적 유대를 가지면서도 대학 경영자, 즉 총장의 비전과 철학을 깊이 이해하고 실현하려는 의지를 가진 보직교수들이 주축을 이루는 것이 일반적이다. 대학에서 변화를 기획하고, 관리하며, 성과를 확인하고, 다시 환류하여 더욱 발전시키는 역량이 요구되는데, 그것은 보직교수의 몫이다. 그리고 여기에는 대학에 대한 애정과 헌신이 뒷받침되어야 한다. 보직교수들은 다음과 같이 진술하였다.

특별히 뭐 이거는 꼭 해야겠다는 마음보다는 '우리 대학을 꼭 괜찮은 대학으로 만들어야 되겠다.' 그런 게 강했던 것 같아요. (보직교수 A)

아무도 할 수 없는 일을 내가 한다는 성취감과 자부심, 이 일을 통해서 세상이 바뀌게 될 것이라는 가슴 벅찬 기대감과 소명의식이 있다고 할까요. (보직교수 C).

건양대의 보직교수 그룹은 다년간 총장을 보좌하고 변화를 이끌어 왔다. 대학 차원에서 대학이 당면한 문제가 무엇인지를 발견하는 문제 인지 역량이 탁월하고, 이를 전략적으로 해결하기 위한 대안의 기획 및 수행 능력을 갖추고 있다. 총장의 교육적 비전과 철학을 구현하려는 의지가 충만하지만, 건양대의 차별화된 발전을 위하여 독자적으로 발전 방안을 만들어 총장과 교수들을 설득하고 수행하는 자율 역량도 갖추고 있다. 한편 건양대의 보직교수들은 총장의 신임 아래 여러 보직을 거치면서 다년간 팀으로 움직이는 문화를 가지고 있어 대학 조직이 매우 안정적으로 변화하는 데 기여하여 왔다.

총장님이 업무를 끌고 가시는 쪽이 약간 독특한 면이 있습니다. 총장님은 절대로 디테일하게 안 하세요. …… 정책 일반이라든가 학교 흐름을 바꾸거나 하는데 그 부분에 있어서는 포괄적인 말씀을 하세요. …… 정책을 결정하고 방향을 설정하는 면에서는 보직교수님들이 상대적으로 넓은 폭을 가지고 볼 수 있을 것 같아요. …… 총장님이 지시를 하시는 건, 뭐가 틀리고 뭐가 맞고 이런 식이 아니세요. 잘못되었으니 바꾸라는 말씀을 하시거든요. 그 안에서 어떻게 해야 할지를 엄청나게 고민을 하세요. 그래서 저는 상대적으로 보직교수님들이 사실 정책 결정에 있어서 권한을 많이 가지고 있다고 생각하고요. (직원 G)

보직교수 그룹이 앞장서는 대학 차원의 의사결정은 매우 전략적이며, 신속하고, 대학의 혁신을 위한 동력을 결집하고, 일반 교수들의 참여를 유도하는 역할을 담당해 왔다. 더욱이 최근 정부 재정지원 사업의 연속적 수주는 보직교수들의 역량을 확인하는 계기가 되었으며, 대학 경영진과 교수 집단의 신뢰를 확보함으로써 안정 속에 변화를 추구하는 구심점이 되고 있다. 일부 교수들이 보직을 독점한다는 비판도 있지만, 그들의 기획 역량 및 대학에 대한 헌신과 정부 재정지원 사업의 수주 등 가시적 성과로 인하여 대학 구성원들이 용인하는 분위기다. 다른 대학에서도 이러한 핵심적인 교수 개혁 그룹의 존재 여부가 대학 발전을 만들어 가는 전제 조건이 될 것이다.

> 보직교수 체제를 좀 보면요. 예전에도 그런 얘기를 외부에서 들은 적이 있지만, 우리 학교는 핵심 코어그룹들이 분명히 존재하시고 그분들이 학교를 총장님과 함께 거의 10여 년째 움직이신다고 봐야 할 것 같아요. 물론 그 배경에는 설립자이신 총장님의 어떤 리더십, 그건 틀림없이 무시할 수 없을 것입니다. …… 보직교수님들이 정책에 대한 몰입도가 상당히 높으세요. …… 제가 다른 대학 교직원들한테 들었던 것처럼 흔한 파벌이라든가 업무를 가지고 일종의 권한이나 권력을 행사하시려는 부분들이 사실 전혀 없다고 보셔도 무방하실 거예요. 하나의 과제를 수행함에 있어서 줄기가 빨리 결정이 됩니다. 그리고 코웍(cowork)이 필요한 부분에 있어서 아주 적극적으로 코웍이 돼요. (직원 G)

3) 올바로 벌어 제대로 쓴다

건양대는 현재 인정받는 성과를 이루기 위해 달려오면서 구성원 모두가 '굉장한 피로감이 누적' 되어 있는 상태다. 그런데도 아직 학교 본부의 리더십에 따라 운영되고 있는 힘은 학생 교육 중심이라는 반박할 수 없는 비전과 리더십, 그리고 법인의 건실함과 도덕성에 대한 대학 구성원의 믿음이 뒷받침하고 있기 때문이다. 제3절에서 설명하였듯이 총장은 자서전에 "올바로 벌어 제대로 쓴다."라고 표현하였고(김희수, 2012, p. 210), 학교의 재정운영도 매우 건전한 것으로 평가된다.

> 저희가 갖고 있는 사회적 인프라나 이런 것들이 다양하잖아요. 다른 사립대학들에 비해서 그런 것들도 큰 역할을 하는 것 같아요. 예를 들어서, 서울 김안과라든가, 부여의 병원이라든가, 중고등학교라든가, 서천의 수양관이라든가, 이걸 각 지역에서 다 보거든요. 그러니까 '이게 시골에 있는 학교지만 금방 망할 학교가 아니다.' 이런 인식들을 요즘엔 많이…… 총장님이 늘 본인이 그런 말

씀도 많이 하시고. 우리가, 우리 대학이 그런 사학비리나 이런 거에 연루된 적이 단 한 번도 없어요. (보직교수 B)

3. 변화 수용적 조직문화

1) 규율과 순응 그리고 집단 몰입

건양대는 고등교육기관으로서는 독특하게 규율(discipline)이 잡힌 조직문화를 가지고 있다. 대학 전체에 많은 규칙이 존재하고, 구성원들이 대체로 여기에 순응하는 풍토를 발전시켜 왔다. 특히 대학 본부의 경우 복장과 업무의 처리에 있어 강한 규율이 존재하고, 대학 교수들도 이러한 규율의 문화에 적응하는 단계다. 이러한 조직 문화와 풍토는 일반적으로 다른 고등교육기관과는 매우 차별화되는 것으로, 총장의 강한 리더십과 지방대학으로서 갖는 구성원들의 위기감이 상호작용하면서 만들어 낸 문화이자 풍토라고 할 수 있다. 비록 본부 주도의 강제성을 띄는 부분이 있고 형식화될 가능성도 적지 않지만, 대학이 성장하고 발전해 가면서 이제는 대학 구성원 사이에서 당연시(taken-for-granted)되는 단계로 나아가고 있다.

2000년 이후 건양대가 걸어온 길은 작은 성공이 연속되어 온 역사라 할 수 있다. 특히 정부 재정지원 사업의 성공적 수주와 사업의 시행이라는 성공의 경험이 조직의 DNA로 축적되고, 이는 다시 건양대 구성원 개인은 물론 집단 차원에서 자부심과 자신감으로 전이되는 현상을 맞고 있는 것으로 보인다. 나아가 다음 단계의 성과와 성공을 향하여 준비하고 나아가는 집단적인 조직 몰입의 상태에 접어들었다고도 볼 수 있다.

> 2001년에 왔는데 여기가…… 정말 얼마 안 된 거예요. 10년 지나고 나니 완전 싹 바뀌더라고요. 그래서 참 대단한 학교라는……. 하면서 눈에 보이니까 정말 열심히 하게 되더라고요.…… 자기가 열심히 한 만큼 학교가 계속 커지는 게 눈에 보이니까, 직업의 사명의식 같은 것도 생기는 것 같아요. (건양대의 성공요인은) 그냥 그 건양대 문화인 것 같아요. 그냥 아무도, 아무도 이의를 다는 사람이 없어요. (직원 E)

2) 위기의식에 대한 공감대의 형성

건양대는 총장부터 평교수와 직원에 이르기까지 위기의식을 가지고 있다. 이러한 위기의식은 일정 부분 대학 본부 차원에서 의도적으로 주어지고 교수집단에게 피로감을 노정하기도 하지만, 조직이 긴장감을 유지하고 다음 단계로 나아가는 동력을 제공하는 긍정적인 역할도 하는 것처럼 보인다. 또한 대학 차원에서 가지는 위기의식은 대학 내부 구성원 간의 갈등과 긴장을 상쇄하고, 뭉치게 하는 지렛대의 역할을 하고 있는 것으로 보인다.

> 물론 학교에서도 굉장히 많은 위기의식을 주시는 건 사실이에요. 그게 부담스러울 정도로는 아니고. 학교 많이 와 보셔서 아시겠지만, 교육이 무섭거든요. 담장이 무너질 것 같은 위기의식을 주는 게……. (교수 C)

> 학교가 밀고 있는 게 뭐냐면요, '사회가 변화하고 있는데 우리도 변해야 살아남을 수 있다.' 는 거예요. 저희에게 가끔 무서운 얘기를 해요. "너희에게 후배가 없을 수도 있어."라고. 학교가 망하면 후배는 없겠죠. 과를 자꾸 변화시키는데……. 건축에다가 의료를 붙여서 만든 특성화고요. 인문계도 과감하게 삭제하고 새롭게 창의융합이라는 과를 만든 것도 그렇고요. 그렇게 입학생을 잘 받고 있어요. 그런 부분은 잘하고 있다고 생각해요. (학생 B)

이런 위기의식은 건양대 학생들을 위한 추가적인 교육 지원의 필요성으로 전이되고 있다. 즉, 건양대 학생들을 보다 열심히 가르치고, 공부시켜야 사회에서 본인의 가치를 찾는 길을 찾아갈 수 있고, 대학교육이 충분히 그만큼의 투자 가치가 있다는 것을 보여 주어야 한다는 것이다.

3) 변화를 두려워하지 않는 조직문화

대학 본부 차원에서 대학 발전 계획이 수립되어도 대학 구성원의 다양한 이해관계와 반발을 고려하여 실행의 단계로 나아가기란 쉽지 않다. 건양대의 경우 대학의 발전과 학생의 이익을 위해서라면 변화와 행동을 주저하지 않는 조직문화가 깊이 자리 잡고 있다. 이는

'하면 된다'는 총장의 강한 리더십과 변화를 기획하고 주도하는 핵심 교수집단의 뒷받침이 있기 때문에 가능한 것으로 보인다. 건양대 구성원들은 이러한 조직문화에 대하여 이제는 김희수 총장이 물러나도 '건양 문화'로 남아 있을 것이라고 평가하고 있다. 특히 건양대의 많은 성과가 김희수 총장의 강력한 리더십을 바탕으로 축적되어 왔음을 생각해 보면 매우 인상적인 부분이다.

> 네. (하이힐 못 신는 것도) 자연스럽게. 뭐 그게 1, 2년 한 게 아니라 총장님이 지나갈 때마다 "야, 너 바지 짧다. 내가 하나 사 줄게." 막 이러시니까…… 문화인 것 같아요. 총장님이…… 학생들을 많이 (만나시고). 그걸 또 애들이 좋아해요. 진짜 뭐 할아버지, 동네 할아버지 같은. 만날 지나가다가 만나면 "너 공부는 하냐?" 이러면 애들이 깔깔깔 웃으면서 공부 열심히 한다고, "와!" 이러고, 어떤 애는 "오빠!" 막 이런 애들도 있어요. 그런 것들이 있다 보니까, 또 총장님이 그걸 또 다 받아 주시니까……. (직원 E)

4) 활발한 상하 및 부서 간의 수평적 의사소통

건양대는 강력한 총장의 리더십에도 불구하고, 총장과 보직교수 그룹의 의사소통이 경직되어 있지 않고 보직교수들의 자율적 기획이 활발한 문화를 가지고 있다. 총장의 비전과 철학이 뚜렷하지만 구체적인 지시를 수반하지 않는 경우가 많아 보직교수 집단의 자율적 판단의 영역이 적지 않다는 것이다. 이러한 의사결정 구조는 대학의 비전과 발전 방향은 분명하지만 기획에 있어서는 자율과 창의가 광범하게 허용되는 것으로, 대학의 혁신과 변화를 유도하는 데 적합한 것으로 보인다.

한편 보직교수단의 협업과 팀워크는 대학 행정부서 사이와 교수집단의 활발한 의사소통 문화로 이어져 대학 구성원의 참여감을 높이면서 조직의 활력을 배가하는 역할을 하고 있는 것으로 보인다.

> 저희는 토론을 굉장히 많이 해요. 이런, 어떤 사안에 대해서. 학처장님이 주로. 저희는 회의가 굉장히 많은데, 회의가 많은 조직이 좋은 건 아니지만……. 어쨌든 목요일 날 거기서 한 번 논의되

였던 걸 학처장님께서 한 번 논의하고, 그런 다음에 각 사항별 TF팀들이 많아요. 우리 같은 경우에는 동기유발제도 개선위원회를 만들어 놨는데, 운영을 하면서 문제점하고, 발전 방향하고, 어떤 쪽으로 가는 게 좋겠냐 수없이 많이 논의를 했죠. 대부분 결정들이 논의하신 거고 그 방향이 맞다고 판단이 돼서 거꾸로 학처장님이 보고를 하고, 총장님께 보고를 드리고 그렇게 시행을 하고 있어요. (보직교수 B)

저희는 멀티예요. 어느 부서에서 뭘 하고 있다는 거는 완벽하게는 모르고 있지만, 알고는 있어야 돼요. …… 그래야지만 저희 쪽에서 요청을 하고, 그쪽에서 요청을 받고……. 전체 부서들이 모인 상태에서 팀장님들이 회의를 하시는데…… 우리는 그 (다른 부서의 프로그램) 시간대 피해서 프로그램을 한다든지, 아니면 우리가 그쪽에 연계해서 도움을 줄 수 있는 것이 무엇이 있을까 해서 연계하고, 그런 것들이 많은 것 같아요. 각자 부서들끼리 연계되는 것도 많고, 교수님들과도 연계되는 것들이 많고. 연계, 연계하는 것들이 많기 때문에……. (직원 E)

4. 명품교육을 향한 혁신과 진화

1) 대학 대표 브랜드 갖기

건양대에는 건양대를 세상에 알린 브랜드가 있다. 첫째는 취업 명문대학의 이미지이고, 둘째는 많은 대학들이 수입해 간 동기유발학기제다. 2010년에 도입된 동기유발학기제의 경우 2011년부터 2014년까지 128개 대학(누적)에서 방문하여 제도 및 프로그램의 도입을 위한 상담을 받았으며, 일부 대학의 경우 동기유발학기라는 명칭을 그대로 활용하여 도입하는 등 전국적으로 확산되고 있다(최문기, 2015). 개별 대학이 이와 같이 특성화된 프로그램을 대학의 대표적인 교육 브랜드로 갖고 있다는 것은 매우 의미가 있다. 특히 브랜드화된 교육 제도나 프로그램이 대학의 교육 철학과 비전을 반영하거나 대학이 학부교육과 관련하여 가지고 있는 문제의식을 압축적으로 보여 줄 경우 대학의 성장과 발전에 큰 기여를 한다. 대학 구성원을 하나로 모으는 상징적인 의미를 가지면서 대학에서 이루어지는 교육 활동에 지침과 방향을 제시하는 역할을 하기 때문이다.

나아가 성공한 대표 브랜드는 대외적으로 대학이 새로운 제도나 프로그램을 만들고 수행할 수 있는 혁신역량(innovative capacity)을 가지고 있음을 보여 준다. 결국 건양대의 동기유발학기는 대외적으로 건양대의 교육에 대한 성찰과 혁신 역량을 보여 준 홍보 효과를 가지면서, 동시에 대학 구성원들이 자신이 수행하는 학부교육에 대하여 자신감과 효능감을 갖게 되는 원천이자 출발점이 되고 있었다.

2) 비교과 프로그램에 대한 교수들의 참여

건양대는 본부의 정책 주도성이 강한 대학이다. 이는 본부가 기획하고 주도하는 비교과 활동이 많은 데서 알 수 있다. 그러나 건양대에서 이루어지는 비교과활동은 크게 두 가지 측면에서 다른 동료 대학과 차별화되며, 건양대 학부교육의 성과를 견인하고 있다.

첫째, 비교과 프로그램의 개발과 수행이 철저한 현황 및 문제 상황의 파악에 기초하고 있다는 점이다. 즉, 지방대학생이 가지고 있는 어려움을 직시하고, 이를 해결하기 위한 실용적 프로그램을 기획하고 운용한다는 것이다. 이러한 프로그램의 개발은 과학적 조사와 진단을 수반하며, 동기유발학기제도, 평생 패밀리 제도, 파트너십 트레이닝 등이 그러하다. 아울러 단기간 변화를 기획하고 성과를 창출하기 용이한 비교과 프로그램을 성공시켜 대학 차원의 교육적 효능감을 높이고 홍보 효과를 극대화하는 성과도 거두고 있는 것으로 보인다. 이에 대하여는 좀 더 자세히 후술하기로 한다.

둘째, 비교과 프로그램의 개발과 지원은 대학본부 주도이지만 많은 비교과 프로그램의 운영은 학과 교수들의 참여로 이루어지고 있다는 점이다. 이는 많은 대학에서 비교과 프로그램은 학과의 영역이 아닌 대학 본부의 영역으로 인식되고 있고, 임시로 고용된 전담 인력에 의하여 프로그램이 운영되는 것과는 차별화된다. 즉, 비교과 프로그램의 경우에도 학과를 중심으로 교수가 책임지고 수행하는 방식으로 운영된다. 학과가 적극적으로 나설 수 있도록 재정적 인센티브를 부여하며, 학생들에게 학점도 부여하고 있는 것이다. 학과를 비교과 활동의 주체로 편입시키는 것은 매우 지혜로운 전략적인 선택으로 보인다. 일반적으로 대학들은 정부 재정지원 사업의 일환으로 운영하는 비교과 프로그램에 부담을 가지고 있는 것이 사실이다. 자체 수입이 절대적으로 취약한 가운데 정부의 특별한 재정지원이 중단

되면 학생들에게 제공하던 프로그램도 중단해야 하기 때문이다. 건양대의 경우 비교과 프로그램의 경우에도 교수들이 참여하도록 함으로써 교육 프로그램의 효과를 극대화하고, 교육과정 속에 정착시켜서 정부 재정지원 사업이 중단될 경우에도 해당 프로그램이 지속되도록 할 수 있는 가능성을 높인다는 것이다. 일반적으로 교수들의 경우 전공 관련 정규 교육과정의 운영 외에 다른 프로그램에 흔쾌히 참여하지 않는다는 점에서 주목할 만하다.

> (학과에서 관심을 갖는 이유는) 조직의 어떤 긴장도, 탄력성 이런 것들을 높이기 위한 이런 변화를 주다 보니까. 단과, 예를 들면 단과대학이 동기유발을 책임져서 운영할 거래요. 그럼 그 사람은 우리 본부 회의할 때 와야 되고요. 또 이제 본부 단위로, 본부 단위에서 체크를 하니까 단과대학에서는 책임 교수, 각 학과 교수를 소집을 하고, 전파시키게 되는 거죠. (보직교수 B)

3) 결국 전공교육과정이 바뀌어야

건양대 학부교육의 또 다른 장점은 계속해서 진화하고 발전하는 내재적 역량을 갖추었다는 점이다. 건양대 구성원들은 다양한 맞춤형 비교과 프로그램의 운영이 비록 단기적인 성과를 거두는 데는 성공하였을지라도 학생들의 역량을 근본적으로 제고하는 데는 한계가 있다고 말한다. 즉, 비교과 프로그램 위주의 교육활동으로는 우수한 학부교육 모델을 창출하기 어렵다는 것이다. 특히 지방대학생으로서 가지는 자기주도성과 적극성의 한계를 극복하고 **취업** 역량을 기르기 위해서는 전공교육과정의 개혁이 필수적이라는 데 공감대를 형성하고 있었다.

> ACE 사업으로 인한 변화 중에 하나가 전공교육과정을 운영하는 방식이 변했다는 것이죠. 대표적인 케이스가 'active learning' 같은 것들이 들어가면서 학생들은 사전 학습을 해야 하는 양이 많아지고 있고, 거기에 덧붙여서 포트폴리오를 제공해서 그런 거 관리하라고 학교에서 하고 있고, 학과는 나름대로 어떤 특성화 사업 같은 것들을 이번에 CK1 들어오기 전에 국고사업을 가지는…… 일 년에 4억 내지 5억씩을 학과에 드리면서 학과의 특성을 지원해 드렸거든요. (직원 G)

4) 과감한 혁신과 실험을 통한 변화

건양대는 혁신과 변화를 두려워하지 않는다. 학생들에게 도움이 되고 대학의 발전에 기여한다는 확신이 있으면 도입을 주저하지 않는다. 또한 전략적인 측면에서 모든 전공을 한꺼번에 개혁하기보다는 우선 일부 학과를 대상으로 개혁 모델을 만들어 시행하고 이를 다른 학과로 확산하는 순차적 발전 전략을 택하였다는 점도 주목할 만하다. 예컨대, 단과대학 수준에서 창의융합대학을 만들고, 기존에 건양대 교육에서 취약했던 부분을 보완하는 파일럿 성격의 교육과정을 운영하고 있다. 이러한 접근은 대학이 가진 자원을 전략적으로 활용하여 우선 성공사례를 창출하고 확산하는 효과와 더불어 다른 학과의 경우도 교육과정 개선에 동참시키는 부수적 효과를 내고 있는 것으로 보인다.

> 지금 저희가 1단계 사업할 때는 그 전에 H4C라고 들어보셨을 겁니다. 그걸 통해서 여러 가지 기준을 만들어서 교양과목 같은 경우에도 제도를 만들어 놓고 다양성을 갖춰 놓는 그런 형태에 맞춰져 있었다고 하면, 2단계 새로운 사업이 시작되면서 그런 것들을 실행하는 단계로 점점 옮겨가는. …… 2단계 사업으로 넘어가면서 아무래도 화두가 교양교육이 되다 보니까 그거를 48학점 그 이상 올리도록 하고 있고요. …… 새로운 과목들도 만들고, 시대에 떨어지는 과목들은 과감하게 없애기도 하고. 이런 것들을 통해서 교육과정을 계속 트렌드에 맞게 개편해 나가요. (직원 F)

건양대는 최고의 명품교육을 위하여 끊임없이 변화하려고 한다. 일례로 동기유발학기와 같은 건양대의 '히트상품'도 문제점이 발견된 후에는 개선 방안을 추진하는 모습을 보였다. 즉, 동기유발학기의 효과 지속성에 대한 문제점을 인식하고, 학습동기유발과 취업동기유발로 분리하여 운영하며, 동기유발교육체제를 4년간 운영할 수 있도록 전환을 꾀하고 있다.

5) 교육의 품질 관리로 승부

건양대 구성원들은 최근에 이룩한 비약적인 성장과 발전이 교육 품질의 실질적인 개선으로 이어지지 않는다면 사상누각이 될 수 있음을 인식하고 있다. 효과적인 비교과 프로그램의 실험적 운영과 단기적인 성과의 창출, 창의융합대학으로 대표되는 선도 모델의 창출도 중요하지만 결국 모든 학과의 교육 품질이 제고되지 않고서는 근본적인 혁신과 변화가 어렵다는 것이다.

이렇게 볼 때 건양대 학부교육의 발전 경로는 정부 재정지원 사업의 수주를 통한 비교과 프로그램의 실험적 운용과 성과의 누적, 선도 모델(창의융합대학)의 창출을 통한 정규 교육과정의 개혁, 전 학과, 전 교원을 대상으로 하는 교육의 질 관리라는 순차적인 발전 경로를 밟고 있는 것으로 보인다. 이는 단기성과에 그치지 않고 장기적으로 도약하겠다는 대학 차원의 비전이 있기 때문에 가능한 것이며, 14년에 걸친 총장 재임이 보여 주듯이 중장기 대학 비전이 있기 때문에 가능한 것으로 보인다.

교육의 품질 관리는 교육품질위원회를 만들어 교수들의 강의 공개와 함께 교육과정의 개선 및 품질 개선 노력을 대학 차원에서 활발히 하는 것으로 구체화되고 있다. 2단계 ACE 사업 진입 이후, 대학의 발전방향을 '자기주도적인 생애역량을 갖춘 Spec. & Story형 인재양성'이라는 목표하에 교육의 질 관리를 통한 교육의 질 향상을 가장 중요한 목표로 삼고 있는데, 이를 위해 총장 주도하에 대학본부에 교육질관리위원회 및 단과대학별로 질관리위원회를 구성하고 있다. 이를 통해 수업계획을 제대로 수립하고, 수업계획서 설명회를 통하여 이를 검증하며, 참관단을 구성하여 수업참관 및 모니터링을 실시하는 일련의 체계를 진행하고 있다. 여기에 학생 간담회를 실시하여 수강자의 의견을 청취하고, 학생의 수강 전 수업설계를 돕기 위해 수업계획서를 동영상으로 촬영하여 제공하는 등 구체적이고도 다양한 질 관리 활동을 전개하고 있다. 새롭게 설립된 '고등교육평가원'을 통해 교수들의 강의 계획서 개선 및 교육과정 개발을 유도하며, 대학 교수 전체가 참여하는 '교육의 질 관리 워크숍'을 매년 시행하고 있다. 건양대에서 고등교육평가원을 설립한 이유도 이러한 맥락에서다. 고등교육의 질 관리 차원에서 학생들의 핵심역량을 평가하고, 교육만족도를 분석하기 위한 것이다. 이 연구 자료는 다시 교육과정 개발 자료로 제공되며, 역량 중심의 교육과정 개발에 활용되고 있다. 특히 현재 '교육 질 관리 요원'(교수)을 선발하여 강의계획서를 평가하고, 교육과정 개발 및 수업에 대한 지속적 품질 개선(Continuous Quality Improvement: CQI)을 유도하려고 하고 있다. 건양대 학부교육의 우수성은 이와 같이 끊임없이 진화하고 발전하는 데 있다. 이는 대학 본부 보직교수들의 개혁적 기획과 일반 학과 교수들의 동조와 협력이 있기에 가능한 것이며, 대학을 발전시키겠다는 집단적 의지가 없이는 불가능한 것이다.

교육의 품질 관리는 결국 교수의 몫이라는 이유로 건양대에서는 개강 교수회의 조차도 '교육의 질 관리 워크숍'이라는 이름으로 개최한다. 대학 본부 계획의 의례적인 전달이 아니라 각 교수별로 교육과정과 교육방법을 발표하고, 우수 교수에게 인센티브를 지급하는 실질적인 워크숍으로 운영되고 있다. 또 교수업적평가제도는 교육형, 연구형, 봉사형, 산학협력형 등 유형에 따라 교육의 비중을 다르게 반영하는데, 모두 교육의 비중이 최소 20%가 된다. 학생 강의평가 점수도 20점 이상 반영되고, 수업연구 활동과 같이 교육을 잘하기 위해 노력한 부분에 대해 점수를 부여한다. 이러한 대학 차원의 노력은 다시 교육을 중시하는 교수업적평가제도의 운영을 통해 시너지 효과를 창출하는 것으로 보인다.

> 지금도 공개를 하고 있는데요. 강의 중간 점검 평가도 하고, 수업 평가한 것도 다 올려서 볼 수 있고, 그거에 대해서 우수 교원평가를 해서 시상을 하는데요. …… 교수법 특강을 업적표에 반영을 시켜요. 그래서 교수법 특강을 들으면 교원업적평가 부분에 일정 부분 몇 점의 점수를 할당, 강의 공개도 마찬가지, 수업 평가 결과도 마찬가지. 일단 무조건 저희가 하는 모든 프로그램은, 교수님과 있는 거는 교원업적평가에 다 반영이 돼요. (직원 E)

5. 데이터 기반 학부교육 강화 전략

1) 증거 기반(evidence-based) 의사결정과 과감한 추진

건양대 학부교육 관련 의사결정체제의 특징은 자료의 수집을 통한 대학의 현실에 대한 정확한 분석과 직시(회피 또는 숨김이 아닌), 신속한 의사결정과 적극적인 추진, 그리고 지속적인 발전과 홍보라 할 수 있다. 예컨대, 이러한 의사결정과정을 거쳐 탄생한 대표적인 프로그램이 동기유발학기라 할 수 있다. 건양대가 실시한 '2010년 재학생 대상 학습 스타일 분석'에 따르면 응답자 중 68%가 학습 동기에 대한 지원을 요구했고, 그 결과 2011년에 동기유발학기가 시범 도입된 것이다. 2011년 이후 전국에서 128개 대학(누적)이 방문하거나 상담이 이루어졌고, 35건의 언론 보도가 이루어졌다. 교수학습지원팀이 운영하는 프로그램도 여러 번의 설문조사를 기반으로 학생에게 필요하다고 판단되는 프로그램인 경우 운영되고 있다. 또한 이러한 증거 기반 프로그램 운영은 관련 부서의 협업으로 구체화되고 있는 경우도 많다. 최근에는 여기서 더 나아가 '고등교육연구평가원'을 설립하여 전교생을 대상으로 종단 연구를 실시할 계획을 가지고 있다. 교육과정, 교육운영, 성과 측정으로 이어지는 교육에 있어 환류 시스템을 구축하는 것이 목적이다(정영길, 2015). 이와 같이 과학적 조사 및 분석과 집중 투자로 교육 프로그램의 성과를 창출한 후, 이를 학부교육의 대표 브랜드로 만들어 대학 차원에서 홍보하고, 다시 대학교육 전반의 우수성에 대한 홍보로 연계하여 다른 학부교육 프로그램의 성과 창출과 대학 구성원의 자부심 제고를 견인하는 효과적인 대학경영 전략 및 사례로 기록될 만하다.

> 신입생도 마찬가지로…… 전체 다 전수 조사를 해 가지고 학습 스타일이나 학교 이미지, 만족도. 또 지금은 매년 설문 내용이 조금조금씩 증가가 돼서 지금은 학습 영역별 능력이라든지 아니면 선행학습도 조사를 해요.…… 그 데이터들을 저희가 다 받아서 분석을 해서…… 통합 정보시스템에서 학생들이 (분석 자료를) 볼 수가 있어요. …… (직원 E)

또 앞과 같은 학생 조사 분석 자료는 분석에 그치지 않고, 지도교수와의 면담, 교내 관련 지원팀과 프로그램을 통한 상담 및 학습(예: 대학생활 적응상담, 기초학력증진팀 학습과정, KPP 방과후 프로그램)으로 연결되어 지속적으로 학생을 관리한다는 점에서 높게 평가할 만하다. 데이터 기반 전략적 의사결정은 반드시 대학 내부 자료에만 의존하지 않는다. 예컨대, 전국 단위 '학부교육 실태조사(K-NSSE)'에서 얻은 자료를 통하여 동료 대학과 비교해서 강점과 단점을 파악하여 교육 제도와 프로그램에 반영하기도 하고, 외부 전문가 용역을 통해 대학의 전략적 발전 계획 수립에 구체적인 자문을 받기도 하였다.

> 동기유발학기 종료와 동시에 지금 두 가지 검사가 있는데요. 하나는 학습 스타일검사가 있고요. 하나는 핵심 역량 진단검사가 있습니다. 학습스타일 검사는 하나는 1학년 1학기 때 한 번 하

고요. 그때 학생유형이 나오면 유형대로 교수법, 학습법 프로그램을 교수학습지원센터에서 만들어 가고 있고요. 핵심 역량 진단검사는 총 4번을 합니다. …… 일단 개인별 변화 추이를 보여 주는 것이 하나의 목적이었고, 또 하나는 학교 전체 학생들의 평균역량수준이 나오고, 일부 학생들은 표집을 해서 K-CESA를 직접 들어갑니다. K-CESA 검사결과로 나오는 전국 대학교 학생 수준이 나오잖아요, 평균 수준이. 그렇게 비교를 해서 강약점을 분류해 줍니다. 앞으로는 그게 너무 수동적이어서 부서가 아예 역량이 낮은 학생들 리스트를 받아서 그 학생들한테 최적화시킬 수 있는 형태로 만들어서 사전에 제공을 하는 식으로 맞춤형으로 바꿔 보려고 준비하고 있습니다. (직원 G)

이러한 접근은 대학에서 일견 평범하고 당연한 것처럼 보인다. 그러나 실제로 엄밀한 진단과 현상에 대한 이해를 토대로 교육계획을 수립하고 전략적으로 접근하는 대학은 그리 많지 않은 것이 현실이다. 대체로 총장의 개인적 경험이나 식견, 보직교수들의 아이디어에 기반을 둔 접근이 많기 때문이다. 건양대의 학부교육의 우수함은 이러한 접근에서부터 시작하였다고 볼 수 있다.

2) 가시적 성과의 창출과 전략적 홍보

일반적으로 지방대학 학부교육의 질과 성과는 우수한 학생의 입학과 졸업생의 취업 성과를 통해 가시화된다. 즉, 학부교육이 우수하면 대학에서 투입(우수학생의 유입)과 성과(졸업 후 취업)가 좋아진다는 것이다. 비록 눈에 띄는 것은 우수한 학생 자원의 입학과 취업률 지표이지만, 이는 중간 과정에서 우수한 학부교육이 뒷받침되지 않고서는 어렵다. 또한 정책적 측면에서 볼 때, 대학생의 성공적 대학생활과 적극적인 학습 참여를 핵심으로 하는 교육의 과정 요인이야말로 대학들이 의지를 가지고 적극적으로 개입하여 변화를 이끌어 낼 수 있는 독립변수이며, 이는 대학 교육의 성과라고 할 수 있는 대학생들의 역량 제고와 졸업 후 취업 성과와 긴밀히 연계된다.

대학에서 이루어지는 교육의 과정이 우수한지는 다양한 방법으로 확인할 수 있다. 그러나 가장 실질적인 평가는 학생과 학부모의 평가라고 할 수 있으며, 이는 인터넷 카페와 SNS

등을 통해 퍼짐으로써 상당한 파급력을 가진다. 재학생들의 학부교육에 대한 평가는 궁극적으로 대학의 교육적 지원이 자신의 학업적 성장에 얼마나 효과적이며, 졸업 후 자신의 진로 특히 취업에 얼마나 도움이 되는지를 판단함으로써 이루어지는 경우가 많다. 건양대는 의도적이든 그렇지 않든 이러한 메커니즘을 가장 잘 파악하고 전략적으로 대처하여 좋은 성과를 창출한 사례다.

첫째, 명시적으로 대학의 비전과 사명을 교육에 둠으로써 학생들에게 자신이 재학 중인 대학이 자신의 학업적 성공과 미래 진로를 위해 최선을 다한다는 이미지를 가지게 하였다. 대학의 비전이 교육이고, '명시적'으로 내세우는 것은 학술 활동과 업적에 주로 관심을 두는 교수들의 집단 심리에 비추어 쉬운 것은 아니며, 건양대는 이러한 과감한 커밍아웃부터 다른 대학과 차별화되었다고 볼 수 있다. 한편 학생들은 대학의 비전에 교육에 있음을 알게 되고, 대학에 대한 긍정적인 인식을 형성하게 됨으로써 다시 학업에 열중하게 되는 효과를 가진다. 또한 교수들로 하여금 교육, 연구, 봉사에 대한 시간을 배분함에 있어 암묵적으로 교육에 보다 많은 시간을 할애하도록 유도하는 효과를 가진 것으로 판단된다.

둘째, 건양대의 학부교육은 성과 지향적이다. 즉, 실용 관점에서 쓸모 있는 교육, 학생들의 취업 역량 제고에 도움을 주는 교육이라는 지향점을 분명히 하고 대학 공동체가 공유했다. 대체로 대학은 다양한 학문 분야에서 다양한 관점에 존재하는 집합체이고, 특정한 대학 교육의 지향점을 공유한다는 것이 쉽지 않다. 그러나 건양대의 경우 결국 학생의 취업에 도움을 주는 교육을 한다는 점을 분명히 하고, 이는 대학에서 이루어지는 교육 및 교육지원 활동의 지침이 되었다.

셋째, 건양대는 학생 개개인의 성취와 성공에 주안을 두는 교육지원활동을 수행하고 있다. 모든 학생이 단순히 스펙뿐만 아니라 스토리를 가질 수 있도록 지원한다는 교육 방침을 가지고 있다. 또한 학사경고자, 편입생 등 특정 집단을 대상으로 하는 교육 프로그램을 만들어 맞춤형 서비스를 한다는 점에서도 우수함으로 보인다. 이를 위해 학생 개인별로 체계적인 진단을 실시하고 맞춤형 지도를 하고 있다.

6. 대학 구성원의 문화적 특성

건양대의 구성원은 어느 한 면담자의 표현대로 교수, 직원, 학생이 '삼박자'로 잘 맞아 지금의 건양대가 가능했고, 그동안의 발전을 이루었다고 한다. 아울러 건양대 구성원에게 건양대란 단순한 경제적 일터의 의미를 넘어 자발적이든 비자발적이든 개인의 정체성과 깊이 관련되어 삶의 일부로 각인되어 있는 것으로 보인다.

1) 교수: 범조직인(cosmopolitan)보다는 조직인(local) 정체성

Gouldner(1957)는 대학 교수들을 소속감과 관련하여 범조직인(cosmopolitan)과 조직인 (local)으로 구분하였고, Clark(1983)는 대학의 유형적 특성에 따라 다르겠지만 일반적으로 교수들은 재직하고 있는 대학보다 전공 분야의 학문 공동체에 보다 소속감을 느끼는 경향이 있다고 밝혔다. 이렇게 보았을 때 건양대 교수집단은 현재 몸담고 있는 조직에 대한 충성도가 높고, 준거집단에 대한 지향이 내향적 성격을 가지는 조직인 유형에 가까운 것으로 보인다. 왜냐하면 건양대 교수들은 대체로 정규수업, 학생 상담, 비교과 프로그램 지도, 정부 재정지원 사업의 수행 등을 위하여 대학 캠퍼스 안에서 대학의 구성원들과 주로 상호작용하면서 주어진 과업에 전념하는 경향이 있기 때문이다.

건양대 교수들이 이와 같이 조직인으로서 정체성을 키워 온 이면에는 학생 교육에 전념하길 바라는 대학 조직의 강한 요청과 더불어 지리적 특성상 논산 지역이 외부 활동을 활발히 하기에는 제한적일 수밖에 없기 때문인 것으로 보인다. 이러한 환경 아래 건양대 교수들은 학생 교육에 헌신적이며 학생과의 잦은 교류를 문화로 받아들이는 경향이 있다. 이러한 문화적 경향성은 학생들이 언제든지 교수를 찾아가 학업 및 생활과 관련된 상담과 지도를 받을 수 있다는 긍정적인 면도 있지만, 교수 입장에서는 전문 학회 등에 참여하여 대학을 홍보하고 학생 취업을 알아보는 등의 대외 활동도 해야 하는데, 그러한 여유를 갖기 어려운 측면도 있다고 토로하였다. 아울러 교수의 자율성과 전문성 추구에 대한 욕구를 억제하고 피로감 누적을 유발하는 면도 있다. 그럼에도 건양대 교수들은 대체로 대학의 발전과 변화, 학생의 성장을 보람으로 여기며, 이를 원동력으로 개인적인 피로감을 극복하고 부단한 노력을 지속해 나가는 면도 보인다. 그러나 교수의 역할에 대한 과도한 강조와 피로감 누적은 건양대가 가진 숙제라고 할 수 있다.

> 저도 학과 교수 입장에서 보면 굉장히 피곤해요. 교육과정을 계속 바꿔야 되고, 또 요즘에는 질 관리 위원회, 고등교육 평가단 만들어서 질 관리에서 뭐, 교수님들 강의하는 데 들어와 가지고 듣고 이러니까 피곤한 거죠, 이거. 근데 어떤 교수님들은 또 반기는 교수님들도 계세요. 소수이지만. 그분들은 뭐라고 생각하냐면 "야, 옛날, 옛날 20년 전 노트 가지고 지금도 하시는 교수님 자기가 알고 있는데 이거 바꾼다, 이제. 바꾼다." 이렇게 긍정적으로 보는 교수님들도 계시더라고요. (보직교수 B)

한편 교수들의 이러한 경향성은 기업 경력을 가진 교수들이 채용되면서 강화되는 방향으로 진행되고 있다. 기업 또는 유관 기관에서의 경력을 인정받고 채용된 교수들은 대학에서의 생활을 제2의 인생으로 삼고 전력을 다하기 때문이다. 이들은 또한 대학과 산업체를 연결하는 가교 역할을 담당하고, 대학의 새로운 지식과 기술의 수혈에도 도움이 된다고 한다. 이들은 현재 대부분 새롭게 설립된 창의융합대학에 소속되어 있으며, 기존의 전통적인 교수 집단과 건전한 긴장관계를 형성하며 대학의 발전에 기여하고 있는 것으로 보인다.

2) 직원: 의도하지 않은 가족체계

건양대 직원들은 헌신적이고 정열적으로 움직이며 대체로 건양대 졸업생인 경우가 많다. 게다가 복장 역시 통일되어 있어 직원 사회의 동질성이 매우 큰 편이다. 이러한 동질성은 대학 내에서 상하 조직 간 또는 부서 간에 수평적인 의사소통을 원활하게 하고, 협력적 조직문화를 만드는 데 기여한 것으로 보인다. 일반적으로 경쟁보다는 협조의 문화가 강하고, 타 부서 직원을 스카우트하는 것 같은 경쟁적인 인사 제도에 대해서는 불편함을 표명하는 경우가 많았다.

> 직원들은 거의 한 몸이라고 보셔도 무방해요. …… 과제가 주어지면, 제가 이 주변 대학교 직원

들과 이야기해 봐도 가장 그들이 힘들어하는 게 코웍(cowork)이에요. …… 의존도 서로 많이 하고, 본교 출신 직원들이 많아지면서 단순한 직장 내의 위계를 보완하는 다른 에너지도 좀 있어요. (직원 G)

건양대 출신 직원들의 정서는 복합적이다. 지난 10여 년 동안의 급격한 변화와 발전을 이루어 내면서 피곤함과 고단함도 있지만, 과거에 비해 달라진 대학의 위상을 경험하면서 보람과 자부심도 혼재하고 있는 것처럼 보인다. 특히 보람과 자부심은 대학 후배인 학생들을 지원하는 과정에서 열정적으로 움직이게 하고, 학생 중심의 대학 행정 문화를 형성하는 데도 기여한 것으로 보인다.

피로도 때문에 다 빠져나가고. 마지막에 남는 사람들은 다 그 보람과, '아! 학교가 이렇게 커지는구나.' …… 학교의 인지도는 오르니까. 그것 같아요. 나중에 어디 나가서, 저때 2001년도에는 제가 만약에 "건양대 다녀요."라고 하면 "그냥? 그냥대? 그냥 돈 내고 들어가는 그냥대?" 막 이런 식이었는데. 지금은 '건양대' 하면 "아, 거기 취업 잘 되지? 뭐 그렇게 사업을 따왔다며?" 더 좋아진다면 나중에는 "어, 거기 충남권에서 명문 대학교 아니야?"라고 하면서 "좋은 대학교 나오셨네요." 이런 것들이 있을 수 있으니까. 먼 미래지만 꿈은 꿀 수 있잖아요? (직원 E)

반면 집단적 동질성이 야기하는 문제에 대한 우려도 있다. 자칫 폐쇄적인 조직문화로 귀결되기 쉽고 조직의 운영이 경직적일 수 있다는 것이다. 또한 보직교수를 비롯한 교수들과 직원의 관계가 교수와 제자의 관계인 경우도 있어 업무상 공적인 관계를 형성하고 수행하는 데 어려움도 있을 것으로 생각된다.

3) 학생: 대학을 믿고 감사하는 학생들

건양대 학생들은 대학에 대하여 감사하는 마음을 가지고 있다. 면담에 참여한 한 학생은 다른 대학의 경우 학생들을 대학 경영에 필요한 수입을 제공하는 일종의 돈벌이 수단으로 여기는 것 같은데, 건양대는 그렇지 않다고 생각한다고 설명하였다. 이는 전술한 바와 같이 대학이 먼저 학생을 우선하고 그들의 학업과 대학생활에 대한 지원을 아끼지 않는 데 대한 반응이자 문화인 것으로 보인다. 즉, 대학이 보여 준 학생에 대한 관심과 열정에 대하여 학생들도 학교에 대하여 긍정적인 태도를 형성하고 기대와 믿음을 가지게 된다는 것이다.

> 건양대 여기 와서 공부를 해 보니까 생각보다 좋아요. …… 단과별로, 학년별로 모아서 총장님과 면담을 하는데, 면담 시간이 1시간 정도예요. …… 자유롭게 질문도 할 수 있고, 자유롭게 건의도 할 수 있고. 건의를 하면, 실제로 예를 들어서 '○○학과 11학번 ○○○ 학생이 건의하여 만들어진 친환경 에코 건전지 수거함' 이런 식으로 붙여 준다든가. 이렇게 실제로 반영이 되는 걸 매년마다 보니까. 이 학교가 학생한테 그래도 진실성이 있구나 하는 걸 느끼게 되고. 개인적으로 저는 학교에, 모교에 대한 애정이 깊고 자부심이 있어요. 다른 데랑 인지도라든가 이런 게 한참 뒤떨어지지만 그래도 공부량은 안 뒤처질 것이라는 그런 생각이 있고요. (학생 A)

한편 건양대의 학생들은 대학생활에서 많은 성장을 하고 있다는 느낌을 피력하였다. 건양대 학생들을 바라본 교직원들도 비슷한 생각을 하고 있었다. 건양대 학생들은 지금까지 공부를 포함해서 크게 성공해 본 적이 없는 보통 학생들이었는데, 건양대에서 교육을 받으면서 이제는 노력하면 할 수 있다는 생각을 갖게 되고, 자신에 대한 자신감을 형성하고 성장을 이루어 갈 수 있는 것으로 생각된다는 것이다. 선배들의 취직 성공사례를 보며 '아, 여기는 여러 가지 방면 쪽에서 어떻게든지 간에 내 전공을 살리고 싶다.' 라고 생각을 하고, 그것에 대해서 준비를 하면 된다고 믿게 되는 것이다.

> 건양대의 강점은 그런 것 같아요. …… 하얀 도화지 같아요. 그래서 그런 걸 해 주면 애들이 눈에 보일 정도로 되니까, 자기네들이 그거를 힘들어도 견뎌서 하다가 보면 자기가 발전하는 게 보이잖아요. 그러니까 거기에 희열을 좀 느끼더라고요. 공부가 재미없고, 이러던 애들이 뭐 어떤 걸 했더니 성적이 팍 올랐다 그러면 '어? 되는구나.' 그런 걸 느끼다 보니까 더 열심히 하려고 하더라고요. 그게 가장 큰 강점인 것 같아요. (직원 E)

7. 지역사회와 더 가까이 하는 건양대학교

건양대는 대전과 논산 지역에 2개의 캠퍼스를 가지고 있다. 대학병원이 있는 대전 지역은 대전 메디컬 캠퍼스로 하여 의료공과대학을 중심으로 특성화하고, 지리적으로 격리되어 있는 논산 지역은 논산 창의융합 캠퍼스로 특성화하여 창의융합교육의 메카로 키워 나갈 계획이다.

설립자의 고향이라는 점에서 논산 지역에 대한 대학의 애착은 큰 편이다. 논산 지역에서 폐교된 학교 건물을 인수하여 지역 특산품을 만드는 공장이나 창업보육센터로 만들어 지역과 대학이 상생하는 모델을 만들려고 노력한다. 논산 캠퍼스 지역에 작은 대학 타운을 만들어 학습과 생활이 함께 이루어지는 공동체를 형성하겠다는 생각도 있다. 지역을 떠날 수 없다면 오히려 지역의 이점을 살리자는 것이다.

건양대는 또한 지역사회와 공존하고 상생 발전하고자 하는 욕구가 크다. 학생들은 지역사회와 문제해결을 위한 프로젝트를 구상하고 참여하기를 권장받고 있다. 최근의 한 예로, 대학 기숙사 확충을 논산 캠퍼스 인근의 원룸을 활용하는 방안으로 추진되고 있다. 이는 논산시, 건양대, 지역 원룸(협동조합)이 공동 운영하는 모델로 계획 중이며, 2015년의 2,200명에서 2019년에는 3,000명을 수용할 계획이다(정영길, 2015). 대학 입장에서는 기숙사 설립을 위하여 대학의 재정 투자를 줄이면서 지역의 자원을 활용하는 효과가 있고, 지역은 수입을 창출하는 윈-윈(win-win) 모델인 것이다.

[그림 2-9] 지역 주민과 간담회를 갖는 김희수 총장

8. 정부 정책사업을 변화와 혁신의 불쏘시개로

건양대는 1991년 설립 이후 지난 23년을 3단계로 나누어 평가한다(정영길, 2015). 먼저, 1단계(1991~2000년)는 짧은 역사, 지역의 중소규모 사립대학, 농업 중심의 산업 기반, 지방 소도시 소재의 지역 대학 등의 특징을 가진 일반 지방사립 종합대학이었다. 이번 면담에서도 소속 교수와 직원은 이 당시의 건양대를 "아무런 특징이 없었다."('그냥대'라고도 표현)라고 하였다.

그러나 2단계(2001~2010년)부터 건양대는 놀라운 변화와 발전을 경험하였다. 건양대는 한때 100여 명 미충원을 경험하며 다른 지방대학보다 일찍 위기감을 느끼게 되었다고 한다. 이 시기의 건양대는 구조개혁과 특성화, 취업 명문, 정량지표 관리, 정부 재정지원 사업 도전이라는 키워드로 설명할 수 있다. 특히 대학의 설립자인 김희수 박사가 제4대 총장으로 취임한 2001년 이후, 건양대의 성장과 발전의 역사는 정부 재정지원 사업 참여의 역사라고 할 수 있다. 이 시기부터 건양대는 여러 정부 재정지원 사업을 획득하며 학부교육 개선을 위한 대대적 변화와 다양한 시도를 꾀하기 시작하였기 때문이다. 정부 재정지원 사업의 적극적인 참여에 힘입어 건양대에서는 재학률과 취업률이 증가하고, 입학 성적의 상승으로 이어졌다. 건양대의 성공 사례는 여러 언론매체에도 성공사례로 보도되었고, 2013년에는 지난 20년간 가장 발전한 지방대학으로 건양대가 6위를 기록하기도 하였다(중앙일보, 2013. 11. 19.). 건양대에게 정부 재정지원 사업 참여는 다음의 세 가지 의미를 가진다.

첫째, 현실적인 것으로 학교 재정의 추가 확보다. 학교 법인이 건실하여 다른 대학과 비

〈표 2-28〉 건양대의 발전 단계

시 기	특 징	목 표
1단계(1991~2000년)	존재감 없는 일반 종합사립대학	–
2단계(2001~2010년)	Unique, spec형 인재양성	취업명문
3단계(2011~2015년)	Spec+story형 인재양성	교육명문
4단계(2016년~)		일류, 강소, 글로컬

출처: 정영길(2015) 재구성.

교하여 재정적인 어려움은 크지 않지만, 추가 예산의 확보는 학부교육의 발전에 필요한 다양한 프로그램을 운영하는 데 적지 않은 도움을 주었다. 정부 사업이 요구하는 내용의 범위 내에서 학교의 맥락에 부합하는 사업과 프로그램을 개발하고 이를 실제로 운영할 재원을 확보한 것이다.

둘째, 건양대는 정부 재정지원 사업에 도전하는 과정을 대학 혁신의 동력으로 삼았다. 교육기관으로서 대학 조직은 급격한 변화와 혁신보다는 안정과 점진적 개혁에 익숙하다. 변화 추구 세력과 안정 희구 세력은 언제나 갈등 관계에 있기 마련이다. 건양대는 정부의 재정지원 사업을 대학의 변화를 원하는 세력이 힘을 얻는 계기로 적극 활용하였다. 즉, 변화를 위해서는 대의명분이 필요했고, 정부 재정지원 사업은 변화와 혁신을 위한 자체 노력에 명분을 제공하기 충분했던 것이다.

셋째, 다양한 정부 재정지원 사업에 성공적으로 참여하는 것은 건양대가 전국적으로 유명세를 갖게 되는 계기가 되었다. 지역의 작은 대학이 한 단계 성장하기 위해서는 외부의 인정이 중요하고, 그것이 정부 차원의 인정과 지원일 경우 파급 효과는 더욱 크다 할 것이다. 외부 홍보 효과와 별도로 정부 재정지원 사업의 참여는 건양대 내부 구성원들에게 자신감과 비전을 심어 준 것으로 보인다. 우리도 하면 된다는 것을 보여 주었고, 지방대학일지라도 전국적 수준의 명품대학이 될 수 있다는 기대감을 갖도록 하였다.

마지막으로 3단계(2011~2015년)에서는 지금까지 건양대의 발전 패러다임을 넘어서려는 노력이 이루어지고 있다. 단순한 스펙 쌓기에서 스펙과 스토리(spec+story)를 갖춘 인재를 기르고, 대학의 경영을 사람 중심에서 시스템으로 전환하며, 취업 명문에서 궁극적으로 교육 명문을 지향하는 것이 목표다. 요약하자면, 건양대는 존재감 없는 대학에서 취업 명문 대학으로 성장하였고, 이제는 교육 명문을 지향하며 궁극적으로는 일류, 강소, 글로컬 대학으로 발전하는 비전과 목표를 가지고 있다. 이러한 건양대의 역사와 변화는 다음의 면담 내용에서도 엿볼 수 있다.

2000년 초반부터 무언가 해 보려고 많이 노력한 것 같습니다. …… 2004년경에 그때 아마 그것도 국고사업이었던 걸로 기억되는데, 저희가 '취업MAGIC센터'라고 해서 취업전용관을 오픈

했습니다. 그 건물을 이용해서 비교과 과정으로서 '취업MAGIC 프로그램'이라는 걸 만들고……
2007년…… 첫해부터 교육역량(강화지원사업)에 참여를 했고, 그때부터 지원사업의 가장 큰 핵
심 줄기는 취업역량강화였어요. …… 취업 프로그램을 (만들고) 학교의 시설을, 강의실 시설을 첨
단화시키는 쪽으로 대부분 투입시켰고요. 3~4년 지속하다가 (2010년에) ACE 사업이 됐거든요.
…… ACE 사업은 뭔가 학생들을 진입단계부터 육성해 보자 하는…… 동기유발학기로 시작해서
핵심역량진단 같은 것을 지속적으로 하고…… 학교가 장기적으로 계속 변화해 나갈 수 있는 어떤
교육과정, 그리고 교육과정 개편 도구를 수렴하고, 교육 방법적인 요소에 대한 요구를 많이 시작
하게 됐죠. (직원 G)

제5절 결론 및 제언

1. 결 론

이 연구에서는 지방의 보통 대학이었던 건양대가 전국적으로 유명 대학이 되기 위한 노
력과 그 결실의 중간에서 학부교육의 우수성과 요인을 발견하고자 하였다. 한 보직교수가
표현하였듯이 건양대가 예전에는 '그냥대'였다면 이제는 대전 지역 타 대학 교수들이 '넘
사벽(넘을 수 없는 사차원의 벽)'이라고 지칭하는 위치에 이르렀다.

건양대 학부교육의 우수성은 다음과 같이 요약할 수 있다.

첫째, 학생의 성장과 발전, 그리고 성공을 위해서라면 대학이 할 수 있는 모든 것을 다하
려고 한다. 그 바탕에는 학생들이 성공하면 건양대가 발전한다는 믿음이 잠재하고 있다. 잘
가르치는 것이 대학을 세운 이유이고, 가르쳤으면 책임을 지는 것이 대학의 책무라는 인식
을 가지고 있으며, 학부교육 교육과정 운영을 비롯한 대학 경영 전반에 영향을 미치고 있다.

둘째, 지방대학의 맥락과 지방대학생의 인구학적·정서적 특성을 냉철하게 인식하고,
학부교육을 학생에게 맡겨 두지 않고 대학이 주도한다. 면학 분위기 조성과 학업 도전을 장
려하기 위하여 대학이 적극적으로 개입한다. 학습 동기와 같이 교육적 측면에서 학생들에

게 부족하거나 미흡한 것을 회피하거나 감추지 않고 대학 차원에서 드러내고 개선하려고 노력한다. 비록 하향식이고 타율적이라는 비판의 여지가 있더라도 억지로라도 공부를 시키는 것이 장차 학생들에게 도움이 된다는 믿음을 가지고 흔들림 없이 나아간다. 다른 사람보다 한 자라도 더 가르치고 배워야 산다는 원칙을 대학의 모든 정책에 적용하고 실천한다.

셋째, 학생의 미래를 위해서는 화려한 수사보다 실용이 중요하다고 믿는다. 모든 교육과정과 교육활동에 실용의 정신을 불어넣고, 교수들은 교육내용과 방법에 이를 반영하고 가르치고 평가한다. 즉, 써먹을 수 있는 교육을 중시하게 된다. 이는 학생 측면에서는 취업 역량의 강화로 나타나고, 대학 차원에서는 취업 명문 대학으로 인정받는 토대가 되었다.

넷째, 교수와 직원 등 대학의 구성원은 건양대 학생들을 측은지심의 마음으로 대한다. 다시 말해 학생들의 어려운 처지와 여건을 마음으로 공감하고, 이를 함께 극복하고자 한다. 이 과정에서 선후배, 교수–학생, 직원–학생으로 엮이는 거미줄 같은 인간관계망이 형성되고, 학생들의 학습과 대학생활에 도움을 준다. 학생 중심의 신속하고 친절한 일 처리도 결국은 건양대를 선택한 학생들에 대한 고마움과 배려의 정신이 뒷받침되었기 때문에 지속 가능한 것으로 보인다.

다섯째, 명품교육을 향하여 과감하게 그리고 끊임없이 혁신한다. 변화를 두려워하지 않고 실험 정신으로 시도한다. 비교과 프로그램에서 시작된 혁신은 정규 교육과정의 개혁으로 이어지고, 대학 차원에서 제도화되어 지속 가능성을 담보하게 되는 선순환 체계를 가지고 있다. 이 과정에서 동기유발학기, 창의융합대학 등 건양대의 대표 브랜드 또는 히트 상품이 나오고 다시 발전하는 선순환이 일어난다.

여섯째, 이러한 대학의 지원 분위기를 학생들은 몸소 체험함으로써 대학의 방침을 신뢰하고 적극적으로 참여함으로써 능동적인 학습참여가 일어난다. 또 지원적인 대학 환경에 대한 인지와 체험은 대학에 대한 자부심과 소속감으로 발전하게 되고, 정서적 안정 속에 학업에 열중하고 성공적인 대학생활의 영위를 위한 토대가 된다.

그렇다면 이러한 성공적인 학부교육을 가능하게 한 대학 차원의 요인은 무엇인가? 지금까지 건양대가 성공한 지방대학의 학부교육 모델로 인정받는 데 기여한 성공요인을 다음과 같은 4차원의 개념 틀(conceptual framework)로 설명할 수 있다. 각 요인은 상호 독립적이라기보다는 긴밀히 연계되어 있다. 성공요인 구조는 다음과 같은 특징을 갖는다.

첫째, 각 요인들은 놀라울 정도로 한 방향성을 가지고 있다. 학생 중심과 교육이 수사적 차원이 아닌 진정한 대학의 비전과 정체성으로 자리 잡았고, 대학 곳곳에 실질적인 영향을 미치고 있다.

둘째, 절묘한 역할 분담이 이루어지고 있다. 총장은 구체적이고 명료한 비전을 제시하고, 중간 보직교수 그룹은 이를 구현할 수 있는 기획력과 실천의지를 가지고 있다. 교수와 직원들은 비록 피로감을 호소할지언정 대학의 전반적 비전과 방향에 대해 공감하고 동참하는 분위기다.

셋째, 건양대는 대학 스스로 문제를 확인하고, 이를 창조적으로 해결할 수 있는 혁신 역량을 가지고 있다는 것이 최대의 장점이다. 이는 든든한 혁신 세력과 개방적 조직문화가 뒷받침하기 때문이다. 일견 총장이 비록 매우 카리스마적인 리더십을 발휘하고 있지만, 실질적으로는 대학 구성원의 아이디어와 의지를 적극적으로 수용하고 전폭 지원한다는 점에서

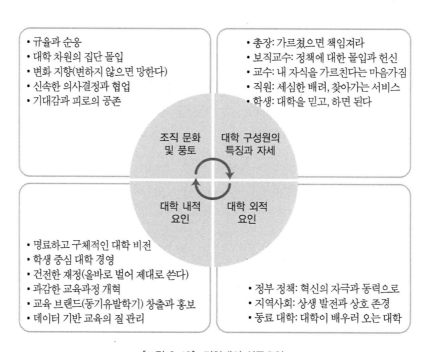

[그림 2-10] 건양대의 성공요인

개방적인 리더십이며, 대학의 혁신 역량을 배가하는 토대가 되고 있다. 한편, 사람에 의한 대학 경영이 이제 시스템, 제도 및 문화에 의한 대학 경영으로 바뀌어 가고 있다. 관건은 잠재하고 있는 피로감을 어떻게 해소하고 교직원 참여자들에 대해 어떻게 적절히 보상을 제공할 것이냐다.

넷째, 그동안 성공한 경험은 건양대가 기관 차원에서 가지고 있는 자산이다. 정부 재정지원 사업에 대한 도전에서 대학의 홍보 등에 이르기까지 노하우가 축적되어 있고, 대학 차원에서 자신감이 형성되어 있다. 또한 현재의 성공에 자만하지 않고 계속해서 진화하고 발전하려는 의지가 있다는 점도 지속적인 발전을 기대하게 하는 요인이다.

그렇다면 건양대의 발전 모델은 확산 가능한 모델인가? 확산 가능한 모델이지만 그리 쉽지만은 않다. 그 이유는 앞에서 제시한 모든 성공요인을 동시에 갖추어야만 가능하기 때문이다. 그럼에도 다른 대학 모델에 비해서는 충분히 고려할 만하다. 앞서 밝힌 바와 같이 건양대는 전형적인 지방 소재 중소규모 사립대학이기 때문이다.

건양대의 발전 모델을 벤치마킹하고자 하는 대학들은 건양대가 시행하는 단편적인 교육 제도나 프로그램을 몇 개 복제하는 수준에서는 건양대 수준의 성공을 기대하기가 어렵다. 그렇다면 무엇이 필요한가? 우선 앞에서 제시한 성공요인 모델을 토대로 자기 자신을 진단해 보는 것이 필요하다. 대학 구성원의 특성을 진단하고, 현재의 조직문화와 풍토를 확인해 볼 필요가 있다. 대학의 비전과 철학, 경영 방침을 객관적으로 파악하고 외부 요인과 대학의 관계에 대하여 검토해 볼 필요가 있다. 마지막으로는 개별 대학마다 여건과 환경이 다르므로 건양대 모델의 일방적인 수입보다 창조적 모방이 필요할 것이다. 개별 대학의 맥락에 부합한 자기만의 모델을 만들어 가야 할 것이다. 이 과정에서 건양대가 걸어온 길은 훌륭한 참고가 될 수 있을 것이다.

사실 우리 대학은 특별한 대학이 아니에요. 특별하지 않은 데서 단지 노력해서 끌어올린 건데. 아직도 앞에서 끌고 가는데, 문제를 해결해야 하는데…… '우리 문화가 진짜 이상해.' '우리가 이걸 진짜 바꿔야 돼.' 이런 거였는데, 지금은 그런 생각이 들어요. 그것들을 살려야 한다고. 긍정적인 측면으로, 현실적으로. 우리는 진짜 '스펙형' 학교인데 여기에다가 스토리를 넣어 '스토리형' 으로 변하자는 게 처음 생각이었어요. 근데 가만히 생각해 보니까 스펙도 일종의 스토리인 겁니다. 우리가 했던 것들을 부정하지 말고 그것들을 끌어오는 정책을 펴야 현실적이고, 이게 현장에서 잡히는 겁니다. 뜻만 좋다고, 그림만 예쁘게 그려진다고 돌아가는 것은 결국 마찬가지죠.…… 우리 모델을 진짜 어느 정도 이렇게 굳건하게 갈 수 있는 기반을 갖는다면 아래쪽에 있는 대학들도, 그리고 우리는 우리 거를 벤치마킹할 수 있는 거죠. (보직교수 C)

2. 이슈와 제언

1) 단기 성과가 장기 발전을 위한 자양분이 될 것인가

명확하고 냉철한 현실 진단과 맞춤형 처방의 신속하고 적극적인 추진은 오늘날 건양대가 짧은 기간에 성공한 학부교육 모델로 인정받는 데 크게 기여하였다. 그러나 이러한 단기 성과가 장기적으로 바람직한 학부교육을 구현하는 데 긍정적인 영향을 미칠 것인지, 건양대가 추구하는 교육 비전에 부합하는지에 대한 성찰이 요청된다.

예컨대, 수시고사의 실시는 단기적으로 학생들의 학습량을 제고하는 데 기여하였을 것으로 생각된다. 그러나 수시라는 제약으로 지필고사 형식의 시험 가능성이 높은 가운데, 이것이 과연 학생들의 고차원 학습(higher order learning), 창의융합교육과 부합할 것인지에 대해서는 고려의 여지가 있는 것이다. 학생의 학습과 대학생활에 대한 대학의 적극적인 개입과 세심한 배려는 자칫 학생들의 자기주도성을 낮추는, 의도하지 않은 결과를 가져올 수 있다. 일부 교수들이 "우리가 학생들에게 다 떠먹여 주거든요."라고 말하고 있고, 그로 인해 '졸업 후 초창기에는 잘 적응할 수 있을지 모르지만, 중간 관리자 이상이 되기는 어려울 것 같다.'는 우려를 표명하는 데 주목할 필요가 있다. 이는 건양대가 진정한 교육 명문 대학이 되기 위해 대학 차원에서 고려할 요인이 될 것이다.

2) 선장이 바뀌어도 제대로 항해할 것인가

건양대의 성장과 발전, 혁신의 아이콘은 설립자인 김희수 총장이다. 청렴하고 헌신적인 리더십과 설립자의 위상은 대학 조직을 하나로 묶고 일사불란하게 움직이게 하는 원동력이었다. 14년에 걸친 총장의 임기는 대학이 한 방향으로 나아가는 데 절대적인 힘이 되었다.

그러나 대학이라는 조직은 이제 사람에 의한 경영보다 시스템과 제도에 의한 경영이 필요한 시대가 되었다. 건양대가 과거의 성공 경험과 노하우를 유지하면서 이러한 변화와 조직의 잠재적인 위기 요인에 어떻게 대응하여 지속 가능한 발전을 영위할 것인가는 아마도 건양대가 당면한 가장 큰 위기 요인의 하나일 것이다.

3) 어떻게 피로감을 극복할 것인가

건양대가 이룩한 짧은 기간 동안의 놀라운 성장은 대학 구성원의 희생과 헌신 없이는 불가능했을 것이다. 피로가 누적되고 힘이 부치지만, 현재는 성장하고 발전하는 대학과 학생들을 보는 기쁨과 명문 대학을 향해 나아가는 기대감으로 어느 정도 용인되는 상황이다. 그러나 대학의 발전과 제자들의 성장만으로 개인의 희생과 헌신에 대한 인센티브가 되기에는 부족한 상황이 도래할 수 있다. 이는 잠재적인 위기 요인이며, 억누르거나 회피할 수 없는 현실이다. 앞으로 이러한 내재적 욕구를 어떻게 해소해 나가느냐가 장기적인 발전을 도모함에 있어 관건이 될 것이다.

> (지금까지 건양대가 어느 정도 성공적이었다면, 앞으로는 어떻게 나아갈 것이냐는 질문에) 총장님 말씀이 되게 마음에 와 닿는 게, 건양대의 위치가 턱걸이 5개 정도 할 수 있는 때래요. 5개째 했어요.…… 이젠 여기서 어떻게 하지? 이미 5개 했는데…… 5개까지는 넘겼는데, 앞으로 10개까지는 더 해야 한다고……. (보직교수 A)

> 자꾸 교수님들께 가중되는 부담이 있는 것이 현실이고, 그렇다고 이것을 어떻게 해결해 드린다는 방안 자체도 사실 궁리를 해 보면요, 거의 마땅한 게 없더라고요. 결국에는 능력이 많거나 사람이 들어오거나 그런 부분이 되어야 할 것 같아서요. 큰 과제 같습니다. (직원 G)

건양대 내부에서도 변화에 적극적인 교수집단이 다수 집단은 아닌 것으로 자체 평가한 바 있다. 일부는 상당한 피로감을 호소하고, 힐링이 필요하다고 말한다. 적절한 보상과 격려도 향후 과제인 것으로 보인다.

> 꾸준하게 노력을 하는데 지쳐요. 이게 우리도 보상이, 일종의, 필요한데, 정서적인 보상이라든지. 물리적 보상이 아니어도 된다고, 상관없다고 생각해요. 말이라도 고생한다. …… 피로감이 정말로 이제는 극에 달한 것 같아요. …… 그전에는 항상 '다음에는 좀 좋아지겠지? 괜찮아질 거야.' 그런 약간의 기대감을 가지고 일을 했는데, 이제는 뭐 그런 사업이 왔다고 해서 특별하게 교수의 삶이라든지 학교의 삶이 편안해지는 것은 아니라는 것을 어느 정도 저희가 체험을 통해서 배웠고요. 그리고 아까 말씀 드렸던 위기감이라고 하는 게 있을 때는 우리한테 자극이 되지만, 상시화됐을 때는 이제 더 이상 자극이 안 되는 거예요. (교수 C)

또한 건양대 교수들의 성향이 범조직인(cosmopolitan)보다 조직인(local)의 성향을 상대적으로 많이 가지고 있다고 하지만, 교수로서의 근본적인 성향마저 버리기는 어려울 것이다. 교수집단에게 전공 학문 분야에서의 공동체에 대한 참여와 인정감은 교수로서 삶을 살아가는 데 중요한 활력소이고, 기본적인 권리일 수 있다. 또한 전문가로서 정체되지 않고 끊임없이 자기계발을 하는 데도 어느 정도 범조직인으로서 역할이 필요하다. 이는 물론 학생 교육에도 긍정적인 영향을 미칠 것이다. 학문 분야 전문가로서 역할과 기능을 포기하고 대학 구성원으로서 역할과 참여만을 요구하는 것은 장기적인 대안이 되기 어려우므로 이에 대한 진지한 고민이 요청된다. 이는 교수의 업무를 지원하는 학과 단위 행정 인력의 보강 등 다른 요인과도 밀접하게 연계되어 있으므로 종합적인 대안을 마련할 필요가 있다.

4) 본부 주도 대학 혁신의 한계와 지속 가능성

건양대의 발전 모델은 본부 주도, 행정 주도, 정부 재정지원 사업 주도형이다. 그럼에도 경영진의 청렴과 헌신, 학생 중심이라는 대의명분, 시의적절한 교육적 처방이 있었기 때문에 이러한 접근이 효과를 거두었다.

여기에는 두 가지의 장애물이 존재한다. 첫째, 정부 재정지원 사업은 영원하지 않으므로 이에 대한 대처가 필요하다. 다양하게 펼쳐 놓은 프로그램을 어떻게 정리하고 지속 가능하게 할 것인지는 건양대가 지금부터 고민할 몫이라고 생각된다. 둘째, 대학의 하위 단위의 혁신역량을 길러 주는 것이 필요하다. 물론 건양대와 같은 중소규모 대학에서 어느 정도 본부 주도는 필수적이고 효과적일 것이다. 그러나 실천을 담당하는 하위 단위가 아이디어를 생산하고 피드백하여 선순환하는 역량이 없고서는 단기적 성과에 그칠 가능성도 적지 않다. 단과대학과 학과 단위의 혁신역량이 길러질 때, 명실상부한 작고 강한 교육 명문 대학이 가능할 것이다.

> 일단은 국고 지원을 받는 동안에는 뭐, 그렇게 걱정은 안 하는 것 같은데요. 그 이후가 이제 걱정을 해야 될 부분일 것 같고요. …… 싸우지 않는 20프로를 어떻게 끌어올릴 건지…… 그 부분은 고민해야 될 것 같아요. (직원 F)

> 또 하나는 어쨌든 교육 중심이라고 갔으니까 그리고 저희는 창의융합대학이라는 모델도 만들어 놨잖아요. 이제 그게 성공적으로 가면서 그러한 교육모델이 다른 학과에 퍼져 나가도록 그런 작업을 해야 되거든요. 이렇게 슬슬 스며들어서, 어떻게 보면 이제 진짜 증명을 해야 돼요, 증명을. 이제 그게 저희한테는 굉장히 큰, 제일 큰일이라고 생각해요. (보직교수 D)

5) 과감한 혁신과 차분한 개혁의 균형

창의융합대학의 신설, 기업 경력 교수의 임용, 전폭적인 재정지원과 같은 조치는 건양대와 같은 일사불란한 조직에서만 가능하다. 움직이지 않는 대학과 비교하면, 건양대의 우수성은 여실히 드러난다고 하겠다. 그러나 대학의 교육과정을 바꾸기 위해서는 충분한 시간을 갖고 계획을 세워서 단계적인 접근이 필요하다는 의견도 청취할 필요가 있다. 또한 일시에 모든 교수가 교육과정을 바꾸도록 하면 오히려 역효과가 날 수도 있다. 지금의 건양대가 가능하기까지는 리더의 과감한 결정과 캠퍼스의 전범위적인 신속한 시행이 효과적이었다고 평가할 수 있다. 그러나 이제 '취업의 명문'에서 '교육 명문'으로 '양보다는 질'을 지향하는 시점에서 이전과 같은 방식의 고수가 과연 유효할지는 숙고해야 할 시점으로 보인다. 예를 들어, 단기적인 교육과정에 대한 평가와 변화에 대한 시도가 바람직한 시도인지 의문시된다. 교수들 중 "너무 형식이 지배하다 보니까 '마음이 떠났다.'"라고 표현하는 것도 이와 무관하지 않을 것이다. 구성원이 모두가 절감하고 있는 강제성과 피로도를 앞으로 건양대가 한 단계 더 도약하기 위해 어떻게 건설적으로 변화, 유지하며 이끌어 갈 것인가를 고민해야 할 것이다. 특히 교육과정 개편은 단순히 프로그램 도입이나 제도의 도입과는 다른 중요한 문제다. 대학 차원에서 교육과정에 대한 종합적이고 장기적인 검토가 필요하고 교수들의 참여가 중요할 것이다.

제3장

대구가톨릭대학교

맞춤형 교육과 신뢰관계 구축을 통한
대규모 대학 성공모델

김병찬(경희대학교)

[대구가톨릭대학교 학부교육의 특징]

대구가톨릭대학교(이하 대가대)는 지방에 위치한 사립대학으로, 학교의 특성상 중·고등학교에서 중위권의 성적을 가진 학생들이 재학생의 대부분을 차지한다. 이러한 학생들은 학업성적이 중점이 된 우리의 중·고등학교의 현실 속에서 높은 성적을 달성하여 뚜렷하게 눈에 띄거나 성공감을 맛본 경험이 상당히 적은 편이며, 중위권 학생들의 특성상 교사들에게 많은 관심을 받지 못한 학생들이 많다. 하지만 대가대에 입학을 하면서 대가대에서 마련한 다양한 교육 프로그램과 지원을 통해 다양한 경험을 하면서 작은 성공들을 이루어 내고, 교수들에게 그동안 받지 못했던 큰 관심을 받아 가며, 스스로의 자존감과 자신감을 회복해 가며 성장해 간다.

대가대의 학생들은 시작부터 남다른 경험들을 하게 된다. 소문은 듣고 왔지만 특히나 일반 대학과는 달리 가톨릭 정신이 밑바탕이 된 '인성'에 대한 강조는 신입생들에게 자신이 대학생이 된 것이 맞나 하는 생각이 들기도 하면서, 그동안 생각해 보지 못했던 자신에 대한 고민을 시작하게 된다. 무엇보다도 크게 놀란 것은 대가대는 학업성적 위주의 교육에서 벗어나 여러 비교과 영역과 인성을 강조하는 학생 종합역량 중심의 교육과정을 마련하여 평가한다는 것이다. 그리고 이를 위한 다양한 체험활동과 지원 사업이 마련되어 있었다. 학생들은 입학 당시에 설명을 들을 때는 자세히 알지 못했지만, 이러한 대가대의 인성과 비교과에 대한 강조와 가톨릭 정신 기반의 교육철학은 대가대 교육의 기반을 이루고 있고, 이는 결국 학생들 자신의 삶과 미래에도 큰 도움이 된다는 것을 시간이 지나면서 서서히 깨달아 간다.

대가대의 오리엔테이션은 음주와 단순한 흥미 위주의 놀이들로 채워져 있는 다른 대학들의 일반적인 OT와는 차이가 많다. 신입생들은 자신의 예상과는 다른 오리엔테이션을 경험하면서 처음에는 의아해하거나 실망하기도 한다. 하지만 실속 있는 여러 프로그램을 통해서 '이 학교는 실제적으로 학생을 위하는 교육을 하는구나.' '우리를 위한 프로그램들이 이렇게나 마련이 되어 있구나.' 하는 것을 알아 가게 된다. 대가대에 재학하면서 무엇을 할 수 있는지, 앞으로 무엇을 어떻게 해야 할지를 알게 되고, 자신의 미래에 대해 일찍부터 깊은 고민을 하게 되는 기회로 삼게 된다. 학생들은 오리엔테이션에서 대가대의 다양한 프로그램과 교육에 대해 멋진 강의를 하는 강사가 대가대에 재학 중인 선배란 말에 한 번 더 놀라며, 자신도 저런 선배의 모습을 갖출 날을 꿈꾸고, 대가대에서 보낼 날들에 대한 기대와 설렘은 더욱 커져 간다.

부푼 마음을 안고 등교한 대가대는 건물부터 조용하고 깨끗하다. 노후한 건물이 거의 없으며, 건물 내부의 강의실이나 다른 시설도 깔끔하고 신식이다. 다른 학교들을 가 봐도 대가대만큼 쾌적하게 관리되고 있는 학교는 거의 없다. 학생들은 대가대에 학업에 보다 집중하고, 정진할 수 있는 쾌적한 교육환경 및 시설이 조성되어 있는 것 같다고 느낀다. 이러한 학교건물과 시설들은 학생들에게 많은 신경을 쓰고 있는 일면을 보는 것 같고, 더 열심히 공부할 수 있을 것 같다는 생각이 든다.

수업에 들어가기 전에 처리할 서류업무와 궁금한 점이 있어서 학부 행정실에 학생이 찾아가면, 바쁜 와중에도 대가대의 교직원은 친절하고 빠르게 일을 처리해 주고, 궁금한 점에 대해 웃으며 답변해 준다. 또 궁금한 점이나 요청 사항이 있을 때, 홈페이지에 올리면 바로 답변을 달아 주겠다는 말도 덧붙인다. 행정실에서 나온 학생의 대가대에 대한 만족감은 더욱 커져 간다.

학생들은 대가대의 수업을 통해 많은 것들을 경험하게 된다. 수업은 이론 중심의 수업보다는 실용적인 취업에 초점을 맞추고 있다. 대학을 졸업한 뒤에도 취업이 어렵다고 하는 지금 상황에서 이런 대가대의 방침은 학생들에게 커다란 만족요인으로 작용한다. 게다가 수업은 강의가 중심이 아니라 학생을 중심으로 학생들의 필요에 맞추어 구성되어 이루어지고, 인성교육과 비교과를 강조하면서 학생들이 다양한 경험을 쌓을 수 있는 기회도 마련해 주고 있다. 또한 보충학습 제도가 있어서 복학생들이나 학업이 부족하고 수업을 따라오지 못하는 학생들에게 많은 도움이 된다.

하지만 수업내용이 너무 쉬운 것 같다는 생각도 든다. 수업이나 과제의 난이도가 높지 않아서, 따로 공부를 하지 않아도 될 정도이다 보니 스스로 공부하고자 하는 마음이 자주 들지 않아 아쉬운 마음도 생긴다.

다양한 협력과제와 토론이 바탕이 된 교육방식의 수업은 매우 만족스럽다. 이러한 수업을 경험하면서 학생들은 타인과 협력하고 소통할 수 있는 역량을 키워 가고, 교우관계도 보다 확장되고 있다고 인식한다. 학생 간에 보다 긴밀한 관계가 형성되어 간다는 것이다.

게다가 같은 전공의 학생들뿐만 아니라 교류가 쉽지 않은 타 전공의 학생들과도 함께 협력할 기회가 늘어났다. 학교를 걸어 다니면 마주치는 익숙한 학생들과 인사를 나누느라 바쁠 정도로 교류가 확대되어 있다. 또한 학교에서 다양한 프로그램을 마련하여 학생들을 지원해 주어서 학생들이 마음만 먹으면 여러 경험과 스펙을 쌓고, 전공 외에도 학생들이 필요로 하는 학업을 경제적 부담 없이 진행할 수 있으며, 국내외로의 봉사활동과 연수를 나갈 수도 있다.

무엇보다도 대가대에서 제일 만족스러운 부분은 교수님들과 학생들이 너무도 친밀하게 지낸다는 것이다. 수업에서 진행되는 팀 프로젝트뿐 아니라, 연구논문 쓰기, 동아리 활동 등 학교에서 마련해 준 여러 사제 교류 프로그램과 관련 제도들을 통해 학생과 교수들은 매우 잦은 만남을 갖고 있으며, 이러한 만남은 마치 교수와 학생의 교류가 이미 체질화되어 있다고 느낄 정도다.

또한 대가대에서 이루어지고 있는 교수와 학생 간의 교류는 어렵고 형식적인 만남이 아니다. 학생이 필요로 할 때 부담 없이 열려 있는 교수 연구실에 찾아가 교수님과 편하게 이야기하고, 함께 식사를 하거나 문화생활을 즐기기도 하며, 학업상담, 진로상담, 심지어 가정 이야기나 이성교제와 같은 사사로운 대화를 나누기도 한다. 가끔은 교수와 학생을 넘어서 마치 친한 형과 동생처럼 느껴질 때도 있다고 한다. 이렇게 가까운 교수님과의 긴밀한 관계는 수업에 보다 열정적으로 참여하고, 학업에 매진할 수 있게 하는 가장 큰 요인이 되고 있는 것으로 여겨진다.

제1절 서 론

100년의 전통을 지닌 대구가톨릭대학교[1]는 가톨릭 정신과 전통을 바탕으로 견고하게 운영되고 있는 지방 사립대학으로서, 최근 들어 큰 변화와 발전, 성장을 보여 주고 있는 대표적인 대학이다. 특히 대가대는 대학의 건학 이념 및 철학, 총장을 비롯한 대학 리더십, 교직원들의 헌신과 열정, 국가 교육정책에 적극적인 참여 등 다양한 기반과 노력을 바탕으로 힘찬 도약을 진행하고 있는 대학이기도 하다. 이러한 대가대의 노력은 다양한 성과와 결과로 이어져 ACE 사업을 포함한 다양한 국가 교육정책 사업에 선정되고, 여러 평가에서 우수한 대학으로 평가되고 있다. 특히나 대학교육협의회 주최로 한국교양기초교육원과 학부교육 선진화 선도대학 협의회(2013)가 수행한 '2013 대학 학부교육의 질과 성과 분석' 연구에서도 타 대학들에 비해 상당히 우수한 것으로 나타났다.

따라서 대구가톨릭대학교의 우수성과 성공요인, 배경, 전략 등은 대학 발전을 도모하는 타 대학들에게 상당히 많은 시사점을 줄 수 있을 것으로 보인다. 한국교양기초교육원과 학부교육 선진화 선도대학 협의회(2013)의 연구 결과 중 대가대와 관련된 결과 중 2013년도 측정결과를 중점적으로 좀 더 살펴보면, 대가대는 대학생 학습참여 여섯 영역 중에서 다섯 영역에 있어서 다른 대학들에 비해 그 수치가 상대적으로 상당히 높은 편으로 나타났다.

---

1) 대구가톨릭대학교를 '대가대'라고 표기한다. 경우에 따라서는 '대구가톨릭대학교'로 표기된 경우도 있다.

즉, 여섯 영역 중 지적 활동, 능동적·협동적 학습, 교우관계, 교수와 학생의 교류, 지원적 대학 환경 영역에 있어서는 상당히 높은 수치를 기록하였다. 이 중에서도 교우관계, 교수와 학생의 교류, 지원적 대학 환경 영역에 있어서는 타 대학들에 비해 특히나 높은 수치를 보이고 있었으며, 이러한 수치는 31개 대학 중 두 번째로 높은 수치에 해당한다. 그리고 지적 활동 영역은 31개 대학 중 4번째로 높은 수치를 기록했다.

그러나 학업적 도전 영역에 있어서 대가대는 ACE 참여 대학 평균은 물론 전체 대학 평균치에도 미치지 못하는 낮은 수치를 기록하고 있었는데, 총 31개 대학 중 16번째에 위치하는 것으로 나타났다. 학업적 도전 영역은 학생들이 수업 준비에 투자하는 시간, 교수의 기대보다 많은 노력 여부, 과제 수와 보고서 수 등의 문항으로 구성되어 있는데, 다시 말하면 대학생들이 학업활동에 얼마나 시간적으로 투자하고, 성과를 내기 위하여 노력하는지를 보여주는 것으로서, 특히 학부 수업과 관련하여 학생들이 투자한 노력 및 양을 보여 주는 수치다(배상훈 외, 2013).

즉, 학업적 도전 영역이 낮은 수치를 보인다는 것은 대가대 학생들이 학업활동에 있어서 자기주도적으로 노력하는 양이 타 대학 학생들에 비해 부족한 편인 것으로 해석될 수 있다. 대가대의 타 영역에 대한 결과는 매우 높은 수치를 기록하지만, 학업적 도전 영역에서만 평균에 미치지 못하는 수치를 나타낸다는 것은 대가대의 어떠한 특징적 요인이 작용했을 것으로 예상된다.

이러한 지표결과들은 대가대가 어떤 측면에 있어서 우수성을 가지고 있으며, 어떤 측면에 있어서 부족한 점이 있는지를 확인할 수 있는 근거이자 타 대학들과 비교할 수 있는 기반 자료로 활용될 수 있다. 하지만 지금까지의 평가 결과들은 대체적으로 양적 평가 위주여서 대구가톨릭대학교의 우수성의 심층적인 맥락까지 드러내 주고 있지는 못하다. 대구가톨릭대학교의 우수성을 깊이 있게 이해하고 발전 모델로서의 시사점을 얻기 위해서는 양적 분석과 아울러 질적 분석도 필요하다. 이 연구는 이러한 필요에서 대구가톨릭대학교 학부교육의 우수성의 특징과 맥락을 밝히고자 하는 질적 사례연구다.

대구가톨릭대학교 학부교육의 우수성을 밝히기 위해서는 ACE 사업을 포함한 각종 교육 프로그램들이 실제 학부교육 현장에서 구체적으로 어떻게 이루어지고 있으며, 그 과정에

서 구성원들은 어떤 상호작용을 하며, 어떠한 성과를 거두고 있는지, 그리고 구성원들에게
는 어떤 의미가 있는지 등을 심층적으로 살펴볼 필요가 있다. 또한 우수한 학부교육에 초점
을 맞추어 그 우수성의 실체는 무엇이고, 우수함의 기반과 맥락은 무엇인지 등에 대해서도
밝혀 볼 필요가 있다.

대학의 특성 및 우수성의 맥락을 밝히기 위해서는 질적 분석이 필요하다. 이를 위해 이
연구에서는 구체적으로 문서자료 수집, 심층면담, 참여관찰 등의 방법을 통해 자료를 수집
하였다. 자료 수집은 대구가톨릭대학교를 2회에 걸쳐 직접 방문하여 이루어졌는데, 사전
준비 모임 때부터 자료 수집이 이루어졌으며 구체적인 자료 수집 일정 및 내용은 〈표 3-1〉
과 같다.

문서자료는 준비모임이나 사전에 대구가톨릭대학교 측에서 미리 제공해 주기도 하였고,
방문하여 심층면담이나 참여관찰을 하는 과정 중에 연구진의 요청에 의해 수집되기도 하
였다. 구체적으로 수집된 문서자료는 〈표 3-2〉와 같다.

〈표 3-1〉 자료 수집 일정 및 내용

		사전 면담	1차 방문	2차 방문
방문 일시		2014. 8. 18.(1일)	2014. 10. 7.~8. (1박 2일)	2014. 12. 9. (1일)
장소		건양대학교(합동 워크숍)	대구가톨릭대학교	대구가톨릭대학교
면담	교수	1명	총장, 보직교수 4명, 일반교수 4명 등 총 9명 (개별면담, 그룹면담 병행)	보직교수 2명, 일반교수 4명 등 총 6명 (개별면담, 그룹면담 병행)
	학생	-	학생회 간부 및 임원 학생 5명, 일반 학생 15명 등 총 20명 (개별면담, 그룹면담 병행)	총 2명 (그룹면담)
	교직원	2명	총 4명 (그룹면담)	총 3명 (개별면담, 그룹면담 병행)
참여관찰		-	-	학생상담 프로그램 1회 교수법 향상 프로그램 1회
문서자료		ACE 사업보고서 등 3건	학교발전계획 등 6건	해외교류 자료 등 2건

〈표 3-2〉 사례연구를 위해 참고한 주요 문헌자료 목록

연번	자료 내용
1	4차년도 ACE 사업 자체평가연구보고서(대구가톨릭대학교). 대가대 자료집 1부
2	2011년 ACE 연차보고서(대구가톨릭대학교). 대가대 자료집 1부
3	ACE 중간보고서(대구가톨릭대학교). 대가대 자료집 1부
4	2013년 대학 학부교육의 질과 성과 분석(대구가톨릭대학교 사례). 대교협 자료집 1부
5	2014년 大家 참인재 교육혁신 프로젝트. 대가대 자료집 1부
6	'최고에의 도전'. 대가대 총장 정리 자료 1부
7	CU선진화 종합성과보고서(대구가톨릭대학교). 대가대 자료집 1부
8	대학중장기 발전계획(대구가톨릭대학교). 대가대 자료집 1부
9	학부교육 역량강화 계획(대구가톨릭대학교). 대가대 자료집 1부
10	국제화 프로그램 안내(대구가톨릭대학교). 대가대 자료집 1부
11	전공연계 해외 봉사 및 체험 프로그램(대구가톨릭대학교). 대가대 자료집 1부

사전 회의 및 두 차례의 방문을 통해 수집한 자료를 모두 모아 반복적으로 읽어 나가면서 코딩, 영역 분석, 주제 분석 등의 방법을 통해 자료 분석을 실시하였다. 즉, 수집된 자료를 순환적으로 읽어 나가면서 대가대 학부교육의 특성 및 우수성과 관련된 주제들을 도출하는 코딩작업을 실시하였으며, 코딩 결과를 바탕으로 도출된 주제들을 범주화시키는 영역 분석, 그리고 해당 영역의 핵심 주제어를 명명하는 주제 분석을 실시하였다. 분석 결과를 바탕으로 해석을 실시하여 1차 보고서가 완성되었다. 자료 수집, 자료 분석, 해석의 작업은 의미 있는 결과가 도출될 때까지 반복적으로 이루어졌다. 1차 보고서 완성 후에 내부자 검토를 위하여 대가대 담당자들에게 보고서를 읽게 하고 검토 의견을 반영하여 최종 보고서를 완성하였다.

분석 결과 구체적으로 대가대의 기본적 특성과 관련하여 역사적 맥락, 교육철학 및 목표, 구성원의 특성, 물리적 환경, 대학 구조, 교육과정 등이 우선적으로 유목화 및 정리되었다. 그리고 대가대 학부교육 우수성의 특성 및 맥락과 관련해서는 여섯 영역으로 분석되었는데, 학업적 도전, 지적 활동, 능동적·협동적 학습, 교우관계, 교수와 학생의 교류, 지원적 대학 환경 등을 바탕으로 그 특성과 우수성이 분석되었다. 아울러 대가대에서 우수한

학부교육을 가능하게 했던 성공요인도 분석되었는데, 역사적 맥락, 교육철학 및 목표, 구성원의 특성, 학교시설 및 환경, 대학구조 등의 측면에서 학부교육 우수성의 성공요인이 도출되었다.

대가대는 지방의 사립대학이면서 대규모 대학으로서 여러 환경 변화에 적응하기가 쉽지 않은 여건에 있는 대학이라고 할 수 있다. 하지만 불리한 여건과 환경을 잘 극복해 나가면서 발전을 거듭해 나가고 있는 대표적인 대학으로서, 대학 발전의 모델을 제시하고 있기도 하다. 이러한 대학의 성공요인 및 맥락에 대한 분석은 한국의 지방대학 및 한국적 상황에서 발전 전략을 모색하고 있는 많은 대학에 시사하는 바가 클 것으로 보인다.

제2절   대구가톨릭대학교의 기본적 특성

대가대는 오랜 전통과 역사를 바탕으로 학부교육 질 향상을 위한 노력을 기울여 학부교육 우수대학으로 인정받고 있는 대학이다. 대가대가 현재와 같이 학부교육 우수대학으로 인정을 받고, 긍정적인 결과를 얻을 수 있었던 우수성과 특징, 성공요인을 살펴보기 위해서는 현 대가대의 기반이 될 수 있었던 역사나 지역적 특성, 인적·물리적 특성 등을 우선적으로 살펴볼 필요가 있다.

이에 따라 이 절에서는 대가대의 기본적 특성을 정리해 보고자 하였다. 즉, 대가대의 역사적 맥락, 교육철학 및 목표, 구성원의 특성, 물리적 환경, 대학의 구조, 교육과정 등에 대해 관련 문헌과 내부자료, 대학 홈페이지 등을 분석하여 정리하였다. 이러한 분석을 통해 도출된 대가대의 역사적 맥락에서의 특성은 '위기에서 도약으로'로 특징지을 수 있으며, 교육철학 및 목표는 '시대가 필요로 하는 참인재 육성'으로, 구성원의 특성은 '안정적 확보'로 특징지어졌다. 또한 물리적 환경은 '꾸준한 개선', 대학 구조는 '특성화를 위한 기반'으로 나타났고, 교육과정의 특성은 '전인적 실용 인재를 위하여'로 특징지어져 나타났다.

1. 역사적 맥락

1) 역사 및 배경

대가대는 약 100년의 역사를 가진 대구 지역의 사립대학교다. 대가대는 1914년에 성 유스티노 신학교로 출범하였는데, 이는 최초의 신학문 교육기관이었다. 이후 1952년에는 당시 남성 우위 분위기가 팽배했던 보수지역인 대구 지역으로 기반을 옮겨 와 효성여자대학교라는 여성교육기관을 설립하여 발전하기 시작하였다. 1994년에는 효성여자대학교, 의과대학, 신학대학의 3개 대학을 통합하여 남녀공학의 대규모 종합대학으로 탈바꿈하게 되었다. 이후 2000년에는 교명을 대구가톨릭대학교로 변경하였고, 2005년에는 503명의 입학정원을 감축하고, 18개의 학과를 폐지하였을 뿐만 아니라, 입학 최저학력제 도입, 교수 연구성과연봉제를 실시하는 등 큰 변화와 함께 모범적인 대학교육을 시행하며 안정적으로 운영하고 있다.

한편 대가대는 지방에 위치한 대형 사립대학교로서, 대체로 성적이 중위권에 위치한 학생들이 대가대에 재학하게 되었으며, 대부분의 교수들은 교육보다는 연구논문을 생산하는 데 집중하게 되면서 대가대는 대학의 정체성에 있어 혼란을 겪게 되었고, 만족할 만한 교육적 성과를 내지 못하는 상황에 처한 적도 있었다.

이러한 상황 속에서 대가대는 대학의 생존에 대한 심각한 위기의식을 갖게 되었고, 위기를 극복해 보자는 분위기가 대가대 내에 형성되기 시작했다. 이에 따라 대가대는 2004년부터 강력한 구조조정을 시작으로 대학 특성화 분야에 집중하여 이를 위한 구조개혁을 지속적으로 진행해 오고 있다. 2010년에는 ACE 사업에 선정되어 4년 동안의 1기 사업이 진행되었는데, 이 기간 동안에는 주로 다양한 교육 프로그램을 개발하고 운영하는 데 집중하였다. 대가대는 향후 ACE 2기부터는 4년간 축적된 사업성과를 계승하여 효과성이 검증된 프로그램을 지속적으로 추진하고, 해당 노하우를 바탕으로 학생들이 보다 주도적으로 참여하는 다양한 프로그램 위주로 편성하여 학부교육의 발전을 위한 노력을 기울이고 있다.

2) 최근 발전 상황 및 학생 모집 현황

2010년에 대가대는 그들이 말하듯이 마치 구세주와 같았던 국가지원정책인 ACE 사업에 선정되었고, 이러한 ACE 사업은 대가대 변혁의 동력으로 작용하게 되었다. 이러한 ACE 사업을 토대로 대가대는 대학의 정체성을 연구보다는 교육에 중점을 두는 학교, 학부교육 중심 대학으로 규정·선포하였고, 이를 토대로 학부교육의 변혁을 이루려는 노력을 지속적으로 이어 갈 수 있게 되었다.

먼저 대가대는 학문 분야 특성화와 사회적 요구를 기반으로 단과대학 및 모집단위에서의 통합을 꾸준히 지속해 왔다. ACE 사업에 선정된 2010년부터 매해 특성화 학부(과) 및 특성화 프로그램을 공모, 선정하면서 교육 자원을 집중적으로 지원하였다. 이에 따라 대구·경북지역 사학 중에서 1위로서 7개 학과 선정 및 지원(2010년도), 16개학과 20개 특성화 프로그램 선정 및 지원(2011년도), 안경광학과, 간호학과 등 8개 학과 신규 선정 및 지원(2012년도), IT공학부, 제약산업공학과 등 9개 학과 선정 및 지원(2013년도 1차), 융복합 특성화 프로그램 28개 팀 선정 및 지원(2013년도) 등이 이루어졌으며, 2013년 10월부터 2014년 3월까지는 지방대학 특성화사업(CK-I)을 위한 특성화 사업단 선정과 아울러 총 40개 팀(학과융합 24개 팀, 단일학과 16개 팀) 중 최종 10개 사업단을 선정하여 CK-I에 지원토록 하였다. 이들 가운데 8개 사업단 24개 학과가 CK-I에 선정되어 현재까지 꾸준히 특성화 사업을 진행 중이다. 이외에도 대가대에서는 교육편제 및 시설환경의 혁신, 교육과정의 혁신, 산학협력 혁신 등을 기반으로 교육 중심 대학으로서의 시스템을 구축하기 위한 변혁적 노력을 기울이고 있다.

이러한 노력은 학생들에게 긍정적인 결과로 이어지고 있는 것으로 나타났는데, 학습 참여의 6개 요인에 대한 학생인식을 분석한 결과에 있어 학업적 도전을 제외한 지적 활동, 능동적·협동적 학습, 교우관계, 교수와 학생의 교류, 지원적 대학 환경 등 5개의 요인에서 ACE에 참여한 전체 대학 평균에 비해 상대적으로 높은 수치를 기록하였으며, 결과수치 간에도 상당한 차이가 있을 정도의 긍정적 결과를 냈던 것으로 나타났다(한국교양기초교육원·학부교육 선진화 선도대학 협의회, 2013).

현재 대가대 학부교육 현황을 살펴보면 대가대는 2004년부터 강력한 구조조정을 통한 변혁을 진행해 왔는데, 대가대의 주요 연도별 입학정원 변화 추이는 〈표 3-3〉과 같다.

〈표 3-3〉 주요 연도별 대가대 모집정원 현황

연도	2004년	2005년	2006년	2007년	2014년
입학정원(명)	3,635	3,590	3,242	3,140	3,132

출처: 대구가톨릭대학교(2014).

〈표 3-3〉에 나타난 것과 같이 2004년에 3,635명이었던 대가대 모집정원의 수는 이후 총 503명(13.8%)의 정원을 감축하여 2014년 현재 3,132명이 되었다. 이처럼 대가대에서는 학부교육의 효율성과 효과성을 높이기 위해 2004년부터 자율적 정원감축을 시작하여 지속적으로 모집정원을 감소시키고 있다.

현재 대가대의 단과대학 수는 총 13개, 학부(과) 수는 총 66개로 운영되고 있으며, 현재 재학생 수는 14,196명으로, 학부생의 비율이 95.6%에 해당한다. 대가대의 2010년부터 현재까지의 재학생 충원율은 〈표 3-4〉와 같다.

〈표 3-4〉 연도별 대가대 재학생 충원율 비교

구분	2010년	2011년	2012년	2013년	2014년
충원율(%)	103.7	104.6	106.1	110.3	112.5

출처: 대구가톨릭대학교(2014).

이와 같이 대가대에서는 학생 입학정원 수를 감소시켰지만, 이와 반대로 재학생 충원율은 매해 지속적으로 꾸준히 상승하고 있으며, 2010년의 103.7%에 비해서 2014년 현재에는 112.5%의 비율로 약 11.2% 증가한 것으로 나타나고 있다.

대가대는 2010년경 대형 종합대학으로서의 확고한 위상을 정립하고, 교육 중심 대학으로서의 시스템 구축을 완성해 왔다. 현재 대가대는 위기 상황에 놓인 지방의 대형 사립대학들에게 새로운 대학 발전 모델을 제시하고 있으며, 학부교육의 발전을 위한 혁신을 여전히 진행 중이다.

2. 교육철학 및 목표

1) '교육 중심 대학'

2010년 직전 대가대는 대학의 정체성에 대한 혼란을 겪었었다. 즉, 연구에 집중을 할 것인지, 아니면 교육에 보다 집중을 할 것인지에 대한 큰 고민이 있었던 것이다. 그 결과 대가대에서는 지방에 소재한 대형 사립대학이자, 중위권 학생들이 재학생의 대부분을 차지하는 학교의 상황을 파악하고, 대학의 정체성을 교육 중심 대학으로 선포하였다.

대가대는 교육 중심 대학이라는 비전을 토대로 보다 구체적인 인재상과 전략을 마련하게 되었는데, 정체성에 맞추어 대가대 학생들의 교육적 성장을 위한 방안을 모색하고, 학교와 학생의 특성에 적합한 인재상과 전략을 세우게 되었다.

이에 따라 대가대에서는 가톨릭 사상에 따른 인물과 인성 중심의 교육을 기반으로, 대학교육이 추구하는 인재상을 '사랑과 봉사를 실천하는 창의적 공동체 인재'로 규정하고, 대학 발전의 3대 혁신 전략을 수립하였다. 이러한 3대 혁신 전략은 교육기반 혁신, 교육과정 혁신, 산학협력 혁신으로 분류될 수 있는데, 각 전략의 내용을 정리하면 〈표 3-5〉와 같다.

또한 대가대는 이러한 3대 혁신 전략을 바탕으로 ACE 사업을 활용하여 학생교육을 위한 지원기관인 기초교양교육원, 외국어교육원, 교수학습개발센터, 글쓰기센터, 다문화교육원

〈표 3-5〉 대가대 3대 혁신 전략

연번	3대 전략	주요 내용
1	교육기반 혁신	−학교 환경: 아름답고, 깨끗하고, 안전한 배움터 조성 −편제: 백화점식 지양, 지역과 함께하는 학문특성화
2	교육과정 혁신 (大家 참인재 교육)	−인성(H): 실천형 인성교육의 양성 −창의성(Cr): 특성화된 大家양성 전공 교육 −공동체성(Co): 함께하는 공동체 교육
3	산학협력 혁신	−지역 및 세계(특히 중남미)와 함께하는 인재 양성 −융복합의 현장 실무 교육: 높은 취업 보장 −동일 지역의 타 대학과 ACE 사업 공유 (2014년 대구 한의대, 경주대, 동양대와 ACE 성과 공유 협약체결)

출처: 대구가톨릭대학교(2014).

등을 설립하였고, 교육의 질 관리를 위하여 강의평가 및 학과평가를 강화, 비교과활동을 위한 다양한 프로그램 개설 등의 학사제도 개혁을 위한 노력을 기울이고 있으며, 학생의 취업 등 졸업 후 사회활동을 위한 역량 제고에 교육의 초점을 맞추고 있다.

대가대는 중장기 10개년 발전계획(2014~2023년)을 바탕으로 대학의 모든 역량을 학부교육에 집중하여 국내 최고의 학부교육 중심 대학이 되겠다는 목표를 향해 지속적인 노력을 기울이고 있다.

2) '참인재 교육'

대가대에서는 학부교육 발전을 위하여 대학의 교육목표와 인재상 실현을 위한 '大家 참인재 교육혁신 시스템'을 구축하였다. '大家 참인재 교육혁신 시스템'은 대가대의 개교 100주년을 기점으로 하여 혁신적인 대학교육 시스템을 도입하여 운영하고자 하는 것이다. 1기 ACE 사업 수행으로 얻은 시행착오의 경험과 성과를 계승하여 인성, 창의성, 공동체성 균형 교육 및 포트폴리오 성과관리를 통한 참인재 양성이라는 교육목표를 가지고 있으며, 이러한 대가대의 교육목표와 인재상을 반영하는 대가대만의 특성화된 교육체계 구축을 위해 많은 노력을 기울이고 있다. 이러한 대가대 교육혁신 시스템의 실행계획과 내용은 〈표 3-6〉과 같다.

〈표 3-6〉 '大家 참인재 교육혁신 시스템'의 실행 계획 및 영역

영역	인성, 창의성, 공동체성 역량 교육	포트폴리오를 통한 학습 성과 관리 및 지원	사업성과 공유 및 대내외 확산
실행 계획	-인재상 역량기반 교육과정/ 비교과 활동 재편 -인성, 창의성, 공동체성 역량 균형 교육 -교과목수강 -비교과활동 연계 강화	-참인재교육인증원 설립 및 대가 참인재 성장지수 관리 -참인재 교육지원 전산시스템 (cosmos) 구축 -포트폴리오를 통한 학습 성과 관리 지원	-1기 ACE 사업 성과계승 -우수 사업성과 체계적 공유 및 제도화 -대학 간 ACE 사업성과 공유 및 확산
실행 영역	-교육과정 운영 및 구성(교양, 전공, 비교과)	-교육지원시스템 구축 및 개선 (학사제도, 학생지도 내실화, 교 수학습지원체계, 교육 질 관리)	-사업 관리 및 운영 -성과관리

출처: 대구가톨릭대학교(2014).

대가대에서는 이러한 실행 계획을 바탕으로 교양, 전공, 비교과 등 7개 영역 사업의 장을 투입-과정-산출-성과에 해당하는 체계를 SPACE라 명명하여 체계화하고 있다. 이러한 大家 참인재 교육혁신 시스템의 추진체계를 정리하면 〈표 3-7〉과 같다.

〈표 3-7〉 '大家 참인재 교육혁신 시스템'의 추진체계 및 내용

연번	영역	내용	과정
1	System & Structure	운영기반 구축(관련 학사제도 및 운영기관)	투입
2	Program	참인재 양성 교육 프로그램 개발 및 운영	과정
3	Activity	학생 주도적 참여 프로그램 실행	산출
4	Cooperation	다른 사업과의 연계 및 협력	(연계)
5	Evaluation & Diffusion	사업성과에 대한 평가와 대내외 확산	성과

출처: 대구가톨릭대학교(2014).

대가대 교육혁신 시스템은 혁신적인 학생평가 모형을 통한 교육 중심 대학으로서의 시스템 개혁을 중시하고 있는데, 이러한 학생평가모형은 학생의 교육적 성과를 다면적이고 종합적으로 평가할 수 있는 체제를 마련한 것이다. 즉, 대가대의 인재상인 인성, 창의성, 공동체성 함양을 목표로, 교과목과 비교과목에 대한 학생들의 다양한 활동 노력 및 성과를 종합적으로 평가하는 것이다. 이와 관련해서 대가대에서는 보다 명확한 성취기준과 지표를 개발하고자 노력하였고, 참인재교육인증원을 설립하여 관련 업무를 담당하게 하고 있다. 그리고 이를 토대로 '大家 참인재 성장지수'를 개발하여 2014년 하반기부터 시범적으로 실시하고 있다.

〈사례 3-1〉 대구가톨릭대학교의 아주 특별한 ACE 사업: 참인재 교육혁신 프로젝트

대구가톨릭대학교는 인성, 창의성, 공동체성을 인재상으로 삼고, 이를 잘 교육할 수 있는 방법으로 교과와 비교과의 호응을 첫 손가락에 꼽는다. 바르고, 기발하며, 다른 사람과 잘 어울리는 사람은 우리 시대가 원하고, 우리 지역과 나라가 원하는 참된 인재의 모습이다. 이러한 인재를 기르기 위해서는 수업과 스펙 쌓기 위주의 경쟁 중심의 교육만으로는 부족하다. 그러므로 대구가톨릭대학교는 정규 교과목과 더불어 그것의 모

자람을 채워 줄 비교과 프로그램을 다양하게 펼쳐 내고, 여기에 참여하는 교수와 학생의 노력과 성과를 드러내고 기록하며 평가하고 보상하는 교육 시스템을 생각해 냈다.

대구가톨릭대학교는 2010년 1기 ACE 사업에 선정된 뒤 이를 성공적으로 운영하고, 그 성과를 바탕으로 2014년 ACE 사업에 재선정되었다. 그 새로운 사업의 명칭이 '大家 참인재 교육혁신 프로젝트'다. 이 프로젝트는 전체 교육과정과 비교과 프로그램을 인재상의 핵심역량을 기반으로 세분화하고, 핵심역량으로 분류된 교과 및 비교과 학습 수행 성과를 '大家 참인재 성장지수(Stella)'라는 지표로 관리 및 지원함으로써 학생들이 자신이 수행한 활동을 체계화하여 대학

생활 '활동/성과 포트폴리오'를 구성하고, 이를 '학습이력증명서'로 활용할 수 있도록 지원한다는 내용을 핵심으로 한다.

대구가톨릭대학교에서 학생들은 대학생활 동안 노력한 모든 교과 및 비교과 성과를 한데 모아 자신만의 스토리와 역사를 만들어 사회에 진출한다. 대학에서의 삶이 교과 성적과 영어성적을 나타내는 숫자 몇 개가 아니라 자기를 계발하고 참된 인간, 참된 인재가 되기 위한 분투의 흔적으로 남을 수 있도록 대학이 격려하고 지원한다. 대구가톨릭대학교 학생들은 교과와 비교과가 어우러진 통합적 교육과정 안에서 인성, 창의성, 공동체성을 고루 갖춘 참된 인재로 성장한다.

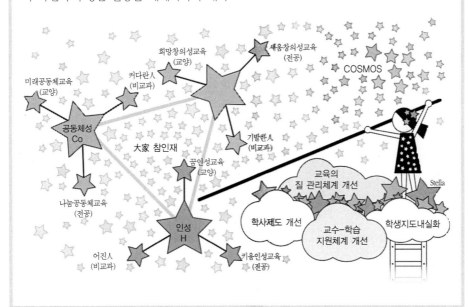

출처: 대구가톨릭대학교 ACE 사업단 홈페이지(http://ace.cu.ac.kr).

3) '특성화'

대가대에서는 교육부에서 지원하는 특성화 사업에 선정되게 되었고, 이를 기회로 삼아 특성화 학문 분야를 글로벌비즈니스, 바이오-메디, 문화예술이라는 3가지 영역으로 구분하여 각 분야를 육성시키려는 다양한 노력을 기울이고 있다. 각 분야에 대해 좀 더 자세히 살펴보면 다음과 같다.

첫째, 글로벌비즈니스 분야다. 대가대는 대가대의 전신인 효성여대 시절에서부터 외국어 분야를 강조해 왔으며, 이러한 강조는 글로벌비즈니스 분야의 기반이 될 수 있었다. 글로벌비즈니스 분야는 특히 중남미 지역에 특화되어 있으며, 외국어, 통상, 관광 분야를 결합한 글로벌 융합교육을 실시한다. 이와 관련하여 기존의 문과대학, 경상대학, 글로벌융합대학 3개의 단과대학을 통합하여 글로벌비즈니스 대학을 출범시켰다.

둘째, 바이오-메디 분야다. 대가대는 약대, 의대, 간호대, 자연과학대, 의료과학대, 의료생명산업대 등 바이오-메디를 특성화할 수 있는 6개의 단과대학을 가지고 있으며, 자연과학대, 의료과학대, 의료생명산업대를 통합하여 의료보건대학 및 바이오융합대학을 설립하였다. 대가대는 대구·경북 지역의 바이오-메디 산업 분야 인재 양성을 모토로, 해당 분야에 대한 교육을 강조해서 진행해 오고 있으며, 메디시티 대구, 대구경북첨단의료복합단지에도 적극적으로 참여하고 있다.

셋째, 문화예술 분야다. 대가대의 문화예술 분야는 지역 문화 발전의 선도적 역할을 하고 있는데, 대가대는 영남지역 최초로 음악대학을 설립하여 60년 전통의 역사를 이어 오고 있다. 또한 1962년에는 미술대학을 설립하였고, 대가대의 미술대학은 현재 디자인대학으로 확대 개편하여 운영해 오고 있다.

대가대에서는 특성화 분야를 보다 강화시키기 위하여 기존에 어려움이나 문제점이 있던 학과들을 개편하고, 잘되고 있는 학과에서 필요로 하는 요구를 충족시켜 주는 방향으로 구조개혁을 진행해 왔는데, 대가대의 특성화 분야 확립을 위한 구조개혁 전략을 〈표 3-8〉에서 확인해 볼 수 있다.

이와 같이 대가대에서는 중장기적으로 특성화 분야 육성을 강조하고, 특성화 분야 육성을 위한 노력과 병행하여 지속적인 구조 개혁을 진행하고 있다. 이러한 구조 개혁은 특성화

〈표 3-8〉 대가대 특성화 분야 확립을 위한 구조개혁 전략

연번	학과 분류		특성화 및 구조개혁 전략
1	국가 특성화 학과	교육자원 집중지원	지방대학 특성화 사업에 선정된 사업단 소속학과
2	대가대 특성화 학과		대가대에서 자체 선정한 특성화 학과
3	기본 학문 학과		특성화 분야를 지원할 기초 학문 분야의 보호
4	기타 학과		-구조조정 및 정원감축 대상 -학과 폐지를 최소화하고, 학과 통합을 통한 특성화 참여 유도

출처: 대구가톨릭대학교(2014).

와 연계한 단과대학 및 학과를 통합하는 모습으로 나타나고 있으며, 경쟁력이 없는 학과는 폐지보다 변신을 도모하여 대가대의 특성화 분야를 정착시키려는 노력을 기울이고 있다.

3. 구성원의 특성

1) 교수 특성

대가대에서는 최근에 신진 전임교원을 대거 채용하여 전임교원의 강의담당 비율을 높이고 있으며, 젊은 교원들은 학교에서 중요한 중심적 역할을 맡거나 주요 보직을 담당하고 있다. 대가대의 전임교원 확보율과 강의 담당 비율을 살펴보면 〈표 3-9〉와 같다.

〈표 3-9〉 대가대의 전임교원 현황 지표   (단위: %)

구분	2010년	2011년	2012년	2013년	2014년
전임교원 확보율	44.8	55.1	58.1	59.9	68.6
전임교원 강의 담당 비율	2012년도부터 산출방식 변경		48.3	50.6	62.8

출처: 대구가톨릭대학교(2014).

대가대에서는 〈표 3-9〉와 같이 전임교원 확보율을 지속적으로 높이고 있었는데, 2010년에 44.8%였던 확보율이 2014년에는 68.6%로 약 23.8%가 증가되었다. 또한 전임교원을 통한 강의 담당 비율도 매해 확대되고 있는데, 산출방식이 변경된 2012년에 48.3%였던 비율이

2014년에는 62.8%로 약 14.5% 만큼 증가되었다.

대가대에서는 전공과목뿐 아니라 교양과목에 대해서도 강조를 하고 있는데, 교양과목 전임교원 비율을 높이기 위해서도 많은 노력을 기울이고 있다. 이를 〈표 3-10〉을 통해 확인해 볼 수 있다.

〈표 3-10〉 교양교육 관련 교원 현황   (단위: 명)

연도	인성교육원		기초교양교육원		외국어교육원		다문화교육원		계	
	전임	비전임	전임	비전임	전임	비전임	전임	비전임	전임	비전임
2010	15	9	13	21	–	–	–	–	28	30
2011	15	12	20	20	4	–	–	1	39	33
2012	14	14	29	13	1	–	–	1	44	28
2013	16	14	21	7	27	11	–	2	64	34

출처: 대구가톨릭대학교(2014).

앞에 나타난 바와 같이 대가대에서는 교양과목을 강조하여 교양교육을 담당하는 전임교원뿐만 아니라 비전임교원도 지속적으로 확충해 가고 있다.

2) 직원 특성

대가대가 학부 중심 대학으로의 발전이 가능했던 요인은 교내 구성원들의 열정과 헌신적인 노력이 있었기 때문이라고 할 수 있다. 교수와 직원들이 주축이 되어 학생들을 위해 함께 노력한 결과라고 할 수 있는데, 교수들의 헌신과 노력 못지않게 직원들의 헌신과 노력 또한 학교 발전의 큰 기반이 되었다고 할 수 있다. 그리고 이러한 직원들의 헌신과 노력의 바탕에도 가톨릭 대학으로서의 철학과 정신이 반영되어 있다고 할 수 있다. 한편 대가대에는 행정직원들의 노조가 구성되어 있지 않은데, 여기에도 대학과 직원들 간의 화합과 협력의 정신이 반영된 것으로 보인다.

각 행정부서 간의 적극적인 협력 및 직원들의 노력과 열성은 학생들의 학교에 대한 만족도를 높이는 데 기여하고 있는 것으로 나타나고 있다. '2013 학부교육 실태진단 보고서'에서 대가대 학생들의 학교의 지원 및 행정 환경에 대한 만족도가 다른 대학들의 경우에 비해 상당히 높은 것으로 나타났다. 학업 성공을 돕는 대학의 지원에 대한 인식, 행정 직원 및 부서·기관과의 관계, 대학소속 직원과의 심리적 친밀감 등 거의 모든 분야에서 우수한 것으로 나타났다.

한편 2013년도에 새로 부임한 총장은 직원들과도 적극적인 소통을 하고 있는 것으로 나타났다. 소통을 강조하는 총장의 리더십의 영향으로 직원들 역시 소통과 협력의 문화를 만들어 가고 있다. 현재 대가대에는 300여 명의 직원들이 근무하고 있는데, 지속적인 교육과 연수를 통해 비전을 공유하고, 협력을 통해 학교 발전을 위해 노력하고 있다.

3) 학생 특성

대가대는 지방사립대로서, 대체로 고교성적이 중위권에 해당하는 학생들이 대부분을 차지하고 있었다. 대가대에서는 이러한 학생들이 자신감과 자존감을 회복할 수 있도록, 소위 '보통 학생'을 '특별한 학생'으로 양성하기 위한 교육에 초점을 맞춰 왔다. 대가대의 이러한 노력은 상당한 성과를 이루고 있는데, 이에 대한 교육지표 변화내용을 통해 대가대 학생들의 현재 특성을 살펴볼 수 있다.

〈표 3-11〉 대가대 학생 관련 교육지표 변화내용

구분	2010년		2011년		2012년		2013년	
재학생 학과 만족도	50.23		60.28		60.59		64.58	
재학생 강의평가 점수	81.8	82.5	82.9	83.8	83.2	84.1	84.2	85.0
재학생 중도탈락률	4.79		4.59		4.37		4.26	
졸업생 취업률	58.7		59.7		56.7		64.2	

출처: 대구가톨릭대학교(2014).

〈표 3-11〉과 같이 대가대 재학생 학과 만족도와 재학생 강의평가 점수는 지속적으로 증가하고 있으며, 재학생 중도탈락률은 매해 줄어들고 있으며, 졸업생 취업률은 2010년 58.7%에서 2013년 64.2%로 약 5.5% 증가하였다.

또 다른 예로서 한국교양기초교육원과 학부교육 선진화 선도대학 협의회가 수행한 '2013년 대학 학부교육의 질과 성과 분석 종단연구'의 결과를 살펴보면, 대가대에 대한 구성원들의 인식은 여러 영역에 걸쳐서 ACE 사업에 참여했던 23개 대학의 평균에 비해 상당히 높은 수치로 측정되었다.

즉, 대학의 교육철학 및 인재상에 대한 인식 정도(대가대: 6.41, 전체 평균: 5.66), 현재 대학의 진학에 대한 만족도(대가대: 7.21, 전체 평균: 7.06), 재학 대학의 명성에 대한 자부심(대가대: 6.73, 전체 평균: 6.68), 재학 대학에 느끼는 소속감(대가대: 7.47, 전체 평균: 7.03), 재학 대학 교육의 질에 대한 만족도(대가대: 7.18, 전체 평균: 6.71), 재학대학 교육이 취업(진로)에 도움이 되는 정도(대가대: 7.53, 전체 평균: 7.08), 졸업 후 동문회 참여나 기부금 납부 의향(대가대: 6.45, 전체 평균: 6.23) 등의 다양한 영역에 있어서 비교적 높은 수치를 기록하였다. 이처럼 대가대의 학생들은 학교와 학부교육에 대해 매우 긍정적인 인식을 가지고 있으며, 학과와 강의에 대한 만족도, 취업률 등이 매해 높아지고 있는 추세다.

4. 물리적 환경

대가대는 학생들의 학습 환경 개선을 위하여 학교시설에 대한 교비 투자를 확대 운영해 오고 있다. 특히나 2010년 ACE 대학으로 선정되면서 기초교양교육원, 외국어교육원, 교수학습개발센터, 글쓰기센터, 다문화교육원 등의 학생교육 지원기관을 설립하였다.

대가대에서는 매해 노후한 건물들을 단계적으로 리모델링하고 있는데, 올해 개교 100주년을 맞이하여 보다 쾌적한 학습 환경 조성을 목적으로 단과대학 건물 총 13개 동의 리모델링 연차 계획을 수입하였다. 이에 따라 2010년부터 2013년까지 총 11개 단과대학 건물의 리모델링을 완료하였으며 2014년 2개 동을 마지막으로 완료할 계획이다. 또한 학생들의 정주 환경 개선을 위하여 기숙사를 신축하고 있는데, 신기숙사는 수용인원 542명의 1~2인실 전용 기숙사를 2015년까지 완공할 예정이며, 현재 20%를 상회하는 기숙사 수용 비율을 24.3%까지 증대시켜 약 3,400여 명을 수용할 예정이다.

대가대에서는 노후화 건물에 대한 리모델링 외에도 열린 캠퍼스 실현을 목적으로 다양한 노력을 기울이고 있다. 즉, 인적 쇄신, 시스템 혁신을 통한 행정 서비스 품질을 개선하고, 단과대학 행정업무조직을 체계화하여 팀별 책임 행정을 구축하고 있다. 또한 대구 지역의

지하철이 대가대까지 연장되어 대학 접근성을 높이는 전기가 마련되고 있다. 이 외에도 지역사회와 함께 거닐고 싶은 캠퍼스를 조성하기 위하여 둘레길을 조성하고, 100주년 기념광장을 마련하였다. 이러한 둘레길과 100주년 기념광장은 대가대에서 자랑하는 캠퍼스 명소로 알려져 있는데, 이 외에도 김종복 미술관, 스트로마톨라이트 보존지, 벚꽃길, 은행나무길, 팔각정을 포함하여 대가대의 10대 명소를 마련하였다.

5. 대학 구조

대가대는 2014년 현재 홍철 대학총장 이하로 신학부총장, 교학부총장, 의무부총장, 특임부총장의 네 명의 부총장을 중심으로 대가대를 운영해 오고 있다. 이러한 대학총장 직속기관으로 대학평의원회, 교수회, 교무위원회 등의 위원회와 홍보실, 비서팀, 대외협력단, 참인재교육인증원, ACE 사업단, 특성화추진단, 개교 100주년 사업단, 사랑나눔봉사단, 감사팀, 창업교육센터, 학생군사교육단, 예비군연대의 등의 직할 기구로 구성되어 있고, 그 밖에도 인성교육원, 대신학원, 의료원 등을 운영하고 있다. 대가대 행정조직 및 기구 현황을 살펴보면 〈표 3-12〉와 같다.

〈표 3-12〉 2014 대가대 행정조직 및 기구 현황 (단위: 개)

구분	본부	대학원	대학	부속기관	부설기관	
					교육기관	연구소 및 기타기관
계	8	11	16	14	5	53

출처: 대구가톨릭대학교 홈페이지(http://www.cu.ac.kr/index.htm).

대가대의 재단인 선목학원은 1981년에 법인이 설립되었으며, 대구광역시에 사무소를 두고 있는데, 재단인 선목학원은 조환길 이사장을 비롯한 6명의 이사진과 2명의 감사진으로 구성되어 있다. 향후 대가대에서는 특성화 분야를 중심으로 단과대학 및 유사 학과를 통합하는 방향으로 유도하고, 기타 학과도 학과통합의 방향으로 진행하되, 모집정원을 축소시키거나 폐지도 함께 검토하여 특성화 학과에 교육자원을 집중시킬 계획이다.

6. 커리큘럼 및 기타 특징

1) 전공과목 커리큘럼

대가대에서는 전공과목을 운영하는 데 있어서 특성화된 교육과정으로 구성하여 운영 중에 있다. 먼저 대가대의 전공교육과정은 각 학과별 전공교육과정을 중심으로 특성화된 大家 양성 전공교육과정을 구성하여 운영하고 있는데, 이에 대한 내용을 〈표 3-13〉을 통해 확인해 볼 수 있다.

〈표 3-13〉 대가대 大家 양성 전공교육과정의 구성과 운영

연번	구분	세부 내용
1	산학협력 및 실무능력 배양 전공교육과정	−산학협력 교과목과 현장실무능력 배양 교과목 개발 운영 −단과대학 및 학과단위 전공 실무능력 강화프로그램을 연계 운영하여 실무와 연계된 산학협력 기반 전공교육 실시
2	창의적 융복합 전공교육과정	−PBL(문제기반학습), SRP(학생연구 프로그램)를 개발하여 전공교육과정에 체계적으로 편성, 운영 −PBL 전공 교과목 학습 성과 우수사례 경진대회 개최 −SRP 논문집 발간 −융복합 연계전공 지속적 개발
3	국제화 역량 함양 전공교육과정	−학과별 외국인 교원 임용 및 전공 원어강좌 운영 −외국인 교원이 지도하는 전공교과목 연계 심화 프로그램 실시 −7+1 전공교육 해외파견 프로그램 및 예비반 운영

출처: 대구가톨릭대학교(2014).

또한 대가대의 교육 모토인 인성, 창의성, 공동체성을 함양시키기 위한 전공 프로그램들이 마련되어 있는데, 이는 키움 전공교육, 세움 전공교육, 나눔 전공교육으로 구분되어 있다. 키움 전공교육은 인성 함양 전공교육 프로그램으로, 책임감, 리더십, 자기설계, 관리역량 함양에 중점을 둔 大家 길라잡이 과목이 이에 포함된다. 大家 길라잡이는 전공필수 1학점의 교과목으로 신입생 생활지도, 학습동기 부여, 직업윤리 함양, 사제 간 친밀도 형성을 그 목적으로 한다. 또한 세움 전공교육은 창의성 함양을 위한 전공교육 프로그램으로 〈표

3-14〉를 통해 자세한 내용을 확인할 수 있다.

〈표 3-14〉 대가대 세움 전공교육의 구성목표와 해당 프로그램

연번	구성목표	프로그램
1	전공전문성 함양	캡스톤 디자인, 프로젝트형 교과목
2	융합적 문제해결력 함양	PBL(문제기반학습), Flipped Learning(역진행학습), SRP(학생연구 프로그램)
3	현장적응능력 함양	GBS(Goal-based Sinario, 목표 중심 시나리오), 액션러닝, 현장실습, 인턴십

출처: 대구가톨릭대학교(2014).

마지막으로 나눔 전공교육은 공동체성 함양을 위한 전공교육 프로그램으로, 나눔과 봉사, 소통과 협동을 실천하는 전공봉사 교과목이다. 나눔 전공교육에서는 협력을 강조하며, 학과 또는 학과 연합을 통한 융복합 과제를 수행하는 협력적 프로젝트 교과목(Class Exchange)을 개발하여 운영하고 있다.

2) 교양과목 커리큘럼

다음으로 대가대의 교양교육과정을 살펴보면, 대가대에서는 교양교육을 전담하는 전임교원 및 강의중점 교원을 대폭으로 충원하였으며, 핵심역량별 교양교육 전담기구를 설립하여 운영 중이다. 또한 대가대에서는 교양교육 운영 기반을 구축하기 위하여 프란치스코칼리지를 설립, 기존에 설립되어 있던 교양교육 전담 기관들을 체계적·통합적으로 관리하고, 교양교육의 시너지를 발휘할 교양교육 협의체를 구성하여 운영 중에 있다.

한편 대가대에서는 모든 교양과목에 대해 어떤 세부역량을 중점적으로 지향하고 강의하는지를 지정하여 학생들의 학습 성과를 세부역량별로 관리하고 있는데, 구체적인 내용은 〈표 3-15〉에 나타나 있다.

대가대에서는 이처럼 교양 교과목을 역량별로 운영하고 있을 뿐만 아니라, 인성, 창의성, 공동체성 교육을 전담하기 위한 인성교육원, 기초교양교육원, 외국어교육원, 다문화교육원 등을 함께 설립하여 운영하고 있다.

〈표 3-15〉 대가대 역량별 교양 교과목 분류표

핵심 역량	교양필수		교양선택
	대영역	소영역	
인성	인성 및 건학이념	가톨릭 사상, 참 삶의 길, 꿈 인성캠프	−신입생 HCC(Humanity, Creativity, Community mind; 인성, 창의성, 공동체성) 캠프 −인성과 리더십군 −고전 독서군
창의성	창의력	팀 프로젝트형 교과목 (택3)	−학문기초군 −진로와 취업군 −예술과 스포츠군 −과학과 기술군 −창의력 심화 융복합군
	진로능력	진로설계와 취업전략	
공동체성	문화이해능력	문화와 역사 1, 2	−역사와 사상군 −언어와 문화군 −사회와 세계군
	외국어능력	외국어 교과목	
	의사소통능력	글쓰기와 말하기	

출처: 대구가톨릭대학교(2014).

3) 교수−학습 지원체계

대가대에서는 교수−학습의 성과를 높이기 위하여 체계적인 교수−학습 지원 제도를 마련하여 운영 중인데, 이는 크게 교수지원 프로그램(Teaching Master)과 학습지원 프로그램(Learning Master)으로 구분될 수 있다.

먼저 교수지원 프로그램은 교수법 아카데미의 지속적 운영 및 내실화를 토대로 멘토 교수와의 1:1 매칭 프로그램으로 운영되는 신임교수 길라잡이 제도를 도입하였다. 또한 이와 함께 역량기반 교육과정에 특화된 대가대에 보다 적합한 교수법 및 교수모형을 개발하고자 하는 大家 교수모형 개발 프로젝트도 함께 진행 중이다.

다음으로 학습지원 프로그램은 신입생들의 학습 상황과 능력을 진단하고, 이를 지원하기 위한 프로그램을 중심으로 운영된다. 또한 大家 공부회 프로그램을 운영하고 있는데, 소규모 모임을 통한 다양한 학습 성과를 도모하고, 이와 함께 스스로에게 적합한 학습방법 개발을 위한 연구회 프로그램이다. 이에 대한 내용을 정리하면 〈표 3-16〉과 같다.

〈표 3-16〉 대가대 교수-학습 프로그램

구분	목적	프로그램	내용
Teaching Master	교수 지원	Teaching Master Academy	−신임교수 길라잡이 −교수법 아카데미
		교수법 연구회	−교수법 개발 연구회 −교수법 적용 연구회 −수업 코칭 연구회
		大家 교수모형 개발	−우수 교수자 분석 −교양 교과목 교수법 혁신모형 개발 −전공 교과목 교수법 혁신모형 개발
Learning Master	학습 지원	Learning Master Academy	−신입생 FYE(First Year Experience) 프로그램 −학습법 공통/선택/전공 프로그램
		大家 공부회	−대가 튜터링 −학습법 연구회 −PBL/SRP 공부회 −소수학생 멘토링
		大家 학습 페스티벌	−대가길라잡이 공모전 −학습 나눔 페스티벌 −학습 나눔 엑스포 −대가 참인재 포트폴리오

출처: 대구가톨릭대학교(2014).

대가대에서는 이 외에도 교수-학습 지원 인프라를 구축하여 사이버학습 지원체제 및 Micro Lecture System을 정비하고, 이에 관련된 콘텐츠를 개발하고 있다. 그리고 이러한 교수-학습 지원체계의 성과를 확산시키기 위하여 ACE 사업의 성과와 교수-학습 지원체계 공유를 위한 지역대학 CTL(Center for Teaching and Learning; 교수학습지원센터) 협력체제를 구축하여 운영 중이다.

제3절   대구가톨릭대학교 학부교육의 특징

현재 대가대는 학부교육 우수대학으로 대내외적인 인정을 받고 있다. 이 절에서는 대교 협에서 수행한 '2013년 대학 학부교육의 질과 성과분석 보고서'(배상훈 외, 2013)에서 학부 교육 우수성 준거로 삼은 대학생 학습참여의 6개 요인인 학업적 도전, 지적 활동, 능동적 · 협동적 학습, 교우관계, 교수와 학생의 교류, 지원적 대학 환경을 중심으로 대가대 학부교 육의 우수성을 자세히 살펴보고자 한다. 우선 대가대는 이 6개 요인에서 타 대학에 비해 상 당히 우수한 모습을 보여 주었는데, 구체적으로 〈표 3-17〉에서 나타나고 있다.

〈표 3-17〉 대구가톨릭대학교 2013 K-NSSE 조사결과: 6개 영역 종합

K-NSSE 조사영역	대가대 (n=400)		ACE(23개교) (n=8,659)		전체(31개교) (n=10,078)	
	평균	표준편차	평균	표준편차	평균	표준편차
1. 학업적 도전	10.30	3.97	10.45	3.75	10.45	3.75
2. 지적 활동	14.23	2.92	13.53	2.89	13.54	2.91
3. 능동적 · 협동적 학습	12.34	2.43	11.30	2.60	11.23	2.61
4. 교우관계	12.13	3.17	10.88	2.96	10.87	2.96
5. 교수와 학생의 교류	16.62	4.74	14.08	4.29	14.00	4.28
6. 지원적 대학환경	10.07	2.54	8.93	2.50	8.91	2.51

주: 2013년 3차 조사에는 총 54개 대학이 참여하였으나, 한국교양기초교육원 · 학부교육 선진화 선도대학 협의회(2013)에서
   는 종단 분석의 취지를 고려하여, 2011년부터 3년에 걸쳐 모두 참여한 31개 대학의 응답 자료를 대가대 자료와 비교 · 분
   석하여 제시하고 있음.
출처: 한국교양기초교육원 · 학부교육 선진화 선도대학 협의회(2013). 2013년 대학 학부교육의 질과 성과 분석: 대구가톨릭대
   학교.

〈표 3-17〉에서 나타난 바와 같이 대가대는 거의 모든 영역에서 ACE 참여 대학 및 전체 대학에 비해 우수한 학부교육을 실시하고 있는 대학이다. 이에 따라 이 절에서는 우수 학부 교육 학교로 인정받고 있는 대가대의 모습을 앞의 6개 요인을 통해 살펴보았다. 대가대는 어떠한 학부교육을 수행하고 있으며, 어떤 측면에서 우수성을 가지고 있는지에 초점을 맞

추고, 그 특징과 원인, 상황적 맥락 등을 파악해 보고자 하였다. 즉, 학업적 도전, 지적 활동, 능동적 · 협동적 학습, 교우관계, 교수와 학생의 교류, 지원적 대학 환경 등 6개 요인에서 각각 나타나는 대가대 학부교육의 우수성을 탐색하고, 그 특징을 심층적으로 드러내 보고자 한다.

1. 학업적 도전: '학생 특성에 맞는 목표와 자극'

우선 대가대 학부교육에서 학업적 도전 영역의 수준을 살펴보기 위하여 '2013년 대학 학부교육의 질과 성과분석 보고서'에 나타난 비교 결과를 제시하면 〈표 3-18〉과 같다.

〈표 3-18〉 K-NSSE 자료: 학업적 도전 영역

연도	학업적 도전 영역					
	대구가톨릭대학교		ACE (11년: 22개교, 12, 13년: 23개교)		전체 31개교	
	평균	표준편차	평균	표준편차	평균	표준편차
2011	9.66	3.56	9.52	3.53	9.66	3.61
	(n=184)		(n=5,368)		(n=7,393)	
2012	11.28	4.03	10.57	3.83	10.50	3.81
	(n=311)		(n=7,404)		(n=10,415)	
2013	10.30	3.97	10.45	3.75	10.45	3.75
	(n=400)		(n=8,659)		(n=10,078)	

주: 2013년 3차 조사에는 총 54개 대학이 참여하였으나, 한국교양기초교육원 · 학부교육 선진화 선도대학 협의회(2013)에서는 종단 분석의 취지를 고려하여, 2011년부터 3년에 걸쳐 모두 참여한 31개 대학의 응답 자료를 대가대 자료와 비교 · 분석하여 제시하고 있음.

출처: 한국교양기초교육원 · 학부교육 선진화 선도대학 협의회(2013). 2013년 대학 학부교육의 질과 성과 분석: 대구가톨릭대학교.

〈표 3-18〉의 연도별 학업적 도전 수치 변화를 살펴보면, 모든 조사대상 학교들이 2011년에 비해 2012년에는 수치결과가 상승했지만, 2013년에는 2012년에 비해 오히려 수치가 낮

아지거나 변동이 없는 것으로 나타났다. 특히나 대가대는 2012년에는 타 대학들에 비해 높은 평균수치인 11.3을 기록하였으나, 2013년에는 ACE 대학의 평균수치인 10.5, 그리고 전체 31개교의 평균수치인 10.5에 비해 0.2 정도 낮은 수치를 보이고 있는 것으로 나타났다.

이러한 통계 결과만을 놓고 본다면, 대가대의 학부교육은 학업적 도전이 상대적으로 부족한 편이라고 이야기할 수 있다. 그리고 이러한 결과는 대가대의 여러 상황과 맥락이 작용한 것이라고 할 수 있는데, 그 주요 특징을 살펴보면 다음과 같다.

1) 학생 수준에 맞는 목표와 자극

대가대의 '학업적 도전' 영역에 있어서 특징 중의 하나는 학생들의 특성과 눈높이에 맞춘 교육목표를 설정하고, 이를 중심으로 운영하고 있다는 점이다. 우선 대가대 구성원들이 파악하고 있는 대가대 학생들의 특성이 다음 사례에 나타나 있다.

> 소극적이고, 중위권의 학생들을 우수한, 뭐 이런 학생들로 만들 수는 없잖아요. 서울대 교육을 시킬 수는 없는 상황이고. 그래서 저희는 저희 학교에 맞는 어떤 교육, 그 교육을 개발해야 되겠다고 목표를 정했어요. (기획처장)

대가대는 지방의 사립대로서 대부분 성적이 중위권 정도에 위치한 학생들이 학교에 재학하고 있다. 이에 따라 대가대에서는 자신들의 학생에게 보다 적합한 교육을 개발하고, 자신들의 특성에 맞는 교육 시스템을 운영하려는 노력을 기울이고 있었다. 다음의 사례들을 살펴보자.

> 우리 학교의 현실에 맞게 이야기하자면, 보통 애들. 성적이 스카이 애들도 아니고. 보통 애들이와 가지고 뭔가 배워 나가는, 나갈 수 있도록 만드는 것. 예전에 신문을 봤는데, 어디더라? 시카고 무슨 교육 교양 파트에 계신 분인데, 스카이는 똘똘한 애들 불러다가 똘똘하게 나가는 것이다. 그거보다는 우리 학교는 보통 애들이, 좀 답답한 애들도 많이 있어요. 현실에서 보면. 보통의 애들이 와서 뭔가 자존감을 가지고 나가서 취직도 할 수 있는 그런 교육을 하고자 하였습니다. 뭔가를 이

루어 보고, 직접 해 보면서 자신의 장점을 찾고 자존감을 회복할 수 있는 기회가 필요하다 생각했어요. (인문사회 학과장 D)

제가 이름 붙인 작은 성공 프로젝트라는 것이 있어요. 대학교에서 너희들이 뭘 얻어 가야 되냐. 전공지식, 뭐 당연히 이미 있겠죠. 그리고 토익 성적, 자격증이 있을 텐데. 제가 가장 중요시하는 건 사회에 나가면 자기가 무언가 자기가 자기 시간을 설계해서 자기 노력을 투여하고 계속 뭔가 성과를 얻어 내는 게 힘든. 주어진 것들만 하는 것도 벅찬 시간이기 때문에 그래서 대학교가 마지막 시간이라고 생각하거든요. 자기 노력을 투자해서. 그게 아주 클 필요가 없이. 그래서 뭐, 수업 시간에 저는 공대 기계자동차공학부에 있는데, 공대 같은 경우는 작은 프로젝트도 좋고. 자신이 최선을 다해서 한번 얻어 보게끔 하는 편입니다. (이공자연 교수 A)

앞의 사례들에 의하면 대가대의 교수들은 대가대 학생들의 특성에 따라 학생들의 자존감을 향상시키는 것이 중요하다는 인식을 가지고 있었으며, 대학교에서의 경험이 학생들의 자존감을 향상시킬 수 있는 마지막 기회라고 인식하고 있는 것으로 나타났다. 이에 따라 대가대의 교수들은 학생들이 직접 무엇인가에 참여하여 작은 성과를 얻는 경험을 할 수 있는 프로그램을 마련하여 학생들이 자신의 장점을 찾고 자존감을 회복할 수 있는 기회를 마련해 주고자 노력하였다. 그리고 학생들이 대학생활 동안에 추후 사회에 나가서도 도움이 될 수 있는 경험을 하게 되기를 바라며, 또 노력하고 있었다. 이러한 모습은 다음의 사례에서도 나타난다.

중위권 정도 되는 애들을 데려다가 제대로, 이 사회에 필요한, 사회에 적응할 수 있는 사람으로 만들어 주는 겁니다. 그래서 비교과 교육이나 여러 경험을 하게끔 계속 강조하는 것이고. 밑바닥에 인성을 갖춘 학생. 이 정도를 우리 눈높이로 맞춰야지요. 학교의 시스템을 이렇게 구축해 놓고, 우리 학생들이 사회에 나가서 행복한 생활을 하게끔 하는 것이지 다른 것은 없어요. 너무 엄청난 꿈이 아니라. 애들에게 눈높이를 맞춰야 한다는 것을 교수님들에게 알려 주고……. (총장)

앞의 사례와 같이 대가대의 총장은 교수들과 마찬가지로, 대가대에는 대부분 중위권의 성적을 가지고 있는 학생들이 재학 중이기 때문에 이러한 학생들의 특성을 파악하고, 이에 맞는 교육과정을 운영하여 학생들에게 실질적인 도움이 될 수 있는 교육이 이루어질 필요가 있다는 인식을 가지고 있었다.

즉, 대가대에서는 학생들의 특성을 파악하여 자신들의 학생에게 보다 적합한 교육과정을 운영하고자 하는 노력을 기울이고 있었다. 다양한 경험과 비교과 교육활동의 강조를 통해서 성적이 높지 않은 학생들이라고 하여도 자신의 장점을 찾고 자존감을 회복하여 추후 사회에 보다 수월하게 적응할 수 있는 역량을 길러 주고자 하는 모습을 보여 주었다.

2) 다양한 비교과활동을 통한 정규교과 보완

대가대에서는 학생들의 특성을 파악하고, 그에 걸맞은 교육과정을 운영하고자 노력하고 있음을 이미 살펴보았다. 같은 맥락에서 대가대의 교수들은 자신이 지도하는 학생들의 상황과 역량을 고려하여 수업을 진행하고 있었으며, 다양하고 풍부한 비교과활동을 통해서 정규교과과정으로는 채울 수 없는 경험과 학습 기회를 제공하고 있었다. 그리고 이러한 현상은 양적 설문결과에서 대가대의 학업적 도전 영역의 수치가 상대적으로 낮게 나타난 원인 중 하나로도 이해될 수 있다.

> 우선 교과와 비교과로 나눈다면, 비교과가 많아진 거죠. 가용 시간은 한정되어 있는데, 비교과 활동을 막 하다 보니깐 수업에 치중할 수 있는 교과 시간이 줄어들고, 이거는 이제 교과 측면 아닙니까? 비교과 시간에 뺏기다 보니깐. 교과는 조금 떨어지는……. (이공자연 교수 B)

> 그것을 고려 안 할 수 없거든요. 저희 공대는 과제를 하나 한다 하더라도 투여되는 시간이 많으니깐…… 이제 저희 과 같은 경우는 교수님 한 명씩 1인 1동아리에 참여하고 있는데, 얘네들하고 뭘 한다. 그 동아리 애들이 결국 자기 전공 애들인데. 그것을 하는 데 들어가는 시간을 뻔히 아는데 그것을 똑같이 유지시킨다는 것은. 저는 예를 들어 옛날 같은 경우에는 한 달에 한 번씩 덩치 큰 과제를 내다가 두 개로 줄이고. …… 그리고 애들이 뛰어난 애들이 아니기 때문에 수업 난이도

를 조절하고, 웬만하면 수업 중에 이해할 수 있도록 최대한 자세히 설명하려고 합니다. (이공자연 교수 D)

앞에서 살펴본 것과 같이 비교과를 강조하게 되면서, 이를 위한 학생들의 비교과 활동과 이에 대한 할애 비중도 증가하게 되었다. 이에 따라 교수들은 학생들이 교과 학습 외에도 여러 비교과활동을 해야만 하는 것을 알고 있기 때문에, 과제를 2개 부여할 상황에서 하나의 과제만을 부여한다거나 수업교과의 비중을 줄여 학생들의 부담을 줄여 주고자 노력했던 것으로 나타났다. 이러한 현상은 학생들이 비교과 활동에 많은 시간과 노력을 할애함에 따라 학업에 대한 도전, 학업에 대한 노력은 비교적 적은 편으로 인식하고 있을 수 있다는 것이며, 그 결과로 학업적 도전 요인에 있어서 낮은 수치를 기록할 수 있었던 것으로 대가대의 교수들은 인식하고 있었다.

대가대에서 학업적 도전 영역이 상대적으로 낮은 결과를 나타내게 된 또 다른 원인 중의 하나는 교수들이 학생의 수준에 맞춰 난이도를 조절하고 있기 때문이라고 할 수 있다. 다음 사례에서 구체적인 모습들이 나타난다.

편차가 있겠지만, 역사교육을 하고 있고, 영어교육과 한국어교육과를 복수전공, 부전공하고 있는데, 다른 과 수업을 다 들어봤지만 솔직히 말씀 드리면 딱히 뭐 그렇게 예습이나 복습은 필요 없는 것 같고, 교수님께서 내 주는 과제 자체도 그렇게 어렵다는 느낌을 받아 본 적도 없고, 그냥 수업, 정규수업만 충실히 하면 충분히 할 수 있다고 생각합니다. 물론 성적은 별개의 문제이겠지만 수업이 어렵지 않으니 수업 시간에도 더 집중할 수 있고, 충실할 수 있는 것 같아요. (역사교육 4학년 학생 A)

저는 경험은 적었지만, 과제가 적절했기 때문에 시험기간에도 항상 여유가 있었어요. 왜냐하면 그 과제가 시험이랑 연결되는데 수준이 딱 적당했으니까요. 괜히 저 스스로 더 알아보고 싶어서 도서관에서 고집스럽게 책 빌리고, 내용 더 찾아보고 그랬었거든요. 그 적절함 때문에 본인이 하고 싶을 때 더 찾아보고, 본인 역량보다 더 끌어낼 수 있는 기회를 가질 수 있어서 딱 적당한 난이도가 더 좋았어요. 공부하는 측면에 대해서는. 수업을 듣고 기억이 안 나는 부분은 프린트물이나 책을 참고하면 충분히 다 끝낼 수 있는 수준으로 항상 주세요. (세무회계학 2학년 학생 D)

앞의 사례의 학생들은 학교에서의 수업과 과제가 크게 어렵지 않으며, 정규 수업 시간에만 충실하면 수월하게 학습할 수 있다는 인식을 가지고 있었다. 특히나 세무회계학과의 학생은 과제와 수업의 난이도가 적절했기 때문에 그와 관련된 학습내용을 스스로 찾아보고, 스스로의 역량을 끌어낼 수 있는 기회가 될 수 있었기에 더 만족하고 있다고 이야기하였다. 즉, 높지 않은 수업 난이도는 학생들이 보다 수월하게 수업을 따라갈 수 있게 하였고, 능동적 학습으로 이어질 수 있는 기회를 마련해 주기도 하였다.

수업과 과제의 난이도를 어렵지 않게 조절한 것은 앞에서 살펴보았던, 학생들의 자존감을 회복시키고, 작은 성공을 이루게끔 하기 위해 노력하는 대가대 교수들과 관계자들의 모습을 통해 재확인할 수 있었다. 즉, 대가대의 교수와 관계자들은 중위권 학생들의 특성에 맞추어 그들에게 실제적으로 도움이 될 수 있는 교육을 하고자 노력하고 있었는데, 앞의 사례도 이와 연결될 수 있을 것으로 보인다. 다시 말하면, 학생들에게 어려운 과제를 부여하고, 수업 난이도를 높게 하기보다는 학생들이 수월하게 따라올 수 있는 수준의 수업, 그리고 수업 시간만으로도 내용을 이해할 수 있고, 역량을 스스로 끌어낼 수 있는 수업으로 운영하고 있는 것이라고 할 수 있다.

3) 학생들의 실제적 필요에 맞추기

대가대에서 학생들의 학업 및 교육과 관련하여 학생들의 실제적인 필요에 맞추고자 하는 모습이 또 하나의 특징으로 나타났다. 학생들의 실질적인 필요 중 가장 대표적인 것은 취업 준비라고 할 수 있다. 대가대에서는 실용 및 취업을 기반으로 학생들을 자극하며 격려하고 있는 것으로 나타났다.

항상 대학에서 문제시되는, 한계점으로 지적되는 것이 이론 중심이고 강의 중심이고. 그런 것들도 기본이 되겠지만 지금의 학부교육은 실무적이고, 실용적이고, 즉각적으로 학교를 벗어나서 사회에서 활용될 수 있도록 그런 쪽의 내용을 가미해서 전문적인, 전문인으로서 학생들을 양성을 해서 사회에 배출하는 게 큰 틀에서 학부교육의 목적이 아닐까 개인적으로 그런 생각을 가지고 조금 노력하고, 그런 방향으로 가려고 하고 있어요. (인문사회 교수 H)

학부교육의 마지막 파이널 아웃풋은 저는 학생들의 사회 진출이라고 생각합니다. 다른 말로 하면 취업이라고 보는데요. 교육부가 취업률을 가지고 독려도 하고 했지만, 전 그것보다는 학생들이 자기 눈높이에 맞는 자리에 가서 제대로 자리 잡도록 해 주는 것이 중요하다고 봐요. 졸업할 때 학생들 눈높이가 높으니까 인근에 있는 데는 쳐다보지도 않아요. 그렇게 실업자로 1, 2년 살다가 도저히 안 되니까 구석구석 찾죠. 학교가 그 시행착오를 줄여 줘야 합니다. (총장)

앞의 사례에 의하면 대가대를 졸업한 대부분의 학생들은 자신의 역량과 상황에 맞는 직장이나 직업을 고려하기보다는 현실적으로 취업이 힘든 곳에 지원하는 경우가 많으며, 이로 인한 시행착오를 겪는 경우가 많은 것으로 나타났다. 이에 따라 대가대에서는 지방 사립대학의 현실에 맞는 실용적인 취업역량을 함양시키는 데 큰 목적을 두고 있었다. 즉, 좋은 직장에만 초점을 맞추다가 시행착오를 겪게 하기보다는 보다 실질적이고 실용적인 취업교육을 강조하고 있었는데, 다음 사례도 그 예다.

이 특성화에서 강조하는 것이 4학년, 3학년 쪽에 포커스를 많이 맞추고 있어요. 캡스톤 같은 현장하고 연결되는 과목들. 지금까지 우리 학교에 그런 것이 별로 없었는데, 교수님들로 하여금 자꾸 그런 것을 시켜서 애들을 현장과 연결을 시켜 주도록 하는 것이죠. '그냥 졸업만 시키면 끝이다. 취직은 네가 알아서 해라.' 가 아니고, 요즘 서비스가 door to door 서비스잖아요. 학교에 들어올 때부터 취직해서 회사 문까지 가도록 하는 게 서비스니까 해 줘야지요. (총장)

취업 잘되고 그런 것들은 다 교육의 결과니까요. 저희 같은 경우에는 정치학이기 때문에 애들이 국회 보좌관으로 들어가는 것도 아니고, 학문과 무관한 취업을 하게 된단 말이죠. 그랬을 때 교육 현장에서 정치학자를 만드는 것도 아니고, 애들한테 뭘 가르쳐 줄 수 있을까 이게 제일 고민이죠. 정치학의 이론을 가르치되, 사실 회사에서는 말 잘하고, 글 잘 쓰고, 문제해결을 하려는 패기 있는 그런 사원을 원하니깐. 파워포인트로 발표하고, 뭔가 리포트로 쓰고, 이런 거를 많이 가르치자. 이런 게 저희 과에서는 선생님들 내부에서 합의가 되어 있어요. (인문사회 학과장 B)

이와 같이 사실상 국내 대학의 학생들은 해당 전공이나 해당 학문과는 다른 분야의 취업을 하는 경우가 많은 편인데, 이에 따라 대가대의 교수들은 해당 전공의 이론과 학문을 교육하는 것과 함께 학생들의 취업, 직장생활에 도움이 될 수 있는 실질적인 역량을 키워 주기 위한 교육에도 많은 신경을 쓰고 있었다.

즉, 추후 회사에서 실용적으로 활용할 수 있는 역량인 발표 역량, 컴퓨터 프로그램 활용 역량, 보고서 작성 역량 등을 함양시키기 위한 교육을 함께 진행하고 있었다. 또한 이와 함께 대가대에서는 강의실을 벗어나 현장과 연결이 될 수 있는 사업과 과목을 운영하고 있는 것으로 나타났다. 학생들 역시도 이러한 대가대의 취업교육을 강조하는 운영에 대해 긍정적으로 인식하고 있었는데, 이를 다음의 사례를 통해 확인해 볼 수 있다.

저희 학교가 취업 쪽으로 많이 밀어 분위기상 취업을 많이 밀어 주는 편이니까 교수님들이 학생들의 진로에 대해서도 특히나 관심이 많으시더라고요. 1학년, 2학년 때 상담할 때부터 "뭐가 하고 싶니?" "다음 학기 때는 어떤 수업을 들을 거니?" 하면서 수업도 신경 써 주시는 편이고, 그래서 이제 저희 학과 친구들은 "다음에 어떤 시간표를 들어야 제 진로에 맞는 공부를 조금 더 할 수 있을까요?" 하고 교수님께 여쭤 보러 가기도 하거든요. (의생명과학 2학년 학생 J)

이처럼 대가대에서는 학생들의 진로 및 취업을 강조하는 분위기가 형성되어 있었으며, 이를 위한 여러 실용적인 역량을 길러 주기 위한 교육을 중시하였고, 교수들 또한 학생들의 진로와 취업에 많은 관심을 가지고 있는 것으로 나타났다. 아울러 여러 현장 연결 프로그램이나 현장 연결 교과목을 개설하여 학생들의 취업 및 사회 진출에서의 시행착오를 줄여 주기 위한 많은 노력을 기울이고 있었다. 즉, 학생들의 실질적인 필요에 맞게 자극을 주고 도전의식을 심어 주는 것이 대가대의 특징이라고 할 수 있다.

4) 비교과 영역에서의 학업적 도전: '스텔라' 제도

대가대의 학부교육에서 학업적 도전의 가장 큰 특징 중 하나는 여러 비교과 교육 프로그램을 운영하고 비교과 교육을 매우 강조한다는 것이다. 특히나 비교과 교육과정 이수체계를 확립하고, 학생들의 비교과활동을 평가하기도 하는데, 먼저 다음의 사례들을 살펴보자.

> 모든 비교과활동도 교과과목과 마찬가지로 등가학점을 만들었습니다. 모든 비교과활동도 성적을 매깁니다. 예를 들어서, 해외 봉사를 갔다 왔다거나 뭐 이렇게 하면 특별히 한 60%. 60%는 똑같은 점수 85점을 주지요. 모든 비교과활동도 교과활동과 마찬가지로 학점도 주고, 성적을 매기고, 책임지도교수를 선정합니다. 그래서 교수님들한테는 그 비교과활동이 등가시수로 3학점이 인정이 되고, 학생들은 비교과활동을 통해서 성적을 받습니다. 그래서 학생들은 교과활동을 통해서 성적을 받고, 또 비교과활동을 통해서도 성적을 받습니다. 그래서 합칩니다. 합해서 나오는 값을 스텔라라고 표현을 합니다. (기획처장)

> 이번 특성화에서 가장 강조한 부분은 비교과과정입니다. 교수들은 9학점, 12시간 이것만 가르치면 끝이다 하는데, 그게 아니에요. 교수들한테 의무로 준 게 '1교수 1동아리제를 원칙으로 하자. 비교과를 지도해라, 대신 지도하는 부분에 대해서는 어느 정도 시수로 인정해 주겠다.' 했어요. 이제 교수들은 시수 12시간 중에서 동아리라든지 이런 것을 열심히 하고……. (총장)

앞과 같이 대가대에서는 비교과활동과 비교과 교육과정을 매우 강조하였다. 즉, 비교과과정도 일반 교과와 같이 학생들이 필수로 이수해야 하는 교육과정으로 설정하였고, 학생들의 비교과활동을 측정할 수 있는 학점제도도 개발하여 운영하고 있었다. 이와 관련하여 교수들에게 비교과 지도에 대한 시수를 부여하고, 책임지도교수 제도를 통해서 운영하고 있었다. 또한 대가대에서는 이러한 학점부여 방식을 토대로 다양한 등가학점을 설정하고 다양한 비교과활동 프로그램을 운영 중에 있는데, 이러한 비교과활동 프로그램을 정리하면 〈표 3-19〉와 같이 나타낼 수 있다.

〈표 3-19〉 대가대 비교과 학점 및 활동시간에 따른 비교과활동 프로그램

등가 학점	비교과 프로그램 활동시간	프로그램 예시
3.0	50시간 초과	중앙동아리, 학생회, 신문사 기자, 홍보대사, 국내·외 인턴십, 각종 특강
2.5	40시간 초과 50시간 이하	국제전시회·학술제·공연·음악(연주)회, 국제대회입상, 학술지 논문 게재, 국가전문자격증, 각종 특강
2.0	30시간 초과 40시간 이하	국내전국 전시회·학술제·공연·음악(연주)회, 국내전국대회 입상, 국가공인자격증, 각종 특강
1.5	20시간 초과 30시간 이하	국내지역사회 전시회·학술제·공연·음악(연주)회, 국내지역사회 대회 입상, 민간공인자격증, 취업동아리, 창업동아리, 각종 특강
1.0	10시간 초과 20시간 이하	교내전시회·학술제·공연·음악(연주)회, 부서주관 교내대회 입상, 공인외국어시험, 민간등록자격증, 각종 특강
0.5	8시간 초과 10시간 이하	단대·학과주관 교내대회 입상, 각종 특강, 멘토링
0.4	6시간 초과 8시간 이하	봉사활동, 진로캠프, 면접캠프, 취업캠프, 각종 특강, 답사 및 견학
0.3	4시간 초과 6시간 이하	각종 특강, K-CESA(Korea Collegiate Essential Skills Assessment; 대학생 핵심역량 진단 시스템), 답사 및 견학
0.2	2시간 초과 4시간 이하	각종 특강, 학업 및 생활관리 능력향상 상담, 답사 및 견학
0.1	2시간 이하	각종 특강, 멘토링, 진단검사, 상담, 답사 및 견학

출처: 대구가톨릭대학교 ACE 사업단 홈페이지(http://ace.cu.ac.kr).

즉, 대가대에서는 비교과 영역에 있어서도 일반 교과와 마찬가지로 학생들의 비교과활동에 대해서 성적을 매기고, 이를 일반 교과 성적과 통합하여 이를 산출하고 있었는데, 대가대에서는 이러한 방식을 '스텔라'로 명명하여 운영하고 있었다. 다음의 사례를 통해 스텔라 운영에 대한 내용을 좀 더 살펴볼 수 있다.

비교과활동도 (일반 교과와) 마찬가지로, 비교과활동에서 스텔라를 받으면 스텔라 관련 역량이 어느 정도 향상됐는지, 어느 정도 활동했는지를 보고 그것에 맞게끔 장학금을 주게 되고 해서 애들은 그런 식으로 교육이 피드백이 되는 것이지요. 그렇게 하면 우리는 이 학생들, 소극적이고

중위권인 학생들로 하여금 아주 대학생활을 활기차게 만들어 줄 수 있는 거죠. 비교과활동을 많이 해야 되니까 활기차게 만들 수가 있고, 이것이 우리 학생들한테는 맞는 교육방법이 아닌가. (기획처장)

이처럼 스텔라는 학생들의 비교과 관련 역량의 향상 정도와 활동 참여 내역 등에 성적을 매기고, 학생들의 변화 양상을 살펴볼 수 있는 제도라고 할 수 있다. 그리고 이러한 스텔라를 통한 비교과 교육 및 활동의 강조를 통해서 학생들의 대학생활을 보다 활기차게 변화시키고 있는 것으로 나타났다. 여기서 또 하나의 주요한 특징은 이러한 비교과활동 점수를 토대로 학생들에게 장학금과 같은 인센티브를 부여하고 있다는 것인데, 다음의 사례들을 살펴보자.

대학생활이라고 하면 공부만 잘해서 되는 것이 아니다. 많은 비교과활동도 하고, 공모전도 나가고, 동아리도 가입해 보고, 많은 활동을 하는 애들을 키우는 게, 그런 학생들한테 잘한다고 장학금을 주는 게 맞지. 어떻게 중간시험 치고 기말시험 치는 것이 장학생이냐 하고 오히려 반문하는 그림을 그리고요. (ACE 사업단장)

학과 포인트제도가 있어요. 개인적인 성적만 올려서 되는 게 아니라, 학과에서 실시하는 어떤 행사나 활동에 참여하는 것에 대해서 기본적으로 학생들에게 포인트를 발급하거든요. 그 부분들을 모아서 졸업할 때, 예를 들어 저희가 실습 병원을 간다고 하면 포인트가 높은 학생이 먼저 선택권을 갖는 인센티브. 자기가 먼저 병원을 선택하는 기회를 준다든지. 이런 어떤 공동 활동에 대한……. (이공자연 교수 J)

앞의 사례들에 의하면 대가대에서는 다른 대학들과는 달리 학생의 교과에 대한 성적과 학점만을 중시하는 것이 아니라, 학생들의 비교과활동을 매우 중시하고 있었다. 그리고 이러한 활동에 대한 평가는 대가대 학생들에게 장학금을 부여하는 기준으로 활용되기도 하고, 학과 포인트에 반영을 하여 학생들이 실습 등을 하는 데 있어서 보다 좋은 기회를 제공하는 평가기준으로 활용하는 등 학생들의 비교과활동을 자극하는 인센티브로 적극 활용되고 있는 것으로 나타났다.

즉, 비교과활동에 대한 학점, 스텔라는 학생들이 보다 적극적으로 비교과활동에 참여할수 있는 유도요인으로 적극적으로 활용되고 있는 것이다. 달리 보면, 이러한 모습은 단순히 교과 성적에 대한 역량만을 갖추기보다는 다양한 경험과 활동이 바탕이 된 비교과 역량을 갖추어야 한다는 대가대의 교육목표가 반영된 것이기도 하다.

이처럼 대가대에서는 비교과 관련 역량을 강조하고 이를 학점화시킨 스텔라 제도를 운영하고 있는데, 이러한 비교과활동 점수, 스텔라는 학생들에게 장학금과 같은 인센티브를 부여하는 기준이 되고 있었다. 이는 단순히 성적이 아닌 다양한 비교과활동을 장려하고자 하는 대가대의 노력이라고 할 수 있는데, 이러한 노력은 학생들에게도 긍정적 효과로 이어지고 있었으며, 학생들에게 학업적 도전과 자극의 기반이 되고 있었다.

〈사례 3-2〉 강의실 밖 수업: 교과를 돕는 비교과

비교과활동은 단순한 취미나 클럽 활동이 아니라 정규교과의 교육적 성과를 제고하고 학생 개인의 자질과 역량을 최대로 하는 중요한 교육적 수단이다. 대구가톨릭대학교는 비교과활동에 대한 체계적인 질 관리를 바탕으로 교과와 비교과의 시너지 발생을 위한 다양한 프로그램을 개설·운영하고 있다.

교과-비교과 연계 프로그램에 참여한 학생들은 수강하고 있는 교과목과 연결된 비교과활동에 참여함으로써 정규교육과정에서 충족할 수 없었던 교육적 요구를 충족할 수 있을 뿐 아니라, 그 성과를 확대할 수 있는 수단과 방법을 얻을 수 있다. 또한 이러한 활동을 통해 획득한 참인재 성장지수는 학생 개인의 교육적 성취를 나타내는 지표로 기록된다.

이를테면 인문학 프로젝트 과목의 수강생들은 인문학의 기초적 교양과 관련한 수업을 들으면서 螢雪之功 인문학 프로그램에 참여할 수 있다. 螢雪之功 인문학 프로그램은 동서양의 인문학 고전 서적에 대한 감상문을 공모하거나 유명 저자들의 북콘서트를 개최함으로써 학생들의 인문학적 소양을 계발한다. 그러므로 이 두 가지 교과-비교과 프로그램에 참여하는 학생들은 낱낱의 프로그램에 참여하는 학생들보다 높은 교육적 성과를 보이게 될 것이다.

학생들의 응급 상황에서의 심폐소생술 및 응급처치를 통한 위기대처 능력 배양을 위한 活人之大家 프로젝트, 학생들이 주축이

정규교과와 비교과 프로그램이 연계된 사례(교양 교과목의 경우)

핵심 역량	교양필수 교과목	연계 비교과 프로그램	
인성	참 삶의 길, 가톨릭 사상	장애·임종·노인생애 체험, 사랑나눔봉사단 활동	어진 人
	인문학 프로섹트	활인지대가(活人之大家) 프로젝트	
		형설지공(螢雪之功) 인문학 프로그램	
창의성	예술지식 프로젝트	캠퍼스 문화예술프로젝트	기발한 人
	수리지식 프로젝트	수리지식 응용프로그램 (기발한人)	
공동체성	사회과학 프로젝트	Big Us 프로젝트	커다란 人
	자연과학 프로젝트		

되어 교내 문화예술 행사를 기획, 공연하고 결과에 따라 시상하는 캠퍼스 문화예술프로젝트, 현실 속에서의 수학적 지식을 발견하고 적용해 보는 수리지식 응용 프로그램, 우리 지역을 탐구하고 보존하는 Big Us 프로젝트 등은 이러한 맥락에서 고안된 프로그램들이다.

캠퍼스 문화예술프로젝트

출처: 대구가톨릭대학교 ACE 사업단 홈페이지(http://ace.cu.ac.kr).

2. 지적 활동: '약자를 끌어올리기'

대가대 학부교육의 지적 활동 영역에서 가장 큰 특징은 '약자 끌어올리기' 전략이었다. 이러한 전략은 상당히 성과가 있는 것으로 나타나고 있는데, '2013년 대학 학부교육의 질과 성과분석 보고서'에 나타난 지적 활동 영역의 비교 결과를 보면 〈표 3-20〉과 같다.

〈표 3-20〉의 연도별 지적 활동 영역의 수치 변화를 살펴보면, ACE 대학들의 2012년 평균 수치는 13.4, 전체 31개 대학교의 평균 수치는 13.3을 기록하였고, 2012년에 비해 2013년 수치는 각각 13.5로 소폭 상승했지만, 대가대의 수치는 오히려 0.1만큼 감소하였다. 그러나

2013년 대가대의 지적 활동 영역 결과 수치는 14.2를 기록하였는데, 이러한 수치는 ACE 대학들의 평균은 물론, 전체 31개교의 평균과 비교해서도 상당히 높은 수준이었다.

또한 2011년에서 2013년까지의 상승폭에 있어서도 대가대는 1.5, ACE 대학들은 0.2, 전체 대학은 0.1만큼 상승하여 대가대의 상승폭은 타 대학들의 평균 수치에 비해 상당히 큰 폭으로 상승했음을 알 수 있다. 이와 같이 설문결과에 따르면 대가대의 학부교육은 타 대학들에 비해 상대적으로 지적 활동이 활발히 이루어지고 있음을 알 수 있다.

〈표 3-20〉 K-NSSE 자료: 지적 활동 영역

연도	지적 활동 영역					
	대구가톨릭대학교		ACE (11년: 22개교, 12, 13년: 23개교)		전체 31개교	
	평균	표준편차	평균	표준편차	평균	표준편차
2011	12.66	3.03	13.33	2.92	13.44	2.97
	(n=184)		(n=5,368)		(n=7,393)	
2012	14.32	2.86	13.36	2.80	13.29	2.81
	(n=311)		(n=7,404)		(n=10,415)	
2013	14.23	2.92	13.53	2.89	13.54	2.91
	(n=400)		(n=8,659)		(n=10,078)	

주: 2013년 3차 조사에는 총 54개 대학이 참여하였으나, 한국교양기초교육원·학부교육 선진화 선도대학 협의회(2013)에서는 종단 분석의 취지를 고려하여, 2011년부터 3년에 걸쳐 모두 참여한 31개 대학의 응답 자료를 대가대 자료와 비교·분석하여 제시하고 있음.

출처: 한국교양기초교육원·학부교육 선진화 선도대학 협의회(2013). 2013년 대학 학부교육의 질과 성과 분석: 대구가톨릭대학교.

1) 부족한 학생들 함께 데려가기

대가대의 학생들을 위한 주요 지적 활동 중 하나는 부족한 학생들을 위한 보충학습 프로그램을 운영하고 있다는 것이다. 이러한 보충학습의 모습은 교수들이 자체적으로 운영하는 모습, 학생들 스스로 커뮤니티를 통해 운영하는 모습, 그리고 교수학습지원센터에서 지원하는 Catch-up 프로그램 운영 모습 등으로 나타났다. 다음의 사례를 살펴보자.

성적 나쁜 친구들도 끌어올려야죠. 거기에 대한 프로그램도 마련해 놓고 있고요. 교수님들이 개별적으로 하시는 보충수업도 있고, 이것 말고도 저희도 '캐치업'이라고 해서, 멘토 학생들을 붙여 줘서 수업 부진 학생들을 가르쳐 줄 수 있도록 하는 프로그램을 운영 중에 있습니다. (직원 A)

저희가 Catch-up 프로그램을 히면서 프로그램 운영을 해 보니까 학생들끼리 이렇게. 성적 좋은 선배들이나, 아니면 부진한 학생들끼리 커뮤니티를 하는 케이스도 있고, 교수님들이 보시고 이 프로그램은 성적이 낮은 애들끼리 모여서는 성적이 안 오르니까 교수님이 직접 참여를 하는 두 가지로 운영이 되더라고요. 이제 교수님이 저희 센터에서 운영하는 Catch-up 프로그램을 이용하시는 분들도 많으시고요. 본인이 직접 보충수업을 진행하시는데, 센터에서 지원해 주는 부분도 있으니까, 그런 프로그램들을 통해서도 성적이 부진한 학생들을 하나라도 더 끌어올리려고 노력하고 있습니다. (직원 C)

앞의 사례들과 같이 대가대에서는 잘하는 학생들, 수업에 잘 따라오는 학생들만을 대상으로 교육과정을 운영하고 진행하기보다는 학업에 어려움을 겪거나 부족한 학생들을 끌어올리기 위한 여러 노력을 기울이고 있는 것으로 나타났다. 이러한 노력은 학생들끼리 스스로 커뮤니티를 형성하여 운영하기도 하지만, 교수들이 자발적으로 참여하여 부족한 학생들을 지도하는 모습으로 나타나기도 하였다. 또한 교수학습지원센터에서도 학습이 부족한 학생들의 실력을 향상시키는 것에 중요성을 느끼고, 이러한 학생들을 위한 보충수업 프로그램인 Catch-up 프로그램을 운영하여 도움을 주고 있는 것으로 나타났다. 이러한 보충수업은 학생들에게도 매우 긍정적인 효과를 불러오고 있는 지적 활동이 되고 있다.

(보충학습을 하면서) 가시적으로 그 친구들의 성적이 올랐다는 것. 보다 중요한 것은 전공에 대한 관심도가 무척 늘었던 것 같아요. 이 친구들이. 보충수업을 들은 과목뿐만 아니라 전반적인 것도 늘었고. 제일 고마운 것은 그 친구들이 수업 시간에 저의 철저한 조력자가 되어 준다는 거죠. 제가 질문을 하면 주로 제 눈을 피하던 애들이 보충수업을 하면서부터 대답을 하기 시작하니깐 다른 아이들이 되게 의아해하는 거예요. 처음에는 그 친구들이 매일 틀리고 졸았는데, 그런 아이

들이 계속해서 그렇게 하니깐 수업 분위기가 달라지더라고요. 지난 학기 때 보충수업을 처음 해

봤는데 굉장한 효과를 느꼈거든요. (이공자연 학과장 C)

이 면담사례에 의하면 학생들은 보충학습을 통해서 성적이 향상되는 경험을 하고 있으며, 성적 향상뿐 아니라 전공에 대한 관심도 높아지고 있는 것을 확인할 수 있었다. 또한 교수가 운영하는 보충수업에 참여한 학생들은 교수와 보다 친밀한 관계를 형성하게 되었는데, 이러한 관계 형성을 통해 부족한 학생들이 변화하면서 수업의 분위기도 보다 긍정적으로 개선되었으며, 교수는 이 학생들을 수업을 돕는 조력자로 여겼다. 이러한 관계 형성과 학생들의 변화는 결국 수업에 있어서 교수에게도 큰 도움이 되고 있는 것이다.

이와 같이 대가대의 지적 활동의 주요특징 중 하나는 부족한 학생들을 위한 보충학습 프로그램을 운영하고 있다는 것이다. 이러한 보충학습은 학생 커뮤니티 또는 교수가 직접 참여하여 운영하는 형태로 이루어지고 있으며, 이와 함께 교수학습지원센터에서 지원하는 Catch-up 프로그램도 운영되고 있었다. 그리고 이러한 보충학습 운영은 학생들의 교육적 성장은 물론 교수와 학생 간의 관계를 보다 친밀하게 만들고, 교수가 수업을 진행하는 데 있어서도 큰 도움을 받게끔 하는 요인으로 작용하고 있는 것으로 나타났다.

2) 학생들의 필요에 맞는 지적 활동을 위한 교육과정 개발

학생들의 지적 활동의 기반은 교육과정이다. 대가대에서는 학생들의 필요에 맞는 지적 활동을 위한 교육과정 개발에 많은 노력을 기울이고 있다. 대가대의 교육과정 개발 노력 사례는 다음을 통해 살펴볼 수 있다.

전공교육과정을 돈 안 들이고, 교수님들이 교과목 개발해서. 그러니까 이게 SRP, PBL, 링크사업이 되면서 캡스턴 디자인 교과목 등. 교양교육은 뭐 대변화를 이뤘습니다. 교과목을 싹 정리하면서 진짜 교양 교과목으로의 의미를 가지기 어려운 부분들은 정리를 하고, 다시 자기 설계나 또 교양 교과목의 영역도 좀 재편을 하고요. 또, 저희 학교의 건학 이념에 맞게 교양교육 교과목들도 개설을 하고. 이런 측면에서 보면 ACE 사업에서 돈을 가장 적게 들이고, 가장 중장기적으로 많은

성과를 낼 수 있는 것이 교육과정 개편인 것 같습니다. (교무처장)

　　실제로 Student Research Project라고 해서 SRP라는 교과목을 운영하고 있습니다. 하고 있기는 한데 저 스스로도 몇 년 하면서 한계는 있었습니다. 학생들의 한계도 있는데 해 보니까 가능하다고 느꼈습니다. 학생들이 보고서를 기말에 내는데요. 높은 수준은 아니지만 저는 학생들이 이렇게 그 교수와 cowork를 통해서 이런 보고서를 낼 수 있으리라고 사실은 반신반의하면서 했거든. 근데 학생들이 실제 설문조사도 하고, 인터뷰도 하고 해서 4~5명이 하나의 보고서를 만들더라고요. 저는 그것에 놀랐고요. 어떻게 보고서를 작성했고, 어떻게 리서치를 했고, 결론을 어떻게 도출했고, 그런 교육과정의 변화들이 학생들에게 분명히 긍정적으로 영향을 미치고 있다고 봅니다. (기획처장)

　　이처럼 대가대에서는 자신들이 추구하는 교육목표를 달성하기 위해서는 교과 개편이 반드시 필요하다고 인식하고, 이와 관련된 여러 노력을 기울이고 있었다. 앞의 사례에 의하면 대가대에서는 교과의 개편이 다른 사업에 비해 예산이 비교적 적게 들 뿐만 아니라, 그 효과와 성과가 매우 클 것이라 기대하고 있었다. 그 내용을 좀 더 살펴보면, 먼저 교양과목에 있어서는 기존의 교양과목을 보다 학교의 교육목표와 건학이념에 맞는 교과목들로 개편하였는데, 즉 기존에 의미가 적었던 교양과목들을 조정하고, 인성교육 강화, 현장 연계 강화 등의 학교이념을 반영한 교과목들을 새롭게 구성하였다.

　　또한 전공과목에 있어서도 교수 스스로 교과의 내용과 교수법 등을 개선하는 노력을 기울였다. 이에 대한 한 예로 SRP 프로그램을 들 수 있는데, SRP는 학생들이 직접 동료 학생, 교수와 팀을 짠 후에 연구를 수행하여 연구보고서를 작성하는 방식이다. 이를 통해 학생들은 자료 수집부터 시작하여 설문조사, 심층면담 등의 실제적 연구방법을 통해 연구를 수행하는 과정을 거치는데, 이러한 교육과정은 학생들에게도 매우 긍정적인 지적 자극 효과를 가져오고 있는 것으로 나타났다.

3) 교수들의 교수법 혁신을 통한 학생들의 지적 활동 강화

대가대에서는 교육과정을 개선하고 학생들의 지적 활동을 강화하기 위하여 다양한 노력을 기울이고 있는데, 그중의 하나가 바로 교수들의 교수법 혁신이다. 대가대에서는 새로운 교수법 혁신모델 프로그램을 만들어 교수들을 의무적으로 참여하게끔 하고 있는데, 관련된 사례들을 살펴보면 다음과 같다.

> 2009년도에 이전 총장님께서 이 학교는 교육법 혁신을 통해서 대학교육의 질을 업그레이드 시키겠다고 선언을 하셨어요. 그래서 그때 교수법 혁신 본부라는 것을 만들고, 교수법 혁신을 위해서 연구교수님들이랑 저랑 연구를 많이 했는데 일단 우리 학교의 상황에 포착하기 위해서이지요. 교수님들의 현황과 교수 실태 같은 것도 분석하고, 수행문제도 분석하고, 퍼포먼스도 분석해서 우리 대학만의 교수법 혁신 모델을 그때 만들었습니다. '소프트 기반의 교수법 혁신 모델' 이라고 하는 것입니다. (직원 D)

> 교수법 혁신 프로그램은 공통, 전공, 선택과정 3가지 종류가 있습니다. 왜냐하면 이제 일반적으로 교수가 알아야 되고, 공통적으로 비전을 공유해야 되는 부분에 대한 교수학습법이 필요하고, 교수학습의 질을 위해서 교수님들이 노력해야 된다는 비전공유를 위한 공통교육과정이라는 게 있고, 그 다음에 전공과정이라는 것이 있고, 전공과정에 대한 교수법이 다르기 때문에 일방적인 특강이 아니라 다른 형태. 뭐 커뮤니티 형태라든가, 수업 공개라든가, 수업 교류라든가 이런 형태로 하는 전공과정 교수법, 그리고 선택과정 교수법이라고 해서 좀 더 심화된 교수법이죠. 혁신적인 수업 모델, 아니면 특별한 교수 매체, 아니면 다른 여타 여러 가지 상담 기법을 포함해서 선택과정이 3가지의 과정을 개설을 했습니다. (직원 B)

이처럼 대가대에서는 교수법 혁신을 통해 대학교육의 질을 향상시키려는 목적에서 교수법 혁신을 예전부터 강조해 왔다. 이에 따라 교수법 혁신 본부를 만들고, 현 교수들의 교수법 현황과 실태 등을 분석하는 여러 연구를 진행하였고, 이를 토대로 교수법 혁신모델을 개발했다. 이러한 교수법 혁신 프로그램은 공통, 전공, 선택의 3가지 영역으로 구성되었는데,

구체적으로 교수들이 공통적으로 인식해야 할 방향과 비전에 대한 공통 영역, 각 전공에 적합한 다양한 교수법을 학습할 수 있는 전공 영역, 그리고 보다 심화된 교수법, 교수매체, 상담 기법 등을 배우고, 체득할 수 있는 선택 영역 등이다.

그리고 이와 함께 대가대에서는 교수들의 교수법 및 교수역량을 강화시키기 위하여 교수평가체제 또한 개선하고 있는데, 구체적인 모습은 다음 사례에서 나타난다.

> 강의를 하면 학생들은 강의에 대한 중간평가를 합니다. CQI(Continous Quality Improvement) 중간평가. 다음에 내가 중간평가를 받아봤더니 좋았던 점은 이런 것이고, 나빴던 점은 이런 것이고, 개선할 점은 이런 것이고, 보고서를 작성하고. 하고 나면 학생들은 진짜 강의평가를 하는 것이죠. 매우 좋았다 5점, 좋았다 4점. 최종적으로 나는 이렇게 개선했습니다. 교수님들이 최종적인 보고서 작성을 해야 하고요. 강의평가 자체는 100점 만점에 몇 점 공개가 되고, 학생들한테는 전면 공개됩니다. 그래서 자기가 수강신청을 할 때 작년에 이 교수님의 강의평가가 몇 점이라는 것을 다 알고 수강신청을 하는 것이죠. 그 다음에 강의평가 점수가 좋은 선생님들은 Best teacher로 해서 상을 받고, 강의평가가 좀 미흡하신 분들은…… 70점이죠 아마? 70점이 안 되시는 분들은 티칭 클리닉을 받아야 합니다. (ACE 사업단장)

이 사례와 같이 대가대에서는 강의를 수강하는 과정 중에 교수들의 강의에 대해 장단점 및 개선점에 대한 중간평가를 진행하여 이에 대한 보고서까지 작성하게 하고 있다. 여기서 중요한 것은 이러한 중간평가 결과가 결과 확인으로만 끝나는 것이 아니라, 교수들이 학생들의 평가내용을 반영하여 교수법 및 강의내용을 개선해야 하고, 해당 결과를 최종적으로 보고서로 제출하게 한다는 점이다. 그리고 이러한 최종 결과를 바탕으로 좋은 점수를 받은 교수들은 상을 받고, 일정 기준 점수를 넘지 못한 교수들은 의무적으로 티칭 클리닉을 받게끔 하고 있다.

이처럼 대가대에서는 교수법의 중요성을 인지하고, 이를 위한 교수법 혁신 모델 프로그램을 마련하여 교수들의 역량을 향상시켜 보다 긍정적인 교육적 효과를 내기 위한 노력을 기울이고 있는 것으로 나타났는데, 이러한 노력은 학생들의 지적 활동을 강화하는 방향으로 이어지고 있다.

4) 사고력을 확장시키기 위한 다양한 도전

대가대 학부교육의 지적 활동 영역의 또 하나의 특징은 사고력 확장을 위한 다양한 노력을 기울이고 있다는 점이다. 이에 따라 대가대 학생들은 대가대의 수업이 주입식으로 지식을 전달하는 것으로 그치는 것이 아니라, 자신들의 사고력을 확장시킬 수 있는 방향으로 운영되고 있다고 생각하고 있는데, 다음의 사례들을 통해 확인할 수 있다.

> 책 한 권으로 어쨌든 수업을 진행하시잖아요? 그러면 주입식이라고 하면 책에 있는 내용을 그대로 저희한테 전달해 주실 수도 있는데, 제가 이해하기에 교수님께서는 항상 그것을 강조하세요. 이 학자는 이렇게 주장하고 있다. 그러나 너희는 자기 생각을 할 수 있다. 너희만의 근거를 찾고, 그리고 이것과 관련해서 너희만의 생각을 가져라. 그리고 항상 주제를 던져 주시는 편이에요. 이것에 대한 어떤 학설이 없기 때문에, 그리고 난 이 학설이 맞다고 생각하지 않기 때문에 이것에 대한 연구를 할 수 있겠다라고 말씀하세요. (국어국문학 3학년 학생 G)

> 교수님 말로 예시를 들어 보면, 어떤 질병을 배우고 그것에 대한 치료약을 배우는데, 한 교수님이 수업을 마치고 "과연 너희 부모님이 그 병에 걸렸을 때 너는 어떻게 설명해 줄 거냐. 그런 식으로 약 이름만 외우지 말고 '내가 정말 부모님께 어떻게 설명을 해 줄까?'라고 꼭 생각해 봐라." 이런 식으로요. 문제는 어쩔 수 없지만 그런 식으로도 사고하라고. 필요할 때마다 말씀해 주시고. 그 다음에 요즘에 다들 한 번쯤 약국에 가 보셔서 아시겠지만 "그러지 말고 너네도 너네만의 독창적인 약국을 만들고, 환자와 대면했을 때 독창적으로 고객 응대를 해라." 뭐 이런 식으로 더 다양하게 생각할 수 있도록 해 줍니다. (약학 5학년 학생 K)

> 확실히 경험상 암기보다는 본인이 이해를 한 다음에 본인의 생각을 적는 수업이 더 많았던 것 같아요. 특별한 게 있었다면 수업 중에 정의란 무엇인지 써야 하는 과제가 있었는데 그때 무언가 긴 말을 쓰기보다는 임팩트 있게 보여 주고 싶었어요. 욕심도 있었고, 마침 떠오르는 시가 있었거

든요. 그것을 가지고 교수님께 물어봤어요. 점수에 대해서 신경 쓰지 않고 그것에 대해 시를 쓰고 싶은데 그래도 되냐 했을 때 그래도 된다고 하셔서 시로 제출했고, 교수님이 맘에 드셨는지 점수를 잘 받았어요. 저는 이해 쪽이 높았던 것 같아요. (실무영어 4학년 학생 L)

이 사례들과 같이 대가대의 교수들은 책의 지식을 그대로 습득하여 외우라고 하기보다는 비판적 사고를 통해 학생 자신의 사고와 개념을 정립할 수 있도록 수업을 운영하고 있으며, 상황에 맞게 지식을 응용할 수 있는 역량과 독창성을 강조하는 등 창의적 사고력을 확장시키기 위해 노력하고 있다. 또한 학생의 교과 이해를 평가하는 데 있어서도 일방적인 틀로 평가하기보다는 해당 내용을 얼마나 이해했고, 표현할 수 있는지를 종합적으로 평가하려는 모습도 다양하게 나타났다.

이처럼 대가대의 교수들은 같은 내용의 강의를 진행한다고 해도, 단순히 책에 있는 지식을 학생들에게 주입시키려고 하기보다는 학생들이 해당 내용에 대해 보다 많은 생각을 하게 하고, 사고력을 넓힐 수 있는 방향으로 수업을 운영하고 있었는데, 이는 자연스럽게 학생들의 지적 활동 강화로 이어지고 있었다.

3. 능동적 · 협동적 학습: '함께하는 학습'

대가대 학부교육의 능동적 · 협동적 학습 영역에서는 '함께하는 학습'이 주요 특징인 것으로 나타났다. '2013년 대학 학부교육의 질과 성과분석 보고서'에서도 대가대 학부교육의 능동적 · 협동적 학습 영역이 다른 대학에 비해 상당히 우수한 것으로 나타나고 있는데, 구체적인 비교 내용은 〈표 3-21〉과 같다.

〈표 3-21〉의 연도별 능동적 · 협동적 학습 수치 변화를 살펴보면, ACE 대학들과 전체 31개교 대학의 평균 수치는 2012년에 비해 2013년의 수치가 상승했지만, 대가대의 수치는 오히려 소폭 감소하였다. 그러나 2013년의 대가대의 능동적 · 협동적 학습 영역 결과 수치는 12.3으로 ACE 22개교의 평균 수치인 11.3, 그리고 전체 31개 대학의 평균 수치인 11.2에 비해 상당히 높게 나타났다.

〈표 3-21〉 K-NSSE 자료: 능동적 · 협동적 학습 영역

연도	능동적 · 협동적 학습 영역					
	대구가톨릭대학교		ACE (11년: 22개교, 12, 13년: 23개교)		전체 31개교	
	평균	표준편차	평균	표준편차	평균	표준편차
2011	11.29	2.51	11.69	2.49	11.60	2.50
	(n=184)		(n=5,368)		(n=7,393)	
2012	12.50	2.44	11.24	2.57	11.17	2.56
	(n=311)		(n=7,404)		(n=10,415)	
2013	12.34	2.43	11.30	2.60	11.23	2.61
	(n=400)		(n=8,659)		(n=10,078)	

주: 2013년 3차 조사에는 총 54개 대학이 참여하였으나, 한국교양기초교육원 · 학부교육 선진화 선도대학 협의회(2013)에서
   는 종단 분석의 취지를 고려하여, 2011년부터 3년에 걸쳐 모두 참여한 31개 대학의 응답 자료를 대가대 자료와 비교 · 분
   석하여 제시하고 있음.

출처: 한국교양기초교육원 · 학부교육 선진화 선도대학 협의회(2013). 2013년 대학 학부교육의 질과 성과 분석: 대구가톨릭대
   학교.

또한 ACE 대학들과 전체 대학은 2011년부터 능동적 · 협동적 학습 영역의 수치가 지속적
으로 감소한 반면, 대가대의 2013년 수치는 2011년에 비해 상당히 향상된 것으로 나타났다.
이러한 결과는 대가대 학부교육의 능동적 · 협동적 학습이 타 대학들에 비해 상당히 활발
히 이루어지고 있음을 의미한다고 할 수 있다.

1) 다양한 네트워크 기반의 학습 공동체

대가대 학부교육의 능동적 · 협동적 학습 영역의 가장 큰 특징은 네트워크 기반의 학습
공동체가 형성되어 있다는 점이다. 우선 다음의 사례들을 통해 확인해 보자.

소규모로 모여서 하는, 예를 들면 동아리회 이런 프로그램들이 굉장히 활성화됐습니다. 배우
는 것도 그렇게 자기들끼리 멘토, 멘티가 되어서 프로그램도 하고. 그런 프로그램들이 여러 영역
별로 열려 있습니다. 취업을 준비하고, 영어를 준비하고, 자체학습. 그러니까 학습활동을 더 잘하

기 위한 네트워크. 이런 것. 거기서 기본적으로 학생들이 모여서 그룹을 만들어 본인들이 활동을 했다는 것. 그것이 굉장히 중요한 의미를 갖는다고 봅니다. (교무처장)

우리 학교에 오는 학생들은 그런 경험이 많이 없습니다. 칭찬받지 못한 학생들이라고 그러거든요. 그래서 칭찬을 해 주면 학생들이 굉장히 자신감을 갖더라고요. 그래서 그런 그룹에서 다른 학생들하고 호흡도 하고, 선배로서 이끌어 주고, 이런 경험들이 굉장히 다양한 영역들로 진행이 되는데, 그런 경험을 학생들이 가지면서 큰 의미가 있지 않았나 하는 생각이 듭니다. (기획처장)

학생들을 어떻게 지원해 줄까 고민을 많이 한 결과 '네트워크다. 학생들끼리 네트워크가 중요하다' 는 생각을 하게 되었습니다. 처음에는 잘하는 아이들과 못하는 아이들을 따로따로 지원했습니다. 지금은 그 아이들이 같이 할 수 있는 것이 필요하다 해서 멘토링, 지도교수님과의 협업 등의 부분이지요. 지금은 협력관계로 이루어질 수 있는 그런 프로그램들을 전반적으로 이끌어 가고 있다고 보면 될 것 같습니다. (교수학습개발센터 연구교수 D)

대가대 학생들의 특성 중 하나는 학생들이 스스로 직접 활동하여 성과를 냈던 경험이나 학습에 대한 성공적 경험이 매우 부족하다는 것이다. 이러한 특성을 반영했을 때, 대가대는 이러한 학생들에게 가장 효과적일 수 있는 방법이 네트워크 기반의 학습 공동체를 형성하여 함께 많은 활동과 성공을 경험하게끔 하는 것으로 판단하였다.

이에 따라 대가대에서는 이와 관련된 여러 프로그램을 마련하였는데, 이러한 프로그램은 멘토링을 통한 협업을 바탕으로, 취업, 영어, 자체학습 등 다양한 영역에 있어서 학생 간, 학생-교수 간에 네트워크를 구축하여 운영되고 있었다. 그리고 이러한 프로그램은 학생들에게 자신감을 갖게 하고, 보다 긴밀한 관계를 형성하게끔 하는 등 매우 큰 교육적 의미가 있는 것으로 나타났다. 또한 이러한 협력학습과 관련된 내용을 수업 사례에서도 찾아볼 수 있었다.

수업은 전공 같은 경우에는 거의 무조건 조별 과제라고 생각하시면 되고요. 무조건 공동체적으로. 그러니까 제가 다른 전공을 안 해 봐서 모르겠는데 저희는 한 가지 일을 파서 자격증을 딸 수 있거나 자기 스스로 원하는 분야를 찾아서 가는 그런 수업이라서 학업에 뜻이 맞는 애들끼리 좀 많이 모이는 경향이 있는? 만약에 금융 쪽에 관심이 있는 애들이면 뭐, 금융에 관련해서 같이 모여서 얘기를 할 수도 있고 아니면 그냥 영업 쪽으로 관심이 있으면 또 그것에 대해 얘기하는데, 금융 쪽에 관심이 많은 애들한테 물어보고. 지금 인턴 나가 있는 애들한테 물어보고 하면서 하는 데 수업 진행 방식은 거의 다 조별 과제로 진행되고 있어요. (경영학 4학년 학생 M)

시너지 효과를 내요. 같이 공부하면서. 흔히 말할 때 국시 공부할 때 혼자 공부하면 떨어진다, 이런 말…… 1등 했던 애도 혼자 공부하면 떨어진다. 교수님들도 다 같이 공부해라 이런 분위기입 니다. (약학 5학년 학생 K)

대가대에서는 여러 프로그램을 바탕으로 학생들의 네트워크를 형성하고, 학습 공동체를 통한 협력학습을 유도하기도 하지만, 앞의 사례와 같이 수업시간에도 조별 과제를 통해서 학생들의 협력을 유도하는 모습도 나타나고 있었다. 즉, 대가대의 학생들은 조별 수업을 통해서 학생들이 자신의 관심 분야를 학습하기 위하여 여러 학생들이 함께 공동체를 형성하고 있는 것으로 나타났으며, 이러한 네트워크 기반의 학습 공동체 운영은 학생들에게도 시너지 효과를 비롯한 상당히 긍정적인 영향을 미치고 있는 것으로 나타났다.

2) 공동 참여식 수업의 활성화

대가대 수업의 또 다른 특징으로는 수업에 있어서 교수의 일방적인 강의식 수업이 중심이 되기보다는 학생들의 주체적 참여와 실제적 활동을 중심으로 수업이 이루어지고 있는 것을 확인할 수 있었다. 즉, 학생이 수업을 진행하거나, 토론, 발표 등을 통해 주체적으로 수업에 참여할 수 있는 분위기가 형성되어 있는 것으로 나타났다. 다음의 사례들을 통해 이를 확인할 수 있다.

수업을 하나 예를 들자면, 국제정치학이라는 수업을 듣는데 그 수업 자체가 저희가 6명이서 듣는데 주제가 정해지면 한 사람씩 돌아가면서 그 주제에 대해서 자기가 조사를 해서 페이퍼를 만들어 와 그것을 다른 학생들에게 설명을 하고, 그 하루의 수업을 그 학생이 이끌어야 되는. 그런 수업을 하고 있어요. 그래서 그 학생이 사회자가 돼서 수업을 진행하고, 다른 학생들은 토론을 하고, 교수님께서는 중간중간에 토론을 해 주시고. 그런 수업도 있고. 다른 수업 같은 경우에는 전공영어라는 수업이 있는데 그 수업 같은 경우에는 CNN 같은 것을 듣고 와서 다른 학생들한테 그것이 어떤 내용인지 읽어 주고, 설명을 해 주고. 이렇게 학생이 진행하는 수업이 좀 많은 것 같아요. (고위공직법학 3학년 학생 R)

제가 듣는 수업 중에 PBL 수업이라고, 한 여섯 명씩 한 팀을 이뤄서 한 주제로 매주 토론을 하는 걸로 해서 가설을 정하여 해결방안부터 결론을 짓는 것까지가 한 학기 수업이에요. 이런 걸 하면은 팀원들끼리. 그리고 팀원들끼리 중간고사 평가를 서로에게 점수를 주는 걸로 하고, 교수님이 하는 것도 있고. 이런 식으로 하니깐 한 명도 집중을 안 하는 사람이 없어요. 다 참여를 해서 한 마디라도 해야 되고, 뭐 그런 식이니깐. 그 수업은 토론이다 보니 자유롭게 협력도 하고, 재미있기도 하고 되게 좋았던 것 같아요. (법학 4학년 학생 P)

1학년 때부터 논문…… 논문 하나를 한 학기 동안에 쓰는 SRP 수업이 1학년 때부터 있어서 지금 한두 번 정도 써 보았는데, 논문을 쓰면 제가 쓰는 만큼 그 수업이 교수님이랑 진행되고, 마지막에 하나 정도는 제대로 쓸 수 있는 그런 수업을 해 봤어요. 이런 수업이 배우는 것도 많고, 큰 도움이 되었던 것 같아요. (고위공직법학 3학년 학생 R)

이 사례의 학생들은 대가대의 수업은 학생이 주체적으로 참여하고, 토론이나 발표, 연구 등을 통해 직접 수업을 이끌어 가는 형태의 유형이 많은 것으로 인식하고 있었다. 예를 들어, 하나의 주제가 선정되면 그 주제에 대해서 학생들이 준비를 하고, 발표를 하며, 해당 내용에 대한 토론을 진행하는 수업형식이 있고, 또 다른 수업형식으로는 학생이 직접 수업을 준비하여 다른 학생들에게 수업내용을 설명하고 발표하는 형식으로도 운영되고 있는 것으로 나타났다. 또한 앞에서 살펴본 것과 같이 교수와 함께 하나의 연구를 직접 진행하여 관련 보고서를 작성해 보는 SRP 수업의 형태도 운영되고 있었다.

즉, 대가대의 학부수업은 일방적 강의식 수업보다는 학생들이 직접 수업에 참여하고, 주체적으로 수업을 이끌어 갈 수 있는 다양한 방식의 수업을 운영하고 있는 것으로 나타났다. 그리고 이러한 수업유형들은 학생들에게 능동적인 참여와 협력을 불러오는 효과가 있는 것으로 나타났으며, 이와 함께 학생들이 수업에 보다 집중할 수 있는 요인으로도 작용하고 있음을 알 수 있다.

3) 소극적인 학생들도 함께 가기

대가대에서는 소극적인 학생들도 방치하지 않고 함께 가려는 문화와 풍토가 만들어지고 있었다. 대가대 교수나 직원들에 따르면 대가대 재학생들의 큰 특성 중 하나는 학업에 대해 소극적이고 관심이 적다는 점이다. 이에 따라 대가대에서는 학생들의 이러한 소극적 성향을 고려하여 그러한 학생들도 함께할 수 있는 다양한 방법 개발에 적극적인 노력을 기울이고 있다.

> 설문조사를 했더니, 공부가 안 된다는 이런 표현을 많이 했어요. 그 부분을 숙제로 여기고 해마다 고민했는데, 저희들이 느낀 부분은 '적극적인 아이' 와 '관심 없는 아이' 의 차이라는 느낌을 많이 받았습니다. 공부의 다양화를 위해 굉장히 노력했는데, 아이들은 여전히 그런 말들을 많이 하더라고요. 그래서 관심 없는 아이들은 프로그램이 많아도 눈에 들어오지 않는다는 그런 판단을 했습니다. 그래서 이런 부분을 해소해 줄 수 있는 것은 지도교수님이겠다 해서 교수님들을 통해 아이들한테 홍보하고, 동력을 찾을 수 있도록 프로그램을 매칭시키고 있습니다. (직원 S)

이와 같이 대가대에서는 여러 프로그램이나 교육활동에 관심이 부족한 학생, 그리고 잘 알지 못하는 학생들을 유도하기 위한 여러 방안을 모색 중인 것으로 나타났는데, 이러한 학생들을 유도할 수 있는 가장 좋은 방법으로 교수를 활용하고자 하였다. 이러한 내용을 다음 사례를 통해 좀 더 살펴볼 수 있다.

덜 적극적인 학생들을 끌어들일 수 있는 방법을 고민을 하다 보니, 전공 안에서 지도교수님이 조금 움직여 주시면, 강의시간에 한 번 이야기해 주시면, 진짜 많이 참여하는 것을 저희가 느꼈어요. 그래서 지도교수님을 통해서 아이들이 좀 움직일 수 있도록 그런 식으로 프로그램을 많이 기획해서 센터에서 지원해 주는 그런 프로그램도 있고. (직원 B)

이처럼 대가대에서는 학교에서 운영 중인 여러 교육 프로그램과 행사에 보다 많은 학생들을 참여시키고, 관심을 갖게끔 하기 위하여 많은 노력을 기울이고 있다. 이러한 노력은 프로그램의 내용과 취지; 효과에 대한 홍보, 그리고 지도교수를 활용한 유도 방안으로 이어지고 있고, 소극적인 학생들과 함께할 수 있는 다양한 프로그램도 마련하여 운영하고 있다.

대가대의 목표와 방향은 유능하고 프로그램에 적극적으로 참여하는 학생들만을 데려가려고 하는 것이 아니라, 참여하지 않거나 소극적인 학생들도 함께 데리고 가고자 하는 것이다. 이러한 대가대의 모습은 단 한 명의 학생도 낙오시키지 않겠다는 대가대의 교육철학 및 문화에서 나온 것이라고 할 수 있다.

4. 교우관계: '교류 기회의 다각화'

이 절에서는 교우관계 영역에 있어서 대가대 학부교육의 특징과 맥락을 살펴보고자 한다. 먼저 '2013년 대학 학부교육의 질과 성과분석 보고서'에 나타난 학생 간의 교우관계 영역 비교 결과를 보면 〈표 3-22〉와 같다.

〈표 3-22〉의 연도별 수치 변화를 살펴보면, ACE 대학들과 전체 31개교 대학의 평균 수치는 2011년에 비해 오히려 낮은 결과를 나타내고 있는 반면, 대가대는 2011년에 비해 상승된 수치를 기록하고 있는 것으로 나타났다. 그러나 대가대의 교우관계 영역 수치는 2012년에 비해서는 소폭 감소하였다.

또한 대가대의 교우관계 영역 수치와 ACE 대학, 전체 대학의 2013년도 수치를 비교해 보면, ACE 대학과 전체 대학 모두 약 10.9의 수치를 기록하였지만, 대가대는 12.13의 수치를 기록하여 타 대학들의 평균 수치보다 높은 결과를 나타냈다. 이러한 통계결과에 의하면 대

〈표 3-22〉 K-NSSE 자료: 교우관계 영역

연도	교우관계 영역					
	대구가톨릭대학교		ACE (11년: 22개교, 12, 13년: 23개교)		전체 31개교	
	평균	표준편차	평균	표준편차	평균	표준편차
2011	10.69	2.68	10.96	2.82	10.96	2.78
	(n=184)		(n=5,368)		(n=7,393)	
2012	12.60	3.22	10.90	2.87	10.74	2.85
	(n=311)		(n=7,404)		(n=10,415)	
2013	12.13	3.17	10.88	2.96	10.87	2.96
	(n=400)		(n=8,659)		(n=10,078)	

주: 2013년 3차 조사에는 총 54개 대학이 참여하였으나, 한국교양기초교육원 · 학부교육 선진화 선도대학 협의회(2013)에서
   는 종단 분석의 취지를 고려하여, 2011년부터 3년에 걸쳐 모두 참여한 31개 대학의 응답 자료를 대가대 자료와 비교 · 분
   석하여 제시하고 있음.

출처: 한국교양기초교육원 · 학부교육 선진화 선도대학 협의회(2013). 2013년 대학 학부교육의 질과 성과 분석: 대구가톨릭대
   학교.

가대에서는 학생 간 교우관계가 타 대학들에 비해 상당히 긍정적으로 형성되어 있음을 알
수 있다. 다음의 면담분석 결과를 토대로 교우관계 영역에서의 대가대 학부교육의 특징과
맥락을 확인해 보고자 한다.

1) 학업 활동을 통한 교류 기회의 확대

대가대에서는 학생 간의 교류가 비교적 활발히 이루어지고 있다고 할 수 있는데, 이러한
결과의 원인 중 가장 대표적인 것은 학업 활동을 통한 교류 확장 및 관계 형성이라고 할 수
있다. 다음의 사례들을 통해 이를 확인해 볼 수 있다.

저는 개인적으로 학교가 참 좁다는 생각을 많이 했어요. 별 활동을 안 했는데도 불구하고 가다
보면 아는 사람이. 또 아는 사람의 아는 사람, 두루두루 사람을 많이 알게 돼서 너무 좋은 것 같아
요. 그 정도의 교우관계라고 생각하고 있습니다. 어제 예전에 같이 스터디했던? 이제 스터디를

하면 학교에서 지원해 주는 것도 있었기 때문에 홈페이지에 그런 글을 올리면 모두 다 연락이 오고, 이렇게 스터디도 하고. 그렇게 알게 된 다른 무리도 있고, 그런 식으로 많이 알게 되는 것 같아요. (경영학 4학년 학생 W)

저희 학교는 조별활동도 되게 많아서 그런 것을 통해서 알게 된 사람도 많고, 그리고 캠프가 많아요. 취업캠프, 리더십캠프, 창의력캠프 이런 게 많아서 그런 걸 가면은 더 많이 알게 되고, 그리고 또 다른 과는 잘 모르겠는데 저희 과는 동기들끼리 되게 친하게 지내요. 방학 때 따로 동기들끼리 놀러도 가고 그런 식이에요. (법학 4학년 학생 P)

이 사례들과 같이 대가대 학생들은 수업에 있어서 많은 조별활동 및 협력수업을 하게 될 뿐만 아니라, 다양한 협력 기반의 비교과 프로그램에 참여하는 기회가 상당히 많은 편이다. 즉, 대가대 학생들은 학습 커뮤니티, 취업, 리더십, 창의력 등의 주제로 이루어지는 다양한 캠프 활동 등을 통해서 여러 학생들과 교류하고, 친분을 쌓게 되는 것으로 나타났다. 그리고 이에 대한 결과로 대가대 학생들은 교우관계가 확장되어 학교가 좁은 것처럼 느끼고, 긍정적으로 인식하고 있는 것으로 나타났다. 또한 교우관계의 양적 확장뿐 아니라 질적으로도 보다 깊은 관계 맺음이 이루어지고 있음을 다음의 사례를 통해 확인할 수 있다.

공동협력 프로그램 및 활동에 대한 학과적인, 혹은 대학 전체적인 프로그램에 참여하는 것이 자기에게 이득이 되기 때문에 학생들이 많이 참여하고, 그로 인해 교우관계를 돈독하게 하게 되고. 좀 소극적이었던 아이들이 학과에 노출되다 보니깐 자기표현을 하게 되고. 그런 부분에 대해서 학과 학생들은 쟤가 나와 좀 다를 뿐이지 상대적으로 누가 낫고 못하고, 이런 어떤 위계라는 것은 굉장히 적다라고 생각하거든요. 나름대로 그런 교우관계에 있어서는 되게 친밀성이 좋다고 생각해요. (이공자연 교수 T)

앞의 사례와 같이 대가대 교수들은 학교에서 운영하는 공동협력 프로그램과 비교과 프로그램들을 통해서 학생 간의 교우관계가 보다 돈독해지는 효과가 발생하고 있다는 인식을 가지고 있었으며, 소극적인 성향을 가져서 나서지 못하는 학생에 대해서는 보다 많은 것을 알 수 있게 하는 기회로도 여기고 있었다.

이처럼 대가대에서는 협동적 수업방식, 다양한 비교과, 협력 프로그램을 운영함으로써 학생들의 교우관계가 확장되고 있으며, 교우관계의 깊이 또한 보다 돈독해지는 결과를 얻는 것으로 나타났다. 이에 따라 대가대 학생들은 교우관계에 대해 매우 긍정적인 인식을 가지고 있었으며, 이러한 인식은 설문조사에서 대가대 학생들의 교우관계 영역 점수가 높게 나타난 배경이라고 할 수 있다.

2) 타 전공 학생들과의 교류 기회의 확대

대가대 학생들은 앞에서 살펴본 것과 같이 협동수업과 여러 프로그램을 통해 교우관계를 확장시키고, 질적으로도 보다 돈독한 관계를 맺고 있음을 확인할 수 있었다. 일반적으로 대학교에서는 이러한 교우관계가 같은 전공 학생들을 중심으로 이루어지는 편이지만, 대가대 학생들은 타 전공 학생들과도 많은 교류를 하고 있는 것으로 나타났다.

> 협력수업을 하다 보면 아는 사람이 또 많아져요. 처음 보는 사람들인데, 또 과에 학생들이 많고 저희는 한 학년에 한 100명 정도 되니깐 모르는 동기들도 많거든요. 근데 같은 수업을 듣게 되면 매번 매 학기마다 새로운 타 과의 사람들과 조과제를 하면서 같은 과를 넘어서, 또 그렇게 항상 매 학기마다 새로운 사람들을 많이 만나고 교류도 많아지고요. 전공이 다르다 보니 새로운 생각이나 지식도 배우고요. (경영학 4학년 학생 W)

앞 사례를 통해 대가대 학생들은 교양수업에서 진행하는 협력수업이나 조별과제를 통해 같은 전공의 학생들뿐만 아니라, 타 전공의 학생들과도 많은 만남의 기회를 얻게 되고, 보다 확장된 교류를 하고 있는 것을 확인할 수 있었다. 이러한 타 전공 학생들과의 교류는 대가대 학생들에게 사람 대 사람으로서의 교류뿐 아니라 타 전공의 새로운 지식이나 사고를 경험할 수 있는 기회로도 인식되어 긍정적으로 받아들여지고 있었다. 이러한 타 전공 학생들과의 교류는 수업뿐 아니라 대가대에서 운영하는 여러 프로그램을 통해서도 이루어지고 있는 것으로 나타났는데, 다음의 사례들이 그 예다.

> 한 과목만 교양인데 필수교양도 저희과만 들어요. 타 학과와 교류가 없죠. 제 성격은 교류가 있
> 는 것을 좋아하는 편이라 친구들이 말했듯이 많이 찾아보면 타 전공이랑도 교류하는 프로그램이
> 많다고 했는데 찾아보면 정말 많아요. 저는 제 성격이 그러니까 막 찾아봐서 이것저것 참여하고,
> 그러면서 타 전공 친구들과도 친해지게 되고. (약학 5학년 학생 T)

> 공부회라든가 그런 걸로 자연스럽게 친구가 생기죠, 다른 과 친구들도 만날 수 있는 기회도 생
> 기고, 봉사활동 같은 것도 주위 사람들 이야기를 들어 보면 같은 과 친구보다 다른 과 친구들과 모
> 여서 가는 게 좋다 이런 식으로 이야기하는 것도 들었고, 여러 활동이 있다 보니까 타 과 사람들과
> 만날 수 있는 기회가 생긴 것 같아서 좋은 것 같아요. (실무영어 4학년 학생 Z)

> 다들 성격이 좋은 것도 있지만 그만큼 어떤 매체가 없으면 만나기가 힘든데 학교에서 그만큼
> 학생들이 만날 프로그램 또는 매체들을 많이 마련해 주기 때문에 그런 자리에서 성격 좋은 아이
> 들이 만나 빨리 친해지고, 내 친구의 친구가 내 친구를 낳고, 그래서 길을 걷다 보면 5분에 한 번
> 씩 인사하고 부딪히는 거 보면, 학교가 많은 도움을 주는 거라고 말할 수 있을 것 같은데. (고위공
> 직법학 3학년 학생 R)

타 전공 학생들과의 교류는 이를 위한 기회나 중간 매체가 있지 않은 이상 이루어지기 힘
들지만, 대가대에서는 봉사활동, 캠프를 비롯한 여러 비교과 프로그램들을 운영함으로써
학생들의 교류가 확장되고, 이를 통해 타 전공 학생들과의 만남과 교류도 함께 이루어질 수
있다고 하였고, 이러한 기회에 대해 매우 긍정적으로 인식하고 있었다. 즉, 대가대에서는
여러 협동수업 및 다양한 비교과 프로그램을 통해 자신의 전공 및 타 전공 학생들과 활발하
게 교류하는 모습이 나타났는데, 이를 통해 학생들 간의 관계가 더욱 돈독해지고 있었다.

5. 교수와 학생의 교류: '만남의 체질화'

이 절에서는 교수와 학생 간의 교류 영역에 있어서 대가대의 특징과 맥락을 살펴보고자한다. 먼저 '2013년 대학 학부교육의 질과 성과분석 보고서'에 나타난 교수와 학생의 교류영역의 비교 결과를 보면 〈표 3-23〉과 같다.

〈표 3-23〉의 연도별 교수와 학생의 교류 수치 변화를 살펴보면, ACE 대학들의 수치는 2011년 13.56에서 2013년 14.08로 0.52만큼 상승하였고, 전체 31개교 대학의 수치는 2011년 13.41에서 2013년 14.00으로 0.59만큼 소폭 상승하였다. 대가대는 2011년 13.76에서 2013년 16.62로 2.86만큼 비교적 크게 상승한 것으로 나타났다.

또한 대가대의 2013년 교수와 학생의 교류 영역 수치는 전체 대학 평균은 물론 ACE 대학들의 평균 수치에 비해서도 상당히 높은 수치를 기록하고 있었다. 즉, 교수와 학생의 교류가 비교적 활발히 이루어지고 있음을 알 수 있는데, 이러한 교수와 학생의 교류 영역에 대

〈표 3-23〉 K-NSSE 자료: 교수와 학생의 교류 영역

| 연도 | 교수와 학생의 교류 영역 | | | | | |
| | 대구가톨릭대학교 | | ACE (11년: 22개교, 12, 13년: 23개교) | | 전체 31개교 | |
	평균	표준편차	평균	표준편차	평균	표준편차
2011	13.76	4.23	13.56	4.26	13.41	4.21
	(n=184)		(n=5,368)		(n=7,393)	
2012	17.12	4.73	14.06	2.87	13.64	4.16
	(n=311)		(n=7,404)		(n=10,415)	
2013	16.62	4.74	14.08	4.29	14.00	4.28
	(n=400)		(n=8,659)		(n=10,078)	

주: 2013년 3차 조사에는 총 54개 대학이 참여하였으나, 한국교양기초교육원·학부교육 선진화 선도대학 협의회(2013)에서는 종단 분석의 취지를 고려하여, 2011년부터 3년에 걸쳐 모두 참여한 31개 대학의 응답 자료를 대가대 자료와 비교·분석하여 제시하고 있음.

출처: 한국교양기초교육원·학부교육 선진화 선도대학 협의회(2013). 2013년 대학 학부교육의 질과 성과 분석: 대구가톨릭대학교.

한 대가대의 특징과 맥락을 다음의 분석을 통해 확인해 볼 수 있다.

1) 체질화된 교수와 학생의 교류

대가대에서는 교수와 학생 간에 매우 긴밀한 관계를 형성하고 있는 것으로 나타났으며, 이러한 긴밀한 관계는 대가대의 교수들에게 당연시되고, 마치 '체질화' 된 것처럼 인식하고 있었다. 다음의 사례들을 통해 이를 확인해 볼 수 있다.

> 학생들과 만나야만 하는 그런 상황들이 막 벌어지더라고요. 처음에는 귀찮다, 왜 자꾸 이런 것들을 시킬까 불만이 있었거든요. 근데 이제 적응이 된 거죠. 지금은 당연히 만나야 하는 거구나 하는 생각이 들 만큼 교수님들 스스로도 체질화되지 않았나. 학생들과 만나야 되는 것들이 처음에는 좀 귀찮고 어려운 일이었는데, 이제 자연스러워지고, 만나서 이름을 부르고 공동 활동을 함께 하는 것들이 자연스러워진 것 같아요. 그래서 그런 부분들에 대해서 제가 느끼는 교감이 변했듯이, 전체적으로 학생들이 받아들이는 교감의 정도, 교수와 학생 간의 관계도 밀착되지 않았나 싶습니다. (이공자연 교수 E)

> 저희 과 학과장 교수님 같은 경우에는 학업이나 진로에 대해서도 상담 많이 해 주시고요. 이제 같이 박람회도 가고, 같이 야구장도 가고, 일부러 일을. 그러니까 함께할 수 있는 행사 같은 걸 일부러 만들어서, 그래 가지고 지원비는 없지만 저희끼리 5,000원씩이라도 해 가지고 야구, 야구도 보러 가고 그런 식으로 저희는 많이 하고 있습니다. (외식식품산업학 3학년 학생 S)

이처럼 대가대의 교수와 학생들은 비교적 매우 많은 만남을 갖고 있으며, 그에 따라 상당히 긴밀한 관계를 유지하고 있는 것으로 나타났다. 대가대에서는 학생들의 학업, 진로, 생활을 밀착해서 지도하는 책임지도교수 제도를 운영하고 있는데, 비록 처음에는 학생과의 만남이나 학생들과 보내야 하는 시간이 귀찮기도 하고, 이에 대한 불만도 있었지만, 현재는 학생과의 만남과 공동 활동을 당연하게 여기고 있었다. 그리고 이러한 잦은 만남은 학생과 교수 간의 높은 교감을 불러왔으며, 보다 밀착된 관계를 형성할 수 있는 긍정적 요인으로 작용하고 있었다.

이와 같이 대가대의 교수들에게 학생과의 만남이 체질화된 것은 학교에서 마련한 여러 프로그램과 제도를 통해 가능할 수 있었다. 다음의 사례들을 살펴보자.

> 대가 길라잡이, 신입생 길라잡이라고 해 가지고, 지도교수 1명당 보통 한 10명에서 많으면 13명 정도 됩니다. 적으면 뭐 한 7~8명 해서 지도교수 한 명당 학생 수를 배정해 가지고 만남이 있을 때마다 지도교수가 1학점을 주는데, 매주 만나 한 시간을 해도 되고 2주에 두 시간을 해도 되고 요. 전공에 대해서 소개를 하기도 하고, 진로에 대해서 얘기를 하기도 하고, 그 시간에 등산을 갔 다 오기도 하고, 학교를 돌아다니면서 여기는 어디다, 여기는 어디다 설명하기도 하고, 지도교수 하고 하는 프로그램들이 많아요. (기획처장)

> 1주일에 한 시간을 만나거나 격주로 해서 두 시간을 만나거나. 그렇게 해서 제일 좋은 것은 저 는 한 달 동안에는 애들을 데리고 커피를 마시러 다녔어요, 그냥. 뒷산도 같이 가고. 그러면서 너 어디 사니, 고등학교 어디 나왔니 하는 사소한, 그러면서 친해지기 시작하고, 나중에 중간쯤에 가 서는 그것을 가르쳤죠. 정치학 논문을 어떻게 쓰는 건지. 왜냐하면 우리 학교는 북리뷰를 쓰는 제 도가 있기 때문에 매 학기에 두 권 이상 북리뷰를 써야 해요. 전교생이요. 애들이 그것 때문에 속 된 말로 죽으려 하거든요? 그걸 제가 대신 써 주지는 않지만 애들이 초안을 가져오면 제가 좀 봐 주기도 하고, 요거는 이렇게 써라, 논리는 이렇게 써라, 그거를 하기도 하고. (인문사회학과장 R)

이 사례들과 같이 대가대에서는 大家 길라잡이, 사제동행 프로그램 등의 제도를 통해서 지금과 같은 교사와 학생 간의 긴밀한 관계를 형성할 수 있었다. 이 제도는 교수 한 명당 몇 명의 학생들을 배정하여 함께 등산, 산책, 운동경기 관람, 차 마시기 등의 일반 활동은 물론, 학생들의 교육적 성장을 불러올 수 있는 글쓰기 지도, 논문 쓰기 지도 등의 교육적 활동을 하는 프로그램들이다. 대가대에서 학과 차원의 교수와 학생 간의 교류를 위한 프로그램 사 례를 제시하면 〈표 3-24〉와 같다.

〈표 3-24〉 학과 차원의 교수-학생 교류 프로그램

연번	구성목표	프로그램
1	大家 길라잡이	지도교수 1명이 지도학생 약 10명을 대상으로 밀착지도
2	사제동행 프로그램	지도교수 및 지도학생 간 각종 친목도모 활동 및 교육적 활동
3	학사경고자 심층면담	학사경고를 받은 학생들을 대상으로 상담을 통해 원인을 파악·진단하여 맞춤형 지도
4	Catch-up 프로그램	학과교수 및 선배가 학습부진학생 지도

출처: 대구가톨릭대학교(2014).

이러한 제도와 프로그램들은 교수와 학생 간의 관계를 단순히 지식의 전달이 아닌 고민과 생각을 나누는 사제 관계로 향상되는 매우 큰 의미를 지닌다고 할 수 있다. 이러한 프로그램들은 교수와 학생 간에 보다 긴밀한 관계를 유지할 수 있는 요인으로 작용하였으며, 이를 통해 대가대에서는 교수와 학생의 교류가 마치 너무도 당연한 일인 것처럼 체질화된 것으로 나타났고, 교수와 학생 모두 이러한 관계 형성 및 교류에 대해 매우 긍정적으로 인식하고 있었다.

2) 열려 있는 교수 연구실

일반적으로 대학교의 교수 개인 연구실은 자신의 업무와 연구에 집중하기 위하여 거의 닫혀 있는 모습이 대부분일 것이다. 그러나 대가대의 여러 교수 연구실은 학생들에게 항상 열려 있는 공간, 편하게 드나들 수 있는 부담 없는 공간으로 인식되고 있었다. 다음의 학생 사례들을 통해 이를 확인해 볼 수 있다.

저희가 원할 때 교수님 방을 들어가면 돼요. 하루에 한 번, 하루에 두 번씩도 그냥 인사만 하러. "교수님 안녕하세요." 인사만 하러 가기도 하고, "오늘은 뭐하셨어요? 식사는 하셨어요?" 인사도 하고, 식사도 같이 하고. 그리고 학업상담도 하고, 개인적인 일이나 개인 사정까지도 상담을 하고, 내가 어떤 공부를 해야 되는데 어떻게 해야 될지 모르겠다, 이런 상담도 해 주시고. 제가 친한 전공, 친분이 있는 전공교수님 같은 경우에는 전화도 하고, 카카오톡도 하고 하면서 거의 아는 언니 수준으로. 교수랑 학생의 관계라기보단 끈끈한 그런 게 있다고 말할 수 있어요. (고위공직법학 3학년 학생 R)

교수님은 저희한테 열린 마음…… 교수님 방에 저도 자주 가긴 했었는데 가면 맨날 같이 보이차를 마시거든요. 교수님이 맨날 찻잔을 세팅해 놓으세요. 저희가 오면 보이차를 데워서 공강 시간 동안에 갈 데 없는 학생들을 앉혀 놓고 같이 얘기하고. 저희 학업에 관련된 거나 진로 같은 거, 자격증 관련해서 물어보면 내가 알고 있는 건 여기까지다 친절하게 설명해 주시고. 문도 항상 열어 놓으세요. 살짝 뭐 끼워 넣어서 열어 놓고, 닫혀 있으면 손님 있으니깐 뭐 끼워져 있으면 언제든 와라 하면서. 같이 차 많이 마셨어요. (경영학 4학년 학생 W)

이 사례들에서 나타난 것처럼 대가대의 학생들은 교수에 대해 마치 아는 언니처럼 느끼기도 하고, 자신들에게 열린 마음을 가지고 있다고 인식하고 있었다. 즉, 대가대 교수들은 학생들에게 자신이 먼저 친숙하고 편하게 다가가고, 학생들이 쉽게 찾아올 수 있도록 많은 신경을 써 주고 있었다. 이로 인해 학생들은 특별한 일이 없을 때도 부담 없이 교수 연구실에 찾아가 교수들과 이야기를 나누고, 보다 친근한 관계를 형성하고 있는 것으로 나타났다.

이처럼 학생들이 교수를 편하게 생각하는 것에 대해 교수들 역시도 다음의 사례들과 같이 상당히 긍정적으로 받아들이고 있었으며, 수업에 있어서도 도움이 된다는 인식을 가지고 있었다.

매 학기 상담을 하고, 또 여러 사제동행 프로그램을 진행하면서 매 학기 때는 몰랐던 것들을 알게 돼요. 의외로 보면 학생들이 알아서 하는 부분들도 있긴 하지만 잘 몰라서 못하는 부분이 너무 많아요. 그에 대한 가이드를 교수가 해야 하는데, 학생들 입장에서는 교수님 방문 두드리는 게 그렇게 쉽진 않은 일이에요. 그래서 약간 제도적인 측면이 있긴 합니다만, 물론 자발적으로 하면 더 좋겠지만, 이런 기회를 열어 놓음으로써 학생들이 쉽게 교수님 방문을 열 수 있고. 또 고민 나눌 수 있고, 그런 기회를 폭넓게 열어 줬다는 측면에서 좋다고 생각을 하고, 학생들을 좀 매해 새롭게 알게 돼서 도움이 된 것 같습니다. (인문사회 교수 N)

처음에 학생들과의 접점이 되고 교감이라든지. 어쨌든 학과 자기 아래에 있는 학생들 열 몇 명 이름은 알고 뭘 하는지, 무슨 생각을 하는지 알고 수업에 임하게 되니깐. 그런 부분들이 학생들이 똑같은 수업을 받아들이는 수용력 측면에 좀 차이가 있다고 생각하거든요. 친밀도의 상승이라든지 그런 게 같은 수업의 질이라도 성과를 달리 가져온다, 저는 그런 생각이고. 오히려 뭐…… 교육 중 심보다는 관계 중심에? 그런 것들이 개인적으로는 더 좋지 않았나 생각합니다. (인문사회 교수 Y)

대가대에서 대가 길라잡이 등 교수와 학생 간의 친밀한 관계를 형성할 수 있는 제도들은 이처럼 학생과 교수들이 보다 편안한 관계를 유지할 수 있는 기회를 마련해 줄 수 있었다. 그리고 이러한 기회는 학생들이 보다 쉽게 교수를 찾아와 이야기를 나눌 수 있고, 친밀도를 상승시킬 수 있는 요인이 되어 주었으며, 이러한 모습들은 수업의 질과 성과에 있어서도 상 당히 긍정적인 영향을 미치는 것으로 나타났다.

이와 같이 대가대 교수들은 여러 교류 프로그램들을 기반으로 학생들과 보다 편안한 관 계를 유지하고, 학생들이 쉽게 찾아올 수 있는 노력을 기울이고 있었는데, 이러한 노력들은 교수와 학생 간에 긴밀한 관계를 유지하는 대가대 문화를 형성하는 것으로 나타났다.

6. 지원적 대학 환경: '거미줄망 지원'

여기에서는 지원적 대학 환경 영역에 있어서 대가대 학부교육의 특징과 맥락을 살펴보 고자 한다. 먼저 '2013년 대학 학부교육의 질과 성과분석 보고서'에 나타난 지원적 대학 환 경 영역의 비교 결과를 보면 〈표 3-25〉와 같다.

〈표 3-25〉의 연도별 지원적 대학 환경 영역의 수치 변화를 살펴보면, 대가대를 비롯한 ACE 대학들과 전체 31개교 대학의 2013년 평균수치는 2011년에 비해 높은 수치를 기록하 고 있는 것으로 나타났다. 특히나 대가대의 2013년 수치는 2011년에 비해 1.47만큼 상승하 였는데, ACE 대학들과 전체 대학의 평균수치가 각각 0.29씩 상승한 것에 비해 상당히 높은 폭으로 상승했음을 알 수 있다.

또한 대가대의 2013년 지원적 대학 환경 영역 평균수치는 10.07로, ACE 대학들의 평균

〈표 3-25〉 K-NSSE 자료: 지원적 대학 환경 영역

연도	지원적 대학 환경 영역					
	대구가톨릭대학교		ACE (11년: 22개교, 12, 13년: 23개교)		전체 31개교	
	평균	표준편차	평균	표준편차	평균	표준편차
2011	8.60	2.48	8.64	2.46	8.62	2.37
	(n=184)		(n=5,368)		(n=7,393)	
2012	9.76	2.75	8.76	2.48	8.60	2.50
	(n=311)		(n=7,404)		(n=10,415)	
2013	10.07	2.54	8.93	2.50	8.91	2.51
	(n=400)		(n=8,659)		(n=10,078)	

주: 2013년 3차 조사에는 총 54개 대학이 참여하였으나, 한국교양기초교육원·학부교육 선진화 선도대학 협의회(2013)에서
   는 종단 분석의 취지를 고려하여, 2011년부터 3년에 걸쳐 모두 참여한 31개 대학의 응답 자료를 대가대 자료와 비교·분
   석하여 제시하고 있음.

출처: 한국교양기초교육원·학부교육 선진화 선도대학 협의회(2013). 2013년 대학 학부교육의 질과 성과 분석: 대구가톨릭대
   학교.

수치인 8.93, 전체 31개교 대학의 평균수치인 8.91에 비해 높은 결과를 나타내고 있었다. 이
러한 통계결과에 따르면 대가대에서는 타 대학들에 비해 비교적 활발한 **지원적** 대학 환경
이 마련되어 있음을 시사할 수 있다. 이러한 지원적 대학 환경 영역에 있어서 **대**가대의 특
징과 맥락을 다음의 분석을 통해 확인해 볼 수 있다.

1) 다양한 프로그램 및 지원책 마련

지원적 대학 환경에 대한 학생들의 만족도와 인식이 매우 긍정적으로 **나타났**는데, 이러
한 긍정적 인식은 대가대의 다양한 지원 프로그램 운영의 결과라고 할 수 있으며, 다음 사
례를 통해 구체적인 모습을 살펴볼 수 있다.

학생들은 너무 좋은 거예요. 학생들한테 "너네 멘토, 멘티 해라." "학습 커뮤니티 만들어라."
"보충수업 시켜 줄게." 아주 구석구석에 프로그램들이 많단 말이죠. 제가 말씀 드렸습니다만, 학

생들도 3년차 정도 되니까 학생들이 먼저 "그거 언제 합니까? 안 해요?" 참여가 많이 생기기 시작한 것이죠. 학생들이 3년차 정도 되니까 피부로 좀 와 닿았다고 생각을 하고요. (교무처장)

사실 학생들이 공부를 할 때, 제일 필요한 부분들은 책을 한번 사 볼 수 있다거나, 모임을 할 수 있는 장소, 공부를 했을 때, 자기가 필요한 선배라든지 이런 부분들을 연결시켜 줄 수 있는 것들이 필요했던 것 같습니다. 그것을 학생들이 자발적으로 하기에는 무리가 있을 것 같았기 때문에 아무래도 자금 지원, 공간 지원 이런 부분들이 제일 크고, 이를 위해 다양한 프로그램을 계속해서 마련해야 할 것 같습니다. (직원 K)

이 사례들에서 나타난 것과 같이 대가대에서는 학생들의 교육적 성장을 위한 다양한 프로그램을 제공하고, 학생들이 필요로 하는 실질적인 지원책들을 파악하여 학생들에게 도움을 줄 수 있는 여러 지원을 해 오고 있었다. 그리고 이러한 프로그램과 지원은 학생들에게 매우 큰 만족을 불러오는 요인으로 작용하고 있었다. 다양한 프로그램과 이에 대한 학생들의 인식을 다음의 사례들을 통해 좀 더 확인해 볼 수 있다.

처음에는 되게 싫었어요, 솔직히. 그래서 재수도 생각하고. 한 학년, 두 학년 올라가도 계속 생각났었는데, 저희 학교는 학생이 조금만 관심을 가지면 되게 지원을 많이 해 준단 말이에요. 그래서 하나 두 개씩 찾다 보니까 이것도 해 보고, 이것도 해 보고 하니까 사람도 되게 많이 만날 수 있고. 저는 제가 하고 싶었던 공부를 하면서 한 번도 돈이 들었던 적이 없어요. 그만큼 학교에서 지원해 주는 것도 많았고. 사람도 만나고, 돈도 안 들이고 공부도 하면서 제가 하고 싶었던 것을 할 수 있었고, 더 효율적으로 재미있게 지낼 수 있었던 것 같아요. (고위공직법학 3학년 학생 R)

공부하는데 지원금 주는 사업? 응원해 주는 프로그램이 있고. 베스트러너라고 공부 방법을 학생들에게 알려 주는 대회도 있었고, 멘토링, 학습리더스 등등 뭐 되게 많은데. 10개 정도 되는 것 같아요. 포인트, 신문사설 이런 것도 했었고, 취업특강 이런 것도 잘 들으러 다녔고. 저의 원래 목적은 용돈벌이였어요. 집이 좀…… 사립대이고 그러니깐 용돈을 벌어야겠다 해서 뛰어다녔더니

어느 순간 훌쩍 커 있더라고요. 정말 그 느낌이었어요. 이제 뭐든지 다 할 수 있겠는데? 프로그램
을 계속할수록 시간이 없어지는 게 아니라 할수록 시간이 더 생겨요. 조금조금씩 시간을 내서 하
게 되고, 하게 되고, 하다 보니까 성장하게 되고. (국어국문학 3학년 학생 H)

앞 사례와 같이 대가대에서는 학생들에게 도움이 될 수 있는 많은 프로그램과 지원책을
마련하고 있기 때문에 학생들은 관심만 있다면, 많은 부분에 있어서 지원을 받을 수 있으
며, 이를 통해 자신이 하고 싶은 공부를 하고, 사람들을 만나면서도 비용이 전혀 들지 않았
을 뿐만 아니라, 프로그램을 효율적으로 활용하여 많은 도움을 얻었다고 여기고 있었다.

즉, 대가대에서는 멘토링, 신문사설 등의 학습 지원 프로그램, 취업을 위한 여러 특강 프
로그램은 물론, 학습에 필요한 비용 등을 통해 형편이 어려운 학생들의 학업을 돕는 지원책
도 운영하고 있었다. 학생들은 이러한 대가대의 다양한 프로그램과 지원책을 바탕으로 자
신들이 보다 성장할 수 있었다는 인식을 갖고 있는 것으로 나타났다.

2) 맞춤형 프로그램 지원

앞에서 살펴본 것과 같이 대가대에서는 학생들을 위한 다양한 프로그램과 지원책을 마
련하고자 노력하고 있으며, 이를 이용했거나 이용하고 있는 학생들은 매우 긍정적인 인식
을 가지고 있음을 확인할 수 있었다. 이와 함께 대가대에서는 보다 많은 학생들이 프로그램
에 참여할 수 있도록 하기 위하여 특정한 학생그룹을 위한 맞춤형 프로그램을 운영하여 개
설하고 있는 것으로 나타났는데, 다음의 사례들을 통해 이를 확인할 수 있다.

현재 튜터링을 60팀 운영하고 있습니다. 저희 학습법 쪽에 참여하는 학생들은 기존에도 계속
참여했던 학생들이 참여했기 때문에 학생들에게 어떤 포커스를 맞춰서 늘리는 게 중요하다고 생
각했어요. 그래서 아무나 참여하는 프로그램 외에도 복학편입생을 위한 프로그램, 복수전공자들
을 위한 프로그램, 학사경고를 받은 학생들을 위한 프로그램 등을 마련해서 다양한 인원이 참여
하는. 기존에 참여하지 않았어도 이 테두리 안에 들어가기 때문에 참여할 수 있도록 하고, 다른 프
로그램으로 연계할 수 있도록 하는 이런 식의 맞춤형으로 진행을 하고 있습니다. (직원 C)

이제 하나로만 해 놓으면 학생들의 참여가…… '아, 나도 될까?' 생각을 하는 부분들이 있는 것 같아요. 그래서 성적이 떨어지는 친구들은 떨어지는 애들에게 맞게끔 이름을 붙여서 하고. 또, 복학생이나 휴학생들을 위한 프로그램도 저희가 마련을 해 놓고 해서. 계층의 타깃을 저희가 다양하게 넓히고, 그것에 맞게끔 이름을 붙여서 다양한 형태로 운영을 하고 있죠. (직원 K).

예비역 5명이 복학을 했습니다. 전에 배우고 군대를 갔지만 복학하고 나니까 전혀 남아 있는 것이 없지 않습니까? 1학기 때 배우지 못했던 것을 선배들이 보충을 해 주는 거예요. 예비역들이 복학해서 굉장히 어려움을 느끼는데 쉽게 적응하는 거죠. 학교에 쉽게 적응하고, 교수님 수업하는 흐름도 잘 따라오고. 복학생들이 보통 학과 분위기를 어수선하게 만드는데, 너무 잘 적응하니까 오히려 학교생활에 에너지가 되고, 활력소가 되는 그런 상승작용들이 생기더란 말이죠. 관계에 대한 부분, 소통 그리고 서로에 대한 부족한 부분을 끌어 주는 그런 기회를 제공하는 프로그램이 많다고 생각합니다. (이공자연 교수 J)

이처럼 대가대에서는 교수학습지원센터를 중심으로 학교생활에서 어려움을 느낄 수 있는 학생들을 대상으로 이들의 참여를 확대시키고, 학업을 돕기 위한 여러 프로그램을 마련하고 있었다. 즉, 모든 학생이 공통적으로 참여할 수 있는 프로그램 외에도 학습을 따라가지 못하는 부진학생들을 위한 프로그램, 복수전공자들을 위한 프로그램, 학교를 휴학했다가 복학한 학생들을 위한 프로그램 등 다양한 맞춤형 프로그램을 운영하고 있는 것이다. 그리고 이러한 맞춤형 프로그램은 학교생활에 어려움을 느끼던 학생들에게 도움을 주게 됨으로써 학과 분위기나 수업에 있어서도 긍정적인 상승작용을 이루고 있는 것으로 나타났다.

3) 쾌적한 교육환경 조성

대가대에서는 학생들의 학습효과 향상을 위하여 상당히 쾌적한 교육환경과 우수한 시설을 조성하고 있었다. 이에 따라 학생들의 교육환경과 시설에 대한 만족도 또한 상당히 높은 편인 것으로 나타났는데, 이를 다음의 사례들을 통해 확인해 볼 수 있다.

굉장히 시설 쪽에서 만족을 하는데, 기숙사는 제가 회장을 해 봐서 아는데요. 저희 학교 기숙사
가 제가 알기로 지방에 있는 기숙사 중에서 수용인원이 아마 1위인 것으로 알고 있습니다. 2,700명
인가? 새로 하나 지으면 500명이 더 추가되거든요. 300~400명 가까이 들어오고, 작년에 학교를
평가할 때 제가 그 평가단을 이야기했는데, 저희 학교 기숙사 문제에서는 다른 학교 거의 2배 가
까이 청소하거든요? 시설적인 면에서나 비용도 웬만한 국립대보다 싼 편이고요. (수학교육 4학
년 학생 V)

저는 다른 학교들을 많이 가 봤을 때, 도로가 일자로 이렇게 딱딱 잘 정리되어 있는 학교는 잘
못 봤던 것 같아요. 그것도 그렇고, 길 가다 보시면 쓰레기 하나 없어요. 그만큼 깨끗하게 관리를
하고, 저희 학교는 오토바이도 못 들어오거든요. 깨끗하고 조용한 환경을 만들어 주기도 하고, 지
금 여기 방도 그렇지만 학교 어떤 시설에 가도 다 깔끔하게 되어 있고, 녹슨 곳 하나 거의 없을 정
도로 관리가 잘 되어 있고, 학생들이 공부하기 좋게 스터디룸 같은 것도 곳곳에 되게 많이 있거든
요. (법학 4학년 학생 P)

앞 사례와 같이 대가대에는 쾌적한 기숙사, 잘 정돈된 도로, 깨끗한 강의실, 학습에 유용
한 장소 마련 등 학생들을 위한 우수한 시설이 마련되어 있으며, 학생들의 학습을 돕기 위
한 분위기나 환경 관리 측면에서도 많은 노력이 이루어지고 있는데, 이를 다음의 사례들을
통해 좀 더 확인해 볼 수 있다.

지금 도서관에서 일하고 있거든요. 근로, 국가근로 하고 있는데. 도서관 시험기간에는 핫 플레
이스로 이용하잖아요. 근데 정말 좋아요. 책상도 깨끗하고, 관리도 제가 맨날 쓸고, 아르바이트생
이 지우개가루 쓸어 주고. 그런 데가 없어요. 책도 희망도서를 신청하면 바로바로 오고. 여사님들
이 좀 힘드시긴 하지만 관리를 정말 잘해 주세요. 청소 같은 것도 그렇고. 시설도 불편한 것 없고,
불편한 것을 말하면 바로 개선을 해 주고. 도서관 진짜 좋아요. 도서관이 정말 좋아요. (국어국문
학 3학년 학생 H)

친구 학교를 한 번 갔는데 화장실이 마구간 같더라고요. 좀 거짓말 좀 보태서 말하면. 근데 저희 학교 화장실은 청소하시는 분들도 자주 왔다 갔다 하셔서 진짜 깨끗하거든요. 냄새도 안 나고 강의실도 끝나면, 저희 관 과학관인데 강의 끝나면 오셔서 바로 칠판도 지워 주시고. 그리고 담배가 지저분하잖아요. 원래 담배 재떨이가 지저분한데 그것도 계속 바꿔 주니까 저는 시설에 대해서는 만족해요. (외식식품학 3학년 학생 S)

앞 사례와 같이 대가대에서는 기숙사나 도서관, 강의실, 화장실 등 여러 부분에 있어서 철저한 관리를 하고 있는 것으로 나타났으며, 이에 대해 학생들은 학교시설, 청결 상태 및 교육환경, 학습 분위기 등에 대해서 매우 긍정적으로 인식하고 있었다.

이처럼 대가대의 학교시설이나 환경은 다른 학교와 비교했을 때, 매우 깨끗하고 우수한 편이라는 것을 알 수 있다. 즉, 대가대는 시설적인 측면의 구비뿐 아니라 지속적이고 철저한 환경관리 등을 통해 학생들의 쾌적한 학습 환경을 조성하고 있는 것으로 나타났다.

제4절 대구가톨릭대학교 학부교육의 성공요인

앞에서 대구가톨릭대학교 학부교육의 우수한 모습을 학업적 도전, 지적 활동, 능동적 · 협동적 학습, 교우관계, 교수와 학생의 교류, 지원적 대학 환경 등 6가지 영역에서 구체적으로 살펴보았다. 이 절에서는 이러한 분석결과를 바탕으로 대가대가 우수한 학부교육을 실현할 수 있었던 원인과 맥락, 즉 성공요인을 심층적으로 분석해 보고자 한다. 대가대 학부교육의 성공요인은 크게 대학의 구조 및 리더십, 역사와 문화, 교육과정, 구성원의 특성, 교육철학 및 전략, 정책 및 환경 등의 여섯 측면에서 주요 특징들이 나타났다.

먼저 대학 구조 및 리더십 영역에서는 '추진력과 신뢰'로 특징지어졌으며, 역사와 문화 영역에서의 성공요인은 '위기의식의 공유'로 나타났다. 교육과정 영역에서는 '학생의 미래에 대비한 교육과정'으로 특징지어질 수 있으며, 구성원의 특성 영역에서는 '헌신'이라는 특징을 갖는 것으로 나타났다. 또한 교육철학 및 전략 영역에서의 성공요인은 '가톨릭 정신과 학생중심 전략'이라고 할 수 있으며, 마지막으로 환경 영역에서는 '기회의 활용 및 지원적 환경 조성'으로 특징지어질 수 있다.

1. 대학 구조 및 리더십: '추진력과 신뢰'

1) 명확한 목표 설정과 강력한 리더십: '설득과 대화'

대가대의 여러 구성원은 공통적으로 대가대가 지금과 같은 모습을 가질 수 있었던 요인에 대해서 총장의 강력한 리더십을 이야기하였다. 즉, 대가대의 총장은 대가대의 변화 방향을 교육 중심 대학으로 명확하게 설정하고, 이를 위한 여러 개혁을 강력히 추진했던 것으로 나타났다. 먼저 다음의 사례를 살펴보자.

> 우리나라는 연구 중심 대학 몇 개만 있으면 되고, 또 교수들도 예를 들면 우리 학교 같은 데는 몇 사람은 연구재단이니 어디니 오는 데도 돈 많잖아. 뭐, 하면 되는 거지. 뭐, 못 하게 하나. 그렇지만 메인이 학생을 가르치는 것이니 그걸 충실하게 해야 되는 것이지요. 학부 중심이 되어야 해요. 그래서 내가 대학원 하지 마라 그러거든요. (이 학교에서) 대학원 뭐하러 하냐고. 학부에서는 교수가 그저 강의 하나. 옛날 야간부에 있을 때와 똑같은 거 하고 대학원에 한 강좌 맡아 갖고 그럼 뭐 종치는 거예요. 이래서 학부 학생들이 젊은 교수는 언제 봐요. 볼 시간도 없고 말이야. 자기들 할 일 하고. 특히 1학년 들어오면 전부 시간강사 보고 해라. 이러면 정말 나쁜 사람들 아닙니까. 무책임한 게 아니고 나쁜 죄 짓는 겁니다. 그래서 그런 짓하지 말자고 강조했어요. (총장)

이처럼 대가대의 총장은 기존의 교수들이 학생교육에 대한 역할을 제대로 수행하지 못했다고 지적하면서, 대가대를 교육 중심 학교로 만들기 위해서 교수들이 학생교육에 중점을 둘 수 있는 체제로 변화시키기 위한 노력을 기울여 왔다. 이에 따라 총장은 대학원보다는 학부교육을 강조하였으며, 교수들이 연구보다는 학생교육에 관한 역할을 더 잘 수행해야 한다는 철학을 가지고 교육 중심 대학이라는 방향과 목표를 설정하였고, 이를 공유하고 추진하기 위한 강력한 리더십을 발휘했던 것이다.

한편 총장 리더십의 또 다른 특징 중 하나는 강력한 추진력과 함께 설득 전략을 지속적으로 사용하고 있다는 점이었다.

　　교육 중심 대학은 다른 게 없어요. 교수가 먼저 학생을 배려하는 쪽으로 변하고, 그렇게 학생을 변하게. 그렇게 학생을 지도하는 쪽으로 나가야 한다고 생각합니다. 그러니 교수님들 불러 가지고 대화하고, 자꾸 계속해서 설득시켜야 돼요. 논리를 설득시키고, 커리큘럼 바꾸도록 만들고, 그래서 제가 그 학교에서 또 뭐 학과의 예산 지원이나, 교수 충원이나, 이런 데서 순위가 밀리거든요. 한쪽으로는 싫은 소리도 하고, 다른 한쪽으로는 읍소도 하고, 세상 뭐 논리가 그렇게 복잡한 것처럼 보여도 복잡하지 않아요. 그것을 꾸준하게 할 의지를 가지고 할 수밖에 없어요. (총장)

　이처럼 대가대 총장의 주요 리더십 특징 중 하나는 '강제'와 '설득'을 상황에 맞추어 적절히 사용했다는 것이다. 대가대 총장은 학교의 큰 틀을 바꾸고, 이를 개혁하기 위해서는 강력한 지시와 강제적 통제도 필요하지만, 구성원들을 설득하고 회유시키는 것 또한 필요하다는 인식을 가지고 있었다. 권위에서 나오는 강제성을 바탕으로 변화를 추진하였으며, 이에 대한 반발이나 저항은 설득 및 사적인 만남 등을 통하여 해결해 나갔다.
　하지만 성공적인 학부교육을 달성할 수 있었던 중요한 요인은 무엇보다 구성원들의 동의를 이끌어 낼 수 있는 방향을 명확하게 설정했다는 것이다. 다음의 사례들을 살펴보자.

　　총장님의 학교에 대한 어떤 방향성 설정이 굉장히 중요했다고 생각하고. 그런 방향 설정 때문에 혼란이 적지 않은가 저는 생각합니다. 개인적으로 평교수로서 학교의 방향에 대해서 동의하였고, 다른 교수들도 학교의 상황을 생각했을 때, 이 방향이 맞으니까. 이런 방향이 그림으로, 시각적으로 접할 수 있는 기회들이 있기 때문에. 두렵지 않은 거죠. 방향을 아니까 그 정도의 차이가 있다고 생각합니다. (이공자연 교수 H)

　　제가 새벽에 일어나면요. 하루에 평균 한두 개 정도는 교수님들한테 문자 보냅니다. '교수님 참 수고 많죠? 어쩌겠습니까. 뭐, 같이 한번 살아 봅시다.' 제가 얘기하면서 어떤 사심을 가지고

요구하는 게 아니고. 자기도 딱 보면, 이게 틀린 말은 아닌데 이건 어렵다 그 얘기거든. 내가 받아

주기는 어렵고, 가는 길이 일리는 있는데. 그래서 이 방향을 계속 알려 주고 강하게 밀어붙였지요.

(총장)

앞의 사례와 같이 총장은 교수들의 저항을 줄이고, 설득하기 위해서 자신이 이루고자 하는 목표와 방향을 지속적으로 강조하였다. 이러한 총장이 설정한 교육 중심 학교라는 방향과 목표는 교수들의 동의를 이끌어 낼 수 있었는데, 총장이 제시한 방향이 대가대가 처했던 상황과 지방 사립대의 상황에 비추어 보았을 때 틀리지 않다고 받아들여졌기 때문이다. 또한 구성원들은 총장이 설정한 방향과 목표에 맞추어 여러 개편과 개혁이 이루어지는 모습을 확인하게 되면서 총장의 강력한 추진 속에서도 이에 대해 큰 저항을 하지 않게 되었던 것으로 나타났다.

정리하자면, 대가대의 총장은 대가대의 변화 방향을 교육 중심 대학으로 명확하게 설정하고, 이를 위한 여러 개혁을 강력히 추진하면서도 저항을 줄이기 위한 여러 노력을 기울였고, 변화와 개혁의 방향에 대해 구성원들의 동의를 이끌어 낼 수 있었다. 결국 이러한 총장의 리더십은 대가대 학부교육이 지금과 같은 모습을 갖게 될 수 있었던 매우 중요한 요인 중 하나로 작용하였다고 할 수 있다.

2) 잦은 만남과 협의: '소통의 확장'

대가대에서는 구성원들이 서로의 의견을 교환하고 의사소통할 수 있는 만남과 협의의 구조가 형성되어 있는 것으로 나타났다. 이러한 소통의 구조는 구성원들에게 매우 긍정적으로 인식되고 있었으며, 대가대 학부교육이 보다 성공적일 수 있었던 중요한 요인으로 작용했던 것으로 나타났다. 다음의 사례를 살펴보자.

그전에는 사실 소통의 기회가 별로 없었습니다. 교무위원회도 뭐, 한 학기에 한 번 식사하기로

해서 했고요. 근데 지금 총장님이 오셔서 한 달에 두 번 하시는데, 학장님들의 말씀을 많이 들으시

려고 하고요. 예전에는 형식적이었던 교무위원회가, 의견수렴의 창구가 교무위원회거든요. 학장

님들이 거기서 말씀을 하셔야 되는데, 불과 뭐 2, 3년 전까지만 해도 한 학기에 한 번 했습니다. 그리고 일방적인. 보고하고, 총장님 말씀 끝. 그런 거였는데 지금은 그 개혁의 피로감들을 소통을 통해서 교수님들께 인센티브를 다양하게 드릴 수 있는 방향으로. 그리고 개선될 여지가 있는 부분은 개선하려고 그런 많은 노력들을 하고 있는 상황입니다. (기획처장)

이와 같이 대가대에서는 기존에 비해 구성원의 의견을 수렴할 수 있는 소통의 장이 확장되었던 것으로 나타났다. 즉, 형식적으로만 운영되면서 제 기능을 하지 못했던 교무위원회가 구성원들의 의견수렴의 창구로 변화되었고, 일방적인 보고로 이루어지던 협의과정도 실질적인 협의가 이루어지는 장으로 바뀐 것이다. 이러한 현상은 현 총장의 부임을 통해 이루어질 수 있었는데, 다음의 사례들을 통해 이를 확인해 볼 수 있다.

저희는 가끔 얘기하는 끝장토론을 많이 합니다. 그룹별로 해서 우리 교수님들 특히 내 방에 와서 회의도 많이 해요. 결국 학교의 매니지(manage)는 교수님들하고 어떤 형태든 호흡을 같이해 나가야 되는데, 그걸 못하고 햄릿처럼 그렇게 있어도 안 되고, 돈키호테처럼 자기 혼자만 마음대로 뛰어도 곤란하고 어렵습니다. (총장)

교수하고 소통문제는 자꾸 대화를 나눠야 됩니다. 그래서 제가 끊임없이 하는 역할은 계속해서 그룹으로든지 개별이든지 교수들을 만나는 게 사실 제 일의 한 80%는 됩니다. 교수들을 만나서 뭐, 구석구석 얘기해 주고, 술도 먹어 주고 밥도 먹어 줘야지. 제 건강을 위해서는 빨리 이 학교를 그만둬야 해요. (하하) 이제 거의 한 반 지나가요. 연말 되면 2년 되니까 2년만 더 빨리 지나가기를 학수고대하고 있어요. (총장)

앞 사례들을 통해 알 수 있듯이 현 총장은 잦은 회의와 만남을 강조하고, 이를 통해 교수를 비롯한 학교 구성원들과 소통을 이루고 뜻을 모을 필요가 있음을 강조하는 것으로 나타났다. 대가대의 이러한 소통구조의 확장은 구성원들에게도 보다 긍정적인 영향을 미치고 있는 것으로 나타났는데, 이러한 내용을 살펴보면 다음과 같다.

> 성공 여부와는 관계없이 끊임없이 본부 측에서 구성원들과 커뮤니케이션 하려는 것 같아요. '이런 프로그램이 있어.' '이건 이런 의도야.' 라는 것을 학과장 회의를 한다든지 전체 교수회를 한다든지 해서 뭔가 좀 어떤 그런 것들. 이걸 내가 관심 없어 하려고 해도 공문이 계속 오니까 안 볼 수도 없고요. 어쨌든 이런 커뮤니케이션을 위한 노력들이 쌓여서 교수들의 저항을 줄일 수 있었고, 의견이 받아들여지니까 미흡한 점들이 조금씩 더 개선될 수 있는 것 같아요. 이것이 개혁 성공의 한 요인으로 볼 수 있지 않을까요. (이공자연 학과장 Y)

이처럼 대가대의 교수들은 학교 운영진 측에서 끊임없이 자신들과 소통을 하기 위한 노력을 기울이고 있다고 인식하고 있었으며, 실제로 리더와 구성원, 구성원과 구성원 간에 의사소통을 하기 위한 구조가 마련되어 있었다. 그리고 이러한 소통을 통해서 학교의 방향과 정책이 무엇을 의미하는지를 구성원 간에 공유하고, 고충이나 문제점 등을 파악할 수 있었기 때문에 보다 수월한 학교혁신이 이루어질 수 있었던 것으로 나타났다.

이와 같이 대가대에서 기존의 학교를 혁신하여 성공적인 학부교육을 운영할 수 있었던 중요한 요인은 구성원들의 의견을 수렴하고, 총장과 구성원 간에 의사소통이 이루어질 수 있는 구조가 형성되었기 때문이라고 할 수 있다. 또한 이러한 소통구조를 확장시킴으로써 구성원들의 개혁에 대한 저항과 반발을 상당히 감소시킬 수 있었던 것으로 나타났다.

3) 총장에 대한 이사장의 신뢰와 지원

앞에서 살펴본 것과 같이 대가대의 총장은 강한 추진력 및 혁신적 리더십을 통해서 학교의 변화를 이끌어 왔는데, 이와 같이 강력한 리더십을 행사할 수 있었던 배경에는 총장에 대한 이사장의 확고한 신뢰와 지원이 있었다. 다음의 사례들을 살펴보자.

> 제가 오고 내부적으로 반대의 목소리도 있었어요. 그래도 우리 대주교님께서 중심을 딱 잡고 잔소리하지 마라, 총장이 해야 된다, 임기 동안 확실히 해야 된다고 하셨고. 또, 교수님들 전체가 모여 있을 때마다 "총장 중심으로 열심히 하세요." 하면서 계속 강조를 해 주시니까, 뭐 그런 면에서 어떻게 보면 그것도 하나의 크게 보면 리더십이 아닌가 싶어요. (총장)

대주교님이 그러십니다. "내가 총장을 믿고, 또 총장이 나를 믿어 주고 이렇게 하면 되겠습니까?" 딱 그 말씀, 한 말씀하시더라고요. 여긴, 특히 가톨릭은 순종의 사회 아닙니까(웃음). 그래서 좀 그런 부분에 있어서 큰 힘을 받고 있습니다. (총장)

이처럼 대가대의 총장은 이사장인 대주교로부터 신뢰와 지원을 받고 있었다. 즉, 이사장은 총장의 역량과 리더십에 대해 믿음을 갖고, 주위에 이러한 모습을 보여 주고, 강조하면서 총장에게 힘을 실어 주었다. 또한 주위에서 발생하던 총장에 대한 반대 의견에 대해서도 적극적으로 나서서 방어해 주었던 것이다.

사실상 일반적으로 사립대학교 재단 이사장으로부터 나오는 권위는 매우 막강한 편이라 할 수 있다. 특히나 대가대는 사립이자 가톨릭재단 대학교로서, 가톨릭이라는 종교적 특성에 따라 이사장인 대주교의 파워와 권위는 더욱 강력한 편이며, 앞의 사례에서 나타난 것과 같이 이사회에서도 대주교의 의견과 뜻을 거스르지 않고 거의 따르는 편이었다. 이러한 이사장의 총장에 대한 신뢰와 지원은 결국 총장이 자신이 지향하는 방향으로 학교를 개혁할 수 있도록 하는 데 큰 힘이 되었다.

4) 버리지 않고 함께 간다는 시그널: '폐지가 아닌 통합으로'

대가대에서는 통합적 구조조정을 통해서 현재와 같은 보다 성공적인 학부교육이 이루어질 수 있는 기반을 만들었는데, 통합과정에서 교수를 비롯한 구성원들에게 버리지 않고 함께 간다는 시그널을 지속적으로 주면서 추진했다는 점이 특징적이다. 우선 대가대에서 통합적 구조조정이 일어나게 된 배경과 내용에 대해 살펴보면 다음과 같다.

중남미를 중심으로 한 신흥지역 특성화 사업단을 했더니 교육부가 지원하는 사업단으로 선정됐는데, 그것을 하기 위해서 인문대학, 경상대학, 글로벌 융합대학이라는 세 개를 합쳐서 글로벌비즈니스대학을, 세 단과대학을 뭉쳐서 만들었습니다. 그래서 이제 학교 전체를 특성화 추세를 만들어서 글로벌비즈니스 가지 하나, 그다음 두 번째는 바이오메디 가지, 세 번째는 문화예술 가지, 이렇게 지금의 특성화를 추진하고 있고, 나머지 학과들도 전부 이렇게 하고 있어요. 하면서 이

제 서로 소위 짝짓기를 시켜 줘요. (총장)

사범대학에 영어교육과가 있는데, 거기는 영어교사 하려고 들어오잖아요. 요즘 영어선생님 되기가 얼마나 힘들어요? 하늘의 별따기잖아요. 내가 사범대학 교수들보고 그랬어요. 우리 학교 오면 무조건 영어교사가 되는 것처럼 말해 놓고 애들을 방치하는 짓이 우리가 할 짓인가. 그러지 말자. 그런데 사범대 중에 그래도 결과가 좀 좋은 게 유아교육과예요. 여기서 요청 오는 것이 있었어요. 영어 하는 사람 좀 보내 달라. 그래서 유아교육과도 좀 바꾸고, 영어교육과는 더더욱 바꿔서 그렇게 새로 짝짓기를 시켜 줘요. 그게 특성화입니다. 특성화를 하면서, 구조개혁을 앞으로 경쟁력 있는 부분은 정원도 늘려 주고, 없는 데는 정원도 줄이고 이렇게 해서…… (총장)

이처럼 대가대에서는 교육부에서 지원하는 특성화 사업에 선정되어 이를 계기로 여러 학과와 단대를 통합하는 구조조정을 진행하였다. 이러한 통합적 구조조정은 특성화의 큰 영역인 글로벌비즈니스, 바이오메디, 문화예술이라는 3가지 영역으로 구분되어 진행되었고, 기존에 어려움이나 문제점이 있던 학과들을 개편하였으며, 잘 되고 있는 학과에서 필요

〈표 3-26〉 대가대의 구조조정 내용(2013~2014)

구분	개편 전	개편 후	특성화 분야
단과대학	문과대학, 경상대학, 글로벌융합대학	글로벌비즈니스대학(14. 3. 1.)	글로벌비즈니스
	자연과학대학, 의료생명산업대학 의료과학대학	바이오융합대학(14. 9. 1.)	바이오메디
		의료보건대학(14. 9. 1.)	
학과	중어중국학과, 러시아어과, 일어일문학과	아시아학부	글로벌비즈니스
	영어영문학과, 실무영어과	영어학부	
	경제금융부동산학과, 무역학과	경제통상학부	
	호텔경영학과, 관광경영학과	호텔관광학부	
	화훼원예학과, 조경학과	원예조경학부	바이오메디
	전자공학과, 전기에너지공학과	전기전자공학과	-
	에너지신소재학과, 화학시스템공학과	신소재화학공학과	

출처: 대구가톨릭대학교(2014).

로 하는 요구를 충족시켜 주는 방향으로 진행되었던 것으로 나타났다. 대가대의 학사구조가 통합적 구조조정을 통해 어떻게 변화되었는지를 〈표 3-26〉을 통해 이해할 수 있다.

이러한 대가대의 통합적 구조조정은 3개의 특성화 분야를 중심으로, 전체 학과를 4개의 그룹으로 분류하는 방향으로 이루어질 계획이다. 이러한 통합적 구조조정은 서로 다른 학과가 합쳐지면서 시너지 효과를 낼 수 있었던 것으로 나타났다. 다음의 사례들을 통해 이를 확인해 볼 수 있다.

> 저희 단독학과가 아니라 이제 화학과랑, 생명화학과랑, 제약산업공학과랑, 약대랑 저희 네 과가 합쳐 가지고 새로운 신약개발. 신약개발 인재양성 프로그램이 스타트할 것 같거든요. 특성화가 제대로, 대가대의 특성화가 운영되기 시작하면 많은 비교과활동이 진행될 거라서. 산업체라든지 연구실이든지 연구소 같은 데랑 연결을 해서 프로그램을 진행할 것 같거든요. 그러면 시너지가 나서 이제 연구를 하는 학생들은 연구하는 대로, 취업을 원하는 학생은 취업하는 대로 조금 교육의 성과를 낼 수 있을 것 같습니다. (이공자연 학과장 J)

> 총장님의 방침에 대해서 전에 한 번 들은 적이 있는데, 함께 간다. 다 같이 간다라는 것. 그러니까 뭘 죽이고 뭘 살리고가 아니라, 갈 수 있으면 시너지를 내는 것. 우리가 갖고 있는 잠재력을 가지고 공동의 시너지를 내서 함께 융합하고, 이것이 함께 이 시대를 나아갈 수 있는 방향임을 제시하는 것이 교수님들 사이에서 과 통합 등에 대한 거부감을 많이 줄였다고 생각이 들어요. (이공자연 교수 R)

대가대의 통합적 구조조정은 비교적 성과가 낮거나 문제점이 있는 학과를 폐지하는 것이 아니라 전공과 관련이 있는 타 과와 융합하여 이를 통해 시너지를 내고자 하는 방향으로 진행되었는데, 이러한 방향은 해당 전공 교수들의 구조조정에 대한 저항을 상당히 감소시킬 수 있었으며, 학생들에게 미치는 교육적 영향도 보다 향상된 효과를 가져올 수 있을 것으로 나타났다.

이와 같이 대가대에서는 교육부에서 지원하는 특성화 사업에 선정되어 이를 계기로 여러 학과와 단과대학을 통합하는 구조조정을 진행하였다. 이러한 구조조정은 기존에 어려움이나 문제점이 있던 학과들을 개편하고, 각 학과나 단대의 장점들을 융합하여 더욱 큰 시너지 효과를 내게 되었고, 폐지가 아닌 통합의 방향으로 진행되었기 때문에 구조조정에 대한 교수들의 저항을 줄이고, 방향에 대한 동의를 얻어낼 수 있었던 것으로 나타났다. 결국 대가대의 통합적 구조조정은 대가대의 학부교육이 성공적으로 이루어질 수 있게 만드는 중요한 성공요인으로 작용했던 것이다.

2. 역사와 문화: '위기의식의 공유'

1) 공유된 위기의식

대가대에서 성공적인 학교혁신을 이루어 내고, 지금과 같이 우수한 학부교육의 모습을 실현시킬 수 있었던 주요한 영향요인으로는 구성원들 간에 위기의식을 공유, 그리고 이러한 위기의식의 공유를 토대로 적극적으로 학교개혁에 참여했던 구성원들의 노력을 들 수 있다. 다음의 사례들을 통해 이러한 모습을 확인해 볼 수 있다.

> 교수님들 사이에, 근저에는 그것도 있습니다. 위기감이 있거든요. 지금 학생 수가 줄어든다는 것에 대한 위기감이 있으세요. 그러니까 이런 부분이 어떻게 보면 법인 그러니까 재단, 또 본부에서도 함께 느끼고, 학교 전체가 공유가 된 것이죠. 교수님들이랑 직원 선생님들이 위기에 대한 공감이 있으셨어요. (기획처장)

> 대학이라는 게 격변하는데, 특히 우리 같은 지방대학은 앞으로 10년, 15년을 버틸지 안 버틸지 몰라요. 솔직히 지금 상황이 그래요. 그렇기 때문에 처장을 40대로 싹 바꿨어요. 처장을 바꾸고 나서 이것은 당신의 삶이다. 당신 가족의 행복을 위해서 어쩔 수 없이 열심히 해라 했고, 또 열심히들 하고 계시고요. (총장)

> 지방 사립대라는 대학의 위계 안에서 차지하는 애매한 중간적인 위치가 눈에 보이지 않는 구

조적인 영향이 있는 것 같아요. 스카이는 신경 안 쓰죠. 아무리 구조개혁이 몰아친다고 해도. 근처 Y대는 전국적으로 유명한 사립대학 1위이기 때문에 망하지 않는다. 근데 우리 학교가 큰 학교도 아니고, 구조 개혁의 난리통, 전쟁에서 이긴다, 진다도 아니고, 애매한 위치에 있는 거죠. 이 애매한 위치에 있을 때 교육이 잘 안 이루어지면, 나락으로 굴러 떨어질 수도 있지만, 또 뭔가 생존과 발전에 성공할 수도 있죠. 이런 분기점에 있다는. 그래서 오히려 여러 개혁에서도 좋은 결과를 얻을 수 있지 않았을까 생각을 하고 있어요. (인문사회 학과장 P)

앞의 사례에서 알 수 있듯이 대가대의 구성원들은 학생 수가 지속적으로 감소하고 있는 추세에 따라 대가대에 위기가 찾아올 수도 있다는 인식을 전체적으로 공유하고 있는 것으로 나타났다. 즉, 대가대는 지방 사립대로서 국내 대학들 중에서 애매한 중간적 위치를 차지한다고 판단하였기 때문에, 학생 수가 계속 줄어든다면 대가대가 폐교될 수도 있다는 위기감을 느끼고 있었던 것이다.

그러나 대가대의 구성원들은 이러한 학교의 위기감을 토대로 생존의 발판을 마련하기 위하여 많은 노력을 기울이게 되었으며, 급진적이고 강력한 학교개혁 과정에 있어서도 큰 저항 없이 뜻을 모아 긍정적인 결과를 얻는 것으로 나타났다. 즉, 학교의 존폐에 대한 위기감이 학교 구성원 모두에게 공유되었고, 이러한 위기감의 공유는 이를 극복하려는 구성원들의 의지로 이어져 대가대에서 진행한 여러 개혁들이 성공할 수 있었던 성공요인으로 작용했다고 볼 수 있다.

2) 이미 겪었던 폭풍

앞에서 살펴본 것과 같이 대가대에서는 통합적 구조조정을 진행하였는데, 이러한 대가대의 구조조정에 대해 구성원들은 크게 저항하거나 반발하지 않았으며, 오히려 개혁의 방향에 공감하고 동의하였던 것으로 나타났다. 타 대학의 사례에서 나타나듯이 대학에서 구조조정을 진행하게 되면 이에 대한 구성원들의 저항이 상당한 편이다. 그러나 대가대의 구조조정 과정에서는 큰 저항이 발생하지 않았는데, 이에는 구조조정을 이미 겪었던 경험이 큰 요인으로 작용했다. 다음의 사례들을 통해 이를 확인해 볼 수 있다.

2004년도에 강력한 구조조정을 했었어요. 그때 우리가 최저학력제를 했는데, 엄청나게 충원율이 문제가 되었어요. 80% 이렇게 된 적이 있었어요. 평균이. 그래서 신입생을 70%인가를 못 채우면 정원을 70%로 깎았어요. 그리고 그다음 해에 또 70%를 못 채우면 폐과를 시킨다. 이렇게 너무 강력한 구조조정을 해 가지고 그때 주간이 8개인가 없어졌어요. 야간은 거의 뭐, 열 몇 개는 없어졌고. 결과적으로 스물 몇 개를 없앴어요. 그래서 몇 명을 줄였느냐 그 당시 한 500명. 14%를 감축했었어요, 아예. (ACE 사업단장)

이와 같이 대가대에서는 예전에 신입생 입학 미달 현상에 따라 이미 강력한 구조조정을 진행한 적이 있었다. 이러한 구조조정은 정원을 채우지 못한 전공을 폐과하는 결과로 나타났으며, 이에 따른 결과로 거의 20개에 가까운 전공이 사라지게 되었다. 이처럼 폐과의 형태로 진행되었던 이전의 구조조정을 이미 경험한 대가대의 구성원들에게 이번에 진행된 통합형 구조조정은 큰 어려움이나 고난으로 인식되지 않았으며, 그에 따라 저항도 상대적으로 미비하게 나타났던 것이다.

저희 학교가 10여 년 전에 좀 큰 개혁이 한 번 있었던 적이 있어요. 거의 뭐, 6분의 1, 7분의 1의 학과를 없앤 그런 경험이 있거든요. 그게 어떻게 보면 너무 큰 예방주사처럼 돼서. 그때 다 경험하셨기 때문에 어느 정도 알고 계시고. 그러니까 지금은 어느 정도 학교 틀은 잡아 놨으니까 한도 내에서 그런 부작용을 최소화하면서 가자라는 분위기죠. 이미 경험을 해 보셨던 교수님들이 있기 때문에. 그런 인식하에 방향을 잡은 걸로 알고 있고요. 그렇기 때문에 몇 개 과를 합치는 정도로는 우스웠던 것이죠. 저희 입장에서는요. (인문사회 교수 S)

특성화 학과를 중심으로 교육자원을 집중하는 것이고 그렇지 못한 과들을, 기타 학과를 중심으로 구조조정감축을 하겠다는 부분이거든요. 그런데 우리는 예전처럼 줄을 세워 가지고 밑에 부분을 잘라서 없애 버리는 것이 아니라 우리가 굉장히 문제가 된다는 걸 알았으니까 학과를 변신시켜서 합치고. 50명, 50명을 합쳐서 한 과를 없애는 것이 아니라 합쳐 가지고 학부를 만들어서 80명을…… 교수님들도 그 부분에 동의하시는 편입니다. (ACE 사업단장)

앞 사례에서 나타난 것과 같이 대가대의 구성원들은 이전에 이미 강력한 폐과 형태의 구조조정을 경험했기 때문에 그 경험이 마치 예방주사를 맞은 것처럼 작용하여 이번에 진행된 통합형 구조조정에 대해 어느 정도 안정적인 모습으로 받아들일 수 있었다. 그리고 이전의 폐과 형태의 구조조정에 비해 상대적으로 힘들지 않게 여겨졌으며, 이번 통합형 구조조정의 형태나 방향성에 대해서도 대부분 동의하여 큰 저항이나 반발 없이 구조조정이 진행될 수 있었던 것이다.

3) 대거 영입된 젊은 교수들

대가대의 구성원들은 대가대가 지금과 같은 우수한 학부교육을 실현할 수 있었던 배경 중의 하나로 최근에 대거 영입된 젊은 신진교수들을 꼽기도 한다.

저희가 2010년부터 한 학기에 30명씩 뽑을 때도 있었고, 굉장히 많이 뽑아서 교수 충원율이 50%가 안 됐었는데, 거의 70%가 됐습니다. 그러니까 이 교수님들은 들어오시면서부터 ACE 사업의 영향으로 학생들을 잘 가르치는 것, 그리고 강의평가, 교수법 향상 노력 이런 것들을 계속 접하고. 이 분들이 어떻게 보면 그런 사업들에 있어서 중심적인 역할을 하시게 됐고요. 이 분들이 이제 또 학과장이나 이런 보직들도 많이 하시게 되면서 어떻게 보면 학교에 새로운 교수, 새로운 변화가 됐어요. 그것이 어떻게 보면 짧은 기간 안에 성과로 나타나는 그런 요인이 됐다고 봅니다. (교무처장)

최근에 와서 젊은 교수님들을 대거 뽑았습니다. 그러다 보니까 그 분들이 학생들하고 소통하는 부분에 대해서 아직까지는 더 활발하다고 할까요? 그런 부분이 많이 있었던 것 같습니다. 주로 지도교수나 그렇게 하시는 분들이 젊은 교수님들이 많이 있는 것 같습니다. 우리 과, 내가 데리고 있는 학생들에 대한 애착이 좀 남다르신 것 같아요. 그렇기 때문에 '이 친구들한테 내가 뭘 해 줄까?' 생각하다가 마침 교수학습개발센터에서 여러 프로그램을 깔아 주니까, 이것을 이용해서 학생들에게 해 주자 하는 것들이 좀 잘 맞아떨어졌었습니다. (교수학습센터 직원 A)

　　이처럼 대가대에서는 최근에 신진교수들을 대거 채용하였는데, 이러한 신진교수들 중에는 비교적 나이가 젊은 교수들이 많은 비중을 차지하고 있었다. 젊은 교수들은 학교에서 중요한 중심적 역할을 맡거나 주요 보직을 담당하게 되었을 뿐만 아니라, 교수법이나 학생과 소통하고 지도하는 데 있어서도 적극적으로 참여하는 편이었다.

　　이러한 젊은 교수들은 학교 변화의 중심이 되었고, 중요 역할을 담당하게 되어 대가대에서 진행하는 학교개혁이 보다 수월하게 이루어질 수 있는 기반이 되었다. 이들 젊은 교수들에게는 개혁이 취사선택의 문제가 아니라 이들의 미래라는 인식도 있었다.

> 젊은 분들은 어쨌거나 학교가 살아남고, 학교가 계속 가야지 자기가 정년까지 갈 수 있는. 저 같은 경우에도 아직 21년이나 남아 있는데. 그러려면 학교가 살아야 하기 때문에 양쪽 그룹 다 반발할 만한 그게 좀 심한 안들이 나와도 큰 차원에서 방향이 옳다고 하면, 살아 나갈 수 있는 방향이라고 하면 양쪽 다 반발을 안 하죠. 그래서 저희 분위기는 총장님이 방향을 잘 잡아 가지고 이렇게 가자하면 굉장히 유순하게 어떻게 저렇게 교수들이 반발이 없지? 할 정도로. 이런 영향이 굉장히 크다고 봅니다. (인문사회 교수 M)

　　젊은 교수들에게는 정년까지 비교적 상당히 긴 시간이 남아 있기 때문에 자신의 임기를 채우기 위해서라도 학교의 존폐, 발전 여부는 스스로에게 매우 중요한 사안이었다. 이에 따라 젊은 교수들은 학교를 자신과 동일시하고, 학교를 발전시킬 수 있는 학교개혁에 적극적으로 참여하였다. 결국 젊은 교수들의 유입은 대가대 우수 학부교육의 큰 바탕이 된 것이다.

3. 교육과정: '학생의 미래에 대비한 교육과정'

1) 학생 종합역량 중심의 교육과정: '大家 참인재 성장지수'

　　대가대에서는 학업성적 위주의 교육에서 탈피하여 인성, 공동체성을 비롯한 여러 비교과 영역을 강조하고, 이를 위한 여러 교육과정과 프로그램을 운영하고 있음을 이미 살펴보았다. 대가대에서는 이러한 비교과 교육과정과 프로그램 운영과 함께, 이를 측정하고 점수화할 수 있는 성과지표인 '大家 참인재 성장지수'를 개발하였으며, 이를 적극적으로 활용하고 있는 것으로 나타났다.

이러한 비교과 역량에 대한 성과지표와 이를 활용한 학생평가는 학생들의 보다 다양한 역량을 향상시키는 데 긍정적 영향을 미치고 있으며, 학생들의 학교생활과 학교교육에 대한 만족도도 높아지는 요인으로 작용하고 있었다. 먼저 다음의 사례들을 통해 비교과 역량을 측정할 수 있는 성과지표와 그 방법에 대해서 살펴보자.

참인재라는 것은 참된 인재의 준말이기도 하지만. 여기 보면 creativity, humanity, and community mind입니다. 요 세 개를 키우기 위한 교육을 실시하겠다. 학생들이 이 세 개를 키우기 위해서 얼마만큼 노력을 했느냐, 얼마만큼 활동을 했느냐를 보여 주는 지수입니다. 그래서 인성함양활동지수, 창의성함양활동지수, 공동체성함양활동지수 이렇게 합쳐지게 되죠. 인성을 예로 들면, 함양하기 위한 다양한 인성 함양 교과목도 있고, 인성 함양을 하기 위한 다양한 비교과활동이 있습니다. 학생들이 이 교과활동과 비교과활동을 통해서 얼마나 많이 수행을 했고 얼마나 많이 노력했는지를 보여 주는 겁니다. (ACE 사업단장)

이때까지 A+, A0 이렇게 교육적 성과를 중간시험 치고, 기말시험 치고 그거 두 개를 가지고 평가했다 이거죠. 물론 리포트를 내기는 했지만, 실질적으로는 중간시험, 기말시험 해 가지고 평가를 하는 것이고. 얘가 대학을 잘 다녔느냐 못 다녔느냐는 평점평균을 가지고 평가하는 것입니다. 그거는 안 되겠다. 그렇게 평가하지 말고 학생들이 활동을, 학생들의 학습에 대해 노력을 얼마나 했고, 얼마나 많은 어떤 성과를 냈는지를 종합적으로 다면적으로 평가해야겠다. 예를 들어, 각각의 인성함양활동지수는 교과목 성과 점수와 비교과활동 점수를 합친 게 되겠습니다. (인문사회 학과장 Y)

이와 같이 대가대에서는 '大家 참인재 성장지수'라는 이름의 다양한 학생역량을 평가할 수 있는 지표를 개발하여 활용하고 있었다. '大家 참인재 성장지수'는 인성함양활동지수,

〈표 3-27〉 大家 참인재 성장지수 계산 과정

예시	핵심역량 (교수지정)	세부역량(교수지정)	최종 성적 (점수)	성장지수 계산식
A과목 (전공 3학점)	창의성 100%	전공전문성 70% 문제해결력 30%	A0 (92)	창의성함양활동지수 3(학점)×92/10×100% = 27.6 −전공전문성 70%=19.32 −문제해결력 30%= 8.28
B과목 (교양 2학점)	인성 70%	자기설계/관리 40% 책임감/리더십 30%	B+ (86)	인성함양활동지수 2(학점)×86/10×70% = 12.04 −자기설계/자기관리 40%=6.88 −책임감/리더십 30%=5.16
	공동체성 30%	소통과 협동 30%		공동체성함양활동지수 2(학점)×86/10×30% = 5.16 −소통과 협동 30%=5.16

출처: 대구가톨릭대학교(2014).

창의성함양활동지수, 공동체성함양활동지수로 구성되어 있으며, 최종 교과목의 성적을 받으면 학점수와 성적에 비례한 역량별 지수(스텔라)를 합산하게 되어 있다. 이러한 지수측정은 담당교수가 교과목 강의를 통해 어떠한 핵심/세부역량을 중점적으로 지향하고 강의할지를 결정하고, 세부역량 비율을 지정해서 운영하게 되어 있는데, 이러한 '大家 참인재 성장지수'를 계산하는 과정은 〈표 3-27〉을 통해 이해할 수 있다.

이러한 大家 참인재 성장지수는 단순히 학업성적에만 초점을 맞추어 평가되는 기존의 틀을 깨고, 학생들의 다양한 역량을 종합적으로 평가할 수 있는 계기이자, 학생들이 비교과 활동에 보다 적극적으로 참여할 수 있는 유도요인으로 작용하고 있었다. 이러한 비교과 교육과정에 대한 평가와 강조는 학생들에게 상당히 긍정적인 영향을 미치는 것으로 나타났는데, 다음의 사례들을 통해 확인해 볼 수 있다.

학생들이 2학년 때나 동아리 가입을 한다거나 공모전, 학생들하고 잘 어울리고, 수업 중에도 프로젝트를 하면 열심히 하는 애들, 잘은 못하지만, 열심히 하려고 하는 애들. 성적은 다 고만고만한 애들끼리 하는데 그런 애들이 3학년 되니까 오히려 전공에서 흥미를 가지고 공부를 더 잘하더라는 거예요. 열심히 하고, 공부 잘하고 밝아지고 적극적으로 되더라는 거예요. 비교과활동이라 든지 다른 프로젝트 이런 것들이 굉장히 중요하다는 걸 생각을 해서 우리 학생들로 하여금 교과 과정뿐만 아니라 비교과활동을 많이 시켜야 되겠다. (기획처장)

원래 학교를 그만두어야겠다 했는데, 막상 학교 다니면서 반수 공부하는 게 쉽지 않더라고요. 그냥 다니다가, 군대를 갔다 와서 확 바뀌었어요. ACE 사업이 인생의 전환점이라고 하면 좀 과장 될 수도 있겠지만, 왜냐하면 1학년 때는 아무것도 없는 허허벌판에 비교과활동이라는 건 정말 찾 아볼 수 없었거든요. 그런 상태에서 학교가 준비하고 있었던 참인재 제도라 해서 학점만으로, 성 적으로 졸업하는 걸 제외하고, 학점에서 비교과를 합쳐 가지고 전인적인 그런 사람을 만들어서 학교가 학생을 졸업시키겠다는 그런 목표로 하고 있는데, 정말 좋은 거 같아요. 그래서 학교가 기 대가 됩니다. (역사교육 4학년 학생 A)

앞의 사례에서 기획처장은 학생들이 여러 비교과활동을 경험하면서 보다 적극적으로 변 모하였고, 학습에도 흥미를 갖고 노력하게 되면서 학습역량도 함께 상승했다고 보고 있었 다. 학생 또한 원래 학교에 큰 애착이 없었지만, 군 제대 후 학교에서 강조하는 비교과활동 에 참여하게 되면서 많은 경험을 하고 학교교육은 물론 학교의 목표에 대해서도 매우 긍정 적인 인식을 갖게 되었다고 이야기하였다. 이처럼 대가대에서는 비교과 관련 역량을 강조 함에 따라 이를 평가할 수 있는 측정지표를 개발하여 활용하고 있었는데, 이러한 종합적 역 량 평가는 학생들에게 학업성적뿐 아니라 다양한 비교과 활동을 강조하는 노력의 일환으 로 받아들여질 수 있다. 결국 大家 참인재 성장 지수는 대가대 학생들의 비교과 교육 참여 를 확장하고, 교육 만족도를 높이는 결과로 이어지고 있으며, 이는 대가대 우수 학부교육의 중요한 한 기반이라고 할 수 있다.

2) 만남과 활동 중심의 교육과정

앞에서 살펴보았던 것처럼 대가대는 다른 학교에 비해 학생 간의 교우관계, 교수와 학생 의 교류 등에 있어 매우 우수한 편이었는데, 이러한 배경에는 잦은 만남과 긴밀한 관계 맺

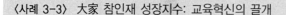

〈사례 3-3〉 大家 참인재 성장지수: 교육혁신의 끌개

복잡계 이론에 '끌개'라는 개념이 있다. 논리적이고 필연적인 인과적 관계에 따른 결과는 아니지만 대체로 비슷한 결과를 만들어 내는 데 핵심이 되거나 중심이 되는 요소를 말한다. 대구가톨릭대학교는 교과와 비교과를 연계하고, 인성, 창의성, 공동체성을 고르게 교육하는 '참인재 교육혁신 프로젝트'의 끌개로 '大家 참인재 성장지수'를 손꼽는다. 그 자체가 목적은 아니지만, 그것을 이루는 가운데 참인재를 양성하는 교육 중심 대학의 내용과 방법을 이룰 수 있는 수단이자 전략이라는 것이다.

• 大家 참인재 성장지수

大家 참인재 성장지수는 학생들이 교과목 수강과 비교과 활동을 통해 얻은 학습 성과를 다면적·종합적으로 평가하기 위해 고안되었다. 학생들의 학습 성과에 대한 그동안의 평가는 학점으로 대별되는 성적표에 의존했지만, 대구가톨릭대학교는 성적증명서와 '大家 참인재 성장지수' 인증서를 병행하여 발급하기 위해 참인재 교육지원 시스템을 구축하고, 그 기본을 참인재 성장지수로 삼은 것이다.

대구가톨릭대학교는 비교과 교육과정을 통합적으로 운영하고, 大家 참인재 성장지수를 개발·운영하기 위하여 참인재교육인증원을 설립하고 지수의 관리·평가 및 인재인증 업무를 총괄토록 하고 있다. 한편 참인재 장학제도를 도입하여 참인재 교육에 대한 전교적인 관심과 구성원의 참여를 유도하고 있다.

• 학점이 아니다. 별(Stella)이다.

$$\text{大家 참인재 성장지수} = \text{인성(H) 함양활동지수} + \text{창의성(Cr) 함양활동지수} + \text{공동체성(Co) 함양활동지수}$$

大家 참인재 성장지수란 대구가톨릭대학교 학생들이 교과과정 및 비교과활동을 통해 본교 인재상의 핵심역량인 인성, 창의성 및 공동체성을 함양하기 위한 노력과 그 성과를 알려주는 지수라고 할 수 있다. 이를 통칭 Stella라고 부른다. 스텔라는 인성함양활동지수(Pink Stella), 창의성함양활동지수(Blue Stella), 공동체성함양활동지수(Green Stella)로 구성되며, 그 합은 전체 활동지수로 기록된다.

출처: 대구가톨릭대학교 ACE 사업단 홈페이지(http://ace.cu.ac.kr).

기 중심의 교육과정 운영도 한 요인으로 작용했다고 볼 수 있다. 이러한 구성원 간의 긴밀한 관계 맺음은 자발적으로 이루어지는 경우도 있지만, 여러 프로그램 및 교육과정의 제도화도 큰 영향을 미쳤다. 먼저 다음의 사례를 살펴보자.

교수 상담률을 보면요, ACE와 관계없이 상담률을 보면은 98%, 막 그렇습니다. 거의 100%입니다. 이거는 상담, 학업 계획서 이런 것이 제도화되어 있어서요. 학업 계획, 이게 학생들은 물론 교수 업적으로. 이것도 물론 다 들어갑니다만, 학생들은 자기의 학업 계획서를 작성해야 되고, 그거에 대해서 상담을 받아야 한다는 것을 학생들도 알고. 상담을 받지 않으면, 성적을 확인을 못해요. 그 정도로 무조건 해야 되는 부분이고요. 그래서 의무도 좀 있습니다만, 어쨌든 간에 98%, 99% 이렇습니다. 적어도 한 학기에 한 번 상담을 하는데, 교수와의 교류가 높을 수밖에 없겠죠. 기본적으로. (기획처장)

제가 생각하기에 학생상담과 관련해서는 상담제도, 책임제도가 상담교수에게 가장 기본인 것 같습니다. 모든 학생이 한 학기에 한 번 또는 1년에 한 번은 반드시 하게 되어 있기 때문에 그런 것을 통해서 교수와 학생이 정기적으로 만나고요. 한 학과에서 적어도 한두 개씩은 프로그램이 돌아갑니다. 그것을 학과 교수님이 주관을 하시는 거죠. 특강을 할 수도 있고, 학생들 모아서 동아리, 소모임을 할 수도 있고. 그런 것들에 많은 프로그램이 들어가니까. 학생들하고 교수님들이 자연스럽게 많이 만날 수밖에 없는 것이지요. 그러다 보니까 형식적으로, 일부 형식제도로 운영되던 상담제도도 살아나는 것이고, 다른 것들을 통해서 관계가 깊어지니까. 상담도 더 깊은 얘기를

할 수 있는 것이고요. (인문사회 교수 S)

앞의 사례들에서 나타난 것과 같이 대가대에서는 교수와 학생 간의 상담이 의무적으로 이루어질 수 있도록 제도화되어 있다. 즉, 의무적 상담은 교수들의 업적평가에도 포함되는 것은 물론이고, 학생들이 자신의 성적을 확인하기 위한 필수요인으로 규정되어 있었다. 이러한 의무적 상담 프로그램 등의 제도화에 따라 학생과 교수와의 교류가 보다 활발하게 이루어지고 있는 것으로 나타났다. 다음의 사례도 같은 맥락에서 이해될 수 있다.

저희 학교에서 만들어 놓은 것들이 학생하고 대면접촉이 증가할 수밖에 없는 프로그램들이거든요. 아까 제가 말씀 드린 것처럼 결국은 학생들이 교수를 많이 만나면, 사실 그게 말을 그렇게 해도 만나기 쉽지 않고요. 또 학생들 입장에서 그렇게 찾아오기가 쉽지 않은데. 어쨌거나 ACE에서 만들어 준 프로그램이 결국 교수와 학생들이 만나야 하는, 만나면 딱 그 프로그램에서 하는 그 일만 하는 것이 아니라 당연히 다른 이야기들도 나오게 되어 있거든요. 그런 것들이 제일 좋았어요. 저희가 요번 같은 경우에도 무슨 뭐 인성, 창의성, 공동체성 해서 다 나눠 놨지만. 결국은 핵심적인, 저한테 다가온 가장 큰 것은 무슨 활동을 하든 간에 만나야 한다는 것이 가장 컸던 것 같아요. 그게 제일 좋았던 것 같고. (이공자연 교수 C)

이와 같이 대가대의 여러 프로그램은 학생과 학생, 학생과 교수 간에 대면접촉이 확장될 수밖에 없는 형태로 운영되고 있는 것으로 나타났다. 사실상 교수와 학생 간에 만남을 갖고 교류를 하기에는 여러 어려움이 따를 수 있다. 하지만 대가대에서는 이러한 교수와 학생 간의 만남을 의무화하는 여러 프로그램을 제도화하여 보다 긴밀한 관계를 형성할 수 있는 기회를 제공하고 있었다. 결국 대가대에서는 교수와 학생 간의 긴밀한 관계 맺음을 형성시키기 위하여 여러 프로그램을 제도화하였고, 이러한 여러 프로그램의 제도화는 학생과 교수 간의 교류와 만남을 확장시키는 기반이 되었다.

4. 구성원의 특성: '헌신'

1) 헌신적 교수들: '가르침'에서 '돌봄'으로

앞에서 살펴본 것과 같이 대가대에서는 교수와 학생 간의 교류가 활발하고, 많은 시간을 함께 보내고 있었다. 이러한 교수와 학생 간의 긴밀한 관계 형성과 교류는 교수들에게 단순히 학생과 친해지고, 함께 시간을 보내는 것에서 끝나는 것이 아니라, 학생들의 사소한 부분까지 신경 써 주는 '돌봄'의 의미를 갖고 있는 것으로 나타났다. 그리고 이러한 돌봄의 헌신적 교수 역할은 교수와 학생의 교류 영역에 있어서 매우 중요한 성공요인으로 작용하고 있었다. 먼저 이와 관련된 사례부터 살펴보자.

다른 과는 모르겠지만 저희 과 교수님들은 먼저 학생들한테 말을 건다든지 먼저 안부를 묻고, 상담하러 오라고 하시거든요. 저희가 가면 어렵지 않게 친구같이. 저희 교수님들은 그런 상담을 해 주시거든요. 그리고 또 계속 교수님들을 찾아뵙고 하면 학생들이 모르는 부분이, 학생들이 모르는 프로그램이 있어요. 그 프로그램들을 알려 주시면서 참여하고, 또 학교에서 만나는 시간보다 외적으로도 만나는 시간도 많고, 또 그런 시간들로 인해 교수님들께서 연구하는 데 같이 참여할 수 있는 그런 기회도 있어서 저도 작년에 상담을 통해 교수님들하고 더 친분도 쌓고, 더욱 부담 갖지 않게 본다고 생각해 가지고 교수님들하고 교류가 좀 많다고 생각합니다. (방사선학 3학년 학생 U)

대가 길라잡이라는 과목이 생겼어요. 제가 기계자동차공학부인데, 정원이 엄청 많아요. 한 160명 정도 돼요. 그래서 한 20명 단위로 끊어서 지도 교수를 하거든요. 그래서 2주에 한 번 지도 교수님한테 지도를 받는 거예요. 교수님들께 관심을 받았다는 점을 제가 느낀 것은. 무엇을 올리라고 했어요. 자기의 진로계획을. 근데 제가 첫 번째로 올렸거든요? 근데 그 다음 교시에 "너 창희, 네가 첫 번째로 올렸지?" 교수님이 이렇게. 아, 나에게 관심이 있구나. 그런 것도 있고. 그냥 뭔가 고등학교 선생님보다 더 가깝다는 생각도 했어요. (기계자동차공학 1학년 학생 O)

앞 사례와 같이 교수들은 학생들의 진로를 신경 써 주고, 학생의 어려운 일을 상담해 주거나 학생들이 미처 알지 못했던, 학생들에게 도움이 될 수 있는 정보들을 알려 주는 세세한 모습을 보이기도 한다. 이를 통해 학생들은 교수들이 고등학교 때 교사보다도 오히려 자신에 대해 큰 관심을 가지고 있으며, 많이 챙겨 준다는 인식을 가지고 있는 것으로 나타났다. 대가대의 교수들이 이렇게 학생들에게 많은 신경을 쓰게 되는 것은 '돌봄'의 필요성을 느꼈기 때문인데, 다음의 사례를 통해 확인할 수 있다.

> 좀 편하게 생각했어요. 두 시간인데 낮에 수업을 일부러 미루고, 8시까지 치킨집 가서 놀았어요. 진짜 좋아하더라고요. 왜냐하면…… 우리 학교에 오는 애들이 학교 다닐 때 선생들로부터 케어를 못 받은 애들이에요. 그래서 뭘 해도 자신감이 없고, 그런데 대학교에 오니까 교수님들이 그렇게 케어 하는 걸 보고 감동했다는 메시지를 보내더라고요. 제가 진짜 감동을 받았어요. 애들한테 더 밀착하려고 먹고 이야기하고 그랬죠. 애들이 저한테 와서 그래요. 참 좋았다고. 사실은 애들이 방치되어 있었거든요. 방치되어 있었는데 교수들이 직접 케어 해 주니까 애들이 참 좋아하고. 저도 대가 길라잡이 참 잘했다 싶었어요. (인문사회 학과장 Y)

이처럼 대가대의 교수들은 대가대에 재학 중인 학생들의 특성에 대해 중·고등학교 때 중위권 학생들이 대부분이기 때문에 학창시절에 특별히 교사에게 관심을 받지 못하고, 교사와 특별히 좋은 관계를 형성한 경험도 없이 방치되었고, 이로 인해 자신감이 부족한 편이라고 이야기하였다. 이에 따라 대가대의 교수들은 학생들에게 보다 큰 관심을 주고, 신경을 쓰면서 많은 만남을 통해 보다 밀착된 관계를 형성하고자 노력했던 것이다.

즉, 대가대의 교수들은 학창시절, 방치되었던 학생들의 자존감과 자신감을 회복시키기 위하여 편안한 관계, 긴밀한 관계가 바탕이 된 돌봄의 관계를 형성하고 있었으며, 이는 결국 학업성과로 이어지는 것으로 나타났다.

2) 헌신의 기반으로서의 성과급제

대부분의 대가대 교직원들은 학생들과 친밀한 관계를 형성하고, 잦은 만남을 통한 돌봄을 실현하고자 노력하고 있으며, 교수들은 이와 함께 자신의 수업능력과 교수법을 향상시키기 위하여 많은 힘을 쏟는 등 학교에 대해 매우 헌신적인 특성을 가지고 있다. 대가대의 교수들이 이처럼 헌신적일 수 있었던 것은 여러 가지의 요인이 있을 수 있지만, 그 중에서도 강력한 인센티브 제도가 기반이 된 업적과 평가영역의 확대는 교수와 직원들을 보다 헌신적으로 만들어 주는 매우 중요한 요인이 될 수 있었다. 다음의 사례들을 통해 대가대의 인센티브제를 확인해 볼 수 있다.

> 저희가 연봉제가 좀 셉니다, 연봉성과급제가. 연봉제가 세서 선생님들한테 이런 게 교수업적에 들어간다고 하면 선생님들은 그냥 하실 수밖에 없는 상황입니다. 제일 적게 받으셨던 분이 1,850만 원 깎였고요. 많이 받으시는 분은 1,560만 원 더 받으시고요. 합치면 격차가 3천만 원 정도…… 자기 연봉에 비해서. 근데 지금은요, 이런 연봉제에 폐해를 많이 생각을 하셔서 그 부분은 다시 약간 돌아가려 해요. 교수를 그렇게 등급을 9등급, 5등급도 아닙니다. 9등급 매겨서 밑에 있는 사람 빼서 위에 있는 사람 주는 부분이라고 할 수 있죠. (기획처장)

> 사실 학교라는 것이 행정적으로 뒷받침해야 할 것이 상당히 많아요. 그런데 직원들은 만날 앉아서 시키는 대로 눈치나 보고 있어요. 그래서 연말에 평가해 가지고 각 정책과제별로 실적이 괜찮은 데는 인센티브를 주겠다 했어요. 그래서 이번 추경 예산하면서 인센티브, 돈을 예산에서 좀 넉넉하게 다른 데서 짜내서 주려고 하고 있어요. 그렇게 해서 행정적으로 뒷받침이 되고, 이렇게 특성화 사업을 진행하려고 합니다. (총장)

이처럼 대가대에서는 강력한 성과급제를 적용하고 있었는데, 앞의 사례에 의하면, 성과급제에 의하여 연봉을 가장 적게 받은 교수와 가장 많이 받은 교수의 금액 차이는 3천만 원 정도로 매우 큰 격차를 보이고 있었다. 대가대에서는 이러한 강력한 성과급제를 바탕으로 교수와 직원들이 학교에서 추진하는 여러 사업에 적극적으로 참여하여 헌신할 수 있도록 자극하고 있었다. 대가대의 교육업적평가 반영 항목은 〈표 3-28〉과 같다.

이처럼 대가대에서는 교수업적의 영역을 크게 확장하여 비교적 상당히 많은 영역에 있어

〈표 3-28〉 대가대의 교육업적평가 반영 항목

구분	내용	평가 항목
강의 및 학사관리	강의담당 및 수업운영	강의담당시수(책임시수 및 초과강의), 강의일수, 담당교과 목수, 수강생 수, 무단휴강 및 보강 여부
	강의 준비	강의지원시스템 예·복습 자료실 활용
	강의 및 성적평가	강의만족도평가 반영비율확대, CQI(Continuous Quality Improvement)보고서
	학사관련 입력기한 준수	CQI보고서, 수업계획서, 성적입력기간 준수
	교수법 혁신 노력	강의동영상 공개, OCW(Open Course Ware) 참여, 티칭 포트폴리오 공개 및 수업 공개, 교수법 프로그램 참여 및 강의 촬영, 분석
교육 지도	CU교육 인증지도	책임지도 학생에 대한 학업계획서 지도
	특별지도	특별지도 프로그램 운영
	보충지도 및 상담지도	학습능력 부진학생 보충수업, 학사경고자 지도

출처: 대구가톨릭대학교(2014).

서 평가가 이루어지고 있는 것으로 나타났다. 다음의 사례에서도 이를 확인해 볼 수 있다.

> 교육업적이니, 연구업적이니, 봉사업적이니 뭐니 업적평가 카테고리가 4개인가 5개가 있거든
> 요? 이 모든 행동이 그거랑 결부되는 부분이 없지 않아 있거든요. 근데 이제 그것 때문에 교수님이
> 하실 거라고 믿고 싶지는 않지만, 이제 의무적으로 해야 하는 부분이 생기는 거죠. 그것도 좀 영향
> 을 끼칠 것 같아요. 의미 있는 활동이라 하면, 어지간하면 다 카운팅이 돼요. 그래서 조금 답답하다
> 는 분들도 계시고요. (이공자연 학과장 K)

대가대에서는 교수의 업적평가 카테고리를 세분화하고 확장·운영함으로써 교수들이
의무적으로 해야 할 역할들을 규정하고 있었다. 교수들은 이에 대해 대가대에서 운영되는
의미 있는 활동이나 프로그램 중 대부분을 교수업적으로 평가하고 있다고 인식하고 있었
는데, 이러한 대가대의 교수업적평가 내용을 다음의 사례들을 통해 좀 더 살펴볼 수 있다.

1:1 책임지도교수제 해서 학생들하고 면담을 반드시 한 학기에 한 번씩 해야 하거든요. 그게 제일 하드웨어로 제도화된 형태일 것 같아요. 모든 학생을 한 학기에 한 번씩 보는 거죠. 교수님들 마다 다르겠지만 보통 학생 만나면 15분에서 20분 정도 만나는 거. 그리고 교수와 학생 간에 접촉 하는 게 동아리 또는 수업이겠죠, 아무래도. 수업 같은 경우는 보충수업 제도 그것도 크고요. (이 공자연 학과장 K)

예를 들어, 강의시수가 있잖아요. 기본 시수. 기본 시수 더하기 추가 시수를 해서 만점을 받으 려면 15점이 필요합니다. 사실 교수법이 차지하는 부분이 교육업적에서 큰 비중을 차지한다고는 할 수 없습니다. 그런데도 이제 교육업적에 포함되기 전과 후가 비교가 되잖아요. 그 업적이 포함 되기 이전에는 사실 지금처럼 많이는 안 오셨죠. 업적에 포함이 되고 나서는 정말 폭발적으로 참 여를 하시는데, 저희가 예전에는 모집이 힘들고 그런 편까지는 아니었기는 하지만, 업적에 포함 된 이후에 정말 참여를 많이 하시기 때문에 오픈을 굉장히 많이 해요. (직원 H)

이와 같이 대가대에서는 교수의 업적평가 영역을 확대시켜 운영하고 있었는데, 부진한 학생들을 지도하는 보충수업, 강의역량을 향상시키기 위한 교수법 프로그램 참여 등의 수 업과 관련된 내용은 물론이고, 학생과의 면담이나 상담 등의 교류 부분까지도 업적 평가로 이어지고 있는 것으로 나타났다. 그리고 이러한 업적평가 영역의 확대와 강조에 대해 교수 들의 부담과 압박이 크기는 하지만 교수들의 참여와 의무감을 유도하는 긍정적 효과를 불 러오고 있었다.

대가대에서는 강력한 성과급 제도를 기반으로 교수업적과 평가영역을 확대하여 운영하 고 있는 특징이 나타났다. 이러한 특징은 교수들이 본인이 맡은 역할에 보다 충실할 수 있 는 요인으로 작용하고 있을 뿐만 아니라, 학교에서 운영하는 여러 사업에 의무적으로 참여 하게 하여 여러 경험을 하게 되는 기회로도 작용함으로써 헌신의 제도적 기반이 되고 있다.

3) 친절한 교직원들

대가대 교직원의 특징이나 성향에 대한 물음에 대해서 대부분의 구성원들은 대가대의 교직원들이 신속하고 친절하다는 대답을 하였다. 즉, 대가대의 구성원들은 교직원들에 대해서 상당히 긍정적인 인식을 가지고 있는 것으로 나타났으며, 이러한 교직원들의 특성은 학생들의 학교에 대한 만족도를 높여 주는 데 영향을 끼쳤는데, 다음의 사례들을 살펴보자.

> 학교 홈페이지에 보시면요, 묻고 답하기라는 코너가 있습니다. 한번 홈페이지에 들어가서 보시면 학생들이 거기에 질문을 하면요, 거의 오전 아무리 늦어도 오후에 직원선생님들이 학사, 장학제도 그런 것에 다 답을 합니다. 거의 아마 그런 학교가 별로 없을 텐데요. 그러니까 학생들은 피드백이 빨리 이루어지기 때문에 굉장히 좋죠. (교무처장)

> 저는 학교 교직원 분들 계시는 건물은 잘 안 가는데, 뭐 딱히 궁금한 게 있으면, 홈페이지 공지사항에 보면 게시판에 '묻고 답하기'가 있거든요. 거기에 올리는데, 답변을 보면 항상 친절하게 댓글을 달아 주세요. 그냥 사소한 질문인데도 자세하게 댓글을 달아 줘요. 사소한 건데 이렇게 자세히 안내해 주니 저는 감사하고 행복하고 맨날 받아먹는 느낌이에요. 만족스럽다고 생각했죠. (방사선학 3학년 학생 U)

이와 같이 대가대의 교직원들은 학생들의 사소한 질문에도 자세히 답변을 해 주고, 답변을 다는 것도 상당히 신속하게 이루어지고 있었으며, 이러한 교직원들의 모습에 대해 학생들은 감사해하고 만족하고 있는 것으로 나타났다. 그리고 대가대 교직원의 또 다른 특성으로는 친절도와 친밀도가 매우 높다는 것이다. 다음의 사례들을 통해 이를 확인할 수 있다.

> 제가 사정상 국제교류 팀이랑 찾아갈 일이 되게 많았어요. 근데 진짜 갈 때마다 느끼는 건데 굉장히 신경을 많이 써 주세요. 솔직히 자주 가기도 좀 번거롭기도 하고 저희 일이니까 그냥 학교에서 해 주는 것만 해 주고 별로 신경 안 써 주실 줄 알았는데 공문 처리하는 것까지 과정 중간중간에도 자주 찾아와서 많이 물어보고 최대한 많이 빼 가라고 그런 얘기도 해 주시고 해서 솔직히 저는 되게 감사한 점이 많아요. (의생명과학 2학년 학생 N)

저는 크게 봤을 때 교직원들하고 친밀도가 높다는 것을 뽑고 싶습니다. 예를 들면, 학습 커뮤니티 담당자들이 있는데, 제가 신청하러 가면 알아보죠. 알아보시면서 친밀하게 대해 주시고. 그리고 제가 그때 "선생님이 저 찍었던 사진 저에게 보내주면 안 돼요?" 하면 "어, 그래. 바로 보내 줄게." 이런 식으로. 좀 친밀하다고 해야 하나? '난 교직원, 넌 학생' 선을 긋는 게 아니라 우리는 같은 대가대학교. 이런 느낌을 받아서 학교에 대한 이미지도 좋아지고, 만족도도 좋아지는 것 같아요. (약학 5학년 학생 K)

이와 같이 대가대의 학생들은 교직원에 대해 같은 공동체의 구성원이라 스스로 생각할 만큼 매우 긍정적인 인식을 가지고 있는 것으로 나타났다. 예를 들어, 대가대의 교직원들은 굳이 자신이 신경을 쓰지 않아도 되는 과정, 그리고 세세한 부분에 있어서까지 학생들을 친절하게 챙겨 주고 있었으며, 학생과 교직원으로 선을 긋고 대하는 것이 아니라 친밀하고 편한 관계를 유지하고, 학생들에게 더 많은 도움을 주려고 노력하고 있는 것으로 나타났다.

결과적으로 대가대의 교직원들은 신속성, 친절성, 친밀성이라는 특성을 가지고 있는 것으로 나타났으며, 학생들은 교직원에 대해 상당히 긍정적인 인식을 가지고 있었다. 그리고 이러한 학생들의 교직원에 대한 긍정적인 인식은 학교에 대한 만족도를 높이는 중요한 요인으로 작용하고 있었다.

4) 경쟁적이기보다 협력적인 학생들

대가대 학생들의 특징은 경쟁적이기보다는 협력적이었으며, 이러한 특징은 대가대 학생들이 자신의 교우관계에 대해 긍정적으로 인식하는 기반이 되고 있었는데, 다음의 사례들을 통해 이를 확인해 볼 수 있다.

'우리 다 같이 100% 합격하자.' 이런 마인드지, '너 떨어져라. 나 붙어야지.' 이런 마인드는 아닙니다. 그래서 자료가 있으면 다 공유하고. 그래서 제가 토론에 참여했을 때, 아까 해외도 말했고 리더십도 말했는데, 그런 것을 참여하면 결과물이 솔직히 있어야 하잖아요, 참여했으니까. 저희는 이제 지금 배우고 있는 과목이 국가고시에 나오는 과목이기 때문에 자료를 컴퓨터로 만들고, 제가 만든 자료도 동기들에게 주고. 동기들도 참여하는 프로그램들이 있으니까 동기들이 만든 것은 저에게 주고. 이런 식으로 자료가 다 공유되고, 다 공생관계라 해야 하나? 그런 식으로 다니고 있습니다. (약학 5학년 학생 K)

취업 동아리라서 자격증이나 목표를 하나 두고 같이 공부하다 보니까 경쟁으로 받아들여지지 않아요. 서로 가르쳐 주고, 고학년이 저학년을 가르쳐 주고, 저도 같이 복습하고, 이런 식으로 하는…… 그런 동아리 같은 건 협동도 되는 것 같고, 같이 동호회를 이끌어 가야 하니까 도움이 되는 것 같아요. (실무영어 4학년 학생 L)

저는 제가 욕심도 있었고, 해 보겠다는 생각에 도서관에 가서 책도 빌렸다고 말씀 드렸잖아요. 그런 것을 혼자서 할 때 힘들다는 것을 느꼈어요. 그래도 무조건 부딪혀 보자는 생각으로 그랬고, 1학년 때는 선배들한테 말을 걸 정도로 용기가 있지 않았기 때문에 그런 어려움을 해결해 줄 수 있지 않을까 해서 교수님께 말씀을 드려서 학생을 추천받아 서로 도움을 주고받고 같이 공부하면서 그렇게 하게 되었어요. (세무회계학 2학년 학생 D)

이처럼 대가대의 학생들은 모두가 함께 잘되자는 목표 속에서 협력적인 분위기를 형성하고 있는 것으로 나타났다. 특히나 혼자서 하기 힘들었던 공부도 다른 학생들과 함께 공부를 하면서 서로 도움을 주고, 필요한 자료와 사고를 공유하기도 하면서 보다 큰 학습적 효과를 경험하는 모습을 다양하게 보여 주었다. 이와 같이 대가대의 학생들은 치열한 학습경쟁 속에서 자신이 더 잘되기 위해 혼자 노력하기보다는 친구들과 협력적인 관계를 유지하면서 학습하고, 이를 통해 보다 긍정적인 효과를 얻고 있는 것으로 나타났다.

5. 교육철학 및 전략: '가톨릭 정신과 학생중심 전략'

1) 가톨릭 정신
대가대는 사립학교로서 가톨릭재단이 운영하는 학교다. 이에 따라 대가대의 교육에 있어서도 가톨릭의 종교적 특색과 철학이 반영되고 있는데, 대가대에서 비교과 역량 향상 및 인성함양을 강조하고, 이를 위한 교육과정과 교육활동에 많은 비중을 두는 것도 가톨릭 정신이 기반이 되어 이루어지고 있는 것으로 나타났다.

> 저희 학교 교훈이 사랑과 봉사인데요. 이게 뭐 공동체로부터 떨어질 수 없다고 보고요. 공동체에 기여하는 그러니까 인재를 양성하는 것이 인성, 창의성, 공동체성이라는 부분에 다 포함되어 있다고 봐요. 단순히 주입식 교육이 아니라 학생들이 비교과 프로그램을 통해서 체험할 수 있다면, 그러니까 주입식으로 각인시켜서 너희들이 이 텍스트를 보고 암기하고 외우라는 것이 아니라 그것이 체득되고 경험할 수 있도록. 좋은 시민으로서, 좋은 직장인으로서 기여할 수 있는 부분이 굉장히 필요하기 때문에 그런 인재들을 양성하는 교육이 필요하지 않을까 생각이 들고요. 그런 것이 지금 학교에 녹아 있지 않은가 생각이 듭니다. (교무처장)

대가대의 교육철학이자 방향은 학생들의 인성, 창의성, 공동체성을 함양하는 것이다. 앞에서 살펴본 것과 같이, 대가대에서는 비교과 교육과정 및 인성을 강조하는 교육을 실시하고, 이에 대한 활동들을 평가에도 반영하는 모습을 볼 수 있었다.

이러한 학업성적 중심의 교육에서 탈피해 이루어지고 있던 다양한 교육과정과 교육활동은 바로 이러한 인성, 창의성, 공동체성이라는 대가대의 교육 정신 및 교육철학이 기반이 되어 있었기 때문에 이루어질 수 있었던 것이다.

> 우리 학생들이 느리지만 큰 진보를 했다는 것. '학생들을 사랑하는, 학생이 사랑받는 대학' 이게 우리 학교의 모토입니다. 선생님들로 하여금 학생들과 많은 시간을 같이 보내라, 많은 상담을 해라, 뭐 이런 부분은 우리 학교의 모토이고, 사랑과 봉사를 강조하는 가톨릭 대학으로서 그게 기본적으로 깔려 있었기 때문에 또 ACE 사업도 큰 효과가 나타났으리라고 생각합니다. …… 인성, 창의성, 공동체성을 모토로 비교과교육을 강조하는 것이 우리 학교의 정체성에도 맞는 것이죠. 가톨릭은 인성입니다. 가톨릭의 인성, 공동체성. 우리의 학교 정체성에도 맞고, 우리 학생들한테도 꼭 필요로 하는 그런 교육입니다. (기획처장)

우리 학교는 가톨릭을 절대 버릴 수 없는 학교죠. 가톨릭의 이미지에 맞는 교육을 당연히 시켜야 하고요. 가톨릭 하면 사랑, 봉사, 그리고 인성. 이것을 중심으로 교육을 하지 않으면 가톨릭 대학교라고 내세울 수가 없죠. 교육의 중심은 있어야 되는 부분이죠. (교무처장)

이와 같이 대가대에서 학생들과의 긴밀한 관계 형성을 중시하고, 학생들의 인성, 창의성, 공동체성을 길러 줄 수 있는 다양한 교육과정과 프로그램을 운영할 수 있었던 것은 학교의 가톨릭 정신이 대가대의 교육철학과 방향에 녹아들어 있기 때문이었다. 앞의 사례들에 의하면 가톨릭의 종교적 특성은 사랑과 봉사가 중심이 된 인성의 강조인데, 이러한 종교적 특성은 대가대 교육의 중심이자 정체성의 기반이 되고 있었다.

2) 학생의 필요를 채워 주는 교육: '인성교육'

대가대에서는 지식교육도 중요하게 여기지만, 학생들을 위한 인성교육에도 많은 관심을 기울이고 있다. 이는 대가대 학생들이 장차 사회에 나가 필요한 것을 길러 주고자 하는 대학의 정신, 즉 학생 중심 철학이 반영된 정책이기도 하다. 우선 다음의 사례들을 살펴보자.

인간으로서 기본적인 소양을 갖춘 학생들을 양성하라고 하면 양성, 또는 강화 이런 부분이 가장 기초적으로 필요할 것 같습니다. 그래서 우리 학교에서 내세우고 있는 인성이라는 부분이 해당될 것 같은데요. 학과에서 해 줄 수 있는 것은 교감하는 것과 관련이 많은 것 같습니다. 학생들을 그냥 수업을 가르치는 대상, 지식을 습득하는 대상이 아니라 인간 대 인간으로서 만나서 얘기를 하고, 그러다 보면 신뢰도 쌓이고, 정도 느끼고, 그러면서 또 저의 좋은 행동이 있다면 그런 것도 학생들이 볼 수 있고, 또 학생들의 이런 부분을 강화시킬 수 있는 여러 가지 활동을 할 수 있을 것 같고요. 그런 게 학부교육에서 가장 우선시되는 기본이 되어야 할 것 같아요. (인문사회 교수 S)

인성캠프라는 것이 있어요. 금요일, 토요일 매주 경주 인성 수련원, 우리 인성 수련원이 있습니다. 거기에 매주 한두 과 정도 해서 백 한 오십 명 정도 가서 1박 2일 간 시킵니다. 금요일 오후부터 토요일까지 계속 학생들을 그렇게 돌리니까 학생들이 달라졌다는 거죠. 그런 것들이 우리가

학생들을 위해서 어떻게 교육을 시킬 것이냐에 대해서 뭐를 짜고, 또 바로 이것을 제도화시켜 가
지고 학생들을 이렇게 계속적으로 해 나가는 노력들이 우리의 장점이라면 장점, 아니면 효과라고
할 수 있습니다. (기획처장)

이처럼 대가대에서는 학생들에게 단순히 지식만을 강조하며 교육을 진행하는 것이 아니
라, 학생들의 인성을 기본적 소양으로 그 중요성을 강조하고, 이를 학부교육의 기본으로 인
식하고 있었으며, 인성을 함양시키기 위한 여러 노력을 기울이고 있었다. 이에 따라 교수들
은 학생을 단순히 지식을 전달해야 하는 객체가 아닌, 함께 교감하는 주체로 인식하고, 보
다 많은 만남과 관계 맺음을 통해 신뢰를 쌓아가고 있었다. 이에 대한 내용은 다음의 영역
에서 좀 더 자세히 살펴보기로 하겠다.

대가대에서는 학생들의 인성을 중시하고, 인성을 함양시키기 위한 여러 프로그램을 마련
하고 있었는데, 앞 사례에서 이야기한 인성캠프도 그러한 프로그램 중 하나로 이야기할 수
있다. 즉, 인성 함양 교육을 프로그램으로 제도화시켜서 이를 강조하고 있는 것으로 나타났
다. 다음의 사례들을 통해 대가대의 인성교육 프로그램과 그 내용을 좀 더 살펴볼 수 있다.

인성교육 같은 경우에는 우리 학교는 당연히, 인성교육은 교훈 자체가 사랑과 봉사이고 가톨
릭 이념이기 때문에 이것은 아무리 강조해도 지나치지 않습니다. 사랑나눔봉사단도 만들고. 체계
적으로 신입생이 들어오자마자 신입생 오리엔테이션, 술 없는 오리엔테이션이죠. HCC 캠프인데
요. 그 다음에 살레시오 수녀님들과 함께하는 수련회, 그리고 꿈 인성캠프라고 매주 1박 금요일,
토요일마다. 금요일 오후부터 1학년들은 수업을 다 빠집니다. 왜냐하면 매주 150명씩 두세 반은
계속 수련원에 가서 꿈 인성 캠프라고 하거든요. 오자마자 4박 5일간 HCC캠프를 하고요. 그 다
음에 대가 길라잡이라고 해 가지고 지도교수랑 수업을 하고요. 1학년들은 좀 나름대로 체계적인
인성교육을 계속적으로 하고 있습니다. (ACE 사업단장)

인성교육 이쪽을 많이 합니다. 이론 쪽으로도 가톨릭 사상이라든지 참 삶의 길이라든지 이런
부분은 1학년 필수로 나와 있고, 그 안에서 단순하게 이론보다는 다양하게 실습을 많이 시킵니다.

예를 들어서, 장애체험, 임종체험, 노인생애체험 이런 것들은 교과목 내에서 반드시 이것 중에 하나를 해야지만, 이수해야 학점을 주는 이런 식이거든요. 실재로 장애인이 되어 본다든지, 관 안에 들어가고, 유서를 쓰고 하는 거 있지 않습니까. 이런 것들을 학생들에게 체험시키고요. 봉사단 활동은 애당초 강조했었고요. HCC 캠프를 보시면 수녀 선생님들께서 다양한 조별활동을 하면서 인성 관련 프로그램을 짜서 캠프를 하고 있습니다. (ACE 사업단장)

대가대에서는 1995년부터 인성교육원을 설립하여 학생들의 인성강화 교육을 강조해 왔으며, 앞 사례들에서 나타난 것과 같이 대가대에서는 인성캠프, 신입생 HCC(오리엔테이션) 캠프, 사랑나눔봉사단, 가톨릭 수련회 등의 인성교육 프로그램을 제도화시켜 운영하고 있으며, 이와 함께 인성교육을 1학년 필수과목으로 선정하여 운영하고, 장애체험이나 노인생애체험과 같은 실습프로그램도 함께 운영 중인 것으로 나타났다. 그리고 또 하나의 대가대 주요 인성 프로그램 중 하나는 大家 길라잡이라는 프로그램인데, 이 프로그램은 지도교수와의 긴밀한 만남을 갖고, 교류하게 하는 대가대의 주요 프로그램 중 하나다. 대가대에서 운영 중인 주요 인성교육 프로그램을 정리하면 〈표 3-29〉와 같이 나타낼 수 있다.

〈표 3-29〉 대가대 주요 인성교육 프로그램

프로그램	주요 내용	비고
현장체험 봉사 프로그램	평일, 주말, 방학 중 사회봉사 실시, 32시간 이상 봉사활동을 해야 졸업 가능	교양필수 1학점
HCC 캠프	술 없는 신입생 오리엔테이션을 모토로 재학생 멘토 약 400명을 활용하여 4박 5일간 운영	교양선택 1학점
꿈(Cum) 인성캠프	인성교육기관인 살레시오 수녀회와 함께 1박 2일간 운영	교양필수 1학점
大家길라잡이	지도교수가 직접 신입생 10~15명을 대상으로 학습동기부여, 직업 윤리 함양교육, 학교적응 및 생활지도 등을 진행	전공필수 1학점
'안녕하세요' 캠페인	보다 친밀한 관계 형성을 위하여 인사, 예절, 친절, 미소 교육 실시	
체험형 인성 프로그램	장애체험, 임종체험, 노인생애체험 중 택 1	

출처: 대구가톨릭대학교(2014).

〈사례 3-4〉 대구가톨릭대학교의 꿈(Cum) 인성교육

- 학습주기별 인성교육 체제와 모델 구축, 입학에서 졸업까지 학습주기에 맞춘 인성교육 프로그램 운영
- 학생들의 꿈을 지지하고 지원하며 더불어 함께 나누자는 취지에서 우리 대학 인성교육을 "꿈(Cum: 라틴어로 '함께'라는 의미) 인성교육"이라 명명
- 1학년에서 4학년까지 전교생이 인성교육을 통해 바른 사람으로 사회에 진출할 수 있도록 다양한 프로그램을 배치

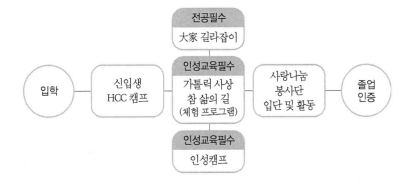

- 전공과 교양 영역에서 2~4학년을 위한 인성과 공동체성 교과목을 개발하고 심화함으로써 인성교육의 영역을 확대하고, 그 내용과 수준을 높임
- 이론과 실천의 조화, 교과와 비교과를 연계한 인성교육 인증을 위해 인성 관련 졸업인증 및 교양-전공 필수학점 이수체제를 구축하고, 대학 인성교육의 모범적 모델을 창출

신입생 HCC캠프와 체험형 인성 프로그램(임종 체험)

출처: 대구가톨릭대학교 ACE 사업단 홈페이지(http://ace.cu.ac.kr).

결과적으로 대가대에서는 학생들의 인성을 기본적 소양으로 인식하고, 인성교육을 대가대의 교육 특성 중 가장 중요한 기본 요소 중 하나로 선정하여 이를 위한 여러 노력을 기울이고 있었다. 이에 따라 사랑과 봉사를 교훈으로 삼고, 기존의 비효과적이었던 프로그램들을 개선하거나 새로운 프로그램을 마련하여 인성 함양을 위한 다양한 체험 프로그램, 교과목, 실습 프로그램 등을 운영하고 있는 것으로 나타났다.

6. 환경: '기회의 활용 및 지원적 환경 조성'

1) 국가 지원 정책의 적극적 활용: 변화의 동력 삼기

대가대에서는 학업성적 위주의 교육에서 벗어나 학생들의 다양한 역량을 향상시키기 위하여 기존의 학교구조와 수업체제를 개선하고 변화시키려는 노력은 물론 활동, 체험 등의 다양한 프로그램과 관련 교육 사업을 운영하는 등 학교를 변화시키기 위한 여러 노력을 기울여 왔다. 그리고 이는 대가대의 우수 학부교육으로 이어지게 되었는데, 이러한 변화를 이끌었던 주요 동력은 국가에서 지원한 ACE 사업이었다.

> 우리가 ACE 사업을 하고 있으니까 뭔가를 해야겠다는 부분들, 어떻게 보면 교수업적 점수 같은 부분도 반발이 많을 수밖에 없었죠. 그런데 이제 뭔가 다른 학교가 하지 않는 다른 것들을 가져와야 한다는 공감대는 좀 형성이 된 것 같아요. 교수님들도 이런 부분들을 상당히 고무적으로 받아들이고 있는 것 같고요. 지금은 이게 끝나지 않는 한, 교수님들은 내년에도 올해처럼 이런 프로그램들이 있을 것이라는 기대를 하고 있을 것 같아요. 오히려 줄어들면 반발이 더 심해지지 않을까 생각을 합니다. (직원 B)

> 이제 ACE 사업이 되니 전공교육과정도 개편하고, 교양교육과정도 개편해야 되는 거죠. 인성, 창의성, 이런 공동체성을 발전시키고, 학생들에게 증진시키게 되니까. 그러니까 전공교육과정에서도 학생들이 리서치를 해야 하는 교과목들이 늘어나고, PBL 교과목들이 늘어나고. 이런 것을 허용해 주게 된 겁니다. ACE를 통해서, 예전에는 애들을 벽돌 찍어 내듯이 찍어서 사회에 내보냈

는데 이 사업이 들어와서 안 할 수가 없게 된 거죠. (교무처장)

이와 같이 대가대에서는 국가에서 지원하는 ACE 사업이 학교에서의 변화와 개혁이 일어나는 구체적인 계기가 되었다. 즉, 구성원들은 ACE 사업이 진행되고 있으니 무엇이든 변화와 노력을 시도해야 한다는 인식과 의무감을 가지게 되었고, 대가대만의 특성을 살린 교육과정이나 프로그램을 개발하고 운영해야 한다는 공감대가 형성되게 되었다.

또한 ACE 사업의 특성상 교육과정 개편도 필요하게 되었고, 이에 따라 수업의 형태나 내용도 변화하게 되었다. 그리고 구성원들은 이러한 ACE 사업에 의한 변화에 대해 고무적이고 긍정적으로 받아들이고 있는 것으로 나타났다. 이를 다음의 사례를 통해 확인해 볼 수 있다.

> 이제 피부로 다 느끼는지 학생도, 교수님들도 찾아와 올해에는 이런 것을 지원 안 해 주나, 올해에는 이런 것을 안 펼치나 하십니다. 그런 것을 봤을 때, 참 뿌듯하기도 하고, ACE를 통해서 우리 학교가 뭔가 활기를. ACE가 동력으로 작용해서 예전과는 다른 특별한 활기를 찾아가는 게 아닌가. 진짜 피부로 느끼고 있습니다. (직원 H)

이처럼 대가대의 구성원들은 ACE 사업이 학교개혁과 변화의 동력으로 작용하였고, ACE 사업을 통해 학교의 활기가 생겼다는 인식을 가질 정도로 ACE 사업에 대해 매우 긍정적으로 받아들이고 있었다.

결과적으로 대가대에 우수한 학부교육을 실현시킬 수 있었던, 개혁과 변화를 통한 긍정적 효과를 불러올 수 있었던 중요한 요인 중 하나는 국가에서 지원하는 사업과 그에 따른 예산이었다. 그리고 이러한 ACE 사업은 구성원들에게도 매우 긍정적으로 받아들여지고 있었다. 즉, 국가 지원 사업은 대가대에 보다 긍정적인 변화를 불러오고, 변화를 이끌 수 있었던 동력으로 작용했던 것이다.

2) 지역사회와의 활발한 교류

대가대에서는 지역사회와의 활발한 교류가 이루어지고 있는 것으로 나타났는데, 대가대의 학생들은 이러한 지역사회와의 교류를 통해서 보다 다양한 체험을 하게 되면서 여러 교육적 효과를 경험하는 것으로 나타났다.

> 하양시장, 꿈바우시장에 학생들이 가고 그랬다고 했잖아요? 거기에 가서 공연하고, 여러 가지 문화시장을 열고, 그런 것을 하는 일이라든가 전체 축제를 기획하고 하는 것들을 교수님들의 지원을 받아서 '아마레 아티스트'라고 해서, 그런 역량을 가진 학생들을 선발해서 그쪽이랑 계속 저희가 일을 만들고 있어요. (ACE 사업단장)

> 상인회와 계속 같이 연결을 해서 지금 준비하고 있는 것은 시장의 전체 홍보영상 그런 것들하고, 웹페이지 사이트 이런 것을 하고 있고요. 그게 또 이 프로그램하고도 연결되지만 지역문화하고 연결해서 하는 활동들이 있습니다. '커다란 인'이라는 활동이 있는데, 그 안에 지역사회를 학생들이 연구하고, 지역사회의 지역민들하고 소통하고, 봉사하고, 그런 프로그램들이 있고요. 그 중에서 문화예술과 관련된 지원 프로그램이 있거든요. 그런 것들하고 연결해서. 올해 추진할 것 중 하나는 저희가 지역의 저기에 어디 가면 터널이 하나 큰 게 있는데요. 그 터널이 굉장히 좀 흉합니다. 그곳에 벽화를 그리고. 지역민들과 같이. 그곳의 길이가 거의 800m 정도 돼요. 그런 것들도 준비하고 있습니다. 이런 지역사회와의 연계를 통해 학생들이 더 많은 경험을 할 수 있게 되고요. 사회와 현장을 직접 체험해 볼 수 있게 되기도 합니다. 다양한 사람들을 만나면서 사회성도 기르고. (ACE 사업단장)

이와 같이 대가대의 학생들은 지역사회와의 활발한 교류를 통해서 축제 기획, 시장 체험과 같은 문화교류는 물론 지역과 학교를 알리는 홍보활동, 지역사회와 역사를 살펴보는 지역연구활동, 지역의 낙후된 환경을 보수하는 지역봉사 등 지역과 연계된 다양한 체험활동을 수행하고 있었다.

그리고 이러한 지역과 연계된 다양한 체험활동은 학생들이 지역과 관련된 보다 다양한 경험을 이룰 수 있게 할 뿐만 아니라, 지역에 대한 관심과 이해도를 높여 주고, 지역 주민들과의 다양한 소통을 통해서 사회성을 함양시켜 주고 있으며, 실제적인 현장을 체험을 할 수 있는 기회가 되고 있다. 즉, 대가대에서 이루어지고 있는 지역사회와의 활발한 교류는 대가대 학생들의 다양한 역량을 길러 주는 요인으로 작용하고 있는 것으로 나타났다.

3) 교육환경에 대한 지속적 관리

대가대에서는 학생들의 교육활동 및 학습환경의 개선을 위하여 보다 쾌적한 교육환경을 마련하여 유지하고 있었다. 이러한 교육환경이 조성될 수 있었던 것은 재단의 지원을 통한 노후한 건물의 지속적 개선이 이루어졌기 때문인 것으로 나타났다. 다음의 학생 사례들을 살펴보자.

> 제가 처음에 입학했을 때는 좀…… 조금 오래된 건물이었었는데 지금 보시면 다 리모델링을 해 가지고 깨끗하고, 칠판도 원래 분필이었는데 화이트보드로 바뀌었고. 처음에는 문도, 강의실 문도 나무였는데 지금은 완전 다 바꿨어요. 여기가 법대 앞인데, 저희 건물이 학교 안에 있는 건물 중에 가장 오래된 건물이에요. 그런데 지금은 리모델링해서 불편한 점이 없어요. (법학 4학년 학생 P)

> 이제 저기가 바뀔 차례가 된 건물이에요. 저 건물이 거의 바뀔 차례가 됐어요. 매년 번갈아 가면서 학교는 리모델링을 꼭 시켜 줍니다. 바뀌는 것을 제가 눈으로 봤으니까요. 보통 1년에 두세 건물씩 무조건 리모델링을 시켜 줘요. 계속 깨끗해진다고 할까요. (수학교육 3학년 학생 T)

앞의 사례들에 의하면 대가대에서는 지속적인 리모델링 작업을 통해서 학교의 노후한 건물과 시설을 개선하고 있는 것으로 나타났다. 즉, 강의실의 문이나 칠판 같은 작은 부분에서부터 건물 전체와 같은 커다란 부분에까지 리모델링을 하고 있었으며, 지속적 관리는 물론 학생들의 학습 환경 개선을 위해서도 많은 노력을 기울이고 있었다. 이에 학생들은 학교의 리모델링 사업에 대해 마치 지속적으로 이어지는 당연한 사업으로 받아들이고 있었으며, 매우 긍정적으로 인식하고 있었다.

이러한 대가대의 건물 리모델링이나 시설 및 환경 개선이 지속적으로 가능할 수 있었던 것은 학교재단의 지원과 투자가 이루어졌기 때문이었다. 다음의 사례들을 통해 이를 확인해 볼 수 있다.

> 학교가 재단의 지원을 통해서 전체적으로 건물을 또 리모델링했습니다. 그러니까 학교 인프라가 ACE 사업이나 교육역량 강화사업을 통해서 개선된 건 아니지만, 마침 또 그런 상황이 조성되면서 '학교가 달라지고 있구나. 내가 참여할 것이 많구나. 배울 것이 많구나.' 라는 것을 느꼈고요. 거기에 이제 시설까지 사실 제가 처음 여기 왔을 때, 여기는 K대 정도 수준이었거든요. 국립대 중에서 중소형 국립대가 시설이 가장 낙후되어 있는 상황이더라고요. 그런데 그게 몇 년 사이에 학교 시설이 다 바뀌었습니다. 그러다 보니 복학생들 같은 경우에는 깜짝 놀랄 정도로 바뀌었다고 하더라고요. 일단 이런 부분들이 학교 효과를 높이는 데 좀 복합적으로 작용을 했고요. 거기에는 어떻게 보면 ACE 사업이나 교육역량 강화사업이 저는 이렇게 한 번 큰 충격을 주지 않았나 하는 생각이 드네요. (교무처장)

> ACE 사업이 되고, 그다음에 교육역량 강화사업이 되고, 링크도 되고, 그러다 보니까 재단에서도 투자 좀 해 줘야겠는데 하게 되면서 이것이 복합적으로 되지 않았나 싶습니다. 또 개교 100주년이라는 부분도 있었습니다. 올해를 개교 100주년 목표로 해서 1980년도부터 매년 건물을 지속적으로 현대화시키기 시작했죠. 그 부분은 어떻게 보면 재단의 투자죠, 투자. 어떻게 보면 하여튼 100주년을 맞이해서 한 번 바꿔 봐, 이런 부분. 하드웨어적인 투자가 필요했던 것이지요. (기획처장)

이와 같이 대가대에서 지속적인 리모델링 작업을 통해서 학교의 노후한 건물과 시설을 개선할 수 있었던 것은 여러 국가 지원 사업을 운영하게 되면서 재단에서 보다 많은 투자의 필요성을 느끼게 되었으며, 이와 함께 개교 100주년이라는 상황적 특성에 따라 시설적 투자가 이루어졌기 때문인 것으로 보인다.

이처럼 대가대에서는 노후한 시설 및 건물의 리모델링, 지속적이고 철저한 환경관리 등을 통해 학생들의 쾌적한 학습환경을 조성하고자 많은 노력을 기울이고 있는 것으로 나타났으며, 학생들은 학교의 환경적 측면에 있어서 매우 큰 만족을 하고 있는 것으로 나타났다. 그리고 이러한 시설과 환경에 대한 만족도는 학교 자체에 대한 만족도도 함께 높아지는 결과로 이어지고 있었다.

제5절　결론 및 제언

1. 결 론

이 연구에서는 학부교육 우수대학의 심층적 맥락과 특징을 밝히기 위하여 대구가톨릭대학교에 대한 사례연구를 실시하였다. 이를 위해 다양한 문서자료를 수집하여 분석하였을 뿐만 아니라 총장, 보직교수, 학과장, 일반 교수, 학생, 직원 등 학교의 주요 구성원들을 대상으로 포커스 그룹 인터뷰 중심의 심층면담을 실시하였다. 아울러 두 차례 학교를 방문하여 학교의 시설과 여건, 교육프로그램에 대한 관찰도 실시하였다. 여러 방법을 통해 수집된 자료를 질적 연구 분석 방법 중의 하나인 영역 분석과 주제 분석을 실시하여 대가대 학부교육의 우수성 측면과 성공요인 측면으로 그 특징을 도출하였다.

우선 대가대 학부교육의 우수성 측면은 크게 학업적 도전, 지적활동, 능동적 · 협동적 학습, 교우관계, 교수와 학생의 교류, 지원적 대학 환경 등 여섯 영역에서 그 특징이 도출되었다. 이러한 대가대 학부교육 우수성 측면의 특징은 크게 두 가지의 핵심적 내용으로 구분될 수 있다.

첫째, 학생 특성을 고려한 맞춤형 교육활동을 수행하고 있다는 것이다. 대가대에서는 자신들의 학교로 진학하는 학생들의 대체적인 특성을 파악하고, 이들이 실제적으로 필요로 하는 것이 무엇인지를 고려하여 학부교육을 수행하고 있었다. 즉, 대가대에 입학하는 대부분의 학생들은 자존감과 자신감이 부족하다는 특징을 갖고 있음을 파악하고, 이러한 학생들의 특성에 따라 학생들이 작은 성공을 경험하여 자존감을 회복할 수 있는 다양한 활동과 역량 향상을 위한 프로그램 및 지원책을 마련하여 운영하고 있었다. 특히나 지식전달 수준의 수업에서 벗어나 학생들의 다양한 사고력을 확장시키기 위한 교육과정을 개발하고, 그에 맞는 평가체제까지 마련하는 노력을 기울였다.

이처럼 다양한 체험활동을 강조하는 대가대의 모습은 학생들에게 상당히 긍정적인 결과를 가져왔다. 그러나 학생들이 매우 다양한 활동을 하게 되다 보니, 오히려 일반 수업이나 학업적으로 소홀해지는 결과가 발생하기도 한다. 또한 대가대에서는 교육목표와 수업, 과제 등의 난이도를 낮게 조절하여 학생들에게 적당한 자극을 부여하고자 하였지만, 강의나 과제의 난이도를 너무 낮추어 운영하게 됨으로써 학업적 도전 영역에서 긍정적이지 못한 결과를 나타내게도 되었다. 이에 따라 다양한 활동 및 체험을 통한 자존감 회복과 실질적 교육에 대한 강조도 중요하지만, 전공과목의 지식적 측면이나 관련 수업에 있어서도 보다 많은 신경을 쓸 필요가 있다. 그리고 학생들이 학업에 대해 도전의식을 갖고 자극을 받을 수 있도록 수업이나 교육활동이 적당한 난이도로 조율되며 이루어질 필요가 있을 것이다.

둘째, 구성원 간 교류의 확대와 긴밀한 관계 형성이다. 대가대에서는 학생 혼자가 아닌 '함께하는 학습'에 그 초점이 맞추어져 있는 것으로 나타났는데, 즉 다양한 네트워크 기반의 학습 공동체가 형성되어 이를 중심으로 학생들의 능동적 학습이 진행되고 있었으며, 이를 통해 학생들의 교우관계가 확대되고 있었다. 또한 같은 전공의 학생들뿐만 아니라, 교류가 쉽지 않은 타 전공의 학생들과도 함께 협력할 기회가 늘어나면서 서로 다른 전공의 학생들 간의 교류가 확대되고, 활발하게 이루어지고 있는 것으로 나타났다.

특히나 대가대에서는 교수-학생 간에 매우 긴밀한 관계를 형성하고 있다는 특징을 갖는다. 대가대 제도와 프로그램을 통해 학생과 교수들이 매우 잦은 만남을 갖고 있었으며, 이러한 잦은 만남은 교수-학생 간에 보다 긴밀한 관계를 형성하고, 대가대 구성원들에게 마치 교수와 학생의 교류가 이미 '체질화'되어 있다고 느낄 정도로 정착되어 있었는데, 대가대에서 이루어지고 있는 교수-학생 간의 교류는 어렵고 형식적인 만남이 아니라 학생이 필요로 할 때 부담 없이 만나고 교류할 수 있는 모습이었다. 이러한 구성원 간의 긴밀한 관계 형성은 교수들이 보다 헌신적일 수 있는 특성으로 작용하고 있었으며, 학생들에게 더욱 많은 신경을 쓰게 되면서 소극적인 학생들이 보다 적극적으로 변모하고, 수업에 열정적으로 참여하고 있는 것으로 나타났다. 즉, 이러한 구성원 간의 긴밀한 관계 형성은 대가대 학부교육에 대한 구성원의 만족도를 향상시키고, 학부교육이 보다 긍정적으로 발전할 수 있는 중요한 특징이라고 이야기할 수 있다. 일반적으로 학부교육의 현실상 교수–학생 간에 가까운 관계를 형성하기에는 어려움이 따른다. 하지만 단순히 교수자와 학습자의 관계를 넘어서 스승과 제자로서의 긴밀한 관계 형성은 앞에서 살펴본 것과 같이 대학생들의 교육적 성취와 학업적 흥미에 긍정적 영향을 미칠 수 있으며, 교수들에게는 교육자로서 보다 헌신할 수 있는 중요한 특성으로 작용하기도 한다. 이러한 측면에서 대가대의 구성원 간의 긴밀한 관계 형성은 우리 대학교육에 있어서 매우 긍정적인 시사점이 될 수 있을 것이다.

다음으로 대가대 학부교육의 성공요인 측면에서는 크게 대학의 구조 및 리더십, 역사와 문화, 교육과정, 구성원의 특성, 교육철학 및 전략 정책 및 환경 등의 여섯 영역에서 주요 특징이 도출되었다. 이러한 대가대 학부교육이 우수성을 갖게 될 수 있었던 여섯 영역의 주요 성공 특징은 모두 매우 중요한 요인으로 작용하고 있었지만, 그중에서도 핵심적 내용을 정리하자면 크게 세 가지 측면의 요인으로 구분될 수 있다.

첫째, 강력한 리더십이 기반이 된 통합적 구조조정은 대가대의 핵심적 성공요인으로 이야기할 수 있다. 대가대의 학부교육을 성공적으로 이끌 수 있었던 주요 성공요인 중 하나는 명확한 목표설정과 추진력, 그리고 설득력을 갖춘 총장의 강력한 리더십을 들 수 있다. 그리고 이러한 리더십은 잦은 만남과 협의를 통한 리더와 구성원 간의 소통의 확장을 통해 더욱 힘을 얻을 수 있었다. 특히나 대가대에서 이러한 강력한 리더십이 보다 긍정적으로 작용할 수 있었던 것은 폐지가 아닌 통합적 구조조정을 진행하여 구성원들의 저항을 줄이고, 비전을 공유할 수 있었기 때문이었다. 또한 예전에 경험했던 대규모의 구조조정은 최근에 진행된 통합적 구조조정에 대한 부담과 반발을 줄이는 데 긍정적 요인으로 작용하기도 하였다. 즉, 이러한 강력한 리더십과 잦은 소통을 바탕으로 진행된 통합의 구조조정은 교수를 비롯한 구성원들을 버리는 것이 아니라, 하나의 방향을 향해 함께 혁신해 간다는 의미로 작용하게 되었으며, 구성원들의 동의와 참여를 수월하게 얻어낼 수 있었던 것으로 나타났다.

대가대의 학교 개혁은 최대한 짧은 시간 동안에 기존의 틀을 새롭게 개선해 가는 방향으로 나아갔기 때문에 리더에 의한 강력한 추진력이 필요할 수밖에 없었다. 일반적으로 이러한 강력하고 급진적인 리더십은 여러 저항을 불러올 수 있다. 하지만 대가대의 개혁이 큰 저항이나 방해 없이 성공할 수 있었던 것은 잦은 소통과 설득, 비전의 공유, 폐지가 아닌 통합적 구조조정 등을 통해 구성원의 저항과 부담을 감소시킴으로써 적극적인 참여를 이끌어 낼 수 있었기 때문이다. 즉, 보다 긍정적인 방향으로 학교를 개혁한다고 하여도 구성원들의 저항이 생기고, 여러 문제점이 발생할 수 있기 때문에 학교개혁의 과정에서는 구성원들의 부담과 갈등, 저항을 줄일 수 있는 여러 노력을 함께 기울일 필요가 있다.

둘째, 위기의식을 공유한 구성원, 특히 교수들의 헌신적 노력을 또 다른 핵심적 요인으로 이야기할 수 있다. 대가대에서는 지방 사립대로서, 생존을 위한 위기의식이 구성원 간에 공유되어 있었고, 이러한 위기의식은 교수들의 학교에 대한 '동일시'를 불러오게 되었다. 즉, 대학의 위기가 교수 스스로의 생존과도 직접적으로 관련이 있다는 의식이 공유되면서 대가대의 교수들은 보다 헌신적으로 자신의 역할을 수행할 수 있었던 것이다. 또한 열정을 가진 젊은 교수들이 대거 영입됨에 따라서 학교개혁에 대한 보다 큰 힘을 얻게 되었다. 즉, 위기의식의 공유와 열정이 넘치는 젊은 신진교수들의 대거 영입은 대가대 학부교육이 현재와 같은 모습을 가질 수 있었던 주요한 촉진요인이 되었던 것으로 나타났다.

그러나 자신의 역할에 헌신하는 만큼 대가대 교수들의 업무과중과 피로감은 심각한 편이며, 이는 소진으로 이어질 수 있다. 즉, 교수들의 소진을 예방하고, 헌신과 노력을 지속시키기 위해서는 교수들의 업무과중은 물론 그에 대한 부담감, 피로감 등의 심리상태를 개선해 줄 수 있는 지원적 방안과 제도적 장치가 마련될 필요가 있다. 아울러 현재 대가대 교육의 주축은 비교적 젊은 교수들이 담당하고 있는데, 보다 긍정적인 학교 발전을 위해서는 연령이 높지만 많은 경험과 연륜이 있는 고경력 교수들의 적극적 참여도 함께 유도할 필요가 있을 것이다.

셋째, 정책 기회의 적극적 활용이다. 즉, 대가대에서는 ACE를 비롯한 국가에서 지원하는 여러 정책을 적극적으로 활용하여 이를 변화의 동력으로 삼을 수 있었다. 이에 대해 대가대의 구성원들도 ACE 사업을 통해 학교에 많은 변화가 이루어졌고, ACE 사업이 없었으면 현재와 같은 대가대의 모습, 지금과 같은 성장은 어려웠을 것이라 이야기하면서 ACE 사업은 구세주와 같다고 인식할 정도로, ACE 사업에 대해 긍정적 인식이 매우 강한 편이다. 특히나 학생들을 위해 마련된 다양한 비교과 활동 프로그램의 경우나 대가대 교수학습개발센터의 경우에는 ACE 사업으로 유지될 수 있다고 이야기할 수 있을 정도로, ACE 사업은 대가대의 학교개혁을 촉진하는 긍정적 성공요인으로 작용하였다. 하지만 ACE 사업에 대한 의존도가 상당히 높은 편이어서 사업이 종료된 이후의 대책 마련이 반드시 이루어질 필요가 있을 것으로 보인다.

지금까지 대가대 학부교육의 우수성과 특징, 그리고 현재와 같이 학부교육 우수대학으로 인정받을 수 있었던 여러 성공요인을 살펴보았다. 이 연구는 대구가톨릭대학교가 어떤 우수한 교육을 시행하고 있고, 이는 어떻게 가능할 수 있었는가에 그 초점을 맞추었다. 이 연구결과를 토대로 얻은 또 하나의 결론은 도출된 성공요인이 각각 하나의 특정 요인으로서 작용한다기보다는 여러 요인이 [그림 3-1]과 같이 대가대의 상황과 특성에 따라 복합적

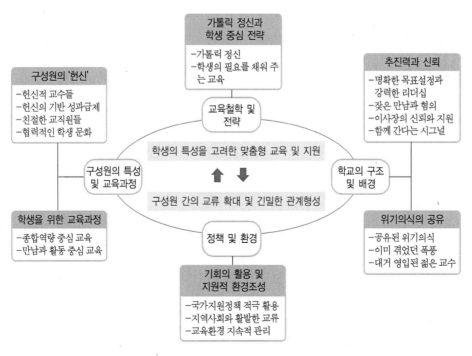

[그림 3-1] 대가대 학부교육의 특성 및 6가지 성공요인

이고 다차원적으로 결합하여 작용한다는 것이다. 즉, 같은 성공요인을 적용한다고 하여도 각 학교의 상황과 맥락, 즉 과정적 특성에 따라 그 결과가 달라질 수 있다. 이에 따라 현재의 학부교육을 개선하고 보다 우수한 학부교육을 실현하기 위해서는, 이 연구에서 밝혀진 성공요인만을 찾아서 해당 학교에 적용하려 하기보다는 각 대학의 상황과 조건, 특성 등을 명확하게 파악하고, 이를 바탕으로 해당 대학의 상황과 특성에 맞추어 적용 또는 개발해 가는 노력들이 이루어질 필요가 있을 것이다.

2. 제 언

대가대는 이미 살펴보았던 것처럼 우수한 학부교육을 실현하고 있으며, 이에 대해 내외부적 인정을 받고, 구성원들의 만족도도 높은 편이다. 그러나 학교를 개선하고 발전시키는 과정 속에서 생각지 못했던 문제점이나 반작용들이 나타나기도 하고, 새로운 목표와 더욱 발전적인 성과에 대한 요구에 직면하기도 한다. 이에 따라 이 연구 결과를 바탕으로 대가대의 학부교육이 보다 긍정적인 방향으로 더 큰 발전을 이루기 위한 몇 가지 개선 방안에 대한 제언을 하고자 하였다.

1) 교수들의 업무과중 해소

이 연구 결과에서 나타난 것과 같이 대가대의 교수들은 학생들을 위해 헌신적인 노력을 쏟고 있었다. 현재는 교수들의 교육열정과 신념이 대가대 혁신의 원동력으로 작용하고 있기는 하지만, 대가대 교수들이 담당하고 있는 여러 업무는 이미 교수들에게 상당한 부담이 되고 있으므로 이에 대한 조처는 체계적이고 신속할수록 좋을 것으로 예상된다.

물론 현재의 상태에서 교수들의 업무과중을 완전히 개선할 수 있는 제반 여건을 마련하는 것은 쉽지 않을 것이다. 대가대의 학교개혁은 여전히 진행 중이고, 이러한 학교개혁이 지속적으로 이어지고 긍정적인 성과를 내기 위해서 교수들의 노력과 헌신은 반드시 필요한 성공요인 중 하나로 작용하고 있기 때문이다. 그러므로 단기적으로 교수들의 업무과중과 그에 대한 피로감을 줄여 줄 수 있는 방안을 우선적으로 마련하고, 장기적으로 대가대에서 추구하는 교육적 시스템이 정착화되고, 보다 충분한 재정적 뒷받침이 이루어졌을 때 가능한 방안을 분리해서 함께 고민할 필요가 있다.

2) 고경력 교수들의 열정 회복 및 참여 확대 유도

이 연구결과에 따르면 대가대에서는 최근에 젊은 교수들을 대거 임용하였는데, 이러한 젊은 교수들은 대가대의 주요 보직과 업무를 담당하게 되었을 뿐만 아니라 학교에 새로운 변화의 계기를 제공하게 되어 대가대의 학교개혁이 긍정적 결과로 이어질 수 있었던 중요한 요인으로 작용했던 것으로 나타났다. 이러한 젊은 교수들은 학교에서 근무할 시간이 비교적 길게 남아 있기 때문에 학교를 자신과 '동일시'하고, 보다 적극적으로 헌신할 수 있었다.

반면에 면담결과에 따르면, 대가대의 연령이 높은 고경력 교수 중 여러 교수는 젊은 교수들과는 달리 학교에 남아 있을 시간이 얼마 남지 않았기 때문에 대가대의 생존에 대한 위기감을 자신의 일로 생각하지 않을 수 있으며, 그에 따라 참여와 열의도 부족한 편으로 나타났다. 고경력 교수들은 젊은 교수들에 비해 보다 많은 연륜과 경험, 노하우를 가지고 있기 때문에 학교개혁에 있어서도 매우 중요한 역할을 할 수 있으며, 이들의 참여는 학교의 분위기와 문화를 보다 긍정적으로 변화시킬 수 있다. 그러므로 고경력 교수들이 대가대의 학교발전을 위해 보다 열의와 열정을 가지고 참여할 수 있도록 하는 유도요인과 지원방안이 마련될 필요가 있다.

3) 학생들의 적극적 학업도전을 위한 강의 및 과제 난이도 조율

대가대에는 중위권의 고교성적을 가지고 있는 학생들이 대부분을 차지하고 있고, 이러한 학생들의 특성에 맞추어 난이도가 높지 않은 교육과정을 운영하고 있었으며, 다양한 경험과 비교과 교육활동 강조를 통해서 학생들이 스스로의 장점을 찾고, 자존감을 회복하게끔 하려는 노력을 기울이고 있었다. 또한 비교과활동에 대한 강조에 따라 교과활동에 대한 비중을 상대적으로 낮춰서 운영하고 있었다.

이러한 대가대의 노력은 학생들에게 매우 긍정적인 성과를 내게끔 하고, 학교에 대한 만족도를 높여 주는 아주 중요한 요인으로 작용하고 있었지만, 설문결과에서 나타난 것처럼 대가대 학생들의 학업적 도전 영역은 상대적으로 미흡한 것으로 드러났다. 비교과활동을 통해서 학생들의 자존감을 높여 주는 것도 중요하지만, 학생들을 위해 강의나 과제의 난이도를 너무 낮추어 운영하는 것은 학생들에게 해당 학문에 대한 지적 자극을 이룰 수 없는 결과로 이어질 수도 있다. 면담사례 중에 학생들이 수강과목에 대해서 예습이나 복습에 대한 필요성을 느끼지 못하는 사례들도 있었다.

즉, 학생들이 자발적으로 학업에 대해 더욱 노력할 수 있게끔 하기 위해서는 수업과 과제의 난이도를 너무 낮춰서 운영하기보다는 학생들이 좀 더 몰입해서 주도적이고 자발적으로 학업에 도전할 수 있는 기회를 확대하고, 현재의 교육 수준을 상황에 맞게 좀 더 향상시킬 필요가 있을 것으로 보인다.

4) 교수-학습 변화를 위한 다양한 교수법의 실제적 활용

현재 대가대에서는 교수법의 혁신을 통해 학부교육의 질을 높이려는 여러 노력들이 이루어지고 있다. 즉, 교수법 혁신 모델을 자체적으로 개발하여 공유하고 있으며, 교수 학습법 프로그램에 참여하는 것을 교수들의 교수업적 평가에 포함함으로써 교수들의 의무적 참여를 유도하고 있다. 이러한 교수업적 평가는 전임교수의 승진에 반영되거나 외래교수의 강의조건 등에 포함되며, 이러한 노력은 교수들의 프로그램 참여율을 높이고, 교수법 개선을 위한 자체적 노력을 불러오는 등 교수들에게 긍정적 자극이 되고 있다. 그러나 면담결과에 따르면, 프로그램에 대한 참여율이 높고, 학생들의 강의에 대한 만족도가 높기는 하지만, 실제적으로 다양한 방법이 활용되지 못하고 있는 것으로 나타났다.

예를 들어, 학생들은 일반 강의식 수업 외에도 토론, 발표, 프로젝트 참여 등의 수업이 이루어지고 있지만, 큰 변화를 느끼지는 못한다고 하였다. 또한 교수학습지원센터 구성원들은 아직 교수-학습 개선은 시작 단계에 있으며, 다양한 교수법이 활용되고 있지는 않다는 인식을 가지고 있었다. 대가대에서는 교수학습지원센터를 통해 교수들의 프로그램 참여를 확대시키고 있으며, 교수-학습 개선을 위한 많은 힘을 쏟고 있는 만큼, 이러한 프로그램의 마련과 참여 확대를 위한 노력 외에도 교수-학습 개선이 실제적으로 강의실로도 이어지고 활용될 수 있는 보다 많은 노력이 이루어져야 할 것이다.

5) 혁신의 지속성과 안정성을 지원할 수 있는 방안 모색

대가대에서는 현재 ACE 사업을 기반으로 교육과정, 산학협력, 학교 환경 및 시설 등 여러 분야에 있어서 많은 변화를 이루어 왔으며, ACE 사업에 대한 의존도가 상당히 높은 편이다. 예전에 1차 ACE 사업과 2차 ACE 사업 중간에는 한 학기 공백이 있기는 했지만, 내부자원 활용을 통해 비교적 잘 운영했던 것으로 나타났다. 그러나 이때 운영했던 프로그램들도 단기간을 버틸 수 있는 프로그램들이었고, ACE 사업이 종료되어 이에 대한 투자금이나 지원금이 없어지게 된다면, 현재와 같은 프로그램과 사업들을 유지해 가기는 힘들 것으로 예상된다.

면담을 진행한 대가대의 구성원들도 이에 대한 강한 우려를 표명하면서 해당 정책이 지속되기를 희망하는 의견을 가지고 있었다. 물론 ACE 사업과 같이 대가대의 학교개혁을 지속시킬 수 있는 지원적 정책이 꾸준히 이어질 수 있다면 더욱 좋겠지만, ACE 사업에 대한 의존도를 낮추고, 대가대의 자력으로 학교를 지속적으로 성장할 수 있는 동력을 마련할 필요도 있다. 즉, 교수학습개발센터 자체적으로 성과를 분석하여 발표를 하거나 부서의 독립성을 강화하여 학교 자체적으로 예산을 지원받을 수 있도록 부서 내에서의 노력이 필요할 것이며, 학교 구성원 모두가 ACE 사업 지원금이 부족해도 학생들이 다양한 비교과활동을 할 수 있고, 수업과 교육과정을 개선해 나갈 수 있는 방안, 즉 대가대가 자생적으로 개혁을 지속할 수 있는 방안 마련이 필요하다.

제4장

한국기술교육대학교

현장 중심 교육과 취업 이미지를 통한
소규모 대학 성공모델

이석열(남서울대학교)
이미라(전 한국교육개발원)

[한국기술교육대학교 학부교육의 특징]

한국기술교육대학교(이하 한기대)는 지방에 위치한 사립대학이지만, 고용노동부(당시 노동부) 산하기관이기 때문에 타 사립대학과 달리 매년 일정 금액이 국가로부터 지원되는 부분이 있어 등록금이 타 사립대학보다는 매우 저렴하다(공학계열 학기당 261만 원). 전체 재학생의 70% 이상을 수용하는 기숙사 비용도 3인실 기준 32만 원(학기당)으로서 경제적인 부담을 최소화하고 있다. 이런 한기대는 'KOREATECH'라는 이름으로 인지되고 있는데, 이는 'Korea와 공과대학의 University of technology'의 합성어로 한기대가 지향하는 바를 함축적으로 나타내고 있다. 한기대는 실천공학기술자 및 인적자원개발 전문가 양성을 목적으로 설립된 특수 목적 대학으로, 취업이 잘 되는 대학이라는 이미지 덕분에 학부모나 교사들의 선호도가 높고, 공고생들의 서울대라고 인식이 될 정도다. 이와 같이 선호도가 높은 이유는 그만큼 내실 있는 교육으로 실력을 갖춘 학생으로 성장하도록 하는 한기대만의 학부교육의 특징이 있다.

한기대 학생들은 대학생활의 낭만을 경험하기도 전에 고등학교의 연장이라는 느낌을 떨쳐 버릴 수 없다. 일반적으로 대학의 졸업학점이 130학점에서 140학점인 데 반해, 한기대의 졸업학점은 150학점이고, 이 중에서 약 50%는 실습 위주이며, 실습의 경우에는 수업시수가 최소한 1.5배 이상 늘어난다. 한기대는 공학 전공과목의 3학점을 얻기 위해서는 2시간 이론과 2시간 실습, 총 4시간을 수강해야 3학점을 얻을 수 있다. 학습의 양적으로 볼 때 다른 대학에 비해 총 이수학점도 많고, 수업시간이 많기 때문에 1, 2학년 때부터 고등학교 시간표랑 비슷할 정도로 꽉 차 있을 수밖에 없다. 약 70%의 학생들이 기숙사에 있고, 학교 자체가 천안의 외곽지역에 있기 때문에 그 외 학생들도 주로 학교 주변에 살고 있어 주중뿐만 아니라 주말에도 수시로 만날 수 있다. 기숙사에서 모일 수도 있고, 실습실도 24시간 개방을 하기 때문에 실습실에서 모일 수도 있다. 학생들은 학점 따기가 힘들다고 한다. 한기대는 많은 학습량으로 인해서 많이 놀지는 못하고, 공부하느라 매진하는데, 그게 오히려 많이 남게 되는 것 같아서 좋다는 게 학생들의 의견이다. 체력을 키우듯 이런 과정을 통해서 학생들의 학습능력을 키우고 있는 것이다.

한기대의 학생들이 많은 학습량을 이겨 내는 데는 한기대만의 독특한 문화가 있다. 그것은 1학년 때부터 팀 단위 과제가 많고, 혼자가 아니라 함께한다는 인식 때문에 처음에는 힘들어하지만 서로 도와주는 공동체 문화가 형성되어 있다. 학생들이 2인 1팀으로 작품을 하기도 하고, 4명이 한 과제를 하기도 한다. 한기대 수업이 대부분 학생들의 팀별 학습활동을 강조하고 있고, 공대의 특성상 프로젝트 기반의 수업이 대부분이어서, 이것이 학생들의 능동적이고 협동적인 학습에 영향을 미치고 있는 것으로 보인다.

한기대 교육의 두 축은 실천공학자와 인적자원개발전문가다. 실천공학자로 교육하기 위해 실험실습 위주의 교육을 하고 있고, 인적자원개발전문가로 양성하기 위해 모든 학생이 HRD 관련 학점을 16학점 정도 수강해야 한다. 학생들은 자기가 가진 전공을 다른 사람들한테 효율적으로 가르칠 수 있는 그런 능력까지 갖추기 위해서 인적자원개발전문가가 되어야 한다.

한기대에서는 2학년 때 전공을 선택하게 되고, 3학년으로 진급할 때는 지도교수를 선택하게 되면, 대학원 체제처럼 학부에서부터 지도교수의 Lab에 소속되어 하나의 팀이 되어서 지도를 받게 된다. 한기대의 교육은 현장과 밀착된 전공교육이 이루어지고 있다는 점이 취업에서 강점을 나타내게 하는 원동력이다. 예를 들어, 현장실습을 체계화하려는 제도인 IPP(Industry Professional Practice) 제도는 현장실습을 10개월에 15학점으로, 한 달에 1.5학점을 부여해서 6개월을 나가면 9학점, 4개월을 나가면 6학점을 취득하게 된다. IPP 제도를 통해서 4개월 정도 일을 해 보면서 학생들은 자신의 전공 역량과 적성을 파악하는 기회를 갖게 된다.

학생들은 학생복지시설이 좋다는 것에 동의를 하고 있다. 생활관(기숙사)의 수용인원도 많고, 학교급식도 비용 대비 질이 높고, 저렴한 커피값 등에 대해 만족을 표하였다. 등록금이 적은 편이고, 다양한 장학금 제도가 존재한다. 학생들이 원한다면 언제든지 실습실을 개방해서 사용할 수 있고, 24시간을 사용할 수 있는 실습실도 있고, 실습에 대한 비용 또한 추가적으로 신청하는 제도가 많아서 학생들은 학교의 지원이 충분히 이루어지고 있다고 생각한다. 한기대는 현장과 밀착된 전공교육을 강조해서 전공수업 중 절반이 실습이고, 현장에 바로 적용 가능한 장비를 배치하고 있으며 1인 1장비 실습으로 본인이 실습하고 레포트를 제출하는 형태의 수업을 진행하고 있다. OJT가 따로 필요 없을 정도로 실습교육을 하고 있고, 실습장비가 현대화되어 있어 실제 직무에서 바로 활용 가능하다.

한기대는 졸업을 하기 위해서는 거쳐야 하는 관문이 있다. 한기대의 졸업인증제가 그것인데, 졸업을 하기 위해서는 졸업작품을 의무적으로 해서 전시를 해야 하고, 토익을 기준으로 해서 600점이 넘어야 하며, 자격증을 산업기사 이상 하나를 무조건 취득해야 한다. 그래야만 졸업을 할 수가 있다. 현재 10% 정도의 학생들이 졸업조건에 걸려서 제때에 졸업을 못하는 것으로 파악되고 있다.

이와 같은 한기대의 학부교육의 바탕에는 책임지고 지도하고 가르치고자 하는 노력이 돋보인다. 예를 들어, 3학년 2학기 때 IPP를 나가기 전에 전공 계절 학기를 듣게 된다. 전공 계절 학기는 IPP를 나가는 학생만 수강을 하는데, 미리 현장에 나가기 전에 부족한 학점을 보완하거나 최소한 배워야 할 전공을 제대로 습득했는지를 확인하는 수업이다. 전공 계절 학기는 무료로 여름 방학 때 수업이 이루어진다. 한기대에는 MSC센터가 있는데, 수학이나 물리 등을 따라가지 못하는 학생들을 위해서 밀착 지도해 주고 있다. 또한 공학 위주의 학교 특성상 학생들의 인문학적 소양을 강화시키기 위해 인문학 관련 강좌나 활동을 하게 하도록 도와주고 있다. 그중에 하나가 바로 학생들의 인문학적 소양을 기르고 인성을 높이기 위해 수요일 오후에 전교생을 대상으로 이루어지는 휴먼아카데미다. 수요일마다 인문학 강의를 10회 이상 제공하고 있으며, 마일리지 교과목(2학점)으로 휴먼아카데미 강좌를 일정 횟수 참여하면 학점을 부여하고 있다.

제1절 서 론

충남 천안에 위치한 한국기술교육대학교(KOREATECH)는 실사구시(實事求是)의 교육이념 하에 1991년에 개교했으며, 고용노동부가 설립 · 지원하는 국책대학이자 공학계열 및 HRD(인적자원개발) 분야 특성화 대학이다. 현재 한기대는 기계공학부, 메카트로닉스공학부, 전기 · 전자 · 통신공학부, 컴퓨터공학부, 건축공학부, 에너지 · 신소재 · 화학공학부, 디자인공학과 등의 공학계열과 인문사회계열인 산업경영학부 등 4,200명의 학부생이 재학하고 있다.

한기대는 우리나라에서 취업률이 가장 높은 대학, 학부교육을 잘 시키는 대학, 공학교육을 대표하는 롤모델, 기업체에서 평가한 가장 우수한 대학, 학생이 가장 행복한 대학 등 많은 수식어가 따른다. 대학의 취업률은 매년 최상위권을 달려 왔다. 2010년에는 81.1%로, 전국 4년제 대학 1위, 2011년에는 79.6%(2위), 2012년에는 82.9%(1위), 2013년에는 81.8%(2위)다. 2014년의 취업률은 85.9%이며, 그동안 5년 평균을 보면 82.3%로서 전국 4년제 대학 가운데 가장 높은 취업률을 보이고 있다. 이러한 성과는 양적으로뿐만 아니라 질적으로 우수하다. 2014년 한기대 취업자의 59.3%는 대기업과 공기업 및 공공기관에 취업(대기업 48.2%, 공기업 및 공공기관 11.1%)하는 등 질적인 성과 면에서도 매우 우수하다. 특히 삼성그룹(계열사 포함) 취업자는 102명 규모다.

한기대가 학부교육을 정말 잘하는 대학이라고 하는데, 여기서는 한기대가 어떤 점을 잘

하는지, 어떤 점에서 우수한지, 그 메커니즘은 무엇인지를 파악하고자 하였다. 한기대 학부교육의 우수성을 밝히기 위해서는 실제 학부교육 현장에서 교육과정과 각종 교육 프로그램이 구체적으로 어떻게 이루어지고 있고, 그 과정에서 구성원들은 어떤 상호작용을 하며, 구성원들에게는 어떤 의미가 있는지 등을 심층적으로 살펴볼 필요가 있다. 또한 우수한 학부교육에 초점을 맞추어 그 우수성의 실체는 무엇이고, 우수함의 기반과 맥락은 무엇인지 등에 대해서도 밝혀 볼 필요가 있다.

하지만 그동안의 연구는 대체로 평가를 통한 양적 결과로 나타나고 있어 한기대의 우수성의 심층적인 맥락까지 드러내 주고 있지는 못했다. 한기대의 우수성을 깊이 있게 이해하고 발전 모델로서의 시사점을 얻기 위해서는 양적 분석과 아울러 질적 분석도 필요하다. 이 내용은 이러한 필요에서 한기대 학부교육 우수성의 특징과 맥락을 밝히고자 하는 질적 사례다.

이를 위한 자료 수집은 한기대와 관련한 문헌자료 분석 및 면담을 통해 이루어졌다. 특히 사례대학 구성원들과의 면담을 위해 총 2차례에 걸쳐 한기대를 방문하였다. 면담자 수는 교수 13명, 학생 21명, 교직원 4명 등 총 38명이다(〈표 4-1〉 참조).

〈표 4-1〉 사례연구를 위해 수행한 면담 및 참여관찰 내용

구분		사전 면담	1차 방문	2차 방문
일시		2014. 8. 18.(1일)	2014. 10. 7.~8.(1박 2일)	2014. 12. 9.(1일)
장소		건양대학교(합동 워크숍)	한국기술교육대학교	한국기술교육대학교
면담	교수	1명	교무처장 포함 총 6명 (개별면담)	교무처장 포함 총 7명 (개별면담)
	학생	–	총 15명 그룹면담(2그룹)	총 6명 (개별면담)
	교직원	1명	총 2명 (개별면담)	총 2명 (그룹면담)
참여관찰		–	–	창조인재교육개발단 방문
문서자료		ACE 사업보고서 등 3건	학교발전계획 등 6건	휴먼아카데미 강연집 등 2건

문헌자료의 경우 한기대 발전계획서, 자체평가보고서, 휴먼아카데미 강연자료집, 한기
대 신문(KOREA TECH PRESS) 등 공개적으로 얻을 수 있는 문건뿐만 아니라, ACE 사업계획
서, 특성화 사업계획서, 학부교육 실태 진단보고서 등 한기대에서 작성 혹은 발간한 다양한
자료를 대학 관계자의 협조를 받아서 함께 분석하였다. 구체적으로 수집된 문서자료는 〈표
4-2〉와 같다.

〈표 4-2〉 사례연구를 위해 참고한 주요 문헌자료 목록

연번	자료 내용
1	ACE 사업계획서(한국기술교육대학교)
2	자체평가보고서(한국기술교육대학교)
3	KOREATECH 한국기술교육대 자료집
4	KOREATECH 장기현장실습 IPP 자료집
5	2014 취업진로 가이드
6	KOREATECH Vision 2020
7	학부교육 실태진단 보고서(한국기술교육대학교)
8	졸업작품집
9	대학 알리미 사이트(한국기술교육대학교)
10	휴먼아카데미 강연 자료집

사전 회의 및 두 차례의 방문을 통해 수집한 자료를 모두 모아 반복적으로 읽어 나가면서
한기대 학부교육의 특성 및 우수성과 관련된 주제들을 6개 영역별로 분류 및 코딩작업을
실시하였으며, 코딩 결과를 바탕으로 영역분석별로 도출된 주제를 범주화시켜서 해당 영
역의 핵심 주제어를 명명하였다. 분석 결과를 바탕으로 해석을 실시하여 1차 보고서가 완
성되었다. 자료 수집, 자료 분석, 해석의 작업은 의미 있는 결과가 도출될 때까지 반복적으
로 이루어졌다. 1차 보고서를 완성한 후에 내부자 검토를 위하여 한기대 담당자들에게 세
차례 검토하도록 하여 검토 의견을 반영하여 최종 보고서를 완성하였다.

분석 결과, 우선적으로 한기대의 기본적 특성과 관련하여 역사적 맥락, 미션과 교육철학,
구성원의 특성, 물리적 환경, 행정부서와 대학 지배구조, 교육과정 등이 유목화 및 정리되

었다. 그리고 한기대 학부교육 우수성의 특성 및 맥락과 관련해서는 여섯 영역으로 분석되었는데, 학업적 도전, 지적 활동, 능동적·협동적 활동, 교우관계, 교수와 학생의 교류, 지원적 대학 환경 등을 바탕으로 그 특성과 우수성이 분석되었다. 아울러 한기대에서 우수한 학부교육을 가능하게 했던 성공요인은 '취업'이 강한 대학 이미지 메이킹, 지속적인 위기 관리, 교수들의 헌신과 열정, 현장 중심 교육과정, 학생의 학습공동체 문화, 성과 중심의 문화 등의 측면에서 도출되었다.

한기대는 지방의 사립대학이면서 사립보다는 국립의 의미를 담고 있는 소규모 대학으로서 독특한 대학 입장을 가지고 있으며, 이에 대한 적응과 변화를 위해 노력하는 대학이라고 할 수 있다. 주어진 여건과 환경 속에서도 대학의 발전만이 대학의 생존이라는 측면에서 '취업'을 대학의 이미지 메이킹으로 성공을 거둔 대표적인 대학으로서, 대학 발전의 하나의 모델을 제시하고 있기도 하다. 이러한 대학의 성공요인 및 맥락에 대한 분석은 한국의 지방대학 및 한국적 상황에서 발전 전략을 모색하고 있는 많은 대학에 시사점을 줄 것이다.

제2절 한국기술교육대학교의 기본적 특성

1. 역사적 맥락

1) 기관의 역사

한기대는 1982년 12월 국립중앙직업훈련원의 직업훈련교사양성과정 폐지 후 노동부의 직업훈련교사 양성 전담기관 재설립 계획에 따라 그 태동이 시작되었다. 1991년 11월 교육부로부터 산업기계공학과 등 8개 학과의 입학정원 240명 규모의 한국산업기술대학으로 인가를 받았다. 1992년 3월 한국기술교육대학으로 교명을 변경하고, 충남 천안시 병천면에 대지 71,640평, 건물 13,477평의 규모로 개교하였다.

정부에서 한국기술교육대학을 설립한 기본 취지는 직업능력개발 훈련교사 및 직업능력개발 담당자의 양성과 재교육, 그리고 실천기술 전문가를 양성하는 데 있었다. 1995년 9월 교명을 한국기술교육대학교로 변경하였고, 1996년 9월에는 산학협동연구센터를 설치하였다. 1997년 3월 대학원 석사과정으로 기계공학과 및 전기·전자공학과를 신설하고, 5월에는 대강당을 준공하였으며, 9월에는 다산정보관도서관을 개관하였다. 그리고 11월에는 산업수요변화에 부응하기 위하여 기계금형공학과와 컴퓨터공학과 등 5개 학과를 신설하였다. 1998년 9월 노동부의 직업훈련교사 양성 및 재교육, 향상교육, 신기술교육 등을 위한 프로그램에 따라 대학부설능력개발교육원을 개원하였다.

한기대는 1999년에 특성화 목표를 내실 있고 효율적으로 추진하기 위하여 교육 특성화 추진을 본격적으로 시작하였다. 2001년 10월 대학발전계획서에 국가인적자원개발(Human Resource Development: HRD)의 국가센터(National Center)를 특성화 기술교육 추진 전략의 비전으로 제시하였다. 2002년 3월 한기대 Vision 2005에서는 능력개발교육 메카인 특성화 대학교를 지향하며, 대학 특성화 및 21C형 인적자원개발 교육체계 운영을 추진방향으로 설정하였다.

이러한 특성화를 추진하는 과정에서 1999년에 정밀공작기계연구소 및 어학교육센터, 중소기업청 지정 창업보육센터 등을 설치하고, 직업능력개발 담당자 양성을 위한 산업경영학부 기술경영·인력경영전공을 추가 신설하였다. 또한 2001년에는 산업기술의 소프트화에 대응하기 위하여 멀티미디어 전공, E-Business 전공을 신설하였으며, 2002년도에는 인터넷S/W 전공을 신설하였다. 2003년도에는 IT분야 전문 인력 양성 확충을 위하여 정보보호공학 전공을 신설하고, 정보기술공학부에서 인터넷미디어공학부를 분리·신설하였다. 대학원은 테크노인력개발대학원 석사과정(30명 정원)과 산업대학원 석사과정(30명 정원)을 신설하였다. 이로써 5개 학부 14전공, 5개 공학과의 학부과정과 3개 대학원 석사과정 10개 학과의 면모를 갖추게 되었다.

2004년에는 기계 계열의 학제를 기존 2학부 4개 전공 1학과에서 2학부 6개 전공으로 개편하였다. 그리고 건축 분야의 국제화·세계화에 부응하기 위해 기존의 건축공학과를 건축공학부로 개편하여 학부 내에 건축공학전공 및 건축학전공을 5년제로 두었다. 또한 직업능력개발 분야의 교육훈련정책 및 교수법연구개발(R&D) 사업수행을 위한 기술교육혁신센터를 설치하였다.

2006년 한기대는 새로운 변화와 발전을 도모하게 되었다. 천안 도심권에 제2캠퍼스를 설치하여 제2의 도약을 위한 발판을 마련하였고, 반도체·디스플레이 분야 산업계의 기술교육수요를 반영한 계약학과 형태인 반도체·디스플레이장비공학과를 개설하였다. 또한 특성화 대학을 선도하기 위해서 한기대발전계획(VISION 2010)을 수립·추진하였다.

이제 대학 구조 개혁 등 외부 환경 변화에 대응하면서 대학의 특성적 역할에 부합하는 인재양성과 연구 및 사회봉사를 통해 국가와 사회의 발전에 기여하고자 대학의 새로운 중장기 발전 전략인 'KOREATECH VISION 2020' 수립하여 추진하고 있다. 'KOREATECH Vision 2020'은 1단계 기반 조성기, 2단계 도약기, 3단계 성과 창출기를 설정함으로써 '국내 최고의 실천공학과 인적자원개발의 창조적 융합 대학'을 지향하고 있다. 이를 통해 우리나라 기술교육의 모델 대학일 뿐 아니라 직업능력개발의 메카로서 세계적인 HRD 특성화 대학으로 발돋움해 나가고자 한다.

2) 대학의 등록금 및 학생 모집 현황

등록금은 공학계열이 학기당 261만 원(2014학년도 기준)으로 매우 저렴하며, 전체 재학생의 70% 이상을 수용하는 기숙사 비용도 3인실 기준 32만 원(학기당)으로 경제적인 부담을 최소화하고 있다. 최근 3년간 세입 중 등록금 비율이 2011년에는 22.6%, 2012년에는 19.6%, 2013년에는 17.5%로 점차 낮아져 매우 바람직하다고 볼 수 있다.

대학의 법인전입금 비율은 2013년도 기준 59.0%로 높은 편인데, 이는 정부에서 「근로자직업능력개발법」과 「고용보험법」에 의거하여 실천공학기술자 및 인력개발 담당자 양성사

〈표 4-3〉 최근 3년간 한국기술대학교의 신입생 모집 현황 (단위: 명)

연도	입학정원	모집인원			지원자			입학자			정원 내 신입생 충원율 (%)	경쟁률
		계	정원 내	정원 외	계	정원 내	정원 외	계	정원 내	정원 외		
2012	900	951	903	48	9,714	9,392	322	950	903	47	100	10.4
2013	900	959	900	59	7,764	7,431	333	947	900	47	100	8.3
2014	900	956	900	56	10,356	10,139	217	944	900	44	100	11.3

업을 한기대에 위탁하여 실시하고 있으며, 재원은 한국산업인력공단을 통하여 학교법인에
재출연하고 있기 때문이다.

2. 교육철학 및 목표

1) 공학계열 및 HRD 특성화 대학

한기대는 'KOREATECH'이라는 이름으로 인지되고 있는데, 이는 'Korea'와 공과대학의
'University of technology'의 합성어로 한국기술교육대학이 지향하는 바를 함축적으로 나
타내고 있다.

2) 실천공학기술자 및 HRD 전문가를 양성하는 대학

대학의 설립이 직업능력개발직업훈련교사 양성을 위해 1991년 고용노동부(당시 노동부)
의 전액 출연으로 설립된 특성화 대학으로, 설립근거 법령에 따라 대학의 인력양성 역할을
지속적으로 확대해 왔으며, 2005년 8월에 교육목표를 '실천공학기술자 및 인적자원개발전
문가 양성'으로 미션을 설정하였다. 이런 내용은 [그림 4-1]의 Vision 2020 체계도에서도 나
타나고 있다.

미션	실천공학기술자 및 HRD 전문가 양성을 통한 국가인적자원개발 선도
비전	국내 최고의 실천공학과 인적자원개발의 창조적 융합 대학

(인재상) 창의 · 도전 · 실용 · 책임을 다하는 인재(C²PRo)

KOREATECH Way (핵심 가치)	창의 Creativity	도전 Challenge	실용 Practicability	책임 Responsibility

교육이념: 實事求是

4대 전략방향	국내 최고의 교육 경쟁력 확보	국가직업능력 개발 선도	산학협력 및 사회 기여 확대	선진경영 구현
목표	대학평가 최우수(10위)	세계 최고의 HRD 기관	고객만족도 우수	공공기관 경영평가 최우수
12대 전략과제	① KOREATECH 교육 모델 고도화 ② 우수 학생 유지 ③ 글로벌 역량 강화 ④ 캠퍼스 환경 개선	① 국가직업능력개발 지원 강화 ② 고용노동전문교육 강화	① 산학협력취업지원 강화 ② 지역사회봉사 활성화	① 자율/책임경영 강화 ② 재무건전성 제고 ③ 고객지원서비스 강화 ④ 선진 노사문화 구현
28대 실행과제	9개	6개	4개	9개
Action Plan(88)	31개	18개	11개	28개

[그림 4-1] Vision 2020 체계도

3) 실무형 창의형 인재 육성

‘실사구시’를 교육이념으로 ‘국내 최고의 실천공학과 인적자원개발의 창조적 융합 대학’을 비전으로 하여 창의 · 도전 · 실용 · 책임을 다하는 인재를 양성하고자 한다.

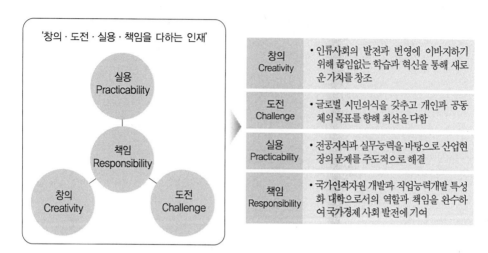

[그림 4-2] 한기대의 인재상

4) KOREATECH의 특성화 교육 모델

한기대는 실천공학기술자 및 인적자원개발전문가 양성을 목적으로 설립된 특수 목적 대

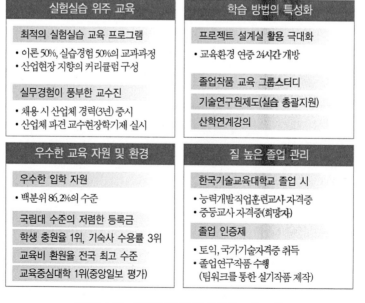

[그림 4-3] 한기대 학부교육 특성화 교육 모델

학으로, 교육, 연구, 산학협력, 국제화, 교육 중심 대학으로서 크게 '학부교육'과 '평생교육' 영역에서 차별화된 교육모델을 개발·운영하고 있다.

5) 교육과정 구성: 'π-plus형 교육 시스템'

교육목표를 달성하기 위하여 현장 중심의 실험·실습이 강화된 특성화된 교육과정을 운영하고 있다. 공학계열에서는 2002년도부터 한국공학교육인증원(ABEEK)에서 제안한 π형 교육체계를 기본 틀로 [그림 4-4]와 같이 한기대의 특성화 정책이 반영된 π-plus (π+)형 교육 시스템을 개발하여 운영하고 있으며, 경영학계열도 이에 준하여 운영하고 있다. 여기서 π-plus형은 실험·실습이 강화된 현장 중심의 실무 지향 교육과정으로, 교육목표를 달성하는 데 필요한 세부사항을 각 교과목별로 설정하고 수시로 검증하여 교육과정에 반영할 수 있도록 한 교육 시스템을 의미한다.

한기대 교육과정은 공학계열과 경영학계열로 구분되며, 졸업요건으로 공학계열은 150학점제, 경영학계열은 140학점제로 운영하고 있으며, 전문교양영역, MSC영역, 전공영역 교과목으로 각각 구분하며, 과정별 특성에 따라 이수해야 하는 세부 교과 영역으로 편성하고 있다. 교과과정은 매년 부분적인 개편이 이루어지고 있으며, 4년마다 대폭적인 수정이 이루어지고 있다. 교과과정 편성 시에는 산학협의회의 의견수렴을 필수적으로 거치게 하여 현장의 의견이 교과과정에 반영되도록 제도화하고 있다. 전공교육의 내실화를 유지하기 위하여 차등형 전공인정학점제를 적용하고 있으며, 복수전공이나 부전공을 이수하는 학생에게도 주전공을 65학점 이상 이수하도록 하고 있다.

[그림 4-4] π-plus형 교육 시스템

3. 구성원의 특성

1) 교 원

한기대의 최근 3년간 전임교원 확보율은 2012년 77.3%, 2013년 79.7%, 2014년 82.4%로 매년 향상되고 있으며, 재학생 기준 전임교원 확보율은 2014년 4월 1일 기준 69.0%이고, 이는 2014년 기준 국공립대학 평균 69.4%와 유사한 수준이다. 한기대는 매년 신임교수를 임용함으로써 전임교원의 수를 늘리고 있는데, 실제로 2012년 164명에서 2014년에는 174명으로 10명(6.4%) 증가하였다.

한기대는 실무중심 교육의 학교 설립 특성에 맞게 신임교원의 전공적부 심사에 '해당분야 실무경력 최소 3년 이상'인 기준을 적용하고 있다. 교수들은 '교수현장학기제'란 제도를 통해 3년마다 한 학기씩 산업현장에 파견돼 산업기술의 변화를 체험하고 돌아와 학생들에게 산업계의 기술 동향 등을 담은 최신 공학교육을 실천하고 있다. 교양학부는 전임교수 23명으로 구성되어 있으며, 전문교양, MSC(수학 · 기초과학 · 전산), HRD 3개 분과의 교양교육 프로그램을 독립적으로 운영하고 있다.

〈표 4-4〉 한국기술교육대학교의 교원 현황

연도	학생 정원 (명)	재학생 수 (명)	학생정원 기준 교원법정 정원(명)	재학생 기준 교원법정 정원(명)	전임교원 수 (명)	학생정원 기준 전임교원 확보율(%)	재학생 기준 전임교원 확보율(%)
2012	4,400	4,949	212	237	164	77.3	69.2
2013	4,401	4,963	212	238	169	79.7	71.0
2014	4,402	5,254	211	252	174	82.4	69.0

2) 학 생

한기대는 학생 수 5,000명 이하 규모의 지역 사립대학으로 전국 4년제 대학 취업률 1위의 산업기여도를 갖춘 공대 중심 대학이다. 학부생 비율이 94.7%인 학부교육 중심 대학으로, 전체 재학생 중 학부 재학생 수가 4,579명, 일반대학원 재학생 수가 258명이다.

입학 편제는 정원 900명 중 공학계열 85%, 경영학계열 15%이며, 공학계열 6개 학부(기계공학부, 메카트로닉스공학부, 전기 · 전자 · 통신공학부, 컴퓨터공학부, 건축공학부, 에너지 · 신소재 · 화학공학부)와 1개 학과(디자인공학과)와 경영학계열 1개 학부(산업경영학부)로 구성되어 있다.

3) 직원

2014년을 기준으로 직원은 총 168명이며, 직원 1인당 학생 수는 27.2명이고, 최근 졸업연기로 인한 재학생 수의 급격한 증가로 인하여 다소 증가하였으나, 2014년에 공시한 전체 대학(47명) 및 국공립대학(37.9명)의 직원 1인당 학생 수 평균과 비교하면 매우 우수한 편이다.

〈표 4-5〉 한국기술교육대학교의 교직원 구성 현황   (단위: 명)

구분	교원		직원			합계
	전임교원	비전임교원	인재개발직	업무지원직	계약직	
인원수	174	193	145	19	4	535

4. 물리적 환경

1) 외곽지역에 있는 캠퍼스

한국기술교육대학교는 천안시 병천면에 위치한 학교로서 기숙사 수용인원은 2013년 기준으로 3,082명으로, 기숙사 수용률은 65.6%로 대학 평균 14.0%에 비해서 매우 높은 편이다. 대부분의 학생들은 기숙사에서 거주하고 있고, 일부 학생들은 대학 근처의 원룸을 이용하고 있으며, 인근 지역에서 통학하는 학생들은 소수에 불과하다.

타 지역, 특히 수도권 학생들의 비율이 높기 때문에 학생들은 주말에도 캠퍼스 내에서 머무를 때가 많다. 통학 학생들도 자취생인 경우가 많기 때문에 학생들은 대부분의 시간을 캠퍼스에서 머물게 된다.

2) 캠퍼스 시설과 분위기

한기대의 캠퍼스는 20년이 갓 지난 역사에 걸맞게 매우 깨끗하며, 제1캠퍼스 부지가 약 379천 평방미터의 중소규모로 알차게 운영하고 있는 점이 특징이다.

평소의 학교 모습은 수업이 많은(학생의 85%를 차지하는 공대 학생의 경우 주당 평균 수업시간이 27~28시간) 관계로 주간 시간대에는 비교적 한산하며, 오후 6시가 넘어야 학생들의 움직임이 활발한 모습을 볼 수 있는데, 많은 수업량과 기숙사 수용률이 높은 부분은 한기대 캠퍼스 문화를 타 대학과 차별화하고 있는 강력한 요인으로 보인다.

한편 방학 중에도 전체 학생의 1/4(약 1천여 명)에 해당하는 학생이 계절 학기를 수강할 정도로 독특한 연중무휴 학업 분위기는 타 대학과 확연히 다른 면이 있다.

5. 행정부서와 대학 지배구조

1) 행정부서

한기대는 5처 3실 4부속시설 체제로 운영되고 있으며, 행정조직은 [그림 4-5]와 같다.

타 대학과 유사한 조직구조로 보일 수도 있으나 한기대만의 차별화 교육제도인 IPP(장기현장실습)제도를 운영하는 면을 고려한 경력개발·IPP실(2011년 설치) 운영이 독특하며, 대학 고유의 기능은 아니지만 고용노동부 산하기관으로서의 역할을 수행하기 위해 고용노동부 공무원 직무교육 중심 기능을 수행하는 고용노동연수원, 재직자 기술분야 중심의 재교육 기능을 수행하는 능력개발교육원을 운영하고 있다.

한편 2013학년도에 교무처 산하에 창조인재교육개발단을 설치하여 CTL기능과 특화된 교육역량 강화 기능을 아우르는 조직을 운영하고 있는 부분은 눈에 띄는 부분이다. [그림 4-6]은 한기대의 창조인재교육개발단 조직도다.

2) 대학 지배구조

고용노동부 산하기관으로 한국산업인력공단이 재출연하여 설립된 독특한 탄생 구조를 가지고 있으나, 사립대학으로 분류되어 지배구조는 타 사립대학과 동등하다. 타 사립대학

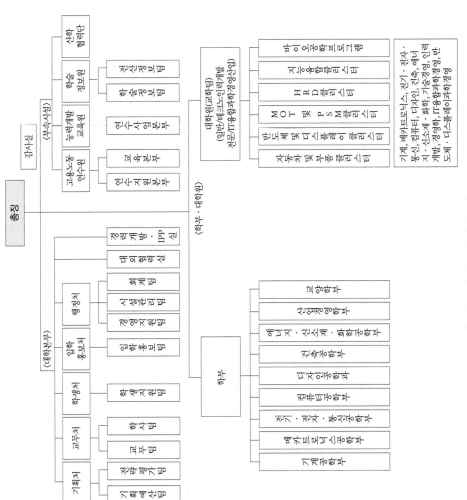

[그림 4-5] 한기대 행정조직도

※ MSC는 수학과학전산을 의미.

[그림 4-6] 한기대 창조인재교육개발단 조직도

과 다른 점이 있다면 매년 일정 금액이 일반회계 출연금으로 국가로부터 지원되는 부분이
며, 이사회, 대학평의원회, 교무위원회를 두어 주요 의사결정을 하고 있다.

6. 커리큘럼 등 기타 특징

1) 일학습병행제: 기업연계형 장기현장실습

일학습병행제(Industry Professional Practice: IPP)는 기존의 기업 인턴 등 단기 현장실습 프로
그램의 한계를 극복하고, 3~4학년을 대상으로 10개월간(3학년 때 6개월, 4학년 때 4개월) 자
신의 전공과 관련된 기업체에 파견되어 현장실습을 하는 한기대만의 새로운 공학교육모델
이다. 이는 산업현장 수요를 반영한 교육과정을 통해 산학협력을 바탕으로 한 현장밀착형
교육과 맞춤형 인력을 양성하기 위한 것이다.

IPP 파견 기간 동안 총 16학점을 취득하고, 매달 기업체와 학교로부터 월평균 120만 원의
수당을 받게 된다. IPP 제도를 통해 학생들은 전공분야 현장경험을 체험함으로써 진로선택
을 명확하게 할 수 있고, 첨단기술과 장비를 경험함으로써 학교에서 배운 공학이론이 실제
산업현장에서 어떻게 활용되는지 등을 체험하여 문제해결형 인재로 거듭나게 된다. 또한
현장실무를 경험함으로써 전공역량을 강화시킬 수 있으며, 졸업 후 취업이 용이하게 된다.
KOREATECH IPP 성공모델을 바탕으로 IPP형 일학습병행제 확산을 통해 대학의 자발적인
교육과정 개발을 하고 있다.

2) 취업생들의 높은 전공일치도

한기대 취업생들의 전공일치도는 89.1%인데, 이는 매월 2차례 대기업 인사부서장을 초청해 취업설명회 및 특강을 실시하고, 방학 때 학부별로 1박 2일간 취업캠프 마련−맞춤형 이력서 클리닉, 토론 및 개인 면접 클리닉 등을 실시하고 있다.

교내 취업 상담 전문가들이 연간 약 1천여 명의 학생들에 대한 1:1 개인별 맞춤형 컨설팅을 제공하여 학생들로 하여금 직업적 가치관 함양, 취업을 위한 체계적인 방법론, 포트폴리오 작성 및 진로 탐색 등을 할 수 있도록 도와주고 있다. 또한 학생들의 취업을 지원하기 위해서 취업동아리를 적극적으로 지원하고, 잡카페(Job Cafe)를 설치하여 무인화상면접기, 인적성검사 문제집, 기업정보, 취업전략, 어학, 자기계발, 홈커밍데이 등을 학생들이 접할 수 있게 하고 있다.

3) '휴먼아카데미' 특강

학생들이 인성을 함양하는 데 도움이 될 수 있도록 학기 중 매월 1회씩 인문·사회·경제·문화 등 각 분야를 대표하는 최고 명사들을 초청하여 '휴먼아카데미' 특강을 진행하고 있다.

4) P & S Open Chair

P & S Open Chair라는 이색적인 소통 프로그램을 운영하고 있는데, 이는 총장(president)이 학생(student)을 대상으로 직접 특강을 실시하거나 대화를 나누며 소통을 하는 행사로서, 학생들의 글로벌 역량 함양, 대학 운영 시스템에 대한 이해, 재학생 및 외국인 학생들과의 소통 기회 확대 등을 목적으로 한 강좌 프로그램이다.

제3절　한국기술교육대학교 학부교육의 특징

여기서는 학부 우수교육기관으로서 한기대 학부교육의 특징과 현황을 구성원들의 경험

〈표 4-6〉 한국기술교육대학교 2013 K-NSSE 조사결과: 6개 영역 종합

K-NSSE 조사 영역	한기대 (n=400)		ACE(25개교) (n=9,459)		전체 참여 대학(54개교) (n=18,257)	
	평균	표준편차	평균	표준편차	평균	표준편차
1. 학업적 도전	12.16	4.11	10.45	3.75	10.45	3.75
2. 지적 활동	14.44	2.66	13.53	2.89	13.54	2.91
3. 능동적 · 협동적 학습	12.35	2.30	11.30	2.60	11.23	2.61
4. 교우관계	11.29	2.99	10.88	2.96	10.87	2.96
5. 교수와 교류	13.89	4.45	14.08	4.29	14.00	4.28
6. 지원적 대학 환경	9.68	2.51	8.93	2.50	8.91	2.51

주: 2013년 3차 조사에는 총 54개 대학이 참여하였으며, 한기대는 1, 2차 조사에는 참여하지 않고 3차 조사부터 참여하였음.
출처: 한국교양기초교육원 · 학부교육 선진화 선도대학 협의회(2013). 2013년 대학 학부교육의 질과 성과 분석: 한국기술교육대학교.

을 통해 살펴보고자 하였다. 이를 위해 '2013 대학 학부교육의 질과 성과분석 보고서'에 나타난 양적 통계 수치와 함께 대학 구성원들의 의견을 면담을 통해 살펴보았다. 학부교육의 특징과 현황을 살펴보기 위해 K-NSSE(National Survey of Student Engagement)의 대학생 학생 참여 6가지 요인인 학업적 도전, 지적 활동, 능동적 · 협동적 학습, 교우관계, 교수와 학생의 교류, 지원적 대학 환경을 중심으로 한기대 학부교육의 현 모습과 이에 대한 구성원의 경험 및 인식, 의견, 감정 등을 중심으로 학부교육 우수성을 드러내 보고자 하였다.

한기대는 2013년 K-NSSE 설문조사 결과에서 '교수와 학생의 교류'를 제외한 모든 영역에서 전체 대학(54개교) 및 ACE 대학(25개교)보다 우수한 결과를 보였다. 한기대는 6개 영역 중 특히 '학업적 도전' '지적 활동' '지원적 대학 환경'이 전체 대학의 평균과 비교할 때 상대적으로 높게 나타났다.

1. 학업적 도전: '실력은 파고드는 자의 몫'

학업적 도전은 대학생들이 학업 활동에 얼마나 시간을 투자하고 성과를 내기 위하여 노력하는지를 보여 주는 요인이다. 한기대 학생들의 학업적 도전에 대한 K-NSSE 결과는 전체

〈표 4-7〉 K-NSSE 자료: 학업적 도전 영역

	한기대 (n=400)		ACE 대학(25개교) (n=9,459)		전체 참여 대학(54개교) (n=18,257)	
	평균	표준편차	평균	표준편차	평균	표준편차
1학년(n=32)	11.19	3.83	9.70	3.53	9.70	3.53
2학년(n=99)	11.60	4.14	10.58	3.75	10.58	3.75
3학년(n=132)	12.04	4.10	11.03	3.91	11.03	3.91
4학년(n=137)	12.90	4.09	10.89	3.77	10.89	3.77
전체	12.16	4.11	10.45	3.75	10.45	3.75

주: 2013년 3차 조사에는 총 54개 대학이 참여하였으며, 한기대는 1, 2차 조사에는 참여하지 않고 3차 조사부터 참여하였음.
출처: 한국교양기초교육원 · 학부교육 선진화 선도대학 협의회(2013). 2013년 대학 학부교육의 질과 성과 분석: 한국기술교육 대학교.

대학 및 ACE 대학과 비교할 때 높은 것으로 나타났다. 학년별로 비교해도 모든 학년에서 다른 대학에 비해 학업적 도전에 대한 점수가 높은 것으로 나타났다. 한기대 학생의 학업적 도전이 다른 대학과 비교할 때 상대적으로 높은 원인을 발견하기 위해 한기대 구성원들과의 면담이 진행되었다. 한기대 학생들의 학업적 도전과 관련해서 가장 많이 언급되었던 것은 '많은 학습량'이었다. 그 다음으로 '실험실습 중심 교육' '질 높은 졸업관리' 'HRD 교육' 등으로 정리될 수 있다.

1) 많은 학습량을 유도하는 학사운영: '졸업학점이 150학점이라니'

한기대의 졸업학점은 150학점으로 다른 대학과 비교할 때 많은 편이라 할 수 있다. 다른 대학이 2,500시간을 수업한다면 한기대는 3,800시간을 수업한다고 볼 수 있다. 교수와 학생 모두 힘들지만, 기업과 학생의 만족도는 높은 것으로 나타나고 있다.

설립 당시 졸업학점이 160학점이었고, 실습과목은 학점의 2배를 수업시수로 책정하였다. 졸업학점이 줄어들고는 있지만, 교수법이 바뀌면서 학생들에 대한 과제가 점점 많아져서 학생들의 공부량은 적어지지 않고 있다고 판단된다.

일단 다른 학교의 졸업학점은 130에서 140으로 알고 있는데, 저희 학교는 이제 150학점이 졸업학점이거든요. 타 학교에 비해서 10학점, 20학점 이상 더 들어야 하니까 아무래도 시간표도 보통 고등학교 때는, 대학교를 생각하면 널널한 것 같은데, 막상 1, 2학년은 고등학교 시간표랑 비슷할 정도로 꽉꽉 차 있거든요. 많이 놀지 못하고 공부하느라 매진하는데, 그게 오히려 많이 남는 것 같아서 좋아요. (4학년 학생 A)

상대적으로 다른 대학생과 비교하면 대학생으로 할 수 있는 여러 가지 것을 좀 못 누리는 측면도 없잖아 있죠. 그런데 사실 남들보다 더해야 지금의 학교 네임밸류가 있지요. 예전에는 졸업 이수 학점이 더 많았었죠. 거기에 비하면 줄어든 편인데, 여전히 다른 대학들에 비해서는 훨씬 많죠. (전기전자통신 평교수 A)

학생들에게 부과되는 많은 과제는 자기 주도 학습이 어려운 학생들에게 훈련을 시킴으로써 부족한 부분을 채워 주고 있다고 생각되며, 체력을 키우듯 이런 과정을 통해 학습능력도 커지고, 그 결과 자기주도 학습이 가능해질 것이라고 생각한다.

제가 지도하는 학생들을 보면 학부생들이 랩에서 밤샘하고 그런 것을 아주 자연스럽게 생각합니다. 그런데 그게 1학년 때부터 팀 단위 숙제를 하다가 보면 이렇게 가는 걸 처음에는 힘들어하지만 어느 정도 시간이 지나면 '이렇게 가는 게 당연하다.' 그렇게 받아들이는 거죠. (입학처장)

저희 학교가 다른 학교 교수님들과 얘기하다 보면 굉장히 액티브한 것 같아요. 학생들을 위한 뭐가 되게 많아요. 실습을 할 수 있는 경진대회라든지 뭐 이런 게 되게 많아요. 그리고 학생들이 수업을 많이 들어야 해요. 그래서 수업을 많이 듣고, 애들 과제도 많고 하여튼 힘들어요. (HRD 부센터장)

주 중뿐만 아니라 '월요일 날 과제 제출이다.' 그러면 일요일 날 저녁 때 10시에 만나서 애들이 과제를 하는 거예요. 기숙사에서 모일 수도 있고, 실습실에서도 모일 수 있고, 실습실도 24시간 개방을 하기 때문에 그래서 이제 그런 면들이 학생들이 모여 있기만 한 게 다가 아니라 그것으로 인해서 나올 수 있는 효과는 결국은 남들보다 더 할 수 있는 기회가 제공이, 기회란 표현이 좀 (웃음) 강제로 반강제로 그런 여건이……. (전기전자통신 평교수 A)

네, 저는 보통 한 학기에 많게는 한 4개, 4개 정도의 팀 프로젝트 정도, 적을 때는 한 2~3개, 4개면 중간고사, 기말고사 빼면 한 2주에 한 번 정도, 그 정도면 괜찮은 것 아닌가요? (전기전자통신 평교수 A)

공대에 비해서는 안 힘든 거라고 하더라고요. 저희 산경학과 학생들은 만날 말하는 게 과제도 힘들고, 저희도 힘든데…… 놀 게 없으니까, 그러니까 '학점 따기 힘들다.' 라고 하는데, 공대 애들 앞에서 이런 얘기를 하면은 '우리가 더 힘들지.' 이런 게 있어서…… 저희는 그냥 '공대에 비해서 안 힘든 거니까 그냥 참고 지내자.' 이런 마인드예요. (산업경영 4학년 학생 B)

대학이 훨씬 많죠. 훨씬 많죠. 고등학교 때는 진짜 달달달 외우면 되지만, 대학교 공부는 이해를 하고 넘어가야 되잖아요. 그런 것 때문에 거의 저 같은 경우에도 이제 특히 공고 나온 애들은 이해력이 좀 더 안 되니까. 거의 밤새서 공부할 때가 많아요. 새벽 3, 4시. 시험기간에는 항상 밤낮이 바뀌어요, 저희는. 늦게까지 공부를 하니까. (전기전자통신 1학년 학생 C)

2) 현장에 다가서는 전공교육: '실력의 척도는 현장 적응력'

한기대는 공학 전공과목의 3학점을 얻기 위해서는 2시간 이론과 2시간 실습, 총 4시간을 수강해야 3학점을 얻을 수 있다(이론과 실습 비율이 1:1). 학습의 양적으로 볼 때 다른 대학에 비해 총 이수학점도 많고 수업시간 또한 많았다.

전공수업 중 절반이 실습이고, 현장에 바로 적용 가능한 장비를 배치하고 있으며, 1인 1장비 실습으로 본인이 실습하고 레포트를 제출하는 형태의 수업을 진행하고 있다. 직장 내 교육훈련(On the Job Training: OJT)이 따로 필요 없을 정도로 실습교육을 하고 있고, 실습장비가 현대화되어 있어 실제 직무에서 바로 활용이 가능하다.

기술연구원 제도를 두어 한 과목당 한 명씩 배치하여 학생들의 실습을 지원하도록 하고 있다. 또한 실습 및 재료비에 대한 투자를 아끼지 않고 있다. 제대로 된 실습이 이루어지기 위해서는 실습장비가 갖추어져 있어야 하고, 재료도 갖추어져 있어야 한다고 생각하고, 이에 대한 지원을 하고 있다. 한기대는 실천공학을 강조하고 있고, 실습과 실천공학을 강조하다 보니 학생들과의 밀착도가 높아지고, 상호작용이 활발하게 이루어지고 있다. 공학설계 및 졸업연구설계 등은 학문적으로도 중요하지만 지도교수와 학생의 강한 고리를 형성하도록 도와주고 있다.

3) 졸업인증제로 성취수준을 명확히 하기

한기대는 졸업인증제를 실시하고 있고, 졸업을 하기 위해서는 졸업학점 이수, 졸업작품, 토익 600점 이상, 산업기사 이상 자격 취득 등이 요구된다. 현재 10% 정도의 학생들이 졸업 조건에 걸리는 것으로 파악되고 있다.

> 150학점을 따는 거는 의무이고요, 그다음에 저희가 졸업하려면 아까 말씀 드린 졸업작품을 의무적으로 해서 전시를 해야 되고요. 그 다음에 토익을 기준으로 해서 600점이 넘어야 되고요, 그 다음에 자격증을 산업기사 이상 하나를 무조건 따야 돼요. 자기 전공 분야에. 그래야지만 졸업을 할 수가 있어요. (경력개발, IPP 부서장)

한기대는 졸업인증제 특징 중 하나가 졸업작품을 제출하는 것이다. 경상계열의 학생들은 졸업논문으로 대체하고 있지만, 공대 학생들은 졸업을 위해서는 졸업작품을 제출해야 하는데, 학생들이 팀을 이루어 지도교수의 지도 아래 완성을 하게 된다.

> 그러면 이제 그 학생들이 2인 1팀으로 작품을 하기도 하고, 뭐 좀 과제 작품의 규모가 크면 4명이서 한 과제를 하기도 하는데, 통상은 팀으로 두 명 이상이 작품을 하니까 교수님별로 따지면 4학년 졸업작품 전시회 기준으로만 보면 한 해에 뭐 적으면 두 팀에서 뭐 많으면 네 팀까지 지도를 하신다고 보시면 되죠. (전기전자통신 평교수 A)

매주 일단 기본적으로 교과과정 안에 공학 설계는 3학년인데 3학년, 4학년 대상으로 1주일에 한 번씩 공식적으로 만나게 되어 있어요. 일주일에 한 번으로 그냥 끝내는 분도 있고, 뭐 진행사항 중간중간에 점검을 하시는 분도 계시고, 사실 매일매일 하는 건 좀 어렵고요. 보통 학생들이 개발을 하다가 막히는 게 있으면 그런 것 좀 봐주기도 하고 도와주기도 하죠. (전기전자통신 교수 A)

퀄(Qualification)제도 운영과 함께 방과 후 영어보충교육을 실시하고 있고, 3학년으로 올라가기 전에 영어졸업조건을 통과하도록 도와주고 있다.

면담학생 중 일부는 학생에게 제시하고 있는 졸업요건을 충족시키기 어렵고, 특히 이수해야 하는 학점이 매우 많고, 대학졸업 후 진학을 고려하는 학생들에 대한 고려가 전혀 없다고 응답하였다.

학교가 개인적으로는 제 입장을 대변하는 걸 수도 있지만, 음, 너무 취업에 강점을 둔 학교이다 보니까 취업 위주의 지원을 주로 하고 있는데요. 그 외에 저같이 진학을 고려하는 사람이나 창업 같은 걸 고려하는 사람들을 위한 프로그램이 좀 적은 편이라 할 수 있겠습니다. 대표적으로 졸업요건 같은 경우가 150학점을 요구하고, 산업기사 자격증을 요구하고, 졸업작품까지 요구하기 때문에 이것을 다 충족시키기 힘든 경우, 제때 충족시키기 힘든 경우가 많아서 그중에서도 산업기사 같은 경우에는 진학을 생각하는 학생에게는 그렇게 중요시되는 요소가 아닌 것 같아요. 어떻게 보면 발목을 잡을 수가 있습니다. 그런 점을 좀 고려를 해 주셨으면 합니다. (메카트로닉스 4학년 학생 D)

〈사례 4-1〉 한기대 졸업인증제의 졸업요건

- 교과과정에 의한 전 과정 이수 및 평점평균 2.0 이상 취득
  - 이수과정별 학점 취득은 교과과정 운영기준의 졸업에 필요한 전공(학과)별 취득학점의 구성 및 배점을 충족
- 산업기사 이상의 국가자격증 취득 또는 실기평가 합격
  - 실기평가 대체 인정 가능자: 2005학년도 입학자까지
  - 실기평가 대상자는 학부(과)별 전공과목 중 다음 실험실습과목 최소 이수학점을 충족하여야 함

학부(과)	최소 이수 학점
기계정보, 메카트로닉스, 정보기술, 인터넷미디어, 신소재	25
디자인, 건축(공학)	30
응용화학	34
건축(건축학)	36

* 외국인 학생은 면제 사항임

• 졸업연구 실적물 심사 합격

  − 졸업설계/졸업논문 관련과목 중 최 후수과목 이수 시 합격

• 외국어능력인정 요건 충족

  − 졸업설계/졸업논문 관련과목 중 최 후수과목 이수 시 합격

    * 외국인 학생은 면제 사항임

    * 대체인정기준: 이 성적을 취득하지 못한 경우 모의토익 또는 별도로 개설하는 강좌(토익스타터독해 및 토익스타터청해) 이수

구분	인정 기준(점수 · Level)	
	2003년 입학자부터	2002년 입학자까지
TOEIC	600점	500점
TOEFL IBT	57점	−
TEPS	476점	402점
G-TELP	Level 3 71점	Level 3 56점
TOEIC Speaking	Score 120	Score 110
TOEIC Writing	Score 120	Score 110
TEPS Speaking	3+	3
TEPS Writing	3+	3
GST	5	6
OPIc	IM	IL
일본어능력시험(JLPT)	2급, N2	2급, N2
JPT	600점	600점
SJPT	6	6
한어수평고시(新 HSK)	초중등 3급, 新 HSK 5급	초중등 3급, 新 HSK 5급

• 관련 규정

학칙 제46조(졸업)

① 다음 각 호 모두에 해당하는 자에게는 별표 제2호에 해당하는 학위를 수여한다. 다만, 외국인에 대하여는 제2호 및 제4호를 면제할 수 있다.

    1. 본 학칙과 당해 학부(과)의 교과과정에 규정된 전 과정을 이수한 자로서 전 교과목 성적의 평점평균이 2.0 이상인 자

    2. 해당 훈련교사직종에 관련 있는 (기술)자격을 취득한 자

    3. 제45조의 규정에 의한 졸업연구 실적물 심사에 합격한 자

    4. 제38조의 규정에 의한 외국어 능력을 인정받은 자

② 8학기 이상 등록한 자(조기졸업희망자는 7학기 이상 등록한 자)로서 전항 각 호의 결격사유에 해당하지 않고 졸업을 원하는 학생은 정해진 기일 내에 졸업 신청원을 졸업 담당부서에 제출하여야 한다. 다만, 편입자는 4학기 이상 등록하고 소정의 학점을 취득한 자에 한한다.

③ 제7조의 규정에 의한 재학연한이 경과하여도 제1항의 졸업요건을 취득하지 아니한 자는 수료만 인정한다.

④ 수료자가 제1항 각 호의 졸업요건 이수에 필요한 경우 납입금 및 수강신청 기준에 따라 정규학기 또는 계절수업에 등록할 수 있다.

⑤ 공학교육인증프로그램에 참여하는 학생이 제1항의 졸업요건 및 당해 인증기준을 충족하였을 경우에는 해당 인증 프로그램을 표기한 졸업증서를 수여한다.

출처: 한국기술교육대학교 홈페이지(http://www.koreatech.ac.kr).

4) 대학의 정체성을 살리는 교육: HRD 교육

한기대 교육의 두 축은 실천공학자와 인적자원개발전문가다. 실천공학자로 교육하기 위해 실험실습 위주의 교육을 하고 있고, 인적자원개발전문가로 양성하기 위해 HRD 관련 학점을 16학점 정도를 모든 학생이 수강해야 한다. HRD 교과는 개론, 기업현장교사역량, 기업 HRD 역량 관련 과목으로 구성되어 있다. 이 교과들은 학생들의 현장에 대한 이해도를 높여 주고 있다. 시대의 변화에 맞추어 교육과정을 운영하기 위해 지금까지 7~8번 정도의 대규모 개정이 있었고, 그 외에 작은 개정들이 있어 왔다.

> 우리가 제도 자체를 HRD, 인적자원개발과 관련된 교과목들을 대신해서 가르치기 시작했어
> 요. 그러면서 저희가 인적자원개발을 하면서도 예를 들어 우리 학교 학생들은 자기의 전공이 있
> 지만, 그 전공 플러스 자기가 가진 전공을 다른 사람들한테 효율적으로 가르칠 수 있는 그런 능력
> 까지 같이 배양하는 것을 일단은 저희 학교의 목표로 가지고 있거든요. (HRD 부센터장)

이와 함께 HRD 부전공제도를 채택하고 있고, 한 달 간의 실습도 참여함으로써 해당 분
야의 기술이나 업무를 가르치거나 HRD 할 수 있는 능력을 기르도록 하고 있다. HRD 센터
에서는 HRD 연구 기능(주로 국가 차원의 NHRD)만을 가지고 있다가, 2014년부터 HRD 교육
과정 운영과 관련된 기능을 가지게 되었다. HRD 관련 교과개발(교육과정 개발)과 이를 운영
하고 관리하는 역할을 하고 있다.

> HRD 센터는 어차피 HRD 부전공과 관련해서 교과 커리큘럼을 개발하고, 또 HRD 부전공과
> 관련해서 교육과정을 개발하고, HRD 부전공과 관련해서 전반적인 것들이 잘 운영되고 있는지
> 평가하고, 피드백하고, 이런 역할이 하나. 그 다음에는 HRD 연구 기능입니다. 첫 번째는 지금 말
> 씀 드린 것은 HRD 부전공과 관련된 어떤 학제운영과 관련된 기능이 하나 있고, 두 번째는 HRD
> 와 관련된 연구죠. 그런데 여기서 HRD가 우리는 이제 국가 차원의 인적자원개발이라고 보시면
> 돼요. 우리가 하고 있는 HRD는 우리가 전통적인 기업의 HRD와는 약간 다르게 범위가 되게 넓
> 거든요. 그래서 국가 차원의 NHRD라든지 아니면 우리가 외국의, 미국의 개념으로 Work Force
> Education 같은 것들을 지금 하고 있거든요. (HRD 부센터장)

HRD 부전공의 내실화를 위해 학점 조정을 시도하고 있지만, 전공학과들의 저항이 심해
학점 조정이 쉽지 않은 상황이다. 현재는 16학점으로 운영되고 있지만, 앞으로 조정해 나갈
예정이다. HRD 교과목은 모든 학생이 16학점을 수강해야 하는 관계로 한 학기에 많은 강의
가 개설되고 있다(한 강좌에 50명까지 수강이 가능하다). HRD 전임교원(현재 7명)이 계속해서
충원되고 있지만, 아직까지는 시간강사의 비율이 높은 편이다.

저희가 18학점, 20학점으로 올리려고 했는데, 지금 교내의 학점체계 때문에 그것은 조정하기
되게 어렵더라고요, 현재로서는……. 교수님들의 저항이 굉장히 심하죠. 그래서 그게 잘 안 돼요.
그런데 글쎄요……. 저희 학교는 제가 그때 그 일단은 기본적으로 환경 변화에 그래도 능동적으
로 잘 적응하면서 변화를 잘하는 타입인 것 같아요. 다른 학교에 비해서. 저는 제가 봤을 때
는……. (HRD 부센터장)

2. 지적 활동: '전 방위 학습 무대'

지적 활동에 대한 K-NSSE 설문 결과를 보면, 한기대가 전체 대학 및 ACE 대학과 비교할
때 높은 것으로 나타났다. 학년별로 비교해도 모든 학년에서 다른 대학에 비해 지적 활동에
대한 점수가 높은 것으로 나타났다.

〈표 4-8〉 K-NSSE 자료: 지적 활동 영역

	한기대 (n=400)		ACE 대학(25개교) (n=9,459)		전체 참여 대학(54개교) (n=18,257)	
	평균	표준편차	평균	표준편차	평균	표준편차
1학년(n=32)	14.34	2.68	13.09	2.75	13.09	2.75
2학년(n=99)	14.28	2.70	13.56	2.90	13.56	2.90
3학년(n=132)	14.46	2.48	13.85	2.92	13.85	2.92
4학년(n=137)	14.55	2.82	13.69	2.99	13.69	2.99
전체	14.44	2.66	13.53	2.89	13.54	2.91

주: 2013년 3차 조사에는 총 54개 대학이 참여하였으며, 한기대는 1, 2차 조사에는 참여하지 않고 3차 조사부터 참여하였음.
출처: 한국교양기초교육원·학부교육 선진화 선도대학 협의회(2013). 2013년 대학 학부교육의 질과 성과 분석: 한국기술교육
대학교.

한기대 학생의 지적 활동이 다른 대학과 비교할 때 상대적으로 높은 원인을 발견하기 위
해 한기대 구성원들과의 면담이 진행되었다. 한기대 교육의 특징 중 하나가 Lab 중심의 전
공교육이었다. 이를 통해 학생들에게 필요한 역량들을 종합적으로 습득하는 것이 가능하
였고, 이 외에도 IPP 제도 등을 통해 학교에서 배운 이론들을 현장에서 종합적으로 적용해
볼 수 있는 기회를 가지는 것으로 나타났다. 또한 MSC 센터의 튜터 제도나 휴먼아카데미를

통해 기초역량을 다질 수 있는 기회를 가지고 있었다.

1) 팀워크로 하는 교육: Lab 중심의 전공교육

한기대에서는 2학년 때 전공을 선택하게 되고, 3학년으로 진급할 때는 지도교수를 선택하게 된다. 지도교수를 선택하게 되면, 타 대학에서 이루어지는 대학원 체제가 학부에서부터 지도교수의 Lab에 소속되어 대학원생 수준처럼 하나의 팀이 되어서 지도를 받게 된다.

> 지도교수의 Lab에서 거의 뭐 대학원생처럼 생활하다시피 하면서 어깨너머로 배우고 대학원생들한테도 배우고 이렇게 운영하는 연구실도 있고, 뭐 그런 정도는 아니고 자기도 수업하면서 틈틈이 와서 뭐 이렇게 하는 정도로 하는 분도 계시고, 아니면 아예 Lab이 꽉 차서 그럴 수도 있지만 Lab에는 특별히 오지는 않고 이제 4학년 정도만 작품을 만들어야 되니까 작업할 수 있는 공간으로 운영하는 분도 계시고, 그거는 이제 정도의 차가 다 있는 것 같아요. 학부/과마다 좀 다르기도 하고……. (전기전자통신 교수 A)

Lab 안에서 팀(3~4명)을 구성해서 졸업작품을 구상하고, 매주 한 번 정도 지도교수와 회의하여 발전시켜 가고, 이 과정에서 문제해결력, 발표력 등을 향상시킬 기회를 가지게 된다. 마지막 결과물은 4학년 2학기에 졸업작품으로 발표하게 된다.

> 저희 Lab에서 자작 자동차를 만들고 있거든요, 자작 자동차. 하이브리드 대회나 전기차 대회를 준비하고 있는데, 다른 Lab은 어떤지 모르겠는데, 저희는 방학 때도 같이 남아서 작업을 하고 있습니다. 그 대회 기간이 다가오면 2주 동안 계속 밤새면서 손발을 맞추고 하다 보니까 저는 장점밖에 없는 게, 서로 가족같이 되니까 나가서도 만나면 선배들 있고, 그런 건 되게 좋은 것 같습니다. 분위기도 좋고, 그리고 미리 방학 때 만들어 놓으니까 학기 중에 공학설계나 졸업설계에 대해서 쫓기지 않고, 그런 게 있기 때문에 좋은 것 같습니다. (4학년 학생 A)

이 외에도 Lab에서 프로젝트를 수행하게 되고, 팀워크를 배우고, 발표력 향상, 스킬을 배우는 기회가 된다. 이러한 체제가 운영되기 위해서는 교수의 시간 투자가 필수 조건이다.

다른 대학의 경우, 학생들이 스펙을 만드는 데 집중하는 데 반해, 한기대 학생들은 전공 교육 내실화에 집중하고 있고, 이것이 노동시장 요구에 부합되어 취업률로 연결되고 있다고 평가되고 있다. 실제 Lab은 교수들마다 다른 형태로 운영이 되고 있는데, 지도학생이 많은 경우에는 3학년 때는 Lab에 있지 않고, 4학년부터 Lab에서 졸업작품을 시작하기도 한다. Lab마다 정도의 차이가 존재하고, 교수의 연구과제에도 참여하는 학부생들도 있다.

2) 현장과 연계된 학습(일학습병행제, IPP)

현장실습을 하는 대학은 많지만 제대로 하는 대학은 거의 없다. 한기대는 최소 4개월은 현장실습을 해야 한다는 생각으로 프로그램 운영을 시작하였다. 앞에서도 언급했지만 한기대는 현장실습을 체계화하려는 노력의 결실로 IPP(Industry Professional Practice) 제도를 만들었다. 타 대학과 비교해서 한기대의 공학교육제도 대표 상품은 IPP다.

3학년과 4학년이 대상이 되며, 최대 10개월까지 현장실습이 가능하다. 3학년 4개월, 4학년 4~6개월 현장실습을 하도록 하고 있다. 현장실습을 위해 학기나 학년을 늘리는 것은 불가능한 상황으로, 4학년 내에 포함되도록 설계되었다.

실습을 나가려면 필요한 기술을 가르쳐서 내보내야 하므로 3학년이 되면 기업에서 요구하는 일을 할 수 있도록 능력과 기술을 가르치고 있다. 학점은 10개월에 15학점을 주는 것으로 하고 있고, 한 달에 1.5학점 정도 받을 수 있다. 이와 같은 학점 인정은 보통 다른 대학들에 비해서 엄격하게 이루어지는 편이다. 일반적으로 대학들은 4개월 또는 6개월에 15학점이나 16학점 정도를 인정하고 있고, LINC 사업에서도 그렇게 인정을 하는 편이다. 또한 일학습병행제의 의미를 구현하고, IPP 프로그램에 참여하는 학생들의 학습 결손을 막기 위해 전공 계절 학기를 개설하고 있다. 전공 계절 학기는 IPP 참여 학생만 수강이 가능하고, 무료로 운영하고 있다.

사실 학교에서의 교육의 한계가 있다고 봐요. 그래서 현장에 가서 또 다른 세상을 경험하면서 더 많은 걸 너희가 느껴 봐라. 저희는 한 학기 동안 풀로 나가서 하거든요. 3학년 때 4개월에서 6개월 정도를 하고, 또 4학년 때 기회가 되면 한 번 더 나가서 최대 10개월까지 나가도록 저희가 하고 있는데, 저는 그게 자기주도적 학습의 하나의 모델이라고 봤어요……. 3학년 2학기 때 나가고 4학년 2학기 때 나가면, 예를 들면 3학년 2학기 때 IPP 나가기 전에 뭘 하냐 하면 전공 계절 학기를 해요. 전공 계절 학기를 통해서 부족한 학점을 딸 수 있도록 해요. 그래서 전공 계절 학기는 IPP를 나가는 학생만 들어요. 대신 우리 애들은 나가면서 등록금을 다 내고 나가고요. 그에 따라서 학점을 부여하고 대신 전공 계절 학기는 무료로 하죠. 교수님들도 그렇고, 학생들도 그렇고 여름 방학 때 수업을 해야 하는 어려움이 있어요. (경력개발, IPP 부서장)

참여 학생들은 해당 학기의 등록금을 모두 내야 하고, 기업에서 한 달에 100만 원, 학교에서 40만 원 정도를 받고 있다. 4학년의 경우에는 채용연계형으로 운영하고 있기도 하다. 채용연계형으로 학생을 받아도 기업에서 나중에 거절할 수 있도록 하고 있다. 현재 72%가 채용으로 연결되고 있다. 2012년에는 130명, 2013년에는 240명, 2014년에는 340명 정도가 참여하고 있다. 모든 학생에게 적용하기는 힘들고, 학생들이 선택하도록 하며, 최대 500명까지 참여할 수 있다.

산학협력교수가 한 해 50~70명을 관리하고 있고, 기업과 학생을 매칭하고, 실습을 잘하고 있는지 3번 정도 체크하여 문제점 등을 진단하고 있다. 평가는 기업 30%, 산학협력교수 30%, 지도교수 40%로 해서 통과/실패로 표시하고, 자세한 평가는 따로 제공하고 있다.

IPP 참여 학생들의 취업률이 일반 학생들보다 4% 정도 높은 편이다. 또한 참여 학생들의 중소기업 취업률도 일반 학생들보다 14% 높다. 취업역량이 낮은 학생이나 취업 눈높이만 높은 학생의 중소기업 취업 유도 효과가 있다고 판단하고 있다. 학생과 기업의 만족도도 높고, 인턴십에 비해 좀 더 체계적이고 교육효과가 있다고 판단하고 있다. IPP의 효과분석을 위해 계속해서 데이터를 분석하고 있으나, 현재 긍정적인 효과가 있는 것으로 보고 있다.

회계 쪽으로 일을 하고 싶어서 왔는데, 지금은 물류 쪽으로 일하고 싶고, IPP를 통해서 자재 조달이라든지 이런 걸 하고 왔거든요. 저는 '콘티넨탈'이라는 자동차 회사에서 자재 조달, MC팀 메트리얼 컨트롤 부서에서 자재 조달하는 업무를 담당했고, 6개월에 100만 원. 돌아가는 조직에 속한다는 소속감도 되게 컸고, 이게 콘티넨탈 저희 회사만 그런 건지는 잘 모르겠는데, 인턴한테 주어진 업무가 잡일이 아니었어요. GERP 프로그램 다루는 것도 알려 주시고, '통관진행' 이런 것에 대한 뭐라고 해야 하지…… 자재가 우리나라에 오는 과정이나 DHL, 페덱스 운송업체와의 관리 이런 것도 있었고, 현장 사람들과 사무처 사람들의 갈등을 푸는 그런 것들도 있었고요. 그래서 많이 배운 것 같아요. 저는 6개월간 전문적으로 전공지식을 배웠다기보다는 나중에 아무런, 이런 것도 모르고, 조직에서 써야 하는 용어도 있는데, 갖춰야 하는 것도 있는데, 모르고 취업을 했을 때 막막할 수 있는데 그걸 미리 배웠다고 생각해서 저는 친구들한테도 계속 가라고 해 주거든요. IPP 꼭 가라고……. (산업경영 4학년 학생 B)

〈사례 4-2〉 IPP 제도(장기현장실습)

- 개요
  - 현장밀착형 장기현장실습을 통해 현장 경험을 배양하고, 현장기술을 습득하며, 전공 및 HRD 분야의 직무능력을 함양해서 실무형 창의 인재를 양성함
  - IPP는 대학 교과과정 일부를 산업체에서 이수하는 제도로서 대학과 산업체 간의 미스매치 해소, 학생 실무능력 및 취업률 향상, 청년실업 문제 해소 등을 목적으로 함. 이는 기존의 현장실습 제도와 차별화되는 체계화된 한국형 산학협동교육 모델임
  - 학생들은 기업체로부터 월평균 100만 원 내외의 수당을 받고, 졸업에 필요한 학점도 취득(최대 15학점)할 수 있음
  - 한기대 학생들은 3~4학년을 중심으로 2012년 132명, 2013년 225명, 2014년 330명이 대학과 산학협력 협약을 맺은 204개 기업체에 4~6개월간 파견을 나갔음

구분	교과목 명칭	이수 영역	비고
장기현장실습 I (6개월)	장기현장실습-전공핵심	전공핵심	'인턴 및 HRD 현장실습' 과 동일 교과목
	장기현장실습-전공일반1	전공일반	
	장기현장실습-HRD1	HRD일반	
장기현장실습 II (4개월)	장기현장실습-전공일반2	전공일반	'인턴 및 HRD 현장실습' 또는 '장기현장실습 I' 미이수자
	장기현장실습-HRD2	HRD일반	
	장기현장실습-전공핵심	전공핵심	
	장기현장실습-전공일반2	전공일반	
	장기현장실습-HRD2	HRD일반	

- IPP 형태는 채용연계형(채용 등 취업역량 강화 목적/주로 4학년 졸업반 학생 참여)과 실무능력향상형(전공 능력과 비전공 능력 향상, 적성/진로 탐색 목적/주로 3학년 학생 참여)으로 나뉘어 진행됨

• 교과내용

교과목	현장실습 유형	현장실습 내용
장기현장 실습	-4개월(주 40시간 이상, 16주) 이상 -전공분야 관련 산업체 파견 현장실습	-산업체 현장경험, 현장기술 습득, 산업동향 파악, 전공분야 실습 -산업체 인력개발 분석 및 교육 프로그램 설계, S-OJT 수행

• 수강신청 및 성적부여
  - 수강신청: 일반 학기 교과에 준하여 수강신청을 하되, 장기현장실습 중 타 과목 수강은 사전 승인된 졸업연구 교과목과 통산 3학점 이내의 순수 온라인 교과목에 한함
  - 성적부여: 성적처리가 확정된 시기의 학기에 'S/U'로 부여한다.

• 기타사항
  - '장기현장실습'을 이수한 학생은 '인턴 및 HRD 현장실습' 교과를 이수할 필요 없음
  - 교과운영계획은 매 학기 시작 전에 교무처장이 공고한다.
  - 기타 장기현장실습(IPP) 프로그램과 관련된 사항은 장기현장실습(IPP) 프로그램 운영지침에서 별도로 정한다.
  - 교과운영계획은 매 학기 시작 전에 교무처장이 공고한다.

출처: 한국기술교육대학교 홈페이지(http://www.koreatech.ac.kr).

3) 부족한 학생들 함께 데려가기

학생들의 기초능력을 보강하는 프로그램을 운영하고자 MSC(Mathematics, Science, Computer) 교육센터에서는 교과목에 부진한 학생들을 위해 어떻게 하면 잘 가르칠 것인지에 대해 교육방법을 연구하고 개발하고 있다. 또한 수학, 물리, 컴퓨터 등 기초과학능력이 떨어지는 학생들이 보충교육을 받을 수 있도록 하고 있다.

특성화고나 이런 데서 온 애들이 보면 수학이나 물리나 이런 것들이 떨어지는 애들이 있어요. 그

런 애들이 이제 나중에 문제가 되고 해서 MSC 센터에서는 뭐냐하면 그런 부분이 부족한 애들을 보충해 주는, 옛날에 우리 뭐 남아서 공부하는 그런 형태로 되어 있는데, 거기에 뭐 전담교수도 있고, 그다음에 근로장학생 형태로 해서 보통 3, 4학년 중에 수학이나 물리 학점 좋은 애들을 1:1로 멘토 시켜서 교육시켜 주고, 그 다음에 원래 생각은 이제 퇴임한 수학 선생님이나 물리 선생님들이 애들을 지도하게 해 주시고… 이제 그렇게 하려고 또 MSC센터를 운영하는데, 학생들이 의외로 많이 가서 도움을 받는 것 같아요. (기획처장)

튜터링 교육체제를 도입하여 튜터와 튜티들의 스터디그룹을 운영하고 있고, 튜터와 튜티로 짝을 지어 가르치도록 하고 있는데, 튜터는 근로장학생으로 선발하여(3, 4학년 중 해당 과목의 성적이 좋은 학생을 선발) 활용하고 있다. 학기당 운영이 되고 있으며, 대체로 튜터 1명에 튜티 6~7명이 배정되며, 일주일에 1~2회 정도 학습할 시간을 가지고 있다.

저는 물리 신청했었는데, 튜터 같은 경우에는 물리 성적이 좋으신 선배님들을 대상으로 해서 뽑아 가지고 학생들을 대상으로 해서, 그 한 학생한테 몇 명을 붙여 줘요. 저희는 저까지 4명? 4명, 5명 정도 했었어요. 그래서 한 공간에서 정해진 날마다 수업을 해요. 그런데 보통은 만약에 교수님이나 선생님들이 수업을 할 때는 되게 체계적으로 칠판에 이렇게 하는데, 오빠이고 이러니까, 오빠이고 언니이고 이러니까 되게 편하게 물어볼 수 있잖아요. 그렇게 편하게 물어보고, 친구들끼리도 편하게 하고 뭐 이러면서 되게 자연스럽게 이해를 해 가니까. 저희는 한 주에 두 번 만났어요. (전기전자통신 1학년 학생 C)

튜터로 참여해 보았는데요. 참여를 하는 사람에 한해서는 이게 아무래도 공대이다 보니까 베이스가 되는 수학, 과학을 확실하게 이해를 해야 되기 때문에 프로그램 자체는 유익하다고 생각합니다. 튜터링이 끝나면 튜터들을 모아 총평회를 가지고, 이를 다음 번 운영에 반영하고 있어요. (메카트로닉스 4학년 학생 D)

기획 자체는 한 사람당 약 7명 정도로 붙게 되어 있었는데, 그게 좀 처음엔, 그러니까 모집 자

체는 좀 강제성으로 했지만 그게 실제로는 참여하는 것은 강제성이 없었다 보니까 이게 점점 줄
어드는 경향이 있었습니다. (메카트로닉스 4학년 학생)

〈사례 4-3〉 MSC 교육센터

• 개요

　MSC 교육센터는 공학교육의 기초학문인 MSC(수학 · 과학 · 전산) 영역 학습능력 강화를
위한 교육 인프라 구축 및 체계적인 학습 프로그램을 제공 · 관리하는 기관이다. MSC 교과
과정의 체제 적립 및 선진화된 교과과정 설계를 위한 지원을 하고 있으며, MSC 영역 교과목
을 수강하는 학생들에게 개인별 · 수준별 교육 프로그램 참여 기회와 학생–교수 간의 소통 기
회를 제공함으로써 학생들의 학업능력 향상과 지속적인 강의 개선이 이루어질 수 있도록 기
여하고 있다. 현재 MSC 튜터링 학습 프로그램, MSC 질의응답 프로그램, MSC 교수 Office-
Hour 프로그램, Maple TA 공통퀴즈 운영 등 자기주도적 학습능력 향상을 위한 프로그램을
운영하고 있다.

• MSC 교육센터 프로그램 소개

프로그램명	프로그램 내용
MSC 튜터링 학습 프로그램	• MSC 튜터링 학습 프로그램은 방과 후 학습지원 프로그램으로, MSC 교과목 성적 우수 자(튜터) 1인과 MSC 교과목 수강생 중 개별 학습지도가 필요한 학생(튜티) 5~7명을 한 분반으로 구성하여 튜터링 프로그램을 운영 　－튜터 선정 기준: 해당 과목 성적우수자(A0) 이상 　－튜티 선정 기준: 선착순을 원칙으로 하되 지원자 수에 따라 개설과목을 조절하여 다 수의 학생이 참여할 수 있도록 유동적으로 운영 　－튜티 수업시간: 1일 90분씩 주 2회 수업참여 • 개설 교과목: MSC(수학 · 과학 · 전산) 교과목 중 1학년 필수 교과목을 중심으로 운영 하되 지원자 수에 따라 유동적으로 개설 운영
MSC 연습실 및 질의응답 프로그램	• MSC 교과목 이수 성적이 우수한 수학 · 물리 · 전산 근로 장학생을 선발, MSC 연습실 및 MSC 전산실에 배치하여 근로장학생 근무시간 내에 자유롭게 질의응답을 할 수 있 는 기회를 제공하는 1:1 수준별 학습 프로그램 • 수학(3명), 물리(2명), 전산(3명) 근로장학생이 주 · 야간 근무시간표를 정하여 MSC 연 습실 및 MSC 전산실에 근무하며 질의응답 프로그램 진행 • 근로장학생 1인당 주 8시간 이상 근무

MSC 교수
Office-Hour
프로그램
	• MSC 담당교수의 Office-Hour를 활용한 수학 · 물리 주간 질의응답 프로그램 진행
	  (MSC 교육센터 및 교수연구실)
	• MSC 담당교수 19명 참여(주당 전임교원 2시간, 외래교수 1시간 배정: 총 28시간)
	• 기존의 담당교과 수강생에 한정하여 활용되던 Office-Hour를 과목 전체로 확대하여 운
	  영함으로써 시간 운용이 확대되고, 학생들이 다양한 교수법으로 학습할 수 있게 됨

Maple TA
공통퀴즈
운영
	• 학생들에게 온라인으로 과제 및 퀴즈를 부여한 후 학생들의 반응과 수행능력을 자동
	  으로 평가하는 웹 기반 시스템인 Maple TA를 MSC 교과목 수업자료로 활용
	• 기존 학기당 3~4회에 걸쳐 진행하던 지필형 퀴즈를 Maple TA를 활용한 온라인 퀴즈
	  로 전환함으로써 문제 출제 및 채점에 필요한 수고 감소
	• 매번 문항의 순서 및 숫자가 변경되어 출제되기 때문에 컨닝이 힘들고, 다양한 문제를
	  접할 수 있어 학습능력 향상에 도움
	• 기초수학, 대학수학, 미적분학 I, 미적분학 II, 응용확률 및 통계, 기초확률 및 통계,
	  일반물리 및 실험 I, 일반물리 및 실험 II 등 8개 교과목에서 Maple TA를 활용하여 과
	  제 부여 및 공통퀴즈 진행

출처: 한기대 내부 제공자료.

이 외에도 입학 전의 학생을 대상으로 하는 집체교육과 입학사정관 캠프 등을 통해 학생들에게 한기대에 대한 오리엔테이션을 시키고 있다. 집체교육은 특성화고 학생들에게 입학 전에 미리 대학기초 영어와 수학 등을 교육시켜서 입학 후 학업을 잘 이어갈 수 있도록 도와주고 있는 제도다. 6학점까지 수강이 가능하고, 성적이 좋으면 학점으로 인정해 주고 있다. 그러나 대다수의 학생들이 입학 후에 다시 수강을 하고 있고, 집체교육에 대한 긍정적인 평가가 있었다. 입학사정관 캠프는 입학사정관으로 입학한 학생의 경우 입학 전에 학교를 방문하여 학과 투어, 동료학생이나 선배들을 만날 기회를 주고 있다.

입학사정관 캠프가 1박 2일이었던 것 같아요. 그런데 그 애들을 대상으로 해서 미리 학교 투어를 하고, 미리 같은 과 애들끼리 안면을 틀 수 있게끔 그렇게 해 주는 캠프. 그때 동아리 공연 같은 것도 하고, 선배들이랑 서로 얘기할 수 있는 자리도 만들어 주고. 각 과에서 우리 과가 어떤 것을 하자는 설명도 듣고, 애들끼리 얘기도 하고 그런 것들을 했었어요. (전기전자통신 1학년 학생 C)

4) 사고력을 확장시키기 위한 인문학적 소양 강조: 휴먼아카데미

공대교육(전공교육)만 집중하다 보니 학생들의 수업부담도 크고, 인문 교양 영역에서 부족함을 느끼고 있다. 실제로 150학점 중 HRD 16학점(필수학점, 교육학+리더십)을 제외하면 134학점이고, 이 중 교양의 비율이 매우 적다.

> 교양의 폭이 좁아요. 선택할 게 없어요. 넓게 있으면 좋을 것 같아요. 솔직하게 말씀드리면 전공만 듣게 되면 사람이 지치거든요, 애들이. 그 교양으로 힐링도 하고, '세상을 움직이는 과학이야기' 이런 걸 들으면 힐링이 되거든요. 그리고 전공은 들어야 하는 거니까 듣는 것이고, 강압적인 게 없지 않아 있는데…… 교양은 내가 선택해서 철학을 듣고, 저는 아직도 1학년 때 들었던 철학이, 그 수업이 되게 맘에 들거든요. 그런 게 있는 것 같아요. 나름 다들 사탐 공부하고, 과탐 공부해서 온 애들인데, 있죠. 있는 것 같아요. (산업경영 4학년 학생 B)

이를 개선하기 위한 노력을 하고 있는데, 그중 하나가 휴먼아카데미다. 수요일 오후에는 수업을 없애고, 인문학 관련 강좌나 활동을 하도록 함으로써 학생들의 인문학적 소양을 강화시키기 위해 노력하고 있다. 학생들의 인문학적 소양을 기르고, 인성을 높이기 위해 수요일 휴먼아카데미를 8회 정도 개최하고, 비규칙적으로 인문학 강의를 10회 이상 제공하고 있다. 마일리지 교과목(2학점)으로 휴먼아카데미 강좌를 일정 횟수 채우면 학점을 부여하고 있다.

> 공대 교육만 하다 보니까 애들이 조금 인문학 쪽이 소홀하게 되어서 수요일 오후에는 모든 수업을 하지 않고 공식적으로. 그때는 인문학 쪽 관련해서 휴먼아카데미라고 해서 인문학 관련 활동만 하게끔. 그게 이제 한 1년 반 정도 됐나? 그때부터는 수요일 오후에는 수업 없이 인문 소양으로 해서 유명한 분들을 초빙해서 강의도 하고…… 그런 부분이 애들한테 도움이 돼요. (기획처장)

〈사례 4-4〉 휴먼아카데미

휴먼아카데미(Human Academy)는 한국기술교육대학교에서 정례적으로 운영하고 있는 인문학 공개강좌다. 휴먼아카데미는 최고 수준의 교양·문화 프로그램을 접하기 어려운 지리적 여건 등 열악한 환경을 극복할 수 있도록 유명 인사를 포함한 국내 초일류 강사들을 초청하여 대학 구성원들의 문화적 시야를 넓히기 위한 프로그램이다.

한기대는 현장 중심 실천공학교육의 교과운영으로 인해 더욱더 학생들을 위한 다양한 인문학 프로그램이 필요했다. 이에 2006년부터 '휴먼아카데미'라는 인문학 프로그램을 운영해 오고 있다. 휴먼아카데미 특강은 각계각층의 다양한 연사들을 초빙하여 다양한 주제로 우리 학생들의 사고(思考)의 폭을 넓혀 주는 역할을 해 오고 있다.

인문학의 중요성을 인식하여 2013학년도부터는 매주 수요일을 '인문학의 날'로 지정하여 휴먼아카데미 특강을 비롯한 인문강좌, 독서PT대회, 인문학여행 등 다양한 인문학 프로그램을 운영하고 있다.

휴먼아카데미의 초청 특강을 통하여 공학 기술교육 중심의 교과운영에서 결여되기 쉬운 인문학이나 문화 강좌 등을 보완함으로써 학생들의 안목을 길러 창의적인 공학인으로 양성하고자 했다. 세계화 시대와 지식정보화 시대에 알맞은 성숙한 인간으로서의 품성과 창조적 능력을 지닌 전문인으로서의 소양을 함양하고 자기혁신을 통하여 미래를 준비할 수 있는 사고의 창을 넓히는 데 기여하였다.

한기대는 지난 2014년에 제1회에서 제60회까지의 자료들을 정리하여 휴먼아카데미 강연 자료집을 출간함으로써 한기대 인문학 프로그램의 기반이 된 휴먼아카데미 특강에 대한 과거를 되돌아보고 다양한 분야의 최고 전문가들이 제시하는 비전을 공유하는 계기를 마련하였다.

출처: 한국기술교육대학(2015). 〈휴먼아카데미 강연 자료집〉 서문 요약.

3. 능동적·협동적 학습: '팀으로 이루어지는 학습'

능동적·협동적 학습은 대학생이 대학에서 이루어지는 수업 및 과제 수행에 얼마나 적극적으로, 협력적으로 참여하는지를 보여 주는 요인이다. 개인적인 학습참여활동, 교우와 함께 이루어지는 협동학습 정도를 보여 준다. 능동적·협동적 활동에 대한 K-NSSE 설문결과를 보면, 한기대가 전체 대학 및 ACE 대학과 비교할 때 높은 것으로 나타났다. 학년별로

〈표 4-9〉 K-NSSE 자료: 능동적 · 협동적 학습 영역

	한기대 (n=400)		ACE 대학(25개교) (n=9,459)		전체 참여 대학(54개교) (n=18,257)	
	평균	표준편차	평균	표준편차	평균	표준편차
1학년(n=32)	11.28	2.68	10.88	2.49	10.88	2.49
2학년(n=99)	12.25	2.34	11.11	2.61	11.11	2.61
3학년(n=132)	12.23	2.28	11.64	2.62	11.64	2.62
4학년(n=137)	12.79	2.11	11.56	2.68	11.56	2.68
전체	12.35	2.30	11.30	2.60	11.23	2.61

주: 2013년 **3차** 조사에는 총 54개 대학이 참여하였으며, 한기대는 1, 2차 조사에는 참여하지 않고 3차 조사부터 참여하였음.

출처: 한국교양기초교육원 · 학부교육 선진화 선도대학 협의회(2013). 2013년 대학 학부교육의 질과 성과 분석: 한국기술교육
    대학교.

비교해도 모든 학년에서 다른 대학에 비해 능동적 · 협동적 활동에 대한 점수가 높은 것으로 나타났다.

한기대 학생의 능동적 · 협동적 학습이 다른 대학과 비교할 때 상대적으로 높은 원인을 발견하기 위해 한기대 구성원들과의 면담이 진행되었다. 한기대 수업이 대부분 학생들의 팀별 학습활동을 강조하고 있고, 공대의 특성상 프로젝트 기반의 수업이 대부분이어서, 이것이 학생들의 능동적이고 협동적인 학습에 영향을 미치고 있는 것으로 보인다. 또한 졸업 작품도 학생 혼자 내는 것이 아닌 팀을 이루어 내도록 하여 학생들의 협동 학습을 이끌어 내고 있다.

1) 팀별 학습활동 및 토론식 수업 강조

학생과의 면담에서 독서와 토론 과목이 매우 좋았다고 평가했고, 시사문제까지 다룸으로써 사고의 폭이 넓어지는 데 도움이 되었다고 평가했다. 다른 예로, 교육사회 수업은 토론식 강의로 운영되었고, 수업 과제 중 하나가 유명인사를 찾아가서 인터뷰하는 것이었는데, 매우 인상적이었다고 평가하였다.

조끼리 할 수 있는 활동들이 많아요. 조끼리 회의하고, 모이고, 그리고 조끼리 발표하고, 그런

게 재밌어서 그런 건지는 모르겠는데, 그래서 저는 창글이랑 창공이 제일 좋아요. 뭐, 아이디어 상품 같은 것도 내고, 그런 걸 설계하고. 그런 걸 많이 하고, 레고 로봇도 하고. 공학설계에서 레고 로봇대회도 아마 나가고 싶은 애들 내보냈을 거예요. (전기전자통신 1학년 학생 C)

독서와 토론이라는 교과목이 있었는데, 교과목 자체가 책을 읽고, 그 내용에 대해서 의견을 나누는 시간이긴 한데, 그냥 책에 있는 내용뿐만 아니라, 전반적인 시사문제라든지, 그런 것에 대해서 얘기를 할 수도 있고, 개인적으로 그런, 생각 같은 거? 그런 거에 대해서 얘기를 해서 좀 폭이 많이 넓어질 수 있는 시간이 있었습니다. (산업경영 2학년 학생 E)

HRD 관련 과목의 수업 사례를 보면, 학생들이 팀을 구성하고, 관심 있는 기업을 조사하고, 기업의 관련부서 담당자를 인터뷰해서 이를 정리하여 팀별로 발표하도록 하고 있다. 전체 강좌의 절반 정도는 교수의 강의로 진행되고, 나머지는 토론, 실습, 발표 등으로 수업이 진행되고 있다. HRD 관련 교과목들은 대부분 이러한 형태로 수업이 운영되고 있다.

저는 예를 들어서 제가 담당하고 있는 수업 같은 데서는, 저도 굉장히 수업을 프렉티칼하게 하기는 하는데, 기업 내 교육을 할 때 저는 자기가 가고 싶은 기업을 아예 선정해 가지고 그 기업의 인재상, 인사제도, 교육제도, 교육체계 이런 것을 다 찾아서 오라고 하거든요? 찾아서 오고 걔네들 또는 원하는 애들끼리 그룹핑을 시켜 줘요. 원하는 회사들이 비슷한 애들끼리. 제가 하는 수업 같은 경우에는. 그러면 애들이 굉장히 흥미를 가지고 홈페이지에 있는 것을 다 찾아서 보고, 기업의 인재상 같은 걸 다 보고, 그리고 '아! 내가 생각했던 기업과 지금 보니까 좀 이런 괴리감이 있더라.' 하는 내용을 적은 것을 보면 '아이들이 진짜 충실히 하는구나.' 그리고 그룹핑을 시켜서 저는 실제 그쪽에 가서 담당자들을 컨텍 해서 인터뷰를 하고 오라고 하거든요? 그러면 애들이 어떻게든 하여튼, 요즘 기업들 보안 때문에 좀 어렵긴 한데, 그게 안 되면 다른 차선책으로라도 인터뷰해서 오고 그런 내용을 가져와서 발표하고 그래요, 저희는……. (HRD 부센터장)

그래서 강의, 강의보다 토론, 실습하고 팀 과제. 저희는 거의 보면 개인과제, 팀 과제, 그 다음

에 수업의 형태도 저 같은 경우에도 강의, 토론, 실습, 팀 과제 이런 것들을 같이 묶어서 하고 있어
요. 아무래도 강의하는 비율이 높긴 하죠. 제가 강의하는 게 한 5, 60% 정도 되는 것 같아요. 한
60% 정도. 나머지 40% 정도는 토론하고, 실습하고. 뭐, 교수님들마다 편차가 있겠지만 저희
HRD 쪽의 교수님들은 거의 다가 그런 방식으로 하세요. (HRD 부센터장)

　　전공교과의 수업 사례를 보면, 과목의 특성상 프로젝트 기반 수업을 기반으로 운영하고
있다. 기본 개념 등은 강의 위주로 진행되고 있고, 학생들이 교수에게 질문을 많이 할 수 있
는 분위기를 조성하기 위해 노력하고 있다. 한 학기의 강의가 시작되기 전에 학생들과 1:1
면담을 진행해서 학생들의 수업 참여를 높이도록 하고 있다(익명성을 유지하지 못하도록 하
고, 학생들과 상담을 많이 하고 있음). 기말에 발표하는 팀 프로젝트를 제외하고, 2주에 한 번
정도 과제를 제출하고 있다. 학생평가도 팀별 시험을 시도하고 있는데, 30분 전에 미리 시
험문제(문제의 난이도가 다름, 상, 중, 하)를 제시하고, 팀원들이 각자 문제를 선택해서 풀도록
함으로써 학생 간의 협력뿐 아니라 문제해결력을 기르도록 하고 있다.

　　대부분 프로젝트 기반의 학습을 많이 하세요. 그런데 프로젝트 기반의 학습을 하면 이제 팀을
꾸려 가지고 한 학기 동안에 걸쳐서 뭔가 결과물을 만들어 내는 이런 과제들을 하기 때문에 어떻
게 보면 이 학생들이 회사에 나가서 하는 일들도 결국은 연 단위 프로젝트가 됐든, 몇 개월까지가
됐든 결국 그와 유사하기 때문에 그리고 팀 의사소통이라든지 학생들이 혼자 하면 잘하는 것들이
많은데 팀으로 하면 되게 힘든 것들이 있거든요. 그런 것들도 경험할 수 있게 하고, 그 다음에 팀
프로젝트를 하면 기본적으로 좀 개방형 문제죠. 오픈되고 답이 없는 것들을 이렇게도 할 수 있고,
저렇게도 할 수 있고, 이런 것을 던져 주면 학생들이 굉장히 또 창의성을 발휘할 수 있는 기회가
주어지기 때문에 어떤 과목이 됐든 간에 적어도 어떤 일부 실습이 있는 과목들, 이런 과목들은 대
부분 프로젝트를 많이 하세요. 저뿐만 아니라 그러니까 저도 그런 형태로 운영을 하고, 그러면 학
생들이 수업시간에 배우는 기본적인 기술 같은 것을 운영, 적용해 가지고 간단하게나마 뭘 만들
어서 돌아가는 걸, 그것도 마찬가지로 손으로 만질 수 있는 것들이죠. 자기가 직접 해 볼 수 있는
것들은 그런 형태로 하고, 그걸 하면 기본적으로 학생들이 그 프로젝트 끝날 때 발표를 하죠. 거기

까지 하면 제가 볼 때 학생들이 많이 얻을 수 있는 게 있을 것 같아요. (전기전자통신 교수 A)

전 일단 산업경영학부 학생이라서 앞에서 선배님들이 말씀하시는 그런 실습, 저희는 따로 없고, 저희는 주로 이론 위주로 하지만, 주로 팀 프로젝트가 저희가 좀 많은 편이에요. 이론 강의 수업이어도! 중간, 기말 시험뿐 아니라, 따로 팀 프로젝트를 자체적으로. 토론, 발표 수업이라고 그러죠? 중간중간에 레포트를 작성하는 것까지. 시간도 많이 내 주고. 학생들이 그러니까 발표능력이나 PPT 능력 이런 자체는 굉장히 높거든요. (산업경영 2학년 학생 E)

교과과정에 팀 프로젝트 이외에도, 여기 1층에 있는 시그마센터에서도 그런 팀 프로젝트를 장려하는 활동을 되게 많이 하고 있습니다. 그거에, 수상에 따라서 총장님 상도 수여가 되고, 그다음에 상금도 수여가 되고, 그래서 그런 부분으로 같이 협동력 같은 걸? 창의성 개발? 이런 부분에서 학교에서 되게 지원을 많이 해 주고 있습니다. (4학년 학생 F)

저희가 배우는 과목들이 팀 프로젝트가 하나씩 다 있는데, 그걸 하면서 인간관계가 더 형성이 되고요. 회사에서는 일을 혼자 하는 게 아니잖아요. 모든 과목이 다 그러니까 그런 게 익숙해져요. 교우관계가 좋아지고, 자신감도 쌓이고, 도전하게 되고, 교수님들이 가르치다가 이 일을 현장에서 하는 사람을 시간강사로 불러서 배우게 해 주고요. 한 사람한테 배우는 게 아니고 두세 사람에게 배우니까 더 좋은 것 같아요. (3학년 학생 G)

산학연계 강좌도 지원하고 있어서 산업체 전문가를 초빙해서 강의에 활용할 수 있고, 초빙에 대한 비용도 학교에서 지원하고 있다.

2) 팀으로 졸업작품 준비 및 발표

앞서 언급한 것처럼 한기대 학생들은 졸업을 위해서는 졸업작품을 제출해야 한다. 졸업작품은 Lab에서 팀을 만들어서 과제를 정하게 된다. 지도교수의 도움 아래 졸업작품을 준비하게 되고, 그 속에서 팀원 간의 협력이 이루어지고, 준비과정에서 자신의 역량을 다질 수 있는 기회가 되기도 한다. 면담에서 몇몇 학생들은 졸업작품을 준비하면서 발표력, 리더십, 협력 등을 경험할 수 있어서 좋았다는 긍정적인 답을 준 반면, 몇몇 학생들은 이것이 자기만의 공부를 방해하기도 한다는 부정적인 의견을 내놓기도 하였다.

> 연구의 시작, 작품 하나를 만들고 졸업하기 때문에 3학년 때 지도교수하고 그 연구에 대한 미팅이 처음 시작되는 거죠. 그전까지는 이제 일반적인 어떤 지도교수의 역할을 하는 것이고, 수강신청부터 시작해서 이런 생활에 대해서 3학년 때부터는 자기 연구에 대해 뭐 연구란 표현이 너무 거창할 수 있는데, 작품을 만들 것에 대한 게 지도교수하고 미팅이 시작되고, 그래서 3학년 1, 2학기, 4학년 1, 2학기에 가면서 계속 완성시켜 나가고, 3학년 때는 뭐 자료 수집부터 개인 공부가 될 수도 있고, 4학년 때는 본격적으로 제작을 해서 전시회를 통해 발표하기까지 진행이 되고요. (4학년 학생 H)

3) 학생의 협력학습 및 자극

실업계고 출신 학생들은 수학, 영어 등을 따라가기 어렵고, 인문계 출신 학생들은 기계, 프로그램 응용 등의 부분에서 어려움을 겪고 있는데, 학생 간의 협력이 잘 되어 서로의 부족한 점을 채워 주게 되어 이러한 격차가 잘 극복되고 있다고 학생들은 평가하고 있다.

> 실무적인 강의는 모르는 부분이 있으면 조교나 이제, 그런 실습 연구원 선생님께서 하나하나 다 짚어 주시고, 또 실업계에서 알고 있던 학생들이 서로 도와주고, 또 인문계열 쪽 강의를 듣다 보면 실업계 애들이 모르는 건 인문계 애들이 알려 주고, 뭐 이런 식으로 서로 배워 가면서 서로 이렇게 플러스 되어 가게 돼요. (4학년 학생 F)

> 산경학부도 공대 못지않게 팀 프로젝트가 되게 많거든요. 마케팅 수업 이런 것들도 있고, 경영학원론이나 기업분석도 되게 많고. 발표도 되게 많이 해요. 한 과목에 한 건씩은 꼭 있어요, 팀 프로젝트가. 그럼 거의 어색한 애들보다는 맘 맞고…… 처음에 조사를 하거든요. 뭐에 관심이 있는지. '경영'이라는 게 되게 광범위하기 때문에 회계에 관심 있는 애들이 있고, 마케팅에 관심 있는

애들이 있어서 그런 위주로 팀을 구성하다 보면 말도 많이 통하고, 그런 것에 대한 친밀도가 높아지면 성과도 좋은 것 같아요. (산업경영 4학년 학생 B)

수업의 프로젝트, 팀 과제 외에도 한기대 학생들은 많은 공모전에 참가를 하고 있고, 실제로 입상을 하고 있는 학생들이 많은 것으로 나타났다. 공모전에는 개인이 나가기도 하지만, 큰 프로젝트가 많고, 이 같은 경우에는 팀을 이루어 준비하는데, 때로는 교수의 도움을 받기도 하는 것으로 나타났다.

정문에 보시면 입·수상. 수상 많잖아요. 그럼 자극이 되거든요. 그리고 학교가 작다 보니까 일일이 '누구? 어, 나 쟤 아는데…… 쟤 저거 했어? 나도 공모전 해 봐야지.' 이런 자극도 없지 않아 있는 것 같아요. 좁으니까 한 다리 건너면 다 알거든요. 거의 그런 자극도 많이 되고……. (4학년 학생 H)

저는 개인적으로 제 지도학생을 떠나서 그냥 우리 부과학생들이면 다 오픈을 하려고 하고 있어요. 올해 같은 경우에는 2학년 1명, 3학년 1명, 대학원생 이렇게 해 가지고 외부 대회에도 같이 갈수 있도록, 그러니까 학생들이 교/내외 대회 하려고 팀을 꾸려서 오기도 하고, 제가 의도적으로 '한 번 해 보지 않겠냐, 이런 대회가 있다, 네가 이런 걸 하면 잘할 수 있을 것 같다.' 해서 팀을 꾸려서 지도를 별도로 하기도 하죠. 일부 몇몇 대회는 '아, 이거 하면 진짜 많이 배울 수 있겠다.' 는 것들이 있는데, 그런 걸 추천해서 그것도 지도하게 되죠. (전기전자통신 교수 A)

4. 교우관계: '우리' 라는 공동체 의식

교우관계는 대학생활 및 학업과 관련하여 친구 및 교내외 구성원과 행하는 지적·사회적 교류 수준을 의미한다. 이는 실질적인 교류활동의 정도와 교우 간에 느끼는 심리적 친밀감 등을 포함하고 있다. 교우관계에 대한 K-NSSE 설문결과를 보면 한기대가 전체 대학 및 ACE 대학과 비교할 때 대체로 높은 것으로 나타났다. 학년별로 비교해도 모든 학년에서 다

〈표 4-10〉 K-NSSE 자료: 교우관계 영역

	한기대 (n=400)		ACE 대학(25개교) (n=9,459)		전체 참여 대학(54개교) (n=18,257)	
	평균	표준편차	평균	표준편차	평균	표준편차
1학년(n=32)	10.78	3.47	10.59	2.80	10.59	2.80
2학년(n=99)	10.92	2.83	10.76	2.94	10.76	2.94
3학년(n=132)	11.24	3.06	11.02	3.07	11.02	3.07
4학년(n=137)	11.72	2.89	11.04	3.06	11.04	3.06
전체	11.29	2.99	10.88	2.96	10.87	2.96

주: 2013년 3차 조사에는 총 54개 대학이 참여하였으며, 한기대는 1, 2차 조사에는 참여하지 않고 3차 조사부터 참여하였음.
출처: 한국교양기초교육원·학부교육 선진화 선도대학 협의회(2013). 2013년 대학 학부교육의 질과 성과 분석: 한국기술교육
　　대학교.

른 대학에 비해 교우관계에 대한 점수가 높은 것으로 나타났다. 학년이 높을수록 교우관계
에 대한 점수가 약간씩 높아지는 것을 알 수 있다(〈표 4-10〉 참조).

한기대 학생들의 교우관계가 다른 대학과 비교할 때 상대적으로 높은 원인을 발견하기
위해 한기대 구성원들과의 면담이 진행되었다. 한기대 학생들은 학교의 지리적 특성과 작
은 학교 규모로 인해 '우리' '가족'이라는 의식을 많이 가지고 있었고, 동아리 활동에도 많
은 학생들이 활발히 참여하고 있는 것으로 나타났다.

1) 활발한 동아리 활동을 통한 의식 교류

한기대의 학생 절반이 동아리에 가입되어 있다. 예를 들어, 도서관에서 지원하고 있는 다
산 독서토론클럽에 참여하여 한 학기에 2~3권 정도의 책을 읽고 서로 토론할 수 있는 시간
을 가진다. 모든 학생이 참여하는 것은 아니고, 지원하는 학생에 한해 참여하고 있다. 다산
독서토론클럽은 10명 정도가 한 팀으로 구성되어 운영되고 있고, 책은 도서관에서 제공하
고 있으며, 이 외에도 약간의 지원금을 제공하고 있다. 학교의 위치상 교내 학생들 간의 교
류가 많을 수밖에 없다.

　　　저희 학교 같은 경우엔 동아리가 되게 많아요. 그래서 동아리, 학부별 동아리도 있고, 각 과마다

동아리들이 있는데, 동아리에 가입을 하면은 거기에 많은 선배들이 있잖아요. 예를 들어, 컴공 같은 경우에는 코푸(?)라는 동아리가 있어요. 동아리에는 컴퓨터 공학부 애들이 아무래도 많이 포진되어 있으니까, 그쪽 선배들도 있고. 그래 가지고 많이 조언을 해 주고, 또 동아리를 하면서 해당 분야의 선배들이 있으니까 많이 조언받고, 또 친해지면서 대학 적응하는 데 크게 무리는 없는 것 같습니다. 물론 개개인 성격마다 차이가 있긴 하지만, 동아리 제도도 잘되어 있고……. (산업경영 2학년 학생 E)

그게 다산에서 주최하는 건데, 그룹이 있어요. 그 그룹에서 자기들이 읽고 싶은 책이 있을 거 아니에요. 그럼 그 책을 선정을 해서 그 책을 읽고 그 그룹끼리 얘기도 하고, 뭐 그 책에 나온 장소로 놀러도 가고. 독서토론클럽이요. 10명이 한 팀이 되어 같은 책을 읽고. 만나서 한 학기에 두세 권 정도 읽어요. (전기전자통신 1학년 학생 C)

2) 서로 도와주는 문화

특성화고 출신 학생의 경우 대학 입학 후 학교 수업을 따라가는 것이 어렵다고 느끼는 학생들이 많은데, 그렇게 되면 학습에 대한 자존감이 낮아지는 경험을 하게 된다. 따라서 이 학생들은 학교에서 제공하고 있는 여러 프로그램을 활용할 뿐 아니라, 주변인들과의 대화 및 지원을 통해 이를 극복하고 있었다. 학사 경고자의 경우 학교나 교수의 관리뿐 아니라 주변의 친구나 선배들이 도움을 많이 주고 있다. 또한 친밀한 교우관계가 학습으로 연계되고 있는가에 대한 질문에 학생들은 팀 프로젝트에 영향을 주고 있다고 응답하였다. 한기대 학생들에게는 공동체 '우리'라는 의식이 형성되어 있는 것을 발견할 수 있었다.

…… 'KUT PRIDE' 라는 말이 있어요. 코리아텍인데, 예전에는 KUT였어요. 그래서 'KUT PRIDE' 라고 해서 아이들끼리도 우리는 'KUT PRIDE' 를 가져야 한다면서 막…… PRIDE를 가지자고, '한기인' 그런 말이 있잖아요. '한기인' (산업경영 4학년 학생 B)

저는 가족 같은 분위기라고 해서 들어왔는데, 진짜 그건 있는 것 같아요. 서로 간에 가족 같은 분위기도 있고, 신뢰감도 있고. 왜냐하면 기숙사 생활하면 가족보다 친구와 더 오랫동안 붙어 있으니까. 그런 거 보면 다른 학교보다 훨씬 더 괜찮은 것 같아요. (1학년 학생 I)

5. 교수와 학생의 교류: '중요성과 현실의 조화'

교수와 학생의 교류는 수업, 진로준비, 기타 교육활동과 관련하여 학생과 교수 사이에 이루어지는 다양한 교류의 정도를 보여 주는 요인이다. 교수와 학생의 교류에 대한 K-NSSE 설문 결과를 보면, 한기대가 전체 대학과 비교할 때 비슷한 수준이었고, ACE 대학과 비교할 때 대체로 낮은 것으로 나타났다. 학년별로 비교해 보면, 1학년과 4학년이 다른 대학에 비해 교수와 학생의 교류 점수가 높은 것으로 나타났다. 이에 반해 2학년과 3학년은 상대적으로 교수와 학생의 교류 점수가 다른 대학에 비해 낮은 것으로 나타났다.

⟨표 4-11⟩ K-NSSE 자료: 교수와 학생의 교류 영역

	한기대 (n=400)		ACE 대학(25개교) (n=9,459)		전체 참여 대학(54개교) (n=18,257)	
	평균	표준편차	평균	표준편차	평균	표준편차
1학년(n=32)	14.03	4.29	13.58	3.97	13.58	3.97
2학년(n=99)	12.79	4.31	13.74	4.27	13.74	4.27
3학년(n=132)	13.93	4.32	14.29	4.53	14.29	4.53
4학년(n=137)	14.62	4.60	14.36	4.56	14.36	4.56
전체	13.89	4.45	14.08	4.29	14.00	4.28

주: 2013년 3차 조사에는 총 54개 대학이 참여하였으며, 한기대는 1, 2차 조사에는 참여하지 않고 3차 조사부터 참여하였음.
출처: 한국교양기초교육원 · 학부교육 선진화 선도대학 협의회(2013). 2013년 대학 학부교육의 질과 성과 분석: 한국기술교육대학교.

이는 한기대의 지도교수제에서 기인한다고 볼 수 있는데, 면담을 통해서도 이를 확인할 수 있었다. 신입생을 보살피기 위한 다양한 프로그램이 많이 마련되어 있어 상대적으로 지도를 못 받고 있다고 느끼는 학생들이 적은 반면, 2학년은 한기대에서 가장 소외되어 있는 학년이라는 의견과 일맥상통하는 결과였다.

1) Lab 중심의 전공교육으로 지도교수와의 유대 형성

3, 4학년은 Lab 중심의 전공교육이 이루어지면서 지도교수와 정기적인 회의뿐만 아니라, 수시로 만날 기회를 가질 수 있다. Lab 기반으로 교육이 이루어지다 보니 추후지도가 가능하고, 졸업 후에도 Lab 중심으로 모임을 계속 지속하고 있는 경우가 많다.

3학년부터 Lab을 운영함으로써 소속감이 높다. Lab은 주로 한 학년에 6~8명, 즉 3, 4학년 약 15명 내외가 함께 실제적인 학습활동이 활발하게 이루어지고 있고, 지도교수와의 관계가 형성되고 있다.

저 같은 경우에는 1년에 두 번씩 졸업생들하고 미팅을 하거든요. 한 번은 스승의 날 전후에 졸업생들하고 미팅, 또 한 번은 연말에 이렇게 하는데 졸업생들이 거의 다 옵니다. 대부분 보면 대학원생들이 교수님을 찾아가고 그러잖아요. 저도 대학원 때 그랬었는데 학부생들이 그런 데 참석하는 게 쉽지 않거든요. (중략) Lab 단위로 선후배 간, 지도교수하고 관계가 잘 유지되고. 그런 게 잘 없는 것 같아요. 다른 대학에 찾아보면. 진짜 거의 유일한 그런 문화가 아닌가 싶고 그렇거든요. (입학처장)

교수님이 술 먹자고 하세요. 교수님들이 어디 놀러 가자고 하시고요. 개학하자마자 교수님 빙부상을 갔다 왔는데요, 그런 것도 막 부르시고요. 수업시간에 수업 말고도 조언을 많이 해 주시고요. 오늘도 철근 콘크리트 강의를 들었는데 1시간은 수업을 하시고, 30~40분은 대기업 경기가 어떻고 강소기업에 가서 처음부터 차근차근 배워서 무조건 사업을 차려야 한다든가 그런 이야기도 해 주시고, 요즘 유망한 기술력이 뭔지 이런 것도 알려 주시고……. (3학년 학생 G)

지도교수님은 약간 좀 자주 드나드시고, 한두 명씩… 그러니까 두세 명씩 학생들과 그룹을 지어서 자주 그룹면담을 하는 시간을 가지십니다. 3학년 이후에 Lab 배정이 나고부터는 상호작용이 활발한데……. (4학년 학생 H)

일단 Lab의 소속원이 되면 그냥 그런 프로젝트를 다, 그러니까 Lab마다 그런 프로젝트를 다

주도하는 것은 아니거든요. 잘 맞는 사람끼리 모여서 공모전, 아니면 뭐 프로젝트를 만들거나 졸업작품이 됐든, 공모전이 됐든 그것을 위한 프로젝트를 짜서 뭔가 실물을 만들거나, 그 외에는 또 그냥 스터디룸처럼 드나들면서 그냥 사람들과 이야기하거나 공부를 하는 장소로……. (메카트로닉스 4학년 학생 D)

한 학기에 두 번은 정기적으로 모임을 가지면서 친목도모를 해요. 교수님들이랑 같이 술도 마시고. 다른 교수님들도 한 번은, 못해도 한 번은 맛있는 것 사 주시면서 '너는 지금 뭘 하고 지내느냐.' 아니면 취업한 선배님들이 와서 얘기해 주고 그런 걸……. (산업경영 4학년 학생 B)

2) 온도 차이가 있는 1, 2학년 지도교수제

학생들은 1, 2학년 지도교수와 3, 4학년 지도교수의 친밀도가 다르다고 생각하고 있다. 학생들이 판단하기에 1, 2학년 때는 지도교수와의 유대가 약하다고 생각하고 있다. 1, 2학년의 지도가 약하다는 점에 대해서는 학교에서도 대안을 마련하고 있다. 현재 1, 2학년의 학생들은 지도교수와는 정기면담이 1~2회 정도 있고, 상담내용은 학사종합서비스에 기록으로 남게 된다. 1, 2학년의 학생들의 경우에는 지도교수에 따라 교수와 학생 간의 교류에서 온도 차이가 있다.

1, 2학년도 지도교수가 정해져 있지만 3, 4학년처럼 지도학생에 대한 시스템이 잘 이루어지는 것은 아니다. 교양과목으로 '대학생활과 비전'이 있고, 16주 중에서 4주는 전공교수들이 들어가서 지도를 하려고 하지만 충분하지 않다고 생각한다. 한 학기에 12명 정도를 지도하고, 이슈가 있거나, 학생이 요청할 때 상담이 이루어지고 있다. 지도교수제가 커버하고 있지 못하는 영역들은 교양강좌로 개설하여 학생들이 들을 수 있도록 하고 있다. '대학 생활과 비전' '미래설계와 생애탐색' 등의 과목을 필수로 듣도록 하고 있다. 하지만 3, 4학년에 집중되어 있어 1, 2학년은 약간 관리에서 소외되고 있다. 교수 한 명당 23명 정도를 맡다 보니 지도의 한계가 있다. 전공 및 지도교수 확정 전에 학생들을 케어할 수 있는 제도를 보완할 필요가 있을 것으로 판단하고 있고, 학교에서 여러 대안을 만들고 있는 중이다. (기획처장)

1, 2학년은 교양과목 위주로 하다 보니까 자기 전공과 관련해서 저희 전공 교수님들하고 본격적으로 만나는 것은 3학년 때부터 많이 있는 거죠. 그러다 보니 1, 2학년 때 전공교수님들이 1, 2학년 학생들하고 교류가 잘 안 되니까 학교 입장에서는 애들이 어떤 경력개발이라든지, 어떤 소외감이라든지 아니면 부적응하는 애들이 분명히 있잖아요. 학교 내에 보면 1학년, 2학년 탈락자도 있을 수 있고. 이제 그런 부분에서 학교가 신경을 쓰고 있는 거죠. 그래서 그런 공백들을 교양학부라든지 다른 과의 교수님들이 1, 2학년들을 전담해서, 그러면 그때 좀 매칭을 해서 해 주자. 그런데 사실 저도 지금 좀 미안한 것은 애들한테 너무 많이 신경을 못 쓰는 것 같아서 미안한데. 교수님들마다 편차가 있으신데 어떤 교수님들은 되게 잘하시고, 어떤 교수님들은 뭐 바쁘니까 소홀히 하시긴 하지만은 일단은 그런 것을 매치를 해서 어떤 뭐랄까요, '학생 지도를 해 보자.' 그런 취지인 거죠. (HRD 부센터장)

　1학년들과 어떤 지도교수하고의 어떤 교류를 활성화하도록 우리는 이제 '대학생활과 비전' 이라는 과목을 운영을 해오고 있어요. 말 그대로 학교 적응에 대한 부분이 있고요. 학교의 예를 들면 하다못해 장학금 신청은 어떻게 하는 것이고, 학교에 어떤 제도가 있고, 이런 걸 하는데 그중에서 한 학기에 4번을 전공교수하고 각 전공에 가서 Lab에 대한 걸 투어를 한다든지 지도교수님들이 어떤 연구를 하는 걸 본다든지 이런 걸 각 지도교수님하고 미팅을 할 수 있도록 하는 과목들이 있고요. 그런 시간이 주로 학생들과 만나는 물론 이제 1학년 교과를 담당하는 교수님이 있으면 수업 내에 만나는 것이고, 그것 외에 지도교수하고 만날 수 있도록 그 과목에서 하고 있고요. (전기전자통신 교수 A)

　모든 학생이 특히 제 수업을 처음 듣는 학생은 필수로 저랑 1대1 면담을 하도록 하고 있어요. 면담을 해야 그 수업 참여도의 점수를 반영한다고 그러니까, 저와의 면담을 수업 참여의 일환으로 보는 거죠. (전기전자통신 교수 A)

　1, 2학년 같은 경우에는 자기가 활동을 열심히 해야 되는 것도 약간 있지만, 그래도 많아요. 교수님들이 밥도 사 주시면서, 이렇게 학생들을 데려가서 밥이랑 커피 같은 걸 사 주시면서. 그리고

저 같은 경우에는 1학기 때 물리 성적이 그렇게 잘 나온 편은 아니었거든요. 그런데 물리교수님 같은 경우에도 몇몇 성적이 좀 많이 부족한 학생들을 데리고 가 자장면도 사 주시면서 "너네가 지금 이렇게 성적이 안 나왔지만 너무 여기서 좌절하지 마라. 언젠가 너네는 반드시 크게 성공할 날이 온다."라고 이렇게 말씀해 주시더라고요. (전기전자통신 1학년 학생 C)

6. 지원적 대학 환경: '학생 중심의 책임지는 지원'

지원적 대학 환경은 대학이 대학생의 다양한 학습활동을 얼마나 적극적으로 지원하고 있는지와 대학생이 다양한 학내 구성원들과의 관계 형성을 통해 성장하는 정도를 보여 주는 요인이다. 지원적 대학 환경에 대한 K-NSSE 설문 결과를 보면, 한기대가 전체 대학 및 ACE 대학과 비교할 때 대체로 높은 것으로 나타났다. 학년별로 비교해도 모든 학년에서 다른 대학에 비해 지원적 대학 환경에 대한 점수가 높은 것으로 나타났다. 학년이 높을수록 지원적 대학 환경에 대한 점수가 낮아지는 것을 알 수 있다.

〈표 4-12〉 K-NSSE 자료: 지원적 대학 환경 영역

	한기대 (n=400)		ACE 대학(25개교) (n=9,459)		전체 참여 대학(54개교) (n=18,257)	
	평균	표준편차	평균	표준편차	평균	표준편차
1학년(n=32)	9.97	2.02	9.21	2.38	9.21	2.38
2학년(n=99)	9.83	2.48	8.85	2.40	8.85	2.40
3학년(n=132)	9.72	2.40	8.75	2.56	8.75	2.56
4학년(n=137)	9.46	2.73	8.59	2.65	8.59	2.65
전체	9.68	2.51	8.93	2.50	8.91	2.51

주: 2013년 3차 조사에는 총 54개 대학이 참여하였으며, 한기대는 1, 2차 조사에는 참여하지 않고 3차 조사부터 참여하였음.

출처: 한국교양기초교육원 · 학부교육 선진화 선도대학 협의회(2013). 2013년 대학 학부교육의 질과 성과 분석: 한국기술교육대학교.

인터뷰를 통해서 한기대에서는 부적응 학생에 대한 지속적인 상담, 밀착된 학생관리, 다양한 학생지원제도 등을 확인할 수 있었다.

1) 다양한 학생복지 환경 조성

대부분의 학생들은 학생복지시설이 좋다는 것에 동의를 하고 있다. 생활관(기숙사)의 수용인원도 많고, 학교급식도 비용 대비 질이 높고, 저렴한 커피값 등에 대해 만족을 표하였다. 등록금이 적은 편이고, 다양한 장학금 제도가 존재한다. 전교생 중 400명이 전액 장학금을 받고 있다.

> 학생들한테 복지가 되게 좋은 것 같아요. 저렴한 등록금부터 시작해서 저희가 원한다면 언제든지 실습실을 개방해서 사용할 수 있고, 24시간을 사용할 수 있는 실습실도 있고, 그다음 비용 또한 추가적으로 신청하는 제도가 많아 가지고 저희가 물건을 제작할 때, 학교에서 지원을 많이 해 주는 편이라서 저희가 원하는 걸 무엇이든지 만들어 볼 수 있는 기회가 많은 것 같습니다. (4학년 학생 F)

학교의 위치가 면학 분위기를 조성하는 데 도움이 되고 있다고 대부분의 학내 구성원들이 동의하고 있다. 기숙사 수용률이 70% 가까이 되고, 주변 원룸에 대부분 거주하고 있어서 조별과제도 언제든지 가능하고, 실험실도 24시간 개방하고 있어 학생들의 학습을 지원해 줄 수 있는 학습 환경을 갖추고 있다. 학생들은 사실 공부밖에 할 것이 없다고 응답한 학생도 있었다.

또한 어학 향상 프로그램, 교내 세미나, 해외 인턴, 교환학생제도, 장학금 등 학생들이 학업에 집중할 수 있는 학생에 대한 지원이 점점 늘어나고 있다고 느끼고 있다.

> 어학 향상 프로그램이라든가, 이런저런 세미나를 다니다 보면 이런 교내 세미나, 학생들을 대상으로 교내 세미나가 많이 열리는 것을 볼 수 있고요. 해외 인턴이나 교환학생들의 선택 폭도 굉장히 넓어졌다고 생각합니다. 또 링크사업단이나 특성화 사업단 등이 들어오고 나서 학생들이 장학금을 받을 수 있는 선택의 폭도 넓어졌다고 생각하고요. (4학년 학생 H)

2) 학생의 학습능력과 기초과학능력 향상을 위한 지원

한기대는 학생들의 학습능력 향상을 위해서 다양한 프로그램을 운영하고 있다. 창조인재개발단은 대상 학습역량 강화 프로그램을 운영함에 있어 학습법 지원 프로그램에 대한 이해를 돕고, 질 높은 학습역량 강화 프로그램의 지속적인 홍보효과를 높이며, 학내 타 기관(부서)의 학생지원 프로그램과의 차별화를 위해 코스 및 프로그램을 개발하여 운영하고 있다. 가장 특징적인 프로그램은 POBU(포부-We will pat on the back for you의 알파벳 조합)로 영문 의미는 '당신을 격려(칭찬, 축복)하다, 당신의 등을 토닥거리다'이며, 한글 의미는 '포부(抱部): 마음속에 지니고 있는 미래에 대한 계획이나 희망'을 뜻한다. 이를 조합하여 당신의 포부를 격려(칭찬, 축복)하기 위해 창조인재교육개발단이 지원하겠다는 의미를 가지고 있다. POBU를 통해서 한기대는 학생들이 자기 이해를 통한 강점을 발견하고 약점을 보완하는 한편, 효과적인 학습법을 통하여 진로목표 달성에 기여하는 데 목적을 두고 있다.

학점이 안 좋은 학생은 MSC 교육센터에서 기초과학능력을 향상시키기 위한 노력을 하고 있고, 상담진로센터나 기숙사에서 부적응 학생들을 케어하기 위해 시스템이 마련되어 있다. 학사경고자의 경우 상담센터나 지도교수와 상담 후에 수강신청을 하도록 하고 있다.

3) 학생을 위한 책임 서비스

직원 만족도가 높았고, 직원들 대부분이 학생들이 가진 문제가 해결될 때까지 도와준다고 평가하였다.

직원 선생님들의 서비스의 질은 상이라고 생각해요. 문제가 해결될 때까지 책임지고 맡아 주시니까. 예를 들면, 장학금 문제라든가, 그런 부분에 있어서 제가 집안 사정이 별로 안 좋게 되는 경우가 있어 가지고, 그런 적이 있어서 장학금이 급하게 필요했는데, 교내에 식목월 장학금이라는 게 있습니다. 집안 사정이 어려운 학생들에게 장학금을 지급하는 건데, 그것 이외에도 제가 식목월 장학금이라는 걸 100% 받을 수 있다는 확신이 없으니까. 여러 가지 장학금을 신청을 하려고 했는데, 교외 장학 담당 선생님께서 '어느 장학금을 신청하는 게 좋을 것 같다.' 이렇게 장려도 해 주시고. 그다음에 신청과정이나 이런, 신청서 작성하는 법도 자세하게 설명해 주셔서, 그래서

장학금을 수혜한 경우도 있고, 잘해 주시는 것 같습니다. (4학년 학생 J)

교직원들과의 관계? 그런데 제가 만나 봤자 과사에 있는 교직원, 수강신청할 때 학사팀에 있는 교직원 말고는 못 만나 보잖아요. 그런 사람들하고는 괜찮죠. 많이 말을 하니까…… 다른 건 잘 모르겠어요. 상담 같은 건 잘해 주시는 것 같아요. 학사상담이나 졸업 못하는 상황에 걸리면 잘해 주시고…… 저는 그래서 이번에 토익도, 장학금도 활성화되어 있거든요. 그런 것도 가면 되게 잘해 주시고 그러더라고요. (산업경영 4학년 학생 B)

4) 밀착된 학생 관리: 부적응 학생에 대한 지속적인 상담

진로상담센터에서는 진로상담검사(MBTI 등) 등을 실시하여 이를 분석 후 학생들을 상담하고 있다. 검사 후 학생들을 걸러서 심리상담을 하고 있는데, 전체 학생들을 대상으로 모두 검사하고, 고위험군 학생은 다시 검사, 마지막까지 남는 학생들은 추후 계속 관리를 하고 있고, 5~6회 정도를 상담하여 학교에 적응할 수 있도록 도와주고 있다.

특별관리학생(가정에 문제가 있는 학생 등)도 있는데, 한부모 학생, 집안이 어려운 학생들에 대한 지원을 해 주고 있다. 생활비를 벌다 보면 성적이 떨어지고, 결과 중도탈락하게 되는 확률이 높아지므로 신문고 장학금을 만들어서 이런 학생들의 생활에 도움이 되도록 하고 있다. 학생들은 학습태도가 나쁜 학생들에 대한 학교나 교수의 관심이 높다고 인식하고 있었다. 이러한 노력으로 인해 한기대 중도 탈락률은 2.9%로 낮은 편이다. 전공 부적응자에 대해 전공을 바꿀 수 있도록 하는 문제를 협의 중에 있다고 한다.

1학년 때 같은 경우에는 진로상담센터가 있어요. 진로상담센터에서 우리가 그런 고민들을 많이 해요. 진로상담센터에서. 처음에 1학년 애들이 왔을 때 아이들이 부적응할 수 있는 여러 가지 요인이 있는데, 첫 번째는 전공이 문과였다가 이과로 온 애들, 이과에서 문과로 온 애들, 특히 문과에서 이과로 온 애들을 위해서 우리가 기초적인 어떤 학력을 위해서 방학 때 들어오기 전에 기초학력 공부도 시켜 주고, 그다음에 걔네들이 수학 같은 경우에는 갑자기 못 따라오잖아요. 그래서 기초학력 공부도 시켜 줘요. 수학 과외나 프로그램을 만들어 가지고. 그리고 들어오면 저희가

처음에 '대학생활과 비전' 이라는 교과목을 해요. 1학년 전부 다. (HRD 부센터장)

저, 이렇게 활동하면서 느꼈던 게, 공고생 같은 경우도 개인적으로 따로 챙겨 주려고 하는 게 보이더라고요. 전화가 와서 '면담을 하자! 학교생활 힘든 거 있냐?' 이렇게 학교에서 신경을 써 주고……. (전기전자통신 1학년 학생 C)

제4절   한국기술교육대학교 학부교육의 성공요인

앞에서 한국기술교육대학교의 학부교육의 우수한 모습을 학업적 도전, 지적 활동, 능동적 · 협동적 학습, 교우관계, 교수와 학생의 교류, 지원적 대학 환경 등 6가지 영역에서 살펴보았다. 이 절에서는 이러한 분석 결과를 바탕으로 한기대가 우수한 학부교육을 실현할 수 있었던 성공요인을 분석해 보고자 한다. 한기대 학부교육의 성공요인은 크게 성공적인 대학 이미지 메이킹 '취업', 지속적인 위기의식, 교수들의 헌신과 열정, 현장 중심 교육과정, 학생의 학습 공동체 문화, 성과 중심의 문화 등의 여섯 측면에서 주요 특징이 나타났다.

1. 성공적인 대학 이미지 메이킹: '취업'

1) 졸업하면 취업은 된다: '한기대는 공고생들의 서울대'

학생들이 한기대를 선택한 동기를 물어보면, 부모나 주변에서 취업이 잘 되는 대학으로 추천을 받아서 입학하게 되었다고 한다. 한기대 정문에 들어서면 커다란 플랜카드에 '2014년 취업률 85.9% 전국 1위! 한국기술교육대(8. 29. 교육부 발표)'라고 쓰여 있다. 2010년부터 2013년

도까지 취업률을 기준으로 했을 때 4년 평균 82.4%로 전국 4년제 1위를 기록하고 있다. 취업률만 높은 것이 아니고, 취업의 질도 매우 우수한 편이다. 현재 대기업 같은 경우에는 46% 정도 취업을 하고 있으며, 공기업이나 공공기관 등에는 약 14%, 중견 중소기업에는 40% 정도 진출하고 있다. 졸업생이 약 750명인데, 100명 정도는 외국인 학생과 대학원을 진학하는 학생이고, 650명 중에서 삼성그룹만 102명이 취업을 했다.

> 우리 애들이 85%의 취업률을 올해 달성했는데, 사실 70%까지는 우리 애들 정도의 역량이면 다 가요. 제가 봐서는 10% 정도를 취업에서 서포트했기 때문에 된 게 아닌가. 마지막 5%는 학부과 지도교수님들이 관심을 많이 가지세요. (IPP 센터장)

한기대는 전문계고 학생들에게는 일반고 학생들이 서울대를 로망으로 생각하듯이 한기대에 입학하는 것을 로망으로 생각하고 있다. 그만큼 취업률이 높고, 이미 전문계고 학생들에게 한기대는 진학하고 싶은 대학으로 선망을 받고 있다.

> 외부 강사들이 와서 하는 말이 있습니다. "굉장히 열심히 하고, 착해요." 딱 저희 학생들을 두고 하는 말입니다. 거기다가 최근에 끌어올리는 게 근성. 착하기만 해 가지고는 세상을 못 사니까. 그리고 목표를 가지고 분명하게 취업이라는 형태에서 우리 교육이 '취업해라. 취업해라.' 하지는 않지만 취업을 하는 형태의 과정을 보여 주면서 교육과정을 거기가 끌고 가죠. 그런데 교육과정이 취업 때문에 변질된 것은 없습니다. 하나도 변질된 건 없지만 취업을 하기 위해서는 '네가 어떻게 해야 되고……' 하는 분명한 목표를 만들어 주는 거죠. (학생처장)

> 저는 이 학교를 잘 몰랐었거든요. 고3 때 솔직히 말씀드리면 잘 몰랐었어요. 인문쪽, 공대라는 건 알고 있었는데 공대 인식이 강해서 저는 문과 쪽이었으니까 아예 찾아보지도 않고……. 보다 보니까 노동부 산하에 있는 대학이라는 걸 알게 되었고, 알고 보니까 저희 아버지께서 이 학교 대학원을 오시려다가 떨어지셨더라고요. 전기 쪽으로. 아빠가 "거기 좋다."고……. "그런데 인문과는 없을 걸?"이라고 하시더라고요. "아빠, 있더라고요." 이렇게 해서 '산업경영' 이라는 과를 알

게 되었고, 다른 학교의 경영학과랑 여기에 있는 경영학과랑 비교했을 때 실무 위주로 돌아간다

는 얘기도 많이 들었었고……. 그런 얘기를 듣고 등록금이나 이런 것들도 많이 보고, 인터넷 뉴스

로밖에 저희가 알 수가 없잖아요, 고3 때. 보면 취업률도 높고, 노동부 산하에 있다, 메리트가 높

다는 얘기를 듣고 지원을 하게 됐어요. (산업경영 4학년 학생)

IPP제도는 4학년 2학기 학생들이 채용연계형으로 기업에 나가게 되는데, 기업은 학생을
채용연계형으로 받고서 마음에 안 들면 채용을 안 하고, 학생도 입사를 안 해도 된다. 예를
들어서, 기업은 4개월에서 6개월 동안 검증을 하고서 채용을 하니 만족도가 높고, 채용을
안 해도 기업은 부담이 없다. 채용연계형으로 나가는 비율은 보통 72% 정도인데, 학생들이
채용으로 연계되고 있다. 2013년도에는 42명이 채용연계형으로 나갔는데, 그중에서 31명
이 해당 기업에 취업이 되었다.

여기 되게 촌이잖아요. 그래서 되게 갇혀 있는 느낌을 많이 받았어요. 병천이라는 안에서…….

그래서 좀 답답했었는데 3학년 2학기 때 어디 좀 나가고 싶은 거예요. 뭐, 인턴 같은 것도 하고 싶

고, 공모전 같은 건 했었는데 한정적이고, 학교도 다니면서 뭘 하고 싶은 게 있었는데, 그런 걸

IPP로 채워 줄 수 있는 게 있어 가지고 갔는데……. 가서 회사 다니는, 돌아가는 조직에 속한다는

소속감도 되게 컸고, 이게 콘티넨탈 저희 회사만 그런 건지는 잘 모르겠는데, 인턴한테 주어진 업

무가 잡일이 아니었어요. (산업경영 4학년 학생)

2) 취업의 질이 높은 대학: 높은 전공적합도

한기대는 취업률만 강조하는 것이 아니라 취업의 질도 학생들에게 중요하다고 생각하
고, 전공적합도도 강조하고 있다. 한기대의 취업에서 전공적합도는 약 89%를 보이고 있다.
한기대는 학생들의 취업률이 단순히 높은 것보다 전공적합도가 더 높은 것을 중요하게 보
고 있다.

그다음에 걔네들이 얼마나 전공을 살려서 가느냐 하는 부분들, 저희가 그걸 전공적합도라고 하

는데 최근에는 교육부가 그런 걸 발표를 안 하더라고요. 그래서 3년 전에 발표한 것에 의하면 저희가 전공적합도가 89% 정도. 전공적합도를 찾아가기 때문에 학생들이. 그런 것들이 굉장히 뭐라 그럴까, 학생들의 취업률이 단순히 높은 것보다 더 중요한 것이 아닌가 생각을……. (IPP 센터장)

2. 한기대의 비밀: '지속적인 위기의식'

1) 고용노동부 산하기관: '줄타기'의 태생적인 어려움

한기대는 고용노동부 산하기관으로 한국산업인력공단이 재출연하여 설립된 독특한 탄생구조를 가지고 있으나, 사립대학으로 분류된다. 그러면서도 매년 일정 금액이 일반회계 출연금으로 국가로부터 지원을 받고 있다. 이 점은 한기대가 사립대학이지만 일정 부분 고용노동부의 정책적인 영향을 받으면서 교육기관으로서 대학의 역할을 수행해야 한다는 딜레마가 되기도 한다. 한기대는 고용노동부에서 전체 예산의 약 80%를 받기 때문에 고용노동부에서 요구하는 대학의 존립 정체성을 이행하면서, 다른 한편으로는 학생이나 학부모 또는 일반인들이 대학에 요구하는 측면까지 만족을 시켜야 하는데, 이것이 경우에 따라서는 양면성이 있을 때가 있다. 한기대는 태생적인 어려움으로 양쪽 측면을 모두 수용하려고 고민을 해야 한다. 즉, 정부정책의 수용과 대학의 사회적 요구와의 균형을 잡고 대학운영을 해야 하는데, 두 가지가 상치될 때가 대학으로서의 가장 큰 어려움이 있다.

너네가 삼성전자 100명 가는 걸 왜 너희가 자랑하냐. 입시 성적 올라가는 걸 자랑하지 마라. 입시 성적하고 무슨 상관이냐. 너네들은 평범한 애들을 데려다가 중견기업, 중소기업에 많이 보내서 우리나라의 위크한 산업 발전에 기여해야지. 서울에 있는 좋은 대학들이, 서울대, 연고대 출신들이 다 삼성전자 가고 하는데 왜 한기대까지 삼성전자나 대기업을 가야 되느냐 이런 부분. 그렇다고 이런 것들을 결사반대하지는 않지만 그런 것들에 대해서 좋지 않게 보는 시각이 있죠. 그런 것들이 어려움이에요. …… 너네가 일반대학화되고 서울에 있는 대학화를 지향을 하면 고용부가 돈을 대줄 이유가 없다는 거죠. 그런 게 우리의 가장 큰 딜레마예요. (IPP 센터장)

또 일반인을 봐야 되잖아요. 고용부는 뒤에 있는 것이고, 일반인들이 봤을 때는 저 대학이 고용부가 만든 대학이지만 대학으로서 신입생들이 온단 말이에요. 저희는 항상 그 양면성을 가지고서 외줄타기처럼 두 가지를 균형을 이뤄 가지고 해야 되는데 그게 상치될 때, 그 두 가지가 상치될 때가 대학으로서는 가장 어려움이에요. (IPP 센터장)

2) 대학의 정체성 변화: 존재의 이유를 만들어야 하는 대학

한기대는 외부 환경의 영향과 정권 교체 때마다 대학의 정체성에 의해서 많은 위기를 겪으면서 이를 극복하기 위한 노력이 있었다. 예를 들어, 1992년에 개교를 한 후 IMF 위기 때 직업훈련교사 1명을 양성하는 데 약 5억 원이 투자되었다는 지적을 받았다고 한다. 이때도 대학의 입장에서 초기 투자비용에 비해 졸업생이 아직 배출이 안 된 상황이라는 점을 역설했다. 정부의 정권이 바뀔 때마다 직업훈련교사를 양성하는 대학이 존재할 이유가 있느냐에 대한 반문 때문에 한기대는 대학의 태동과 현실의 괴리에서 새로운 모습을 만들어서 대학의 필요성과 존재 이유를 보여 줘야 했다. 다시 말해 한기대의 설립 목적이 한기대를 끊임없이 변화하게 만들었다.

저희가 일요일도 나와 가지고 반박논리를 했다 했는데, 실제로 시설투자는 없어지는 게 아니고, 남아 있는 거고, 우리가 지금 시작한 지 얼마 안 되어 가지고 졸업생이 적은 것이지 지금 계속 나온다. (FA 교수)

3) 변화 지향의 문화: 변화를 통한 생존

한기대는 직업훈련교사를 양성하기 위해서 전폭적인 노동부의 지원을 받아 설립되었고, 시대적 흐름에 따라서 방향성에 변화가 있어 왔다. 1992년에 개교를 하기 전인 1991년 말에 학교법인은 생겼지만 1988년부터 준비작업을 하는 과정에서 외국의 직업훈련 기관들을 벤치마킹한 다음에, 독일과 일본의 시스템을 합쳐서 직업훈련교사 양성을 위한 교육 프로그램을 만들어 내게 되었다. 이 과정에서 독일처럼 160학점으로 시작을 했고, 실험실습을 강조하면서 50%가 실험실습이 있는데, 5시간 실험실습이 1학점일 정도로 수업의 강도가 높았다. 1992년 개교 당시에 8개 과가 있었는데, 그 8개 과는 기계계열에 4개, 전기전자에 3개, 디자인 공학해서 디자인도 미술학사가 아니라 공학사였다. 1999년부터는 공학교육을 통한 직업훈련교사 양성 시스템의 변화가 이루어졌다. 대학원도 1998년에 생겼고, 재직자 재교육도 1997년에 풀어졌다. 한기대는 항상 긴장감이 있고, 일을 만들고, 변화를 시도하고, 그렇지 않으면 살아남지 못한다는 문화, 변화를 시도하는 문화가 있으며, 구성원들도 이에 적응하고 있다.

> 메카트로닉스 공학부도 2000년에 새로 오픈을 했거든요. 그런데 그게 기존에 있던 생산 기계랑, 기계금형 공학과 두 개를 합쳐 가지고, 그러니까 사실은 금형 쪽이나 생산기계에서, 생산기계 쪽은 사실은 굉장히 고전적인 가공 분야, 생산 분야였는데, 그게 뭐 자동화, 무슨 제업, 요즘에 반도체 장비, 그런 쪽으로 바뀌게 된 것이, 그러니까, 그, 이제, 2000년, 1999년부터 시작해서 2000년 정도 됐을 적엔 상당히 그, 그, 그, 하이레벨 그쪽으로 나가게 됐고, 학교에선 그때가 굉장히 급격하게 바뀌었어요. (FA 교수)

> 사실 제가 IPP 제도를 도입하면서 교수님들한테 욕을 굉장히 많이 먹었어요. 아, 15학점의 분포를 보면 전공이 9학점이고, HRD가 6학점이에요. 왜냐하면 IPP라는 게 현장에 나가서 얘가 하드 스킬도 배우지만 소프트 스킬도 배운다. 소프트 스킬이 HRD라고 보고, 하드 스킬이 전공이라고 보는데, 그 9학점을 빼면서 교수님들한테 욕을 많이 먹었어요, 정말. "걔가 나가서 뭘 배운다고 여기서 수업을 더 해야지." 그래도 우리 교수님들이니까 그냥 내키지 않아도 쫓아와 주시지 않았나 싶고요. 지금은 뭐 많은 교수님들이 동감하시고. (IPP 센터장)

3. 교수들의 '헌신과 열정'

1) 교수들의 현장 전문성 강조: 현장 경험 활용

한기대는 교수진 구성자체가 현장 중심, 실무 중심적이다. 모든 교수가 현장 경험을 3~4년 정도 가지고 있어야 하며, 임용 시에도 이를 요구하고 있다. 교수들의 현장학기제는 3년에

1번, 6개월 동안 산업체 현장을 방문해서 현장 경험을 갖는다. 기업체에 다녀오면 수업에 대한 내실이 생기고, 여유 및 학생 입장에서 더 생각하게 된다. 이것이 새롭게 수업에 집중하고, 학생지도에 도움이 되고 있다. 이런 취지는 가르치는 사람이 일단 기계를 다룰 수 있어야 한다는 생각하에 교수 채용 시 현장 경험을 요구하고 있고, 3년에 한 번 현장학기제를 운영하여 교수들이 현장 감각을 유지할 수 있도록 하고 있다.

> 교수님들이 현장 경험이 있어야 해요. 그게 안 되면 사실 뭐 장비가 아무리 좋으면 뭐해요. 가르칠 수 있는 능력이 되어야 되는데. 교수님들이 대부분 다, 저는 좀 많지만, 그래도 3~4년 이상씩은 현장 경험 있는 그런 분들로 채용하기 때문에…….(기획처장)

> 교수님들도 사실은 여기에 있다 보면 현장에서 떨어지잖아요. 그래서 우리는 3년인가? 3년에 한 번씩 한 학기 동안 기업체에 나가서 어떻게 바뀌는지 자기들도 알게 현장학기제를 운영하고 있죠. 그래서 현장학기제 플러스 연구 연가 거기에 이제 형태로…… 7년 텀인데, 3년에 한 번은 그쪽으로 현장학기를 보내고…… 7년마다 연구 연가를 보내는 형태로, 그렇게 운영이 되고 있습니다. (기획처장)

2) 밀착된 학습지도

한기대 교수들의 학생지도 특징 중 하나는 지도교수 중심의 Lab 운영 체제와 IPP를 나가기 전에 계절 학기를 운영하는 것이다. IPP를 나가는 학생들도 등록금을 내고 나가고 그에 따라서 학점을 부여한다. 따라서 IPP를 나가는 학생들이 전공 계절 학기를 통해서 부족한 학점을 취득할 수 있도록 한다. 대신에 전공 계절 학기는 무료로 수강을 하게 된다. 이 경우 교수들은 여름 방학 때 수업을 해야 하는 어려움이 있다.

> 교수들이 열심히 가르치는 거죠. 그것밖에는 방법이 없어요. 뭐를 갖다가 프로그램이라고 하면 취업 컨설턴트들이 수없는 몇백 가지 취업 프로그램 만들 수 있어요. 그런데 흉내 못 내는 것이 딱 하나 있어요. 교수들이 열심히 가르치는 것. 그래서 애들 전공 능력이 뛰어난 것. (학생처장)

학생들이 뭐, 밤에도 상당히 많아요. 교수님들도 저녁 늦게까지 일을 해야 하는……. 저도 있다 보니까 주로 시험은 시간이 안 나니까 8시 이후에 본다고 해도 아무런 불만이 없어요. 그래서 9시에 보면 11시까지, 8시에 보면 10시까지 이렇게 해도 큰 문제가 없는……. (기획처장)

저희 학교가 졸업 학점도 다른 학교보다 많지만 다른 학교하고 비교를 한 번 해 보면 다른 학교 4년제 대학들이 보통 2,500시간 정도 수업을 하면 저희는 대략 3,800시간 정도 수업을 하더라고요. (IPP 센터장)

총장님이 오셔서 초면에요, '수업을 줄여라.' 그 이야기를 했는데 교수들도 욕심이 있어 가지고 이전보다 안 줄이려고 그러니까 나중에 총장님이 포기를 했죠. 자기 생각을 바꾸자, 미국에 뭐 육사 있잖아요. 거긴 군사교육도 하고, 정규 교육도 하잖아요. '둘 다 잘한다. 거기를 모델로 삼자. 이래서 열심히 더 해야 한다.' 이렇게 기조를 바꿨어요. (기획처장)

3) 끈끈한 동료문화(모델링)

젊은 교수들이 그만큼 열정을 갖고 할 수 있을까 하는 걱정을 하지만, 앞에서 헌신적인 모습을 보여 주었기에 잘할 것으로 본다. 그럼에도 승진과 연구에 대한 부담이 있어 학교를 위해서 보고서, 프로그램을 하는 것에 대해서 안 하려는 사람도 있지만 전체적인 분위기가 서로 협조하는 분위기, 정신적 조언을 받고 함께하려는 문화에 물들게 된다.

4. '현장 중심' 교육과정

1) 전공교육의 출발과 종결은 Lab 중심의 교육

학교 시스템은 학부로 들어오면 2학년 때 전공을 나누고, 3학년 때 지도교수가 정해지고, 지도교수의 Lab에 배정된다. Lab은 다른 대학의 대학원 시스템같이 되어 있어서 도제식이 된다.

교수님 Lab으로 배정이 돼요. 도제식이에요, 완전히. 그때부터 걔네들끼리 들어와서 하는 게 뭐냐면 그 방에서 수업 끝나면 항시 있으면서 공부도 하고, 그다음에 도서관 가는…… 배정받은 애들이 3학년 때 팀을 구성해요. 3~4명 이렇게 해서 처음에 이제 그…… 아이디어 발상 회의를 많이 하죠. 교수님하고 얘기하면서 '향후 졸업작품을 이렇게 하겠다.' 이런 식으로 팀을 꾸려서 졸업작품을 하게 되는데, 그게 이제 Lab으로 3학년 때부터 4학년까지 계속 들어가게 되는 거예요. 그러니까 4학년도 6~7명, 3학년도 6~7명, 그러니까 뭐 열 몇 명이 방에 들어가서. 그리고 지도교수는 매주 한 번 회의를 하게 되어 있어요. 그 졸업작품이 어떻게 진행이 되고 있는지, 어떻게 보면 기업에서 주차 보고 있잖아요. 그걸 하듯이 제가 뭐 보증 받기 전까지 철저하게 해 가지고 이번 주에 뭐하고, 다음 주에 뭐할 건지 일정을 쫙 다 알아 오고, 저는…… 했거든요. 그러니까 애들이 발표력이나 이런 것도 돌아가면서 하라고 하니까 그렇게 되더라고. 그래 가지고 이걸 해서 4학년 2학기 때 발표를 하는데 제가 보기엔 그게 괜찮은 것 같아요. 기업도 사실은 한 30명, 네댓 명이 어떤 프로젝트를 하게 되면 모여서 프로젝트를 수행하거든요. 거기서 팀워크라든지 이런 게 있는 팀하고 없는 팀하고 결과가 차이가 나는데, 우리 학생들도 그렇게 졸업작품 하면서 기업에서 팀을 이렇게 하면서 일하는 스킬을 배우는 것 같아요. (기획처장)

2) 현장실습을 강조하는 제도(IPP 제도): '일과 학습의 병행'

많은 대학에서 현장실습을 강조하고 있다. 한기대도 개교 초부터 현장 실습을 꾸준히 강조해 왔으나 보다 실제적인 현장실습을 구현하기 위해서 노력을 기울여 왔다. 최소한 4개월 이상을 진행하는 미국의 CO-Operative Education이라고 부르는 산학협력 모델이 있는데, 우리나라에 적용하기에는 한계가 있었다. 보통 다른 대학들은 4개월에 15학점에서 16학점을 주는데, 그에 맞춘다면 30학점을 줄 수도 있지만 한기대는 10개월에 15학점으로 한 달에 1.5학점을 부여하고 있다. 6개월을 나가면 9학점, 4개월을 나가면 6학점을 부여하고 있다. 또한 IPP를 나가기 전에 전공 계절 학기를 개설해서 부족한 학점을 취득하고, IPP를 나가는 학생들이 갖추어야 할 사항들을 미리 준비시킨다. 전공 계절 학기는 무료로 수강을 하게 되며, 여름 방학 때 수업을 해야 하므로 교수와 학생 모두 어려움을 감수하고 있다.

IPP 제도를 통해서 학생들은 자신의 전공 역량과 적성을 파악하는 기회를 갖게 된다. 4개

월 정도 일해 보면 전공이 자기에게 맞는지 안 맞는지 파악을 할 수 있다. 학생들은 기업에 나가기 전에 기업에 가서 무슨 일을 할지, 어떤 역량을 갖추고 있어야 하는지를 기업하고 인터뷰한다. 이 과정에서부터 자기에게 맞는 기업에 학생들이 나가기 때문에 학생들은 가서 자기 전공의 역량을 파악하고, 진로선택도 고민해 볼 수 있게 된다.

미국은 1년 나가면 1년 동안 돈을 안 내고, 학점도 안 주고 그냥 나가거든요. 그런데 미국하고 한국하고 차이가 뭐냐면 한국은 재학 연한이 보통 긴 편이고, 어학연수도 가야 되고, 남학생의 경우에는 군대도 가야 되기 때문에 현장실습을 제대로 하기 위해서 학기를 또는 학년을 늘리는 것은 무리가 있다고 생각을 했어요. 그래서 저희는 4년 학제에 최대 학생들한테 3학년 때 4개월에서 6개월, 4학년 때 4개월 해서 10개월을 내보내면서도 학년을 늘리지 않기 위해서 제도를 만든 것을 IPP라는 용어로 붙였고요. 그래서 저희는 4학년 때 4개월, 3학년 때 4개월에서 6개월, 총 10개월을 나가요, 현장실습을……. (IPP 센터장)

IPP가 정착하기 위해서는 애가 기업에 가서 도움이 돼야 하잖아요. 100만 원씩이나 주는데. 그러니까 거기 나가는 데 필요한 기본이 있잖아요. 그 기술을 가르쳐서 내보내야 해요. 그래서 이제 우리가 여기 보면 실습이라든가 이런 걸 많이 하면서 현장에서 직접 쓸 수 있는 기본 능력을 갖춘, 3학년 정도 되면 어느 정도 능력이 되어서 기업체에 가서 이걸 하라고 하면 할 능력이 되는 거죠. 그러니까 기업체에서 데려가면서 한 100만 원씩 주는 거죠. (기획처장)

3) 아르바이트도 산학협력으로

IPP 제도로 현장에 나가는 학생들은 기업으로부터 월 100만 원 정도를 받게 된다. 기업도 원하는 사람을 채용하기 때문에 월 100만 원 정도를 주게 된다. 학생들은 4개월 정도 나가면 400만 원과 학교에서 월 40만 원 정도를 지원함으로써 대략 560만 원 정도를 받게 된다. 이로써 대학의 등록금과 생활비를 충분히 충당할 수 있게 된다. 학생들은 월 140만 원을 받게 되지만 현장실습이 아닌 그 이상의 효과를 거두게 된다.

> 우리 학교는 학기 등록금이 한 250만 원 정도이니까 다음 학기 등록금을 마련하고도 250만 원 정도를 자기 용돈으로 쓰고, 어학 공부도 하고, 이렇게 하기 때문에 학생들도 그렇고, 기업들도 그렇고 만족도가 높은 편이고요. (IPP 센터장)

> 이 모델에 대해서는 나름대로, 뭐 다른 학교들도 현장실습을 다 하지만 우리가 조금 더 체계화시키고, 기업이나 학생들의 눈높이에 맞춰 제도를 만들어서 운영하다 보니까 기업도 그렇고, 학생들도 그렇고 만족도가 높은 편이어서……. (IPP 센터장)

4) 산학연계 강의 운영

강의 준비는 매 순간 업데이트를 하자는 생각으로 교수내용에 변화를 주려고 하고 있다. 특히 산학연계과정이나 현장실습에 대한 대학의 투자가 이루어지고 있다. 현장실습 자체를 위해서 대학에서 1년에 약 10억 정도 투자하고 있다. 산학협력 교수도 6명이고, 이에 대한 인건비만 해도 몇 억이 들게 된다. 한기대는 전공수업을 현장과 연계시키기 위해서 4주 이내에 외부 강사를 초빙해서 수업을 하고 있으며, 이 경우 4주의 강사료를 지급한다.

> 기업에서 기본적으로 사용하는 장비들이 있잖아요. 이걸 이 친구들이 다 만져 보고 나가요. 그

러니까 기본 개념을 다 아는 거죠. 저도 뭐 이론 수업할 때, 저도 기업에 오래 있었기 때문에……
제가 쓰던 장비들이 여기 있는 것이고. 그래서 뭐든지 다 만져 보라고 그러고요. 만약에 고장이 나
면 우리는 기술 연구원 제도를 두고 있어요. 그래서 한 전공당 기술 연구원들이 있는데, 이 친구들
이 뭐냐면 실습을 지원하는 그런 인력으로 되어 있어요. 기본적으로 비용이 많이 들어가죠. 비용
이 많이 들어가는데 제가 보기에 학부교육은 그렇게 시켜야 해요. (기획처장)

5. 학생의 '학습 공동체 문화'

1) 학생들 간의 지속적인 상호작용

한기대는 학생들 간의 유대가 매우 깊다. 서로 도와주고 함께하는 속에서 '우리'라는 문
화가 형성되고 있다. 또한 교수와 학생의 상호작용도 3, 4학년 때 활발하게 이루어지고 있
다. 실업계 학생들은 실무에 대한 내용을 인문계 학생들에게 알려 주고, 또 인문계열 쪽의
강의를 듣다 보면 실업계 학생들이 모르는 건 인문계 학생들이 알려 주는 식으로 서로 배워
가면서, 서로 도와주면서 상호작용을 한다.

생각해 봤을 때 그래도 학교에서는, 여기 학교에서는 저한테 도움을 주는 사람이 되게 많거든
요. 학생회뿐만 아니라, 그걸 떠나서 우리 학교는 친구들 자체가 보통 대학교 친구는 평생 가는 친
구가 아니고 그냥 이익집단이다, 그냥 이익, 서로의 이익을 위해서 만난다, 이런 게 보통 선입견이
긴 한데, 그 선입견을 아예 깨 버릴 정도로 괜찮은 친구들이 많아서 저희 학교 자체가. 그래서 학
교에 잘 적응하는 것 같습니다. (2학년 학생 F).

2) 기초학력부터 책임지도

한기대는 기초학력이 부족한 학생들을 위한 특별한 조직으로 MSC 교육센터를 운영하고
있다. MSC 교육센터는 수학이나 물리 또는 컴퓨터 등에서 기초학력이 떨어지는 학생들을
위한 조직이다. 보통 3, 4학년 중에 수학이나 물리 학점이 좋은 선배들이 1, 2학년 후배들을
1:1 멘토링으로 교육을 시켜 준다. MSC 교육센터를 운영하는 데 학생들이 의외로 많이 가

서 도움을 받고 있다.

> 수학, 물리 그런 것들이 맞습니다. 그래서 그런 것들을 보완해 가지고 그걸 또 장학금으로 이용하죠. 학생들이 멘토 신청을 합니다. 그러면 멘토를 내가 하겠다 그러면 학점을 A 학점 이상 정도, 3학년 이상 되면. 그러면 그 학생들을 멘토로 받아 주고 그다음에 자기가 수업 들을 사람들을 모집을 해서 분반별로 자기가 편한 시간에 맞춰 주고. 그럼 그 공간에 앉아서 공부를 하고, 처리를 하고, 우리는 시간당 장학금으로 멘토 학생들에게 주어지고……. (학생처장)

> 대부분이 적응을 잘 못하는 학생들이 학점이 별로 안 좋은, 뭐 그런 학생들이 대부분이에요. 그 부분 때문에 MSC 교육센터를 만든 거예요. 이제 대부분의 성적…… 공학이다 보니까 수학이 딸린다든지 물리, 화학 이런 쪽 있잖아요. 안 되는 부분이 있어 가지고…… 고등학교 때 그런 부분을 거의 안 하고 온 학생들 때문에 만든 게 MSC 교육센터이고. 그런 부분은 해결해 주면서……. (기획처장)

3) 학생들의 적성을 살리는 현장교육

우리나라 대학 졸업생의 약 25%가 1년 내에 첫 직장을 그만두는데, 그 이유는 자기 적성에 잘 맞지 않는 일이거나 조직생활에 적응하지 못하는 데 있다. 미리 4개월에서 6개월 정도 경험해 보고 진로를 결정하면 최소한 그런 시행착오를 줄일 수 있다고 본다. IPP가 단순하게 현장실습을 길게 하는 이유는 자기의 적성을 파악할 수 있는 기회, 그다음에 자기 진로를 한 번 심도 깊게 현장에서 고민해 볼 수 있는 기회를 제공해서 학생들의 전공역량이나 취업역량을 높이고자 한다.

> 저렴한 등록금부터 시작해서 저희가 원한다면 언제든지 실습실을 개방해서 사용할 수 있고, 24시간을 사용할 수 있는 실습실도 있고, 그다음 비용 또한 추가적으로 신청하는 제도가 많아 가지고, 저희가 물건을 제작할 때, 학교에서 지원을 많이 해 주는 편이라서 저희가 원하는 걸 무엇이든지 만들어 볼 수 있는 기회가 많은 것 같습니다. (4학년 학생 B)

6. '성과 중심'의 문화

1) 정부시책을 반영한 사업 수행

대학의 미션, 정부시책 등을 적기에 반영하는 신규 사업을 적극적으로 발굴하고 있다. 듀얼(일-학습 병행), 평생교육(구직자·재직자 온라인 직업교육) 등 정부시책을 반영하는 신규 사업을 추진하고 있다. 이와 같이 고용노동부의 정책을 반영한 대학의 정체성을 확립하고, 입증을 위한 TF팀을 구성하여 운영하고 있다. 이 과정에서 대학의 정체성 확장을 위한 연구 사업 수행 및 사업 발굴 등 정부지원 사업 수행의 당위성을 확보하면서 정부출연에 대한 기대에 부응해야 한다.

> 재정은 좀 과장된 부분이 없지 않아 있어요. 학생 1인당 교육비 이런 것들이 생각보다 그렇게 많지는 않은…… 어떻게 보면 평가받고 이럴 때 보면 그런 부분이, 학교가 학생만 있는 게 아니라 특수 업무도 많아요. 능력개발교육원이라고 그것도 이 캠퍼스에 있어요. 직업훈련교사들을 재교육, 양성을 시키는 데거든요. 직업훈련 그리고 특성화고 선생들, 폴리텍 교수, 이런 양반들을 재교육하는 역할을 하고 있어요. 그리고 3캠퍼스는 경기도 광주에 있는데, 거기는 공공부문에 있는 그…… 노사 교육 그다음 고용노동부에 관련된 재교육 있잖아요. 이 부분을 담당하고 있거든요. 뭐 그 대학원 학생들이…… 이 캠퍼스하고 4캠퍼스는 사실 정규 대학원하고는 상관이 없는 덴데, 그런 예산까지도 교육부에서 할 때 보면 같이 들어와 가지고 하니까 재정이 되게 넉넉하게 보이지만 실제로는 그렇게 넉넉하지도 않아요. (기획처장)

2) 성과 중심: '보여 주기' 위한 노력

정부 주도의 각종 경영효율 기제에 대비해서 한기대가 우수한 대학이라는 점을 보여 주기 위해 노력하고 있다. 예를 들어, 대학의 운영에 대한 사항을 국정감사, 고용부(고용노동부)·기재부(기획재정부)·교육부 감사, 기금평가, 경영평가, 청렴도평가 등에서 한기대의 성과를 알리고 인정을 받으려고 한다. 그 이유는 대학의 정체성에서 갖고 있는 지속적인 위기의식 속에서 대학의 운영 성과를 보여 주는 것이야말로 대학이 생존할 수 있는 길이라는 생각을 갖고 있기 때문이다.

3) 새로운 인재상에 대한 갈증

한기대는 지난 ACE 사업에서 현장실사를 3번이나 받고도 아직까지 ACE 사업에 선정이 되지 못했다. ACE 사업 제안서를 작성하면서도 새로운 인재상과 교육모델에 대해서 고민을 하고 있다. 향후의 인재상의 변화에 맞추어 학교 교육모델도 변해야 한다는 입장이다. 지속적으로 명문대 수준으로 학교를 변화시키기 위한 새로운 교육모델과 인재상에 대한 갈증은 현재 진행형이다.

> 통렬한 반성, 반성과 성찰을 해 보자. 그랬을 때 나온 게 우리가 너무 지금 학생들한테 옴짝달싹 못하게 시켰다. 그랬더니만 과연 얘네들이 기업에 가서 받는 평가가 이런 거더라. 그러니까 이제는 학생들한테 학교에서의 프레셔를 좀 줄여 주고, 학생들이 스스로 생각하고 학습하는……. 앞으로의 인재는 창의융합 인재라는데 지금처럼 현장에서 바로 써먹을 수 있는 인재를 기르는 게 우리 학교 모델의 저는, 물론 그게 과거 20년간은 통했다. 하지만 향후의 인재상은 변하기 때문에 우리 학교 교육모델도 변해야 한다. 우리도 조금 고급스럽게 가자, 이제. 그래야지 우리가 정말 명문대 소위 말하는 명문대 애들하고 어깨를 견줄 수 있는 레벨에 올라가지……. (IPP 센터장).

> 지금 저희 학교가 22년이 되다 보니까 그때 나간 애들이 지금 부장급 정도 되는데 애들이 한계에 부딪히는 게 있어요. 뭐라 그럴까, 리더십이라 그럴까? 조직에 대한 장악력 이런 것들이 우리가 약한 거예요. (IPP 센터장)

> 저희가 2년에 한 번씩 졸업생들이 나간 기업들을 대상으로 또는 고용주를 대상으로 해서 우리 학생들에 대한 만족도 조사를 해요. 그래서 우리 애들이 잘하는 게 뭐냐, 부족한 게 뭐냐를 물어보면 우리 애들을 지적하는 게 딱 두 가지더라고요. 리더십 이런 부분이 부족하다. 그 다음에 창의성. 그러니까 일은 잘하는데, 시키는 일은 잘하는데 올라가면 올라갈수록 조금 더 그런 역량들이 필요하잖아요. (IPP 센터장)

그러니까 ACE가 왜 안 되는지…… 만날 얘기하는 게 중앙일보 교육, 그 잘 시키는 대학 1등이라고 하는데 중앙일보가 잘못됐든지, 교육부가 잘못됐든지 둘 중에 하나가 잘못됐다. …… 이제 뭔가 한 번 크게 이야기할 거다. (기획처장)

이번에 ACE 사업에서 자기 주도적 학습을 할 수 있도록 학생들의 창의교육모델을 가지고 학생들을 한 단계 업그레이드된 현장 실무 인력을 길러 보겠다 해서 강조를 했는데……. (IPP 센터장)

제5절　결론 및 제언

1. 결론

이 연구에서는 학부교육 우수대학의 심층적 맥락과 특징을 밝히기 위하여 한기대에 대한 사례연구를 실시하였다. 이를 위해 다양한 문서자료를 수집하여 분석하였을 뿐만 아니라 보직교수, 학과장, 일반 교수, 학생, 직원 등 학교의 주요 구성원들을 대상으로 인터뷰 중심의 심층면담을 실시하였다. 아울러 두 차례 학교를 방문하여 학교의 시설과 여건, 교육 프로그램에 대한 관찰도 실시하였다. 여러 방법을 통해 수집된 자료를 질적 연구 분석 방법 중의 하나인 영역분석과 주제 분석을 실시하여 한기대 학부교육의 우수성 측면과 성공요인 측면으로 그 특징을 도출하였다.

한기대 학부교육의 우수성 측면은 크게 학업적 도전, 지적 활동, 능동적·협동적 학습, 교우관계, 교수와 학생의 교류, 지원적 대학 환경 등 여섯 영역에서 그 특징이 도출되었다.

우선 학업적 도전과 관련해서 가장 많이 언급되었던 것은 졸업학점이 150학점으로 '많은 학습량'이었으며, 이론과 실습의 비율이 50:50인 '실험실습 중심 교육'을 강조한다는 점이다. 또한 '질 높은 졸업관리'를 위해서 졸업작품, 토익 600점 이상, 산업기사 이상 자격 취득 등이 요구함으로써 현재 10% 정도의 학생들이 졸업조건에 걸리고 있다. 한기대의 특징인 실천공학자 이외에 인적자원개발전문가를 양성하기 위해 HRD 관련 학점을 모든 학생이 16학점 정도를 수강해야 하는 'HRD 교육'도 특징으로 나타났다.

둘째, 지적 활동 영역에 있어서는 한기대 교육의 특징 중 하나가 3학년부터 대학원 체제처럼 지도교수의 Lab에 소속되는 'Lab 중심의 전공교육'이었으며, 이를 통해 학생들은 필요한 역량을 종합적으로 습득하는 것이 가능하였다. 또한 3학년과 4학년 학생들은 최대 10개월까지 현장실습이 가능한 'IPP 제도'를 통해 학교에서 배운 이론을 현장에서 종합적으로 적용해 볼 수 있는 기회를 가진다. 기초과학능력이 떨어지는 학생들은 MSC 교육센터의 튜터제도를 활용하여 수학, 물리, 컴퓨터 등 보충교육을 위한 '기초능력 보강 프로그램'과 공학도들에게 부족한 '인문학 소양 강화'를 위한 휴먼아카데미 프로그램을 학교가 정책적으로 운영하고 있다.

셋째, 능동적 · 협동적 학습 영역에서는 한기대의 수업 운영방식인 프로젝트 중심의 '팀별 과제 수행과 토론식 수업'이 활성화되어 있고, Lab에 소속되어 지도교수의 지도 아래 졸업작품을 준비하는 '팀별 졸업작품 준비 및 발표'도 팀원 간의 협력이 이루어지고, 준비과정에서 자신의 역량을 다질 수 있는 기회가 되기도 한다. 또한 실업계고 출신 학생과 인문계 출신 학생 간의 상호 도와주는 '학생 협력학습 및 자극'은 서로의 부족한 점을 채워 주면서 기회가 되는 것으로 나타났다.

넷째, 교우관계 영역에서는 한기대에는 다양한 동아리가 있어 학생들의 절반 이상이 '활발한 동아리 활동'을 하고 있으며, 이런 동아리에서 이루어진 친밀감 때문에 학사경고자나 부적응 학생들을 서로 도와주는 문화인 '우리'라는 공동체 의식이 형성되고 있는 것으로 나타났다.

다섯째, 교수와 학생의 교류 영역에서는 3, 4학년들은 Lab 중심의 전공교육으로 '함께하는 지도교수'와의 유대감 형성이 되어 있으며, 이를 통해서 실제적인 전공교육 활동이 가능하고, 졸업 후에도 Lab 중심으로 모임이 계속 지속되고 있는 경우가 많은 것으로 나타났다.

여섯째, 지원적 대학 환경 영역에서는 한기대의 다양한 학생복지 환경을 우선적으로 볼 수 있는데, 등록금, 장학금 제도, 생활관(기숙사), 학교급식 등에 대한 만족도가 매우 높았다. 또한 '학생의 학습능력과 기초과학능력 향상을 위한 지원'으로 창조인재단의 학습법을 위한 POBU 프로그램과 MSC 교육센터에서 이루어지는 기초과학능력 향상 프로그램 등이 있으며, 직원들의 '학생을 위한 책임서비스'에 대한 만족도가 높았다. 진로상담센터를 중심으로 부적응 학생에 대한 지속적인 상담을 함으로써 '밀착된 학생지도'를 하고 있는 것으로 나타났다.

다음으로 한기대 학부교육의 성공요인은 크게 성공적인 대학 이미지 메이킹 '취업', 지속적인 위기의식, 교수들의 헌신과 열정, 현장 중심 교육과정, 학생의 학습 공동체 문화, 성과 중심의 문화 등의 여섯 측면에서 주요 특징이 나타났다.

첫째, 성공적인 대학 이미지 메이킹은 '취업'이다. 한기대를 선택하는 사람들이 한기대 하면 떠오르는 단어가 '취업'이라고 할 만큼 취업으로 '성공적인 대학 이미지'를 형성하고 있다. 한기대는 취업률만 강조하는 것이 아니라 취업의 질도 학생들에게 중요하다고 생각하고, 전공적합도도 강조하고 있다.

둘째, 지속적인 위기의식이다. 한기대가 사립대학이지만 전체 예산의 80%를 정부에서 받기 때문에 교육기관으로서 대학의 역할을 수행함과 동시에 고용노동부의 정책적인 영향을 받아야 하는 '줄타기'의 태생적인 딜레마가 있다. 한기대는 외부 환경의 영향과 정권 교체 때마다 대학의 정체성을 보여 주기 위해서 노력해야 했다. 이런 위기적 상황 때문에 한기대는 항상 긴장감이 있고, 일을 만들고, 변화를 시도하고, 그렇지 않으면 살아남지 못한다는 문화, 변화를 시도하는 문화가 있으며, 구성원들도 이에 적응하고 있다.

셋째, 교수들의 헌신과 열정이다. 한기대는 교수진 구성 자체가 현장 중심, 실무 중심적이다. 모든 교수가 현장경험을 3~4년 정도 가지고 있어야 하며, 임용 시에도 이를 요구하고 있다. 교수들은 현장학기제를 통해서 3년에 1번씩 6개월 동안 산업체를 방문해서 현장경험을 갖는다. 또한 한기대 교수들의 학생지도 특징 중 하나는 지도교수 중심의 Lab 운영체제와 IPP를 나가기 전에 전공 계절 학기를 운영하면서 학생들의 많은 학습을 기꺼이 지도한다는 것이다. 이런 모습들을 서로 보고 배우면서 끈끈한 동료문화도 형성하고 있다.

넷째, 현장 중심 교육과정이다. 한기대의 교육과정 중에서 가장 특징적인 것은 Lab 중심의 전공교육이라는 점과 현장실습을 강조하는 IPP 제도를 통해서 일과 학습을 병행하고 있다는 것이다. IPP 제도로 현장에 나가는 학생들은 월 140만 원을 받게 되며, 현장실습만이 아닌 그 이상의 효과를 거두게 된다.

다섯째, 학생의 학습 공동체 문화다. 한기대 학생들은 서로 도와주고 함께하는 과정에서 '우리'라는 유대감이 형성되어 있다. 예를 들어, 인문계 학생과 실업계 학생 간에 상호 협력하는 분위기나 학사경고 등 약간의 부적응 학생들에게도 선후배 또는 친구들 간에 도움을 주는 프로그램과 문화가 있다. 이러한 원인은 소규모 대학이라는 점도 있지만, 학생들이 졸업과 더불어 취업이 될 수 있도록 교육이 한 방향으로 정립되어 있기 때문으로 보인다.

여섯째, 성과 중심의 문화다. 한기대는 정부에서 전체 예산의 80%를 지원받아 안정적이지만 반대로 정부예산 지원을 받는 대학으로서 정부의 정책에 부응하는 모습을 보여 주어야 한다. 성과를 보여 주어서 한기대가 우수한 대학이라는 점을 입증해야만 한다. 이런 연장선상에서 새로운 인재상과 교육모델에 대해서 고민을 하고 있다.

이상의 내용을 중심으로 정리를 해 보면, 한기대는 교육부와 고용노동부 또는 사회적 요구와 기대하는 바가 서로 상충할 때 모두를 만족시키기 어려운데, 모두를 만족시키기 위한 위기의식이 대학 구성원들을 움직이는 원동력이자 지속적인 대학 발전을 유도하게 되었다.

한기대는 졸업학점이 150학점으로 학습량이 매우 많으며, 대학원 체제와 같은 Lab 중심의 전공교육과 일과 학습이 연계된 현장연계의 IPP 제도가 가장 인상적인데, 학생들은 3, 4학년 때 이 두 프로그램을 중심으로 적성 및 역량 개발과 진로 탐색을 하는 기회를 가지게 된다.

한기대는 학생들의 눈높이에 맞추어 기초학력이 부진한 학생이나 학교생활에 적응을 잘하지 못하는 학생들도 밀착지도를 하고 있다는 점이다. 학생들도 서로 도와주면서 학습 공동체를 유도하고, 기업의 현장 눈높이에 맞춰 교육 프로그램을 만들고 있다. 한기대가 추구하는 인상 깊었던 단어는 '학습 협력과 팀워크'였다.

한기대의 장점 중 하나는 교육적 성과의 지향이다. 학생들의 실력을 최대한 높여서 졸업할 때 경쟁력을 높이고자 하는 것이다. 예를 들어, 2등급대의 수능 점수로 입학한 학생이 졸업할 때는 노동 시장에서 수능 1등급대의 대학에 있는 학생들과 경쟁할 수 있도록 하고 있다.

한기대는 학생들의 교육에 신경을 쓰고 학생들의 성장을 강조하지만, 지속적으로 취업에 대한 순위를 강조하면서 대학의 이미지를 취업에 두고 있다. 교육내용도 취업에 유리한 현장 중심의 교육과정이 이루어질 수 있도록 모든 역량을 투입하고 있다.

한기대의 장점 중 또 다른 하나는 물리적인 교육 환경이나 학생들을 위한 복지 시설이 매우 우수하다는 점이다. 현장에서 사용하는 기자재를 직접 다룰 수 있도록 구비하고, 24시간 실습실을 개방하면서 학교교육이나 학생들을 위한 시설 및 기자재에 아낌없이 투자하고 있다. 또한 저렴한 등록금과 많은 장학금 제도 그리고 기숙사 시설, 다양한 동아리 활동의 지원 등이 이루어지고 있다.

이를 그림으로 제시해 보면 [그림 4-7]과 같다.

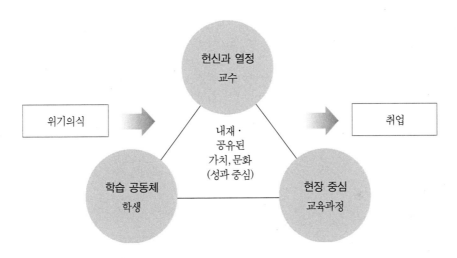

[그림 4-7] 한기대의 우수대학으로서 성공모형

2. 제 언

앞에서 밝혀진 이 연구 결과를 바탕으로 한기대의 학부교육이 보다 긍정적인 방향으로 발전하기 위한 몇 가지 개선 방안에 대한 제언을 하면 다음과 같다.

첫째, 한기대의 정체성과 방향성을 확립하는 방안이 마련될 필요가 있다. 그동안 한기대는 학부교육을 강조하였고, 대부분의 교수들도 교육에 몰입을 하고 있어 지금과 같이 취업을 중심으로 긍정적인 이미지를 구축할 수 있었다. 하지만 최근 교수들에게 연구를 강조하면서 연구 논문 등에 대한 요구가 지금까지 학부교육에 대한 교수들의 헌신과 몰입을 방해하고 있다는 우려가 제기되고 있다. 이는 교수들의 업무과중을 초래해서 연구에 대한 부담감과 피로감 등의 심리상태를 초래할 수 있다. 지금의 교육 중심 대학으로서의 한기대의 정체성이 흔들릴 수 있다고 생각한다.

둘째, 학생지도에 있어 1, 2학년과 3, 4학년 학생의 지도를 연계할 필요가 있다. 저학년을 대상으로 보다 밀착지도가 있어야 하고, 이와 관련된 프로그램을 운영할 필요가 있다. 학생지도에 있어서 3, 4학년에 집중되어 있어 1, 2학년은 약간 관리에서 소외되고 있는 것이 사실이다. 1학년은 학교에 자리매김하는 학년으로, 교양과목 등 학교에 적응할 수 있는 프로그램 등을 제공하여 지도의 공백을 메우기 위한 노력이 있다. 2학년이 가장 관리가 안 되는 학년, 공백기가 있는 학년이다. 전공이 있지만 관리가 잘 안 되는 학년이며, 남학생들의 군대 문제 등도 있어 지도가 가장 어려운 학년이다. 1, 2학년 관리는 전공, 지도교수 확정 전에는 교양학부 교수가 관리하고 있고, 교수 한 명당 지도학생이 많아 지도에 한계가 있다.

셋째, 대학의 인재상에 대한 해결책과 이에 따른 교육과정의 변화다. 초창기의 한기대 졸업생들이 지금은 기업에서 중간관리자쯤 되는데, 이들이 부족하다고 지적받는 것이 리더십, 조직 장악력, 창의성이다. 또한 2년에 한 번씩 취업한 기업을 대상으로 조사하는데, 한기대 학생들이 이런 점들이 부족한 것으로 나타난다. 기업에 있는 인사담당자들에게 한기대 학생들에 대해 물어보면 성실, 주어진 과제를 해결하는 능력이 있고, 가치관이 긍정적이고, 조직 사랑 등이 있으나 목표의식, 방향설정, 계획성, 문제해결능력, 창의적 사고 등이 부족하다는 말을 한다. 이 점을 보완해야 한다. 학생들의 창의성 및 리더십을 계발하기 위한 노력이 필요하다.

넷째, 학생들의 높아지는 눈높이와 대학의 정체성 간의 혼란을 해결해야 한다. 한기대 학생들의 능력이 향상되면서 중소기업에 갔던 학생들도 더 좋은 직장으로 이동하는 사례들이 생겨나고 있다. 학생들의 수준이 높아지면서 나타나는 당연한 결과로, 한기대의 정체성(mission)과는 상충된다. 한기대는 대학경영 측면에서 소규모, 취업 중심 대학이면서 고용노동부의 예산 지원을 받는다. 또 한편으로는 교육부의 영향을 받고 재정지원 사업에도 참여한다. 이런 과정에서 고용노동부와 교육부의 입장을 모두 고려하거나 사회적 요구까지 반영해야 하는 고충을 갖고 있다. 다른 사립대학에 비해서 정부 예산을 지원받아 기자재나 시설에 투자할 수 있어 안정적인 재원 확보가 된다는 측면도 있지만, 반면에 지원 받는 예산만큼 정부의 정책에 영향을 받게 된다. 학생들이 눈높이가 높아지면 가는 직장이라든지 선호하는 진로가 달라지고, 선배들의 취업을 보면서 눈높이가 점점 높아지는 문제를 해결해야 한다.

다섯째, 대학 내의 구성원들 중에서 소외감을 갖고 주변인을 없애는 노력이 필요하다. 예를 들어, 한기대에 공학사와 경영학사를 배출하고 있는데, 산업경영학과가 경영학사를 받고 있다. 수업료의 차등은 있지만, 산업경영학부 학생들이 상대적으로 소외감을 느끼고 있고, 공학 분야의 학생에 비해 불만도가 높은 편이다. 한기대는 HRD를 강조하고 있으면서도 대학 구성원들이 HRD의 중요성과 그 의미를 제대로 인식하지 못하고, HRD를 담당하고 있는 교수들이 대학운영에 직접 참여하지 못하는 경향이 있다. 더욱이 HRD를 강조하면서도 대학 구성원들, 특히 직원들의 HRD를 통한 역량개발에는 소홀히 하는 경향이 있다. 대학 구성원들 중에서 소외되지 않고, 대학운영에서 주변인이라는 인식을 갖지 않도록 대학의 지원과 관심이 필요하다.

여섯째, 한기대의 컨트롤 타워 정립이 필요하다. 한기대는 전체적으로 통괄할 수 있는 기능을 하는 곳이 없다는 것이 약점이다. 전체를 조정하고 통괄하기 위한 노력과 동시에 학부의 소단위의 기능까지 행정의 분권화가 이루어져 중앙 중심에서 학부별 학사운영의 특화와 업무수행의 권한을 위임할 필요가 있다.

제 5 장

포항공과대학교(포스텍)

탁월한 이공계 인재들에 대한 집중적인
소수정예교육 성공모델

변수연(부산외국어대학교)

[포항공과대학교 학부교육의 특징]

일반고 3년 과정을 충실히 마친 나는 고교 입학 때부터 포항공과대학교(이하 포스텍)을 동경해 왔다. 엄청난 수의 입학생을 뽑는 타 대학 공대들과는 달리 단 300여 명만 선발하여 소수정예 교육을 한다는 포스텍의 교육방식이 매우 매력적으로 다가왔다. 포항이란 곳이 집에서 멀고 또 서울과도 멀리 떨어져 있어서 대학생으로서 누리고 즐길 것은 많지 않겠지만 외딴 곳에서 이공계 수재들과 모여 치열하게 경쟁하는 학교는 또 다른 즐거움을 줄 것 같았다. 드디어 고2 여름 방학 때 포스텍이 주최하는 이공계 전공 탐험 캠프에 참가하여 포스텍에 와 볼 수 있었다. 전교생이 1,200명 남짓한 학교라고 해서 작고 아담할 줄 알았는데 캠퍼스는 광활하고 고요했다. 캠프 기간 동안 방문한 실험실과 도서관은 멋졌고, 교수님과 선배님들은 탁월하면서도 친절했다. 이런 곳에서 실험하고 연구하면서 이공계 전문가가 되는 내 모습이 저절로 그려졌다.

대입 전형을 치르면서 필요에 의해 다른 학교들에도 지원하여 몇 곳은 합격을 했고, 수도권 대학과 포스텍 사이에서 마지막 고민을 했지만 결국 포스텍을 선택했다. 부모님은 내 선택을 지지해 주셨지만 내심 집에서 가깝고 이왕이면 수도권에 있는 대학에 가기를 바라시는 것 같았다. 하지만 나에게는 학생 한 사람 한 사람에게 신경을 써 주는 소수정예교육, 1학년과 2학년이 같은 기숙사에 살면서 밤늦게까지 공부하는 레지덴셜 칼리지 교육, 그리고 무엇보다 최근 몇 년 동안 포스텍이 성취한 '세계 1위의 젊은 대학(설립된 지 20년 미만의 대학 중에서)'라는 명성 등이 큰 매력으로 다가왔다.

입학과 동시에 1주일간의 신입생 오리엔테이션이 시작됐다. 모든 신입생은 16개 분반으로 나눠졌는데, 2학년 분반 선배들이 오리엔테이션부터 알뜰하게 챙겨 줬다. 선배들이 알려 준 대로 분반 개강총회 때 열심히 분반 선배들의 전화번호를 알아 핸드폰에 저장했다. 분반 친구들과는 강의실뿐만 아니라 기숙사에서도 자주 마주친다. 대부분 시간표가 같고 기숙사에서도 가까운 방들에 모여 살기 때문이다. 대학생활의 로망이라는 동아리에도 가입했다. 하나는 야구 동아리, 또 하나는 봉사 동아리. 대다수의 친구들도 두 개 이상에 가입하는 분위기다.

학기가 시작되자 엄청난 공부가 밀려왔다. 과학고 출신 동기들은 나이는 한 살 어리지만 2년 동안 수학 및 과학 과목의 전문교과들을 거의 다 이수하고 들어왔다. 하지만 일반고 출신인 나는 물리2와 지구과학2만 이수했기 때문에 나머지 과목들은 너무나 생소했다. 교수님의 강의는 빠르고, 과제는 너무 어려워서 과제 제출기간을 맞추다 보면 숨이 찼다. 결국 미적분과 화학은 도저히 내 힘으로는 안 되겠다는 생각이 들었다. 친구들이 SMP(student mentor program)를 신청하면 그 과목을 성공적으로 이수한 선배를 소개시켜 준다고 해서 고민 끝에 화학을 신청했다. 나의 화학 멘토 선배와 정기적으로 만나 공부하기 시작하니 강의 때 이해하지 못한 부분이 머릿속에 잘 정리되는 듯했다. 미적분은 중간고사 전에 친구들과 스터디그룹을 만들어 공부하기로 했다. 게다가 기숙사에서 어떤 선배가 어려운 부분에 대한 수업을 해 준다는 공고가 붙었다. 중간고사 기간이 되니 나같이 공부하는 친구들이 기숙사 휴게실과 도서관 그룹 스터디룸을 점령하다시피 했다.

학업 스트레스는 기말고사를 기점으로 가장 심해졌다. 다른 동기들은 그럭저럭 이해하는 것도 나만 잘 이해하지 못하는 것처럼 느껴졌다. 시험에서 낮은 점수를 받는 것 자체보다는 내가 잘 이해하지 못한다는 것, 혹은 대학에서도 여전히 암기식 공부에서 벗어나지 못한다는 것, 그래서 이공계 대학생다운 공부를 하지 못하고 있다는 느낌 때문에 너무 힘들었다. 과제를 완성하기 위해 몇 날 며칠을 붙잡고 있다가 결국 친구의 도움을 받아 간신히 제출했을 때는 나 자신이 패배자처럼 느껴졌다. 고민 끝에 선배들한테 물어보니 포스텍 입학생 대다수가 나와 같이 느끼지만, 2학기만 되어도 많이 나아진다고 한다. 그래도 분반 친구들과 동기들, 멘토 선배의 도움과 격려가 큰 힘이 되었다.

여름방학이 끝나고 2학기가 되자 그 말이 정말 현실이 되었다. 분반 중심으로 돌아가는 수업과 생활은 1학기와 같았지만 뭔가 리듬이 생긴 느낌이었다. 1학기를 정신없이 보냈다면 2학기는 학교의 지원을 충분히 누리고 효과를 거두는 수준까지 올라간 느낌이 들었다. 특히 체력관리와 같은 수업은 생전 처음으로 나의 체력을 체크하고 목표를 설정하여 성취하는 독특한 경험을 하게 해 주었다. 교수님들과는 '대학생활과 진로 설계'라는 수업이나 개인적인 요청에 의해 한두 분 상담을 했는데, 처음에는 매우 어렵게 느껴졌지만 막상 뵈러 가니 친절하게 대해 주셨다. 그러나 전공 선택이나 학업 스트레스 해결에 있어서는 바로 윗 학번의 선배들이 가장 실질적인 도움을 주었다.

종합대학교의 다른 전공을 선택한 친구들과 비교할 때 포스텍에서 교수님들과 더 자주 만날 기회가 있는 것은 분명했다. 그러나 교수님 실험실에서 연구 프로젝트에 참여한 고학번 선배들이나 대학원 선배들의 말을 들어 보니 교수님들과의 관계가 그리 쉬운 것은 아닌 것 같았다. 대학원에 가면 교수님이 갑자기 사장님이 된다는 말도 들었다. 포스텍 졸업생들의 대다수가 자대 대학원에 진학한다고 하는데, 교수님들도 강의나 상담 시간에 다른 학교보다 포스텍 대학원에 가는 이점에 대해 자세히 말씀해 주셨다. 나 역시 전공을 선택한 지금 시점에서 볼 때는 포스텍 대학원에 갈 것 같다. 무엇보다 학습 분위기가 좋고, 크게 실수하지 않는 한 장학금도 계속 받을 수 있을 뿐더러, 우리 전공에서는 포스텍의 커리큘럼이나 교수님들의 연구 실적이 국내 최고이기 때문이다. 학교도 이공계 수재들의 공부를 적극적으로 조력해야 한다는 생각으로 열심히 지원하는 분위기다.

다만 다른 이공계 대학에 비해 기초전공의 심화학습을 강조하다 보니까 요즘 유행하는 학제 간

융합 학문에 있어서는 다소 뒤늦게 참여한 감이 없지 않다. 실제로 타 대학에 입학한 친구 말을 들어 보면 그 학교는 학부 과정부터 각종 융합 과목을 가르친다고 한다. 반면 우리 학교에서는 그런 과목들이 그리 다양하지 않고, 복수전공 자체도 상당히 어렵다. 세 개의 복수전공을 했다는 선배가 전설처럼 전해진다. 나는 내가 하고 싶은 것을 하기 위해서 반드시 박사 학위까지 마칠 필요는 없다고 생각하는데 교수님들은 이공계 졸업자들의 진로에 대해서는 그리 다양하게 생각하고 계시는 것 같지는 않다. 석사 학위를 마친 뒤 창업이나 기업 연구소를 생각하는 나를 교수님들께서 어떻게 생각하실지 약간 걱정이 된다. 타 대학 대학원 진학을 결심한 한 선배도 나랑 비슷한 고민을 했다고 한다. 소수정예교육이라는 것이 분명한 장점을 가지긴 하지만 사람 수가 너무 적다는 것이 다양성을 제한하는 단점도 가지고 있는 것 같다. 그런 점을 답답해하는 친구나 선배들은 기업들의 공모전에 참여하기도 하고, 학교도 여러 방법으로 외부와의 접촉을 지원하고 있다. 수도권이나 인근 대학과 학점 교류도 하고, 여러 교양강좌도 열고, 실천교양교육과목이라는 새로운 타입의 강의도 다양하게 개설하고 있다. 그러나 아직까지는 기본적으로 해야 할 것들이 너무 많아 이런 새로운 선택지들은 우선순위에서 밀려날 때가 많다. 조용한 분위기에서 공부에 집중하는 것은 좋은데 전공 공부가 대학 공부의 전부는 아닌 것 같고, 넓은 사회로의 진출을 무엇을 어떻게 준비해야 하는지 약간 걱정되기 시작한다.

제1절 서 론

포항공과대학교(이하 포스텍)는 1986년 개교 이래 이공계 연구 중심 대학교의 특성을 강하게 나타내 왔지만 오래전부터 학부교육에 대한 깊은 관심과 열의를 보여 온 대학으로 정평이 나 있다. 실제로 이 연구가 사례 선택 기준으로 사용한 대학생 학습참여 조사(2011~2013년)에서 포스텍 학생들은 총 6개 영역 중 5개 영역에서 평균 이상의 높은 수준을 나타냄으로써 학부교육의 우수성이 학생들의 인식에서도 뚜렷하게 나타나고 있음을 입증한 바 있다. 이 조사 결과를 보다 구체적으로 살펴보자면 포스텍 학생들은 학업적 도전, 지적 활동 등에서는 조사 참여 대학 평균보다 높을 뿐만 아니라 잠재적 경쟁 상대인 수도권 대규모 대학들보다도 높은 수준을 나타낸 반면, 협동적 학습에서는 평균과 유사한 수준을 나타냈다. 이 연구는 이러한 6개 영역의 상이한 차이가 왜 나타났는지를 대학 구성원들의 인식과 해석을 통해 탐색함으로써 포스텍 학부교육의 우수성의 구체적인 내용과 그것을 가능하게 한 기관적 맥락은 무엇인지를 1차적으로 밝히고, 이를 바탕으로 향후 개선할 방향은 무엇인지를 제시하기 위한 목적에서 수행되었다. 이와 같은 두 가지 연구 목적이 충족된다면 포스텍과 같은 교육철학과 여건을 가진 국내의 타 대학들, 특히 이공계 연구 중심 대학교들이 학부교육의 우수성 증진을 위해 우선적으로 노력할 부분이 무엇이며, 이 과정에서 유의해야 할 사항은 무엇인지 등에 대한 유용한 시사점들을 제안할 수 있을 것으로 기대되었다.

이에 연구진은 포스텍의 학부교육 선진화 사례를 연구하기 위해 다양한 문헌자료와 방문관찰, 면담자료 등을 수집하였다. 연구진은 포스텍을 방문하기 전에 2013년도 〈대학 학부교육의 질과 성과 분석〉(한국교양기초교육원·학부교육 선진화 선도대학 협의회, 2013), 〈2013년 졸업생 대상 학부경험 분석 요약 보고서〉, 〈2013학년도 신입생 특성조사 보고서〉, 〈2012년 포항공과대학교 자체평가결과 보고서〉, 〈포스텍 발전계획〉(2012. 6. 26.), 〈포항공과대학교 학칙〉(2013년 6월 1일 개정), 「2011~2014학번 교육과정」, 『포스테키안』(2013년 발행본) 등의 다양한 문헌자료를 검토하였다. 이어 2014년 9월 22일부터 24일까지 2박 3일까지의 1차 방문조사를 통해 면담 및 관찰 자료를 수집하였고, 2014년 11월 26일부터 12월 5일 사이에 3명의 교원들에 대한 면담자료가 서면과 전화 통화를 통해 이루어졌다. 2014년 12월 20일 대구가톨릭대학교에서 열린 K-DEEP 프로젝트 5개 참여대학 합동 워크숍에서 그때까지 수집한 자료를 바탕으로 작성한 1차 보고서를 발표하였고, 그 내용에 대한 대학들의 의견을 수렴하여 2차 보고서에 반영하였다. 두 번의 방문·면담 조사에 총 4명의 연구진(공동연구원 및 연구보조원)이 참여하여 교원 4명, 직원 5명, 학생 17명 등 총 26명에 대한 개별 면담 및 포커스 그룹 면담을 진행하였다. 방문면담에 의한 자료 수집 과정은 〈표 5-1〉과 같다.

대학의 교육과정에 대한 심도 있는 관찰과 면담은 우리나라 학부교육의 질 개선을 위해 매우 중요한 작업이지만 지금까지 우리의 고등교육 분야의 현실에서는 매우 낯설고 불편한 시도임에 틀림없다. 그럼에도 불구하고 연구진의 방문조사 일정과 진행을 담당해 준 포스텍 교직원들과 강의 및 연구 시간을 쪼개어 긴 시간 면담에 응해 준 모든 면담자에게 깊은 감사의 말씀을 전한다.

〈표 5-1〉 사례연구를 위해 수행한 면담 및 참여관찰 내용

		1차 방문	2차 서면/전화 면담
방문 일시		2014. 9. 22.~24.(2박 3일)	2014. 11. 26.~12. 5.
연구진		공동연구원 2명, 연구보조원 2명	공동연구원 1명
자료 수집	교직원 면담	교무처장, 학사관리팀장, 교육개발센터 박사급 연구원, 상담센터 박사급 연구원, 리더십센터 박사급 연구원, 학사관리팀 직원 총 6명	전 교육개발센터장 (서면) 인문사회학부장(서면) 전 리더십센터장(전화) 총 3명
	학생 개인 면담	창의IT융합학과 3학년(3명) 기계공학과 3학년(1명) 수학과 4학년(1명) 총 5명	
	학생 그룹 면담	〈그룹1〉 물리학과 1학년(남), 생명과학과 2학년(여), 수학과 2학년(남), 수학과 2학년(남), 전자전기공학과 4학년(남), 화학공학과 4학년(남) 총 6명 〈그룹2〉 무학과(전공선택 전) 1학년(남), 화학과 1학년(남), 창의IT융합학과 2학년(남), 신소재공학과 2학년(여) 신소재공학과 3학년(남), 화학공학과 4학년(남) 총 6명	
	참여 관찰	1, 2학년 레지덴셜 칼리지	

제2절 포스텍의 기본적 특성

1. 역사적 맥락

1) 기관의 역사와 최근의 발전 상황

포스텍은 대학교육을 통해 지속적인 국제 경쟁력을 유지할 수 있는 신지식을 연구·창출하고, 이를 통해 산업계와 사회 일반에 기여하고자 하는 뜻에서 1986년 '포항공과대학'으로 개교하였다. 이러한 설립 배경을 바탕으로 포스텍은 세계 최대의 철강회사인 포스코

의 재정적 뒷받침과 우수한 교수진 등에 힘입어 소수정예 학생들에 대한 수준 높은 이공계 학문을 교육하는 대학으로 인정받아 왔다. 중앙일보 대학평가가 시작된 1990년대 중반부터 포스텍은 줄곧 국내 1위 자리를 놓치지 않았고, 세계적으로는 2011년부터 『The Times』 선정 '설립 50년 이내 세계대학평가 1위'로 3년 연속 선정되는 등 국내에서뿐만 아니라 세계적으로 인정받는 명문 연구 중심 대학교로 성장하고 있다.

2) 대학 재정 및 학생 모집 현황

포스텍의 2013년 예산·결산 규모는 예산이 2,556억 원, 결산이 1,740억 원으로 학생 수를 고려할 때 매우 큰 규모라 할 수 있다. 대학법인으로부터 매년 전입금의 35%에 달하는 운영비를 안정적으로 지원받고 있기 때문에 대학재정의 안정성은 매우 높은 수준이라 평가할 수 있다. 그 결과 대학의 전체 세입 중 등록금 의존율은 11.9%에 불과하고, 학생 1인당 교육비는 국내 최고 수준인 90,087,200원에 달하고 있다.

〈표 5-2〉 2010~2012년 포스텍 재정현황　　　　　　　　　　　　　　　　(단위: 천 원)

기준 년도	교비회계(A)	산학협력단 회계(B)	총교육비 (C=A+B)	재학생 수(D)	학생 1인당 교육비(E=C/D)
2010	111,284,980	113,605,401	224,890,381	3,098명	72,592.1
2011	115,036,205	134,608,154	249,644,359	3,171명	78,727.3
2012	111,243,212	184,603,125	295,846,337	3,284명	90,087.2

출처: 2013년 대학정보공시.

포스텍의 학생 모집 상황도 매우 안정적인 수준을 유지해 왔다. 신입생 320명 전원을 수시 모집으로 선발하고 있는 포스텍은 평균 6:1 정도의 경쟁률과 98.5%의 등록률(2012학년도)을 보이고 있다. 재학생 충원율 역시 100% 이상의 양호한 수준(2012년 115.9%, 2013년 111.5%, 2014년 108.9%)을 유지하고 있다.

〈표 5-3〉 2012~2014학년도 포스텍 학부 신입생 선발 현황

연도	전원 수시 선발				최종		
	모집 인원	등록 인원	등록률	경쟁률	모집 인원	등록 인원	등록률
2012	332명	332명	100%	7.5:1	332명	332명	100%
2013	325명	322명	99.1%	5.9:1	325명	322명	99.1%
2014	326명	321명	98.5%	6.2:1	326명	321명	98.5%

출처: 2014년 대학정보공시.

2. 교육철학 및 목표

1) 건학이념

포스텍은 이공계 연구 중심 대학교로서 일반적인 종합대학교와는 조금 다른 기관의 미션과 교육철학을 제시하고 있다. 다음은 포스텍이 1986년 개교 당시에 제시한 세 가지 주요 건학이념이다.

(1) 소수정예 과학기술인재의 양성

우리나라와 인류 사회의 발전에 절실히 필요한 과학과 기술의 심오한 이론과 응용 방법을 연구하기 위해 소수의 영재를 모아 질 높은 교육을 실시하여 지식과 지성을 겸비한 국제적 수준의 고급 인재를 양성한다.

(2) 과학기술 분야에서 선구적인 연구 수행 및 응용

포스텍은 세계적인 대학들과 긴밀히 협력하여 기초과학과 공학 각 분야의 첨단연구에 중점을 두는 한편, 소재산업 관련 연구에서는 세계적인 중심지로 발전하는 것을 지향한다.

(3) 교육, 연구, 산학 협동을 통해 국가와 인류에 봉사

포스텍은 산·학·연 협동의 구체적인 실현을 통하여 연구 결과를 사회에 전파함으로써 국가와 인류에 봉사한다.

대학발전 비전, 목표, 전략체계
_____

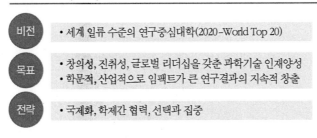

[그림 5-1]   '비전 2020'에 제시된 포스텍의 새로운 설립이념

출처: 포스텍 대학발전위원회(2011).

　이와 같은 건학이념을 기반으로 하여 포스텍은 지난 2011년 '포스텍 비전 2020'을 제시하면서 [그림 5-1]과 같이 새로운 시대 변화에 부응하여 기관의 핵심 목표를 다섯 가지로 다변화하였다.

2) 학부교육의 목표

　포스텍은 앞의 건학이념 중 '소수정예의 맞춤형 교육'에 해당하는 학부교육의 목표를 [그림 5-2]와 같이 '창의성 중심의 연구중심형 교육' '학습자 기반 교육' '국제적 마인드와 사회적 리더십 교육' 등 크게 세 가지로 설정하였다. 다시 말해 '창의력과 적극적 학습 능력, 그리고 글로벌 리더십을 갖춘 세계적 인재'를 양성한다는 것이다. 이와 같은 세 가지 교육 목표를 달성하기 위해 포스텍은 다음과 같은 세 가지 세부 목표를 설정하고 있다.

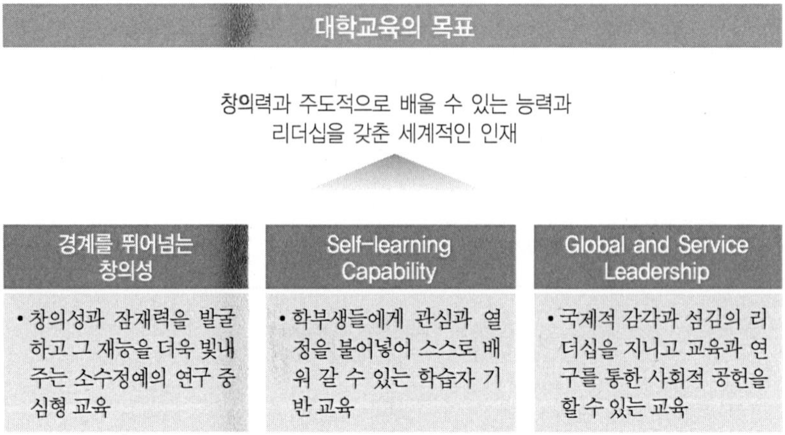

[그림 5-2] 포스텍의 교육목표

출처: 포스텍 학사관리팀/교육개발센터(2014).

(1) 창의적 학습체계 강화

융합교육의 장려, 과목 이수 요건의 유연성 확대, 창의 교육 공간의 마련

(2) 자기주도적 학습체계 강화

수준별 교육과정 운영, 학부생 연구 참여 강화, 교육모델의 다양화

(3) 열린 교육 강화

다양한 문화의 경험과 이해, 리더십 함량과 윤리 교육, 감사와 나눔의 실천

3) 포스텍 '비전 2020'의 대학발전 통합모델

[그림 5-3]은 2011년 포스텍이 발표한 '비전 2020'에 제시된 대학발전을 위한 통합모델이다. 여기에는 5개 건학이념별 추진전략이 제시되어 있는데, 이 중 '교육' 영역에 앞의 세부 목표와 추진전략이 포함되어 있음을 확인할 수 있다. 그러나 '교수' 영역이나 '국제화' 영역 등 다른 영역의 추진전략도 학부교육의 우수성 향상과 밀접한 관련을 맺고 있다.

목표	전략	실행과제
교육 • 창의력, 진취성, 글로벌 리더십을 갖춘 과학인재 양성	• 소수정예 연구중심 교육 (창의력 배양) • 학습자 중심의 맞춤형 교육 • 인성+경영마인드+글로벌 리더십	1. 우수학생 선발 2. 기초/영어 교육강화 및 교과과정 개편 3. 창의력 배양 교육 4. 글로벌 리더십 교육 5. 교육/생활환경 개선
연구 • 학문적, 산업적으로 IMPACT가 큰 연구업적의 지속적 창출	• R&DB • High Impact Research: 혁신연구, 사업화 연구 • 학제간 연구	1. 학제 개편 및 중점분야 육성 2. 우수 연구인력 확보 3. 지적재산권 수입 창출 4. 국제 수준의 학제간 연구 Platform 구축
교수 • 세계 20위권 대학 수준의 교수진 확보	• 대학 중점분야와 연계한 전략적 채용 • 채용, 재임용, 승진, 정년보장 평가 강화: 세계 20위권 대학 수준 • 적절한 성과 보상체계 구축 • 우수 석학 유치	1. 교수채용 및 지원정책 2. 채용, 재임용, 승진, 정년보장 평가 강화
국제화 • 글로벌 Visibility	• 영어강의 및 외국인 교수 비율 확대 • 국제화 프로그램 활성화 • 국제화 시설/환경 인프라 구축	1. 글로벌 브랜드 이미지 재고 2. 영어강의 확대 및 외국인교수/학생/연구원 유치 3. 학생 국제화 프로그램 활성화 4. 국제화 인프라 구축
경영혁신 • 효율적 행정 시스템 구축 및 발전재원의 확충	• 지속적 경영확신을 통한 조직역량 강화 • 발전재원 확보 노력	1. 행정혁신 2. 재원확보 −연구비 및 O/H 수입 확대 −등록금 및 장학금 정책 −발전기금 조성

[그림 5–3] 포스텍 '비전 2020'에 따른 건학이념별 추진전략(5개 분야 17과제)

3. 구성원의 특성

1) 교직원

포스텍의 교원은 2014년 10월 1일 현재 총 400명이며, 그 내부 구성은 〈표 5–4〉와 같다. 2014년 전임교원 확보율은 재학생 기준으로 131.8%, 전임교원 1인당 학생 수는 12.6명(학부생 4.9명, 대학원생 7.7명), 전임교원 강의 담당 비율은 61.1% 등으로 국내 최고 수준을 보이고 있다.

〈표 5-4〉 2014년 현재 포스텍 교직원 구성 현황

(단위: 명)

구 분	교 원		직 원
	전임교원	비전임교원	
인원수	271	129	245

출처: 포항공과대학교(2014).

2) 학 생

포스텍은 국내 이공계 연구 중심대학 중 최상위의 명성을 유지해 왔기 때문에 우수 신입생을 유인하고 선발하는 능력도 매우 높은 수준을 보이고 있다. 포스텍의 2013학년도 신입생은 총 322명으로, 국내 대학 중에서는 극히 작은 규모에 속한다. 신입생 대다수가 국내 고교 출신자로, 내신 성적 기준으로 이과 상위 5% 내에 속하는 학생들이 입학하고 있다. 포스텍 학생 구성의 가장 큰 특징은 과학과목 심화교과를 운영하는 과학고·영재고 출신자[1] 비율이 일반 종합대학교에 비해 다소 높으며, 여학생 비율은 현저히 낮다는 점[2]이다.

포스텍의 신입생들은 대다수가 고교 때부터 이과 공부를 해 온 탓인지 이공계 학문 전공자의 사고 경향을 강하게 나타내고 있다. 지난 수년간 입학생을 대상으로 실시한 비판적 사고성향 검사 결과에서 포스텍 학생들은 지적 호기심과 분석 성향은 매우 강하나 '진실추구 경향', 즉 자신이 도출한 주장이나 결과가 다른 사람들로부터 인정받지 못할 경우 반성적 사고를 통해 정직하고 객관적 입장을 찾는 태도는 7가지 하위요소 중 가장 낮은 것으로 나타났고, 이러한 성향은 졸업생들에게까지 발견되었다(포스텍 교육개발센터, 2010, 2011,

---

1) 과학고등학교(과학고), 영재고등학교(영재고)와 일반계고등학교(일반계고) 자연계열 출신자들은 선수학습 정도의 차이가 고교의 교육과정을 포함한 교육 프로그램 전반에 걸쳐 크게 나타난다. 우선 과학 심화과목 이수 면에서 과학고와 영재고 출신자들은 4개 과학교과의 심화과목과 대학 수준의 고급과목 다수를 2~3년에 이수하고 대학에 입학하는 반면, 일반계고 자연계열 이수자들은 학교 여건에 따라 심화과목 이수 상황이 크게 달라지는데, 보통의 경우 1~2개의 심화과목을 이수한다. 또한 과학고와 영재고는 인근의 대학과 연계하여 연구를 진행하는 R & E(Research & Education) 프로그램과 같은 이공계 특화 연구 및 교육 프로그램을 운영하는 경우가 많지만, 일반계고는 과학중점학교와 같은 특수한 상황이 아니면 그러한 고급 프로그램을 운영할 수 없다. 따라서 이공계 연구 중심 대학교의 신입생은 출신교의 유형에 따라 교육경과 선수학습 수준이 크게 차이가 난다.

2) 2014학년도 입학생을 기준으로 할 때 입학생 학업성적이 비슷한 종합대학교인 서울대학교의 경우 과학고·영재고 출신자 비율이 17.5%에 불과한 반면, 포스텍의 비율은 28.7%에 달했다. 반면 포스텍의 여학생 비율은 종합대학교의 평균 수준인 46%보다 크게 낮은 25.2%에 불과했다.

〈표 5-5〉 2013~2014학년도 포스텍 학부 신입생 출신고 현황   (단위: 명, %)

연도	총 입학자 수	일반고		특수목적고				자율고		기타					
				과학고		외고·국제고				영재 학교		검정고시		그 외 기타	
		학생 수	비율	학생 수	비율	학생 수	비율	학생 수	비율	학생 수	비율	학생 수	비율	학생 수	비율
2013	322	219	68.0	58	18.0	3	0.9	29	9.0	8	2.5	0	0.0	5	1.6
2014	321	202	62.9	76	23.7	1	0.3	23	7.2	16	5.0	1	0.3	2	0.6

출처: 2013년 대학정보공시.

〈표 5-6〉 최근 3년간 포스텍 학부 입학생 남녀 비율 현황   (단위: 명, %)

연도	재학생(A)			휴학생(B)			계			
	계	남	여	계	남	여	계	남	여	여학생 비율
2011	1,330	1,102	228	275	244	31	1,605	1,346	259	16.1%
2012	1,414	1,173	241	199	187	12	1,608	1,355	253	15.7%
2013	1,410	1,153	257	234	216	18	1,644	1,369	275	16.7%

출처: 2013년 대학정보공시.

2013a, 2013b). 특히 비판적 사고능력의 경우 포스텍은 해외 우수의 대학 수준보다 높지만, 비판적 사고성향은 입학 후 1년 동안 오히려 하락하며(포스텍 교육개발센터, 2010, 2011), 졸업 생들의 수준도 그리 높지 않았다(포스텍 교육개발센터, 2013b). 이와 같은 결과는 포스텍 학생 들이 문제의 분석과 해결에는 매우 뛰어나지만 타인과의 소통을 통해 그것을 표현하거나 공유하는 영역에서는 다소 취약한 성향으로 해석할 수 있다.

졸업생들은 대다수(2014년도는 75.5%)가 대학원에 진학하고 있으며, 진학하지 않은 졸업 생들의 취업률은 2014년에 55.9%에 달했다. 포스텍의 교육개발센터가 발간한 2014년 '졸 업생 학부교육 경험 분석 요약 보고서'(포스텍 교육개발센터, 2014)에 따르면, 졸업생의 72.1% 가 박사학위를 희망했으며, 졸업 후 취업을 선택한 학생 중 30%가 다시 진학을 희망하고 있 는 것으로 나타났다. 이러한 자료를 참고할 때 포스텍 학생들은 타 대학 학생들에 비해 진 로에 있어 전공과의 연결성이 매우 높고, 이는 주로 상위 학위과정의 이수와 직결된다고 해 석할 수 있다.

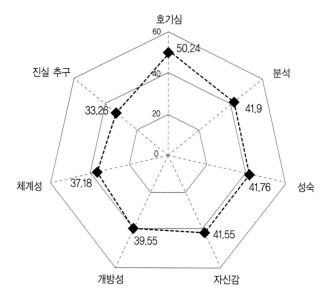

[그림 5-4] 2013학년도 포스텍 입학생들의 비판적 사고성향 분석 결과

출처: 포스텍 교육개발센터(2013a).

〈표 5-7〉 2014년 포스텍 졸업생 진학/취업 현황

(단위: 명, %)

총 졸업자	진학자				취업자		
	계	국내 대학원	국외 대학원	진학률	취업	대상자	취업률
294	222	219	3	75.5%	72	40	55.9%

출처: 2014년 대학정보공시.

4. 물리적 환경

1) 고립된 환경

포스텍은 서울을 비롯한 대다수의 대도시로부터 멀리 떨어진 지방 도시에 위치하고 있으며, 고속철도를 비롯한 여러 교통수단을 통한 왕래에 상당한 시간이 소요된다. 이와 같은 지리적 위치 때문에 대다수의 학생들은 학기 중 집에 방문하는 횟수가 매우 적은 것으로 나타났다. 캠퍼스 주변 환경은 캠퍼스와 매우 이질적인, 지방 도시의 전형적인 모습을 가지고

있다. 같은 도시에 있는 4년제 대학은 총 3개에 불과해 대학생이 자주 찾을 만한 번화가가 뚜렷하게 형성되어 있지 못한 상태다. 그렇기 때문에 학생들은 단체 활동의 일환으로 전통적인 번화가나 관광지를 방문하기도 하지만, 인근 지역에 즐길 만한 관광·유흥지가 적기 때문에 주로 캠퍼스 내에서 그러한 필요를 해결하고 있다.

2) 캠퍼스 내부 환경

이공계 연구 중심 대학교로서 다수의 연구소와 관련 시설을 갖추고 있어 캠퍼스 자체 면적은 매우 넓은 편이지만 학부 신입생들이 주로 사용하는 기숙사–학생회관–주요 강의동 등의 면적은 그리 크지 않았고, 학생들의 일반적인 이동경로 역시 매우 단순하였다. 실제로 학생들은 광활한 캠퍼스에 비해 학교를 상당히 아늑하고 작은 공간으로 인식하고 있었다.

모든 건물은 5층 이하의 낮은 건물들이고, 최근에 지어진 소수의 건물들을 제외하고는 대부분 직사각형의 비슷한 디자인으로 이루어져 있다. 특이한 점은 거의 모든 건물이 외부인의 출입을 통제한다는 점이었다. 학생과 교직원들은 대학 본부와 모든 강의동을 출입할 때 신분증을 사용하고 있었는데, 외부인의 출입이 많은 입학처나 박물관조차도 마찬가지였다. 이와 같은 제도는 원래 고가의 설비 및 기계 도난을 방지하려는 취지에서 시작되었다고 하는데, 현재는 외부인과 내부인을 분명히 구별하는 동시에 내부인의 높은 위상을 상징하는 효과를 나타내고 있었다.

대부분의 학부 학생들과 대학원생들이 캠퍼스 내 기숙사에서 거주하고 있었고, 1, 2학년은 13층짜리 레지덴셜 칼리지 건물에 함께 거주하고 있다. 기존 기숙사는 5층 이하의 낮은 벽돌 건물인 반면, 레지덴셜 칼리지 건물은 최신식 기숙사 건물로 매우 쾌적하고 편리한 시설을 자랑하고 있다.

5. 행정부서와 대학 지배구조

1) 행정조직

포스텍은 현재 10처(센터) 23팀(실)의 행정조직 구조를 운영하고 있다. 교직원은 2014년

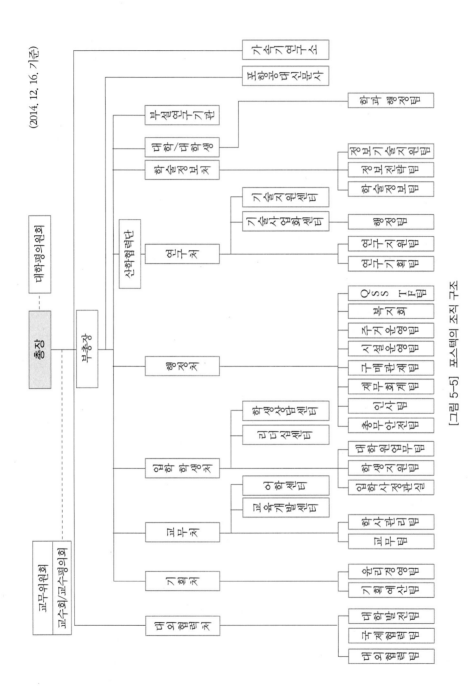

[그림 5-5] 포스텍의 조직 구조

현재 245명으로 포스텍은 효과적인 행정서비스를 지원하기 위해 직원 1인당 학생 수는 가능한 한 줄이고, 직원 대 교수 비율을 1:1로 유지하려는 정책을 시행해 오고 있다. 대학의 조직과 기구는 [그림 5-5]와 같으며, 교육조직인 대학과 대학원은 〈표 5-8〉과 같이 학부의 11개 학과, 5개 학부, 4개 대학원 협동과정, 3개의 전문대학원과 1개의 특수대학원으로 구성되어 있다.

〈표 5-8〉 포스텍 학부/대학원 구성 현황

구분	명칭
학과/학부	수학과, 물리학과, 화학과, 생명과학과, 신소재공학과, 기계공학과, 산업경영공학과, 전자전기공학과, 컴퓨터공학과, 화학공학과, 창의IT융합공학과, 인문사회학부, 융합생명공학부, 첨단재료과학부, 정보전자융합공학부, 첨단원자력공학과
대학원 협동과정	환경공학과정, 시스템생명공학과정, 기술경영과정, 풍력특성화과정
전문대학원	엔지니어링대학원, 철강대학원, 해양대학원
특수대학원	정보통신대학원

출처: 포항공과대학교(2014).

2) 대학의 지배구조와 조직문화

연구 중심 대학인 포스텍은 전형적인 전문가 중심의 대학 거버넌스 구조를 가지고 있는 것으로 보였다. 교수들은 교육과 연구에 있어 자신의 전문성을 바탕으로 매우 독립적으로 활동하고 있고, 대학 행정부서와 학교법인은 이들의 활동을 효과적으로 지원한다는 철학을 공유하고 있다. 따라서 대학의 리더십이 교수 개개인의 교육 및 연구 활동에 큰 영향을 주지 못하는 교수(전문가) 중심의 거버넌스 구조가 유지되고 있다.

이러한 전문가 중심의 대학 거버넌스 구조를 확인할 수 있는 특징이 각 학부나 전공들의 자율성이 매우 높게 보장되고 있고, 교수들 간의 교류나 모임이 극히 드물다는 것이다. 이와 같은 특징은 인문사회계열 학문보다는 이공계 학문에서 쉽게 발견할 수 있다. 즉, 교수들은 자신의 전공 학문의 연구를 수행하는 개별 실험실을 가지고 있고, 이 실험실의 수장으로서 구성원들을 효과적으로 관리하여 높은 성과를 도출하는 것이 가장 중요한 임무다. 따라서 세부 전공의 차별성이 부각되기 쉽기 때문에 전공이 다른 교수들과 교류할 필요성은 줄어들며, 교수들이 여기에 시간과 노력을 할애할 의미를 찾기 힘들어진다. 이공계 과목 교수들 중에 면담자를 찾기 힘들어 이러한 점에 대해 교수들 자신은 어떻게 인식하는지를 확인하기는 어려웠지만 학생들과 다른 구성원들은 교수들 사이의 교류나 접촉이 다른 학교보다 훨씬 적다는 점을 포스텍 대학 문화의 중요한 특징이자 개선의 필요성이 있는 영역으로 손꼽았다. 즉, 전문가의 자율성을 중시하는 거버넌스 구조와 조직 문화는 세부 전공의 역량을 최대화하여 교육과 연구 성과를 높이는 데 긍정적으로 기여할 수 있지만, 동시에 학부교육과 같이 여러 전공의 협업과 조율, 생활과 학습 영역이 중첩된 현실적 이슈를 해결하는 데 있어서는 소통의 부족과 시너지 효과의 발생을 제한할 가능성이 있는 것으로 평가되었다.

6. 커리큘럼 등 기타 특징

1) 1학년 분반제도: 학교가 만들어 준 '생활-학습 공동체'

포스텍은 신입생들에 대해 '분반'이라는 코호트(cohort) 교육 방식을 취하고 있다. 코호트 교육이란 10~25명으로 구성된 학생 그룹이 특정 교육 프로그램에 속한 대부분의 강의를 함께 이수하는 방식을 의미한다. 포스텍은 신입생 오리엔테이션 기간 동안에 모든 신입생을 16개 분반으로 나누어 소속시킨다. 각 분반의 신입생들은 신입생 1년 동안 분반 친구들과 함께 거의 같은 과목을 이수하게 된다. 기숙사의 방 배정 또한 분반을 중심으로 실시하기 때문에 신입생의 분반은 학업과 생활에 밀착된 공동체이기도 하다. 때문에 분반은 공식/비공식 모임을 학기 중에 자주 개최하고, 학생들은 고학년으로 진급한 후에도 이러한 모임에 적극적으로 참여하고 있다.

학기가 시작되면 대학 본부는 이 16개 신입생 분반을 앞의 8개 분반과 뒤의 8개 분반으로 나누어 신입생 기초과목과 교양과목을 공동으로 이수시킨다. 즉, 앞의 8개 분반이 1학기에 수강한 과목 군을 뒤의 8개 분반은 2학기에 수강하는 것이다. 대학 본부는 신입생이 1학기와 2학기에 이수할 과목을 모두 정한 후 배포하고, 학생들은 정해진 과목의 여러 시간대 강의 중 자신에게 맞는 시간대를 선택한다. 이때 대부분 한 분반에 소속된 모든 학생이 같은 시간대를 선택하기 때문에 한 분반에 속한 학생들은 특별한 경우가 아닌 한 1학기와 2학기 동안 같은 시간표에 따라 같은 강의를 들으며 생활하게 되는 것이다.

2) 기초필수과정: '소수정예 이공계 프로그램'

신입생들이 분반을 통해 수강하는 과목들은 대부분 수학과 과학의 기초과목이다. 다수의 이공계 대학들과 마찬가지로 포스텍 역시 신입생들이 세부 전공을 불문하고 수학과 과학 기초과목을 집중적으로 이수할 것을 요구하고 있다. 포스텍 신입생들이 체육과목을 제외하고 첫 1년 동안 수강하는 인문사회분야 교양과목은 단 하나인데, 그것 역시 학교가 지정하고 있다.

포스텍은 11개 모든 전공의 재학생들이 수학과 과학 세 분야(물리, 화학, 생명과학), 그리

※ 포스텍의 1학년 기초필수과정

포스텍 학생들은 전공에 따라 약간의 차이는 있지만 대략 134학점 정도를 이수해야 졸업할 수 있다. 유닛(unit)이라는 별도의 단위를 사용하는 실천교양교육과정 과목까지 포함하면 총 141학점에 달한다. 이 중 1학년이 전공을 불문하고 이수해야 하는 기초필수 과목은 총 27학점이다. 기초필수 세부 과목은 다음과 같다.

개설 전공	과목명
수학과	미적분학, 미적분학 연습, 응용선형대수
물리학과	일반물리 I · II 또는 일반물리개론 I · II 또는 일반물리(H) I · II, 일반물리실험 I · II
화학과	일반화학(H), 일반화학실험
생명과학과	일반생명과학 또는 일반생명과학(H)
컴퓨터공학과	프로그래밍과 문제해결

출처: 포스텍 대학 홈페이지(http://www.postech.ac.kr).

이와 같이 전공을 불문하고 1학년 동안 일련의 기초필수 과목을 이수해야 하는 것은 이공계 대학들의 일반적인 정책이다. 그러나 카이스트와 달리 고교에서 대학 수준의 수학 과목 심화과목을 이수하지 않고 입학하는 일반고 출신 학생들이 주류를 이루는 포스텍에서는 이러한 수업을 수업의 질 저하를 유발하지 않고 운영하기가 훨씬 더 어렵다.

고 컴퓨터 프로그래밍 과목을 1학년에 이수하도록 하고 있다. 이처럼 전공을 불문하고 1학년 기간 동안 수학과 과학 기초 과목을 이수하게 하는 방식은 타 공대와 유사하나 요구하는 학점은 타 대학에 비해 더 높은 편이다. 실제로 포스텍의 기초필수과정 학점은 총 27학점인데 반해 같은 이공계 연구 중심 대학인 카이스트는 23학점으로 4학점이 낮다. 반면 포스텍은 인문사회분야 교양과목에서 총 15학점을 이수할 것을 요구하고 있으나 카이스트는 21학점을 요구하고 있다. 이처럼 포스텍이 타 이공계 대학에 비해서도 이공계 기초 전공과목의 교육을 강조하는 경향은 신입생들에게도 널리 인지되고 있다.

3) 인접전공 경험을 위한 이공계 핵심기초과목(Science and Technology Core: STC)

포스텍은 모든 학생에게 자신의 전공과목 이외에 학교가 정한 수학과학 관련 STC 과목을 총 5과목(15학점)을 이수하도록 하고 있다. 이는 학생들에게 인접전공의 배경지식을 가르쳐 이들이 석·박사과정에 진학했을 때 여러 전공의 지식을 융복합하여 창의적인 지식을 만들어 낼 수 있는 능력을 강화하기 위함이다.

4) 실천교양교육과정(Activity-Based General Education Curriculum: ABC)

포스텍은 리더십센터를 통해 인문학적 소양과 문화교양, 리더십 기술 개발을 목표로 한 실천교양교육과정을 운영하고 있다. 이 교육과정은 학생들의 참여와 능동적인 활동을 중심으로 이루어지는데, 모든 학생을 졸업 시까지 총 7유닛(2014학번부터)의 ABC 과목을 이수해야 한다. ABC 과목은 신입생세미나, 국토기행, 지역융합탐방, 실내악 연주, 다큐멘터리 제작, 과학기술글쓰기, 멘토십 프로그램, 팀워크 리더십 액티비티 등 매우 다양한 내용을 가지고 있다.

※ 실천교양교육과정(Activity-Based General Education Curriculum) 개설표(2014년 기준)

실천교양교육과정은 말 그대로 '실천'을 주축으로 하는 교양학습을 목표로 하고 있다. 포스텍 학생들은 졸업할 때까지 총 7유닛(unit)의 실천교양과목(필수 3유닛, 선택 4유닛)을 이수해야만 하는데, 그중 두 유닛은 필수과목인 '대학생활과 미래설계'와 '신입생 세미나'로 수강해야 한다.

	1학기	여름	2학기	겨울
필수	대학생활과 미래설계		신입생 세미나	
인문 사회	특강(연속실천) 학습기술	국토기행	특강(연속실천) 지역융합탐방	독서
문화/ 예술	문화콜로키움 **오케스트라 공연**	사물놀이	문화콜로키움 실내악 연주	난타 지휘
스포츠	호신술 배드민턴 라켓볼	코어트레이닝 체력관리	볼링 탁구	
리더십 계발	**사회봉사1** 과학기술글쓰기 인턴십 나의 리더십 스타일	**사회봉사2** 인턴십 응급처치 및 안전관리 리더십 계발 단체교육	**사회봉사1** 진로탐색 인턴십 멘토십 프로그램 팀워크 리더십 액티비티	**사회봉사2** 응급처치 및 안전관리

제3절 포스텍 학부교육의 특징

제2절에서 설명한 포스텍의 여러 가지 기관적 특징과 구조를 학생들은 어떻게 경험하고 느끼고 있을까? 학교가 고민하여 수립하고 고안한 여러 제도나 프로그램, 학습 환경이 과연 학생들 사이에서 학교가 의도한 대로의 효과를 나타내고 있을까? 학교가 마련한 제도가 학생들에게 소기의 성과를 발휘할 때 비로소 그 제도들이 효과적이라 할 수 있고, 학부교육이 우수하다고 말할 수 있을 것이다.

이번 절에서는 이와 같은 포스텍 학생들의 학부교육 경험을 한국형 NSSE의 6개 영역을 기본으로 세분하여 좀 더 면밀하게 탐색해 보려 한다. 2011년부터 2013년까지 3년 동안 실시된 K-NSSE 설문조사 결과에서 포스텍 학생들은 6개 영역 모두에서 비교 집단들보다 확연하게 뛰어나거나 평균 이상의 수치를 나타내면서 연구 중심 대학교로서 학부교육에 대해서도 상당한 관심과 투자를 해 온 포스텍의 기관적 노력에 대한 좋은 결실을 보여 줬다. 포스텍 학생들은 특히 학업적 도전, 지적 활동, 지원적 대학 환경 등에서는 ACE 참여대학 23개는 물론 기관적 지위가 유사하다 볼 수 있는 수도권 대형 대학들과의 비교에서도 월등히 우월한 수준을 나타냈다. 다만 능동적·협동적 학습, 교우관계, 교수와 학생의 교류 등 대학 구성원들의 사회적 관계와 밀접한 연관을 가지고 있는 세 가지 영역에서는 비교 집단과 거의 유사하거나 약간 높은 수준을 보였다. 이와 같은 현상은 우수한 학생들이 모이는 '명문대'에서는 흔히 볼 수 있는 현상이다. 즉, 학업 성적에 따라 대학의 서열이 확연하게 구분되는 우리나라 현실에서 포스텍과 같은 명문대학에는 학업적 탁월성을 중시하는 문화가 견고히 형성되어 있는 반면, 인간관계의 친밀성은 상대적으로 떨어지기가 쉽다.

그러나 포스텍이 학부 신입생의 규모가 300명 남짓 되는 매우 작은 학교이면서 전교생이 캠퍼스 안에서 생활하며, 교수들 역시 학교 가까이에 거주하고 있다는 점 등 독특한 환경적 요인들을 고려한다면 인간관계 관련 영역의 점수는 향후 좀 더 개선할 필요가 있다고 평가된다. 이러한 점은 유사한 교육환경에 있는 다른 사례 대학(예를 들어, 한동대와 같은)들의 결

〈표 5-9〉 포항공과대학교 2013 K-NSSE 조사결과: 6개 영역 종합

K-NSSE 조사영역	포스텍 (n=164)		ACE(23개교) (n=8,659)		전체(31개교) (n=10,078)	
	평균	표준편차	평균	표준편차	평균	표준편차
1. 학업적 도전	12.93	3.60	10.45	3.75	10.45	3.75
2. 지적 활동	15.52	2.57	13.53	2.89	13.45	2.91
3. 능동적·협동적 학습	11.43	2.23	11.30	2.60	11.23	2.61
4. 교우관계	11.90	2.81	10.88	2.96	10.87	2.96
5. 교수와 학생의 교류	13.99	3.50	14.08	4.29	14.06	4.28
6. 지원적 대학환경	10.98	2.05	8.93	2.50	8.91	2.51

주: 2013년 3차 조사에는 총 54개 대학이 참여하였으나, 한국교양기초교육원·학부교육 선진화 선도대학 협의회(2013)에서는 종단 분석의 취지를 고려하여, 2011년부터 3년에 걸쳐 모두 참여한 31개 대학의 응답 자료를 포스텍 자료와 비교·분석하여 제시하고 있음.

출처: 한국교양기초교육원·학부교육 선진화 선도대학 협의회(2013). 2013년 대학 학부교육의 질과 성과 분석: 포항공과대학교.

과와 비교할 때 한층 더 분명하게 나타난다. 또한 학업적 도전이나 지적 활동 등이 타 대학에 비해 월등히 높으면서도 능동적·협동적 학습 영역의 점수가 다른 대학과 비슷한 수준이라는 점 역시 교수-학습 방법의 혁신 필요성이 높다는 점을 시사하고 있다.

이와 같은 K-NSSE의 양적 자료에 대한 대략적인 분석을 바탕으로 다음의 사례연구에서는 우선 6개 영역의 K-NSSE 결과를 학년별, 계열별 비교를 통해 보다 상세히 분석하고, 다음으로 문헌 조사 및 방문 면담에서 수집한 질적 자료들을 통해 이러한 차이를 발생시키는 포스텍의 대내외적 조건이나 맥락, 상황이 어떠한지를 탐색하였다. 궁극적으로 이 사례 연구 보고서는 포스텍의 학부교육의 탁월성의 구체적인 내용이 무엇이며, 그것을 가능하게 하는 대학의 문화나 풍토, 기관적 특징을 발견하려고 노력했다. 동시에 학부교육의 우수성을 보다 더 향상시키기 위해 포스텍의 리더십과 교수들이 관심을 가지고 개선시켜야 할 부분이 무엇인지에 대해서도 간략한 제안을 제시하고자 한다.

1. 학업적 도전: '영재들의 자신과의 전쟁'

학업적 도전 영역에서 포스텍 학생들은 〈표 5-10〉에서 확인할 수 있는 바와 같이 23개 (2011년에는 22개) ACE 사업 대학 그룹과 수도권 대형 대학들과의 비교에서도 월등히 높은 수준을 나타냈다.

2013년도 조사 대상 학생들[3]을 학년별로 비교한 결과에서는 3학년(14.1) > 1학년(13.6) > 2학년(11.2) > 4학년(12.8) 순으로 학업적 도전을 느끼고 있는 것으로 나타났다. 계열별로는 전반적으로 자연 > 공학 > 사회 계열순의 차이를 보였다.

1) 1학년의 학업적 도전: '고3 생활의 연장'

1학년 학생들은 대학생활에 대한 적응과 기초과목 수강 부담이 매우 큰 점을 가장 큰 도

---

[3] 2013년도 조사 대상 학생들은 사회계열 13명(산업경영공학과), 공학계열 72명(기계공학과, 신소재공학과, 전자전 기공학과, 창의IT융합공학과, 컴퓨터공학과, 화학공학과), 자연계열 66명(물리학과, 생명과학과, 수학과, 화학과)이 었음. 이들을 다시 학년별로 구분하자면 1학년 61명, 2학년 37명, 3학년 22명, 4학년 44명이었음.

〈표 5-10〉 K-NSSE 자료: 학업적 도전 영역

연도	학업적 도전 영역					
	포스텍		ACE (11년: 22개교, 12, 13년: 23개교)		전체 31개교	
	평균	표준편차	평균	표준편차	평균	표준편차
2011	13.09	3.62	9.52	3.53	9.66	3.61
	(n=116)		(n=5,368)		(n=7,393)	
2012	12.87	3.91	10.57	3.83	10.50	3.81
	(n=142)		(n=7,404)		(n=10,415)	
2013	12.93	3.60	10.45	3.75	10.45	3.75
	(n=164)		(n=8,659)		(n=10,078)	

주: 2013년 3차 조사에는 총 54개 대학이 참여하였으나, 한국교양기초교육원 · 학부교육 선진화 선도대학 협의회(2013)에서
    는 종단 분석의 취지를 고려하여, 2011년부터 3년에 걸쳐 모두 참여한 31개 대학의 응답 자료를 포스텍 자료와 비교 · 분
    석하여 제시하고 있음.
출처: 한국교양기초교육원 · 학부교육 선진화 선도대학 협의회(2013). 2013년 대학 학부교육의 질과 성과 분석: 포항공과대
    학교.

전으로 인식하고 있었다. 일부 학생들은 대학교 1학년의 학업을 '고3 생활의 연장'이라고
표현하기도 했다. 심화과목을 고교 때 이수한 과학고 학생들의 경우에는 1학년 기초과목의
내용이 아주 생소한 것은 아니기 때문에 상대적으로 수월하게 1학년을 보내지만 일반고 학
생들은 상당한 학업적 도전에 직면하는 것으로 보인다.

> (1학년 학생들에게 공부를) '충분히'를 넘어서 '빡세게' 시키고 있는 것 같아요……. (중략) 1학
> 년 과정이 이제 일반고에서 온 학생들을 과학고 학생들과 경쟁시켜도 뒤지지 않을 정도로 만들기 위
> 한 과정이라고 하더라고요. 다른 학교에 비해서 1학년 과목을 빡세게 시켜서 2, 3학년 전공 들어가
> 면 차이가 많이 안 난다고……. (물리학 1학년)

> 사실 1학년 때 처음 들어와서 기초필수과목을 배울 때 되게 부담이 많이 돼요. 사실 미적분이
> 란 과목도, 카이스트도 두 학기 동안 하는 걸 포스텍은 한 학기 동안 하거든요. 그만큼 좀 힘들기

도 한데 그때 진짜 힘들었죠. 거의 세 시 이전에 자 본 적이 없고, 새벽 세 시를 넘기는 건 거의 기본으로 했고. 그리고 또 친구들이랑 많이 협동을 했던 것 같아요. 과 동기나 분반 동기랑 같이. 숙제같은 거 모르면 물어보고 그래서 도움을 많이 받았죠. (기계공학 3학년)

1학년 학생들이 느끼는 학업적 도전은 막대한 양의 학습량과 빠른 진도, 어려운 과제 등 교수들이 요구하는 학습 부담과도 직결되지만, 동시에 소수정예교육이라는 경쟁적인 환경에서 암기보다는 이해와 응용을 강조하는 새로운 학습 방법의 습득, 고교 시절에 인정받은 탁월함을 유지하고자 하는 욕구, 동료 집단에서 낙오자로 낙인찍히기를 원하지 않는 사회적 욕구 등 질적으로 다양한 요소들과 연결되어 있는 것으로 보인다.

1학년에 입학했을 때는 우선 고등학교 때까지는 학업성취가 굉장히 우수한 학생들이 들어왔다가, '어, 수업에서 나보다 우수한 학생들이 정말 많다.'는 걸 발견하고서 대개 충격같이 여겨지는 것 같아요. 특히 과고 출신 학생들이라든가 선행학습이 많이 된 학생들과 수업을 들었을 때, 자기가 그 수업을 따라가는 정도가 느리거나 예습, 복습을 했는데도 이해가 안 되는 부분을 만났을 때, 학생들은 그 좌절감이 굉장히 크고요. 그게 1학년 때 오는 충격인 것 같아요. 친구들하고 비교하고, 수업에서 요구하는 학습량, 그리고 수준에서 압도되는 것 같습니다. (상담센터 연구원)

1학년 학생들은 이처럼 막대한 학업적 도전을 분반제도와 학생 멘토링 프로그램(Student Mentoring Program: SMP) 등을 통해 비교적 잘 해소하고 있는 것으로 보인다. 학교가 구성해 준 분반은 1학년 학생들 사이에 학습·생활 공동체로 기능하면서 서로에게 대학생활 적응 방법을 배우고, 심리적 지지를 교환하는 효과를 발생시켰다.

'(학교가) 무조건적으로 부담을 많이 주면 많이 한다.'가 아니라, 제가 생각하기에는 부담이 많기는 하지만 그걸 다 같이 하고 있잖아요. 혼자 나한테만 던져 준 거면 친구들이 다 같이 할 수 있고, 또 그렇게 할 수 있는 사람들이 모여 있고. 그렇다 보니까 다 같이 '으쌰으쌰' 하는 분위기로 (생명공학 3학년)

2학년 이상의 선배가 무상으로 신입생을 가르쳐 주는 학생 멘토링 프로그램(SMP)은 과학 심화과목을 이수하지 않고 입학한 일반고 학생들에게 특히 큰 도움이 되는 것으로 나타났다. 이 제도는 수혜 학생들이 학업적 도전을 해결하는 데도 좋은 효과를 보였지만 동시에 '나도 선배가 되면 그렇게 후배들을 도와주겠다.'는 의지를 자극하여 신입생들이 학업적 적응에서 나아가 학습 기회에 대한 참여, 공동체에 대한 기여의 수준으로 발달하는 것을 촉진하는 것으로 보인다.

다른 학교는 모르겠는데 저희 학교는 'SMP'라는 제도가 있거든요. 학교 선배가 1학년 후배들을 가르쳐 주는 그런 건데요. 선배 한 명당 세 명 정도. 비용도 1인당 3만 원 정도 학교에 내면 되고요. 저는 그 덕을 좀 많이 봐서. 컴퓨터라는 과목을 난생 처음으로 대학에 와서 배웠는데, 저랑 너무 안 맞아서. 그런데 그나마 SMP를 들어서 그 과목을 평균으로 마무리할 수 있었던 것 같아요. 학생이 좀 뒤처지지 않도록 끌고 가 주는 것 같긴 해요. (물리학 1학년)

※ 학생 멘토링 프로그램(Student Mentoring Program)

포스텍은 수학 · 과학 심화과목을 이수하지 않은 채 입학하는 일반고 출신이 과반수 이상을 차지하기 때문에 이들을 위한 적극적인 학습지원 제도를 운영하고 있다. 그중 대표적인 것이 학생 멘토링 프로그램(SMP)이다. SMP는 학사과정의 1학년 학생들을 대상으로 선배들이 수학과 과학 미이수 과목에 대해 보완해 줌으로써 학업에 대한 부담감을 줄여 주고, 또한 선배들이 후배들을 대상으로 대학생활에 대한 전반적인 조언을 해 줌으로써 학사과정 1학년 학생들이 대학생활에 조기에 적응할 수 있도록 도움을 주는 프로그램이다.

매년 3월, 9월에 (학기 단위로 선발) 학사과정 1학년 학생을 대상으로 멘티(mentee) 신청(수강과목 포함)을 받은 후, 멘티(mentee)의 신청 수강과목에 따라 학사과정 3학년 이상 학생을 대상으로 멘토(mentor) 신청을 받는다. 멘토 1명당 수강과목이 같은 멘티 2~3명을 배정하고, 청암학술정보관의 GSR(Group Study Room) 등을 이용하여 멘토링(mentoring)을 실시하도록 하고 있다. 수업은 1회 2시간 이상으로 매월 4회 실시하고, 3개월 동안 실시하며, 멘토 학생은 매회 수업일지를 작성해야 한다.

멘토 및 멘티는 평균평점, 과목평점 직전 학기 SMP 진행결과 등을 기준으로 선발한다. 매 수업 후 작성한 수업일지를 확인 후 매월 25만 원의 장학금을 멘토에게 지급한다. 직전 학기 SMP의 멘티로 수강하겠다던 과목을 철회한 학생과 멘토로서 불성실하게 임한 학생은 다음 신청에서 선발될 수 없다. 수업에 대한 만족도를 분석한 후 문제점이 있는 멘토 및 멘티에게는 장학금 지급에 대한 불이익 외에도 다음 학기 멘토 및 멘티 선발에도 불이익을 줄 수도 있다.

2) 고학년의 학업적 도전: 3학년이란 새로운 고비

한국형 NSSE 조사 결과에서 드러난 바와 같이 포스텍 학생들이 느끼는 학업적 도전은 2학년 동안 잠시 감소했다가 3학년 때 다시 증가하는 것으로 보인다. 2학년은 상대적으로 수월하게 느껴지는 학년으로, 대학 생활에 안착한 후 학문적으로나 사회적으로 약간의 탐색의 기회가 주어지는 학년인 것으로 해석되었다. 실제로 1학년 때는 기초과학과목 이외의 인문사회교양 과목들은 집단적으로 수강하지만 2학년 때는 개인적으로 선택할 수 있는 기회가 주어졌다.

> 1학년 때는 확실히 주마다 숙제가 항상 4, 5개는 있으니까 대학 들어온 1학년이 하기에는 시간표도 엄청 많고 벅찬 편인데, (중략) 2학년 때부터 전체적인 로드 자체도 조금 줄어들기도 하는 게 아무래도 그런 것에 숙달되니까 더 낫지 않나 그렇게 생각해요. (신소재공학 3학년)

반면 3학년부터는 전공 공부가 본격화되고, 진로에 대한 고민도 시작되며, 연구 참여 프로그램과 같은 제도를 통해 연구에도 참여하게 됨에 따라 학교가 요구하는 학업적 도전의 양과 학생의 학업 스트레스가 다시 증가하는 것으로 나타났다.

> 학업 스트레스가 1학년 때 높았다가 3학년 때 다시 높아지는 경향이 있어요. 2학년이 가장 좀 덜 받는 것 같아요. 약간 착각인 것 같은 느낌이 들긴 하는데요. 3학년 때는 아무래도 진로 고민이 되는 것 같아요. 대학원 진학과 취업, 군대 문제를 어떻게 할 것인가? 또 유학 이런 문제가 있고.

이미 그때는 성적이 학사경고나 이런 경험을 통해서 자기가 가고 싶은 곳으로 가지 못한다는 그런 불안감이 많이 오는 것 같고요. (상담센터 연구원)

제가 생각이 나는 건, 3학년이라서 이제 전공을 들으니까 전공 부분을 캐치를 못하면 주로 저희가 전공은 스스로 공부를 하는 편이라고 했잖아요. 그걸 캐치를 못하면, 조교 분들이나 튜터링을 좀 잘 해줬으면 좋겠어요. 요즘 그걸 느끼는 것 같아요. (창의IT융합학 3학년)

연구 참여는 간단히 말해서 대학원 생활을 미리 한 번 경험을 해 보는 건데요. 교육적인 측면과 연구적인 측면 둘 다 포함된다고 생각을 하는데, 그 이유는 연구를 하다 보면 분명히 막히는 분야가 생기거든요. 학부 때 교육적으로 배우는 실험과 달리 그건 진짜 모르는, 제가 연구해야 될 분야이기 때문에 해결방법이 나와 있지 않은 것이거든요. 그것을 해결하기 위해서는 제가 부족한 지식을 또 따로 공부해야 하는 것이고, 그 공부했던 것을 바탕으로 다시 실험으로써 재승화시킬 수 있는 것이고, 그런 과정이 교육적인 것과 실험적인, 연구적인 측면 둘 다 포함되는 거라고 생각합니다. (화학공학 4학년)

※ 포스텍의 학부생 연구 참여 제도

1) 연구 참여

연구 참여는 학부생이 원하는 교수님의 연구실에 연락하여 방학이나 학기 중에 연구를 진행하는 제도다. 교수나 대학원생과 논의해 연구 주제를 결정하고 이들의 지도를 받으며 연구를 수행할 수 있다.

2) 학부생 연구 프로그램

포스텍은 2000년부터 학부 학생 연구 프로그램을 운영해 오고 있다. 학사과정 학생들이 전공 또는 전공 이외의 분야에서 자발적인 방법으로 아이디어를 찾게 하고, 이를 실제 연구에 적용할 수 있는 기회와 여건을 제공하여 학문에 흥미를 가질 수 있도록 하기 위한 프로그램이다. 포스텍은 매년 30~40개의 팀을 선발하여 연구 과제당 500만 원의 연구비를 지원하고 있다. 또한 참석자들 간의 교류와 참여의식을 높이기 위해 연구학생 전원이 참여하는 중간 및 최종 결과 발표회도 개최한다. 이 자리에서 연구 지도교수나 심사위원들은 연구 결과에 대한 피드백을 제공하는 한편, 우수 발표자에 대한 논문상도 수여하고 있다.

2. 지적 활동: '진정한 이공계 심화교육'

지적 활동 영역에서 포스텍은 비교 대상 그룹에 비해 매우 높을 뿐만 아니라, 학업적 도전 부분보다도 높은 수준의 수치를 보이고 있다. 이는 포스텍 학생들이 교육과정 전반에 걸쳐 다양한 유형의 지적 자극을 받으면서 발달하고 있다고 인식하고 있음을 시사하고 있다.

2013년 조사 결과를 학년별로 비교한 결과, 4학년(16.2) > 2학년(15.4) > 1학년(15.3) > 3학년(15.0) 순이었다. 이를 학업적 도전 결과와 연결시켜 보면 학업적 도전에 대한 인식 정도가 가장 높은 3학년들은 오히려 지적 자극 및 활동을 가장 낮게 인식하고 있음을 알 수 있

〈표 5-11〉 K-NSSE 자료: 지적 활동 영역

연도	지적 활동 영역					
	포스텍		ACE (11년: 22개교, 12, 13년: 23개교)		전체 31개교	
	평균	표준편차	평균	표준편차	평균	표준편차
2011	15.91	2.46	13.33	2.92	13.44	2.97
	(n=116)		(n=5,368)		(n=7,393)	
2012	15.42	2.36	13.36	2.80	13.29	2.81
	(n=142)		(n=7,404)		(n=10,415)	
2013	15.52	2.57	13.53	2.89	13.54	2.91
	(n=164)		(n=8,659)		(n=10,078)	

주: 2013년 3차 조사에는 총 54개 대학이 참여하였으나, 한국교양기초교육원 · 학부교육 선진화 선도대학 협의회(2013)에서는 종단 분석의 취지를 고려하여, 2011년부터 3년에 걸쳐 모두 참여한 31개 대학의 응답 자료를 포스텍 자료와 비교 · 분석하여 제시하고 있음.

출처: 한국교양기초교육원 · 학부교육 선진화 선도대학 협의회(2013). 2013년 대학 학부교육의 질과 성과 분석: 포항공과대학교.

다. 계열별로는 공학＞사회＞자연계열 순의 순위로 나타났다.

1) 수준 높은 전공교육

포스텍 학생들은 자교의 수준 높은 이공계 전공교육에 대한 높은 자부심을 표시하면서 그 자체가 상당한 지적 활동을 제공한다고 답변했다.

> 포스텍 물리학과는 물리H라는 고급수업을 따로 듣거든요. 그 교수님, 그 수업 같은 경우에는 다른 물리수업과 다르게 고급적인 것도 많이 가르치고, 약간 2학년 전공까지 커버할 수 있는 부분을 가르쳐서 그런 것은 흥미로웠어요. (물리학 1학년).

또한 대학에서의 전공 공부가 고교에서와는 다른 차원의 지식을 다른 방법으로 공부하도록 자극하는 특징을 가지고 있다고 답변했다. 이미 과학 심화과목을 경험한 과학고 학생들도 포스텍의 전공교육이 질적인 측면에서 과학자 혹은 공학자로서의 새로운 접근방식에 눈뜨게 하는 기회를 주고 있다고 응답했다.

> (고등학교와) 가장 달라진 것이 있다면 책을, 교과서를 읽기 시작했어요. 고등학교 때는 아무래도 학교 공부 목표가 대학진학이나 수능 고득점 이런 데 있으니까 교과서보다는 특정 목표에 효율적인 방식을 취하게 되는데, (문제 풀기) 대학교에 와서는 수업하는 교과서를 읽기 시작했어요. (수학 2학년)

> 그룹 프로젝트라는 게 있는데 그런 것들이 있으면 말씀하신 것처럼 정해진 솔루션이 없고, 예를 들면 제가 들었던 것 중에 공정설계라는 과목이 있는데 그 과목에서는 'CO2 emission을 줄일 수 있는 그런 공정을 설계하라'는 큰 목표 아래서 갖가지 모든 그룹이 하나의 프로젝트를 해결하려고 노력을 하거든요. 다른 분자생물공학 같은 이런 과목을 들으면 자신이 연구자라고 생각을 하고, '이것을 기업에 제안하라'. 어떻게 보면 자신의 진로에 맞는 과목 선택이기 때문에 앞으로의 미래를 미리 경험해 볼 수 있는 그러한 프로젝트도 많이 있다고 생각합니다. (화학과학 4학년)

전자과인 저희에게는 졸업 요건이 설계 과제라는 게 있는데, 뭐냐면 수업이 없고 자기가 학기, 방학 동안에 3, 4명이서 조를 짜서 1인당 50만 원이 부여되고, 뭘 만들어서 학기에 3번씩 발표를 하거든요, 교수님 한 분한테. 저는 저번 학기에 끝냈는데, 보면 정말 제각각 생각하는 게 다른 이상한 걸 만들기 시작해요. 성공할 수도 있고, 실패할 수도 있고. 좀 자유로우면서 자기가 생각하는 게 있으면 프로젝트로 만드는 그런 제도가 있어요. (전자전기공학 4학년)

2) 강의 중심 교육을 기반으로 새로운 교수법 시도

그럼에도 교수법 측면에서 포스텍 교수들이 학생들에게 제공하는 지적 활동은 아직 크게 다양하지 않은 것으로 보인다. 면담에 참여한 많은 학생들은 대다수의 수업이, 특히 학년이 올라갈수록 교수의 강의 중심으로 이루어진다고 답변했다.

보수적이라고 표현해야 되는지 모르겠는데, 수학과는 사실 배워야 하는 게 너무 많으니까 학부 때 수업이 거의 다 강의식이거든요. 발표를 시키더라도 학부가 베이스를 가르치는 건데, 애들이 나와서 헛소리하고 몇 시간 지나가고. 진짜 중요한 개념인데 그런 걸 잘못 설명하고, 그러면 곤란해지니까 그런 걸 기피하는 경향이 있는 거 같아요. (수학 2학년)

교양 과목에는 토론식이라든가 발표식이 더 많은 것 같은데, 아무래도 전공으로 들어가면 강의식이 많죠. 강의식인데 프로젝트나 과제는 팀별로 한다든가, 전공에서 발표를 하는 건 많지 않은 것 같아요. (기계공학 3학년)

그러나 최근 들어 교육을 전담하는 교수들을 임용하거나 플립드 러닝(flipped learning)과 같은 IT 기술을 사용한 새로운 교수법을 시도하는 등의 방법을 통해 교수법을 다양화하려는 대학의 노력이 증가하고 있고, 학생들도 이러한 점을 인지하고 있는 것으로 보였다. 이러한 시도는 특히 융합교육을 지향하며 새롭게 출범한 학부(창의IT융합학부)나 산업경영학부의 수업이나 인문사회 교양과목에서 두드러지는 것으로 나타났다.

그리고 1학년 과목이기는 한데, 실험을 배우는 과목이 있거든요. 지금은 전담교수님이 오셔서 강의 방식이 바뀌었는데, 저희 때까지는 강의식이었어요. 교수님께서는 학생들과도 소통하려고 하고, 제가 배울 때는 코딩 위주였는데, 지금의 교수님은 개념을 많이 가르치려고 노력하는 그런 모습이 보이더라고요. 수업 진행 방식이 바뀌었다는 걸 그런 부분에서 느낄 수 있어요. (창의IT융합학 3학년)

저희 수업 중에 한 수업에서 플립트 러닝을 중간에 도입을 했어요. 왜냐하면 학생들이 직접 공부하고 서치해서 찾아오는 걸 조별로 발표하고, 또 그걸 학생들끼리 나누고. 그래서 교수님이 아니라 저희들이 직접 주도하는 수업 위주로 했었어요. 그래서 그거 하면서 원래 맨 처음에는 그런 식으로 안 했는데 중간에 바꾼 건데. 처음에는 교수님이 주시는 자료를 각자 읽어 오고, 그걸 할 때 각자 읽어 와서 조별로 요약정리를 해서 발표했어요. 그런 식으로 수업을 하다 보니까 이건 자기가 모르면 발표를 못하는 거니까 무조건 공부를 해야 되는 거잖아요. (창의IT융합학 3학년)

※ 플립트 러닝(flipped learning)

플립트 러닝이란 온라인 강의와 오프라인 강의를 섞은 블렌디드 러닝(blended learning)의 일종으로 오프라인 강의에서 수업을 들은 후 온라인 강의에서 문제 풀이나 과제를 수행하던 기존의 방식을 거꾸로 바꾼(flipped) 학습 방법을 의미한다. 즉, 학생들은 수업 내용을 혼자서 온라인 강의로 수강한 후 오프라인 강의에서는 교수자와 함께 배운 내용을 현실 문제에 적용하거나 응용문제를 풀면서 강의를 통해 이해한 내용을 보다 깊게 탐색할 수 있다.

이러한 면담 내용을 바탕으로 한국형 NSSE의 설문조사 결과를 해석하자면 4학년은 가장 심화된 전공과목들을 가르치기 때문에 2학년은 공통기초과학과목 이상으로 배움의 영역이 확대되기 때문에 학생들에게 보다 다양한 지적 활동을 제공하게 되는 것으로 보인다. 반면, 1학년과 3학년은 공통기초과학과목과 전공기초과목을 가르치게 되기 때문에 상대적으로 정형화된 교수학습 활동이 이루어질 가능성이 높은 것으로 나타났다. 결론적으로 포스텍

학생들은 전반적으로 교육 내용의 질적 수준이나 학생들에 대한 교수의 기대 수준 등은 매우 높다고 느끼고 있지만, 기초 공통과목 교육과정을 현재의 과학기술 발전 방향에 맞춰 보다 혁신적으로 개혁하고, 교육과정 개편에 학생들의 요구를 더 적극적으로 반영해 주기를 희망하고 있었다.

> 이런 주입식 교육방식에 익숙한 친구들이 많다 보니까 '익숙한 게 익숙한 거지.' 하면서 받긴 받되, 새로운 교수법이 나온 교수님들에 대해서는 인기가 높아서 수강신청 하기가 힘들 때도 있고……. (화학공학 4학년)

> 교육개발센터에서 플립드 러닝이라고 해서 교육방법을 새로 바꿔 보려고 노력하는 교수님들이 계시지만, 아직까지는 교수님들이 세대교체가 안 되고 그러셔서. 어…… 좀…… 주로 창의적인 활동을 하거나, 혹은 창의적인 생각을 해 보거나, 좀 더 다른 쪽으로 지금 배우고 있는 걸, 지금 배운 것을 배우고 있는 것과 융합적 사고라고 하는데, 다른 것을 합쳐 보고 이런 부분에 있어서는 자극이 좀 덜한 거 같아요. (창의IT융합학 3학년)

3. 능동적 · 협동적 학습: '따로 또 같이'

능동적 · 협동적 학습 영역에서도 포스텍 학생들은 비교 집단 대학들과 거의 대동소이한 수준을 나타냈다. 특히 협동적 학습은 교우관계와 내용적으로 깊은 연관이 있어 보이는데, 조사 결과에서도 교우관계와 유사한 수치를 보였다. 이 역시 학생들의 사회적 발달을 위해 포스텍이 운영해 온 여러 제도나 프로그램이 제한적 효과를 보이고 있음을 시사하고 있다.

2013년도 조사 결과에서는 4학년(11.7) > 2학년(11.4) > 1학년(11.3) > 3학년(11.1) 순으로 능동적 · 협동적 학습에 대한 긍정적 인식을 보였는데, 사실 거의 의미가 없는 차이라고 볼 수 있다. 즉, 포스텍 학생들은 전 학년에 걸쳐 능동적 · 협동적 학습에 대해 유사한 인식의 정도를 나타내고 있다. 이는 고학년으로 올라갈수록 자기주도적이면서 협동적 학습이 이루어져야 하지만 아직까지는 교수자 중심의 개인적인 학습이 주를 이루고 있음을 시사하

〈표 5-12〉 K-NSSE 자료: 능동적·협동적 활동 영역

연도	능동적·협동적 활동 영역					
	포스텍		ACE (11년: 22개교, 12, 13년: 23개교)		전체 31개교	
	평균	표준편차	평균	표준편차	평균	표준편차
2011	11.97	2.28	11.69	2.49	11.60	2.50
	(n=116)		(n=5,368)		(n=7,393)	
2012	12.01	2.26	11.24	2.57	11.17	2.56
	(n=142)		(n=7,404)		(n=10,415)	
2013	11.43	2.23	11.30	2.60	11.23	2.61
	(n=164)		(n=8,659)		(n=10,078)	

주: 2013년 3차 조사에는 총 54개 대학이 참여하였으나, 한국교양기초교육원·학부교육 선진화 선도대학 협의회(2013)에서는 종단 분석의 취지를 고려하여, 2011년부터 3년에 걸쳐 모두 참여한 31개 대학의 응답 자료를 포스텍 자료와 비교·분석하여 제시하고 있음.

출처: 한국교양기초교육원·학부교육 선진화 선도대학 협의회(2013). 2013년 대학 학부교육의 질과 성과 분석: 포항공과대학교.

고 있다. 계열별 비교에서는 자연계열과 공학계열은 거의 대동소이한 수치를 보였던 반면, 사회계열(산업경영공학과)은 전공의 특성상 상당히 높은 수준(12~14.8)의 인식을 나타냈다.

1) '공부는 기본적으로 혼자 하는 것'

이와 같은 설문조사 결과의 원인을 면담자들과의 대화를 통해 찾으려 노력했을 때 가장 먼저 발견한 것은 '공부'에 대한 포스텍 학생들의 기본적인 정의이자 태도였다. 대다수 면담자들은 '공부는 기본적으로 혼자 하는 것'이며, 혼자서 이해하지 못하거나 과제를 할 수 없을 때 친구들이나 선배들과 함께 공부하는 것이라고 생각하고 있었다. 특히 수학, 물리학 등 자연계열 학문은 문제를 해결하기보다는 이론을 이해하고 문제풀이에 적용하는 개인적 능력이 강조되기 때문에 전공수업 역시 교수의 강의 중심으로 이루어지는 경우가 많은 것으로 보인다. 2013년도 졸업생 조사 결과에서도 전공수업에서 수업 중 토론/토의에 참여하는 것이나 토론식 수업을 진행하는 비율은 교양과목에 비해 크게 떨어지는 것으로 나타났다.

제가 생각하기에는 저희(이공계 대학 학생들)는 학부 때 지식을 쌓는 것밖에 할 일이 없거든요. 그래서 같이 공부하는 게 굉장히 효율이 떨어져요. 그런 과목 특성상, 학과 특성상 혼자 하는 게 더 효율이 좋으니까 교수님들도 그런 걸 잘 안 시켜요. 저희는 개개인마다 과제를 하거든요. 딱히 같이해야 할 필요성을 잘 못 느끼는 것 같아요. (생명과학 2학년)

(공부는) 혼자, 기본적으로는 혼자 하죠. 막히는 게 있을 때 같이 고민을 하는 거죠. 그런데 막히는 게 너무 많아서 같이 고민을 하는 거죠. 기본적인 공부는 스스로 해야 되는 것이기 때문에 당연히 다 혼자 하지만, 이게 대부분의 스타일은 혼자 방에 있고, 방에 책상이 있으니까 혼자 하는 것이지만 막히거나 할 때는 항상 저도 친구들한테 물어보면서 했는데…… (창의IT융합학 3학년)

2) '수업을 해 주는' 협동 학습

물론 포스텍에서도 함께 공부하는 문화나 그것을 지원하는 물적 환경이 잘 갖추어져 있었다. 면담 학생들은 '함께 공부하는 것'에 대해 이야기할 때, 도서관에 설치되어 있는 '그룹 스터디 룸'이나 레지덴셜 칼리지(Residential College) 내의 휴게실 혹은 강의실에서 어려운 문제를 함께 풀거나 과제 해결에 어려움을 겪는 학생들을 도와주는 광경에 대해 자주 언급하였다. 특이한 것은 면담자들 대다수가 함께 공부하는 것을 '수업 해 주기'로 표현한다는 점이었다. 즉, 무엇보다 1, 2학년들의 경우 협동학습이라는 것은 하나의 문제에 대해 여러 학생이 다양한 해법을 토론과 시도를 통해 모색하는 것보다는 먼저 이해하고 문제를 푼 사람이 그렇지 못한 사람을 도와주는 것을 의미하는 것 같았다. 즉, 포스텍에는 학습능력이나 속도가 충분치 않은 학생들은 이해가 빠른 학생들에게 도움을 청하고, 도움을 요청받은 학생들은 기꺼이 다른 학생을 도와주려는 문화가 형성되어 있었다.

저 같은 경우에는 확실히 과목이 고등학교 때보다는 10배 이상 어렵거든요. 고등학교 때야 책을 보면 이해할 수 있는 수준이지만, 특히 어려운 과목 같은 것은 도저히 혼자서 할 수 없는 내용이에요. 지금은 아니지만 저는 친구들이랑 모여서 공부하는 데 앉아 있으면, 저렇게 책을 심화되게 읽는 좋은 친구가 있으면, 그 친구를 통해서 얻는 지식도 많았거든요. 그래서 같이 공부하면서 얻는 것도 있었고, 특히 과제 중에서 혼자 할 수 없는 과제가 있어요. 학과 애들이 모여서 같이 과제를 하는데, 나는 이 부분을 더 잘 아는데 쟤는 저 부분을 더 잘 알고, 이런 식으로 하면 공부하는 효과가 더 컸던 것 같아요. 그리고 학부생이 설명해 주면 오히려 엄청 쉽게 설명을 해 주거든요. 그런 부분에서 좋았어요. (전기전자공학 4학년)

3) 인문교양과 실천교양과목의 새로운 시도

그러나 이러한 한계를 극복하기 위해 대학이 운영하고 있는 실천교양교육과정(ABC) 과목이나 여러 교양과목, 그리고 포스텍이 가장 최근에 설립한 창의IT융합학과 등은 토론과 탐색을 중심으로 한 능동적 · 협동적 학습법을 적극적으로 시도하고 있다. 특히 포스텍의 실천교양교육과정은 소위 文 · 史 · 哲을 중심으로 한 일반적인 교양과목들이 '지식으로서의 교양'에 머무르기 쉽다는 점을 감안하여 학생들이 보다 능동적인 자세로 실천에 옮길 수 있는 교양을 체험하고 배우게 하는 것을 목표로 하고 있다. 포스텍이 교양교육에서 특히 실천을 강조하게 된 배경에는 일반 대학들보다 교양에 대해 보다 실용적 관점을 취하는 이공계 대학 특유의 분위기도 한 몫을 담당했을 것으로 해석된다. 그러나 보다 중요한 계기는 졸업생들의 역량에 대한 졸업생 스스로의 평가와 외부 기관들의 평가였다. 포스텍 졸업생들과 이들을 고용하는 기업들은 대체적으로 포스텍 학생들의 학문적 탁월성을 높이 평가하지만 리더십이나 진취적 자세 등은 상대적으로 약하다고 평가하는 경우가 많았다(포스텍 학사관리팀/교육개발센터, 2014). 따라서 대학의 리더십은 이러한 문제를 개선하기 위해 이공계 우수 인재를 위한 보다 실용적인 성격의 교양 교육과정을 고안해 내게 된 것이다.

(졸업생들이) 대개 사회진출을 했을 때, 이야기를 들어 보면 새로 시작하는 회사나 연구소에서 새로 시작하는 과제를 줬을 때 졸업생들이, 학생들이 어려워지질 않는대요. 주어진 대로, 거기에 맞게끔, 다 소화를 하고, 다 적응을 해서 한대요. 아무리 새로운 걸 갖다 줘도. 그런 특성이 있는 반면, 어떤 그룹에서의 리더로서의 역할, 그런 부분에서는 대인관계라든지, 분위기를 주도하는 그런 부분에서는 조금 약하지 않나. 그런 얘기를 졸업생들이. 좀 들어왔어요. (교무처장)

이것(실천교양교육과정)을 만든 것은 2010년에 시작된 우리 대학의 교과과정 개편과 맞물려서 시작이 된 거예요. (중략) 우리 학생들이 대부분 졸업 후에 전공교육에 대해서는 할 말이 하나도 없다고 그래요 다들. 다만 자기들이 사회에 나가서 느끼는 걸로 가장 얘기를 많이 하는 게 자기가 생각하기에 자신의 교양이 충분한가. 이런 생각을 좀 한다는 거죠. (중략) 학생들이 상대적으로 그런 걸 느끼고, 또 하나는 본인이 생각하기에 자기가 소위 리더십이나 사회적인 인간관계, 이런 것들이 다른 사람보다, 그리고 전공(공부)에 비해서 못하지 않나 생각하는 걸 저는 많이 듣고 봤거든요. 그래서 그것을 어떻게 좀 보완할 수 있을까, 이런 의미에서 시작된 게 실천교양교육과정이라고 하면 좋고요. 그래서 한마디로 전공이나 인문사회교육에서 부족할 수 있는 실천적 역량을 키워 줬으면 좋겠다 해서 제가 만든 것입니다. (前 리더십센터장)

개별 전공 중에서는 새로 설립된 창의IT융합학과가 가장 혁신적인 자세로 협동적 교수학습 방법을 도입하고 있는 것으로 보인다. 이 학과는 정부, 기업, 포스텍이 새로운 융합인재를 양성하려는 목적 하에 각각 일정액을 출자, 총 2,000억 원의 사업비를 가지고 10년 동안 운영하는 사업의 일환으로 설립된 학과다. 그러다 보니 교수학습방법이나 과목의 성격 등이 기존의 공과대학에서 행해져 온 것들과는 매우 다르다. 인문학과 예술, 과학기술의 융합을 목표로 한다는 점에서 학습자 중심의 협동적·구성주의적 교수학습 방법을 사용하는 경우가 많은 것으로 나타났다.

창의IT융합학과의 과목이 종류가 좀 있는데, 하나는 코어(core) 과목이라고, 다른 학부에서 서너 개로 열리는 과목을 하나로 합쳐서 한다든가 집중적으로 가르치는 과목은 이렇게 강의 형식으로 진행이 되죠. 근데 다른 전공과목은 스튜디오(studio)라고 이름을 붙이는데, 그런 건 좀 더 우리가 브레인스토밍(brainstorming)을 하고, 아이디어를 나눠 보는 수업을 하거든요. 그러면서 토론식의 수업을 하게 되는 거죠. (창의IT융합학 3학년)

(가장 신선했던 과목은 저희 과 과목인) '생명감성 & 트랜스 휴먼 스튜디오'요. 클래스가 아니라 스튜디오라고 이름을 지어요. 교수님 전공이 철학 전공이셔서, 미학 그런 전공이셔서…… (중

략) 여러 학과 학생이 모여서 적을 때는 열 명 미만, 많을 때는 스무 명까지도 조를 나눠서 하는데, 매번 조는 바뀌면서 매주 어떤 책이나 자료 같은 걸 읽거나 보고 와요. 특별히 되게 재미있는 책, 예를 들어 공대생들이 생각해 볼 만한 여지가 있는 것, 예를 들어 인체 모방, 바이오매틱스, 감각 오감, 시각, 청각 이런 책을 읽으면서……. 각자 매주 한 권씩은 힘들기 때문에 얘는 1파트, 2파트, 3파트 읽어서 수업시간에 발표하고, 이렇게 서로 알고 그거 관련해서 하나씩 아이디어나 뭐든 제한이 없어요. 수업은 프로젝트든 발표든 기획을 해 보는 거예요. 그런 걸 해 보면서 발표도 해 보고, 전체로 프로젝트도 한 번 만들어 보는 그런 수업인데, 그게 그냥 다양한 분야를 한 번 넓게, 사회 전반적인 것이나 이렇게 세밀하게 볼 수 있고요……. (창의IT융합학과 3학년)

4. 교우관계: '모범생들의 학업 공동체'

교우관계 영역에서 포스텍 학생들은 비교 대상 그룹들과 거의 유사한 수준의 점수를 보였다. 이는 그 자체로는 나쁘지 않은 결과이지만, 포스텍이 타 대학들과는 달리 매우 작은

〈표 5-13〉 K-NSSE 자료: 교우관계 영역

| 연도 | 교우관계 영역 | | | | | |
| | 포스텍 | | ACE (11년: 22개교, 12, 13년: 23개교) | | 전체 31개교 | |
	평균	표준편차	평균	표준편차	평균	표준편차
2011	12.27	2.68	10.96	2.82	10.96	2.78
	(n=116)		(n=5,368)		(n=7,393)	
2012	11.25	2.66	10.90	2.87	10.74	2.85
	(n=142)		(n=7,404)		(n=10,415)	
2013	11.90	2.81	10.88	2.96	10.87	2.96
	(n=164)		(n=8,659)		(n=10,078)	

주: 2013년 3차 조사에는 총 54개 대학이 참여하였으나, 한국교양기초교육원·학부교육 선진화 선도대학 협의회(2013)에서는 종단 분석의 취지를 고려하여, 2011년부터 3년에 걸쳐 모두 참여한 31개 대학의 응답 자료를 포스텍 자료와 비교·분석하여 제시하고 있음.

출처: 한국교양기초교육원·학부교육 선진화 선도대학 협의회(2013). 2013년 대학 학부교육의 질과 성과 분석: 포항공과대학교.

대학이라는 점, 2008년부터 1, 2학년들을 대상으로 하여 레지덴셜 칼리지 프로그램을 운영하면서 학생들의 공동체 의식 함양과 인간관계 발달을 촉진하려 노력해 왔다는 점 등을 감안할 때 더 개선될 여지가 높은 영역으로 파악되었다.

2013년도 조사 결과에서는 4학년(12.5) > 1, 2학년(11.9) > 3학년(10.7) 순으로 교우관계를 긍정적으로 평가하고 있었다. 이를 계열별로 비교했을 때는 큰 차이가 나타나지 않았다.

1) 개인주의적 · 자율적 성향의 학생들

포스텍에 입학하는 학생들 다수가 입학 전부터 다소 개인적이고 내폐적인 성격, 그리고 이공계 학문에 깊이 몰두하는 성격을 가지고 있어서 타 대학에 비해 활발한 교우관계에 소극적일 때가 많은 것으로 나타났다. 특히 내폐적 성향은 고민이 생겼을 때 그것을 다른 사람들과 적극적으로 나누기보다는 혼자서 해결하려 들거나 묵혀 두는 상황을 초래하는 경우가 많기 때문에 질 높은 교우관계를 방해할 가능성이 높다.

> '시간이 가면 나을 것이다. 이렇게 생각하고, 내 어려움을 얘기하는 것은 약점밖에 안 된다. 이것도 이겨 내지 못하면 내가 무엇을 할 수 있겠는가.' 와 같은 자기 비난, 자기 질책이 되어지면서 그것이 우울증으로 심화되고, 극단적으로 위험한 사고도 하게 되는 경우가 있어서 저희가 상담에서 도와주려고 하는 것은 이런 시간 관리, 동기 찾기, 이런 것도 있겠지만 자신의 어려움을 친구들이라든가 교수님을 찾아갈 수 있도록 지지하는 것이지요. (상담센터 연구원)

또한 포스텍 학생들은 권위자들이 제시한 것에 잘 따르려는 동조성과 자신의 영역을 침해받지 않으려는 자율성이 동시에 강한 모순적 특성도 가지고 있는 것으로 보인다. 즉, 학교의 규정이나 규칙은 잘 준수하지만, 그 이상으로 개인의 영역을 침범하는 개입이나 관계에 대해서는 부담스러워한다는 것이다.

> 이제 학교에서는 좀 더 학생들 안으로 사감이라든가, 선배라든가를 더 넣고 싶어 하죠. 관리 차원에서라도. 근데 포스텍 학생들의 특징이 굉장히 자율성을 요구해요. 그래서 감독 받는 것 같은

시스템을 굉장히 거절을 합니다. 기숙사에, 어떤 학교 같은 경우에는 들어왔나 안 들어왔나가 매일매일 체크되는데, 여기는 그런 거 자체를 거절을 합니다. 누가 와서 우리가 여기서 잤는지 안 잤는지 이런 것들을 누가 보는 것을 대게 원치를 않아요. 그러니까 한편으로는 굉장히 자율스럽고요. 뭐 기본적인 것들만 지키면 돼요. 전기를 활용하게 하는 곤로 같은 것을 사용할 수 없다, 안에서 음식을 먹을 수 없다, 이런 것들은 원칙적으로 지키지만, 나머지 부분에 대해서는 '오늘 (기숙사에서) 잤느냐? 안 잤느냐? 어느 방에서 잤느냐?' 이런 것들은 스스로 관리하도록 되어 있어요. (상담센터 연구원)

2) 대학의 제도적 노력의 성과와 한계: 생활 · 학습 공동체

그럼에도 불구하고 포스텍은 학생들 간의 친밀도와 공동체성을 높이기 위해 분반제, 레지덴셜 칼리지 등의 공동체성 촉진 프로그램을 최대한 활용하고 있었다. 그 결과 적어도 신입생들 사이에는 작고 가족 같은 공동체를 느끼고 소중히 여기는 문화가 형성될 수 있는 것 같았다.

> 일단 저희 분반의 남자들이 층을 같이 쓰거든요. 그래서 아침마다 매일 만나고, 생일도 서로서로 챙겨 주고. 크게 갈등도 없고. 그런 그렇죠. 뭐라고 해야 되지, 서로 그렇게 막 충돌하거나 그러면 좁은 사회에서 그러면 서로서로 피해니까 서로서로 배려해 주고 그런 부분들…… (물리학 1학년)

> 딴 학교에 비해서 같이 있는 느낌이 들더라고요. 입학을 하면 먼저 학과 공동체도 있고, 또 분반이라는 공동체도 있고 그러거든요. 그래서 다양한 학과가 섞이는 분반도 있는데, 그렇게 그 학과도 그렇고 분반도 그렇고 서로 잘 챙겨 주는 분위기예요. 분반은 1학년 때 주로 가족같이, 같이 뭐 밥 먹자, 게임하자 서로 잘 챙겨 주는 분위기이고, 학과는, 저희 학과만 그런지 모르겠는데, 저희 학과는 되게 잘 챙겨 주는 분위기라서 되게 (잘) 뭉치는 느낌이 강한 것 같아요. (기계공학 3학년)

그러나 신입생 시절을 지나 고학년으로 올라가면서 원래의 개인적 성향이 다시 증가하는 것으로 나타났다. 즉, 학습이나 동아리 활동 등을 통해 인간관계는 더 깊어지는 반면, 전반적인 인간관계의 폭은 좁아지는 현상이 발생하는 경우가 많았다. 여기에 작은 학교 규모나 외부와 동떨어진 환경 등이 선별적인 교우관계를 심화시키는 배경으로 작용하는 것으로 해석되었다. 일부 면담 학생들은 학교생활에 일단 익숙해지면 자신이 선별한 몇몇의 친구들만 만나면서 기숙사와 학교를 오가는 단순한 생활을 할 때가 많다고 답변하였다.

> 정말 또 공부만 하는 학생들의 경우에는 대외활동 같은 걸 거의 안 하고, 공부만 하는 학생들의 경우에는 정말 친한 한두 명, 두세 명, 이렇게만 놀고 나머지는 좀, 이제 좀 없는 경우가 많죠. 이게 그나마 분반이라는 제도를 만들어서 스무 명을 강제로 한 반으로 몰아 주니까 그나마 조금이라도 아는 척이라도 정말 소극적인 친구라도 아는 척이라도 하고 그러는데, 그것도 사실 분반도 1학년 때나 그렇지, 3학년 올라가고 4학년 올라가고 서로 만날 일이 줄어들면 정말 기숙사에 박혀서 공부만 하는 학생들이 좀 있죠. (창의IT융합학 3학년)

2013년 졸업생 조사(포스텍 교육개발센터, 2013b)에서 타 대학을 선택할 기회가 온다면 그러겠다고 응답한 응답자들은 학문과 기타 대학 경험, 그리고 다양한 인간관계의 부족성을 주요 원인으로 지적하였다. 이와 같은 결과를 종합하자면, 포스텍 학생들의 교우관계는 1학년을 위한 다양한 프로그램을 통해 성공적인 출발을 할 가능성이 높다. 그러나 전공 공부가 심화되고 진로를 보다 구체적으로 계획해야 하는 고학년으로 올라가면서 인간관계 역시 단순한 공동체 생활이나 놀이문화에서 벗어나 고차원적인 학업을 매개로 하여 크게 확대되어야 함에도 불구하고 대학의 고립된 환경이나 작은 공동체의 규모, 학생들의 전반적인 성향 등의 이유로 인해 답보 상태에 머무를 가능성도 높아 보였다. 이러한 결과는 3학년이 겪는 학업적 도전 및 지적 활동과 관련한 어려움과 연결하여 생각해 볼 수 있다. 물론 고학년들이 겪는 이와 같은 어려움은 비단 포스텍만의 문제라기보다는 대학생의 일반적인 발달 단계에서 나타나는 현상이며, 고학년들을 위한 연구 참여나 교환학생 프로그램, 학점교류제도 등의 여러 프로그램이나 개인의 노력에 의해 어느 정도 해결되기 마련이다. 그러나 포스텍의 대내외적 환경이 타 대학에 비해 이러한 문제를 좀 더 심화시킬 가능성이 있다는 점에서 대학이 제도적으로 개선시킬 여지가 좀 더 크다는 점을 주지하고자 한다.

5. 교수와 학생의 교류: '교수님처럼 되고 싶어요'

교수와 학생의 교류 분야는 비교 집단들과 큰 차이를 나타내지 않아 학부교육 우수대학의 평균 수준에 도달하고 있는 것으로 나타났다. 그러나 교수 1인당 지도학생 수가 타 대학에 비해 월등히 낮다는 점, 학부 입학생의 수가 매우 적다는 점 등의 맥락적 요인을 고려할때 개선의 필요성이 높은 영역으로 평가할 수 있다.

2013년도 조사 결과를 학년별로 비교했을 때 교수와 학생의 교류 영역의 점수는 4학년(14.5)〉1학년(14.2)〉2학년(13.5)〉3학년(13.1) 순이었다. 학업적 도전을 가장 강하게 느끼는 3학년 학생들이 교수와 학생의 교류에서는 가장 낮은 수준을 보였다는 점에 주의할 필요가 있다.

계열별로는 대체적으로 1, 2학년은 자연과 공학 계열의 점수가 사회계열보다 높았던 반면, 3, 4학년은 자연과 사회 계열의 점수가 공학계열보다 높은 수준을 나타냈다. 작은 표본

〈표 5-14〉 K-NSSE 자료: 교수와 학생의 교류 영역

연도	교수와 학생의 교류 영역					
	포스텍		ACE (11년: 22개교, 12, 13년: 23개교)		전체 31개교	
	평균	표준편차	평균	표준편차	평균	표준편차
2011	13.80	4.14	13.56	4.26	13.41	4.21
	(n=116)		(n=5,368)		(n=7,393)	
2012	13.18	3.72	14.06	4.20	13.64	4.16
	(n=142)		(n=7,404)		(n=10,415)	
2013	13.99	3.50	14.08	4.29	14.00	4.28
	(n=164)		(n=8,659)		(n=10,078)	

주: 2013년 3차 조사에는 총 54개 대학이 참여하였으나, 한국교양기초교육원·학부교육 선진화 선도대학 협의회(2013)에서는 종단 분석의 취지를 고려하여, 2011년부터 3년에 걸쳐 모두 참여한 31개 대학의 응답 자료를 포스텍 자료와 비교·분석하여 제시하고 있음.

출처: 한국교양기초교육원·학부교육 선진화 선도대학 협의회(2013). 2013년 대학 학부교육의 질과 성과 분석: 포항공과대학교.

을 감안하여 해석의 주의를 요하여야겠지만 공학계열은 학년이 올라갈수록 교수와의 교류가 감소하는 반면, 자연과 사회 계열은 학년이 올라갈수록 교수와의 학문적 · 사회적 교류가 더 증가하는 것으로 해석되었다.

1) 교수, '이상적인 롤모델'

포스텍에서 교수와 학생의 관계는 우선 교수들의 전문성에 대한 학생들의 깊은 신뢰와 존경을 바탕으로 하고 있었다. 학생들은 자교 교수들의 학문적 탁월성이 전국 최고 수준이라 믿고 있고, 자신 역시 그러한 길을 따라 가고 싶은 바람을 적극적으로 표시했다. 이러한 태도는 특히 1학년 학생들 사이에 뚜렷하게 나타났다.

> 되게 교수님들이 열정적으로 잘 가르쳐 주시는 것 같아요. 수업에 들어가 보면, 물론 교수님이니까 당연한 건데, 전문가 느낌이 나고, 그리고 질문도 잘 받고, 질문에 대답도 수고해서 하시는 게 좀 인상이 깊더라고요. 진정 '포스텍의 교수님이시구나.' 라는 생각이…… '교수가 되려면 어렵겠다.' 는 생각이……. (기계공학 3학년)

> 제가 진로 방향이 계속 연구를 계속하고 싶고, 다른 벤처나 이런 것도 해 보고 싶지만 결국에는 교수가 되는 게 꿈이거든요. 특히 제가 학교를 사랑하는 건지 모르겠는데 저희 학교 출신 교수님이 계세요. 나도 우리 학교에서 교수님이 하고 싶다. 엄청 대단하신 분들밖에 없거든요. 그 정도가 돼서 학교에 오고 싶다 이런 게 꿈인데…… (전기전자공학 4학년)

2) 대학의 노력: '교수 연구실 문턱 낮추기'

포스텍 신입생들은 우선 '대학생활과 미래설계'라는 필수과목을 통해 지도교수와 의무적으로 1번 이상의 면담을 하고, 그 결과를 보고하게 하는 등 교수와의 교류를 시작하는 법을 배운다. 레지덴셜 칼리지의 '층 지도교수'들은 매 학기마다 층 소속 학생들과 학기 초나 학기 말에 만나 식사를 같이하면서 학생들의 학습과 생활에 대한 상담과 대화를 실시하기도 한다.

제도적으로 교수님을 찾아뵙도록 한다는 게 '대학생활과 미래설계'라는 과목이거든요. 제가 거기서 학과 교수님들의 피드백을 얼핏 들은 기억이 있는데, 교수님께서 말씀하시기를 갑자기 우리 학교 학생들이 교수님을 찾아뵙는 횟수가 늘어나서 기쁘다고 얘기하셨거든요. 진입장벽이 낮아졌다는 거죠. 그것 때문에 학생들이 평소에 생각했던 교수님 이미지와 달리 편하게 다가갈 수 있고, 진로가 아니더라도 개인적인 상담이라도 교수님을 찾아가서 여쭤 보고 해답을 얻을 수 있는, 그렇게 된 것 같아요. (화학공학 4학년)

학교에서 제도적인 차원에서도 상당히 많이 장려를 하는 편인 것 같아요. 수강신청할 때도 다른 학교는 사인만 받으면 끝나는 거를 우리 학교는 굳이 메일을 보내서 교수님이 면담을 하자고 얘기를 해서 이렇게 절차가 복잡하거든요. 그런 과정에서 교수님을 꼭 만나야 하는 이런 필연적인 제도를 만들어 놔서. (화학공학 4학년)

※ 대학생활과 미래설계

포스텍 신입생들이 필수적으로 수강해야 하는 교양과목 중 하나가 '대학생활과 미래설계'다. 이 과목은 '대학'이라는 단기목표를 이룬 학생들이 뚜렷한 인생설계에 대해 진지하게 생각하고, 이에 따라 대학생활을 어떻게 해 나가야 할지에 대해 구체적인 계획을 세워 실천해 나가도록 도움을 주고자 하는 포스텍만의 독특한 과목이라 할 수 있다. 담당 교수가 대학생활에 대한 강의를 6회 정도 하고, 나머지는 10명 정도로 이루어진 조별로 프로젝트를 진행하거나 그룹 토의를 하게 하는 방식으로 진행되는 능동적 수업이다.

신입생들은 이 강의를 통해 대학에서, 그리고 장기적으로 무엇을 하고 싶은지에 대해 성찰하고, 그 결과를 글로 써 보기도 하고, 지도교수에게 면담을 신청하여 만나는 법을 배우기도 한다. 효과적인 시간관리 능력을 배양하기 위해 스케줄러 작성법도 배운다. 또한 다양한 분야로 진출해 있는 졸업생들을 초청하여 간담회를 개최하는 경우도 많다.

이러한 그룹 활동은 3~4학년 선배인 '학생 어드바이저(student advisor: SA)'들이 지도한다. SA들은 개강 전에 담당교수가 인터뷰를 통해 선발하여 훈련시킨다. SA들은 근로장학생으로 등록되어 그에 해당하는 금전적 보상을 받지만 그것보다는 후배들을 가까이 만나고 이들의 대학생활 적응을 직접적으로 도와줄 수 있다는 점에 더 큰 보람을 느낀다.

이러한 일련의 제도적 노력들은 교수와 학생 간의 친밀한 관계와 교류를 촉진하는 효과를 나타내고 있다. 실제로 포스텍 신입생들은 타 대학에 다니는 친구들과 비교할 때 포스텍의 교수-학생 간의 관계가 친밀하다고 느끼고 있었다.

> 일반적으로 우리 포스텍에서 교수님이랑 학생들이랑은 가깝다고 생각하는 게, 제일 중요한 게 다른 종합대보다 교수님들 밑에 있는 학생 수가 적으니까 교수님이 한 명 한 명 더 신경을 많이 써 준다는 느낌을 받거든요. 다른 대학 친구들 얘기를 들어 보면 거의 만날 일도 없고, 만나도 형식적인 자리밖에 없다고 하던데. 교수님들이 먼저 불러서 식사를 사 주시기도 하고, 1학년 때는 누구나 다 상담하게 하거든요. 그래서 저는 교수님과 사이가 가깝다고 생각해요. (생명과학 2학년)

3학년 이상의 학생들은 '연구 참여'와 같은 보다 심화된 학습 방법을 통해 개별 교수의 실험실에 배속되면서 교수와의 보다 깊은 교류관계를 경험하게 된다.

> 저희 학교는 3학년이 되면 연구 참여라고 해서 슬슬 대학원에 갈 친구들은 이제 어떤 교수님의 연구소로 들어갈지 결정을 해야 돼요. 연구실로 갈지. 그렇기 때문에 이제 2학년 혹은 3학년 때부터 대부분의 학생들이 자기는 이제 대학원 갈 학생들은 '아! 이 교수님의 연구실에 관심이 있다.'고 하면 그 교수님한테 메일도 보내고 개인적으로 찾아뵈서 그러니까 그 연구소에서, 그 교수님 연구실에서 정확히 하는 일 혹은 이제 좀 더 연구에 대한 정확한, 랩에 대한 정확한 이해, 이런 것도 돕기 위해서 자주 찾아가는 편이라고 생각해요. (기계공학 3학년)

> 한 교수님이 케어할 학생이 열 명이 안 된다는 소린데, 뭐 충분히 교수님이, 물론 성격에 따라 다르긴 하겠지만 대부분의 경우에는 잘 케어해 주시는 편이고. 심지어는 휴학이나 군대 가는 거 디테일한 모든 것도 다 신경 써 주시는 부분이고. 오히려 너무 과해서 '너는 공부를 해야 해, 알바 하지 마.' 하는 교수님도 계실 정도로…… (중략) 교수님이 그렇게 열심히 케어해 주시는 게 여러 가지 의미가 있을 수 있는데요. 제가 지금 4학년이고 하니까 어떤 의미로는 대부분 자대 학부를 나왔으면 자대 대학원을 가는 걸 가장 선호하기 때문에. 그러다 보니까 '열심히 케어를 해 주면

자연스럽게 대학원도 우리 학교로 오게 될 것이다.' 라고 기대를 하시고 그것을 보시고 하시는 경우도 (있으신 것 같아요). (화학공학 4학년)

3) 연구 중심 대학교의 한계: '너무 바쁜 교수님'

그러나 졸업생들에 대한 조사 결과에서는 수업과 교수에 대한 만족도에서 교수와의 교류에 대한 만족도가 가장 떨어지는 것으로 나타났다(포스텍 교육개발센터, 2013). 이 조사에서 학생들은 진로 상담을 위해 교수와 상담하는 경우가 가장 많았고, 학업과 진로 이외의 개인적 문제로 만나는 경우가 가장 적은 것으로 나타났다. 면담 학생들 중에서도 일부 학생들은 교수님들이 학생들에 대해 관심이 높고 도와주려 하는 의지는 강한 것으로 보이나, 바쁜 일정으로 인해 만나기가 힘들어 교수님과 만나 상담하려는 학생의 의지가 강하지 않은 경우에는 의미 있는 교류를 하기 어렵다고 토로하였다.

> 아직 저는 2학년인데, 저 선배의 말에 아직 공감을 할 수 없어요. 솔직히 1학년 때는 신입생 교양 필수 과목에서 면담을 꼭 하라고 하는 그런 게 있거든요. 그래서 그때 한 번 뵈고, 지도회식 할 때 한 번 뵈고, 수강신청이나 정정 받을 때 가서 뵙는데, 교수님들이 너무 바빠서 저희 교수님도 메일을 안 보세요. 그래서 항상 찾아가는데 없으세요. 가끔씩은 비서님한테 말해서 결재를 받을 경우도 있고 그런데, 많이 바쁘셔서 저희 교수님 같은 경우에는 그렇게 교수랑 학부생 사이에 엄청 친밀하다고 말하긴 어려운 것 같아요. 그런데 교수님이 저번 학기에도 그렇고 이번 학기에도 그렇고 수강 결재를 할 때 항상 바쁘시더라도, 찾아가서 만약에 계시면 보고 '이렇게 뭘 넣었으면 좋겠다, 뭘 넣어야 되지 않냐.' 이렇게 권유해 주세요. (특히) 이 과에서 필요한 기초과목들을 제가 안 넣었을 경우에. (신소재공학 2학년)

신입생들의 대학생활 적응을 돕기 위해 마련한 RC 마스터 교수 제도도 학생들 사이에서 유의미한 영향을 거의 끼치지 못하고 있는 것으로 보였다.

> 저희 지금 마스터 교수님이 수학과 교수님이신데, 거의 한 학기에 한두 번 보는데, 그때마다 방

학 동안 뭐 했냐, 이번 학기에 뭐 했냐 질문하시면서 얘기해요. 좀 멋있으신 것 같고. 근데 더 자주 만날 그런 기회가 없어서, 층 마스터 교수님이랑 보통 관계를 형성하거나 이런 건 어려운 것 같아요. (신소재공학 2학년)

저는 층 마스터 교수님은 그렇게 자주 만나 뵙거나 하지 못해서요. 오히려 RA 형들 같은 경우는 정기적으로 또는 신청을 하면 방에 직접 와서 간단하게 과자 같은 걸 먹으면서 얘기를 하는 시간이 있어서 그럴 때 오히려 마음 놓고 어떤 일이 있고, 어떤 게 힘들었다고 얘기할 수 있는데, 마스터 교수님은 확실히 그런 기회가 적은 것 같아요. (화학 1학년)

연구 중심 대학교가 가지는 전문가 중심의 개인주의적 문화 때문에 포스텍 교수들 간의 만남이나 교류도 상당히 적은 편이며, 이것 역시 교수와 학생의 교류 활성화를 저해하는 요소로 인지되고 있다. 여러 학문을 전공하는 교수들 간의 교류가 증가하면 효과적인 교수법을 교환하거나 공동의 문제를 해결하기 위한 노력이 결합될 수 있고, 나아가 학생들에 대한 관심도 증가할 가능성이 높다. 그러나 포스텍과 같이 교수들의 전문 분야가 세분화되고 연구 능력이 중시되는 문화가 지배적일 경우 교수들의 공식적 · 비공식적 교류가 감소하기 쉬운 것으로 보인다.

교수님들끼리도 같이 좀 서로의 협력, 교수님끼리도 이제 저희 학교는 교류가 거의 없는데, 교수님들끼리도 교류를 많이 하셔서 서로 이제 뭐 '아, 내가 이렇게 학생들한테 가르쳐 보니까 괜찮더라.' 이런 식으로 좀 서로 교수방법 같은 것도 공유를 하고 하셨으면 정말 좋겠습니다. (창의IT융합학 3학년)

제가 생각할 때 여기 학교에 큰 어려움이라고 생각하는 것은 모임이 너무 적다는 거예요. 포스텍 교수님들은 함께 모이는 시간이 공식적으로는 없습니다, 사실은. 어, 하계 수련회, 동계 수련회도 없어졌습니다. 그러니까 모든 학교에서 교수님들이 하계 수련회 2박 3일 가는. 선교, 성폭력교육도 그전에는 지키고 그랬는데 이제는 그런 자리가 없어요. 이제 보직자 회의에서 결정되는 게 주임 교수님을 통해서 학과 교수님들한테 이렇게 연결되다 보니까 의사소통이 몇 다리를 거쳐서 가니까 빠른 속도로 이뤄지긴 하지만 의견 수렴이라든가 같이 의논하는 부분은 조금 적어서, 그런 게 종종 아쉬운 부분이란 게 있습니다. 그런 게 학업, 학생들의 학업에 어떻게 영향을 미칠지 제가 거기까지는 생각을 못하겠는데요. (상담센터 연구원)

4) 전공과 진로의 밀착, '이점이자 부담'

포스텍의 교수−학생 관계에서 발견한 특이한 점은 전공과 진로가 밀착되어 있는 이공계 연구 중심 대학교의 특징이 교수−학생 교류관계에 긍정적 영향을 끼치는 동시에 부정적 영향도 끼치고 있다는 점이었다. 포스텍 학생들은 종합대학교에 비해 전공과 진로 진출의 폭이 좁아서 대다수 학생들이 자대 대학원의 같은 전공에 진학하는 경우가 많다. 이러한 상황은 진로가 분명한 학생들에게는 그것을 매개로 교수와 돈독한 관계를 만들어 갈 수 있게 하는 유리한 환경을 형성한다. 학생은 교수에게 물어볼 것이 많이 생기게 되며, 교수들 역시 학생들에게 보다 더 큰 관심을 가지게 되는 것이다.

그러나 이와 같은 환경은 다른 전공 혹은 연구가 아닌 다른 분야로의 진출을 희망하는 학생들에게는 크게 유리하지 않다. 오히려 교수들과의 관계에서 쉽게 배제되거나 소외될 수도 있어 보였다.

마지막에 결정할 순간에 와서 다른 학교, 서울대로 가 버린다거나 뭐 해외로 가 버린다거나 이렇게 되면 교수님이 크게 상심하셔서 가지고 등을 돌리는 경우가 가끔 있어요. (화학공학 4학년)

또한 학부의 전공을 그대로 유지하려는 학생들에게도 학부 지도교수와의 관계가 대학원은 물론 그 이후의 진로에까지 상당한 영향을 끼칠 가능성이 높은 환경은 상당한 부담으로 작용하기도 했다. 특히 고학년으로 올라갈수록 학생들은 교수와의 관계에 있어서 '교수에게 잘못 보이면 안 된다.' 혹은 '나쁜 인상을 주면 안 된다.'는 생각 때문에 다소 경직된 자세를 취하는 경우도 있다고 한 면담 학생이 답변했다. 실제로 2013년도 졸업생 조사를 보면 자대 대학원에 진학하는 학생들의 93.5%가 학부전공과 연관이 있는 전공을 선택하는 반면,

타 대 대학원 진학자는 대학원 전공과 현재 전공과의 연관성이 낮았다. 물론 여기에는 의학 전문대학원이나 약학대학 등 특수대학원으로의 진학이 큰 변수로 작용하고 있지만, 전공을 매개로 한 교수와의 관계도 상당 부분 영향을 끼칠 것으로 해석된다. 다시 말해 만약 대학원 진학 시 전공을 바꾸길 원한다면 학부 시절의 교수와 계속 얼굴을 마주쳐야 하는 자대 대학원보다는 아예 낯선 타 대 대학원을 선택하는 편이 마음이 편하다는 것이다.

이러한 조사 결과와 면담 결과를 종합하자면, 포스텍 교수들은 면담을 신청하는 학생들에게 우호적으로 대하지만 교수와 학생의 교류는 학생의 적극성에 크게 의존하고 있으며, 그 영역도 학습과 진로에 초점을 맞추고 있는 것으로 보인다. 따라서 학업 진행에 문제가 없고 진로 방향이 뚜렷한 학생들은 교수와의 면담에 적극적인 자세를 보여 관계의 질이 높아질 수 있지만, 그렇지 못한 학생들은 교수와의 교류에 적극적인 자세를 취하지 못하면서 교수와의 대화나 상담 내용도 피상적인 수준에만 머무를 수 있다. 아울러 연구 능력을 중시하는 연구 중심 대학교의 특성상 교수들 간의, 그리고 교수와 학생들 간의 면대면 접촉이 부족한 문화적 환경을 개선해야만 보다 장기적이고 학생들에게 유의미한 영향력을 끼칠 수 있는 교수와 학생 간 교류 문화가 정립될 수 있을 것으로 보인다.

6. 지원적 대학 환경: '하드웨어는 세계 최고, 서비스의 다양화 필요'

포스텍 학생들은 전반적으로 자신의 대학이 학생들의 학업과 성장을 위해 좋은 환경을 조성하고 있다고 인식하고 있었다. 이 영역의 점수 자체는 타 영역보다는 낮았지만 비교 대상 그룹보다는 월등히 높은 수준을 보였다.

2013년도 조사에서 학년별로는 1학년의 만족도가 가장 높았고(11.5), 3학년의 만족도가 가장 낮았으나(10.1), 전반적으로 큰 차이는 없었다. 계열별 비교 역시 유의미한 차이를 나타내지 않았다.

〈표 5-15〉 K-NSSE 자료: 지원적 대학 환경 영역

연도	지원적 대학 환경 영역					
	포스텍		ACE (11년: 22개교, 12, 13년: 23개교)		전체 31개교	
	평균	표준편차	평균	표준편차	평균	표준편차
2011	10.76	2.15	8.64	2.64	8.62	2.37
	(n=116)		(n=5,368)		(n=7,393)	
2012	10.27	2.21	8.76	2.48	8.60	2.50
	(n=142)		(n=7,404)		(n=10,415)	
2013	10.98	2.05	8.93	2.50	8.91	2.51
	(n=164)		(n=8,659)		(n=10,078)	

주: 2013년 3차 조사에는 총 54개 대학이 참여하였으나, 한국교양기초교육원 · 학부교육 선진화 선도대학 협의회(2013)에서
   는 종단 분석의 취지를 고려하여, 2011년부터 3년에 걸쳐 모두 참여한 31개 대학의 응답 자료를 포스텍 자료와 비교 · 분
   석하여 제시하고 있음.

출처: 한국교양기초교육원 · 학부교육 선진화 선도대학 협의회(2013). 2013년 대학 학부교육의 질과 성과 분석: 포항공과대
   학교.

1) '학교로부터 많은 것을 받았다'

면담 학생들은 '학교로부터 많은 것을 받았다.'고 인식하는 경우가 많았다. 많은 학생들
이 대학이 제공하고 있는 여러 지원 프로그램이나 서비스에 대해 잘 알고 있는 것 같았다.
교직원들에게서도 학생들을 '미래의 우리 사회 지도자'로 존중하는 분위기와 이들의 성공
적인 대학생활을 위해 적극 지원하고자 하는 의지와 열성을 느낀다고 응답한 학생들도 있
었다.

정말 저희 학교는 잘되어 있는 겁니다. 냉난방 시스템도 거의 뭐 틀어달라고 하면 틀어 줄 정도
로 항상 잘되어 있고, 뜨거운 물이랑 차가운 물이랑 다 나오고. 만약에 문제가 생겼다 해서 교내게
시판에 글 하나만 올리면 바로 그다음 날 오셔 가지고 체크해 주시거든요. 심지어 와이파이가 고
장 나도 와이파이도 체크하러 오시고. 그래서 그런 부분은 정말 우리 학교가 잘되어 있는 게, 정말
객관적인 기준으로 맞는 거 같아요. 카이스트고, 서울대고 다녀 봐도. (신소재공학 3학년)

지금 4학년까지 돌이켜 봤을 때 정말 학교가 저한테 많은 걸 해 줬거든요. 장학금도 줬었고. 오히려 돈을 받고 다닌다는 느낌이 들 정도로. 주변 친구들도 다 착하고, 애들이 다 순한 친구들밖에 없고, 교수님도 엄청 친절하시고, 직원 분들도 친절하시고. (전기전자공학 4학년)

일단 직원 분들이 엄청 친절하신 것 같아요. 예를 들어, 사감실 이런 데 선생님들만 봐도, 나이가 많으신 분이지만 저희가 '안녕하세요.' 이렇게 하는데도 저희를 잘 대해 주시는 것 같아요. 직원 분들도 저희한테 자부심을 가지고, '이 친구들은 뛰어난 인재다.' 이렇게 생각하시고 엄청 잘해 주시는 부분이 많은 것 같고. 학교 복지 측면에서 봐도 시설이나 이런 부분에서 저희는 부족함 없이 생활하고 있는 것 같아요. (화학공학 4학년)

상담센터나 리더십센터, 교육개발센터 등 주요 교육지원 기관들이 매우 적극적으로 활동하고 있고, 오랫동안 학생 연구를 해 왔다는 점에서도 포스텍의 교육 지원 의지를 확인할 수 있었다.

2) 지원 서비스의 다양화가 필요

2013년도 졸업생 학부교육 경험 조사에서는 물리적 시설과 장비에 대한 만족도가 가장 높았던 반면, 자습이나 휴식 공간에 대한 만족도는 상대적으로 낮게 나타났다. 무형의 교육지원제도 중에서는 장학 제도와 학생 멘토링 프로그램(SMP)과 같은 학습 지원 서비스 등의 만족도가 높았다. 다만, 취업 지원에 대한 서비스 만족도는 '불만족'과 '매우 불만족'이 총 52.3% 정도를 차지했는데, 이는 대학원 진학 이외의 다양한 진로에 대한 지원 서비스에 대한 학생들의 요구가 증가하고 있음을 시사하고 있다.

다만 학생들은 학생들의 자치활동에 대한 지원은 다른 영역에 비해 상대적으로 미약하다고 평가하고 있었다. 즉, 학업이나 생활 면에서 학교는 적극적인 지원 자세를 보이는 반면, 문제가 생기거나 학생들의 요구를 만족시키기 어려울 때 학생자치단체를 통해 학생들과 소통하면서 풀어 가는 자세는 다소 약하다는 점이다. 2013년 졸업생 조사에서도 학생활동에 대한 학교 지원에 대한 만족도는 가장 낮았다.

제4절 포스텍 학부교육의 성공요인

1. 학문적 탁월성을 갖춘 교수와 학생

포스텍 학부교육의 우수성을 이끈 가장 중요한 내적 요소를 꼽자면 무엇보다도 학문적 탁월성을 입증받은 우수한 교수 인력과 이들의 가르침을 적극적으로 수용할 능력과 자세를 갖춘 학생들이라 할 수 있다. 개교 이래 지난 20년 간 국내외적으로 이공계 연구 중심으로서 최고의 명성을 쌓아 온 포스텍은 개별 전공 분야에서 탁월한 연구 능력을 갖춘 교수를 보유하고 있다는 것을 가장 큰 기관적 강점으로 인식해 왔다(포스텍 대학발전위원회, 2011). 이러한 강점은 특히 포스텍이 개교할 때의 상황과 밀접한 연관이 있어 보였다. 포항제철의 전폭적인 재정적 지원하에서 故 김호길 초대 총장은 당시에 연구 능력이 탁월할 뿐만 아니라 해외의 선진적인 교육방법을 경험한 우수한 교수진을 대거 영입하여 출발하였기 때문에 타 대학에 비해 빠른 속도로 교육과 연구에서 우수한 능력을 갖춘 교수진을 구성할 수 있었다는 것이다.

> 김호길 초대 총장과 함께 한국에서 우리가 생각해 왔던, 제대로 된 학교를 만들어 보자 하는 생각을 같이했던 외국 대학, 아까 말씀 드렸던 그룹이 있었고요. 그게 재미과학자협회, 아마 한국재미과학자협회를 중심으로 해 가지고 그런 생각을 공유한 분들이 김동길 박사와 같은 분들이 포스텍에 오게 되었고요. 그래서 그분들이 생각하는 방향으로 사실 젊은 교수들, 나이 30대, 40대의 교수들이 같이 동참을 하면서 큰 저항 없이, 그분들이 대부분 미국에서 유학을 하면서 보고 공부했던 경험이 있었기 때문에 거기에 공감하면서 큰 저항 없이 같이 한 방향으로 일을 해 온 거죠. 그래서 우리 여건과 인력 자원이 딱 맞아떨어져 가지고 이렇게 지난 이십 몇 년 간 성장한 대학으로 보면 되실 것 같습니다. (교무처장)

포스텍은 현재에 와서도 국제적 수준의 연구 능력을 갖춘 우수 인력을 지속적으로 유치

〈표 5-16〉 포스텍 대학 발전 핵심지표 발전 상황

	대학 발전 핵심지표	2004년	2010년	2020년	MIT(2009)
	Citation/Faculty by the Times	56위	14위	10위	2위
수월성	노벨상, 필즈상 수상 교수/동문 수	0	0	1	73
	Nature, Cell, Science 논문 수	3	3	30	140
	논문당 피인용 회수(최근 10년간)	5.93	12.09	20	25.63
경제성	교수 1인당 외부수탁연구비(억 원)	4.1	7.0	10	8.7
	기술 이전료(억 원)	1.6	11.8	100	1,057
교육 여건	교수 1인당 학생 수(학부생)	5.8	5.0	4.8	7
	20명 이하 수업(학부) 비율(%)	32	46.3	70	65
국제화	외국인 전임교수 비율(%)	10.4	7.8	20	
	외국인 학생 비율(%)	3.2	4.6	15	
	영어강의 비율(학부/대학원)(%)	16.9/28.5	75/93.7	80/100	
기금	동문 기금 참여 비율(%)	2.8	5.6	20	36

출처: 포스텍 대학발전위원회(2011).

하는 것을 기관의 최우선 과제로 설정해 왔다. 포스텍의 '비전 2020 보고서'의 〈표 5-16〉에서 확인하는 바와 같이 포스텍이 설정한 대학발전 핵심지표 11개 중 7개 지표가 교수들의 연구 역량과 깊은 관련이 있다. 〈표 5-16〉을 보면 포스텍은 2004년부터 2010년까지 6년 동안 교수의 연구 역량을 크게 강화하여 세계 대학 랭킹에서의 순위를 효과적으로 상승시킨 것을 확인할 수 있다.

교수들의 높은 연구 능력이 반드시 높은 교육 능력을 보장한다고는 할 수 없지만 인문사회 학문에 비해 이공계 학문에서는 양자 간의 상관관계가 더 높다고 해석할 수 있다. 인문사회 학문에 비해 이공계 학문에서는 국제적 수준의 연구 역량을 요구하는 경우가 많고, 연구 역량의 정량화 정도가 더 높기 때문에 학생들 역시 이를 쉽게 인식하게 된다. 이렇게 객관적으로 검증된 교수의 높은 학문적 명성과 연구 역량은 학생들 사이에 전문가인 교수에 대한 깊은 존경과 신뢰를 형성하여 이들로부터 가능한 한 많은 것을 배우려는 적극적인 자세를 유발한다. 따라서 교수와 학생 사이에 다른 대학과 같은 보다 넓은 영역에서의 교류는 부족하다 하더라도 적어도 전공 학문의 영역에서는 가르치는 자와 배우는 자의 열정이 보다 쉽게 공유되는 것으로 보였다. 또한 3학년 이후에는 강의 이외에도 연구 참여와 같이 연구실에서 직접 연구를 수행하며 배우는 방식이 적용되기 때문에 교수의 연구 능력은 곧 교육 능력으로 이해되기 쉽다. 이러한 현상은 학부생 대다수가 대학원에 진학하여 학부 때의 전공을 계속 공부한다는 이공계 연구 중심 대학교의 중요한 특성 때문에 더 심화되는 것으로 해석되었다.

물론 교수의 연구·교육 능력이 아무리 출중하다 하더라도 배우는 학생들의 학습 능력이 그에 미치지 못한다면 지금과 같은 교육 효과를 창출하기 힘들었을 것이다. 국내 1% 이내의 소수정예 학생들이 작은 캠퍼스 내에서 생산적인 경쟁을 하며 상호작용을 나누는 교육 환경이 학업을 중시하는 문화를 만들고, 학습 능률 향상에 결정적인 영향력을 끼치는 현상이 개교 이래 지속되어 왔다. 면담 학생들도 학업을 위한 1차적인 자극 요소가 탁월한 동료 학생이라고 대답했고, 교원들 역시 '학생들의 높은 학업태도와 학업수준'이 교수 부분의 혁신이나 성과를 내게 하는 대학의 가장 중요한 구조적 요인이라고 답변했다.

> 학생들의 높은 학습태도와 학업수준이 가장 커다란 자산이라고 생각합니다. 학생들이 설령 사전 지식이 없고 처음 접하는 문제라고 할지라도, 교수의 지도에 따라 열정적으로 문제에 임하는 태도를 보입니다. (인문사회학부장)

> 포항공대의 장점은 어떤 그 자발적인 학습능력, 자기주도적 학습능력, 이런 것을 타 대학에서는 아무리 길러 주고 싶어도, 학교가 아무리 노력을 해도 학생들이 잘 안 따라와 줘서 힘든데, 포항공대는 학생들은 역량이 되기 때문에 그런 방향으로 추진을 해도 잘 될 것 같아요. (교무처장)

포스텍은 포항이라는 외진 지리적 위치나 다른 이공계 연구 중심 대학교들과의 경쟁을 극복하고, 배움에 대해 동기부여된 우수한 학생들을 유치하여 우수한 학습 공동체를 지속시키기 위해 많은 노력을 기울여 왔다. 그중 대표적인 노력이 300여 명의 신입생 전원을 수시 입학사정관전형으로 선발하는 것이다. 사실 포스텍은 가장 중요한 경쟁자인 카이스트와 달리 부설 과학고·영재고가 없기 때문에 입학생의 60% 이상이 일반고 출신자들이다.

이 중에서도 포스텍의 강도 높은 수업을 잘 소화할 수 있는 우수 이공계 인재들을 포항까지 유치하는 것은 쉽지 않기 때문에 포스텍은 입학사정관제 전형을 실시하기 시작할 때부터 일반고 1~2학년 학생들을 대상으로 한 다양한 교육·홍보 프로그램을 운영해 왔다.

이와 같은 포스텍의 우수한 인적 자원은 학문적 도전이나 지적 활동 영역을 촉진하는 중요한 배경이 된 것으로 해석된다. 탁월한 전문가인 교수들은 학생들에 대해서도 학문적으로 높은 수준을 요구하고(학업적 도전), 학생들은 힘들지만 그러한 기대에 부응하려 애쓰면서 대학 전체의 학습 효과가 증가하는 것이다. 또한 교수의 높은 학업적 도전은 학생들에게 고교에서의 학습과는 질적으로 다른 차원의 지식 습득 방법을 경험하게 하여 보다 통합적이면서 고차원적인 사고와 학습을 촉진하게 하고 있다(지적 발달).

2. 작은 학습·생활 공동체

학문적 탁월성을 보유한 교수와 학생들이 포항이라는 도시에 포스텍은 신입생 기간 동안 '분반'이라는 작고 친밀한 학습·생활 공동체를 통해 대학생활에 적응하게 함으로써 이공계 학생들이 겪는 1학년 때의 막대한 학업 스트레스를 성공적으로 극복하게 하는 대 효과를 얻고 있다. 여기에 레지덴셜 칼리지는 학습과 생활을 연계하는 이상적인 공간을 제공하여 교육효과를 극대화시키고 있다. 이는 대학 효과를 높이려면 학생들로 하여금 캠퍼스를 작게 느끼게 하라는 해외 연구(Kuh et al., 2005)의 연구 결과와 일맥상통한다. 즉, 작은 공동체와 아늑하게 느껴지는 교육환경이 학생들의 소외나 분절을 방지함으로써 대학의 공식적인 교육과정이나 프로그램의 효과를 상승시킨다는 것이다.

> 다 같이 뭐 도서관을 가거나, 기숙사 같은 층에 살다 보니까 월요일 밤에는 수학 잘하는 친구가 알려 주고, 화요일 아침에는 수학 퀴즈가 있으니까 화요일 밤에는 생명 알려 주고, 수요일 밤에는 과학 알려 주고, 뭐 이렇게 서로 알려 주는 문화가 (있어요). 그리고 기숙사에서 모르면 바로바로 옆방 친구한테 물으면서 할 수 있고요. (중략) 이런 분반 분위기나 생활 속에서 만나듯이 막 이렇게 모든 것을 더 잘하는 친구한테 물어볼 수 있어서 서로 막 끌어올려 주다 보니까 그게 사실 공부

에, 1학년 때 어려웠던 공부에 큰 도움이 됐다고 봐요. (창의IT융합학 3학년)

포스텍 학생들은 작은 공동체의 크기로 인해 대학에서의 인간관계의 폭이 좁아진다는 약점도 분명히 느끼고 있었다. 또한 공동체의 크기가 작다고 해서 신입생의 대학생활 적응이나 학업 상의 다양한 문제가 저절로 해결되는 것도 아니었다. 그러나 작은 공동체는 집을 떠나 새로운 대학생활을 시작하는 신입생들에게는 실보다 득이 더 많은 교육환경임은 분명해 보였다. 무엇보다 작은 규모의 학습·생활 공동체는 학업적 도전이나 지적 활동이 너무 높아질 때의 부작용을 완화하거나 해소시키는 데 긍정적인 효과를 나타낼 수 있고, 실제로 포스텍에서도 그런 역할을 하고 있는 것으로 보였다. 즉, 생활과 학습을 함께하는 친구들과 늘 부대끼면서 학업에서의 긴장을 해소하기도 하고, 자신만이 그런 어려움을 해결하기 위해 분투하고 있는 것은 아니라는 위로를 얻기 때문이다. 이러한 직접적인 접촉을 통해 학생들은 모두 조금씩은 부족하지만 서로에게서 무엇인가를 부단히 배워 가는 듯했다.

저희 학교가 사람 수도 적은데 여러 가지 단체나 묶음이 많아요. 예를 들어, 학과도 있으면서 동아리도 있고, 1학년 친구들부터 분반제도까지 있어서 많은 사람을 접하게 되거든요. 이 과정에서 인간관계를 대하는 방법이라든가, 중·고등학교 때와는 다른 그런 걸 배우는 거 같아요. 나와 다른 사람이 있을 수도 있고, 엄청 친한 사람도 생기고 하면서, 이 가운데서 어떻게 인간관계를 잘 이루어 나갈 것인가 이걸 가장 크게 배운 것 같고요. (전자전기공학 4학년)

사실 그리고 좀 친구, 사람마다 다 다르잖아요, 공부스타일이. 근데 그 공부스타일이 대학교 공부스타일과 맞는 친구가 있고, 안 맞는 친구가 있어요. 그럼 맞는 친구는 처음부터 착착 잘 따라가는 데 안 맞는 친구는 이제 처음에 정말 고비도 많이 겪고 이러거든요. 그런데 이걸 그나마 잘 해소할 수 있는 게 분반제도 덕분이라고 생각하는데. 왜냐하면 바로 옆에 친구가 있으니까, 그러니까 진짜 한 반, 그리고 한 가족처럼 생각하고 생활하는 친구들이 있으니까, 그 친구들한테 그냥 물어보고 하면은 공부 방법을 바로바로 교정해 나갈 수 있고 하더라고요. 그래서 많은 친구들이 저 같은 경우도 그렇고 고등학교 때 배웠던, 제가 했던 공부 방식이랑, 지금 이제 대학교에 와서 조금씩

적응해 나가고 친구들한테서 배운 공부 방식이랑 많이 달라진 것 같아요. (창의IT융합학 3학년)

다만 작은 학습·생활 공동체는 고학년들에게는 인간관계의 다양성 부족과 정의적 역량 개발을 제한시키는 결과로 이어지기 쉽기 때문에 대학과 학생 모두가 보다 적극적으로 해결해야 할 부분으로 여겨진다.

아침부터 자기 전까지 보는 친구들을 일 년 내내 보는 건데, 그게 솔직히 대학교에 왔는데 다를 바가 없다고 생각하거든요. 저희 학교 같은 경우에는 기숙사대학이니까 다 같이 잠도 잔단 말이에요. 정말 보는 사람들끼리 보고. 약간 인간관계의 전체적인 풀이 좁아지는 그런 단점도 있다고 생각하는데, 그게 포항이라는 위치적인 특성과 학생이 소수라는 특성, 그런 특성 때문에 어쩔 수 없다고 생각하고 있어요. (생명과학 2학년)

제가 과학고 나오고, 이공계대학을 나와서 뭔가 사고방식이 주변 사람(포스텍)들이랑 비슷하고, 뭔가 좀 깨고 싶은 마음도 있는데, 그런 선택을 하기가 좀 어려워요. 방법도 잘 모르겠고. 근데 제가 이번 방학 동안 서울에서 살면서 영어공부하고, 스터디하면서 인문계 쪽 사람들을 만나고 이랬는데, 심리학 하는 사람도 만나고 그랬는데 진짜 생각하는 게 다른 거 같아요. 그런 것도 좀 느껴 보고 싶어요. (신소재공학 2학년)

아무래도 좀 고립되어 있고 학교 자체가 잔잔하고 조용한 분위기이다 보니까 스스로가 학교에서 해를 거듭할수록 나태해지는 경향이, 여기에 안주하려는 경향이 있는 것 같아요. 이것도 물론 사람이 목표의식을 가지고 하면 다 다르겠지만, 지도교수님도 말씀하시기를 자대 출신 학생이 대학원까지 오면 너무 조용한 분위기에서 계속 눈에 띄는 외부 경쟁자 없이 그렇게 있다 보면 많이 나태하고 힘들어하는 경우가 많다고 하시더라고요. 그런 점에서는 제가 느끼는 것뿐만 아니라 보편적인 문제가 될 수 있다고 느껴요. 지리적으로 떨어져 있는 그런 부분이 조금은 노력을 덜 하게 하는 그런, 너무 큰 경쟁사회라는 걸 강조하면 그렇지만 거기에서 동떨어져 있는 느낌이 있는 것도 사실인 것 같아요. (화학공학 4학년)

3. 대학의 풍부한 자원

대학의 풍부한 인적·물적 자원은 학생들의 원활한 학습과 생활을 지원하는 중요한 요소로 작용하고 있었다. 특히 재정적 지원과 안정적인 캠퍼스 분위기, 훌륭한 시설 등은 학생들이 포스텍을 선택하게 하는 주요 원인이자 만족도가 가장 높은 영역이었다.

교수들이 원하는 교육과정을 실현하는 데 있어 학교 재단의 전폭적이면서 풍부한 자원 지원은 필요충분조건이라 할 수 있는데, 학문의 특성상 이공계 분야에서는 한층 더 중요한 조건으로 작용할 수밖에 없다. 포스텍 학생들은 강의실이나 실험실 장비, 도서관 시설 등 교육에 직접 관련되는 시설들에 대학이 적극적으로 투자하고 있다고 느끼고 있었다.

이 외에도 학부생들에게 연구비를 제공하는 학부생 연구 프로그램이나 학업적 어려움을 겪는 학생들이 적은 비용으로 선배들의 학습 멘토링을 받을 수 있도록 하는 SMP 제도 등이 대학의 풍부한 자원을 바탕으로 장기적으로 운영되고 있는 우수 프로그램이었다.

마지막으로, 우수한 시설의 레지덴셜 칼리지의 시설과 프로그램 운용, 스포츠센터 및 대

[그림 5-6] 레지덴셜 칼리지 건물 내부

학 내 각종 복지시설의 운영도 풍부한 자원을 바탕으로 가능할 수 있었음은 분명한 사실이다. 1학년과 2학년을 위한 레지덴셜 칼리지 건물은 가장 최신식 건물로서, 내부에 강의실과 여러 휴게실, 최신식 세탁실 등 쾌적한 편의시설을 갖추고 있었다.

포스텍의 풍부한 자원은 학생들로 하여금 지원적 대학 환경에 대한 만족도를 높이고, 궁극적으로는 교수들이 제시하는 학업적 도전에 부응하는 것을 더 용이하게 하고, 학생 자신이 보다 적극적인 자세로 지적 발달을 도모하는 것을 촉진하는 효과를 나타내는 것으로 보였다. 아울러 교우관계와 협동적 학습 활동의 좋은 환경을 조성함으로써 이 영역에서의 학생 발달을 유도하는 효과도 발생시키고 있다.

> 만약에 중간고사 때 한 번 오실 기회가 생기시면, 도서관에 가서 그룹스터디룸에 가면 5층, 학생들을 많이 모여 가지고 5층, 4층, 3층, 2층까지 전부 다 꽉 차 가지고 다 같이 공부하는 모습을 볼 수 있어요. 노는 모습도 볼 수 있습니다. 2층부터 5층까지 모여 가지고 이렇게 공부를 하고 있으니까 들어가기만 해도 그냥 자동적으로 자극이 되고, 도전이 되고……. (창의IT융합학 3학년)

4. 교육과정에 대한 깊은 관심과 체계적인 지원

포스텍은 현재 1학년을 위한 기초필수교육과정과 2학년 이상의 전공교육과정 이외에도 인접학문 배경지식 학습을 위한 STC, 인문사회 교양지식 학습을 위한 ABC 등을 함께 운영하고 있다. 기초필수와 전공교육과정이 이공계 학문 특유의 경성 지식을 주로 강의 중심의 교수법으로 가르친다면 실천교양교육과정은 연성 지식을 학습자 참여 중심의 교수법을 통해 가르침으로써 전인교육을 위한 균형을 맞추고 있다.

포스텍은 소수정예교육의 효과성을 높이기 위해 이와 같이 교육과정에 대해 깊은 관심을 가지고 지속적으로 개편해 왔다. 다른 대학들은 교육부의 지침이나 지원사업의 기준에 맞춰 교육과정을 개편하는 경우가 많다면 포스텍의 경우에는 학교 규모나 교육과정의 특성이 독특하기 때문에 주로 자발적인 필요에 의해 자체 기준에 맞는 교육과정을 지속적으로 개선시키는 데 주력해 온 것으로 보인다.

뭐, 아시겠지만 대학마다 일정한 주기를 두고 교육과정에 대한 점검을 하지 않습니까? 저희도 2000년도에 교육과정 개편을 했었고요. 그다음은 2010년에 교과과정 개편이 있었어요. 그래서 2010년 교과과정 개편을 시작하기 전에 2008년 후반부터 거의 1년 반~2년 동안 저희가 그 교과과정연구위원회, 교육정책연구위원회라는 걸 만들어서요. 그동안에 교육과정을 실천한 것을 점검도 하고, 그다음에 뭐, 우리의 그동안의 교육경험, 학생, 졸업생 면담, 교육개발센터에서 졸업생 조사, 그다음에 우리 졸업생들이 취업해 있는 기관, 연구소. 뭐, 이런데 면담까지 많은 자료들이 축적된 게 있으니까요. 그런 걸 검토도 해서 그것으로부터 저희가 교과과정 개편을 하게 됐죠. (前 리더십센터장)

　포스텍이 이처럼 시대 변화와 학생들의 요구에 맞춰 지속적으로 교육과정을 개편해 올 수 있었던 배경에는 일찍부터 학생들의 특성과 학습 경험, 학습 관련 요구와 어려움을 파악하여 정책 결정에 반영해 온 내부의 시스템이 원활하게 작동해 왔기 때문인 것으로 보인다. 포스텍은 이미 1990년대 말부터 교육개발센터를 설치하여 입학생과 졸업생들의 특성과 경험을 다양한 방법으로 조사해 왔다. 특히 비판적 사고 성향이나 사고 능력과 같은 보다 추상적 성격의 교육성과지표를 일찍이 도입하여 입학생과 졸업생에 대해 조사하고, 그 결과를 학내 구성원들과 널리 공유하여 교육에 반영시킨 것은 국내 대학으로서는 매우 선진적인 결정이라 평가된다. 또한 리더십센터와 상담센터 등 지원 기관의 업무를 적절히 배분하고 이들 기관들이 학생들에게 실질적인 도움이 되도록 내실 있게 운영했을 뿐만 아니라 작은 대학의 이점을 살려 이들 기관 사이의 원활한 협업 구조를 형성한 것도 상당한 모범 사례라 하지 않을 수 없다. 그 결과 상담센터는 국내 대학들 중에서도 그 성과가 가장 높은 수준을 자랑하고 있고, 리더십센터 역시 교육개발센터와는 구별되면서도 활발한 협업을 할 수 있는 고유의 업무를 찾아 운영하고 있다.
　교육학 일반 이론에서도 주장하는 바와 같이, 교육기관은 공식적·명시적 교육과정 이외에도 암묵적 교육과정 및 영 교육과정(null curriculum)을 가지게 된다. 공식적 교육과정을 내실 있게 마련하고, 그것이 기관의 교육목표와 철학, 학생들의 요구 등을 잘 만족시키고 있는지를 부단히 점검하고 개선하는 일은 매우 중요하다. 포스텍의 세 가지 교육 지원기관들은 이러한 핵심적 업무를 잘 수행하도록 다각적인 도움을 주고 있을 뿐만 아니라 학생들이 암묵적 교육과정에도 잘 적응하여 큰 불편 없이 대학생활에 안착할 수 있도록 돕고 있는 것으로 보인다.

이와 같은 포스텍의 교육과정 운영 방식은 학생들이 직면하게 되는 학업적 도전과 그로 인한 스트레스가 지나치지 않도록 사전에 조절하는 효과를 발생시키기도 하지만, 학업적 도전의 부작용이 드러날 때 이를 해소하는 기능도 담당하고 있었다. 특히 실천교양과목들을 통해 이공계 인재들이 처음으로 경험하는 색다른 학문 분야의 내용이나 상담센터의 다양한 서비스 등이 그러한 조절 기능에 특히 효과적인 것으로 나타났다.

교육개발센터에서 열렸던 것 중 하나가 유러닝 프로젝트라는 게 있어요. 자기가 배웠던 지식이라든지 그런 것들을 공유할 수 있는 그런 게 열리거든요. 매년 열려요. 그렇게 하면 지원금도 10만 원 정도 주고. 자료를 제작한다든지, 예를 들어 가지고 지금 거기에 대표적으로 나와 있는 게 일반화학 같은 경우에는 어떤 4학년 선배들이 다 제작을 해서 1학년들이 거의 대부분 보고 있거든요. 그런 것들이 진짜 학생들에게 도움이 되지 않나, 그리고 학생들이 많이 참여하고 있지 않나 하는 생각이 들어요. (신소재공학 3학년)

제5절 결론 및 제언

1. 결론

이상에서 포스텍의 학부교육 우수성에 대한 사례 분석 결과를 제시하였다. 포스텍은 규모 면에서는 국내에서 가장 작지만 대학의 학문적 위상으로는 국내 최고일 뿐 아니라 세계적 수준을 점하고 있으며, 지리적으로는 수도권에서 가장 멀리 떨어진 곳에 위치하고 있는 매우 독특한 대학이다. 한국을 대표하는 이공계 연구 중심 대학교로서 소수정예의 우수한 이공계 인재들을 교육하여 국가와 인류 발전에 이바지한다는 숭고한 교육철학을 바탕으로

25년간 대학을 운영해 왔다.

포스코(포항제철)의 탄탄한 재정 지원을 바탕으로 개교 때부터 일군의 교수들이 선진적인 교육 시스템을 구성했고, 국내에서 가장 우수한 학생들이 모여 그 교육 프로그램에 따라 학부와 대학원의 학업을 진행해 왔다. 포스텍은 우수한 교수·학생 자원, 선진적 프로그램, 그것을 실현하는 풍부한 자원, 그리고 생활과 학습을 공유하는 작은 학습 공동체 운영을 통해 연구 중심 대학이지만 학부교육에서도 탁월한 우수성을 자랑하는 수준까지 성장할 수 있었다. 이러한 강점들은 K-NSSE의 6개 영역에서의 높은 점수로 다시 한번 확인되었다.

이번 사례연구에서는 그러한 학부교육의 우수성의 구체적인 내용이 무엇인지 탐색해 보고 그것을 가능하게 한 기관의 특성에 대해 분석하였다. 6개 영역 중에서 학업과 관련된 3개 영역은 비교 집단에 비해 확실한 우위를 나타냈으나 교수와 학생의 교류나 능동적·협동적 학습 등 인간관계와 관련된 영역은 상대적으로 낮은 수준을 드러내어 그것의 맥락이나 원인에 대해 살펴보았다.

포스텍의 학부교육의 우수성을 대표하는 교육 프로그램으로는 1학년의 분반제와 학생 멘토 프로그램, 학부생 연구 프로그램, 기초필수교육과정과 실천교양교육과정(ABC), 핵심 기초과목(STC) 등으로 구성되는 3각 교육과정, 1~2학년을 위한 레지덴셜 칼리지 프로그램, 교육개발센터와 상담센터, 리더십 센터의 교육 지원 서비스 등을 발견할 수 있었다. 이러한 공식적·비공식적인 제도들은 서로 결합되면서 6개 영역의 학생 참여를 촉진하는 효과를 발생시켰다. 이 과정에서 대학의 우수한 인적 자원과 물적 자원, 교육 프로그램과 학습공동체 문화 등이 유리한 조건으로 작용했다.

2. 제 언

이 보고서는 외부인이 제한적인 환경에서 관찰한 결과를 정리했다는 점에서 근본적인 한계점을 가진다. 그러나 외부인의 낯선 눈이 내부인의 익숙한 눈으로는 간과하거나 어쩔 수 없는 문제로 치부하는 몇 가지 중요한 점들을 포착할 수도 있다는 가능성에 이 보고서에 의의를 둘 수 있을 것이다. 이러한 소망에서 학부교육 우수성 발견 과정에서 나타난, 우수성의 확대를 저해하거나 우수성에 대한 일종의 부작용으로 나타난 현상들을 정리하고, 이를 개선할 방향에 대한 몇 가지 시사점을 제시하고자 한다.

1) 1학년과 3학년에 대한 조력

지금까지는 대학의 자원 분배나 제도 운영에 있어 리더십의 모든 관심이 주로 1학년에게 쏟아져 왔으나, 3학년 역시 어려움을 겪는 학년으로서 학교 차원의 현황 파악과 지원 제도 마련이 이루어져야 할 것으로 보인다. 심화된 전공수업과 진로 계획 등으로 또 한 단계의 어려움을 극복해야 하는 이공계 대학 3학년들을 위해 적절하고도 창의적인 교육 · 지원 제도가 필요할 것이다.

고학년이 토로하는 어려움은 교수와 학생의 교류 확대를 통해 해결할 수 있는 부분이 많아 보였다. 3학년의 학업 부담은 단순히 강의 시간에 접하는 어려운 학습 내용을 이해하고 소화하는 것에서 온다기보다는 학습과 연구에 대한 보다 고차원적인 접근과 배운 내용을 향후 자신의 진로와 연결하는 방식 등 한 차원 더 높은 성격을 띠기 마련이다. 이러한 어려움은 교수들이나 대학원 선배들과의 심도 있는 대화를 나눌 수 있을 때 해결의 실마리를 찾을 수 있을 것이다. 그러나 3학년들이 교수를 대하는 태도는 1학년 때의 그것과 같을 수 없다. 1학년 때는 수업이나 단순한 인사를 핑계로 가벼운 마음으로 교수 연구실을 찾았다면, 3학년부터는 연구 참여와 같이 교수를 만나면서 자신의 아이디어나 능력을 평가받게 되기 때문에 상당한 부담을 느끼게 된다. 아울러 대학원 진학 시점이 가깝게 다가오면서 교수와의 관계에 더 조심하는 자세를 취하게 되는 것으로 보인다.

따라서 1학년에 대한 지원은 분반제나 레지덴셜 칼리지와 같은 전체 프로그램이나 또래 집단의 멘토링 등을 통해 제공한다면, 3학년부터는 교수와 학생의 교류를 확대 · 심화시키는 것에 중점을 두어 보다 개별화된 지원 제도를 제공하는 것도 좋은 접근방식이라 생각된다. 교수들 역시 대학생활 적응 전반에 걸쳐 상담을 하는 것이 어려운 1학년보다는 자신이 관심을 가진 전공을 중심으로 하여 상담과 교류 영역을 확대할 수 있는 3학년들과의 관계 확대가 더 용이할 것이다. 다만 교수들이 지금처럼 먼저 상담을 청하는 학생들을 환영하는 수동적인 자세에서 벗어나 보다 체계적이고 개방적인 자세에서 상담이 필요하지만, 방향을 잡지 못하는 학생들에게 먼저 다가가는 새로운 접근 방식과 사제 간의 친밀한 문화 확산이 함께 수반되어야 할 것이다.

2) 개방성의 확대: 타 학문과 지역, 세계로

포스텍이 개선해야 하는 중요한 문제 중의 하나가 개방성과 다양성의 부족이라는 점은 오래전부터 포스텍 내에서도 널리 인식되어 왔다(포스텍 대학발전위원회, 2011). 지역적 한계성과 이공계 학문의 독특한 특성이 포스텍의 개방성과 다양성을 저해하는 가장 중요한 요소이자 특징으로 해석된다. 이 사례연구에서도 교수들과 학생들 모두 조직의 개방성과 다양성의 부족에 대해 많은 아쉬움을 나타냈다.

이를 해결하기 위해서 대학도 국제화 정책이나 산학협력 정책, 외부 대학 및 기관들과의 협력 또는 학생들의 사회봉사 등 여러 다양한 제도를 통해 많은 노력을 기울이고 있다. 그러나 개방성과 다양성, 나아가 그것을 바탕으로 하는 창의성이 대학 조직 전체에 풍부하게 공유되기 위해서는 우선 내적으로 구성원들의 접촉과 교류, 소통을 활성화하고 제도화하여 내부적으로 그런 조직으로 변모하고 있다는 인식을 확산시키는 것이 필요하다. 특히 현재 포스텍의 교수집단의 내부 구조는 전문가들의 자율성을 바탕으로 한 이완결합체제(loose coupling)의 특징이 매우 강하여 이러한 조직문화의 전달과 확산이 상당히 어려운 상황이다. 이러한 내부 구조의 장점은 전문가인 조직 구성원들이 각자의 다양한 임무를 자율적으로 수행하기 때문에 리더십은 조직의 업무 수행을 일일이 점검하지 않아도 된다는 조직을 효율적으로 운영할 수 있다는 점에 있다. 그러나 이러한 구조는 불가피하게 구성원들의 접촉과 소통을 제한시키고 하부 부서들의 지나친 자율성 혹은 이기주의를 수반하게 된다.

조직 내부에서 구성원들의 다양성을 충분히 경험하지 못하면 자기 분야가 아닌 타 분야에 대한 관심과 수용성이 떨어지고, 결과적으로 새로운 분야와 접촉하여 무엇인가를 창출하고자 하는 개방성과 의지도 줄어든다. 만약 포스텍이 타 대학이 많은 대도시에 위치해 있다면 강제로라도 조직 전체가 개방적인 환경에 노출되겠지만 지금의 지리적 조건은 개방성보다는 전문성과 독립성을 지나치게 촉진하는 성향이 강해 보인다.

학생들 역시 이러한 분위기에 쉽게 젖어들어 대학은 국제화를 외치지만 학생들은 국제화에 대한 의지나 관심이 높지 않은 결과를 초래하고 있다. 문서상으로는 포스텍도 다른 대학들처럼 영어를 공용화하고, 영어 강의를 확대하며, 학생들의 국제적 경험을 촉진하는 여러 프로그램을 운영하고 있다. 그러나 연구진들이 포스텍을 방문했을 때 캠퍼스 내에서 국제화를 염두에 두고 내적 환경을 조성하려는 기관의 의지가 가시화된 물리적 표시들을 찾기 어려웠고, 직원 및 학생들 역시 국제화에 크게 영향을 받지 않는 모습을 발견할 수 있었다.

개방성과 다양성이란 가치를 강화하기 위해서는 불가분 기존에 이공계 학문 교육에 두던 가치의 비중을 상대적으로 줄이거나 새롭게 재정비하는 일이 필요해 보인다. 학생들에게 강도 높은 전공교육의 수준을 그대로 유지하면서 다양한 학문을 경험하고 국제적 경험까지 쌓는 일을 요구하기는 어렵기 때문이다. 현재 창의IT융합학과는 국가사업의 일환으로 진행되면서 그러한 개방성과 다양성을 목표로 한 국제화된 교육과정을 시도하고 있는 것으로 보인다. 이러한 개별 학과의 시도를 잘 평가하여 대학 전체로 파급시키는 방법에 대해 리더십이 진지하게 고민할 필요성이 크다고 할 것이다.

3) 여러 제도의 내실화 방안 마련

마지막으로, 이미 장기간 추진해 온 교육과정이나 지원 제도를 수요자인 학생들의 의견을 적극 수용해 개선함으로써 제도의 내실화를 다지고 효과를 최대화하려는 노력이 필요해 보인다. 예를 들어, 포스텍이 2008년부터 운영해 온 레지덴셜 칼리지 제도는 학생들의 인간관계 발달과 교과외 활동에 대한 경험을 증가시켜, 특히 저학년 학생들의 대학생활 적응에 큰 효과를 발휘한 것은 부인할 수 없는 사실인 것으로 보인다. 그러나 1, 2학년을 같은 건물 내에 거주시키는 것 이상으로 교과 외 활동을 통해 교육적 효과를 거두려 한다면 교과외 활동의 참여 범위나 방법을 보다 적극적인 자세로 개선할 수 있을 것이다. 현재 포스텍 레지데셜 칼리지는 1년에 4회 교과 외 활동을 개최하는데, 모든 활동은 자발적 참여를 원칙으로 하고 있고, 각 활동이 수용하는 인원은 40~50명 정도다. 많은 경우 한 활동에 참여한 경험이 있는 학생들이 다른 활동에도 참여할 가능성이 높은데, 레지덴셜 칼리지에 거주하는 전체 인원이 600명 남짓하다는 점을 고려하면 전체 인원의 10% 미만만이 레지덴셜 칼리지의 교과 외 활동에 참여하고 있다고 유추할 수 있다. 물론 레지덴셜 칼리지 내의

RA(residential advisor)들이 개별 학생들에 대한 상담과 지도를 수행하고 있다고 하지만 레지덴셜 칼리지가 일반 기숙사와 다른 교육적 효과를 내기 위해서는 대학이 레지덴셜 칼리지의 교과/교과 외 활동에 대한 보다 적극적인 투자와 개입이 필요해 보인다. 실제로 면담 학생 중 상당수가 레지덴셜 칼리지의 마스터 교수제도나 교과 외 활동 제도에 대해서는 잘 알지 못하면서 레지덴셜 칼리지를 '시설 좋은 기숙사'로만 이해하고 있는 것을 발견하였다.

교육과정 면에는 신입생을 위한 보수교육(remedial courses)이나 타 과 전공과목을 일정 정도 이수해야 하는 STC 교육과정의 내실화가 필요해 보였다. 일반고 학생들의 학업을 위해 입학 전 보수교육을 실시한다는 취지는 좋으나 이 수업 역시 개별 학생들의 어려움을 해결해 주는 것보다는 전체적인 진도를 나가는 것을 우선적인 학습 목표로 두고 있기 때문에 참여 학생들은 상당히 낮은 만족도를 표시하였고, 일부 학생들은 아예 보수교육을 '먼저 학교에 와서 친구들을 만나 노는 기회'로 이해하고 있었다. 한편 대학의 취지와는 다르게 학생들 사이에 수강할 가치가 낮은 것으로 평가되는 과목이 STC로 지정되어 있어 학생들이 졸업요건 이수를 위해 형식적으로 수강하는 경우도 빈번하게 발생한다는 의견이 높았다. 최근 이공계 학문의 변화 추세와 학생들의 교육 수요에 맞춰 STC가 소기의 목적을 달성하도록 교과목을 개편하는 작업이 시급하다고 보인다.

부 록

1. 특별대담: 성공적 학부교육을 위한 전략

대담참여자: 김기대(대구가톨릭대학교 기획처장), 김명주(서울여자대학교 기획정보처장),

김태승(아주대학교 다산학부장), 방청록(한동대학교 교무처장),

정세근(충북대학교 교무처장), 정영길(건양대학교 부총장)

사회자: 김성열(한국교육행정학회장)

김성열: 안녕하십니까. 마지막 순서에 이르렀습니다. 이제 대담을 통해서 대미를 장식하도록 하겠습니다. 연구자들께서 각 대학을 방문하고 참여관찰하고 그리고 심층면담을 통해서 각 대학의 학부교육의 우수성을 드러내면서 그러한 우수성을 만드는 요인이 무엇인가를 확인하려고 노력했고 그 결과를 지금까지 발표를 했습니다. 아마 여기 대담에 참석하신 분들께서 거기에 대해서 이미 사전적으로 또 연구 결과에 대해서 리뷰하면서 동의하지 않으셨을까 하고 생각합니다. 우리 교육을 대개 공급자 중심이라고 하지 않습니까? 그러면서 학습자 중심으로 가자고 얘기합니다. 특히 사범대학에 있는 교수들은 그 얘기를 굉장히 많이 하는데 실상 자기가 가르칠 때는 다 공급자 중심으로 가르칩니다. 학부교육의 우수성 중에 하나가 학생 중심으로 가자는 거였습니다. 그걸 이 상황 속에서 적용해 보면 청중으로 계신 분들이 오히려 중심이 되어야 될 것 같습니다. 특별대담에 참여해 주신 6개 대학 중 건양대, 대구가톨릭대, 한동대 등 3개 대학은 1차년도인 2014년에 K-DEEP 연구에 참여를 하셨고요, 서울여대, 아주대, 충북대 3개 대학은 2차년도인 2015년 연구 참여대학입니다. 그래서 2차년도 참여대학에 대해서는 발표를 못 들었습니다마는, 질문이나 또는 답변을 통해서 상황을 듣는 걸로 하겠습니다.

학부교육이 우수하다고 했고 그리고 학업 도전이나 여러 가지 측면에서 학생들의 성과도 굉장히 높다고 되어 있는데, 정말 그와 같은 높은 성취가 사회적 진출에서도 여전히 이어지고 있는지, 저는 앉아서 들으면서 그게 굉장히 궁금했습니다. 그래서 만약 그것까지 이어지고 있다면 우리가 흔히 얘기하는 우리나라 대학 간에 존재하는 차이에 대한 여러 가지 없어져야 될 인식들도 한꺼번에 바꿀 수 있는 걸로 되지 않을까 이런 생각도 듭니다. 너무 도전적인 질문인데, 그 질문에 대해서는 나중에 한 번 대답을 해 주시길 바라고요.

우선 세 대학에 여쭙고 싶은 것은 대학이 어떤 계기를 통해서 이렇게 혁신을 하게 되었는지 그 계기를 확인하는 것이 필요할 듯합니다. 물론 아까 맨 마지막에 발표한 대구가톨릭대학의 경우에는 최저 학력 수준을 설정하면서 입학생의 충원과정에서 대규모 미달사태를 겪었고, 그러한 위기의식의 공유가 대학 구성원들로 하여금 혁신에 대한 관심을 크게 불러일으키고 혁신을 가능하게 하는 모멘텀이 되었다는 말씀을 하셨었는데 우리가 확인을 좀 해 보아야 될 것 같습니다.

방청록: 우리 대학은 사실 처음 설립되는 과정부터 전임 김영길 총장님께서 기존의 대학과는 완전히 차별화된 혁신적인 새로운 대학을 만들겠다는 생각을 가지고 설립되었습니다. 그래서 대학 설립 초기부터 아주 명확한 교육철학이 분명히 그 과정에서 자리 잡았다고 생각이 들고요. 따라서 학부교육의 중요성을 처음부터 강조를 했습니다. 그리고 또 우리나라에서 많이 시도되지 않았던 다양한 혁신적인 교육제도들, 그런 것들이 많이 채택이 되어서 예컨대 학생들이 무전공으로 입학을 한다든지, 자유롭게 전공을 선택하고 또 자유롭게 전공을 변경할 수 있도록 허용한다든지, 그리고 학생들이 복수전공을 응모한다든지 이런 새로운 제도들을 많이 혁신적으로 도입을 했던 것이, 그 당시 우리대학이 빠르게 성장하게 되었던 중요한 요인이 아니었나 생각을 하고 있습니다. 그런 배경에서 우리 대학은 지금 현재의 상황 속에서 어떻게 이 혁신을 이어 나갈 것인가 그런 것들을 고민을 하고 있기 때문에, 또 다른 새로운 변화들을 계속 시도를 하고 있는 중에 있습니다. 특히 좀 전에 말씀 드린 한동대에서 시작된 많은 제도들이 다른 대학들에서 이미 다양한 프로그램으로 많이 시도가 되고 있기 때문에, 우리 대학이 가지고 있는 그 강점들을 더욱더 강화시켜 나가면서 보다 융합적인 교육을 실현하는 대학, 학생들에게 인성교육으로부터 글로벌교육에 이르기까지 체계화된 교육체계 안에서 교육을 하는 대학, 그런 면에서 여러 가지 노력들을 저희들이 계속하고 있습니다. 그래서 멈춰서 있다면 지방의 소형 대학으로서 항상 위기를 경험할 수밖에 없다는 그런 위기의식이 이렇게 계속 혁신을 하는 배경이 되지 않나 생각을 하게 됩니다.

김성열: 예. 한동대학은 신생 대학이고, 신생 대학으로서 다른 대학들과 경쟁하는 과정에서 새로운 혁신을 끊임없이 추구하고 있다고 말씀을 하시는데요. 건양대학의 경우는 아까 발표자가 이런 용어를 쓰더라고요. 그냥 그저 그런 대학이라는 의미에서 '그

냥대'로 불렸었다고. 이러한 자조적인 의식을 획기적으로 바꾸셨는데 어떤 계기가 작용했나요.

정영길: 뭐, 아직 극복은 아닌 것 같고요. 저도 한동대학을 여러 차례 다녀왔습니다. 제가 사실은 2004년부터 처장을 하고 보직을 하는데, 우리 대학이 사실 아까도 잠깐 나왔지만 2001년도인가 학생 모집에 굉장히 큰 실패를 했어요. 그때는 학생 모집에 실패를 할 때가 아닌데도 그렇게 되었습니다. 그래서 그러한 것들이 계기가 됐고, 앞으로 다가올 상황을 감안할 때 그냥 있다가는 대학이 존재하기 어렵겠다. 하지만 모든 구성원들이 그렇게 생각하는 것은 전혀 아니고, 경영진들이 그렇게 생각을 하게 됐고, 그래서 벤치마킹 1번 대상이 한동대였고, 한동대를 아주 조용히 여러 차례 가서 보고 '아, 우리 대학이 그대로 있다가는 안 되겠다.' 그런 결론을 얻었습니다. 근데 너무 부럽더라고요. 그래서 그걸 가지고 우리 입장에서 너무너무 고민을 했고, 딴 데 것을 단순히 벤치마킹으로 해결할 수 있는 문제가 아니라는 것을 한동대에서 정말 처절하게 많이 느꼈고, 그때부터 진정성 있게 우리 입장을 가지고 고민을 했습니다. 아까 발표를 들으면서 저는 사실 건양대학에 대한 문제는 굉장히 잘 정리가 되어 있다고 나름대로 머릿속으로 생각했는데, 왜 제가 여기 와서 앉아 있지 이런 생각이 들 정도로 '야, 우리 대학의 그 괜찮은 게 뭐야?' 이렇게 될 정도로 아직 너무 많은 부분이 부족하구나 이런 것들을 너무 많이 느꼈고요. 다만 건양대학이 이런 자리에서 가치가 있다고 한다면 '아, 우리도 저것과 유사한 상황인데 저런 것들을 모멘텀으로 활용할 수 있겠구나.'라고 하는 출발의 기회, 그걸 가지고 각 대학의 상황에 맞도록 다 적절히 수정해서 끌고 나가야 하는 것은 분명히 있지만, '아, 저 상황에서 저렇게 가져가는 것도 방법 중에 하나겠구나.' 이런 느낌들을 가지실 수는 있다고 생각합니다. 들으시면서 느꼈는지도 모르지만 건양대는 한동대와는 정반대의 발전하는 방향이나 축들을 가지고 있다고 저 스스로도 늘 느끼는데요, 아마도 그런 나름대로의 내부의 위기가 학교를 바꾸어 나가는 계기로 작용했지 않나 생각합니다.

김성열: 감사합니다. 어느 조직이나 위기를 겪는데 그 위기를 어떻게 하면 기회로 만드느냐가 중요한데요, 그런 노력이 굉장히 특별했던 것 같습니다. 대구가톨릭대학은 두 대학에 비해서 굉장히 규모가 크잖아요. 어떤 걸 계기로 해서 지금과 같은 위치에 이르렀는지요.

김기대: 먼저 대구가톨릭대학교 소개를 김병찬 교수님께서 해 주셨는데요, '아주 좋은 대학입니다.'라고 소개시켜 주셔서 너무 감사합니다. 그리고 대구가톨릭대학교가 정말 이렇게 학부교육의 성공모델이 될 수 있는지에 대해서는 정말 부끄러운 생각이 들고요. 잘 아시겠습니다만, 저희 대학이 소재해 있는 경산 지역은 인구가 25만인데요, 대학이 12개나 있습니다. 인근만 해도 1년에 학생을 5,000명 뽑는 대학들이 몇 개나 있습니다. 경북대, 계명대, 대구대, 영남대가 실제로 5,000명 수준으로 뽑아요. 그리고 저희들은 한 3,000명 수준으로 뽑고 있는데요. 실질적으로 학생들이 생각하는 대학 레벨을 따져 보더라도 저희 대학이 앞으로 이 인구 25만이 있는 경산, 물론 대구 학생들이 많이 옵니다만, '도대체 어떻게 살아나고 발전해야 월급이 지속적으로 나오겠나.'라는 생각이 들지요. 계속 학생이 줄어든다고 하는데, 그래서 정말 신중하게 생각을 해 보면 정말 우리 대학이 어떻게 살아가야 될 것이냐 하는 데에서부터 출발했죠. 그렇다면 어디서부터 출발해야 되겠느냐라고 하면, 우리 대학의 특색을 진솔하게 보여 주자는 데서부터 출발할 수밖에 없었습니다. 다른 대학 잘 나가는 학과, 우리도 그렇게 해서 더 잘 나가는 학과를 벤치마킹해서 만들고 했지만 결과적으로 그게 잘한 정책이냐. 그건 아니더라는 생각이 들었습니다.

우리는 가톨릭대학입니다. 가톨릭 정신, 다행히 한국에서 가톨릭이라는 이미지는 좋은 것 같습니다. 그래서 '가톨릭 정신을 살리자.' '인성교육을 하자.' 이런 데에서부터 출발을 했는데요, 아까 말씀드렸습니만 우리 대학은요, 진짜 상위권애들은 다 서울 가고, 중상위권 애들은 국립대학 가고, 중위권 애들이 옵니다. '자기 소개해 봐라.' 하면 일단 땅부터 보면서 소개를 하고 있는 애들이 참 많습니다. 근데 이런 애들이 대기업으로 가는 것보다 지역 인근 업체에 취직을 많이 하는데요, 지역

인근의 기업체들은 어떤 학생을 좋아하느냐 하면 학점 평점평균 4.3 맞았지만 땅
보고 자기 소개하는 애들은 안 뽑는다는 거죠. 방학 동안에 어디 해외 체험을 갔다
오고 하는 애들, 눈동자가 살아 있는 애들을 뽑는다는 겁니다. 그래서 '아 그거다.
이런 애들을 정말 사회가 꼭 필요로 하는 학생들로 만들어 주어야겠다. 그런 교육
을 시켜 줘야 되겠다.'는 데서 출발을 했습니다. 학교의 여건과 상황을 인정을 하
고, 그래서 교과과정뿐만 아니라 비교과과정을 똑같이 강조를 하는 스텔라 제도를
도입했고요.

스텔라 제도에 대해서 간단히 말씀드리면 우리 학생들이 졸업할 때, 예를 들어 학
점 평점 평균 3.6, 토익성적 780 두 개 들고 사회진출을 준비했습니다. 그래서 "자
기 소개서 적어 봐라." 그러면 "뭘 적을지 모르겠는데요." 이렇게 나왔습니다. 스
텔라 제도를 하게 되면 이때까지 자기가 인성을 함양하기 위해서, 창의성을 함양하
기 위해서, 공동체성을 함양하기 위해서 무슨 교과목을 수강했고 무슨 비교과활동
을 했는지 또 그 성과가 무엇인지 히스토리를 쫙 볼 수 있습니다. 자기 스토리를 만
들어 나간다는 거죠. 포트폴리오 관리를 한다는 겁니다. 그래서 우리 대학은 이제
졸업인증제를 안 하기로 했습니다. 포트폴리오를 하나씩 만들어서 나가는 걸로 하
고 이런 식으로 하기로 했습니다.

김성열: 지금까지 세 대학에 대해서 들어 봤는데요. 그 혁신의 계기가 다 다릅니다. 사실은
올해 참여하는 세 대학에 대해서는 나중에 여쭤 보려고 했는데 그냥 시작한 김에
여쭤 보겠습니다. 대학이 또 다르지 않습니까? 수도권 대학이고, 인서울 대학이고,
그 다음 지방의 대규모 국립대학입니다. 약간씩 차이가 있습니다. 그 혁신의 계기
도 다를 듯합니다.

김태승: 아주대학은 두 번쯤 계기가 있었던 것 같습니다. 그러니까 90년대로 넘어오는 과정
에서 한 번 신입생 모집과정에서 문제가 발생한 적이 있었고요. 그다음에 95년에
학부제 전면도입하고 교수업적평가제 등등 일련의 혁신적인 프로그램을 도입해서

그런 위기상황을 타파를 했는데 그게 2000년대에 들어오면서 좌절을 한 번 겪고. 그것이 학내에서 여러 가지 문제를 발생시켜서 그 문제를 해결하는 과정에서 혁신이 불가피했는데, 그 혁신이 정체성과 잘 조화되도록 구성을 해야 되겠다는 쪽으로 혁신과 변화가 심화되었다 이렇게 말할 수 있겠습니다. 원래 우리 대학은 프랑스 협력을 받아서 만든 대학이어서 수업관리 이런 것은 정말 철저했습니다. 초기부터 지금까지. 거기다가 사회변화, 시대요구 이런 것과 대응하는 어떤 혁신성을 이제 가미하는 것이었는데, 그런 두 차례의 변화를 겪으면서 체질화가 되어 가지고 웬만한 변화에 대해서는 구성원들이 별로 놀라지 않습니다. 혁신 피로감 같은 게 출현하기 시작해서, 요즘은 뭐 고친다고 그래도 다 무덤덤하게 '그래, 한번 해 보지 뭐.' 이렇게 되어 가고 있어서요, 그게 좀 걱정이기는 합니다. 근데 저희 대학 총장임기가 21세기 들어와서 3년이 넘지 않습니다. 평균 임기가. 그래서 사실은 저는 리더십을 강조하기보다는 거버넌스가 중요한 것 같습니다. 교수사회가 리더십의 동요 과정, 어떤 경우는 6개월 만에 물러나고 그랬거든요. 교수들과의 갈등이 주된 문제였는데요. 그럼에도 불구하고 대학 혁신성이 유지될 수 있었던 것은, 제가 볼 때는 교수사회가 스스로 교육의 책무를 그 누구에게도 떠넘기지 않고 스스로 해결하려는 적극적인 의지가 굉장히 중요하게 작용했던 것이 아닌가 싶습니다.

김성열: 예, 위기와 관련해서 그 계기를 마련하는데 교수들의 교육의 책무성에 대한 적극적인 인식이 혁신을 계속해서 만들어 내고 있다는 말씀을 해 주셨습니다.

김명주: 예. 사실 뭐 이름이 서울여자대학교, 그리고 인서울이기는 하지만 '여자'라는 키워드가 요즘 상당히 위기를 맞고 있습니다. 그래서 작년에 이화여대 총장 되셨던 분이 취임할 때 하셨던 연설에서 키워드 중에 하나가 'again 1978'이라는 표현을 쓰셨는데, 1978년도에 이화여대가 예비고사 순위 3등을 전국에서 할 때였는데 지금은 이제 그렇지 않다는 거를 확실히 표현하셨던 부분들이죠. 제가 서울여대에서 처장을 처음 한 게 2000년대 초입니다. 입학처장을 처음 했었습니다. 그때만 해도 '어떻게

하면 성적 좋은 학생을 더 많이 뽑아 볼까.'로 행복한 고민을 할 때였는데, 이제 그 뒤로 가면서 특히 여자대학에 대한 선호도들이 많이 낮아졌어요. 특히 고3들, 제가 여자고등학교 가서 입학 설명을 하면 굉장히 싫어해요. 선망 대상이 아니라 기피 대상이라서. 옛날에는 여학생들한테 교육 기회를 주려고 여자 대학이 의미를 가지고 출발했지만 이제 남녀공학에서 여학생들이 더 많이 두각을 드러내고 있기 때문에. 또 최근에 구조개혁을 하면서, 소위 '서울지역에 있는 대학은 그래도 그냥 가만히 있으면 되겠다.'라는 안일한 생각들을 불과 한 10년 전까지만 해도 했었던 거 같은데, 이제 그 경계선이 터졌잖아요. 구조개혁평가를 통해 전국 대학들을 '한 줄로 다 세우겠다.' 뭐 이렇게 서울의 경계선을 터놓고 보니까 특히 여자대학들이 가진 위기감들은 상당히 크고요. 지리적으로 서울에서 멀리 있는 대학이 가지고 있는 위기감보다 저희들이 가지고 있는 내부적인 위기감이 사실 더 클 수도 있습니다.

저희가 내부적으로는 인성교육도 잘하고 연구 중심보다는 학부교육 중심으로 해왔는데, 교육 전체적으로 여대로서의 위기들이 많이 몰려오다 보니까 저희들도 '아, 학부교육 중에서도 특별히 특성화, 차별화에 대한 부분이 필요하다.'는 생각을 많이 하게 됩니다. 저희도 굉장히 작은 규모의 대학으로 입학 정원이 한 1,700명 정도 되는데, 아시겠지만 어느 대학에서 뭘 잘한다고 그러면 큰 대학이 그 다음에 물량 공세를 하기 시작합니다. '어, 저 아이디어 좋다.' 하면서 가져와서 예산을 3배, 4배씩 투입하기 시작하면 아이디어는 여기에서 나왔는데 대개 이제 저쪽 것이 되어 버리는 경우가 많이 있어서, 저희들이 많이 고민했던 부분이 결국은 히스토리 기반의 특성화입니다. 역사를 기반으로 한 특성화가 아니면 결국에는 다 뺏기는 상황이 벌어지기 때문에, 저희들이 2000년대 처음 출발할 때 검토했던 부분들이 바로 역사성이었던 거 같아요. 근데 그게 ACE 사업하고 딱 맞았습니다. ACE라는 게 각 대학의 정체성하고 인재상에서 출발해서. 그래서 2010년도 초기에 저희가 ACE 사업에 선정되고 대구가톨릭대처럼 저희가 재진입에 성공하여 이제 6년차를 맞이하고 있습니다. 출발은 그렇게 했는데 ACE 사업이 없었다면 아마 서울여대는 진짜 힘든 시간이 됐을 거라는 생각이 들 만큼 저희들한테 많은 도움이 되었고, 거의 6년 정도 교육에 대해서 고민고민 하다 보니까 이제는 상당히 많은 실적들도 있고 그걸 공유하는 상황으로 왔던 것 같습니다.

김성열: 그 한 가지만 더요. ACE 사업이 재정적으로 크게 도움이 됐습니까? 아니면 사회적 공인(公認)으로서의 의의가 더 컸나요?

김명주: ACE 사업을 최근에는 많이 아시는데 한 2, 3년 전까지만 해도 대학 안에서도 'ACE 사업이 뭐야?' 이렇게 잘 모르시는 분들이 많았죠. 요즘은 잘 가르치는 대학이라는 브랜드 때문에 많이 알려졌는데. 저희 대학 같은 경우는 일 년에 한 30억 정도를 받는데 그게 추가로 들어오는 돈이고요, 대부분이 교육에만 투자되는 거라서 저희 같은 학교 규모에서는 재정적으로도 굉장히 큰 도움이 됐었습니다.

김성열: 예, 감사합니다. 제가 충북대학에 최근에 가 보니까 '1,100억 정도의 국가재정지원사업을 땄다.' 이렇게 현수막도 붙여 놓았더라고요. 국립대학인데 어떤 것이 계기가 되어서 혁신에 박차를 가하게 되었는지요?

정세근: 예, 우선 정말 오늘 배상훈 교수님과 변기용 교수님 감사드립니다. 저도 행정을 하면서 계속 K-NSSE는 분석만 나오지 어떻게 하라는 얘기를 안 해서 아쉬웠는데…… 근데 오늘 변기용 교수님께서 수치 말고 해결책을 보여 주셔서, '이러이러하니까 이렇게 하자는 정확한 데이터가 있어야지.'라고 행정 원칙을 정하니까 그런 점에서 아주 큰 의미가 있었고, 졸지 않았습니다. 그래서 열심히 들었다는 거 말씀드리고 어서 빨리 우리 충북대학의 잘하는 점을 좀 보여 드리고 얘기하고 싶습니다. 우선 저희는 들으면서 참 상황이 다르다는 생각을 많이 했습니다. 일단 대규모라고 하면 우리도 한 2만 되니까 대학원까지 합치면 슈퍼대학이고, 국립대학 교수들 사립대학 교수보다 학교 본부의 정책에 따라오지 않는 분위기가 더 강합니다. 그런 중에서 어떻게 했느냐 여쭤 보신다면 저도 답을 솔직하게 말씀 드리겠습니다.

교육부에서 총장 선거 하지 말라고 선진화 대학이라는 명목 아래 실질적으로 부실 대학 뽑지 않았습니까? 설마 국립대학 중에서 부실대학 뽑을까 했는데 뽑더라고요. 그런데 이제 그것도 억울한 점이 너무 많았습니다. 지표를 관리해서 빠져나가는 대학이 있고 그래서, 아무튼 우리는 시작은 좀 솔직하게 해 보자 했다가 완전히 된통 맞았습니다. 어쨌든 그때 친한 친구가 '좋은 기회다. 좀 잘 해 봐라.' 그래서 어쨌든 제가 좋아하는 술도 금주하고 반성했습니다. 뭐가 잘못됐는지…….

그런데 그런 와중에 ACE라는 사업이 생겨서 쉽게 해결했습니다. 그 돈을 주셔서 많은 사업을 할 수 있었던 겁니다. 뭐, 돈 없는 행정이 어디 있습니까. 그래서 교육부에서도 현재는 ACE 사업은 지난번 건양대에서 열린 ACE 포럼에서도 이야기되었지만 정권과 상관없이 이어 나가겠다는 강력한 의지를 저는 느낄 수 있었습니다. 한 예를 들어보겠습니다. 신문에도 날 정도로 이슈화됐는데 다들 인정합니다. 구조 개혁 쓸 내용 쭉 봤더니 다 ACE에요. 정말 ACE 없이는 뭘 썼을까 싶습니다. 그래서 전 교무처장님한테 제가 방까지 쫓아가서 제가 술 한잔 사겠다고 했어요. '고맙다. 교무처장님 덕분에 이렇게 쓸 일이 많아졌다.' 예, 현실적으론 그렇습니다. 이를테면 글쓰기라든가 교양 교육이라든가. 저희도 이제 창의 융합 본부가 발족됐습니다. 그런데 이때 창의란 의미는 비교과, 간단하게 학점 없는 것. 융합은 연계 전공 같은 거. 그리고 글쓰기는 글쓰기 센터라든지 의사소통으로 하고, 그 다음 교양 하나 적절한 거. 이렇게 4가지로 모아서 해 나가기로 했습니다. 그렇게 나가기 시작하니까 벌써 이를 테면 경영정보학과에서는 자기네들이 거기로 들어오면 안 되겠느냐 라는 이야기가 있을 정도로, 그래서 앞으로 말 제대로 된 정부 지원 사업 때문에 정말 좋은 대학 모습이 길러지기를 저는 희망하고 있습니다.

김성열: 예. 국립대학도 위기를 맞을 수 있고, 그리고 위기는 또 정부에 의한 재정 지원에 의해서 극복이 촉발될 수도 있다는 말씀을 해 주셨습니다. 이제는 청중석으로 마이크를 넘기겠습니다. 굉장히 궁금하신 것들이 많으실 텐데요. 지금 여섯 대학이 나와 있습니다. 오늘 발표한 대학은 세 대학입니다. 우선 한 대학에 한 분씩 해서 좀 질

문을 받겠습니다.

청중1: 예. 안녕하세요. 저는 사실 항상 궁금했었던 게 이런 ACE 사업을 하거나 대학이 어떤 혁신적인 정책을 만들고 싶을 때 제일 많이 하는 게 센터를 구성하는 거잖아요. 예를 들면 교육개발센터라든가 아니면 이런 동기유발 프로그램을 하기 위한 여러 가지 기관이라든가 연구원이라든가. 근데 그런 것들 간에 업무가 유기적으로 잘 연결되어 있지 않다고 생각하거든요. 이러한 센터나 기관들을 유기적으로 연결하는 데 혹시 어떤 방법이 있는지 궁금합니다.

정영길: 맞는 대답인지 모르겠는데 유기적으로 연결이 잘 안 되고요. (청중 웃음) 이게 유기적으로 연결되도록 하기 위해선…… 이게 물방울 같은 것 같더라고요. 예를 들어서, 우리가 이런 커다란 화살표 모양으로 우리 대학이 발전하고 싶다면 그 화살표 모양 중에서 위쪽 부분은 ACE라는 것으로, 아래쪽 부분은 CK라는 것으로, 또 LINC라는 것으로 각각 여러 사업들을 동원하기도 하고, 또 대학의 자체 자금을 동원해서 하잖아요. 그러다 보면 그것들을 잘 수행하기 위해서 센터나 여러 가지 기관들이 설립이 되죠. 그런데 이걸 진행하다 보면 그 기관의 업무 같은 데서 서로 상충되는 부분들이 계속 생겨요. 그래서 진행하는 과정에서 두 개 또는 세 개의 기관들이 다시 융합하기도 하고 또 헤어지기도 하면서 나중에 사업이 다 끝날 때쯤 되면 그게 마지막에 자리 잡는 그런 모양들을 계속 여러 차례 봤거든요? 그래서 저는 그런 과정을 겪는 게 나쁘지 않다고 생각을 해요. 그러면서 또 그 센터의 고유의 역할들이나 이런 것들이 대학 내에서 잘 정립되기도 하고 그렇다고 생각합니다.

김성열: 예, 감사합니다. 그렇다면 공통적인 질문으로 넘어가겠습니다. 학부교육을 우수하게 만드는 요인은 굉장히 다양하다고 발표한 분들이 지적을 하고 있습니다. 그중에 중요한 게 제도도 있겠지만 사람이라고 생각을 하는데요. 사람 중에서도 교수가 중요한 부분인 것 같습니다. 결국 어떻게 그 구성원들이 이 혁신의 가치에 공감하도

록 만들었는지 이게 굉장히 궁금합니다.

방청록: 예. 우리 대학 같은 경우는 많은 분들이 교수 채용이 자꾸 똑같은 분야에서 계속 반복해서 나는 이유가 있느냐, 교내에 무슨 문제가 있느냐 하는 질문을 제가 외부에서 많이 듣습니다. 아까 변기용 교수님께서도 말씀을 하셨지만 교수 채용 절차가 상당히 엄격합니다. 그 이유는 동일한 어떤 교육의 목표와 비전에 대해서 공감하는, 그리고 함께 그 가치를 가지고 헌신할 수 있고 참여할 수 있는 교수님들이 특별히 그 교육의 혁신을 계속 이어갈 수 있는 가장 중요한 원동력이라고 저희는 생각하기 때문에, 그리고 우리 대학이 생각하는 학생들의 인재상을 놓고 볼 때 그 인재상에 맞는 인재를 양성하는 데 필요한 교원이 잘 충원되는 것이 중요하다고 생각을 해서 굉장히 엄격하게 저희는 충원을 하고 있고요. 그래서 우리 대학에서는 교수 지원서를 하나 쓸 때에도 뭐 15페이지, 20페이지씩 그렇게 써야 됩니다. 거의 논문 하나 작성하는 것처럼 그렇게 써야 되기 때문에, 우리 학교에서 어떠한 교수님을 원하는지를 그 교수님들이 지원서를 쓰시는 과정에서부터 스스로 확인하실 수 있도록 하고 있습니다. 그리고 또 교수님이 채용되고 나면, 한 학기 동안 저희는 신임 교수님들에 대한 교육을 실시하고 있습니다. 그래서 우리 대학교의 역사, 중요하게 생각하는 교육의 가치, 교육의 체계 그리고 교수님들이 하셔야 되는 일이 무엇인지에 대해서 한 학기 동안 교육을 하고 있습니다. 그래야만 교수님들께서 다른 대학교와 달리 우리 학교에서 교수님들이 하셔야 되는 일이 무엇인지, 또 다른 학교와 업무가 어떻게 다른지 그것을 정확하게 이해하시는 것이 학교에게도 도움이 되고 교수님들 개인에게도 도움이 된다고 저희는 생각을 하고 있습니다. 그래서 그런 과정들을 통해서 교수님들이 한 학기, 1년 정도 지나시고 나시면, 그동안 우리 학교에서 교수님들이 헌신적으로 시간을 사용하시면서 학생들 교육에 노력하셨던 그러한 전통들과 크게 다르지 않는 같은 방향성을 가지고 교육에 참여를 할 수 있는 기반이 된다고 생각을 하고 있습니다. 그래서 헌신된 교수님이 그런 면에서 저희는 제일 중요하다고 생각을 하고 있습니다.

김성열: 예. 혹시 거기에 적응하시지 못하는 교수님들은 안 계신가요?

방청록: 굉장히 힘들어 하시는 분들이 분명히 계십니다. 그렇지만 우리 학교에서의 교육의 가치와 방법이 무엇인지는 이 과정을 통해서 충분히 또 이해하시는 것 같습니다.

김성열: 건양대는 '범조직인(Cosmopolitan)을 조직인(Local)으로 만든다.' 이런 말씀이 건양대 발표할 때 나왔는데요. 그러니까 뭐, 이런 것 같아요. 교수가 연구가 중요하다고 생각을 해 왔는데, '건양대 와서 교육이 중요하다.' '건양대 교수로서의 정체성을 갖게 됐다.' 그런 거 같은데 어떻게 그런 것들이 가능했는지.

정영길: 저도 계속해서 경험해서 얻는 건데 결국에는 문화라는 게 그런 거 같아요. 그런 것들을 견디는 사람은 남아 있고 아닌 사람은 떠나고. '아, 그 학교 그렇다더라.' 그래서 그런 사람이 지원하게 되고 하면서 대개 그렇게 문화가 형성되는 것 같고. 건양대는요, ACE 사업을 2009년도에 준비해서 2010년도에 했잖아요. 그전에는 대학의 학과 구조조정 같은 것들을 아주 집중적으로 해서 여러 가지 실용학문 지향적 학과들을 많이 만들어 놨죠. 그리고 난 다음에 ACE 사업을, 거의 대학의 모든 역량을 집중해서 준비를 해서 됐어요. 2010년에 1단계 ACE 사업이 됐을 때 '어, 저 대학이 어떻게 ACE 사업이 됐지?'라고 사람들이 물음표를 굉장히 많이 붙였었어요. 사실은 ACE 사업이 학부교육을 바꾸는, 아까 서울여대 처장님께서 지원금 30억이 굉장히 큰돈이라고 그랬지만 맞죠. 굉장히 큰돈인데 저희는 돈보다도 ACE 사업이 됐다고 하는 그런 것들로 교수님들을 움직이게 할 수 있었던 점이 컸던 것 같습니다. 예를 들어서 '어? 11개밖에 안 뽑았는데 됐어?' 이런 관심을 집중할 수 있었고, 그게 LINC로, 또 CK로, 지원한 사업 7개 전체가 다 선정되고, 또 교육부에서 최근에 했던 모든 사업에 100% 선정되고 이렇게 되면서 일반 교수님들도 '우리 학교가 나쁘지 않구나.' 하는 생각들을 모아 내지 않았나 그런 생각을 합니다.

김성열: 국가 재정지원 사업이 교수들에게는 또 다른 사회적 공인인 듯합니다. 대구가톨릭
      대학은 굉장히 역사도 깊고 한데 아까 김병찬 교수의 발표에 의하면 '최연소 기획
      처장이 됐다.' 이런 말씀도 했고, '나이 드신 고참교수들의 열정 회복들이 필요한
      것 같다.' 이런 말씀을 했는데, 혹시 젊은 기획처장으로서 이러저러한 불만의 소리
      를 많이 듣지 않는지요. 어떻게 교수들을 잘 동참시켜 나가는지 궁금합니다.

김기대: 네, 굉장히 어려운 질문이거든요. 사실은 저기 한동대, 건양대의 문화는 정말 부러
      운 겁니다. 저희 대학만 해도 의대 교수를 제외하고도 500명이 넘는 교수님이 계시
      는데, 사실 교수님들, 일하시는 교수님들만이 하십니다. (청중 웃음) 전부 다 일하지
      않습니다. 근데 문제는 일하시는 교수님들에 대해서 어떻게 이제 보답을 해 드리느
      냐 하는 정책을 펴는 게 가장 큰 고민이거든요. 저희 대구가톨릭대학교 아시는 분은
      아시겠습니다만, 성과연봉제 엄청나게 강력합니다. 제가 성과연봉제에 따라 실제
      개인 연봉이 어느 정도 차이가 나는지 말씀을 드린다면 아마 깜짝 놀라실 겁니다.
      강력한 성과연봉제는 사실 어떻게 보면 이사장 그리고 총장의 강력한 리더십이 있
      기 때문에 밀고 나갈 수 있었는데요. 좋은 측면도 있고 나쁜 측면도 있습니다마는,
      한 가지 말씀을 드리면 이제 성과연봉제와 연계를 시켜 가지고, 어떻게 하면은 교
      수님들한테 노력하시는 정성적인 부분을 반영을 시킬 수 있을 것인가를 굉장히 고
      민을 하고 있고요. 그래서 지속적으로 교수업적평가에 있어서 정성평가 부분을 반
      영하려고 하는데 사실 너무 어렵습니다. 정성평가 부분을 조금만 넣으면 선생님들
      은 다른 시각으로 보게 되고, 그걸 또 누가 또 자의적으로 하지 않느냐 하는 이런
      문제가 있어서요. 하여튼 결론을 말씀 드리면 성과연봉제는 조금 개편하려고 합
      니다. 9등급 성과연봉제를 하고 있는데, 이것이 교수들을 움직이게 하고 국책 사업
      을 유치하게 하고 대학의 지표를 올리는 긍정적인 부분이 분명히 있었습니다만, 교
      수라는 정체성, 자긍심 이런 데서는 여러 문제가 생기고 있기 때문에, 그 부분에 있
      어서는 이제 우리 학교가 조금 완화를 해도…… 어차피 100% 절대 안 따라옵니다.
      절대 안 따라오는데 최대한 열심히 하시는 선생님들께 정성적으로 어떻게 이를 보

상할 것인가를 계속적으로 연구를 해 나가고 있습니다.

김성열: 예, 감사합니다. 아주대학교는 어떠신지요?

김태승: 아마 고민은 다 같으실 겁니다. 근데 이제 저희 학교가 가진 문화적 특성 중에 하나가 신임교수가 부임해서 6개월 만에 대학의 최고 시니어 교수하고 공개적인 자리에서 논쟁을 벌여도 아무 문제가 안 되는 대학입니다. 말하자면 그런 점에서 위아래가 없는 대학이라는 겁니다. (청중 웃음) 그런 강점이 있습니다. 근데 이것은 명분과 논리가 분명했을 때를 전제로 하는 것인데요. 우리 대학은 교수회도 굉장히 세고, 평위원회가 내는 리포트는 거의 재정을 갈기갈기 찢어 놓을 정도로 세밀하게 분석합니다. 그런 문화적 토양이 하나 있지만, 교수들은 대체로 '당신 직업이 뭐요?'라고 물으면 연구자라고 생각합니다. 그건 뭐, 99.9%가 그렇습니다. 교수법을 배워 본 교수가 거의 없습니다. 그건 당연한 일이죠. 교사 자격증에 혹시 관심이 있었던 분들이나 들었겠지만 나머지는 다 연구로 교수된 거지, 교육으로 교수 된 분 안 계십니다. 그러니까 정체성이 거기에 있어서 그런 분들을 교육부문으로 옮겨 오게 하는 것은 사실은 굉장히 어렵죠. 제일 손쉬운 방법은, 제가 이제 정년이 얼마 안 남았는데요. 오랜 경험에서 보면 네거티브 캠페인으로는 안 됩니다. 돈 좀 더 줄게 이걸로는 한계가 있다는 거죠. 그러니까 파지티브 캠페인을 해야 하는데 그게 굉장히 전략적 사고가 필요한 것 같습니다. 아주대학에서 흔히 쓰는 방법은 파일럿을 해서 경험적으로 증명하는 것입니다. 그래서 사실은 시간이 다른 대학들보다 좀 더 걸립니다. 저희가 학습생태계 구성을 목표로 삼고 지금 교육개혁을 시행하고 있는데요. 거기서 핵심적인 것이 학생들이 주도적으로 커리큘럼 구성을 해서 이제 제1전공을 제외하고 제2전공 쪽에서는 재학생 수가 8,000명이면 8,000개의 전공이 탄생하기를 사실은 꿈꾸고 있습니다. 근데 그런 걸 하기 위해서 말로 아무리 해도 소용없습니다. 몇 가지 파일럿 사례를 통해서 합리적이라는 걸 입증하면, 명분과 논리가 있으면 교수 사회는 대체로 공개적인 자리에서 통하지 않습니까? 명분 없이

무조건 반대하는 소수의 반발만 차단해 버리면, 그러니까 그런 건 모두 공개된 교수 회의에서 결정하시면 된다고 보거든요. 그런 데에서는 사익을 앞세우는 얘기는 바로 후배들의 비평 앞에 직면하게 될 테니까 어려울 겁니다. 교수 사회는 합리성, 명분, 그다음에 이제 격려를 위한 약간의 노력 이런 게 중요하지 않을까 싶고, 저희는 그렇게 해 왔던 것 같습니다.

김성열: 예. 사실 대학을 연구한 건 아닙니다만, 미국에서 미국 교육 100년사를 연구한 『학교 없는 교육 개혁』이라는 책을 보면, 미국에서 '교사들이 소중히 여기는 가치, 그리고 학생의 성장에 도움된다는 교육 개혁은 받아들이되 그 나머지 교육 개혁은 4년만 엎드리고 있자, 8년만 엎드리고 있자.' 이런 답니다. 그러니까 아주대학은 정말 그런 점에서 보면 명분이라는 것을 굉장히 소중히 여기면서 긍정적인 접근을 하는 것이 굉장히 인상적인 듯합니다.

김명주: 대구가톨릭대의 선생님께서 말씀하셨듯이 학교에서 일하시는 분들은 항상 어느 조직에 가든 소수입니다. 일하신 분들이 다른 일을 또 맡아서 하시고 바쁜 사람은 계속 바쁘고, 한가한 사람은 계속 한가한 상황인데, 그래서 대학에서 흔히 '일을 되게 하려면 바쁜 사람 시켜라.'라는 말이 있습니다. 그래서 총장님은 항상 바쁜 사람 불러서 시키고 또 시키고 이러시는데, ACE를 처음에 한 4년 정도 제가 하면서 느꼈던 부분들이 뭐냐면, 결국은 아까 발표자도 그랬지만 교수하고 학생이 핵심이거든요. 아무리 좋은 프로그램을 많이 만들어 놔도 교수님들이 참여 안하고 학생들이 흥미를 느끼지 않으면 그 교육은 실패한 건데, 그걸 국가에서 지원을 해 주니까 그걸 가지고 학생들한테 이제 마일리지 개념으로 장학금을 주고 비용 대 주고, 그래서 이제 인센티브 개념으로 교수님들한테도 역시 드립니다. 그래서 프로그램 참여할 때마다 100만 원, 200만 원, 300만 원씩 이렇게 드리는데 정작 교수님들은 인사제도, 예를 들어서 승진이나 재임용이나 이럴 때 평가받는 것은 연구 실적으로만 평가를 받으시고요. 교육은 그냥 형식적인 것으로만. 그런 시스템 하에서는 인센티

브라는 게 힘을 쓰지 못합니다. 저희만 해도 작은 규모의 대학인데도 1년에 교수님들한테 페이퍼 쓰시는 거에 따라 드리는 인센티브가 거의 한 15억 정도를 드리고요. 그러니까 논문을, SCI를 쓰셔서 인센티브를 많이 받아 가신 분이 1억 넘게 받아 가신 분이 계세요. 그러니까 벌써 연봉제가 실제 시행되고 있기 때문에 그런 분한테 '100만 원 드릴 테니까 학생들 면담 좀 해 주세요.' 그러면 '내가 200만 원 줄 테니까 빼 줄래요?' (청중 웃음) 이렇게 되는 상황이기 때문에, 결국은 제가 기획처장 하기 전에 교무처장을 했었는데 인사 제도에 손을 댈 수밖에 없었습니다. 초점은 교육 쪽을 많이 하시는 분들을 보호해 주어야 하는 건데 저희가 작년에 CK 사업에 5개 사업단이 선정되는 바람에 7개 과가 그 안에 들어왔는데 과 안에서 이제 어떤 일들이 벌어지냐 하면, 논문을 잘 쓰시는 분들은 CK 참여 안 하시겠다는 겁니다. 본인은 그냥 논문 써서 인센티브 받고 그냥 이렇게 한다고 하는데. 대부분 이제 시니어 교수님이나 학교에 순응하시는 교수님들은 CK 사업을 하시니까 과가 이렇게 딱 나뉩니다. 교육하는 분과 연구하시는 분. 연구하시는 분들은 자기 연구만 하고 자기 프로젝트 따와서 자기 실적은 좋아지는데, 교육하시는 분들은 그것 때문에 논문도 못 쓰지, 이것저것 못 하지, 그러니까 굉장히 불만이 많이 쌓이니까 어쩔 수 없이 인사 제도에 손을 댔고요. 그래서 아까 대가대가 이야기한 것처럼 정성평가를 처음으로 도입했습니다. 100점 만점에 한 20점 정도를 정성평가를 해서 그 20점을 교수님이 와일드카드로 '나는 연구를 하겠다.' '나는 교육을 하겠다.' 교수님에 맞게끔 쓰도록 했는데 교수님들은 그냥 정성평가의 취지를 설명해도 정성평가 자체가 싫으신 겁니다. 얼마든지 악용할 수 있는 부분들이기 때문에 싫으신 거여서, 그래서 작년에 교수님들의 반발도 좀 있었지만 한 1년 지나고 나니까 이제 좀 잠잠해졌는데 그 부분을 결국은 손을 댈 수밖에 없지 않을까, 그래서 열심히 교육을 많이 하시는 분들이 뭔가 시스템에 의해서 보장을 받지 않으면 오래 끌고 가기는 힘들 것 같습니다.

김성열: 예. 교수들의 특성도 다양하니까 사실은 보상체제나 인사 제도도 다양해야 할 듯합

니다. 지금 아주대학의 학부대학의 학장님이 말씀하시는 것하고 서울여대 기획정보처장님 말씀하시는 것이 약간씩 다릅니다. 국립대학은 흔히 교수가 모두 총장이라고들 하는데 교무처장께서는 어떻게 총장의 총장을 하시는지 궁금합니다.

김태승: 그건 사립대학도 그렇습니다.

정세근: 아무튼 김성열 회장님 상당히 예리하신 질문만 하셔 가지고 (웃음) 솔직하게 또 말씀을 드리지 않을 수 없습니다. 저는 오늘 계속 철학이 있어야 한다는 얘기를 많이 했는데 바로 전공이 철학이구요. 근데 철학과 입학정원을 다섯 명을 줄였어요. 저는 남들이 모를 줄 알았습니다. 제가 조용히 있었는데 제가 어디 학회장을 맡고 있었는데 교수들이 와 가지고 "다섯 명 줄였다면서요?" 이렇게 되는 거예요. (웃음) 그래서 "어떻게 알았어요?" 이랬더니 '교무처장하면서 왜 그랬냐'고 따지기 시작하더라고요. 이제 많은 인문학도나 사회과학도들이 이런 흐름은 어쩔 수 없다는 데 많이 동의를 하고 있어요. 물론 그것을 위한 불편부당의 원칙들, 원리들을 마련해야 되겠죠. 국책 사업이나 이런 데에 주로 발언권이 많으신 분들이 원로 선생님들이죠. 그런데 이분들이 강하게 얘기했을 때 저도 이렇게 얘기했습니다. '나이 55세 이상은 의사결정 과정에서 빠져야 되는 거 아니냐, 미래를 위해서 해야 되는 일인데.' 그러니까 그 원로교수님이 "그러면 처장님도 빠지세요." 그러더라고요. 그래서 "빠질게요." 그랬더니 이제 드디어 젊은 사람들이 말하기 시작하더라고요. 우리도 먹고살아야 되겠습니다. 그런 점에서 정말 대학을 대표하는 구성원들이 실제적으로 논의를 이끌어 갈 때 의미 있는 방안이 나오지 않는가 하는 생각이 듭니다. 아까 오늘 마지막 발표에서 발표자님께서 말씀하셨는데 과정이 중요하지 결과가 중요하지 않다는 말씀들이 정말 귀에 들어왔습니다. 과정을 시스템화하고 그랬을 때만 대학이 살아남고 미래 교육이 서지 않는가 하는 생각도 듭니다.

저는 대학에 오면서 아까 말씀하신 것처럼 당연히 연구하러 왔죠. 그랬는데 제 존재 이유가 학생이라는 것을 깨닫는 데 한 20년 걸린 것 같아요. 많은 논쟁을 거쳐 확실하게 왔어요. 그래서 저도 행정의 칙은 '학생이 먼저다' 이런 원칙이었는데, 학생을 위한 것으로 생각을 하니까 일단 교수들이 명분상 받아들여요. 학생을 위해서 한다는 거에 대해서는. 그리고 또 하나가 모 국립대학이 잘 나가길래 제가 물어봤습니다. 어떻게 교수들을 설득시켰냐 그랬더니 3번 찾아가면 된답니다. 처음에는 반대하고, 두 번째는 싸우려고 그러고, 세 번째는 '나 몰라.' 그런대요. 그렇게 하면 된답니다. (청중 웃음) 그래서 저는 그 원칙에 'ask three times' 제가 3번 부탁한 얘기를 합니다.

김성열: 학생 중심이라는 명분 그리고 교수들에 대한 설득이 교수들을 움직였다고 말씀을 해 주셨습니다. 아까 늦게 손을 드셨는데…… 질문 받고 마무리하는 시간으로 넘어가도록 하겠습니다.

청중2: 예, 제가 질문해야 될 사항에 대해서 답을 많이 주신 것 같습니다. 저는 오히려 지금 앞에 제시된 학교는 제가 볼 때 궤도에 다 진입을 했기 때문에 저희들처럼 진입을 못한 학교들을 위해서 이제 좀 양보를 했으면 하는 (청중 웃음) 그런 생각이 드네요. 제 생각에는 저희들은 사실은 진입을 못했기 때문에 상당히 교수들이 패배 의식에 젖어있는 건 사실입니다. 지금 보니까 주마가편 식으로 된 것 같은데 아까 말씀하셨지만 내용 자체가 교수들의 협조를 끌어내는 문제 아니겠습니까? 교수들이 많이 일을 해야 되고 이런 문제인데, 막상 저희들도 이제 그런 작업을 하면서 보니까 당장 교수들의 연구문제 또 주당 수업 시수 문제 그리고 더 나아가서는 교수들의 협조를 얻기 위해서 아까 말씀 드린 예산하고요, 또 교수가 할 수 없는 부분이 상당 부분 있지 않습니까? 아까 CTL 같은 데에서의 전문인력 확보 문제 등 그런 거에 대한 묘안이 없으신지, 또 진입을 하기까지의 노하우가 있으셨는지 묻고 싶습니다.

김성열: 저, 질문에 대한 대답 겸 하시면서 그동안의 경험에 비춰서 각 대학이 혁신을 이루어 내기 위해 권하고 싶으신 것을 말씀하시면서 마무리를 짓도록 하겠습니다.

방청록: 사실 한동대가 ACE 사업을 진행하다가 작년에 재진입 과정에서 탈락을 했습니다. 그 과정에서 저희가 스스로를 좀 되돌아보고 무엇이 과연 문제였을까 고민을 하는 시간이 되었고, 지금도 사실 마찬가지거든요. '정말 우리 학교는 학부교육에 그동안 교수님들이 열정적으로 참여하셨고 지금도 하고 있는데 무엇이 문제일까.' 그런 문제들을 지금도 계속 고민은 하고 있습니다. 우리 학교가 가지고 있는 여러 가지 특징들이 평가 과정에서 잘 표현되거나 또 지표화되지 못하는 그런 부분들이 존재하고 있다고 생각은 하지만, 동시에 저희가 스스로 더 발전시켜야 될 부분들이 분명히 있다고 생각을 하는데요. 모든 교수님들이 동의하시는 것은 어쨌든 우리 대학이 그동안 중요하게 생각해 왔던 교육의 가치, 철학 이런 부분들에 대해서는 저희가 타협하거나 훼손하지 않고, 저희가 어떻게 평가되든지 상관없이 우리 대학이 유지해야 될 그 무엇이 있다는 것에 대해서는 저희가 분명히 인식을 같이하고 있습니다. 그리고 인력 문제를 말씀하셨지만 우리 대학의 전체 재학생이 4,000명이거든요. 그러면 같은 조직을 두어도 사실은 그 조직에 여러 명의 인력을 저희가 둘 수가 없는, 그러한 근본적인 재정적인 한계가 분명히 있습니다. 그러니까 모든 분들이 일당백처럼 뛰어야 되는 상황인데, 어쨌든 그런 한계 속에서도 각자가 맡은 영역 안에서 최선을 다해서 그 일들을 감당해 나갈 때 좋은 성과들은 계속 이어지지 않을까 생각이 됩니다. 그래서 질문하신 부분에 대해서 얼마나 대답이 될 수 있을지 모르겠는데요. 어쨌든 각 대학이 가지고 있는 그 특징과 상황들 속에서 정말 깊이 있게 숙고하시면서 고민하는 것이 그 대학의 교육의 특징들을 계속 지켜 내고 또 살려 나가는 방법이 아닐까 생각을 하고 있습니다.

김성열: 정 부총장님 하여간 종잣돈(seed money) 마련이 되어야 할 거 아닙니까? 건양대는 법인에서 그걸 내놨는지, 어떻게 했는지 그런 말씀을 좀 해 주시면서 마무리해 주시죠.

정영길: 돈 문제는…… 신문에 돈 많이 쌓여 있는 대학 나오기 시작하면 건양대 항상 10등

안에 들어가더라고요. (청중 웃음) 사실 좋은 말씀인데요, 존 카터라고 하는 하버드 대학 교수가 개혁을 할 때 8가지 스텝으로 하는데, 첫 번째 스텝이 뭐냐면 그 조직 내 50% 정도는 '내가 하지 않아도 개혁이 필요하다.'고 하는 인식이 되어 있지 않으면 개혁은 진행할 수 없다고 이야기를 하더라고요. 거기서부터 그 개혁이 필요하다는 것을 구성원들에게 어떻게 인식시키냐고 할 때는 위기감 조성하는 방법이 두 가지 정도 있더라고요. '야, 우리가 이 정도로 되겠냐.'라고 하는 거 하나 하고, 또 하나는 '이 기회 놓치면 안 된다.'라고 하는 딱 둘 중에 하나라고 그러더라고요. 나중에 보니까 경영학 책에 다 있는 얘기던데. 일단 개혁이 필요하다고 하는데 구성원들이 동참이 되어야 될 것 같고요. 저는 이렇게 봅니다. 작년에 저희가 2월 28일 자로 보고서를 11개를 쓴 것 같습니다. LINC가 2단계 진입하는 거, ACE 2단계 진입하는 거 특성화 7개에다가 본부 거 8개. 그래서 동시에 이걸 하는데 80명의 교수가, 제가 알기로는. 물론 핵심 그룹은 거의 1년을 갔고요. 한 15명. 나머지 실제로 특성화 사업까지 같이 붙어서 할 때는 한 80명의 교수가 한 3개월간을 본부에 모여서 작업하는데, 도시락이 트럭으로 매일 저녁마다 배달되어서 들어오는데, 하여간 11개 보고서 모두 다 됐죠. 다 됐어요. 하나도 안 떨어지고. 이게 뭐냐면 조건이 안 좋으면 누군가 희생을 할 수밖에 없는 것 같아요. 근데 그 희생그룹은 아마도 제가 보기에는 교수 그룹이 제일 주축이 되어야 될 거 같고, 교수가 그냥 일반 교수가 나와서 희생하겠습니까? 일단은 앞에 보직 수당 받고 있는 분들이 앞에 나서서 하고, 거기에 핵심 그룹이 또 두툼하게 만들어지고, 뭐 팀장들 이렇게 해서 으쌰으쌰하는 분위기로 만들어져야. 일단 거기서부터 시작해야 되지 않나 그렇게 생각합니다.

김성열: 나중에 한 번 더 자세히 개인적으로 만나서 들으시길 바랍니다. 대구가톨릭대학 말씀하시죠.

김기대: 2010년도에 ACE 사업 준비를 하면서 사실 본부 보직을 맡게 됐는데, 그때 모든 보고서가 처음에 보면 학교의 교육 이념을 적어라, 학교 인재상을 적어라, 뭐 이런 부

분부터 출발을 하더라고요. 그래서 저는 그때 이게 우리 학교에 대해서 알고 싶은 가 보다, 우리 학교를 어떤 학교인지 보고 그 다음에 저희 교육제도를 이렇게 평가를 하겠다 뭐 그 정도로밖에 생각을 하지 못했었어요. 그래서 ACE 사업 1년, 2년 할 때에도 ACE 사업이 뭘 하는 건지도 사실 잘 알지 못했다고 고백합니다. 3, 4년 되니까 이제 학부교육 모델이 뭔지 알겠고, 질 관리가 뭔지도 알겠고, 확확 들어온다는 것이죠. 학부교육에 있어서 대학이 잘하기 위해서는…… 제가 감히 말씀을 드리자면, 대학의 정체성, 대학의 철학, 이 부분을 명확히 해야 된다는 말씀을 드리고 싶습니다. 거기에 맞는 학부교육 인재상을 설정하고요. 또한 학부교육을 제대로 만들려고 하면 반드시 제도화가 되어야 된다는 부분을 말씀드리고 싶습니다. 예를 들어서 '뭘 하면 100만 원 드리겠다, 200만 원 드리겠다.' 해 가지고는 절대 안 됩니다. 대구가톨릭대에서는 비교과활동을 굉장히 강조하고 있습니다. 근데 우리는 모든 비교과활동에 대해 학생들한테는 비교과활동 학점을 줍니다. 등가 학점을 주고요, 선생님들한테는 비교과 등가 시수를 인정을 합니다. 이런 식으로 해 놓아야지만이 확실한 비교과, 교과의 밸런스가 맞는 학부교육이 이루어질 수 있다고 생각합니다.

김성열: 예, 감사합니다. 제도화가 굉장히 중요하다는 말씀을 해 주셨는데 우리 세 분 처장님들께서도 한 말씀씩 혁신에 성공하기 위한 가장 중요한 조건 하나씩 언급하시면서 마무리 좀 해 주시죠.

김태승: 글쎄요. 뭐, 교수님들 다 연구들 하시니까 잘 아시겠지만 참고는 해도 가져갈 건 없으실 겁니다. (청중 웃음) 결국은 스스로 직면한 문제를 스스로 풀어 가는 방법밖에 없는데, 근데 제가 한 10여 년 전 대학교육 전반을 좀 전문화시키고 데이터 축적을 제대로 해 보자, 교수들이 자꾸 교육과정 개편할 때 철학으로 하려고 하지 데이터 기반으로 안 한다, 또 총장도 자기 철학이 뭐다 말하지 학교 현황 분석을 통해서 이런 철학으로 가자고 말하지 않는다, 그래서 그걸 좀 체계적으로 자료를 모으고 분석하는 대학교육 혁신원이라는 것을 만들고, 그 안에 CTL을 포함해서 평가인증센

터 뭐 이런 거 등등을 만들었어요. 근데 그때 사람을 뽑았어야 되는데 제가 그거 만드는 것에 너무 감동해 가지고 사람 뽑는 거를 조금 뒤에 해도 되겠지 하고 미뤘던 게 지금 굉장히 후회가 됩니다. 사실은 투자할 인력은 투자해야 되고요. 특히 데이터 분석 쪽은 대학이 반드시 앞으로 그걸 기반으로 해서 교육과정이나 뭐 이런 것들을 해야지, 개인의 신념, 가치관으로 판단을 하는 일들이 더 이상 진행되어서는 안 된다고 보거든요. 그래서 필요한 인력이 있으시면 지금 좀 적자가 나더라도 뽑으셔야 될 거라고 충고하고 싶습니다.

김성열: 예, 감사합니다.

김명주: 그 비슷한 말씀 드리고 싶습니다. 국고지원을 받게 되면 아무래도 각 행정부서나 교육부서에 일과 사람과 예산을 나누어 줍니다. 그런데 받는 입장에서는 사람과 예산이 오지만, 새로운 일로 바뀌는 걸 싫어해요. 그러니까 일을 받아 가는데 나중에 보면은 회석이 되어서 없어지는 경우가 상당히 많이 있어서, 저희도 경험을 해보니까 성대도 그렇지만 대개 교육혁신센터라고 해서 센터에서 아예 예산과 인력과 프로그램을 가지고 추진을 하고, 관련 부서한테 협조를 받는 게 더 빠를 수 있다는 생각을 했습니다. 저희도 시행착오를 겪어 본 건데 이렇게 일을 잘 정착되게 하려면, 처음부터 분산해서 잘 적응하도록 하면 좋을 거라고 생각을 했는데 그게 잘 안 된다는 생각을 참 많이 했어요. 그리고 일이 너무 더디게 된다는 생각을 많이 해서, 아무래도 국가에서 받든 자체 조달하든 예산 확보를 조금이라도 해서, 그걸 가지고 아이디어를 가지고 있는 브레인팀들이 뭔가를 만들 때까지는 중앙에서 운영을 하고 협조를 구하는 게 빠르지, 이걸 어느 부서 이건 학생처 일이니까 학생처에서 가져다가 예산 얼마, 사람 한 명 줄 테니까 하라고 그러면 그게 사라져 버리는 경우가 상당히 많이 있어서, 시작할 때 중앙 관리로 시작하는 게 한동안은 낫지 않을까 생각하고 있습니다.

김성열: 마지막으로 충북대 교무처장님.

정세근: 예, 지금 아주대 학장님 말씀하신 것처럼 통계 없이 현대 학문은 안 됩니다. 하다못
해 교육행정 하는 제 친구들, 방학 동안에 통계 공부하고 가더라고요. 논문이 안 나
오니까. 그래서 통계는 권력이라고 생각하고 있습니다. 그런 점에서 설득을 할 때
도 그렇고, 하다못해 교양 교육을, 이를테면 일반 화학을 듣는 것이 좋은 건지 아니
면 학원가에서 원하는 화학을 듣는 것이 좋은지도 사실은 분석해 내서 이렇게 들이
대면 교수들은 꼼짝 못합니다. 기본적으로는 이제 질문하신 의도를 알기 때문에 저
희 같은 경우는 통계 분석 센터를 만듭니다. 교수도 채용을 지금 하고 있어요. 이게
안 되면 안 되는 거예요. 철학으로 망한다, 제가 철학이지만은 씨알이 안 먹히거든
요. 데이터로 해야 된다는 겁니다. 그리고 이제 그 말씀에 대한 대답 드릴게요. 첫
번째 베끼세요. 성균관대, 건양대 잘 나가는 자료 우리 옆에 두고 공부합니다. 제가
이거 나쁜 짓인 줄 알았는데, ACE 사업 중에 하나가 확산이라는 점수가 있더라고.
(청중 웃음) 그거 괜찮습니다. 확산시키는 거예요. 당연히 벤치마킹이 있고 롤 모델
이 있어야 되는 거예요. 저희도 잘하는 사람들 거 가져다 쓰자, 우리가 잘 하는 것
이 무엇인지 비교해서 했습니다. 두 번째 돈 쓰십시오. 저희 국립대학은 돈도 함부
로 못 써요. 교육부에서 못 쓰게 하면 못써서. 그러나 제가 지금 강력하게 총장님께
도 분명히 얘기하고 그리고 산단장한테도 얘기한 것이 이 사람들 돈 안 주면 맥락
끊긴다. 요즘 보고서 쓰는 거 장난이 아니에요. 6개월 동안 공부한다고요. 근데 이
게 끊어지는 순간 오히려 대학의 맥이 끊어질 수 있다는 생각이 들더라고요. 그래
서 한번 불러다가 이거 안 된다, 제 입장에서는 돈이라도 줘야 한다 묻지도 따지지
도 말고 그랬지요. 어쨌든 그분들은 이제 다시는 안 하겠다는 사람들이죠. 국립대
학에서 누가 하려고 합니까. 총장이 시켜 봐요, 안 하죠. 그런데 제가 그러니까 일
단 돈 받기도 전에 일단 마음은 인정받았다는 생각이 드니까 그게 기분이 좋은 것
같아요. 앞으로 현실적으로 어떻게 될지는 몰라도 저는 기본적으로 그런 집단이
활발히 움직이지 않으면 대학이 발전하기 힘들다고 봅니다.

김성열: 알겠습니다. 우리 처장님들께서 각 대학에서 어떤 계기에서 혁신을 시작했고, 그리고 그 혁신에 교수들을 어떻게 참여시켰고, 각 대학에서 혁신이 지속 가능하기 위해서 어떤 조건이 필요한지에 대해서 짧은 시간이지만 좋은 말씀을 많이 해 주셨습니다. 여러 선생님들께서 아시겠습니다마는 『아웃라이어』라는 책 있지 않습니까? 말콤 글래드웰이 썼는데 거기에 보면 이런 얘기가 나옵니다. 미국에서 과학 부문의 노벨상을 받은 사람들의 출신대학이 어떤 곳일 거 같습니까? 아이비리그 출신만이 아니고 우리가 듣도 보도 못한 대학 출신이 굉장히 많습니다. 그래서 그 사람이 결론을 내리기를 미국에서 4년제 대학을 들어올 사람이면 인지적 능력의 측면에서 누구나 다 노벨상을 받을 자격이 있다 이렇게 얘기를 합니다. 미국에서 아마 고등교육 취학률이 한 40% 남짓쯤 될 겁니다. 우리 수능 보는 학생 중에 40%면 4등급입니다. 1등급이 4%, 2등급이 7%, 3등급이 12%, 4등급이 17%, 합하면 40%입니다. 한 반에 35명으로 치면 14등의 학생들입니다. 14등 무렵, 그러니까 여기 있는 대부분의 대학들이 아마 그런 수준의 학생들을 받고 있을 겁니다. 물론 더 높은 학생도 받고 있겠죠. 그 학생들이 성공을 하기 위해서는 개인의 노력과 의지가 중요하다 이런 말도 하지만, 더 중요한 거는 어떤 기회를 가졌느냐가 중요하다고 했습니다. 그러면 우리 대학은 어떤 기회를 학생들에게 제공하고 있느냐 그게 교육 프로그램이고, 학부교육 아니겠습니까? 오늘 정말 우리 학생들이 노벨상에서 과학부분에서 상을 받을 그런 역량까지는 길러 주지 못한다 하더라도, 충분히 그런 역량으로 커 갈 수 있다는 믿음을 가지고 학부교육을 혁신하기 위해서 우리가 머리를 맞대고 집단적 지혜를 찾는 자리가 아니었는가 그렇게 생각합니다. 끝까지 자리를 함께해 주셔서 감사합니다.

2. 미국의 DEEP, NSSE 및 대교협 학부교육 실태진단 조사(K-NSSE) 개요

1) 미국 Indiana 대학 NSSE Institute의 DEEP 프로젝트 개요

미국 Indiana 대학의 NSSE Institute에서 2002년 가을부터 2004년까지 미국 고등교육협의회(the American Association for Higher Education: AAHE)와 협력하여 2년간 수행한 DEEP (Documenting Effective Educational Practice) 프로젝트의 결과는 각종 학회 및 초청강연, 대학 행정가 워크숍에서의 발표자료, 논문, 정책문서(Practice Briefs, Policy Briefs 등) 등으로 널리 공유되어 이론적·실천적으로 미국 대학 사회에 커다란 영향을 미친 바 있다.

DEEP 프로젝트의 결과는 특히 2005년 미국 유수의 고등교육 분야 출판사인 Jossey-Bass 와 AAHE에 의해 『Success in College: Creating Conditions That Matter(이하 SSiC)』란 단행본 으로 출간되어 학부교육 개선에 관심을 가지고 있는 미국과 북미의 거의 모든 대학에서 이 를 일종의 가이드북으로 활용하고 있으며, 동시에 많은 대학원 고등교육 전공 프로그램에 서 이 책을 핵심 교재로 사용하고 있다.

미국 대부분의 대학들이 DEEP 프로젝트에서 산출된 학부교육 우수대학의 실천사례와 성공전략에서 많은 도움을 받은 바 있으나, 한편으로 프로젝트 참여 대학들도 동 프로젝트 에서 산출된 보고서를 다양한 방식으로 활용하여 많은 혜택을 받고 있는 것으로 나타나고 있다(Kuh et al., 2010). 먼저 사례연구 참여를 통해 무엇보다 자신들의 대학이 학부교육 개선 을 위해 바람직한 방향으로 나가고 있는지를 객관적으로 확인할 수 있었고, 아울러 대부분 의 DEEP 참여 대학들은 해당 대학의 사례연구 보고서와 최종 결과물인 SSiC를 외부 평가인 증, 내부 개혁을 위한 토론회, 교직원 연수 등 다양한 상황에서 적극적으로 활용하고 있었 다. 그 구체적인 사례는 다음과 같다.

✓ SSiC와 사례연구 보고서를 통해 다른 대학에서 시행하고 있는 효과적인 실천전략을

벤치마킹할 뿐만 아니라, 이를 매개체로 하여 학부교육 개선을 위한 내부적 토론과 개혁 아디어어를 촉발시키는 계기로 활용함

✓ 대학의 외부 평가인증 과정에서 DEEP 프로젝트에서 확인된 우수사례를 적극적으로 언급하고 활용함

✓ 사례연구 보고서를 교수 연찬회 등에서 토론을 촉발하는 자료로 활용하고, 이를 바탕으로 교육과정 개선을 위한 다양한 제언을 도출함

✓ 신규 채용자에게 해당 대학에서 추진해 온 교육철학과 추진전략을 효과적으로 전달하는 데 있어 사례연구 보고서를 적극적으로 활용함

2) 미국의 NSSE 및 대교협 학부교육 실태 조사 개요

대교협의 '학부교육 실태 진단 조사도구'는 미국 Indiana 대학의 NSSE Institute에서 개발하여 현재까지 북미지역 1,400여 개 대학에서 활용되고 있는 NSSE(National Survey of Student Engagement)의 Benchmarks 설문 문항을 Indiana 대학의 협조(item usage agreement) 아래 한국적 맥락에 맞게 수정 보완한 조사도구다. 이에 따라 여기서는 대교협의 '학부교육 실태조사'에 대한 소개를 하기 전에 그 배경지식으로서 먼저 미국의 NSSE에 대해 간략히 설명하기로 한다.

(1) 미국의 학부교육 실태조사 도구: NSSE(National Survey of Student Engagement)[1]

NSSE(National Survey of Student Engagement)는 대학생 학습경험에 대한 설문조사로 Indiana 대학 고등교육연구소(Center for Postsecondary Research)가 주관하고 있다. NSSE는 2000년에 처음으로 실시되었으며, 2010년 572개의 미국 대학과 23개의 캐나다 대학들이 참여(약 36만 명 이상의 학생이 설문조사에 참여)하고 있다. NSSE는 대학들이 학생들의 경험의 질을 증진시키는 데 사용할 수 있는 자료를 상대적으로 적은 비용으로 획득할 수 있는 수단

---

1) 유현숙 등(2012)에 기술된 내용을 바탕으로 작성되었음.

을 제공함으로써 고등교육기관이 효과적인 교육실천에 관한 객관적 증거 자료를 확보할 수 있도록 하고, 이를 바탕으로 정책결정자 및 대중과 효과적으로 의사소통하는 것을 목표로 구안되었다.

NSSE의 설문구성은 학생의 교육경험을 묻는 12개의 대영역과 응답자의 일반적 특성을 묻는 항목 등 총 107개의 문항으로 이루어져 있다. 12개의 대영역은 ① 학문적 · 지적 경험(Academic and Intellectual Experiences), ② 정신적 활동(Mental Activity), ③ 읽기와 쓰기(Reading and Writing), ④ 과제(Problem Sets), ⑤ 시험(Examination), ⑥ 기타 대학생활 경험(Additional Collegiate Experience), ⑦ 교육적 경험의 증진(Enriching Educational Experience), ⑧ 상호관계의 질(Quality of Relationships), ⑨ 시간 사용(Time Usage), ⑩ 대학 환경(Institutional Environment), ⑪ 교육적 · 개인적 성장(Educational and Personal Growth), ⑫ 만족도(Satisfaction) 등이다. 응답자 특성을 묻는 질문에는 출생연도, 성별, 외국인 학생 여부, 인종, 학년, 편입 여부, 출신 고등학교 유형, 학생등록 형태(시간제/전일제 여부), 사교클럽 가입여부, 교내 운동팀 가입여부, 거주 형태, 부모의 교육수준, 주전공 및 부전공 등이 포함된다.

NSSE의 중요한 특징은 전국적 기준(National Benchmarks)을 제공하여 대학이 이 기준에 비추어 자신들의 상대적 위치를 파악할 수 있도록 하고 있다는 것이다. 전국적 기준(Benchmarks)은 효과적인 교육적 실천(effective teaching practice)을 위한 일단의 기준 역할을 수행하기 위해 개발되었는데, 학생들의 교육경험 중 가장 중요한 측면을 반영하고 있다고 판단되는 42개의 문항을 통해 제시되고 있으며, 크게 ① 학업적 도전 수준(Level of Academic Challenge), ② 지원적인 대학 환경(Supportive Campus Environment), ③ 교수와 학생의 교류(Student Interactions with Faculty Members), ④ 능동적 · 협동적 학습(Active and Collaborative Learning), ⑤ 교육적 경험의 증진(Enriching Educational Experience)의 5개 영역으로 구분된다.

한편 미국 Indiana 대학교의 NSSE 연구진들은 2013년 진단 도구를 상당 부분 수정하였다. NSSE를 구성하는 주요 요인과 문항은 그대로 유지되었지만 학생들의 학업 도전 부분에 문항의 추가가 이루어졌고, 학생 참여를 구성하는 전체 영역구성도 학업 도전(Academic Challenge), 동료와 학습(Learning with Peers), 교수와의 경험(Experiences with Faculty), 대학 환경(Campus Environment) 등 총 4개 영역으로 재편되었다.

(2) 대교협의 학부교육 실태진단 조사(K-NSSE)

① 개요: 도입 배경 및 추진 경과, 참여대학 및 조사방식

도입 배경

2010년에 시작된 학부교육 선진화 선도대학 사업(ACE 사업)은 우리나라 고등교육 사회에 긍정적인 변화의 바람을 일으켰다. 즉, 그동안 연구 활동에 비하여 상대적으로 소외되었던 학부교육에 대한 일선 대학들의 관심의 확대와 질 관리의 요청을 강화한 것이다. 이와 함께 학부교육을 잘하는 대학이 인정받는 대학 풍토를 조성하기 시작하였다는 점에서도 ACE 사업이 우리나라 고등교육 발전에 기여한 바는 결코 적지 않다고 할 수 있다. 최근 학생 수의 급격한 감소, 국경을 넘는 대학 간의 경쟁의 심화, 청년 실업의 증가와 맞물린 대학 교육의 책무성 제고 등으로 대표되는 고등교육 환경의 변화를 맞아 이제 학부교육의 질을 제고하기 위한 노력은 모든 대학의 과제가 되었다. 이러한 배경에서 시작된 것이 '학부교육 실태조사'인바, 현재 대학에서 제공되는 학부교육 실태에 대한 정확한 진단 없이 교육의 질 개선과 학부교육의 발전을 말하기는 어렵기 때문이다.

추진 경과

전국의 대학을 대상으로 하는 '학부교육 실태조사(K-NSSE)'는 2011년부터 대교협 부설 '한국교양기초교육원'과 '학부교육 선진화 선도대학 협의회(ACE 대학 협의회)'가 공동으로 수행해 온 '학부교육의 질과 성과분석(4년 종단연구, 연구책임자: 성균관대학교 배상훈 교수)' 연구의 일환으로 시작되었다. 2011년 20개 ACE 대학을 포함한 32개 대학을 대상으로 시작되었고, 2012년에는 40개 대학, 2013년에는 57개 대학으로 참여가 확대되었으며, 2014년 조사에는 86개 대학이 참여하여 전국 4년제 대학(총 201개) 중 거의 과반수에 달하는 대학들이 이 조사에 자발적으로 참여하고 있다.

❋ 2014년 참여 대학(총 86개 대학)

	ACE 참여		ACE 비참여	
수도권 대형	경희대, 성균관대, 아주대, 중앙대, 한양대(서울, ERICA)	5	경기대, 국민대, 동국대(서울), 명지대, 서울과기대, 성신여대, 인천대, 홍익대(서울)	8
수도권 중소형	가톨릭대, 광운대, 서강대, 서울여대	4	강남대, 그리스도대, 대진대, 삼육대, 상명대, 서울시립대, 안양대, 한경대, 한성대, 한세대	10
지방 대형	계명대, 대구가톨릭대, 영남대, 전북대, 조선대, 충남대, 충북대	7	경상대, 경성대, 공주대, 동서대, 동아대, 동의대, 백석대, 부산대, 선문대, 울산대, 원광대, 청주대, 한남대, 호서대	14
지방 중소형	건양대, 금오공대, 대전대, 동국대(경주), 동명대, 목원대, 목포대, 안동대, 우송대, 한림대, 한밭대	11	강릉원주대, 경동대, 가톨릭관동대, 광주대, 군산대, 남서울대, 대구한의대, 동신대, 배재대, 부산외대, 서원대, 세명대, 순천대, 신라대, 영산대, 우석대, 울산과기대, 위덕대, 인제대, 중부대, 창원대, 포항공대, 카이스트, 한국기술교육대, 한국해양대, 한동대, 홍익대(세종)	27

조사 방식

학부교육 실태조사는 웹 기반 설문조사 방식을 택하여 자료의 수집과 분석이 용이하며 경제적이다(참여 대학에서는 일절 비용을 부담하지 않는다). 연구팀은 매년 학생들에 대한 안내문, 조사 시기 및 방법 등이 포함된 '학부교육 실태조사 가이드라인'을 참여 대학 교무처 또는 교수학습 관련 부서에 제공하고, 참여 대학은 재학생들에게 설문링크 주소가 포함된 이메일을 발송하거나 대학 홈페이지에 이를 게시하여 설문을 진행하고 있다. 최근에는 스마트폰을 통해서도 응답할 수 있도록 하고 있으며, 대학별로 학생들의 응답률을 높이기 위해 설문참여 행사를 열거나 추첨을 통해 소정의 상품을 지급하는 등 다양한 방법을 사용하고 있다.

연구팀은 참여 대학에 대하여 인문, 사회, 교육, 공학, 자연, 의약, 예체능 등 각 전공계열별로 3개 학과 이상을 조사 대상으로 선정한 후, 각 계열별로 50~100명 수준의 표본이 확보되도록 하고 있다. 또한 학년별 분석과 성장 분석(Growth model)이 가능하도록 1~4학년 전 학년에 걸친 균형적인 참여를 요청하고 있다.

보고서 작성 및 결과 활용

학부교육의 질을 진단하는 방법은 대학에 랭킹(ranking)을 부여하는 것부터 대학의 자체 평가보고서 작성에 이르기까지 다양하다. 이 조사는 전국 수준에서 우리나라 학부교육의 질을 진단하고, 참여 대학 수준에서 학부교육의 질과 관련된 장점 및 단점을 파악하여 개선할 수 있는 구체적인 정보를 제공하는 것이 목적이다. 따라서 이 조사에서는 Peer Benchmarking 방법을 적용하고 있다. 즉, 이 조사에 참여한 대학들은 학부교육의 질과 성과를 나타내는 주요 요인에 대하여 대학 전체, 학문 단위별, 학년별로 해당 대학과 환경 및 여건이 유사한 동료 대학(peer university)과 자신들의 성과를 비교적 관점에서 진단할 수 있는 정보를 제공한다. 이 조사의 결과는 국가 보고서와 대학별 보고서(참여 대학 모두에게 제공)의 형태로 제공되며, 대학별 보고서는 해당 대학의 학부교육 발전계획 수립 및 평가를 위한 기초 자료로 활용되고 있다. 대학별로 수집된 자료와 정보는 해당 대학 외에는 공개하지 않는 것을 원칙으로 하고 있다.

② 학부교육 실태진단 조사 도구

2010~2013년 진단 도구

학부교육 실태진단 조사 도구는 대학생의 학습 활동에 대한 시간 투자와 능동적이고 적극적인 참여, 다양하고 풍부한 인적 교류(교수와 학생의 교류, 교우관계), 대학의 적극적인 지원이 학부교육의 질과 성과를 결정하는 핵심 요인이라는 이론적·실증적 근거를 바탕으로 개발되었다. 이러한 이론적·실증적 근거를 가장 잘 설명하는 키워드는 '학생들의 학습참여(student engagement)'라는 개념이다.

'학습참여'의 중요성에 대해서는 학계와 현장에서 오랜 기간 동안 연구되고 알려져 왔다. 그러나 학부교육의 질을 향상하기 위해 '학습참여'가 중요하다는 것은 알고 있음에도 불구하고, 최근까지 구체적으로 어떠한 학습참여 경험이 교육적으로 타당하고 바람직하며, 학업 성과를 제고하는 데 효과적인지에 대하여는 체계적인 연구나 실증적 자료가 미흡한 실정이었다. 그 결과 그동안 대부분의 대학 평가에서는 학부교육의 질과 경쟁력을 주로

※ 2011~2013 학부교육 실태조사 문항

영역	문항 내용
학업 도전	-수업 준비에 투자한 시간 -교수의 기준이나 기대보다 많은 노력 여부 -수업에 활용된 교재, 책 혹은 책 한 권 분량의 읽기 과제 수 -5~14쪽가량 작성한 보고서 수 -5쪽 미만으로 작성한 보고서 수
지적 활동	-수업 중 분석 강조 -수업 중 종합 강조 -수업 중 판단 강조 -수업 중 적용 강조 -대학이 학업을 강조하는 정도
능동적 · 협동적 학습	-수업 중 발표 활동 -수업 중 친구와 프로젝트 수행 -수업 이후에 친구와 과제 준비 및 수행 -과제 수행에 전자매체 사용
교우관계	-다른 학생들과의 관계(친밀감, 지지, 소속감) -교우를 가르치거나 지도 -수업 내용 및 관련된 생각을 외부 사람들과 토의 -종교 신념, 정치적 의견, 개인 가치가 다른 학생과 대화
교수와 학생의 교류	-교수와 학점이나 과제에 대한 의논 -교수와 진로계획 의논 -교수와 수업과 관련해서 수업시간 외 토의 -학업 성과에 대한 교수의 신속한 피드백 -교수와 수업 이외의 학내 활동을 함께 수행 -교수들과 인간관계의 질(면담, 도움, 공감)
지원적 대학 환경	-학업 성공을 돕는 대학의 지원 -다양한 교내 사회적 활동(동아리, 문화 · 스포츠 행사 등) 지원 -행정 직원 및 부서/기관과의 관계(도움, 배려, 유연)

투입 요인(학생당 교육비, 전임교원 확보율 등)이나 산출 요인(취업률, 만족도 등)을 중심으로 진
단해 왔다. 한국대학교육협의회와 학부교육 선진화 선도대학 협의회가 공동으로 수행한

'학부교육 실태조사'는 이러한 문제 의식 아래, 전국의 대학을 대상으로 '대학생들의 학습 참여 및 대학생활 경험'에 대한 실증적인 자료를 수집하고 분석하기 위해 도입되었다. 또한 정부가 수행하는 ACE 사업의 성과를 분석한다는 부수적인 목적도 가지고 있다.

'학습참여'는 크게 다음의 2가지 핵심 영역으로 대별될 수 있다. 첫 번째는 학생이 자신의 '학습'과 '기타 교육적으로 의도된 활동들'에 얼마나 적극적이고 능동적으로 참여하는 가다. 두 번째는 대학이 학생의 성공적인 대학생활과 교육적 성취(예컨대, 중도탈락률 감소, 만족도, 질 높은 학습과 졸업)를 위하여 얼마나 효과적으로 교육적 경험을 제공하느냐. 구체적으로는 어떻게 ① 대학이 가진 교육 자원을 배분하고, ② 교육과정 및 학습 기회를 조직하며, ③ 효과적 교육 및 대학생활 지원 서비스를 제공하고 있는가 하는 점이다. 이 중 특히 두 번째 대학의 역할 영역에 대해 주된 정책적 관심이 주어지는데, 이는 이 두 번째 영역이 바로 대학들이 적극적인 의지와 체계적인 교육적 개입을 통해 학생들에게 교육적 '부가가치(Value-Added Effect)'를 창출할 수 있는 부분이기 때문이다(Kuh et al., 2010). 2011~2013년 '학부교육 실태조사'의 진단 도구는 이 두 가지 영역을 모두 포함하고 있으며, 구체적으로 '2011~2013 학부교육 실태조사 문항' 표와 같은 6개 영역 27개의 문항으로 구성되어 있다.

2014년 K-NSSE 진단 도구

앞서 언급하였듯이 '학부교육 실태조사(K-NSSE)'의 원형이라고 할 수 있는 미국 NSSE의 경우 2013년에 진단 조사 도구를 상당 부분 수정하였다. 이러한 변화를 감안하여 2014년에 수행된 '학부교육 실태조사'에서도 미국 Indiana 대학의 협조(item usage agreement) 아래 문항의 수정이 이루어졌으며, 한국 대학생을 대상으로 타당화하는 과정을 거쳐 구체적으로 다음과 같이 학습참여를 구성하는 영역(요인) 구성을 변경하였다. 모든 요인(영역)과 이에 포함된 문항들은 전문가들에 의하여 타당도를 검증받았으며, 내적 문항 신뢰도는 .767에서 .902 사이에 분포하고 있다. 측정 문항과 관련해서는 2011~2013년 '학부교육 실태조사' 문항의 대부분을 포함하여 해당 문항을 중심으로 하는 종단 분석이 가능하다.

학업 도전

학업 도전(Academic Challenge) 요인은 대학 학부교육에서 학생들의 지적 도전과 창의적인 활동이 중요하다는 점을 보여 준다. 즉, 대학은 학생들의 학습이 다양한 심화된 학습(deep learning)에 도전할 수 있도록 지원해야 한다는 것이다. 2014 NSSE의 학업 도전 요인에서는 심화학습과 관련된 하위요인과 문항이 추가된 것이 가장 큰 특징이다. 구체적으로 학업 도전은 '고차원 학습경험(Higher-Order Learning)' '반성적 · 통합적 학습경험(Reflective & Integrative Learning)' '학습전략(Learning Strategies)' 및 '양적 추론(Quantitative Reasoning)'의 네 가지 요인으로 구성되었다. 그러나 한국 대학생을 대상으로 타당화하는 과정에서 양적 추론에 해당하는 항목은 추상적인 질문으로, 한국 대학생의 맥락에는 적합하지 않다는 점과 요인의 안정성 등을 고려하여 '2014 학부교육 실태조사' 측정 문항에서는 제외하였다.

동료와 학습

동료와 학습(Learning with Peers) 요인은 대학생들이 대학생활을 하는 동안 동료 및 대학의 다른 구성원들과 함께 어울려 어려운 자료를 배우거나, 사회적 관계 속에서 복잡한 문제를 해결하고, 대인관계를 개발하는 과정을 겪으면서 성장하는 것이 중요하다는 것을 의미한다. 구체적으로 동료와 학습 요인은 학습 참여와 관련하여 대학 내에서 이루어지는 인간관계의 질에 관한 것으로, 하위요인으로는 '협력적 학습(Collaborative Learning)'과 '다양한 사람과 토의경험(Discussions with Diverse Others)'으로 구성되었다.

교수와의 경험

교수와의 경험(Experiences with Faculty) 요인은 대학생들이 학습을 하거나 문제를 해결하는 과정에서 수업 등의 교육활동 과정에서 이루어지는 교수와의 상호작용이 중요함을 의미한다. 이 과정에서 교수들은 학생들의 롤모델, 멘토, 평생학습의 안내자 역할을 하게 되며, 효과적인 교수 활동은 교수들의 수업 준비와 진행 등이 얼마나 효과적이었는지에 대한 학생들의 인식 정도를 보여 준다. 하위요인으로는 '학생-교수 상호작용(Student-Faculty Interaction)'과 '효과적인 교수 활동 정도(Effective Teaching Practices)'가 포함되었다.

대학 환경

대학 환경(Campus Environment) 요인은 대학이 학생, 교수, 직원들이 서로 긍정적인 인간관계를 형성하도록 조성하고 지원할 경우 대학생들의 학습 참여가 제고된다는 것을 의미한다. 하위요인으로는 '상호작용의 질(Quality of Interactions)' '지원적 대학 환경(Supportive Environment)'이 포함되었다. '2014 학부교육 실태조사'를 위해 한국 대학생을 대상으로 문항을 타당화하는 과정에서 '상호작용의 질' 요인은 '교우와의 관계' 및 '교직원과의 관계' 요인으로 분리되었다. '2014 학부교육 실태조사'에 적용된 학습참여 요인구조와 측정문항을 요약 정리하면 다음과 같다.

※ 2014 학부교육 실태진단 조사 문항

영역	요인	문항 수	설문 내용 및 측정 방법
학업적 도전	고차원 학습경험	4	-학습한 이론과 방법을 실질적인 문제나 새로운 상황에 적용해 봄 -아이디어, 경험 혹은 논리적 사고과정을 세분화하여 심층 분석해 봄 -특정한 관점, 판단, 정보가 타당한지 평가해 봄 -다양한 정보를 종합하여 이해하거나, 새로운 아이디어를 만들어 봄
	반성적·통합적 학습경험	5	-과제를 수행할 때, 다른 수업 등에서 얻은 아이디어를 적용해 봄 -학교에서 배운 내용을 사회 문제나 이슈와 연결지어 봄 -수업에서 토론과 과제를 할 때 다양한 관점을 적용해 봄 -특정한 주제나 이슈에 대한 내 관점의 강점과 약점을 생각해 봄 -특정한 주제에 대해 다른 사람의 관점에서 생각해 봄으로써 그들의 생각을 이해하려고 노력해 봄
	학습전략	4	-수업 자료나 읽기 과제로부터 핵심 정보 확인하기 -수업 후에 필기한 노트 등을 가지고 학습함 -수업 자료나 수업에서 배운 것을 요약, 정리해 봄 -학습을 위해 체계적인 계획을 세워 봄(학습 플래너 활용 등)
교우와 학습	능동적·협동적 학습태도	5	-수업 중에 질문하거나 토의에 참여함 -수업에서 쓰인 자료를 이해하기 위해서 다른 학생에게 물어봄 -친구들에게 수업 자료에 대해 설명해 본 적이 있음 -다른 학생들과 함께 수업 프로젝트나 과제를 수행함 -친구들과 수업자료에 대해 함께 토의하거나 공부를 하여 시험을 준비함

영역	요인	문항 수	설문 내용 및 측정 방법
교우와 학습	다양한 사람과 토론경험	3	−다른 경제적 수준을 지닌 사람 −다른 종교를 가진 사람 −다른 정치적 관점을 가진 사람
교수와 경험	학생−교수 상호작용	4	−교수님과 나의 진로 계획에 대해 이야기해 봄 −교수님과 수업 외 활동을 함께함(위원회, 동아리 모임 등) −교수님과 수업 외 시간에 수업에서 다룬 주제, 아이디어, 개념에 대해 토의하였음 −교수님과 나의 학업 성과에 대해 논의하였음
	효과적인 교수 활동 정도	5	−수업의 목표와 요구사항을 명확하게 설명하였음 −체계적인 방법으로 수업을 구성하여 가르쳤음 −어려운 것을 쉽게 설명하기 위해 예시와 그림을 사용하였음 −보고서 초안이나 수행 중인 과제에 대해 피드백을 주었음 −시험결과나 제출한 과제에 대해 신속하고 자세한 피드백을 주었음
대학 환경	교우와의 관계	3	−대학 내 다른 학생 −대학 친구 (동기 등) −대학 후배 또는 선배
	교직원과의 관계	5	−학습 튜터 또는 도우미(교직원, 대학원생) −행정직원(진로, 취업, 학생 활동, 기숙사 등 담당) −행정직원(등록, 학자금 지원 등 담당) −수업 조교 및 학과 조교 −교수
	지원적 대학 환경	10	−학습지원 서비스(튜터링 서비스, 글쓰기 센터 등)의 제공 −다양한 배경(사회적 배경, 인종, 종교 등)을 가진 학생들과의 교류 −사회적 친교 활동에 참여할 기회를 제공(예: 홈커밍, 졸업생과의 만남) −학업 외 문제(일, 가족, 연애 등)를 잘 관리할 수 있도록 도움 −캠퍼스 활동과 학내 행사(공연예술, 운동경기 등) 참여를 권장함 −사회, 경제, 정치적 이슈를 다루는 교내외 행사에 참여 −학생 동아리 활동을 지원 −학생 복지 프로그램을 제공(레크리에이션, 건강, 상담 등) −학업 수행을 위한 재정적인 지원을 함(장학금, 학자금 대출 등) −졸업 후 진로 안내(진로, 직업상담, 취업 및 창업 안내 등)

3. K-DEEP 프로젝트 참여 연구진 프로필

변기용(연구책임자)은 서울대학교를 졸업하고 미국 University of Oregon에서 고등교육정책 및 행정 전공으로 박사학위를 받았다. 교육부 대학원 개선팀장, 기획담당관, 장관 정책보좌관 등을 역임하였으며, 2002년부터 2005년까지 OECD 사무국(프랑스 파리)에서 상근 컨설턴트로 3년간 근무하면서 '지역발전을 위한 고등교육기관의 역할(Contribution of Higher Education Institutions to Regional Development)'이라는 국제 협력 프로젝트를 운영하기도 하였다. 현재 고려대학교 교육학과 교수 및 고등교육정책연구소 소장으로 재임하고 있으며 한국교육행정학회 편집위원회 부위원장, 한국교육학회 학회지 편집위원 등으로 활동하고 있다. 연구 관심분야는 고등교육 국제화 및 거버넌스, 대학 효과성 등이며, 최근에는 주로 현장 사례연구를 통해 정책 효과를 심층적으로 분석하는 연구를 수행하고 있다.

김병찬은 서울대학교에서 교육행정학전공으로 박사 학위를 받았다. 1991년부터 2000년까지 중등학교 교사를 역임하였으며, 2004년부터 경희대학교 교육대학원 교수로 재직중이다. 대통령자문 교육혁신위원회 전문위원, 교원양성기관평가위원, 교원연수기관평가위원 등으로 일한 바 있으며, 한국교육행정학회 학술위원장, 한국교원교육학회 학술위원장 등을 맡은 바 있고, 현재 한국교육정치학회 대외협력위원장, 한국비교교육학회 이사, 서울특별시교육청 자문위원 등으로 활동하고 있으며, 교육행정분야 질적 연구, 교사교육 및 교원정책, 교사리더십 등의 영역에 관심을 가지고 연구를 수행하고 있다.

배상훈은 서울대학교를 졸업하고 미국 Pennsylvania State University에서 인적자원개발과 교육정책으로 박사 학위를 받았다. 1994년부터 2010년까지 교육부, 대통령실 등에서 교육정책 수립을 업무를 담당하였고, 2010년부터 성균관대학교 교육학과 교수(교육행정 및 정책)로 재직 중이다. 현재 성균관대학교 대학교육혁신센터장과 한국교육행정학회 학술위원장을 맡고 있으며, 교육부 대학발전기획단 위원, 학자금대출제도 심의위원회 위원 등을 역임하였다. 교육정책 분석 및 성과 평가, 교육조직의 효과성 분석, 대학생의 학습경험과 변화 등의 분야에서 왕성한 연구를 수행하고 있다.

이석열은 충남대학교를 졸업하고 동 대학원에서 교육행정으로 박사 학위를 받았다. 1997년부터 2002년까지 한국대학교육협의회에서 정책연구 및 교직원 연수 업무를 담당하였고, 2003년부터 남서울대학교 교양학부 교수(교육학) 및 교육개발센터(CTL) 소장으로 재직 중이다. 한국교육행정학회 사무국장, 한국대학교육협의회 대학기관평가인증 위원, 학부중심선도대학 선정 평가위원 등을 역임하고, 현재 대학자체평가, 대학원평가, 대학 경영 효율성 분석, 전문적 학습공동체 등에 관심을 갖고 연구를 수행하고 있다.

변수연은 서울대학교 독어교육학과와 벨기에 Leuven University 유럽지역학과에서 공부한 후 고려대학교 교육학과에서 교육행정학 및 고등교육학 전공으로 박사학위를 취득하였다. 연세대학교, 서울대학교, 한동대학교 등에서 학사지도 교수와 입학사정관으로 일하면서 대학 조직의 역량이 곧 교육 역량임을 깨달아 대학 조직의 역량을 개발하기 위한 방법을 모색하는 연구자의 길로 들어섰다. 현재 부산외국어대학교 만오교양대학의 조교수로 재직하면서 대학의 학문공동체 개발, 대학생 학습 참여, 고등교육 국제화 등의 이슈를 중심으로 교육정책 개발과 연구 활동을 펼치고 있다.

전재은은 서울대학교를 졸업하고 미국 University of Minnesota 교육정책행정학과에서 비교교육 전공으로 박사학위를 받았다. 이후 동 대학교에서 박사후 연구원을, 고려대학교 고등교육정책연구소에서는 연구교수로 재직하였다. 미국 비교국제교육학회(CIES) 고등교육 분과회 우수박사학위 논문상을 수상하고, 고등교육과 국제교육 분야에서 대학생 관련 주제를 중심으로 다수의 논문을 출판하였다. 현재 세명대학교 교양과정부 조교수로 재직 중이다.

이미라는 충남대학교를 졸업하고 동 대학원에서 교육행정으로 박사 학위를 받았다.

2008년부터 2013년까지 한국교육개발원에서 교육통계관련 정책연구 및 분석 업무를 담당하였다. 현재는 동 기관에서 지방교육재정과 관련된 업무를 담당하고 있으며, 교육 데이터 분석 및 대학교육 등에 관심을 갖고 연구를 수행하고 있다.

| 참고문헌 |

배상훈, 김혜정(2012). 대학생의 학습참여 측정 모델의 타당성 검증. 교육행정학연구, 30(1), 503-527.

배상훈, 장환영, 김혜정, 송해덕(2013). 학부교육 실태진단. 한국대학교육협의회 한국교양기초교육 원 연구보고서 RR 2013-120-566.

유현숙, 임후남, 최정윤, 서영인, 신현석, 고장완(2012). 한국 대학생의 학습과정 분석연구. 연구보고 RR 2012-17, 32-33, 한국교육개발원.

Kuh, G. D., Kinzie, J., Schuh, J. H., Whitt, E. J., & Associates. (2005). *Student Success in college: Creating conditions that matter.* San Francisco, CA: Jossey-Bass.

Kinzie, J., Magolda, P., Kezar, A., Kuh, G., Hinkle, S., & Whitt, E. (2007). Methodological challenges in multi-investigator multi-institutional research in higher education. *Higher Education, 54,* 469-482.

제1장 한동대학교

김대일(2011). 한동대에서 만난 하나님: 갈대상자 속 한동인들의 이야기. 서울: 두란노.

김수홍(2011). 한동대 학생들의 교육적 경험과 그 영향요인에 관한 질적 연구. 고려대학교 일반대학 원 석사학위 청구논문.

김영애(2004). 갈대상자: 보이지 않는 길을 따라서. 서울: 두란노.

김영애(2014). 구름기둥: 갈대상자 그 이후. 서울: 두란노.

박혜경(2015). 완생(完生)을 꿈꾸는 미생(未生), 한동대학교 이야기. 제1회 대학교육혁신 포럼 '대학 교육의 혁신과 변화를 말하다: 대학교육 성공사례를 중심으로' PPT 발표자료. 서울: 성균관대 학교.

변수연(2014). 기숙형 대학 프로그램의 방법과 효과 탐색: 한 지방 사립대의 전환 사례를 중심으로.

교육방법연구, 26(4), pp.741-770.

한국교양기초교육원 · 학부교육 선진화 선도대학 협의회(2013). 2013년 대학 학부교육의 질과 성과 분석: 한동대학교.

한동대학교(2013). 2013 한동대학교 자체평가보고서.

한동대학교(2014). 2014학년도 새내기 한동인을 위한 Residential College 가이드.

Inkelas, K., & Soldner, M. (2011). Undergraduate living-and-learning programs and student outcomes. In J. C. Smart & M. B. Paulsen (eds.), *Higher Education: Handbook of Theory and Research, 26.* Netherlands: Springer Science and Business Media.

Kuh, G. D., Kinzie, J., Schuh, J. H., Whitt, E. J., & Associates. (2005). *Student Success in college: Creating conditions that matter.* San Francisco, CA: Jossey-Bass.

Meyer, J. W., & Rowan, B. (1977). "Institutional organizations: formal structure as myth and ceremony", *American Journal of Sociology, 83,* 340-363.

한동신문(2014. 9. 17.). 오피니언. [맑은 눈] 설마 www.hgupress.com/news/articleView.html?idxno=5086

제2장   건양대학교

건양대학교(2012). [학부교육 선진화 선도대학] 지원사업 3차년도 사업 계획서.

건양대학교(2013a). 2013 기관평가인증을 위한 자체진단평가보고서.

건양대학교(2013b). 2013 대학 교육역량강화사업 [교육역량강화 지원사업] 수정사업계획서.

건양대학교 교수학습지원팀(2012). 건양튜터링.

건양대학교 교수학습지원팀(2013). 건양대 학생들을 위한 학습방법 및 전략 I.

건양대학교 교수학습지원팀(2014). KCTL성과자료집: 함께 걸어 좋은 TEACHING & LEARNING 2010-2013.

교육부(2013). 지방대학 육성방안. PPT 자료.

교육부 · 한국교육개발원(2013). 교육통계연보.

김희수(2012). 여든의 청년이 스무살 청년에게. 경기: 위즈덤하우스.

배상훈, 류장수, 변기용, 박승호, 이보경, 이덕주, 김철중(2011). 학부교육 선진화 선도대학 지원사업 성과분석 종단 연구. 한국연구재단.

배상훈, 장환영, 김혜정, 송해덕, 전수빈(2011). 학부교육 실태진단. 한국대학교육협의회 한국교양기
　　　초원.

배상훈, 장환영, 김혜정, 송해덕, 전수빈(2012). 학부교육 실태진단. 한국대학교육협의회 한국교양기
　　　초원.

정영길(2015). 작고 강한 대학을 향한 즐거운 변화: 건양대학교 사례. 제1회 대학교육혁신포럼: 대학
　　　교육의 혁신과 변화를 말하다. PPT 발표자료. 성균관대학교 대학교육혁신센터.

최문기(2015. 1.). 건양대학교 동기유발학기 4년의 성과와 과제. 제1회 대학교육혁신센터 ACE 창의
　　　리더 심포지엄 '대학교육의 혁신을 창의 리더 교육으로 말하다' PPT 발표자료. 성균관대학교.
　　　서울.

최현수(2014). 에이스 포럼 자료집. 계명대학교.

Clark, B. R. (1983). *The higher education system: Academic organization in cross-national perspective*.
　　　Berkeley, CA: University of California Press.

Gouldner, A. W. (1957). Cosmopolitans and locals: Towards an analysis of latent social roles, I.
　　　Administrative Science Quarterly, 2, 281-306.

Hoy, W. K., & Miskel, C. G. (2013). Educational administration: Theory, research, and practice(9th
　　　ed.). New York: McGraw-Hill.

Tyack & Cuban. (1995). *Tinkering toward Utopia: A Century of Public School Reform*. Harvard
　　　College.

건양대학교 홈페이지(건양 멘토링)
　　　http://www.konyang.ac.kr/infor/notice_general.asp?page_gubun=read&str_seqno=8997&page=1
　　　2013.03.07

건양대학교 홈페이지(대학제도 개선사항 안내)
　　　http://www.konyang.ac.kr/infor/notice_general.asp?page_gubun=read&str_seqno=5531 2009.
　　　09.24

건양대학교 홈페이지(동기유발학기)
　　　http://www.konyang.ac.kr/infor/notice_general.asp?page_gubun=read&str_seqno=10776&page=1
　　　2015.02.11

건양대학교 홈페이지(창의융합대학) http://cics.konyang.ac.kr/4_1.asp

건양대학교 홈페이지(평생 패밀리 가이드북)
  http://www.konyang.ac.kr/ace/board_3.asp?numb=63&GUBUN=READ&page=1 2012. 02.27

건양대학교 홈페이지(학부교육 선도대학 육성사업) http://www.konyang.ac.kr/ace/intro.asp

대학저널(2013. 4. 7.). 건양대, '파트너십 트레이닝' 필수 교과 운영.

동아일보(2014. 9. 1.). 건양대학교 창의융합대학, 현장경험 바탕 실무교육.

연합뉴스(2013. 4. 7.). 건양대, '파트너십 트레이닝' 필수 과목 운영.

조선닷컴단미(2014. 12. 24.). 대학교, 졸업하면 끝? 취업까지 책임지는 '건양대학교'.

중앙일보(2013. 11. 19.). 1994~2013 대학평가 성과와 과제… 62개 대 담당자 119명 설문조사해 보니.

제3장 대구가톨릭대학교

대구가톨릭대학교(2014). 大家 참인재 교육혁신 프로젝트. 대구가톨릭대학교 자료집.

한국교양기초교육원 · 학부교육 선진화 선도대학 협의회(2013). 2013년 대학 학부교육의 질과 성과
  분석: 대구가톨릭대학교.

한국대학교육협의회(2013). 학부교육 실태진단. 한국대학교육협의회, 한국교양기초교육원 보고서.
  RR 2-13-120-566.

제4장 한국기술교육대학교

한국교양기초교육원 · 학부교육 선진화 선도대학 협의회(2013). 2013년 대학 학부교육 질과 성과 분
  석: 한국기술교육대학교.

한국기술교육대학교(2014). ACE 사업 계획서.

한국기술교육대학교(2015). 휴먼아카데미 강연 자료집.

제5장 포항공과대학교

포스텍 교육개발센터(2010). 2010년 신입생 특성 및 비판적 사고력 조사.

포스텍 교육개발센터(2011). 2011학년도 입학생 POSTECH 첫 1년의 경험과 변화.

포스텍 교육개발센터(2013a). 2013학년도 신입생 특성조사.

포스텍 교육개발센터(2013b). 2013년 8월 졸업생 대상 POSTECH 학부교육 경험 분석 요약 보고서. 조사보고서 2013-14.

포스텍 교육개발센터(2014). 졸업생 학부교육 경험 분석 요약 보고서.

포스텍 대학발전위원회(2011). 포스텍 Vision 2020- 대학발전 전략과제 추진방향.

포스텍 학사관리팀/교육개발센터(2014). 학부 교육정책 기본방향(안)- 2014년 보직자 Workshop 자료.

포항공과대학교(2011). 포항공과대학교 자체평가결과 요약 보고서.

포항공과대학교(2014). 포스텍 현황(2014.10.1). 기획예산팀.

한국교양기초교육원·학부교육 선진화 선도대학 협의회(2013). 2013년 대학 학부교육의 질과 성과 분석: 포항공과대학교.

저자 소개

변기용(BYUN, Kiyong)
미국 University of Oregon 박사(고등교육정책 및 행정)
현 고려대학교 교육학과 교수, 고등교육정책연구소 소장

김병찬(KIM, Byeongchan)
서울대학교 교육학과 박사(교육행정)
현 경희대학교 교육대학원 교수, 교육대학원 부원장

배상훈(BAE, Sang Hoon)
미국 Pennsylvania State University 박사(교육정책 및 인적자원개발)
현 성균관대학교 교육학과 교수, 대학교육혁신센터 센터장

이석열(LEE, Suk Yeol)
충남대학교 교육학과 박사(교육행정)
현 남서울대학교 교양학부 교수, 교육개발센터 소장

변수연(BYOUN, Su Youn)
고려대학교 교육학 박사(교육행정학 및 고등교육학)
현 부산외국어대학교 만오교양대학 조교수, 교육평가혁신센터 전문위원

전재은(JON, Jae-Eun)
미국 University of Minnesota 박사(교육정책행정 및 비교교육)
현 세명대학교 교양과정부 조교수, 대학교육혁신본부 전문위원

이미라(LEE, Mi Ra)
충남대학교 교육학과 박사(교육행정)
한국교육개발원 연구원

잘 가르치는 대학의 특징과 성공요인

학부교육 우수대학 성공사례 보고서 I

The Characteristics and Success Factors of Effective
Undergraduate Teaching in Korean Higher Education
-Case Studies of 5 Exemplary Universities

2015년 8월 20일 1판 1쇄 발행
2020년 9월 25일 1판 5쇄 발행

지은이 • 변기용 · 김병찬 · 배상훈 · 이석열 · 변수연 · 전재은 · 이미라
펴낸이 • 김 진 환
펴낸곳 • (주) **학지사**

　　　　　04031 서울특별시 마포구 양화로 15길 20 마인드월드빌딩 5층
대표전화 • 02) 330-5114　　팩스 • 02) 324-2345
등록번호 • 제313-2006-000265호

홈페이지 • http://www.hakjisa.co.kr
페이스북 • https://www.facebook.com/hakjisabook

ISBN 978-89-997-0743-8 93370

정가 **27,000원**

저자와의 협약으로 인지는 생략합니다.
파본은 구입처에서 교환하여 드립니다.

이 도서의 국립중앙도서관 출판시도서목록(CIP)은 서지정보유통지원시스템
홈페이지(http://seoji.nl.go.kr)와 국가자료공동목록시스템(http://www.nl.go.kr/kolisnet)
에서 이용하실 수 있습니다.
(CIP제어번호: CIP2015027380)

출판 · 교육 · 미디어기업 **학지사**

간호보건의학출판 **학지사메디컬** www.hakjisamd.co.kr
심리검사연구소 **인싸이트** www.inpsyt.co.kr
학술논문서비스 **뉴논문** www.newnonmun.com
원격교육연수원 **카운피아** www.counpia.com